中国法学学术史丛书

中国知识产权法学术史

李琛 余俊 刘晓 著

The History of Scholarship
on Chinese Intellectual Property Law

中国人民大学出版社
·北京·

中国法学学术史丛书编委会

主　编　朱景文　马小红　尤陈俊
编委会成员（以姓氏音序排列）
丁相顺　韩大元　李　琛　刘计划　刘俊海
马小红　邵　明　时延安　王贵松　王　轶
叶传星　尤陈俊　朱景文

总 序

"中国法学发达史"是中国人民大学2015年立项的重大课题。此项目的初衷是梳理并总结百余年来中国法学知识体系的学术脉络演变,揭示中国法学发展过程中所呈现出的普遍规律与中国特色。这是一项通过深入梳理中国法学"家底"以推进中国特色社会主义法学学科体系、学术体系、话语体系完善和发展的基础性学术工程。课题组认为,高质量地完成这一研究项目,不仅将会为我们思考中国法学未来的发展方向提供充分可靠的智识支撑,而且可以促成法学"中国主体意识"的进一步发展与完善,推动中国法学在国际学界取得应有的话语权与地位。

"中国法学学术史丛书"是"中国法学发达史"课题的成果,它的研究起点是20世纪初在西学东渐过程中所形成的现代意义上的中国法学。1911年,沈家本在《法学会杂志》的序中写道:

> 近今十年来,始有参用西法之议。余从事斯役,访集明达诸君,分司编辑,并延东方博士,相与讲求。复创设法律学堂,造就司法人才,为他日审判之预备。规模略具,中国法学,于焉萌芽。①

从沈家本所言的中国法学之"萌芽"算起,中国法学迄今已经走过了百有余年的历程。这是历经坎坷的百有余年,也是中国法学逐渐摆脱"全盘西化"并形成自己特色的百有余年。

清末变法时,西方(主要是欧陆传统的)法学借助新式法政教育开始传播于华夏大地。在"欧风西雨"的涤荡下,"言必称希腊罗马"成为那一时期法学的时代特征。民国时期,不乏重建"中华法系"或者建设"中国本位新法系"的学术呼吁。例如在20世纪30年代中期,有学者主张在"新理念、新技术之下"建设"中国本位新法系",亦即"当系依现代中国国家理念,用科学的方法,对中

---

① 沈家本:《历代刑法考》(四),邓经元、骈宇骞点校,中华书局1985年版,第2244页。

国固有及现有法律，施新的选择，产生新的生命，俾在世界法律文化领域，重占一种新的位置之意"；并指出此虽然不是易事，但也并非至难而不可祈求之事，进而呼吁中国法学研究者"并力一心以赴之"①。但是，对西方法学的高度倚赖，依然是那一时期法学知识生产的典型特征，以至于当时甚至有学者感慨称：

> 今日中国法学之总体，直为一幅次殖民地风景图：在法哲学方面，留美学成回国者，例有一套 Pound 学说之转播；出身法国者，必对 Duguit 之学说服膺拳拳；德国回来者，则于新康德派之 Stammler 法哲学五体投地……②

中华人民共和国成立迄今已七十多年，中国法学的发展经历了曲折的过程：20世纪五六十年代学习与仿效苏联法学；1978年改革开放后，尤其是90年代以来，在对西方法学兼收并蓄的同时，日益注重对中国自身法律实践的经验提炼和理论概括；21世纪以来法学研究中"中国主体意识"明确崛起。这个"崛起"表现在多个方面。

首先，"中国特色"在法学的发展过程中受到越来越多的关注，基础理论法学与各部门法学从各自领域对法学的"中国特色"进行了注释和阐发。自改革开放以来，在中国特色社会主义法律体系的形成过程中，中国法学逐渐摆脱了沈家本、梁启超时代"言必称希腊罗马"的"幼稚"，成为名副其实的"中国法学"——既是中国法律实践的指导，又是中国法律实践经验的总结和升华。古今中外的法律智慧，由此皆成为滋养中国法学的营养和基础。"中国特色"在当下已然成为中国法学的最强话语，涉及法学的方方面面③，基础理论、民主政治、市场经济、文化与社会治理、生态文明、程序、立法等方面的法学与法律研究，无不打上了"中国特色"的烙印。而"中国特色"正是近代以来我们所忽视的法学"中国主体意识"的一个重要方面。这个"中国主体意识"，极大地体现了"历史与现实相结合、理论与实际相结合、基本理论与部门法制相结合、中国特色与世界规律相结合的特点"④。

其次，法学"中国主体意识"的崛起，还表现在学者对国际学界"中国话语

---

① 刘陆民：《建立中国本位新法系的两个根本问题》，载《中华法学杂志》新编第1卷第1号（1936年），第48页。
② 蔡枢衡：《中国法理自觉的发展》，1947年作者自印，第122页。
③ 参见朱景文、韩大元主编：《中国特色社会主义法律体系研究报告》，中国人民大学出版社2010年版。
④ 孙国华：《深化法律体系研究，全面推进依法治国》，载冯玉军主编：《完善以宪法为核心的中国特色社会主义法律体系研究》（上册），中国人民大学出版社2018年版，序第2页。

权"的重视。随着中国特色社会主义法律体系的形成，中国法学界在对西方法学的态度上有了新的转变，这就是从了解、介绍西方法学并以其指导中国法律近代化转型，到当下将具有中国特色的法律理论与实践介绍到国际学界，让世界了解中国。具有"中国主体意识"的法学，是中国法学在国际法学界具有话语权的基础，法学界的同人已然感受到了这一时期的新使命。改革开放以来，随着党和国家工作中心的转移，中国法学界出现了对法的阶级性、继承性，以及人治、法治等问题的争论。一方面，这是对"文化大革命"、对"以阶级斗争为纲"等在法学界之影响的反思；另一方面，在一部分人中也确实出现了对马克思主义法学基本原理的信心动摇甚至怀疑。西方法学的引进，一方面促进了以自由主义为特征的西方法律思想的传播和对封建特权思想的批判，另一方面也带来了对中国传统法律思想的自信的严重冲击。在一部分学者的观念中，似乎只有按照西方的法学模式改造马克思主义法学，改造中国传统法律文化，才是中国法学未来发展的愿景。和国际学界的交流是改革开放以来中国学界的一大特点，但也正是这种交流唤起了一代学者对学术的自觉。当中国法学界面对世界舞台时，我们应当讲什么呢？难道还是哈特、哈耶克、哈贝马斯？国际学界希望听到中国的理论、中国的声音。[1]

党的十八大以来，习近平总书记高度重视包括法学在内的中国学术的发展。他提出"不忘本来、吸收外来、面向未来"的学术研究指导方针。中国共产党成立一百多年来，积累了丰富的法治经验，形成了中国化的马克思主义法治理论，包括毛泽东思想中的人民民主专政理论、邓小平理论中的民主法制思想、"三个代表"重要思想中的依法治国理论、科学发展观中的社会主义法治理念和习近平法治思想。它们一脉相承，是中国共产党人在革命、建设和改革时期坚持马克思主义法治理论与中国治国理政的实践相结合、与中华优秀传统法律文化相结合所取得的理论成果。中国化的马克思主义法治理论包括方方面面，就其核心内容而言，包括法治建设举什么旗、走什么路，谁领导、依靠谁的问题，经过几代人的探索，作出了坚持中国特色社会主义法治理论、坚持中国特色社会主义法治道路、坚持中国共产党对法治建设的领导和坚持以人民为中心的回答；制定了依法治国的方略，开辟了党的领导、人民当家作主、依法治国有机统一的政治发展道路，把全面依法治国纳入关系全局的"四个全面"战略布局。总结从革命根据地时期的法制建设到全面依法治国实践的历史经验，是摆在中国法学界面前的重要任务。

---

[1] 参见朱景文：《中国法理学的探索》，法律出版社2018年版，序第3页。

党的十八届四中全会通过的《中共中央关于全面推进依法治国若干重大问题的决定》强调，要"加强法学基础理论研究，形成完善的中国特色社会主义法学理论体系、学科体系、课程体系"。习近平总书记在 2022 年 4 月 25 日到中国人民大学考察时指出，"加快构建中国特色哲学社会科学，归根结底是建构中国自主的知识体系"①。2023 年 2 月，中共中央办公厅、国务院办公厅印发了《关于加强新时代法学教育和法学理论研究的意见》，提出要"加强中国特色社会主义法治理论研究，提升法学研究能力和水平，加快构建中国特色法学学科体系、学术体系、话语体系"。

我们的这个课题，正是在法学"中国主体意识"崛起的背景下立项的：致敬兼采西法而又不忘坚守传统的先哲，深入进行学术史的梳理，细致分析中国法学学术脉络演变所基于发生的不同历史背景和社会背景，考察从晚清变法时期的西方法学知识引入直到当代法学中"中国主体意识"的崛起，最终形成一套名为"中国法学学术史丛书"的大型学术丛书。这一课题不仅旨在为国内学界提供一套回顾、梳理百余年来中国法学之发展历程的新成果，致敬前辈与同行在法学领域所作出的学术贡献，而且致力于将中国法学的研究成果介绍给国际学界，使国际学界的同行更多地了解中国法学。确立中国法学在国际法学界应有的话语权，是我们立项时的目标，也是我们在本项目研究开展的过程中所努力践行的宗旨之一。

唯愿本套学术丛书的出版，能为建构中国自主法学知识体系尽到一份绵薄之力。

朱景文　马小红　尤陈俊

2023 年 7 月

---

① 《习近平在中国人民大学考察时强调 坚持党的领导传承红色基因扎根中国大地 走出一条建设中国特色世界一流大学新路》，载《人民日报》，2022 年 4 月 26 日，第 1 版。

目 录

第一章 清末中国知识产权法学的起步 …………………………… 1
  第一节 清末中国知识产权观念的萌芽 …………………………… 1
    一、知识产权观念在清末中国萌芽的社会背景 ………………… 3
    二、清末中国知识产权观念的总体倾向与实际影响 …………… 8
  第二节 清末知识产权法学术语的生成 …………………………… 11
    一、日本法学术语的引入 ………………………………………… 11
    二、近代中国知识产权术语体系对外来词的取舍 ……………… 14
  第三节 清末知识产权文献的主要形式 …………………………… 15
    一、宣扬知识产权保护的普及性著述 …………………………… 16
    二、国外知识产权著述的译作 …………………………………… 18
    三、外国辞典和法条的译文 ……………………………………… 20
    四、有关立法与法律实施的建议 ………………………………… 21
    五、民法著作中有关知识产权的一般性论述 …………………… 22
    六、知识产权论文与法律注释 …………………………………… 23
  第四节 清末知识产权文献的历史价值 …………………………… 27

第二章 民国时期中国知识产权法学的发展 ………………………… 32
  第一节 民国时期中国知识产权法学发展的社会背景 …………… 32
    一、知识产权立法的发展 ………………………………………… 32
    二、法律实践的积累 ……………………………………………… 36
    三、法学研究与教育的整体发展 ………………………………… 37
  第二节 民国时期中国知识产权法学的主要成果 ………………… 40
    一、与知识产权总论相关的研究成果 …………………………… 40
    二、著作权法研究的主要成果 …………………………………… 43
    三、商标法研究的主要成果 ……………………………………… 50
    四、专利法研究的主要成果 ……………………………………… 62

第三节 对民国知识产权法学的评价 ·· 71

第三章 当代中国知识产权学术研究总况 ··· 76
第一节 当代中国知识产权学术研究兴起的三股驱动力 ······················· 76
一、推进国家现代化转型与国情改造的需要 ································· 76
二、回应市场经济体制改革与法制更新的需要 ····························· 82
三、回应学术中国建设与知识理论体系化的需要 ························· 84
第二节 当代中国知识产权学术研究建制化的五根支柱的形成 ············ 86
一、学术新理的发舒——期刊 ··· 86
二、学术智识的交换——学会 ··· 87
三、学术范式的汇归——学科 ··· 88
四、学术程序的传递——教材 ··· 92
五、学术主体的训练——机构 ··· 94
第三节 当代中国知识产权学术研究成果兴起的三阶形态 ··················· 95
一、法律翻译与制度移植 ··· 95
二、制度诠释与知识普及 ··· 97
三、学术自觉与理论自洽 ··· 98

第四章 中国知识产权法学基本概念与重要术语的形成 ······················· 102
第一节 知识产权法学核心术语的形成 ·· 104
一、知识产权 ··· 104
二、著作权（版权）·· 116
三、专利 ··· 134
四、商标 ··· 138
第二节 中国特色知识产权术语的形成 ·· 143
一、杂技艺术作品 ·· 143
二、民间文学艺术作品 ·· 144
三、驰名商标 ··· 147

第五章 中国知识产权法总论研究中的重大理论争议 ························· 153
第一节 知识产权概念研究中的重大理论争议 ·································· 155
一、知识产权的概念 ··· 155
二、知识产权的对象 ··· 156
三、"知识产权对象"的不同归纳 ··· 159

目 录

    第二节　知识产权本质研究中的重大理论争议 ······················ 177
        一、知识产权的性质 ·· 177
        二、知识产权的特征 ·· 190
    第三节　知识产权地位研究中的重大理论争议 ······················ 215
        一、知识产权的正当性 ··· 215
        二、知识产权与民法典 ··· 221

第六章　中国知识产权法分论研究中的重大理论争议 ··············· 236
    第一节　知识产权对象研究中的重大理论争议 ······················ 238
        一、著作权法上的作品 ··· 238
        二、实用艺术作品 ·· 256
        三、杂技艺术作品 ·· 271
        四、民间文学艺术作品 ··· 275
        五、外观设计 ··· 288
        六、商标的本体 ·· 291
    第二节　知识产权内容研究中的重大理论争议 ······················ 295
        一、著作人格权 ·· 295
        二、信息网络传播权 ··· 304
        三、商标权的本质 ·· 315
    第三节　知识产权限制研究中的重大理论争议 ······················ 318
        一、合理使用 ··· 318
        二、默示许可 ··· 337
    第四节　知识产权救济研究中的重大理论争议 ······················ 346
        一、法定赔偿 ··· 346
        二、惩罚性赔偿 ·· 353

第七章　中国知识产权法学的理论创新及其历史意义 ··············· 365
    第一节　中国在知识产权法总论研究中的理论创新 ················ 367
        一、关于知识产权概念的理论创新 ································ 368
        二、关于知识产权正当性的理论创新 ····························· 374
        三、关于知识产权确权模式的理论创新 ·························· 382
    第二节　中国在知识产权法分论研究中的理论创新 ················ 387
        一、关于著作权对象的理论创新 ··································· 387
        二、关于著作人身权的理论创新 ··································· 394

三、关于著作财产权的理论创新 …………………………………… 403
　　四、关于商标法保护的本质的理论创新 ……………………………… 414
　　五、关于专利制度正当性的理论创新 ………………………………… 426
第三节　中国知识产权法学理论创新对法学研究的启示和意义 …………… 430
　　一、中国知识产权法学研究中既有理论的应用研究盛行 …………… 430
　　二、中国知识产权法学理论创新的模式总结 ………………………… 431
　　三、中国知识产权法学理论创新的现实价值和历史意义 …………… 433

第一章

清末中国知识产权法学的起步

第一节　清末中国知识产权观念的萌芽

　　法学与法律是密不可分的，法学的主要研究对象就是以法律规范为核心的法现象，因此，中国知识产权制度产生于何时，对于确定中国知识产权法学史的起点至为重要。通说认为，中国的知识产权立法肇始于清末，我国第一部著作权法和商标法分别是1910年颁布的《大清著作权律》和1904年颁布的《商标注册试办章程》。1898年颁布的《振兴工艺给奖章程》虽然不是真正意义上的专利法，但也是鼓励发明创造的立法，可以视为专利制度的雏形。当然，中国的知识产权制度究竟产生于何时，学术界对此不无争议。有学者认为"我国是世界上最早产生著作权的国家。至迟在秦汉时期，随着私人著述的产生和发展，就出现了著作权"[1]。但这些观点所依据的"著作权"概念前提不无争议，论证过程也值得商榷。例如有些观点直接从"技术最先"推到"制度最先"，认为中国有最早的雕版印刷术，便断言"如此看来，版权最早产生于中国应该是没有问题的"[2]。事实上，法的直接调整对象是社会关系而非技术，如果技术的出现并未带来相应的利益关系的变化，并不会催生或影响法律。

　　主张著作权在我国古已有之的观点，内部也存在分歧。有观点从我国古人"在作品上署名""以创作获得报酬"等史实推出在春秋战国时期我国就萌发了

---

[1] 曹之：《中国古籍编撰史》，武汉大学出版社1999年版，第519页。
[2] 李明山：《中国古代版权史》，社会科学文献出版社2012年版，第1-2页。

"版权意识"①。更多的观点则认为，我国的著作权保护源于宋代，因为宋代出现了翻版禁令："在中国，自宋代普遍采用了雕版印刷术之后，就有了版权保护的事例。"② 有评论者指出，"对版权起源的回答，首先要对版权一词的含义做出限定，对这种保护所应具有的形式进行分析。例如，它究竟是指以保护印刷出版专有权为基础的（古代）版权，还是指以促进作者创造和作者权利为目标的（现代）版权，以及，这种保护是否应具有某种（成文法）形式"③。如果在各自界定"版权"定义的前提下讨论版权的起源，并没有太大的意义，关键是哪种版权定义是准确的、从哪种版权定义出发研究制度史是有意义的。整个人类史就是一部创造史，以创造成果换取利益、标注自己的创造者身份，是与创造现象相伴始终的生活事实，而非制度表现，正如事实的占有不等于所有权一样。如果把这些事实都归入"知识产权制度"，反而取消了知识产权制度的历史性。知识产权法是一项财产制度，把符号形态的知识作为财产权的对象加以调整。知识产权制度的历史意义主要在于，它标志着人类的财富出现了新的形态，由"物"拓展到智力成果与商业标记等符号性表达。只有从"作品是财产"这一观念前提派生的保护规则，才是真正的著作权保护。也有国外学者认为，古希腊和古罗马时期就有著作权："古罗马的作者们还意识到，某一作品的发表和使用牵涉到精神与道德利益。作者有权决定是否披露自己的作品，剽窃者应由舆论来监督。"④ 尊重他人的劳动成果、不将他人成果据为己有，都属于一般性的道德准则，这些道德准则的运作结果有可能与著作权制度存在某些暗合，但并不意味着作品成为财产。中国古代的作者在作品上署名，本身只是对"作品源自谁"这一事实的宣示，或是出于留名青史的追求，与"署名权"不可同日而语。古代作者通过创作获得的报酬，也只是一般性的劳务对价而已。至于古代官方对剽窃、歪曲作品等行为的禁止，乃至对复制的限制，主要着眼于对诚实道德和社会风化的维护，禁止翻版的作品多为官定典籍、词典、注解、地图等，维护此类作品的内容完整性对文化秩序和社会稳定至关重要，而任意的复制难免发生讹误或篡改。这才是禁令发布的首要原因。⑤ 这些规范只是对作品传播中的某些不当行为予以个别限制，没有一般性地承认作品的财产属性。因此，某些古代规范在局部能够产生与知识产权

---

① 李明山：《中国古代版权史》，社会科学文献出版社2012年版，第17-18页。
② 李明德、许超：《著作权法》，法律出版社2003年版，第11页。
③ 周林：《中国版权史研究的几条线索》，载周林、李明山主编：《中国版权史研究文献》，中国方正出版社1999年版，第V页。
④ ［西］德利娅·利普希克：《著作权与邻接权》，中国对外翻译出版公司2000年版，第14页。
⑤ 参见郭凯峰：《中国特许出版权和著作权制度的历史变迁（唐宋至清末时期）》，载《中国知识产权评论》（第2卷），商务印书馆2006年版，第297-357页。

规范相似的效果，不足以证明此规范本身是知识产权制度。有学者认为，"用版本保护取代一些专家提出的古代版权保护的提法应更切合实际"①。

从整个知识产权法的发展史来看，知识产权法产生于近代。法学界公认的世界上第一部成文的专利法、著作权法和商标法分别是 1623 年英国的《垄断法案》、1709 年英国的《安妮法》和 1857 年法国的《关于以使用原则和不审查原则为内容的制造标记和商标的法律》。知识产权法之所以发源于近代的西方，是因为知识的产业化首先在那里实现。这既是历史的，也是逻辑的。随着经济与技术的发展，"创造"在近代发生的最深刻的变革，就是从个体的余暇之兴变成了产业的要素。知识产权是创造与资本的结合之果。只有从"知识变成财产"的角度看待知识产权制度，才能认识该制度的历史意义。"与工业时代之前相比，知识产权制度使得在大工业和贸易的推动下，作为财富源泉的知识、技术，由在农业社会只能零星地、分散地获得利益，一举实现质变，建立起知识、技术转化为财产的稳定、可靠、有法律保障的机制……"② 知识产权制度所属的历史范畴不是任意的，技术不是催生知识产权法的决定性因素，技术与经济、市场结构交互作用所形成的利益关系，才是知识产权法产生的基础。因此，以近代（清末时期）作为中国知识产权制度的起点，既合乎中国的立法事实，也合乎世界知识产权制度产生的一般规律。相应地，欲梳理作为"关于知识产权制度之学问"的中国知识产权法学，以清末为起点是最为恰当的。

所谓"法学"，必然是关于法的体系化知识。但体系的建立，非一朝一夕之事。有知识产权立法，未必就有成形的知识产权法学。不过，既然有了制度事实，必然就会存在与制度有关的种种观念与评说。虽然严格说来，清末时期并没有成体系的知识产权法学，但零星的观念与著述，至少可以被承认为知识产权法学的种子，我们对中国知识产权法学的溯源，也应该从这里开始。

一、知识产权观念在清末中国萌芽的社会背景

知识产权制度的基本功能是满足知识产业化的需求，其产生的经济前提是：知识成为重要的市场要素。因此，知识产权天然地与市场经济有密切的关系。然而，中国知识产权立法在清末的出现，主要不是产业发展的自然推动（但并非毫无产业基础），而是外国列强的知识产权保护诉求和中国人刺激创新以增国力的愿望共同作用的结果。西方"外推"和国人"内引"的一致性，必然表现为对西

---

① 王兰萍：《近代中国著作权法的成长（1903—1910）》，北京大学出版社 2006 年版，第 14 页。
② 刘春田：《跨越世纪的伟大觉醒——发现创造和知识产权》，载《知识产权》2019 年第 8 期，第 8 页。

方知识产权观念和制度的介绍与宣扬,这是中国知识产权法学的最初形态。因为中国法学的近代化主要是通过对西方和日本法律的借鉴与移植,因此法学通常超前于法律,先有观念输入,再有制度建立。"这种法学的超前性,是中国社会特殊性的产物。"① 中国知识产权法学也不例外。

清末中国知识产权观念的萌发,主要可归因于四个具体条件。

1. 在华传教士把知识产权制度作为西方文明的组成内容向中国推介

在中国近代法学建立的过程中,西方传教士的作用是不容忽视的。他们开启了中国最早的近代法律教育、创办刊物宣传西方法制、引进翻译西方法学著作、撰写法学著述。"他们是中国历史上第一批介绍、宣传和阐述西方近代法学的使者,是中国近代法学的奠基者,是中国近代变法活动(如戊戌变法、清末修律等)的积极参与者。"② 知识产权法作为近代西方已经确立的制度,也是西方传教士向中国传播的法律文化之一。1887年,在上海成立了以西方传教士为主要成员的广学会(The Christian Literature Society),广学会编译出版了许多宣传西方法制的书籍,该会的实际负责人是英国传教士韦廉臣(Alexander Williamson)。1857年,韦廉臣发表《格物穷理论》一文,提到"西国凡悟得新理者,君长必旌异之,造新器者,令独擅其益,禁人不得仿造,以夺其利……望中国亦仿此为之。上为之倡,下必乐从,如此十年,而国不富强者,无是理也。"③ 据余俊教授的考证,这是迄今所发现的主张中国建立专利制度的最早论述。

在著作权法的宣传方面,美国传教士林乐知(Young John Allen)发挥了重要的作用。1868年,林乐知创办了《教会新报》,1874年更名为《万国公报》。林乐知在该报发表了一些推介西方知识产权制度的文章。1903年,林乐知在《万国公报》发表了《版权通例》,文中写道:"西方各国有著一新书创一新法者,皆可得文凭以为专利,而著新书所得者名曰版权。"文章还分别介绍了欧美主要国家的著作权保护期,并指出:"今中国不愿入版权之同盟,殊不知,版权者,所以报著书之苦心,亦与产业无异也。凡已满期之书尽可翻印,若昨日发行,今日即已为人所剿袭,是盗也。且彼著书之人,又何以奖励之,而俾有进步乎。"④ 文虽简短,却扼要地阐述了著作权保护的必要性。

---

① 王兰萍:《近代中国著作权法的成长(1903—1910)》,北京大学出版社2006年版,第19页。
② 何勤华:《传教士与中国近代法学》,载《法制与社会发展》2004年第5期,第109页。
③ [英]韦廉臣:《格物穷理论》,载《六合丛谈》1857年第6期,第5页。
④ 《版权通例》,林乐知译,范祎述,载《万国公报》1903年第177期,第61-62页。

2. 维新人士把知识产权制度视为变法图强的利器

清末对西学有所了解的进步人士，基本上都接受了"知识产权保护可以激励创新、推动技术与文化进步"的观念，而这一制度功能正好符合变法图强的时代要求。例如，1859年，洪仁玕在《资政新篇》中提出施政建议，其中多条涉及鼓励创新之策："一兴车马之利，以利便轻捷为妙，倘有能造如外邦火轮车，一日夜能行七八千里者，准自其专利，限满准他人仿做。若彼愿公于世，亦禀准遵行，免生别弊……一兴舟楫之利，以坚固轻便捷巧为妙，或用火用气用力用风，任乎智者自创。首创至巧者，赏以自专其利，限满准他人仿做，若愿公于世，亦禀明发行……一兴器皿技艺，能造精奇利便者，准其自售，他人仿造，罪而罚之，即有法人而生巧者，准前造者收为己有，或招为徒焉。器小者赏五年，大者赏十年，益民多者年数加多。无益之物，有责无赏。限满他人仿做。"① 从这些论述中不难看出，洪仁玕对专利制度的基本构造已有相当的了解。最早倡导著作权保护的文人代表，当属严复。作为一名翻译家，他不仅对西方制度有所了解，还对著作权有实际的利益诉求。1902—1903年间，他曾直接上书管学大臣张百熙，力陈著作权保护的必要性："使中国今日官长郑重版权，责以实力，则风潮方兴，人争自厉。以黄种之聪明才力，复决十年以往，中国学界，必有可观，期以二十年，虽汉文佳著，与西国比肩，非意外也。"② 梁启超也是著作权制度的支持者。他在主编《清议报》期间，曾经刊发了日本《东洋经济新报》上一篇题为《论布版权制度于支那》的文章，该文建议把著作权制度推行到中国；同期还发表了一篇题为《读经济新报布版权于支那论》的回应文章，文中认为"于其一方。当保护著者之权利。使之功劳相偿。以劝其业。于他之一方。则仍欲广为流通。以骤进国民之智识"③。

3. 对外商约谈判中，外国政府提出了知识产权保护的要求

从1902年开始，西方列强及日本先后与清政府订立通商条约，且无一例外地在条约谈判中提出了保护知识产权的要求。尽管这些条约具有不平等性，但有关知识产权条款的谈判在客观上起到了一定的传播知识产权观念的效果。

首先，中方谈判者必须要了解知识产权制度。以《中美续议通商行船条约》为例。谈判之初，中方代表盛宣怀曾提出商标、专利、版权条款译文不清，以后

---

① 扬州师范学院中文系编：《洪仁玕选集》，中华书局1978年版，第13-15页。
② 严复：《与管学大臣论版权书》，载周林、李明山主编：《中国版权史研究文献》，中国方正出版社1999年版，第47页。
③ 梁启超：《读经济新报布版权于支那论》，载《清议报》1899年第13期。

再议。① 如果结合其他文献考察，这种"不清"可能主要是因为当时的中方代表对知识产权的基本术语不甚了解。美国驻上海总领事在 1904 年致美国大使的信中说："中国人似乎分不清商标与专利……我们在商谈（1903 年）条约时，几乎无法向他们解释清楚商标和专利的区别。"② 谈判的过程无疑会起到传播知识产权知识的作用，尤其考虑到谈判的参与者多数是有决策影响力的官员，这种传播的效果是不可低估的。

其次，条约的内容本身也会起到宣传的作用。《中美续议通商行船条约》不仅引入了"版权""商标"等沿用至今的术语，而且也较为详细地示范了权利内容、注册制度等基本的规则设计，对日后知识产权的国内立法和学术研究无疑会产生影响。例如，该条约第 9 款规定："无论何国人民，美国允许其在美国境内保护独用合例商标，如该国与美国立约，亦允照保护美国人民之商标。中国今欲中国人民在美国境内得获保护商标之利益，是以允在中国境内美国人民行铺及公司，有合例商标，实在美国已注册，或在中国已行用或注册后，即欲在中国行用者，中国政府准其独用，实力保护。凡美国人民之商标，在中国所设之注册局所，由中国官员查察后，经美国官员缴纳公道规费，并遵守所定公平章程，中国政府允由中国该管官员出示禁止中国通国人民犯用、或冒用、或射用、或故意行销冒仿之货物，所出禁止应作为律例。"第 10 款规定："美国政府，允许中国人民，将其创制之物，在美国注册，发给创造执照，以保自执自用之利权。中国政府，今亦允将来设立专管创制衙门，俟该专管衙门既设，并定有创制专律之后，凡有在中国合例售卖之创制各物，已经美国给以执照者，若不犯中国人民所先出之创制，可由美国人民缴纳规费后，即给以专照保护；并以所定年数为限，与所给中国人民之专照一律无异。"第 11 款规定："无论何国，若以所给本国人民版权之利益，一律施诸美国人民者，美国政府，亦将允美国版权律例之利益，给与该国之人民。中国政府，今欲中国人民，在美国境内得获版权之利益，是以允许凡专备为中国人民所用之书籍地图印件镌件者，或译成华文之书籍，系经美国人民所著作，或为美国人民之物业者，由中国政府援照所允保护商标之办法及章程，极力保护十年，以注册之日为始，俾其在中国境内，有印售此等书籍地图镌件或译本之专利。除以上所指明各书地图等件不准照样翻印外，其余均不得享此版权之利益。又彼此言明，不论美国人所著何项书籍地图，可听华人任便自行繙

---

① 参见王兰萍：《近代中国著作权法的成长（1903—1910）》，北京大学出版社 2006 年版，第 85 页。
② ［美］安守廉：《窃书为雅罪——中华文化中的知识产权法》，李琛译，法律出版社 2010 年版，第 51 页。

绎华文，刊印售卖。凡美国人民或中国人民为书籍报纸等件之主笔，或业主，或发售之人，如各该件，不得以此款邀免，应各按律例惩办。"① 不难看出，这些规定已经包含了知识产权保护最基本的构造。

4. 民族产业和资本主义经济有了一定的发展，出现了与知识产权相关的利益诉求

清末有关知识产权的著述之中，以著作权领域为最多，主要原因之一是著作权与出版业的利益密切相关，出版者自然更愿意传播著作权保护观念。商务印书馆就是当时积极主张著作权保护的出版机构之一。1903年，商务印书馆出版了《版权考》一书②，书中有一段序言，开篇即言"人己两利，方为真利。自计学家发明此理，国家不得禁人言利"，又言"所谓 Trade Mark 商标、Patent 专利、Copy-right 版权之律以成，而关系于文明之进步者，独以版权为最敩"。序言作者对知识产权的了解程度，是让人惊叹的。序言落款为"商务印书馆主人序"，世人推测可能是时任商务印书馆编译所所长张元济的手笔。③ 郑观应在自己的多部著述中主张鼓励发明创造，例如在《论机器》一文中写道："至于泰西定例：凡能别出心裁，制一奇器，有益于国计民生者，则必赏以职衔，照会各邦，载于合约，限以年数，准其独造，期满之后，别人乃得仿效。……中国能踵而行之，未始非振作人材之道也。"④ 郑观应的立场与其实业家身份是密切相关的。安守廉教授认为，"至少在官员以外的圈子里，人们对某些可市场化的知识财产已经有所认识。随着印刷与制造技术的日益复杂，有少数作者和企业家组成公会以阻止他人未经许可地使用自己的创造成果，虽然这种意识远未普及"⑤。

秦瑞玠在《著作权律释义》中对《大清著作权律》产生的社会内因有非常透彻的分析："自海通之后，闻见日新，国民思想为之一变。印刷术进步，交通机关便利，需要与供给日增。著作者不惟名誉，而兼利益，射利之徒，亦遂乘之。以售其欺侵冒之事日多，权利之保护日急，而法律思想，亦适与各科学同时发达。故向者翻刻必究之虋揭，仅有社会之习惯，继也版权所有之保护，渐见之官厅之命令，终至于今日而著作权成文之规定，遂见之于国家之法律。"⑥ 技术与

---

① 《外交评论》1934年第3卷第3期，第206—207页。
② 参见[英]斯克罗敦·普南、[美]罗白孙：《版权考》，周仪君译，商务印书馆1903年版。全文已收入周林、李明山：《中国版权史研究文献》，中国方正出版社1999年版，第50—77页。
③ 参见王兰萍：《近代中国著作权法的成长（1903—1910）》，北京大学出版社2006年版，第40页注释1。
④ 夏东元编：《郑观应集》（上册），上海人民出版社1982年版，第90页。
⑤ [美]安守廉：《窃书为雅罪——中华文化中的知识产权法》，李琛译，法律出版社2010年版，第52页。
⑥ 秦瑞玠：《大清著作权律释义》，商务印书馆2015年版，第4页。

经济发展所孕育的作品之上的市场利益,是著作权法产生的社会基础之一。因此,尽管清末的知识产权保护有迫于外压、急于变法等"超市场因素",但也并非毫无产业基础。从这一点来说,中国知识产权法的诞生是合乎知识产权制度发生的一般历史规律的。

二、清末中国知识产权观念的总体倾向与实际影响

因为知识产权制度与变法图强的关联性,总体而言,清末的社会观念对知识产权的评价是积极的。专利保护基本成为维新派的共识,例如陈炽、郑观应、薛福成等均在论著中提倡专利制度。① 商标保护被当作振兴实业的手段,"是以重商之国,无不设有特别之法律,以保护其商民。尤必设有特别之法律,以保护其商民之商标"②。著作权保护则被视为开启民智、发展教育的利器,严复认为:"是故国无版权之法者,其出书必希,往往而绝。希且绝之害于教育,不待智者而可知矣。"③ 另外,由于当时的经济与技术不发达,中国从知识产权保护中获益的能力与西方国家不可同日而语,并且迫切地需要引进外国的技术与作品,所以尽管社会观念普遍地支持保护本国人的知识产权,但对于知识产权的国际保护则有不同意见。在著作权领域,1902年蔡元培发表《日人盟我版权》,反对中日成立版权保护同盟,认为"我国论者,又以东书译述,于今方滋,文明输入,此为捷径,版权一立,事废半涂"④。管学大臣张百熙对严复等人的著作权保护主张积极回应,并指责国内盗版者:"闻外省遂指为准翻书目内所刻原有版权各书,有意影射,殊堪痛恨。"⑤ 但在论及著作权的国际保护时,张百熙则极力反对。他在《致日本使臣内田康哉氏函》中指出:"夫使敝国多译数种外国书,使国人读之,通外事者较多,将来各种商务大兴,中外共受其利。若如此办法,书籍一不流通,则学问日见否塞。虽立版权,久之,虽外国书无人过问,彼此受害甚多。"⑥ 在《中美续议通商行船条约》的谈判期间,京师大学堂的学生还因反对

---

① 参见杨利华:《中国知识产权思想史研究》,中国政法大学出版社2018年版,第75-76页。
② 《论商标》,载《商务报》1904年第15期,第15-19页。
③ 严复:《与管学大臣论版权书》,载周林、李明山编:《中国版权史研究文献》,中国方正出版社1999年版,第47页。
④ 蔡元培:《日人盟我版权》,载周林、李明山编:《中国版权史研究文献》,中国方正出版社1999年版,第38-39页。
⑤ 《管学大臣批答廉慧卿部郎呈请明定版权由》,载周林、李明山编:《中国版权史研究文献》,中国方正出版社1999年版,第46页。
⑥ 《管学大臣争论版权函电汇录》,载周林、李明山编:《中国版权史研究文献》,中国方正出版社1999年版,第41页。

条约中的版权条款而抗议。在商标领域，因为清末中国商品能进入国际市场的极为罕见，而鸦片战争之后外国商品大量输入中国，显然外国列强与中国从商标国际保护中获益的程度是不平等的。"商标之保护……而其需要之动机，则属于洋商者，实较之华商为早。"① 因此清政府对于商标保护较为消极，外国列强的促请是清末商标立法更为直接的动力。在专利方面，张之洞曾于中美商约谈判之时致函中方代表吕海寰、盛宣怀、伍廷芳等人，反对保护外国专利："美国允许中国人将其创制之物在美国领取专利牌照云云，此时中国人岂有能创制新机在美国设厂者？不过藉此饵我允保护美人专利耳，真愚我也。所谓保护者，即禁我仿效之谓也。"②

毋庸讳言，经济与文化实力不同的国家从知识产权保护中获益的程度是不同的。知识产权制度固然可以刺激本国的创新活动，但也会增加引进外国知识的社会成本。时至今日，如何平衡权利的保护与知识的自由传播，依然是知识产权理论的重要话题。清末的中国既需要变法图强，又急需快速引进发达国家的知识，因此出现对知识产权保护表示顾虑的意见是非常自然的。张百熙致函两江总督刘坤一谈及中美商约中的版权条款时，把这种顾虑表述得非常清楚："现在中国振兴教育，研究学问，势必广译东西书，方足以开民智……今日中国，学堂甫立，才有萌芽，无端一线生机，又被遏绝，何异劝人培养，而先绝咨粮……不立版权，其益更大。似此甫见开通，遂生阻滞，久之，将读西书者日见其少。各国虽定版权，究有何益？"③ 这些反对意见在客观上促使清政府在对外谈判中努力争取对中国发展有利的条件。在清末订立的中外商约中，对著作权的保护基本都限于"专备中国人使用的书籍"。例如，1903年的《中美续议通商行船条约》第11款把对美国人的著作权保护限于"专备为中国人民所用之书籍、地图、印件、镌件者，或译成华文之书籍"，还规定"不论美国人所著何项书籍地图，可听华人任便自行翻译华文，刊印售卖。" 1903年《中日通商行船续约》第5款也限定："日本臣民特为中国人备用起见，以中国语文著作书籍以及地图、海图执有印书之权……"这种限定大大地缩小了对外国作品的保护范围，很大程度上避免了知识产权保护对中国吸收外国先进文化可能造成的障碍。在商标和专利国际保护方面，清政府则采用了一些拖延策略，承诺待相应注册机构成立之后再履行保护义务。例如《中美续议通商行船条约》第9款规定，"凡美国人民之商标，在中国

---

① 《关于商标之沿革》，载农工商部商标局编：《商标公报》（第1期），1923年出版，附录部分。
② 转引自徐海燕：《中国近现代专利制度研究（1859—1949）》，知识产权出版社2010年版，第72-73页。
③ 周林、李明山编：《中国版权史研究文献》，中国方正出版社1999年版，第42页。

所设之注册局所，由中国官员查察后，经美国官员缴纳公道规费，并遵守所定公平章程，中国政府允由中国该管官员出示禁止中国通国人民犯用，或冒用，或射用，或故意行销仿冒之货物，所出禁止。"第10款规定："中国政府，今仅亦允将来设立专管创制衙门，俟该专管衙门既设，并定有创制专律之后，凡有在中国合例售卖之创制各物，已经美国给以执照者，若不犯中国人民所先出之创制，可由美国人民缴纳规费后，即给以专照保护……"而直到清朝灭亡，正式的商标与专利注册机构也没有成立。

对法制观念实际影响力的一个考察角度是司法裁判。从清末发生的一些诉讼来看，在《大清著作权律》颁布之前，一些中国法官与律师对知识产权的了解和运用已经达到了相当的程度。在"郑鄙亮诉鼎新书局"一案中，原告绘制了潮州地图，于宣统元年（1909年）出版。同年原告发现鼎新书局盗印，遂起诉。澄海商埠审判庭在判决中称，"查近来中外通则，凡著作权、版权均须禀准官厅立案，给有证书，始得专卖"[1]。有法制史学者评价："本案发生于《大清著作权律》颁布之前，澄洲商埠地方法院的判决依据就能够认可登记授权的著作权法理念，是令人吃惊的。"[2] 虽然本案原告并未向官府登记、申请禁令保护，法官还是通过调停，令被告缴银5元，以为绘图之资。[3] 这种处理反映了法官维护作者利益的价值倾向，救济方案也接近许可费标准的损害赔偿计算。

另一起能反映清末法律实务界对知识产权了解程度的典型案件，是"美国经恩公司诉上海商务印书馆"案。[4] 上海商务印书馆翻印了经恩公司出版的《欧洲通史》（迈尔所著，故后文引用的法律文书中称"迈尔通史"），经恩公司请求禁止出售，此案由会审公廨审理。判决分析了本案可能适用的三种法律：（1）中国法；（2）万国公法（国际法）；（3）中国与外国订立之条约。就中国法而言，《大清著作权律》颁布之后，"中国人之文艺著作物始有著作权。若他国人则可酌示通融，而不能借口争执……然则此案，商务印书馆既无假冒字号之事，则翻印售卖迈尔通史，按律固无应得之咎"。就国际公约而言，中国并未加入《伯尔尼公约》，"故中国之著作者，在中国地方出版发行之著作物，一入外国，即不能援版权协约及其国之著作律，以求保护；而外国之著作者，在中国亦不能借口于中国著作例之利益"。就双边条约（《中美续议通商行船条约》）而言，"查美约第十一

---

[1] 王兰萍：《近代中国著作权法的成长（1903—1910）》，北京大学出版社2006年版，第152页。
[2] 王兰萍：《近代中国著作权法的成长（1903—1910）》，北京大学出版社2006年版，第153页。
[3] 参见王兰萍：《近代中国著作权法的成长（1903—1910）》，北京大学出版社2006年版，第153页。
[4] 参见《重订翻印外国书籍版权交涉案牍》，载周林、李明山编：《中国版权史研究文献》，中国方正出版社1999年版，第166-198页。

款所许之著作权，系以专为中国人民教育之用为限制，其余皆不得援以为例。此案迈尔通史……其非专为中国人民之用，已无疑义"。

在商务印书馆代理律师之一礼明律师的辩词中，首先提到了著作权的地域性："夫版权者，权利也。原告欲争此权利，其不能出中国法律之范围，及中国与美国订立之条约也必矣。"而且还特别提道："至于中国法律之对于外国之印刷品，亦未与美国有差别也……故书经他国给予版权者，如美国与该国未立有版权之条约，而美国之版权法律亦未经大总统颁行，准予各该国人民一体享受。"辩词中特意摘录了美国法律全书有关版权的条款以为证明，并反问："美国法律先已不准华人享受，尚得谓中国以人之施诸我者，还而施诸其人为有乖通商之道德否耶。"①

从以上法律文书可以看出，"保护本国人知识产权"和"依法限制对外国人知识产权保护"的观念已经实践于司法。当时至少有部分法官和律师已经了解知识产权的地域性、外国知识产权立法和知识产权的国际保护，说理清晰明了。尤其值得注意的是，在"美国经恩公司诉上海商务印书馆"案的判决中，提到了"商务印书馆既无假冒字号之事，则翻印售卖迈尔通史，按律固无应得之咎"，暗示了如果存在假冒字号之事，商务印书馆可能要承担法律责任。法官将"是否假冒字号"作为独立于著作权的考量因素，表明其可能已认识到著作权保护和商业标记保护的区别。

综上，虽然中国社会的知识产权观念在清末刚刚萌生，但不可低估人们对知识产权的了解与运用程度。至少从清末中外商约的知识产权条款和知识产权裁判来看，一些专业人士对知识产权的精通是颇可圈点的。正如有西方学者指出的那样，"切不可夸大晚清及民国初年中国人对知识产权法的陌生"②。

第二节 清末知识产权法学术语的生成

一、日本法学术语的引入

概念是学科的基础，术语的确立与演变，是学术史考察的重要内容之一。俞江教授认为，1900年是中国近代法学史的分界线，当时1869年赴日的留学生已

---

① 周林、李明山编：《中国版权史研究文献》，中国方正出版社1999年版，第184-187页。
② ［美］安守廉：《窃书为雅罪——中华文化中的知识产权法》，李琛译，法律出版社2010年版，第52页。

经学有所成，引进了很多日译的法学名词。① 在 1900 年之前，汉译的法学术语非常不成熟，主要表现在：（1）有些语词保留着类句子的痕迹，例如把"creation"译为"无而有者"；（2）用中国传统文化中已有的表达比附西方法学术语，失掉了词语的本意，例如把"administration"译为"朝廷"；（3）一词多译或多词一译，前者例如，把"natural law"译为"天然律例""天律之法""天然之理"等，后者例如，把"privilege"和"right"都译成"权利"②。相比之下，日译的法学名词形成了一个完整的语词系统，克服了一词多译或多词一译的不足。"日本法学语词在 20 世纪初能够迅速占领中国法学的各个学科，其优越性正是在于它的系统性和固定性。"③ 此外，用日译名词既能克服牵强比附的缺陷，又由于字形与汉语的一致性，易于学习与传播。

知识产权术语在晚清的形成也基本体现了以上路径。在日本法学辞书引入之前，知识产权术语的译法比较粗糙、混乱。例如，1885 年出版的《佐治刍言》中提到了"patent"和"copyright"，但译者并未直接译出这两个词，而是笼统地使用了"独用"、"独造"和"独行"之法。④ 这一时期正如俞江教授所言，尚处于用中文固有词比附的阶段，一个典型的例子是"专利"。"专利"是古代汉语中的固有词汇，原指"独占利益"。《国语》中有："荣公好专利，而不知大难……今独专利，其可乎？匹夫专利，犹谓之盗，王而行之，其归鲜矣。"清末对"专利"一词的最初理解，往往掺杂了"patent"在西方法中的含义和"独占利益"的中文含义。例如，1882 年光绪皇帝批准郑观应等人设立的上海织布局享有十年"专利"，实际上是专营。李鸿章为郑观应奏请时指出，"查泰西通例，凡新创一业，为本国未有者，例得畀以若干年限。该局用机器织布，事属创举，自应酌定十年之内，只准华商附股搭办，不准另行设局……"⑤。奏章以西方专利制度的正当性为据，却把获得专利的理由从发明创造泛化为"新创一业"，而且把权利的效力描述为专营，显然是中西杂烩的一知半解。这种曲解引起了殷之辂的批评："侧闻前此上海布局开办之初，有禁止仿效，准其独行之说，岂扭于泰西有保护创法者独行若干年之例而误会耶！夫泰西此例本为鼓励人才兼酬其创始之劳，不闻因人有法而复禁仿效者，况中国此举系欲收回洋利，以拒敌洋纱洋

---

① 参见俞江：《近代中国的法律与学术》，北京大学出版社 2008 年版，第 11 页。
② 俞江：《近代中国的法律与学术》，北京大学出版社 2008 年版，第 9—11 页。
③ 俞江：《近代中国的法律与学术》，北京大学出版社 2008 年版，第 17 页。
④ 转引自余俊：《中国知识产权学术演进的百年历程》，载刘春田主编：《中国知识产权四十年》，知识产权出版社 2019 年版，第 103 页。
⑤ 转引自徐海燕：《中国近现代专利制度研究（1859—1949）》，知识产权出版社 2010 年版，第 59 页。

布来源之盛，非与本国人争利也，设若误行此例，是何异临大敌而反自缚其众将士之手足，仅以一身当关拒守，不亦慎乎？"① 在《中美续议通商行船条约》的版权条款中对"专利"一词的使用也是指"独占权"："以注册之日为始，俾其在中国境内有印售此等书籍、地图、镌件或译本之专利。"这就是"多词一译"现象，用"专利"同时指称"patent"和"exclusive right"。1900 年，《湖北商务报》刊载了译自《华英捷报》的《专利新章》一文，曰："日本今定专利新章。新物专利以十五年为期。新书以十年为期。第年须出费耳。保护货物之牌号以二十年为期。若在国外通商地方注册者，年期仍旧。"② 这是比较罕见的用"专利"涵盖专利权、著作权、商标权的用法，基本上将"专利"等同于"知识产权"。

商标领域则是典型的"一词多译"。据余俊教授考证，在中国正式出版物中首次使用"商标"者，可能是康有为。③ 康有为的《大同书》中有："然交通日繁，故邮政、电线、商标、书版，各国久已联通，特许专卖及博士学位之类，皆各国合一。欧美先倡，日本从之。"④ 此书的首次出版时间有"1884 年"和"1901—1902 年之间"两种说法。⑤ 1902 年《中英续议通商行船条约》第 7 款规定："英国本有保护华商贸易牌号，以防英国人民违犯、迹近、假冒之弊，中国现亦应允保护英商贸易牌号，以防中国人民违犯、迹近、假冒之弊。"1903 年《中美续议通商行船条约》第 9 款规定："无论何国人民，美国允其在美国境内，保护独用合例商标……"1903 年《中日通商行船续约》第 5 款规定："中国国家允定一章程，以防中国人民冒用日本臣民所执挂号商牌，有碍利益，所有章程必须切实照行。"1905 年中葡《通商条约》第 15 款规定："葡国本有定例，他国若将葡国人民在该国内所使之货牌竭力保卫以防假冒，则葡国亦将该国人民在葡国所使之货牌，一律保卫。"在这些条约中出现了"贸易牌号""商标""商牌""货牌"四种称谓。可见，当时对"trademark"还没有固定的对译。

据法制史学者考证，清末共出版了四部法律辞书，分别是：1907 年出版的

---

① 殷之辂：《纺织三要》，载陈忠倚辑：《皇朝经世文三编》（第 61 卷），上海书局 1901 年石印版。有些文献误以为此语出自郑观应，例如，徐海燕所著《中国近现代专利制度研究（1859—1949）》第 61 页，此书直接引用的来源是林平汉的《十年专利与近代中国机器织布业》（《学术月刊》2000 年第 10 期）。这段话批评的对象就是郑观应设立的上海织布局，郑观应不可能突然开展"自我批判"。在《皇朝经世文三编》第 61 卷中，《纺织三要》之前是郑观应的《纺织》，估计引用者弄错了出处。除此之外，引用的内容也有讹误，例如"不亦俱乎"应为"不亦慎乎"。
② 《湖北商务报》1900 年第 45 期，第 38 页。
③ 参见余俊：《商标法律进化论》，华中科技大学出版社 2011 年版，第 2 页。
④ 康有为：《大同书》，陈得媛、李传印评注，华夏出版社 2002 年版，第 98 页。
⑤ 参见余俊：《商标法律进化论》，华中科技大学出版社 2011 年版，第 2 页。

《日本法政词解》和《日本法规大全解字》，1909年出版的《汉译日本法律经济辞典》，1908年出版的《法律名词通释》。前三本是对日本辞书的翻译，只有最后一本是直接用汉语撰写的法律辞典。① 在这些辞典中，出现了"著作权""版权""商标"等名词。这些辞典为统一知识产权术语发挥了作用。特别值得一提的是，在《汉译日本法律经济辞典》中，有"智能权"条目："智能权，谓保护智识能力，使不为他人所侵之权利，如关于著作、意匠者是也。"② 在1967年《建立世界知识产权组织公约》订立之前，"知识产权"这一概念在国际上并未被普遍采用，知识产权理论的体系化程度非常低，很少有统合著作权、专利权、商标权等各知识产权类型的学术成果。"智能权"这一上位表述的出现，意味着理论上有了进一步抽象。

二、近代中国知识产权术语体系对外来词的取舍

近代中国对日本知识产权术语的移植并非照单全收、毫无选择的。例如，在《大清著作权律》颁布之前，辞典中同时收录了"版权"和"著作权"，最终"著作权"被选定为法律文件的正式用语。一个可能的原因是受日本影响，日本原采用"版权法"表述，后在1899年法中改用"著作权法"。《汉译日本法律经济辞典》的"版权"条目释义中注明："新法改为著作权。"《法律名词通释》的"版权"条目释义也说明："现行著作权法内，改为著作权。"③ 1910年，陶保霖在《教育杂志》发表《论著作权法出版法急宜编订颁行》一文。④ 陶在文中使用了"著作权"的表述，他指出，著作权"即现在吾国所称版权"。陶文认为，"第版权有出版之权利意味，而著作权则可包含美术家之图书雕刻，音乐家之乐谱曲本，范围较广。推衍其意，可称为创作者之权利，或精神上之财产；又可称为学艺及美术上之所有权。而要之，以称为著作权为最合"。可见，清末法律界对"版权"和"著作权"称谓的优劣是进行了比较的。在新中国制定《著作权法》时，"著作权"与"版权"称谓之争又重新提出，以至于今日两个术语同时混用。陶保霖的论述实际上已经对"著作权"之选给出了充分的理论说明。

另外，一些不合汉语表达习惯的词汇，最终被淘汰了，例如"意匠"。《汉译

---

① 参见王兰萍：《近代中国著作权法的成长（1903—1910）》，北京大学出版社2006年版，第30页。
② ［日］田边庆弥主编：《汉译日本法律经济辞典》，王我臧译，上海商务印书馆1909年版。转引自王兰萍：《近代中国著作权法的成长（1903—1910）》，北京大学出版社2006年版，第32页。
③ 王兰萍：《近代中国著作权法的成长（1903—1910）》，北京大学出版社2006年版，第32、34页。《法律名词通释》中的"现行著作权法"是指日本著作权法。
④ 参见陶保霖：《论著作权法出版法急宜编订颁行》，载《教育杂志》1910年第4期。

日本法律经济辞典》对"意匠"的解释是："关于物品之形状、花样、彩色等之新考案，曰意匠。其可应用于工业者，注册后，得专用之。此为法律所许，即所谓意匠权也。"① 不难看出，"意匠"即"外观设计"。"意匠"一词后来在民国时期被"新式样"替代。一个可能的原因是，这个术语在汉语中难以理解。俞江教授认为，"部分日译法学语词的弃置，意味着汉语系统已经有了改造日译语词的能力，说明移植已经超越了生吞活剥的时期，标志着中国的现代法学语词系统基本形成"②。另外一个值得关注的现象是，越是汉语中已有固定含义、且原有含义与法律含义有差异的词汇，越容易引起混乱，例如"专利"。在1911年以后，"著作权"与"商标"的用法基本固定，但"专利"的使用还未完全统一，马寅初在1931年发表的一篇论文中，还把"patent"译为"专卖权"③。

第三节 清末知识产权文献的主要形式

清末知识产权观念与制度的传播形式主要包括介绍性文章、译作、辞典、论文和法律注释。此时虽然难谓有体系化的知识产权法学，但这些零散的传播成果的确构成了中国知识产权法学的基础。在这些成果中，研究性论文和法律注释的理论价值最高，但数量也最少。本节将对清末主要的知识产权文献做一个梳理，并侧重介绍其中学术价值较高的几部成果。实际上，在中国出版的期刊中最早涉及知识产权的，是《北华捷报》(The North-China Herald)。在"中国近代中英文报纸全文数据库"中以"版权"、"商标法"和"专利"作为关键词搜索，搜索结果中出版年份最早的全部来自《北华捷报》。例如，涉及著作权的有1856年的 An American editor says that his countrymen understand by copyright the right to copy 一文④；涉及专利的有1853年的 A Mr. Berdan has just patented in England a Quartz pulveriser and amalgamator "for which he has already sold his right of Patent in America for half a million of dollars" 一文⑤；涉及商标的有1887年的 Merchandise marks bill and the cotton trade。⑥《北华捷报》由英国商人奚安门（Henry Shearman）于1850年创办，是近代中国最有影响力的英文报纸，主

---

① [日] 田边庆弥主编：《汉译日本法律经济辞典》，王我藏译，商务印书馆1911年版，第113页。
② 俞江：《近代中国的法律与学术》，北京大学出版社2008年版，第22页。
③ 马寅初：《商标与〈商标法〉》，载《银行周报》1931年第15卷第47期。
④ The North-China Herald, 1856年11月11日，003版。
⑤ The North-China Herald, 1853年10月15日，003版。
⑥ The North-China Herald, 1887年9月6日，004版。

要读者群是在华的外国外交官、传教士和商人,后被英国驻上海领事馆指定为公文发布媒介。因为报纸的很多文章有关商业,所以也涉及与产业密切相连的知识产权问题。对于能够阅读英语的中国知识分子而言,《北华捷报》无疑会起到传播西学的作用,而且该报也登载了一些中国作者以英语撰写的文章。有研究者检索了自 1850 年至 1911 年出版的《北华捷报》,中国人发文共计 48 篇。① 由此可以推断,此类英文刊物至少对中国的知识分子会起到一定的影响作用。但考虑到清末中国能够直接阅读英语文献的人数极其有限,本节仅梳理清末的知识产权中文文献。

一、宣扬知识产权保护的普及性著述

知识产权学说在中国的最早传播,主要是通过一些介绍西方知识产权制度的普及文献。这些著述又可分为两类:一是非专论性的,只是在介绍西方制度时提及知识产权;二是专门介绍知识产权的著述。

非专论性的著述通常是在讨论强国之策时论及知识产权。除了前述韦廉臣的《格物穷理论》和洪仁玕的《资政新篇》外,较有代表性的还有郑观应在《救时揭要》《易言》《盛世危言》等著作中对专利保护的呼吁,以及汪康年在《论中国求富强宜筹易行之法》和《商战论》二文中提出的"宜定专利之法","不定专利之条,不严冒牌之禁,则货物不能美"等论述。②

在有关知识产权的专门介绍中,有几个特别值得关注的史料:

1898 年,《格致新报》以"答读者问"的形式,解释西方的著作权制度。读者陈仲明来信,"闻欧美诸国,凡有人新著一书,准其禀官立案,给以牌照,永禁翻刻,以偿作者苦心。中国倘能仿行,似亦鼓舞人才之一助。惟一切详细章程,恨未得悉,即请示知。"报社的答复者对外国著作权法有一定的了解,言"美国近来亦行是律",但美国人翻印英国书籍,法律执行不严;"欧洲各国之律,较美为严"。但答复并没有抓住著作权制度的重点,有些介绍也不准确,例如,"给一牌照,限期或三十年、或五十年不等,视原书之有益无益而定,并行之各省"③。这份答问反映出当时的中国民众渴求了解西方的知识产权制度,而介绍

---

① 参见李姗:《晚清时期〈北华捷报〉上的中国声音》,载《近代史研究》2015 年第 5 期,第 97-116 页。
② 参见余俊:《中国知识产权学术演进的百年历程》,载刘春田主编:《中国知识产权四十年》,知识产权出版社 2019 年版,第 77-78 页。
③ 《格致新报》,1898 年闰三月初一,第 5 册。转引自周林、李明山:《中国版权史研究文献》,中国方正出版社 1999 年版,第 18 页。

者的了解程度也十分有限。

另一篇较有特色的文章是《中西士人问答·论著书》。① 此文采用中西人士问答的形式，先是西人发问："而民四之中，亦惟士最穷，盖读书而发迹，百人中一人……子试言之，中国之士，其可以牟利者有几端?"作者答曰，可以通过教书、国家书院资助、在卿相门下当幕僚等途径获利。于是西人开始介绍欧洲文人通过著作权谋利的生存之道："西国之士，凡著书立说，不论何项，每成一书，出以问世，果为士林许可，则风行海内，阅者必多。而朝廷本有禁令：凡某人之书初出，或十年内或二十年内必归其人自印发卖，翻印者为之查究，故著书者得于著成后坐收其利。"而后，西人接着分析缺乏著作权保护对中国文化的不利影响。"今观中国之士，终身著述，而书或无资刊印，即数世不出。苟出矣，而坊间翻板同时发卖……以数十年之辛苦，易数十金笔墨之资，岂不可惜! 何中国人不知算计若此耶?"西人还对中国的实际法律环境做了观察："每见书肆所卖之书，其首页有'翻刻必究'字样，而从未闻以翻刻书籍肇成讼祸者。"西人进一步指出，如果读书人可通过著书致富，不单求仕途，可以减少钻营之风："又知仕进之外，尚有著书致富之一途，则一切钻营苟且之习，如谋局差，若荐馆地，若教唆词讼，若出入衙门，若招摇撞骗，若武断乡曲，诸事皆可不作，岂不安贫乐业，皆为敦品励学之儒哉!"最后，西人又分析了当前的形势，"且子不见夫世事之转移，今已愈甚乎"。指出如今印刷技术革新，印刷成本降低，出版产业发展，"已不必如从前之巨费，又得禁令一申，严究翻板，则将来士之致富岂可限量哉!"因此文作者不详，究竟"西人"是实有其人还是作者虚构，无从考证。但从文章对中国士人"钻营苟且之习"的分析之透彻来看，不排除是作者假托问答形式，实际并无对话的"西人"。无论如何，此文在清末推介著作权的著述中堪称佳作，其全面地从保障作者的物质利益、维护人格独立、促进作品传播、顺应产业发展等角度论证了著作权保护的益处，具有很强的说服力。

在传教士的作品中，林乐知于 1904 年发表的《版权之关系》论述较为深入。② 文章从中国学堂渐兴、课本稀缺而好课本常常被盗印说起。有人误认为在上者可以任意予夺版权是外国公例，林乐知指出这是一种误解，"实则西国无是法也。执笔人不得不有以辨之"。林文阐释了版权的定义："夫版权者，西国以保护著书者、印书者之权利也。"并指出了版权的私权属性："彼著书者、印书者自

---

① 参见《中西士人问答·论著书》，载邵之棠辑：《皇朝经世文统编》卷六，文教部六"译著"，上海宝善斋 1901 年石印，作者不详。转引自周林、李明山：《中国版权史研究文献》，中国方正出版社 1999 年版，第 23 页。

② 参见林乐知著，范祎述：《版权之关系》，载《万国公报》1904 年第 183 期。

有之权利,谓之版权,而国家因以保护之。保护乃国家之责任,而非其恩私也。"文章还论证了版权保护的正当性:"著书者瘁其心力,印书者出其资本,而共成一书以供给社会,使社会中之人皆得此书之益,则必思有以报之,于是乎有版权。"此文一个突出的优点在于,没有像流行学说那样仅仅强调鼓励创作,而是关注了投资者的利益,这种论述其实更符合知识产权的本质。林乐知在谈到个人经历时,承认自己"并不为贸利起见",有时对他人的翻印听之任之,但对出版者的利益不能不顾,"惟是印书者为广学会,彼既出资以印,虽亦非贸利,而要不能收回成本,便于接续流传。有此翻印,而书之销行迟滞,无从更印新书,以益社会,未免受翻印之损。"文末结合中国现状,称出版业有益于社会良多,"然则苟有兴盛中国之心者,宜若何多方保护,令皆乐从于此哉。"可谓言简意赅,说理充分。

二、国外知识产权著述的译作

在译作之中,较有代表性的当属商务印书馆出版的《版权考》。① 据"例言"部分介绍,此书译自英国泰晤士报社编辑的《大不列颠百科全书》,作者为"英美二硕儒"。《版权考》分为"论版权之胚胎""论版权之发达""论版权之进步"三篇,比较详尽地介绍了版权的起源、西方主要国家的版权制度以及国际公约。因此书体系完整,法史界有学者认为此书的翻译出版"是中国近代著作权法学之始"②。

此书内容极其繁杂,第一篇"论版权之胚胎",介绍了版权保护的起源和英国《安妮法》(书中译为"安纳法")的制定过程与基本内容。第二篇"论版权之发达",介绍了版权如何由文字之版权拓展至"艺学之版权、戏剧之版权、音乐之版权、石印之版权、美术之版权",还介绍了法国、普鲁士、奥地利、荷兰、比利时、丹麦、瑞士、西班牙、俄罗斯、德国、美国等国的版权制度。第三篇"论版权之进步",包括"版权概论""新戏及歌曲之版权""美术家之版权""殖民地之版权""万国版权同盟""白痕(伯尔尼)会议条件""美国版权改良""艺学家版权沿革"等内容。

就介绍之全面而言,此文献在清末知识产权著述中当属凤毛麟角,但内容失之琐细,对于当时尚处于观念启蒙时期的中国社会而言,未见得合适。另外,从

---

① 参见[英]斯克罗敦·普南、[美]罗白孙:《版权考》,周仪君译,商务印书馆1903年版。全文可见于周林、李明山:《中国版权史研究文献》,中国方正出版社1999年版,第50—77页。
② 王兰萍:《近代中国著作权法的成长(1903—1910)》,北京大学出版社2006年版,第27页。

译文来看，当时的术语翻译还比较粗糙，例如把"自然权利"译为"生人之产"。对"专利"的使用也比较混乱。文中把版权定义为"谓制新器著新书之人，国家给以优奖，许其专利也。"按此定义，版权应为专利之一种，专利的含义广于版权。后文又说"版权者，专有之名词也。本含有专利之义，惟专利之意狭，版权之意广。专利者只专其售卖之利，而版权者，既禁人售卖，且又禁人仿造也。"说明译者把"专利"既对应宽泛的"专有权"，又对应狭隘的"售卖权"，含义不统一。

1907年，《法政学交通社杂志》登载了《商标法要义》①，但仅注明了译者是汤一鹗，没有注明原作者。此文是对日本商标法的注释，其中一些关于概念的解释具有很强的学理性。例如对"商标"的解释："商标者，为表彰已商品上之必要而设者也。则商标与商品分离，不得单认商标之存在。故为表彰他人商品而设之商标，或借他人商标而表彰自己之商品等，以与商标之趣旨相背驰，不得谓之商标。凡商标之所以为商标，基于表彰自己营业上之商品而生。因不表彰自己之商品，则全然失其必要。本条限表彰自己之商品而已。"文章还强调商标权的依据是"以商标为专用之事"，并言："商标者，许与自己专欲使用者之物。对于不使用者，不许也。此商标于表彰自己之商品而使用之者，法律上附与以专用权。断无以不使用者而享其权利。不宁惟是，设令有一二奸奴逞其手段，虽得商标之专用，而于表彰自己之商品上无使用之事实，于是时也，决不以专用权许与之。故于本条须以商标为专用者，职是故也。"《商标法要义》明确揭示了商标的本质与商标权的本质，商标不能脱离商品，商标权不能脱离使用。而误解商标与商标权的本质，把商标保护变成脱离商品与使用的"符号保护"，一度是我国当代商标保护的最大弊病，并由此导致了恶意注册泛滥的后果。② 清末的商标法文献已经有如此透彻的分析，实令人感叹。另一点值得注意的是，《商标法要义》通篇都采用了"专用权"指称商标权的效力。例如《日本商标法》第1条的译文为："因表彰自己之商品以商标为专用者以法律可受其登录。"③ 对此条的注释则为："商标者，许与自己专欲使用者之物。对于不使用者，不许也。此商标于表彰自己之商品而使用之者，法律上附与以专用权。断无以不使用者而享其权利。"④以上译文中的"专用权""商标专用权"均是日文中的汉字原词，不是中国译者

---

① 参见《商标法要义》，汤一鹗译，载《法政学交通社杂志》1907年第3期，第77-84页；第5期，第123-135页。
② 参见李琛：《商标法制四十年观念史述略》，载《知识产权》2018年第9期。
③ 《商标法要义》，汤一鹗译，载《法政学交通社杂志》1907年第3期，第77页。
④ 《商标法要义》，汤一鹗译，载《法政学交通社杂志》1907年第3期，第77-78页。

创造的词汇。

三、外国辞典和法条的译文

辞典与法条中采纳的概念表述、定义解释和规则设计，通常反映了主流观点和法律界共识。辞典的编纂通常也会受到立法的影响，例如《日本法规大全解字》就是对《新译日本法规大全》中的术语进行解释的辞典。因此，辞典和法条的翻译对中国知识产权法学术语的生成、基本理论与制度的普及，都起着相当重要的作用。"清末知识产权法学术语的生成"部分对清末的知识产权辞典翻译已经作了大体的介绍，不复赘述。在此重点介绍法条的翻译。

1899年，《汉报》连载了《日本专利新章》[①]，介绍日本的专利法。《江西官报》第25期刊登了《特许法》。[②] 1902年，《外交报》连载了《创设万国同盟保护文学及美术著作条约》（《保护文学艺术作品伯尔尼公约》）的中译本[③]，这是国内首次介绍关于知识产权的国际保护。1906年，《直隶教育杂志》登载了《暹罗国著作权法》的译文。[④] 译文中有两点值得注意：（1）采用了"著作权法"的表述；（2）第1条有"保护智能权"之表述。这反映出清末著作权法领域术语的逐渐固定，以及与日本法律用语的渊源。

法条翻译最重要的成果是1907年上海商务印书馆出版的《新译日本法规大全》，该书由南洋公学译书院组织翻译，包含了著作权、商标权、发明专利权和外观设计权的保护规范。《新译日本法规大全》是一部高质量的法律译作，从知识产权法规翻译的准确度和流畅性可以看出，译者对知识产权制度的理解达到了相当的程度。这套丛书的翻译者主要是留日法科学生，通过译文也可一窥当时法科留学生的水准。[⑤] 其中收录的1899年《日本著作权法》是《大清著作权律》的主要参考蓝本。有学者统计，《大清著作权律》总计55个条文中有32条皆移植自1899年《日本著作权法》。[⑥] 译文中有些用语比《大清著作权律》更接近现在的通行表述，例如："复制"（《大清著作权律》用"重制"）、"数人合著之著作物"（《大清著作权律》用"数人合成之著作"）、"共有"（《大清著作权律》用

[①] 参见《汉报》，1899年12月22日、12月24日、12月25日。
[②] 参见《江西官报》1904年第25期。
[③] 参见《外交报》1902年第2卷第1期，第8-11页；第2卷第2期，第8-12页；第2卷第3期，第6-11页。
[④] 参见《暹罗国著作权法》，张一鹏译，载《直隶教育杂志》1906年第14期，第4-5页。
[⑤] 参见何勤华：《新译日本法规大全》（点校本），商务印书馆2007年版，总序。
[⑥] 参见王兰萍：《近代中国著作权法的成长（1903—1910）》，北京大学出版社2006年版，第120页。

"公有")、"编辑"(《大清著作权律》用"编成")①。不过,从全书的编辑体例来看,当时对于著作权的私权属性认识尚不清晰,目录中第十五类的标题是"警察、新闻、出版及著作权",似乎将著作权法视为行政管理法。

《新译日本法规大全》对《专利法》沿用了日语的"特许法"表述。"特许"和"意匠、商标"并列于第二十四类,反映出编辑者可能已经有了"工业产权"的概念。在《特许法》第 14 条的译文中,出现了"在工业所有权保护同盟条约国",用"工业所有权"指称"工业产权"。和"智能权"一样,"工业所有权"这种较上位的知识产权术语,会促进知识产权理论的抽象化和体系化。译文中的"发明者""发明物品""发明方法""制造使用贩卖(发明物品)"等表述,均与现代用法非常接近。

《意匠法》即外观设计法。该法第 1 条的译文对外观设计的描述非常规范:"按出可应用于工业上之物品之形状、模样、彩色或关于结合之新规意匠者,及其承继人,得依此法律,请登录意匠,专用之。"②

《新译日本法规大全》收录的《商标法》是 1899 年明治商标法,最值得注意的是,译文中多次出现"专用"一词,如第 1 条:"欲表彰自己商品,专用商标者,当依此法律,呈请登录。"第 3 条、第 4 条称商标权的期限为"商标专用年限";第 5 条规定:"商标之专用,从农商务大臣所定类别,以出愿人指定之商品为限。"第 12 条更是出现了"商标专用权"的完整表述:"商标专用权,视登录商标主使用该商标之营业废止而消灭。"③"商标专用权"一词仍被现行商标法袭用。

四、有关立法与法律实施的建议

清政府在制定商标法时,曾经几次向社会公开征求意见。商务部于 1904 年草拟的《改订商标条例》和《商部商标注册局办法》,均在影响较大的期刊公布,以征求社会各界意见,因此,商标领域的文献以有关立法的评论居多。尤其是 1904 年 8 月《商标注册试办章程》公布后,一些外国公使纷纷提出批评意见,反对该章程的实施,国内报刊对此发表了一些评论文章。例如,《新闻报》发表《论商标注册不应展期》一文④,针对外国公使关于推迟商标注册的要求进行了驳斥。文中指出:"窃谓中国之保护商标,乃自尽其责,本无庸各使之干预。各

---

① 《新译日本法规大全》(第 6 卷),高珣点校,商务印书馆 2008 年版,"著作权"部分。
② 《新译日本法规大全》(第 9 卷),王兰萍点校,商务印书馆 2007 年版,第 453 页。
③ 《新译日本法规大全》(第 9 卷),王兰萍点校,商务印书馆 2007 年版,第 460-461 页。
④ 参见《论商标注册不应展期》,载《新闻报》,1904 年 10 月 16 日,第 1 版。

使之请为展期，已有干预中国商政之迹……商部自宜坚持定期，勿为动摇，并声明各国商人之中如有不愿即行注册者，注册局并不勉强。"《大陆报》刊发的《商标之交涉》一文对《商标注册试办章程》颁布后引起的外交纷争作了梳理。该章程原定于 1904 年 9 月 15 日开始实施，有官员认为必须先知会各国公使，由于中国与英、美、日均签订了通商条约，外务部遂照会三国公使，三国初无异议。然而德国极力抗议，认为"日本善仿造而商标与各国多相同，万一开办期迫，日本之商标得占先著"。法、意、奥等国也表示抗议，最终导致该章程延期施行。文章对清政府知识产权外交政策提出了尖锐的批评："然既欲行之，则商标本属内政，何必照会列国以启其侵权之渐。既欲照会，则通商各国皆宜一率相待，何独偏于英美日三国以授他人之口寔乎……吾不知其国体何在也。"①

较有代表性的一篇立法建议是 1908 年发表于《时报》的《改良商标办法》。② 此文针对《商标注册章程草案》提出了若干修改意见，并附有修改理由。但理由部分只是单纯地列举外国立法，并未分析外国法的理据、为何要借鉴该国法律。例如，《商标注册章程草案》第 6 条规定："如系同种之商品及相类似之商标呈请注册者，应将呈请最先之商标准其注册。若系同日同时呈请者，则均准注册。"文章认为应该改为："若系同日同时呈请者则均不准注册。但呈请者若出于一人，则不再此限。"理由仅仅是"按日本商标法第八条云……"

五、民法著作中有关知识产权的一般性论述

虽然清末不可能出现系统的知识产权总论，但在当时的民法著作中，民事权利分类的部分有时会提到知识产权，内容与知识产权的一般理论相关。例如，1906 年出版的一本《民法总则》就把知识产权称为"无形财产权"，包括著作权、商标权、特许权和意匠权，并认为"无形财产权以权利者之行为为客体"③。用"无形财产权"统称知识产权是体系化程度提升的表现，而且此书把知识产权的客体解释为"权利者之行为"，而非通说认为的是"无形财产"本身，竟与当代中国学者区分知识产权对象与客体的理论有几分暗合。④ 特别值得注意的是，本书还出现了"无体物"的概念："无体物者，即权利也。有体物与无体物，自罗马法以来欧洲多数立法之立法例及之，日本旧民法源于法兰西法，亦区别为有

---

① 《商标之交涉》，载《大陆报》1904 年第 9 期，第 66-68 页。
② 参见《改良商标办法》，载《时报》1908 年 9 月 21 日，第 2 版。
③ 严献章、匡一、王运震：《民法总则》，法政编辑社 1906 年版，第 2-3 页。
④ 参见李琛：《知识产权"客体-对象"区分论解析》，载《知识产权》2023 年第 12 期。

体无体。"① 此处"无体物"与"无形财产"的含义并不相同。

六、知识产权论文与法律注释

和前面几种成果形式相比，论文与法律注释是严格意义上的学术研究成果，学术价值最高，数量也较少。

由于清末是知识产权制度的初建时期，有关知识产权的论文也主要是论述立法的必要性，与泛泛宣扬知识产权保护观念的介绍性文献不同的是，这些文章运用了较为严谨的概念与逻辑，具备学术论文的属性。

商标法领域较有代表性的是 1904 年发表于《商务报》的《论商标》一文②，此文对商标的含义、功能以及商标法的基本构造，均作了比较完整的介绍。

文章首先指出商业发展与权利保护的关系："将欲举一国之商业，引而致之盛大发达之域，则必为之保其权利。"而后指出无论中西，营业者都有招牌，"惟西商往往制一特别形式，显著于货物及包皮之上。其精细工缴，已足以示区别。而时恐他人仿造，侵夺其利，遂争向政府注册，以求其保护。华商则惟以招牌字号为区别。"此段阐明了西方的商标保护与中国固有的商号使用实践之间的区别。文章接着论述了商标保护的必要性："其杰出者，名固盛，利固丰，而旁观心焉企慕，相与仿造而攘夺之……是故有商标而无保护，则名无所归，利无所获。是以重商之国，无不设有特别之法律，以保护其商民。尤必设有特别之法律，以保护其商民之商标。"文章认为商标保护的主要内容就是"禁止他人之复制而已"，为了辨明"孰为复制，孰为创始，孰宜保护，孰宜禁止"，就应当建立注册制度。文中还提到商标保护对中外商业竞争的影响："况乎商标一经保护，则无论本国之商与他国之商，概可各谋其生，各安其业。"否则一旦起了纠纷，"不幸而胜者为他国之商，则本国之所失，不已多乎。"文章最后指出中国立法的必要性："商标者，声明之所系，权利之所在也。我中国素无保护商标之法律，故冒牌隐戳之事，比比皆然，莫可究诘。"文章认为清政府正在制定商标法，"以期实业之振兴"，提醒商界人士对此法应当重视，"不可等诸寻常之法律而忽之也"。

著作权领域最有代表性的论文是陶保霖的《论著作权法出版法急宜编订颁行》。③ 陶保霖对法学颇有研究，曾撰写过多部法学著作，尤以宪法研究成果居多，因此被誉为"民国前期比较活跃的宪法学家"④。文章的开篇写明了撰写目

---

① 严献章、匡一、王运震：《民法总则》，法政编辑社 1906 年版，第 4 页。
② 参见《论商标》，载《商务报》1904 年第 15 期，第 15-19 页。
③ 参见陶保霖：《论著作权法出版法急宜编订颁行》，载《教育杂志》1910 年第 4 期。
④ 何勤华：《中国法学史》（第 3 卷），法律出版社 2006 年版，第 668 页。

的，首先是因为政府未将著作权法和出版法列入立法计划，作者认为"而犹于关系教育前途最为密切之著作权法与出版法二者，竟阙而不举"，大为不当，故撰文呼吁。其次，中国士大夫对著作权与出版权的关系不明，"故将二法要义，及其区别之点，略述大概，以备编订者之采择焉"。

此文主旨虽为呼吁立法，但绝非泛泛的立法建议。文章不仅介绍了西方的著作权制度，而且阐述了著作权的概念、发展历史以及正当性学说。陶保霖把著作权制度的发展史分为三个时期：特许时期、权利主义时期、世界的权利时期。这种划分在当代中国学者撰写的教材中依然被沿袭。文章还梳理了著作权的正当性学说，归纳为：创作者保护主义、劳力说、报酬说（相当于激励论）、人格说。除"创作者保护主义"外，后面三种仍然是我国学者普遍采纳的知识产权正当性学说的典型分类。陶保霖对著作权的正当性还提出了自己的见解，他不赞同"报酬说"："然其谬误之点，乃在与出版法相混。夫谓著作者与社会以利益，故予之报酬；则于社会无利益者，即不当给予报酬。"

接下来，陶保霖分析了中国的"著作权"保护历程。他把我国宋元刻本中的"禁止翻印"之类的告示视为著作权保护，故提出"吾国著作权发达最早"。这种观点也为不少后世学者所沿袭。但他也承认，这种制度"惟保护思想之意多，保护财产之意少"，而"今日保护著作权之性质本含此两主义"。反对把中国古代的翻印禁令当作著作权保护的当代学者，主要也是基于类似的理由，即：著作权的本质规定性是把作品作为权利的对象，承认作品的财产性。而中国古代的复制禁令并不是以作品的财产性为理由的，也不存在清晰的"作品是财产"的观念。[①]综上，陶保霖在此文中讨论的诸多内容，依然是当代著作权理论的基本问题，可谓中国知识产权学术史的重要思想源流之一。

法律注释的代表作当推秦瑞玠的《著作权律释义》。[②] 秦瑞玠是1905年留日法政速成科第一期修业生，除《著作权律释义》外，还出版了《新刑律释义》等法学著述，并翻译过松波仁一郎的《日本商法论》，1923年成为中国历史上首任商标局局长。《著作权律释义》是对《大清著作权律》的逐条评注，由于作者有日本留学的经历，对日本法非常熟悉，在书中多处引用日本《著作权法》进行对比。日本《著作权法》本来就是《大清著作权律》的主要借鉴蓝本，故《著作权律释义》也有助于读者了解《大清著作权律》的参考渊源。

[①] 参见李琛：《关于"中国古代因何无版权"研究的几点反思》，载《法学家》2010年第1期。
[②] 参见秦瑞玠：《著作权律释义》，上海商务印书馆1911年版，重印本可见《大清著作权律释义》，商务印书馆2015年版。

从此书来看，我国近代注释法学的水平达到了相当的程度，其中的一些观点甚至在新中国著作权制度建立之后又重新成为探讨的话题，特别有价值的论述主要包括：

（1）著作权法的起源。中国是否存在"古代著作权"是当代学术界的争议问题之一。和前述提出"吾国著作权发达最早"的陶保霖不同，秦瑞玠指出，"我中国文化发达，远在数千百年以前。文艺美术各种著作之盛，自较东西各国为早。然于律令上认有著作者之权利，而由国家予以保护，则视东西各国为独后。"而后他分析了这种现象的原因，包括：不重视财产、法学未明、国家忽视对私权之救济等。因此"固宜文物称盛而无所谓权利与法律"。这种见解较陶保霖为高，没有简单地从技术或制度表象推出所谓的"中国古代版权"。

（2）著作权法的称谓。《著作权律释义》解释了立法为何采纳了"著作权"而非"版权"："不称为版权律，而名之曰著作权律者，盖版权多出于特许，且所保护者在出版，而不及于出版物所创作之人，又多指书籍图画，而不足以赅雕刻、模型等美术物，故自以著作权名之为适当也。"这一段解释应和了前述陶保霖的观点，我国选择"著作权"并非盲从日本，而是经过斟酌的。

（3）著作权与民法的关系。《著作权律释义》在"著作权律之性质"部分开宗明义地提出"著作权为个人之私权。著作权律，为关于个人私权之规定。其性质为私法，为民法之特别法，亦即为民法法典以外之单行法……而著作权律，实为民法以外规定私权之单行特别法"。

书中不仅阐明了著作权的私权属性，而且处处结合民法原理诠释条文。在解释"出资聘人所成之著作"时，作者把出资者和作者的关系分为四种，分别对应民法上的"让渡契约"、"请负契约"、"雇佣契约"和"营利组合契约"。又如，《大清著作权律》第47条规定："侵损著作权之案，如审明并非有心假冒，应将被告所已得之利，偿还原告，免其科罚。"作者用不当得利理论予以解释："盖虽非不法行为，而究为不当利得，自不能免偿还之责任。"书中体现出作者在民法框架下研究著作权制度的理论自觉。

关于知识产权究竟是否为私权，在当代中国知识产权学界还曾经存在争议，而割裂知识产权与民法也是当代知识产权研究的痼疾。《著作权律释义》对著作权的私权属性、著作权与民法的关系已经有如此清晰的认识，是非常可贵的。

（4）著作权法与出版管理的关系。在我国《著作权法》于2010年修正之前，著作权与出版管理的关系一直存在争议。修正之后，立法删除了"依法禁止出版、传播的作品，不受本法保护"的表述，增加了"国家对作品的出版、传播依法进行监督管理"的规定。质言之，区分了出版管理与著作权保护。《著作权律释义》对此已有明白的阐述："著作者固纯为权利,而非有何等之义务,及负何等之责任,有与以奖励保护,而无所用其防制禁限,与警察法令之出版取缔法迥异。"

(5)解释论与立法论的区别。在绪论部分,作者区分了"解释论"和"立法论",明确本书是"解释论",旨在"疏通证明之,便于法律之实施而已",而"至若依据学理,与各国法制比较研究,就立法论,为可否得失之评决,固非本编之范围所及也"。"立法论"与"解释论"的混杂,在今日知识产权研究乃至实践中,时有发生,本应以解释"疏通"之处,直接代以立法批评或修法建议。

在解释方法的运用方面,《著作权律释义》也颇值圈点,举隅如下:

(1)对立法疏漏之处,作者在立法文义可容纳的范围内提出符合现实需求的解释可能。例如,《大清著作权律》在列举作品类型时未提及学术著作,作者认为,"而学术实为著作之大宗,与文艺、美术相鼎峙,断不容缺漏。是惟有于解释中补足之,而以条文所云文艺,解如文学之意义,始可"。

(2)对立法表述不确之处,作者结合法理对表述的含义予以澄清。例如,《大清著作权律》把著作权登记称为"呈报义务"。作者指出,此处的"呈报义务"应解释为"呈报方法"。依据在于,"盖义务必须强制履行,违反者应受制裁"。违反义务须承担责任,不登记著作权并不会导致责任的产生。因此,尽管立法采用了"呈报义务"的表述,《著作权律释义》认为,"以呈报方法或手续解之可也"。又如,《大清著作权律》第54条规定,"本律施行前已发行之著作,业经有人翻印仿制,而当时并未指控为假冒者,自本律施行后,并经原著作者呈请注册,其翻印仿制之件,限以本律施行日起算三年内,仍准发行,过此即应禁止。"从字面来看,"当时并未指控为假冒者"似乎是指事实上没有指控。但作者认为,"本条指控二字,实含广狭二义。狭义须有指控之事实,广义止谓得有指控之权利"。而后结合规范目的分析和比较研究,指出"其义属于不能,而非由于不为"。

(3)在立法未明之处,作者结合民法原理和条文的整体关系作出合理的推导。例如,《大清著作权律》第41条规定,"因假冒而侵损他人著作权"的,科以罚金,并责令假冒者赔偿。而第42条和第43条则规定,违反第34条至第37条(主要包括割裂改窜作品、割裂改窜及变匿作者署名、假托他人姓名发行作品、对教科书的习题擅作答词发行等行为)以及违反第39条者(引用作品不注明出处)仅科以罚金。从字面来看,这些行为似乎无须承担赔偿责任。但作者提出了不同的解释,理由有三:其一,"本律第三十四至三十七及三十九各条,同为假冒而侵损他人之著作权,是即民法上之不法行为……自应一律使负损害赔偿之责";其二,仅仅科以罚金,责任过轻,"且区区十元、二十元以上之罚金,亦不足以示禁";其三,"且视第四十七条非有心假冒者,犹须返还已得之利",如果有意违反第 34 条至第 37 条以及第 39 条者不需要赔偿损失,"亦殊失平也"。这种考察法条之间的关系、举轻以明重的解释技巧,可资实务界借鉴。

第四节　清末知识产权文献的历史价值

从 1850 年代出现若干论及知识产权的文章起算,到清朝灭亡时,知识产权研究的累积最多只有 60 年。知识产权研究在清末并没有真正地成为一个学科,既没有专门的知识产权教育,也没有专门的研究团体。从知识产权文献的内容上看,有深度的理论著述为数寥寥,大多是介绍外国制度或直接翻译的文献。知识产权法各个分支的研究也极不平衡,绝大多数文献都是关于著作权的,有关商标和专利的研究成果很少。在一个知识产权观念与制度刚刚起步的时代,清末的知识产权研究具有这些缺陷是不难理解的。若以今人的立场过多地加以批评,并无实益。因此,较有现实意义的评价角度,是发掘清末知识产权文献对于当代的历史意义。

首先是清末知识产权研究格局的不平衡所蕴含的启示。无论是在数量上还是质量上,清末关于著作权的文献远远超过商标与专利的文献。一个直接的原因是,当时知识产权立法中水平最高的是《大清著作权律》,所以能产生像秦瑞玠的《著作权律释义》那样的相应成果。更深层次的原因,恐怕还在于社会对著作权的接纳程度更高。相对而言,中外从著作权保护中获益的能力差距不像商标和专利领域那么大,著作权更容易得到社会的认可。作者群体作为著作权的受益者,他们有意愿也有能力通过文字表达呼吁著作权保护。同样作为著作权受益主体的出版者也更有动力刊发、出版此类作品。作为对比的一个现象是专利研究的落后。如前所述,呼吁专利保护本来是较早出现的知识产权观念,而且第一部鼓励技术创新的法律文件《振兴工艺给奖章程》制定于中外商约签订之前,按说与著作权和商标保护相比,最具"自主立法"的意味。但一直到清朝灭亡,中国也没有建立真正意义上的现代专利制度,始终停留在"独专其利"的"中国式专利模式",商部批准的"专利"实质上是独占经营权。但奇怪的是,除了前引殷之辂的文章,罕有著述澄清这一问题。从前述中国法律界对外国著作权法的了解程度可推知,不太可能是因为不懂外国法而对专利制度产生误解。事实上,清朝曾经出现过改良派的"仿制专利观"和维新派的"创新专利观"之争[①],前者主张

---

① 参见徐海燕:《中国近现代专利制度研究(1859—1949)》,知识产权出版社 2010 年版,第 71 页。

对引进西方的技术即给予"专利",实际上就是特许专营;而后者则主张保护创新技术,遵从现代专利制度的本旨。1904年,商部在《咨各省呈请专利办法略》中已经对"中国式专利"的异化表达了忧虑:"东西各国近百年来,讨论艺术,研精阐微,一切事物无不日趋于新。凡国民有能创新法、得新理、制新器便民而利用者,准其呈官,考验得实,则给以凭照,许其专利若干年,他人不得仿效……中国风气初开,商民渐知专利之益,往往寻常仿制物品,率行禀请专利,核与各国通例不符。"① 由此看来,朝野对专利制度的本来含义是了解的。之所以鲜有著述对专利制度正本清源,应该另有原因。一种较合理的解释是:中国长期不制定正式的专利法,是为了营造不具备按照条约保护外国人专利之条件的制度环境,以便中国企业仿效外国技术。自清末至1944年《中华民国专利法》颁布之前,中国的专利之法均冠以"暂行"之名,也是出于这一目的。② 所以,对专利的"误读"很大程度上是一种策略选择,学界也以避而不谈的态度配合着这种策略,从而使专利的理论研究处于较低的水平,"专利"概念的使用也是最混乱的。从著作权和专利研究的对比可以看出,学术必然受制于社会观念。尤其是社会科学的研究,和社会需求是密切相关的。

其次,当代知识产权法学应当重新认识清末知识产权研究曾经达到的高度,避免因为忽视历史而不必要地"从头再来"。以前述《著作权律释义》为例,作者对知识产权的民事属性已有准确的把握,并能结合民法原理解释知识产权条款。这一点与日本法的影响是有关联的。日本近代民法学者通常在民事权利中论及知识产权,例如富井政章在《民法原论》中论及知识产权:"又有混合财产人格权,而亦为绝对权者,如著作权、意匠权及特别法所认之专用权、皆是。"③ 1909年出版的《法律名词通释》对"著作权"的释义中指出:"著作权者……著作者所专有之财产权也。"④ 著作权没有被规定在《大清民律草案》中,是参与中国立法的日本法学家梅谦次郎、志田钾太郎的主张,所依据的观念是"著作权法为民事特别法"⑤。这一主张虽然导致著作权游离于民律之外,但并不否认著作权作为民事权利的属性。秦瑞玠在《著作权律释义》中阐述了这个观点,也正是在这种观念的指引下,他多处结合民法原理对《著作权律》进行解释。而当代

---

① 徐海燕:《中国近现代专利制度研究(1859—1949)》,知识产权出版社2010年版,第66页。
② 参见杨利华:《中国知识产权思想史研究》,中国政法大学出版社2018年版,第72页。
③ [日]富井政章:《民法原论》,陈海瀛、陈海超译,商务印书馆1913年版,第82页。
④ 刘天佑等编辑:《法律名词通释》,四川政法学堂1909年版。转引自王兰萍:《近代中国著作权法的成长(1903—1910)》,北京大学出版社2006年版,第33页。
⑤ 王兰萍:《近代中国著作权法的成长(1903—1910)》,北京大学出版社2006年版,第23页。

知识产权研究的弊病之一就是割裂民法与知识产权法，忽略民法原理在知识产权法中的运用①，就这一点而言，清末的研究水平未必低于当代。再如，陶保霖和秦瑞玠的论著中对出版法与著作权法的区别已有清晰的认识，在起草1990年《著作权法》时，出版法与著作权法的关系问题依然是争论焦点之一。"有些同志担心给作者权利太大，保护太多，造成失控，故提出应当先制订出版法和新闻法，后通过著作权法。"② 最终1990年《著作权法》第4条规定："依法禁止出版、传播的作品，不受本法保护。著作权人行使著作权，不得违反宪法和法律，不得损害公共利益。"这一规定是争议观点妥协的结果。尽管有参与立法者认为该条的意思是"有著作权，但不受法律保护"③，后来在理解上还是引起了纷争，并成为2010年修订《著作权法》的直接原因。类似的清末已讨论过的问题在新中国建立后被重新提起时，讨论者常常忽略历史，很少引证清末的研究成果。又如，关于"著作权法"与"版权法"的称谓之争，当代法学界只是注意到《大清著作权律》的称谓，而对清末学术成果阐述的选择该称谓的理由关注不够。在起草1990年《著作权法》时，有主张采用"版权法"者认为"著作权是日本人对德文、法文中'作者权'一词的错译"④。事实上，陶保霖和秦瑞玠的著作中明确阐述了选择"著作权"的理由。陶保霖认为："第版权有出版之权利意味，而著作权则可包含美术家之图书雕刻，音乐家之乐谱曲本，范围较广。"⑤ 秦瑞玠也提道，"（版权）又多指书籍图画，而不足以赅雕刻、模型等美术物"⑥。这表明当时选择的主要理由是"著作"一词可以涵盖所有的作品，而非"跟着日本的错译"⑦。对财产权而言，最有法律意义的要素就是权利的对象。在权利称谓中突出"著作（作品）"，既彰显了权利的特质，也与"物权""商标权""专利权"等称谓逻辑一致。这一选择是值得肯定的。

最后，对清末知识产权文献的追溯，有助于辨明现行法中的某些概念的含义，"商标专用权"即为典型一例。

在我国商标立法中，保护的对象一直都被称为"商标专用权"。在学理上，有批评意见认为，应当用"商标权"代替现行立法中的"商标专用权"，《商标

---

① 参见李琛：《论知识产权法的体系化》，北京大学出版社2005年版。
② 江平、沈仁干主编：《中华人民共和国著作权法讲析》，中国国际广播出版社1991年版，第43页。
③ 江平、沈仁干主编：《中华人民共和国著作权法讲析》，中国国际广播出版社1991年版，第44页。
④ 江平、沈仁干主编：《中华人民共和国著作权法讲析》，中国国际广播出版社1991年版，第42页。
⑤ 陶保霖：《论著作权法出版法急宜编订颁行》，载《教育杂志》1910年第4期。
⑥ 秦瑞玠：《大清著作权律释义》，商务印书馆2015年版，第2页。
⑦ 日本当初选择"著作权"表述，也并非出于错译。参见李琛：《为何是"著作权"？》，载《中国版权》2020年第3期。

法》第三次修改之时还曾有意作此修正。① 这些批评主要基于两个角度：（1）从权能的角度批判，认为"商标专用权"无法涵盖许可、转让、续展等权能。（2）从效力的角度批判，认为"商标专用权"无法涵盖禁用权。②

以上批评是从字面上把"商标专用权"理解为"专门使用商标的权利"，并没有探究"商标专用权"的语源。以"版权"概念类比，如果今日以"版权为出版之权"的字面解释来区分"版权"与"著作权"，显然是不妥的。有意思的是，知识产权界在分析"著作权"概念时通常会追溯到清末的文献——尤其是《大清著作权律》，而同样源自清末的"商标专用权"概念，却较少被置于历史的背景中研究，"商标专用权"的源头通常被追溯到新中国的商标立法。③

本章第三节第二、三部分已述，"商标专用权"一词来自日语。1907年，上海商务印书馆出版的《新译日本法规大全》中收录了《商标法》，译文中多处出现"专用"一词。同年，《法政学交通社杂志》登载的汤一鹗翻译的《商标法要义》，通篇都采"专用权"指称商标权的效力。1904年，清政府颁布了我国第一部商标法规——《商标注册试办章程》，该法也采用了"商标专用权"的表述。例如第1条规定："无论华洋商欲专用商标者，须照此例注册。"第11条规定："业以注册之商标主，如欲将该商标之专用权，转授与他人或须与人合伙，须即时至注册局呈请注册。"第19条规定："有侵害商标之专用权者，准商标主控告。查明责令赔偿。"我国现行《商标法》采用"商标专用权"，是沿袭历史的结果。

在日语中，曾有以"专用权"指称知识产权的用法。例如，1898年出版的冈松参太郎所著之《民法理由》，把私权分为财产权、身份权与专用权，此处的"专用权"即知识产权。④ 富井政章在《民法原论》中论及民事权利的分类："在能否为财产权之一端，又有混合财产人格权，而亦为绝对权者，如著作权、意匠权，及特别法所认知专用权皆是。"⑤ 从前面列举的"著作权""意匠权"推知，此处的"专用权"也是指知识产权。在前引汤一鹗所译的《商标法要义》中，有一处明白地写道："以独占之权利（即商标专用权），许与特定人。"⑥ 依此文义，"专用"的含义即"独占"。

可见，"商标专用权"概念在近代立法与著述中的本意并非指区别于禁用、

---

① 参见汪泽：《商标专用权与商标权辨析》，载《中华商标》2015年第4期。
② 参见李琛：《商标专用权概念考辨》，载《知识产权》2022年第1期。
③ 参见李琛：《商标专用权概念考辨》，载《知识产权》2022年第1期。
④ 参见俞江：《近代中国民法学中的私权理论》，北京大学出版社2003年版，第108页。
⑤ [日]富井政章：《民法原论》，陈海瀛、陈海超译，商务印书馆1913年版，第82页。
⑥ 汤一鹗译，《商标法要义》，载《法政学交通社杂志》1907年第3期，第84页。

许可、转让等效力的"单纯使用权",与"商标权"的含义并无质的区别。下一章将结合民国时期的商标文献,进一步论证这一观点。

总之,清末知识产权文献对于当代某些知识产权学术争议的正本清源,具有重要的历史价值。"如果忽视历史资源,我们会错失本应达到的起点高度。"①

---

① 李琛:《〈大清著作权律释义〉的当代价值》,载《中国版权》2019年第3期。

第二章

民国时期中国知识产权法学的发展

第一节　民国时期中国知识产权法学发展的社会背景

与清末相比，民国时期的中国知识产权研究有了很大的发展。研究成果的出版数量是一个客观的衡量指标，仅以图书为例，民国时期出版了下列主要的知识产权著作：在著作权领域，有徐鸣之和林环生分别撰写的两本《著作权法释义》（1929年），以及朱方的《著作权法详解》（1936年）。在专利法领域，有秦宏济的《专利制度概论》（1945年）。商标法领域的成果最为可观，有章圭瑑的《商标法要义》（1923年初版，1925年修订），朱鸿达和朱甘霖分别撰写的两本《现行商标法释义》（均出版于1929年），王叔明的《商标注册指导》（1934年）和《商标法》（1936年），朱方的《商标法详解》（1936年），金忠圻的《商标法论》（1937年），以及黄宗勋的《商标行政与商标争议》（1940年）等。这种发展有几个重要的支撑因素，包括知识产权立法的相对完善、法律实施提供的经验素材、法学研究与法学教育的进步。

一、知识产权立法的发展

中华民国在成立之初，对清朝的大多数法律准予沿用。1912年，袁世凯任临时大总统后发布命令："现在民国法律未经议定颁布，所有从前施行之法律及新刑律，除与民国国体抵触各条，应失效力外，余均暂行缓用，以资遵守。"[①]

[①] 《临时公报》，中华民国北京政府1912年3月11日印行。

这种做法的一大好处是，使民国的知识产权立法建立在清朝的成果与积累之上，不必从头再来。以商标法为例：在1904年《商标注册试办章程》颁布之后，因为外国列强的不满，清政府对该章程又作了三次修改，先后草拟了《各国会议中国商标章程》《商标法规》《商标章程草案》等三个文本。《商标章程草案》虽然最终未获施行，但毕竟是三易其稿的成果。北洋政府在制定新的商标法时，即是以《商标章程草案》为基础进行修订的。国民政府取代北洋政府之后，知识产权立法也基本上是在原有法律的基础之上修订而成，例如1930年《商标法》主要是在北洋政府《商标法》的基础上删减了条款，修改和增加的内容很少。[①] 1928年《奖励工业品暂行条例》是在北洋时期《暂行工艺品奖励章程》的基础上修订而成，改动不大。[②]

民国时期知识产权立法的延续性不仅体现为具体的法律文件的沿用，也体现在立法重点的布局方面。清末的知识产权立法以著作权法为最强，商标法一直处于不断的修订之中、并未得到实施，真正意义上的专利法则尚未建立，只有变形的特许专营意义上的"专利"，也没有专门的商标与专利注册机构。民国时期知识产权立法的发展恰恰主要体现于商标与专利领域。《大清著作权律》是我国著作权制度建立的标志，而现代商标制度的真正建立则是自北洋时期开始，其标志不仅仅是于1923年颁布了《商标法》，还包括同年商标局的首次建立、《商标局暂行章程》的颁布，以及我国第一本《商标公报》的出版。在专利领域，1912年颁布的《奖励工艺品暂行章程》首次确立了先申请原则，对专利审查和专利说明书进行了规范，并规定了权利的让与、专利实施义务等内容。尽管该法还保留了"褒奖"等与现代专利制度不符的规定，但与1898年的《振兴工艺给奖章程》相比，已大为接近真正意义上的专利制度。近代学者秦宏济在追溯中国专利制度之演进时，认为"我国最早之专利法规，当以民国元年十二月工商部所公布之奖励工艺品暂行章程为其嚆矢……"[③]。当代学者也认为《奖励工艺品暂行章程》是"我国近现代专利制度的奠基性法规，同时它也是我国近现代专利制度得以建立的一个重要标志。"[④]

现将民国时期的知识产权立法状况概述如下：

在专利法领域，1912年北洋政府颁布《奖励工艺品暂行章程》；1923年，上述章程修订后更名为《暂行工艺品奖励章程》，《暂行工艺品奖励章程施行细则》；

---

① 参见左旭初：《中国商标法律史（近现代部分）》，知识产权出版社2005年版，第302页。
② 参见徐海燕：《中国近现代专利制度研究（1859—1949）》，知识产权出版社2010年版，第143页。
③ 秦宏济：《专利制度概论》，商务印书馆1945年版，第13页。
④ 徐海燕：《中国近现代专利制度研究（1859—1949）》，知识产权出版社2010年版，第93页。

1928年，国民政府颁布《奖励工业品暂行条例》《奖励工业品暂行条例施行细则》；1930年，《奖励工业品暂行条例》被废止。1932年，国民政府颁布《奖励工业技术暂行条例》《奖励工业技术暂行条例施行细则》；1939年，《奖励工业技术暂行条例》及其施行细则均被修正；1940年，国民政府颁布《奖励工业技术补充办法》；1944年，《中华民国专利法》颁布；1947年，《中华民国专利法施行细则》颁布。

在著作权法领域，1915年，北洋政府颁布《著作权法》；1928年，国民政府颁布《著作权法》，并分别于1944年和1949年对该法进行修正。1928年，国民政府还颁布了《著作权法施行细则》，并于1944年修正。

在商标法领域，1923年，北洋政府颁布《商标法》；国民政府于1930年颁布《商标法》，并分别于1935年、1938年、1940年对该法进行修正。1930年，国民政府颁布《商标法施行细则》，并分别于1932年、1937年、1943年和1947年四次修正。

不难看出，民国时期的知识产权立法在数量上和完备程度上大大超过了晚清时期。

民国时期知识产权立法的另一个重大变化是，不再像清末那样以履行中外条约、满足外国政府的要求为主，回应本国社会需求的动因大大增强。第一次世界大战爆发之后，由于西方列强忙于战事，对中国的商品出口减少，国内工商业获得了更多的市场机会。在1920年前后，出现了一段经济发展的黄金时期："民间资本几乎与外资平分秋色。民办工业尤其是进口替代型轻工业的发展十分迅速。"① 费正清在《中国：传统与变迁》一书中写道："第一次世界大战中及战后西方对中国减少出口使得民族工业更容易地在外国控制下的通商口岸中发展起来，在这里民族工业的发展可以不受横行内地诸省之军阀部队的肆虐……到1914年为止，全国已有1 000多所地方商会，会员达20万人。"② 基于知识产权与市场经济的天然联系，工商业的发展必然增加了对知识产权保护的制度需求，中国商人成为推动知识产权立法的积极力量。北洋时期第一期《商标公报》所附的《关于商标之沿革》一文记述了工商业团体对颁布商标法的促请："然自民国以来，商界既多进步，工厂亦渐发达……上海总商会及纱业联合会，其他工商业团体，均有催办之文。"③ 1934年，上海市商会甚至组织会员成立了"商标法规

---

① 徐海燕：《中国近现代专利制度研究（1859—1949）》，知识产权出版社2010年版，第81-82页。
② [美] 费正清：《中国：传统与变迁》，张沛、张源、顾思兼译，吉林出版集团有限责任公司2008年版，第328页。
③ 《关于商标之沿革》，载农商部商标局编：《商标公报》第1期，"附录"部分，1923年9月15日出版。

研究委员会",并将各委员以及各业的修订意见集中发表于《商业月报》。意见的表述非常规范,有具体的修订建议,并附说明。由此足见当时产业界对立法的关注程度。① 同年,上海机制国货工厂联合会在其会刊《机联会刊》上开辟"商标问题讨论栏",集中刊载有关商标法修改的讨论文章。②

民国时期的知识产权立法还注重吸收外国立法的经验,以北洋时期的商标法制定为例:1913年,北洋政府就曾派分管商标工作的工商部商务司的人员赴日本就商标法的修订开展调研③,1913年年底,农林部与工商部合并为农商部。农商部根据清政府的《商标章程草案》修订成《商标章程》,并译成外文咨送外交部,征询各国驻华使节和外商的意见,后法、美、俄、日诸国均提交了建议条款,供农商部参考。④ 另一个典型的例子是,为了制定1944年《专利法》,国民政府经济部专门成立了工业专利办法筹议委员会,负责征集各国专利法规。⑤

立法的上述变化对学术研究的方向必然造成影响。首先,立法的延续性使民国时期的知识产权研究也得以接续清末的成果,不必从头介绍或论证知识产权制度。与清末相比,民国的知识产权文献已不再以推广、普及知识产权观念为主,研究深度有所增加。其次,立法重点的转移在知识产权著述中也有所反映。因为《大清著作权律》已经提供了较好的基础,民国时期著作权立法的迫切性不如商标法与专利法,著作权文献不再像清末那样占知识产权著述的大多数,商标法的研究成果最为丰硕,前文列举的专著篇目对此变化反映得非常清楚。再次,立法的发展以及立法动机中内需因素的增加,使民国的知识产权研究更偏重国内立法的具体研究,而清末的知识产权文献则以泛泛地介绍西方法律观念为主。清末详细研究本国法律文本的成果只有秦瑞玠的《著作权律释义》,民国时期则出版了十余部知识产权法释义。可以说,民国时期的知识产权专著基本上都是法律释义。最后,立法过程中参考外国法的需求一方面直接推动了对外国法的翻译,另一方面也使比较研究成为国内知识产权著述的重要内容。1942年国民政府经济部的工作报告记载:"因即组织专利办法筹议委员会,先后搜集英、美、苏、荷、捷、瑞士、德、日、意等国法及参考书三十余种,翻译各国法规六十余件,都二千三百余件。"⑥ 以秦宏济的《专制制度概论》为例,其第一章"专利制度之起

---

① 参见《修改商标法之意见》,载《商业月报》1935年第15卷第5期。
② 参见《机联会刊》1934年第97期。
③ 参见左旭初:《中国商标法律史(近现代部分)》,知识产权出版社2005年版,第126页。
④ 参见左旭初:《中国商标法律史(近现代部分)》,知识产权出版社2005年版,第137-139页。
⑤ 参见徐海燕:《中国近现代专利制度研究(1859—1949)》,知识产权出版社2010年版,第155页。
⑥ 转引自余俊:《中国知识产权学术演进的百年历程》,载刘春田主编:《中国知识产权四十年》,知识产权出版社2019年版,第107页。

源与发达"中即列了"英国之近代专利法""美德法三国之专利法""苏联之专利法"等三节。①

二、法律实践的积累

除立法之外，法律研究的一个重要的素材是实际的法律施行，尤其是法律适用过程中产生的解释争议。由于清末的知识产权立法没有得到充分的实施，所以几乎没有关于法律适用的研究成果。民国时期的法律实践相对丰富，有些立法的理解问题在实践中引发争议，从而成为学术研究的主题。以商标法为例，在20世纪20年代末期，出现了较严重的法院和商标局裁判不一致的问题，有的法院随意否定商标注册的效力，这一现象甚至引起了国外人士的注意。1930年，英国出版的两本中国指南指出：当发生侵害商标权的案件时，中国的地方法院对商标局的意见毫不在乎，法院在判决时根本不考虑商标正当注册的事实。② 工商部和司法行政部为此多次协调，发布了一些禁止法院直接认定商标权效力的文件。③ 在1930年国民政府颁布《商标法》之后，"政府行政院、实业部、商标局及各级法院等，在参与有关商标行政管理工作中，对《商标法》部分条款内容，在执法尺度掌握上存在一定的差异。如某一机关站在自己的工作角度，对《商标法》有些条款的理解，就产生不同看法"④。司法院应地方法院、外交部、行政院、地方政府等机构的函请，就《商标法》的某些条款进行释法，发布了一系列的司法解释。关于著作权的司法解释也不在少数，仅1931年至1936年出版的《法律评论》上就登载了十余则关于司法院对著作权法的解释。由于实践提供了经验素材，较之清末的文献，民国时期的知识产权著述对问题的讨论更加具体与细致。例如，何焯贤的《对于修改现行商标法之管见》讨论了商标的名称、商标文字读音、外国商标的在华使用、自行变换商标、善意在先使用、伪造商标等问题，针对法律实践给出了非常具体的分析与建议。⑤ 1934年，《万象》杂志刊登了主题为"电影摄制权与著作权"的群谈，就"根据小说拍摄电影是否侵犯小说著作权"展开讨论。根据编者按，讨论的背景是：此前连续发生由电影摄制引发的著作权纠纷，例如中国联合影业公司拍摄刘若云的小说《春风回梦记》、国华

---

① 参见秦宏济：《专利制度概论》，商务印书馆1945年版。
② 参见安守廉：《窃书为雅罪——中华文化中的知识产权法》，李琛译，法律出版社2010年版，第58页。
③ 参见左旭初：《中国商标法律史（近现代部分）》，知识产权出版社2005年版，第296—300页。
④ 左旭初：《中国商标法律史（近现代部分）》，知识产权出版社2005年版，第323页。
⑤ 参见何焯贤：《对于修改现行商标法之管见》，载《中国实业》1935年第1卷第1期，第25—31页。

影业公司拍摄张恨水的《夜深沉》，都引起小说作者或出版者的交涉，故邀请了四位名律师，讨论"根据别人的小说改编为电影剧本搬上银幕，是不是侵犯著作权"①。这些讨论的风格大不同于清末文献的泛泛而谈。

当时还有一些法律问题是基于特殊的时代背景提出来的，例如抗日战争。有的文章讨论战时必要的知识产权限制，如1938年《战时记者》刊载的《牺牲一点版权》，认为应该大量传播通俗易懂的宣传性作品，"必须要大众读物能够广泛流通，和售价尽可能的减低，在目前要解决以上两点，惟有请作者牺牲一点版权。"② 1946年，《法令周刊》发表《敌人商标之处理与商标法之修正》，讨论德日等敌对国国民在中国注册的商标应如何处理的问题。③

三、法学研究与教育的整体发展

中国近代法学教育的开端，可追溯至清末京师同文馆开设"万国公法"一课，由美国传教士丁韪良讲授。④ 和法律制度一样，民国时期的法学研究与教育也在清末的基础上继续发展。"一批基础较好，资质优良，而且系统接受过西方法律知识和方法训练的法律专家——第二代法学家——逐步成长起来。他们大都精于专业，熟谙西语，又对欧美近代的法律训练有着亲身的体验，因此，他们大多能从世界法律发展的最新趋势着眼，以现实批判的精神，来反思当时的法律教育与学术研究，提出一些颇有参考价值的思想观点和实际改进方案，从而达到了中国近代法律史上法律教育研究的最高水平。"⑤ 曾任东吴大学法律科教务长的美国法学家刘伯穆（W. W Blume）在《中国的法律教育——现状、问题与方向》一文中对中国近代的法律教育有较详细的介绍：中国最早讲授法学的大学是天津的北洋大学。早在1895年，该学校的课程设置中即列有法律科目，但直到1915年左右，法律系才达到近代法学院的规格。当时的入学条件为3年法律预科，并要熟练地掌握英语、法语或德语。另外还有两个较早设立法律学系的大学是震旦大学和东吴大学，震旦大学直属于法国天主教会，东吴大学则由美国基督教会控制。东吴大学的法律科即著名的"中国比较法学院"（The Comparative Law School of China），教师主要是在华执业的美国律师和从美国法学院毕业的中国

---

① 姚肇第、王效文、孙祖基等：《电影摄制权与著作权》，载《万象》1941年8月号，第129-133页。
② 吕方邑：《牺牲一点版权》，载《战时记者》1938年第1期，第18-20页。
③ 参见吴象贤：《敌人商标之处理与商标法之修正》，载《法令周刊》1946年第9卷第7期第1-2页、第8期第1-2页。
④ 参见何勤华：《中国法学史》（第3卷），法律出版社2006年版，第83页。
⑤ 孙晓楼：《法律教育》，中国政法大学出版社1997年版，"编者前言"。

人。中国自己创办的法学院中只有北京大学法律系达到大学（university）的程度，1919年改称"法律学系"，下分法国法组、德国法组和英国法组。此外，全国还设有多所法政学校，但质量良莠不齐，只有5所官办的法政学校是严格意义上的法学院（law school）。这些法政学校的教师以留日学生居多，教材的70%都是从日文翻译过来的。①

　　法学研究与法学教育的整体发展毫无疑问也会促进知识产权学术的发展。根据上海档案馆保留的一份1918年入学的东吴大学法学院的学籍表，东吴大学在第二学年开设了"专利与版权法"②。在1933年秋至1934年春的东吴大学法学院课表上，大学三年级的选修课有"商标法"③。在1935—1936学年的课表上，选修课中有"中国商标法"和"中国特许法"④。当然，知识产权课程的设置在民国时期并不普遍。1934年，东吴大学创办的《法学杂志》曾编辑了两期"法律教育专号"，其中有杨兆龙的一篇《中国法律教育之弱点及其补救之方略》，杨文指出："有几种必要的法律未经列为科目。现在有好几种法律，在法律学校里简直不教，如商标法，特许法等，即其明例。这些法律在今日的中国当然是非常重要，其内容也大有可研究的地方。若在学校里无机会去研究它们，试问将来适用起来，怎能胜任愉快？"⑤ 1939年，国民政府对法律系的专业必修及选修科目作了统一规定，其中并无知识产权法的相关科目。1945年，国民政府教育部又公布了修正的法律学系科目表，无论是在必修科目还是在选修科目中，依然没有任何知识产权课程。⑥ 已故的著名知识产权学者郭寿康教授在20世纪40年代就读于大学法律系，他的回忆也印证了当时知识产权教育的缺失："在整个四年大学学习期间，无论是在教授们的课堂讲授中，还是在阅读的教材、期刊杂志和参考文献上，都从来未曾听到或者读过'知识产权'和'工业产权'这样的法律词汇。"⑦

　　不过，从孙晓楼的《法律教育》中所附当时世界著名法学院的课表来看，只有柏林大学法政学院在1932年开设了"专利与商标法"和"专利及北美洲之画

---

① 参见刘伯穆：《中国的法律教育——现状、问题与方向》，载王健编：《西法东渐——外国人与中国法的近代变革》，中国政法大学出版社2001年版。
② 何勤华、高童非、袁也：《东吴大学法学院的英美法学教育》，载《苏州大学学报（法学版）》2015年第3期，第15页。
③ 孙晓楼：《法律教育》，中国政法大学出版社1997年版，第131页。
④ 余俊：《中国知识产权学术演进的百年历程》，载刘春田主编：《中国知识产权四十年》，知识产权出版社2019年版，第93页。
⑤ 孙晓楼：《法律教育》，中国政法大学出版社1997年版，第162页。
⑥ 参见何勤华：《中国法学史》（第3卷），法律出版社2006年版，第103-110页。
⑦ 郭寿康：《改革开放以来知识产权的教学研究——学海片段追忆》，载《郭寿康文集》，知识产权出版社2005年版，第97页。

图"、美国西北大学法学院在1933—1934年开设了"特许法"和"商标版权等"①。可见，在整个世界范围内，法学院单设知识产权课程都是不多见的。这种状况与当时知识产权的重要程度有关，因此孙晓楼在参照欧美大学课程设置拟定的建议课表中，也没有专门的知识产权课程。

值得注意的是，没有单设知识产权课程也不一定意味着在法学教育中完全没有知识产权的内容。受日本的影响，我国近代已经接受了"知识产权法是民事特别法"的观念。1915年商务印书馆出版的富井政章所著《民法原论》中已经论及知识产权："又有混合财产人格权，而亦为绝对权者，如著作权、意匠权及特别法所认之专用权皆是。"② 1930年代出版的胡长清所著《中国民法总论》在"私权的分类"部分提道："财产权可分为债权、物权、准物权及无体财产权……无体财产权者，存于精神所产出之无体物上之权利也。举凡著作权、专卖权、商标权及特许权皆属之。"③《中国民法总论》是当时的"大学丛书"之一，脱胎于胡长清在中央政治学校任教时的民法讲义。梅仲协的《民法要义》也是当时的教科书，原为中央政治学校的讲义，初成于1934—1937年。④ 此书在权利的分类中也提到"无体财产权（专卖权，著作权等），乃于无体标的物而行使之权利"⑤。杨鸿烈的《中国法律发达史》一书则把《著作权法》和《商标法》归入"单行商事法令"⑥。可见，在民商法教学中涉及知识产权，也是很有可能的。

学术与教育是互相联系的。"随着近代中国法律教育活动的展开，出于教学科研的需要，一批法学刊物如雨后春笋般地出现……"⑦ 截至1949年，法政类杂志大约有150种。⑧ 虽然当时还没有专门的知识产权学术机构和专门的知识产权研究刊物，但已有一些关于知识产权的文章发表于专门的法学刊物，包括《法令周刊》《震旦法律经济杂志》《法学季刊》《新法学》等。这些作品已经符合真正的学术论文的标准，完全有别于清末讨论知识产权的杂谈与时评。尤值一提的是，有的法学家已经提出了"法学研究不应局限于法条注释"的观点，主张从应

---

① 孙晓楼：《法律教育》，中国政法大学出版社1997年版，第99-124页。
② ［日］富井政章：《民法原论》，陈海瀛、陈海超译，商务印书馆1913年版，第82页。
③ 胡长清：《中国民法总论》，中国政法大学出版社1997年版，第40页。该版是根据1935年商务印书馆的第4版重印的，《中国民法总论》于1933年由商务印书馆首版。
④ 参见梅仲协：《民法要义》，中国政法大学出版社1998年版，"校勘说明"部分第4页。
⑤ 梅仲协：《民法要义》，中国政法大学出版社1998年版，第35页。
⑥ 杨鸿烈：《中国法律发达史》，中国政法大学出版社2009年版，第584页。
⑦ 何勤华：《中国法学史》（第3卷），法律出版社2006年版，第117页。
⑧ 参见余俊：《中国知识产权学术演进的百年历程》，载刘春田主编：《中国知识产权四十年》，知识产权出版社2019年版，第89页。

然的角度作学理的研究。杨兆龙在论述知识产权法学教育的必要性时指出："或者有人说：'商标法虽已公布施行，但有些法律如特许法等，既未制定，又无草案，那何从研究起呢？'殊不知，研究法学不当专以解释条文为能事，而应就一国所需要的法律制度，不论已否存在，加以探讨。其已有草案的，我们固然应该加以讨论、批评及修正。就是那无草案的，我们也不妨设立专科，就各国之成制及本国之情形，为学理及实际的研究，以为将来立法之准备。"①

基于上述法学教育与研究的整体发展，与清末相比，民国时期的知识产权研究有了明显的变化。主要的著述者不再是非法学专业的社会活动家和维新人士，而是以专业的法律人士为主。例如朱方、朱鸿达等是著名的法学家，曾出版多部法律著作，还有不少作者是律师等法律实务从业者。著述的形式与内容都更加符合真正的学术成果的标准，不再是时评性质的泛泛而谈。因此，真正意义上的知识产权法学的建立，是从民国开始的。在清末，知识产权更多的只是一个社会话题，是维新话语的一个组成部分。而民国时期知识产权研究者和研究成果的专业化，标志着知识产权法学开始成为一门独立的学问。知识产权课程在大学的开设、专业法学期刊上知识产权论文的发表、专门的知识产权著作的出版，是知识产权法学建立的三大指标。

第二节 民国时期中国知识产权法学的主要成果

一、与知识产权总论相关的研究成果

法学学科中总论的形成是该学科高度体系化的标志。事实上，在当代中国的知识产权法学成果中，敢冠以"总论"的也寥寥无几。作为一门年轻的学科，知识产权法学的体系化程度总体较低，"知识产权"本身的概念含义仍然充满纷争，甚至知识产权的诸分支权利能否找到逻辑上统一的基础，都是个问题。② 奢望民国时期存在有意识地研究知识产权总论的成果，是不符合历史规律的。因此，本书放宽标准，把属于知识产权总论论域的文献都归入"与知识产权总论相关的研究成果"予以考察。

如前所述，在清末的民法学著作中出现了"无形财产"的表述。1917年，《少年》杂志刊载了一篇题为《学问为无形之财产说》的文章，认为学问乃无形

---

① 孙晓楼：《法律教育》，中国政法大学出版社1997年版，第162页。
② 参见李琛：《论知识产权法的体系化》，北京大学出版社2000年版，第45页。

之财产。① 1919年，《广益杂志》刊载了《学术为无形之财产说》一文，文中指出："俗目只知有有形之财产，不知有无形之财产耳……盖金玉田庐为死物，而学术则活泼有生机也。且即以有形之财产论，必有无形之财产之人，而后有形之财产可以守。"② 1923年，《竞志》周刊有一篇题为《无形之财产论》的文章，文中说："故吾人对于有形之财产，不必斤斤以求，以其不足恃，而有时反足以累人也。最要者，惟无形之财产。勉精励操，目炅待旦，劳神苦体，契阔勤思。……增吾智识，长吾技能，则无形之财产。"③ 根据"民国时期期刊全文数据库"的检索结果，从1927年到1934年还有三篇题目类似的文章。这些文章虽然不是严格的法学论文，但皆用"无形财产"指称学术与知识，并认为无形财产比有形财产更重要，与知识产权理论有暗合之处。"无形财产"之表述从民法著述到日常时评的渗透，从一个侧面反映了民国时期"视知识为财产"这一观念的逐步普及。

1926年，会计学家杨汝梅（众先）在美国出版了博士论文《商誉与其他无体财产》(*Goodwill and Other Intangible*) 一书。自1934年开始，杨将该论文翻译成中文，以《无形资产论》为题陆续在《立信会计季刊》发表，并于1936年由商务印书馆出版。这虽然是一篇会计学的著作，但因为其所论及的"无形资产"大多属于知识产权，因此有不少内容涉及知识产权，相当于今日所称的"知识产权价值评估研究"。兹简要介绍若干重要观点。在商标与商号的价值评估方面，文章指出了商业标记与商誉的关系："由此可知商标与商号，足以使顾客对于其所代表之物品或企业，发生好感，其有助于企业之成功者，殊非浅鲜。自此点观之，则商标与商号之价值，就其本质而言，实与普通所称之商誉相似也。"文章讨论了商标及商号价值之处理、商标及商号成本之处理。在"专利权版权及商业秘诀"部分，文章讨论了"专利权版权及商业秘诀之处理"，指出"但因企业之获利能力，殊不稳定，故此种权利之价值，亦颇难确定，实无适当之标准，可资遵循。"并论及"有市价之专利权及版权""专利权版权及商业秘诀之成本""专利权版权及商业秘诀成本价值之折旧"。文章对成本的讨论又细分为"逐年研究费用之处理""特别费用之处理""研究所发明之处理""版权之成本""发明以后之法律费用"等。④ 这些内容大致相当于知识产权价值研究。

1947年，商务印书馆出版了龚钺所著的《比较法学概要》。此书在论及权利

---

① 参见徐尚烜：《学问为无形之财产说》，载《少年杂志》1917年第7卷第1期，第3-5页。
② 亮公：《学术为无形之财产说》，载《广益杂志》1919年第6期，第30-31页。
③ 方瑜：《无形之财产论》，载《竞志》1923年第8期，第29-30页。
④ 参见杨汝梅：《无形资产论》（续），载《立信会计季刊》1934年第6期，第35-59页。

之标的时，把物分为有体物与无体物，指出："至于无体质之商标权，发明权，著作权，营业权等，因亦得为权利之标的，法律亦视之为物。"① 在"权利之分类"部分，此书专门有一目介绍"无体财产权"。"无体财产权即以无体物为标的之权利也。在此名称之内，实包括许多性质不同之权利……兹吾人举其主要者，著作权，发明权与商标权三者述之于后。"② 可见，此时法学理论中已经用"无体财产权"涵盖不同的知识产权类型，和前述"无形财产"又有不同。当代有学者认为，在描述知识产权的对象时，"无体"比"无形"更准确，知识是无体而有形的。③ 特别值得注意的是，书中在论及"著作权"时有一段："其作品无论为书籍、诗文、照片、图画、雕像、剧本、乐谱其他知识产物均属一种著作。或称此种权利为'知识财产权'（propriété intellectuelle）。"④ "propriété intellectuelle"是法语中"知识产权"的标准译法，根据本书作者目前的考察，这是外语的"知识产权"一词首次出现在我国法学著作中，也是"知识财产权"表述的首次出现。"知识财产权"其实是比"知识产权"更准确的表述，"产权"是经济学的概念。不过值得注意的是，龚钺著作中的"知识财产权"仅指著作权。关于"知识产权"一词在国际上的首次使用，一种说法认为是瑞士人杜尔奈森（Johann Rudolf Thurneysen）在其博士论文《国际版权法及其实践》（International Copyright Law and Practice）中的使用⑤，这篇论文中的"知识产权"也是仅指著作权。虽然对这种说法也存在争议，龚钺的著作至少可以印证："知识产权仅指著作权"的用法，在20世纪仍有一定的影响力。

《比较法学概要》一书对"著作权"的定义非常规范："我国法律中所谓著作权，包括著作家、美术家、雕刻家、编剧家、音乐家对于其作品所享有之权利。"⑥ 书中援引了拉马丁的话论证著作权保护的正当性："此种权利乃财产权中之最为神圣者。思想乃最属于一己之物，是以著作权亦最应受法律之保护。"⑦ 在论及"发明权"时，作者解释了发明权的保护期何以短于著作权："发明权之专利期间，各国法律所规定者，多较短于著作权。或以为发明权不如上述著作权之纯属个人创作，盖发明家多利用前人所发明之材料。或以为发明权有关于工业

---

① 龚钺：《比较法学概要》，商务印书馆1947年版，第168页。
② 龚钺：《比较法学概要》，商务印书馆1947年版，第193页。
③ 参见刘春田主编：《知识产权法》，中国人民大学出版社2022年版，第14-15页。
④ 龚钺：《比较法学概要》，商务印书馆1947年版，第193页。原版本中的法语拼写有错误，印为"propriété intellectueles"。
⑤ 参见郭寿康主编：《知识产权法》，中共中央党校出版社2002年版，第1页。
⑥ 龚钺：《比较法学概要》，商务印书馆1947年版，第193页。
⑦ 龚钺：《比较法学概要》，商务印书馆1947年版，第193页。

之进步,不能因个人之利益而阻碍社会之发展。后一种理由,实为各国不允发明人有长期专利权之原因。"① 并且指出,发明权亦称"工业财产权",后附英文"industrial property",并提到"工业产权亦曾为一种国际公约之内容(指《巴黎公约》)"②。在论述商标权时,书中指出:"商标之使用,所以表彰自己所生产、制造或经售之商品,以增进顾客对于自己出品之信用并防假冒也。商标由注册而取得专用权,可以继承、转让、或抵押,其得为财产权之一,毫无疑义。"③ 阐述虽简,但抓住了商标与商标权的本质。

《比较法学概要》虽然不是一本知识产权专论,但其中涉及的"知识财产权""工业财产权"等基本概念,以及某些知识产权制度背后的法理,客观上属于知识产权总论学术累积的一部分。

二、著作权法研究的主要成果

（一）法律释义

以图书形式发表的著作权法研究成果,主要是几部法律释义书,解释的对象都是1928年《著作权法》。

1929年,世界书局出版了林环生的《著作权法释义》。和秦瑞玠的《大清著作权律释义》相比,此书的注释比较简明,其最大的优点在于,注重解释条文背后的法理,其中有些阐述对当下的著作权研究仍有启发。例如著作权法对作品类型的列举是例示性的还是限定性的、对作品的保护应否采用"类型法定主义",如今尚有争议。④ 1928年《著作权法》在列举作品的具体类型之外,还有一款弹性规定"其他关于文艺学术或美术之著作物"（第1条第5款）,明确采取了"例示说"的立场。书中阐述了该规则的法理:"缘文艺学术美术等,其类至繁,则凡于前四款范围所未明列,而能开辟新颖,有所表现者,当然应以著作物论。"⑤ 又如,对于自然人的著作财产权无人继承亦无人受遗赠之时应如何处理,究竟是"归国家所有"还是"进入公有领域",知识产权界存在分歧。⑥ 《大清著作权律》采取了"进入公有领域"的处理方式,第32条把"著作者身故后,别无承继人者"作为"凡著作视为公共之利益者"的情形之一。1928年《著作权法》沿袭

---

① 龚钺:《比较法学概要》,商务印书馆1947年版,第194页。
② 龚钺:《比较法学概要》,商务印书馆1947年版,第194页。
③ 龚钺:《比较法学概要》,商务印书馆1947年版,第195页。
④ 参见李琛:《论作品类型化的法律意义》,载《知识产权》2018年第8期。
⑤ 林环生:《著作权法释义》,世界书局1929年版,第3页。
⑥ 参见李琛:《论无人继承之著作财产权的处理》,载《电子知识产权》2008年第1期。

了这一方案，于第 14 条规定："著作权人亡故后，若无承继人，其著作权视为消灭。"林环生对此的解释是：此种著作权若继续存在，"则于已亡故之著作权人，无丝毫之关系，徒足引起第三者之纷纭，是以消灭其著作权。"① 书中还有一个值得圈点之处是对"著作权保护期限届满后仍不得篡改作品或改变署名"的法理解释："况其著作物，虽无享有著作权者，特已视为公共之物。就物质言，较诸原著作人个人享有时，其范围尤广，法律更当加以保障……"② 这一解释比秦瑞玠的解读更有说服力，秦认为："然期限虽满，不过消灭其专有重制之利益，至其原著作上之人格权自存，仍应保护。"③ 就法理而言，作者死亡之后权利主体即已消灭，对所谓死者的"著作人格利益"的保护，本质上并非私权的保护，不过是借助私权的架构保护公共文化财富而已。

另外值得注意的是，此书在解释著作权保护期限内的署名与作品完整性保护时，并没有提到作者的人格权，这一点有别于秦瑞玠的论述。秦瑞玠认为："然至改窜等事，及其名目与姓名，则属于人格权，而非当然一并脱转者。"④ 这一现象表明，我国近代在学理上并未普遍地接受著作人格权的概念。

徐鸣之的《著作权法释义》于 1929 年由上海商务印书馆出版。徐的释义在形式上比较规范，交代定义与历史，有教科书的风格。以第 1 条的释义为例，书中称："著作权云者，依著作权法规定著作物之作者所得享有之权利也。考著作权之发生，实自十九后半世纪始，其目的在谋学艺美术之发达，奖励良著之刊行。"⑤ 书中还反映出作者对外国著作权理论的了解，例如在解释第 24 条（接受或承继他人之著作权者，不得将原著作物改窜割裂变匿姓名或更换名目发行之，但得原著作人同意或受有遗嘱者不在此限）时，书中指出："夫著作者之权利有二方面，其一为专有著作物之发行及奏演权，其一为改窜割裂等之权利，法国著作权法学者谓前者为著作者之财产上之权利，后者为无形上之权利；而前者与普通财产权从同，后者为著作者专属之权利，乃人格权之一部，故此权利不能移转他人。"⑥ 这表明作者知悉法国著作权理论的财产人格二元说。在民国时期的著作权法释义书中，徐鸣之的作品理论性最强。

1936 年，上海法政学社出版了朱方撰写的《著作权法详解（附出版法）》一

---

① 林环生：《著作权法释义》，世界书局 1929 年版，第 15 页。
② 林环生：《著作权法释义》，世界书局 1929 年版，第 24 页。
③ 秦瑞玠：《大清著作权律释义》，商务印书馆 2015 年版，第 31 页。
④ 秦瑞玠：《大清著作权律释义》，商务印书馆 2015 年版，第 30 页。
⑤ 徐鸣之：《著作权法释义》，上海商务印书馆 1929 年版，第 1 页。
⑥ 徐鸣之：《著作权法释义》，上海商务印书馆 1929 年版，第 18 页。

书。据吴瑞书的序言，朱方"读律有得，已曾取各种重要法典一一为之详解，一纸风行，人手一编。盖能以舒畅条达之文笔，解释艰窘苦涩之法条。……既熟于法，又工于文"[①]。该书还附了1930年《出版法》的详解。作者说明，这是因为著作权法与出版法有相关之处，"但二者之性质截然不同。著作权法专在保护著作权人之权利。用以防止他人之侵害者。而出版法则专在取缔出版品之不良"[②]。这表明作者和陶保霖等人一样，对著作权法和出版法的区别有清楚的认识。在例言部分，编者说明："本书为解释体例，故专就条文字句解释。其立法得失，概不涉及。本书供国人普通应用，故解释不偏理论，凡各国成规、学识派别、皆未遑论列。"该书的内容也确实遵循了上述定位，大部分注释只是把法条的意思解释一下，或举一点简单的例子，对条文的法理依据基本不提，理论性不强。

1943年，《县政研究》杂志发表了一篇《最新著作权法释义》，作者署名大光。[③] 这篇文章应为连载，但之后的内容查找无果。本书之所以提及此文，是因为从学术的角度来看有一些值得关注之处。文章指出："著作权实在是一种自由权，我们在宪法上和政纲上早已见到，在学理上，我们根据合格尔[④]说：'天地间的进化，都是自由发展的程序；历史是人类解放的途径；法律是人类进化中重要的过程……'约翰弥尔所主张的公式：'人们在不侵犯他人同样自由范围以内，得享有充分的自由！'这便是'正义'：法律必须遵守'不应违反正义！'的原则，根据这种理由，著作权法所以就成立！"这种从法哲学角度对著作权的论述，在近代文献中不多见。此外，文中解释作品时，提到"姑不论其翻译或创作或疏释或笺注；但须自出心裁"。"自出心裁"接近当代著作权理论中的"独创性"，这种对作品要件的论述在近代文献中也很罕见。

（二）著作权政策讨论

1920年前后，文化界就"中国应否参加国际版权同盟"一事展开了讨论。[⑤] 清末学者对于参加著作权国际保护体系，多采否定的态度。例如陶保霖认为："惟时代所限，所谓世界的权利主义，如上文所述第三时期者，吾国今日情形，尚可不必仿行。"[⑥] 然《东方杂志》分别于1920年和1921年发表了两篇持不同看法的文章。其一为杨端六所撰（署名端六）。杨认为：应当派人参加国际版权同

[①] 朱方：《著作权法详解（附出版法）》，上海法政学社1936年版。
[②] 朱方：《著作权法详解（附出版法）》，上海法政学社1936年版，第1页。
[③] 参见大光：《最新著作权法释义》，载《县政研究》月刊1943年第5卷第1期，第37-38页。
[④] 今译为"黑格尔"。
[⑤] 参见李明山：《中国近代版权史》，河南大学出版社2003年版，第132页。
[⑥] 陶保霖：《论著作权法出版法急宜编订颁行》，载《教育杂志》1910年第4期。

盟的会议。对中国不利的条款主要是翻译权的保护,可以对此声明保留。"不经各国正式法律手续批准,不生效力。故我国虽派人与会,并不即时发生危险,此我辈所当注意者一也。且派员与会,亦可用保留签字之法行之。对于翻译一项,尽可保留自主之权。"并指出:"我国苟欲于世界政治占一地位,对于此等公共事业应积极的干与,不得终世处于消极地位也。"① 此看法较之清末知识分子的立场更为进步。更值一提的是国际贸易学家武堉干的《国际版权同盟与中国》一文。② 此文先从版权的基本理论和国际版权同盟的历史谈起,已经超越了一般的时评,具有学术论文的属性。文章的第一部分是"版权的性质和基础",介绍了版权的含义、版权与著作权的关系,而后把版权的正当性理论总结为四种:劳力说、创作说、报酬说和人格说。第二部分是"国际版权同盟的由来和经过",介绍了国际版权同盟的形成与发展。第三部分是"中国加入国际版权同盟的关系",作者先梳理了反对加入的两大观点:其一认为翻译权的保护会阻碍我国的文化发展,其二则从根本上反对版权。武堉干对第一个观点的回应与杨端六相同,认为加入版权同盟不等于实施条约,况且对于我国不利的条款可以保留。对第二个观点,武回应道:"版权能够在法律上成为一种特别权利,自有他的根据,这是我上面所说过了的;他在私法范围,是一种财产权,那便同普通的所有权的性质,是一样的。我们现在能够废止所有权吗?"同时,他认为书价过高等现象只能通过制度改良,而不能废止版权保护:"若以为有了版权的保护,书籍的定价过昂,便归咎在版权制度身上,那是不对的。我们要免掉这种弊病,除非改良版权法。"在批驳了反对意见之后,文章从正面阐述自己的理由。首先,"就文化运动上面观察,我国有加入的必要"。这一点又分两层,其一是加入同盟之后我国可以了解国际学术的发展动态,并且可以向世界宣传中国文化。其次,"就国际地位上面观察,我国有加入的必要。……要国际上的地位加高,现在也不限定要武力比别国强,只要对于世界上公共的事业肯努力,便能够的"。最后,"就世界潮流上观察,我国有加入的必要"。武堉干认为,我们终究是要按照先进国家的发展轨迹前行的:"现在我国版权保护要求的思想,既一天一天进步,那末照先进国历史演进的自然趋势走,是免不掉的;虽眼前没有要求加入,终久是要加入的;更进一步讲,像中国这样学术幼稚的国家,要想增进文化;奖励著作家,扩充他的保护权利,也是一种顶好的促进文化的政策哩!"这篇文章反映出与清末相比、民国时期知识分子对知识产权国际保护的态度更为开放,眼光更为深远。

---

① 端六:《国际版权同盟》,载《东方杂志》1920年第17卷第24期,第5页。
② 参见武堉干:《国际版权同盟与中国》,载《东方杂志》1921年第18卷第5号,第7-17页。

1938年，吕方邑发表《牺牲一点版权》一文，认为书价的高昂使作品不能在大众间流传，"要想大众读物，真能广泛地和大众接近，必须要大众读物能够广泛流通，和售价尽可能的减低，在目前要解决以上两点，惟有请作者牺牲一点版权"[1]。这个观点和当时的抗日背景有关，作者希望一些宣传抗日的作品能广泛传播。著作权与文化传播之间的平衡，至今仍是著作权理论的一个话题。

（三）专题研究

1933年，《人民评论旬刊》发表《著作权之演进》一文。[2] 这篇文章的主要目的是讨论保护期限问题，但前面作了很长的铺垫，涉及著作权的历史、正当性等基础问题。文章分为六个部分。第一部分"著作为公时代"介绍了著作权产生之前的作品观，"古人以文为公器，故无所谓著作权，而亦不愿有著作权"。第二部分题为"著作权不应成立说"，阐述了著作权不应成立的三点理由。其一，任何个人的创作都是以前人的成果为基础，不能据为私有。其二，作品是对自然的模仿或对人类共通情感的反映，不可据为私有。其三，著作权仅保护表达，允许思想的借用，故在前人思想之上极易产生新的著作权。"谓著作权者原冀防止剽窃抄袭之风，乃反成变相之剽窃抄（袭）之保障，又岂创始者所及料哉？"第三部分是"著作权溯原"，介绍了著作权制度产生的过程。第四部分是"著作权之成立与其意义"，阐述了著作权的四种理论：甲说认为学术上之财产所有权与物质上之财产相等，应当和其他财产一样不受限制；乙说认为学术上之财产是根据契约产生的，"个人欣赏其作品者即为当事人之一"；丙说认为学术上之财产乃根据著作者个人之人权；丁说认为学术上之财产并非为保护作者的个人利益，"乃所以维持社会公共之便利与利益耳"。作者认为，丁说最有影响力。第五部分是"我国著作权法与各国著作权年限之比较观"，作者把各国制度分为三类。其一为"无限的"，即作者终身加死后若干年；其二为"有限的"，即著作权不为作者终身享有，例如出版之后若干年；其三为"折中的"，即一面规定著作权期限为作者终身加死后若干年，同时又规定不得超过自出版之日起若干年。作者把中国的制度归入"无限的"。最后一部分题为"著作权之年限问题"。他认为著作权保护有碍作品的传播，要解决这一问题，"是惟有变通著作权之年限，以求其救济之道——即使著作权年限之规定一方面足以酬劳著作者之利益，他方面须力求免去书籍传播与文化推行之障碍是也。现行各国中，其著作权年限之规定，颇有仅以酬劳著作者之利益为准则，而未尝顾及传播书籍推行文化之便利；实欠公允"。

---

[1] 吕方邑：《牺牲一点版权》，载《战时记者》1938年第1期，第18-20页。
[2] 参见胡梦华：《著作权之演进》，载《人民评论》1933年第1卷第11号，第19-26页。

因此，作者认为中国著作权的年限规定不宜仿效日本，应当以出版之后若干年为限。作者偏重公众利益的著作权观十分鲜明。

1937年，《现代司法》发表《中外著作权互惠问题》一文，作者为曾特。① 文章梳理了作为外国人著作权在华保护依据的条约内容，介绍了《著作权法施行细则》（1928年）第14条第3款引起的交涉和效力变化②，并重点介绍了外国人著作权在华保护的两个条件：(1) 得享有著作权之外国人著作物以专供中国人应用者为限；(2) 得享有著作物之外国人以其本国承认中国人民得在该国享有著作权者为限。这篇文章最值得关注之处在于对"专供中国人应用"解释之争的分析。此文以一起行政案件为例，分析了"专供"、"只供"和"可供"三个概念的区别，认为："综上所述，吾人可得一结论，即外国人所有之非教科用图书，必须其主要目的在供中国人应用，始得谓为'专供中国人应用'。"③ 此文是近代知识产权文献中较难得的有关法律解释的样本。④

1947年，陈加发表了《著作权在中国为什么被漠视》一文，分析了国人的著作权观念。⑤ 陈加首先提出："在中国，就著作权法的本身来说，可算是相当完善的一部法规，但在应用上，则恰恰相反，国人脑中多存有一种观念，即认著作权是一种不成问题的问题，始终对他是漠视的。"文章认为，中国传统文化中认为"转载翻印功能无量"，而"改窜剽掠为世所耻"，著作权之所以受到漠视，"最主要的原因，是由于几千年中国思想界在儒家领导下，养成尊士重书的风气，使人对他人著作权不敢轻易渎犯，再则过去出版技术过于笨拙，使人无法藉出版牟利，亦大有助于著作权之被尊重。"文章最后提出"未来的展望"，指出：中国传统观念并非绝对的不利，"不过我们向前展望，憧憬着将来我国科学文明发达以及与国际合作加密，我们还是要倡导著作物应该登记，与应重视著作权。同时，国际潮流的趋势，也将不容许我们长期的模式下去。"

1947年，思培发表了《新著作权法和改编他人著作物的禁止问题》。⑥ 这篇文章分析的对象是1944年《著作权法》新增的改编权。1928年《著作权法》第19条规定："就他人之著作阐发新理，或以与原著作物不同之技术制成美术品

---

① 参见曾特：《中外著作权互惠问题》，载《现代司法》1937年第2卷第10期，第1-18页。
② 该款规定，外国人的著作权保护期仅为注册之日起10年。
③ 曾特：《中外著作权互惠问题》，载《现代司法》1937年第2卷第10期，第8页。
④ 参见李琛：《近代著作权法律解释的一个样本》，载《中国版权》2020年第6期，第24-25页。
⑤ 参见陈加：《著作权在中国为什么被漠视》（上下），载《天津市》周刊1947年第2卷第12期、第3卷第2期。
⑥ 参见思培：《新著作权法和改编他人著作物的禁止问题》，载《震旦法律经济杂志》1947年第3卷第1期，第12-22页。

者，得视为著作人，享有著作权。"1944年《著作权法》删除了旧法的第19条，并在第25条中规定：

> 就已经注册之著作物，为左列各款之行为者，应得原著作人之同意；但著作权已消灭者不在此限。
> 一、用原著作物名称继续著作者。
> 二、选辑他人著作或录原著作，加以评注、索引、增补或附录者。
> 三、用文字、图画、摄影、发音或其他方法，重制或演奏他人之著作物者。

文章首先分析了改编权的正当性。依据旧法的规定，改编他人作品无须征得著作权人的同意。于是，有些小说被改编成剧本，这些小说本身获得的报酬不高，且多为一次性报酬。由于1928年《著作权法》第1条规定"就乐谱剧本有著作权者，并得专有公开演奏或排演之权"，剧本的著作权人则可以从不同的表演中获取多次获酬的机会。作者认为，改编者的付出较少而收入反多，有失公平。此文还对1944年《著作权法》第25条的表述与适用细节进行了分析。

1948年，《震旦法律经济杂志》连载了思培的《录音广播的法律上研究》。[①]这篇文章首先介绍了录音与广播技术的出现带来的利益影响，主要是介绍唱片业与广播业较发达的外国的情况：一是对表演者的影响，很多的现场演奏者失业；二是唱片业与广播电台之间存在利益冲突。接着文章介绍了国际社会关于表演者权保护的主张。思培认为，无线电技术和录音技术使表演突破了时空的界限，"在法律上不能不认为一种新的无体财产"，并以印刷术与著作权的关系作类比，指出"随着各项新颖技术的发明，我们需要有适应新环境的新法律，也就是说新法律必须承认演奏人员的权利并予以适当的保护"[②]。接着，文章介绍了关于表演者权依据的几种理论以及德国、奥地利、英国、匈牙利、日本、乌拉圭等国的做法，然后对录音广播引起的法律问题逐一分析，包括：许可权，精神方面的权利（演奏者姓名权的保护和演奏工作内容的完整）和财产方面的权利。最后文章还探讨了"演奏者权利让与条款。"这篇文章是近代文献中少见的讨论邻接权的作品，不难看出作者对当时的表演者权利最新发展的熟悉程度，且文中有些论述颇有深度，例如对法律与技术之关系的阐述："法律永远是在动的，它决不能胶着于静止的状态，新的环境产生新的需要，新的需要产生新的法律；广播、录音

---

① 参见思培：《录音广播的法律上研究》，载《震旦法律经济杂志》1948年第4卷第7、8、9、10-11期。
② 思培：《录音广播的法律上研究》，载《震旦法律经济杂志》1948年第4卷第8期，第247页。

等事业不断发展的结果,演奏人员、剧院、唱片商,及其他各方面的纠纷,也愈演愈烈,立法者决不能漠然无动于衷,以不变应万变,于是适应新环境的新法律应运而生,来规定各当事人应有的权利。"①

1948年,浩行在《震旦法律经济杂志》发表《新闻稿件的著作权》。② 这篇文章把"新闻稿件"分成两类:不讨论有时间性的经济或政治问题的文学、艺术、科学作品,讨论有时间性的经济或政治问题的作品。文章分别介绍了外国立法和《伯尔尼公约》对新闻稿件的处理,接着还讨论了"新闻消息"能否受著作权保护的问题。文章结论部分指出:随着技术的发展,新闻稿件的使用已经超出了报纸,还包括无线电广播和有声电影。"陈旧的著作权法已不足以应付新闻的发展情形了,未来的法律,对于新闻稿件,一定有更合理,更适合社会需要的办法,我人愿拭以待之。"③ 关于新闻与著作权的关系至今尚有争议,此文仍有现实意义。文中在讨论通讯社发布的新闻消息的保护时,还提到了反不正当竞争法:"一般说来,是项消息,本身不能享受著作权的保护,假如有滥用某通讯社消息的具体事实,仍不妨依不正当商业竞争的规定处理。"在近代知识产权文献中,涉及反不正当竞争内容的非常罕见。

三、商标法研究的主要成果

(一) 专著

1923年,上海商务印书馆出版了章圭璩的《商标法要义》。此书后于1925年修订,以《改订商标法要义》为题出版。因为《商标法要义》是我国历史上第一部商标法专著,且学术价值较大,下文将作比较详细的介绍,内容以1925年改订本为据。

此书成于1923年北洋政府《商标法》颁布之后,虽只有121页,却非常完整地介绍了商标理论和制度中最重要的方面。正文部分共分10章:各国商标法制定之主义、商标之性质、商标专用权之性质、商标注册条件、审查、抗告审理机关、撤销不合例之注册商标、专用权之移转、专用权之消灭、商标与商号之区别。全书逻辑结构清晰,在章与章的衔接处作者均以数语提点承接关系。例如,在"商标之性质"一章末尾指出:"商标于法律上果为何物,及其性质如何,大

---

① 思培:《录音广播的法律上研究》(续上期),载《震旦法律经济杂志》1948年第4卷第8期,第248页。
② 参见浩行:《新闻稿件的著作权》,载《震旦法律经济杂志》1948年第4卷第12期,第292-293页。
③ 浩行:《新闻稿件的著作权》,载《震旦法律经济杂志》1948年第4卷第12期,第293页。

致已具于是。自是之后,所当研究者,商标之专用权,为法律上何等之权利。"[1]而后转入"商标专用权之性质"一章,在此章之末又写道:"商标专用权之性质如是。然商标专用权必如何而可有之……顾商标之中又必如何而后合例可以注册,此则视法律上所定注册之规则为断。"[2] 之后,自然转入"商标注册条件"。

在绪论部分,作者从竞争分为"正竞争"与"不正竞争"说起,认为商标法可以保护正竞争,"商标法者,实为国家富强之一大关键也。"[3] 如前所述,近代罕有论及不正当竞争的知识产权文献。此处出现的"正竞争"与"不正竞争"概念,相当于"正当竞争"与"不正当竞争"。

第一章"各国商标法制定之主义",从比较法的角度分析了商标权取得的两种制度。在近代论及商标法的著作中,此书对商标权取得制度的介绍与评价最为详尽。作者把这两种制度称为"商标专用权认定主义"与"商标专用权设定主义",相当于法学界通用的"使用主义"与"注册主义"。"认定主义者,即如前所述,以使用商标最久且诚实无伪者,乃有商标上真正之专用权之谓也。"[4] 作者认为,此制度虽"于事理似极公平",但认定在先使用并非易事,"势必使奸商等常起可厌之诉讼,而争时之前后新旧,反使公正商人有害于其业务"[5]。而且作者还指出,英美等国实行该制度,是因为早就存在习惯法,习惯法与商标法相互补充,"不独如是,彼长于运用法律之老裁判官善用此法,凡诉讼关于商标上权利者,片语折衷,毫无阻碍,故至今仍采用此主义也"[6]。因此作者认为不能贸然效仿,"故今日采用认定主义,不适于国情明矣"[7]。所谓商标专用权设定主义,是"专因注册而为倡设权利之制"[8]。作者把商标专用权设定主义又划分为甲乙两种:甲制度为"绝对的最先呈请注册主义","不问时日之长短新旧,专以最先呈请为之注册,而予以专用权是也"。乙制度为"相对的最先呈请注册主义","虽采用与专用权于先呈请者之主义,而他人之使用此商标实亦宜有保护之主义也"[9]。接着作者又分析了如何认定在先使用、如何确定在先使用的时间等具体问题,并介绍了外国立法例。对于中国的取舍,作者写道:"各国商标法有

---

[1] 章圭璋:《商标法要义》,上海商务印书馆1923年版,第24页。
[2] 章圭璋:《商标法要义》,上海商务印书馆1923年版,第26页。
[3] 章圭璋:《商标法要义》,上海商务印书馆1923年版,第3页。
[4] 章圭璋:《商标法要义》,上海商务印书馆1923年版,第5页。
[5] 章圭璋:《商标法要义》,上海商务印书馆1923年版,第6页。
[6] 章圭璋:《商标法要义》,上海商务印书馆1923年版,第6-7页。
[7] 章圭璋:《商标法要义》,上海商务印书馆1923年版,第7页。
[8] 章圭璋:《商标法要义》,上海商务印书馆1923年版,第7页。
[9] 章圭璋:《商标法要义》,上海商务印书馆1923年版,第7-8页。

二大主义，其利害得失之梗概，业已讲过。果何主义为最适用于中国之现状，此可为解释问题之一助。顾各国商标法中，虽有二主义，然其内容甲乙政体之所异，以及民情习惯之不同，与政治机关之组织权限，又难一致，此亦自然之理。故其间大有迳庭，不能以彼例此，推己及人。"① 此段可谓有关法律比较与移植的真知灼见。第一章最后又"从异到同"，落笔于《巴黎公约》对各国的协调。此书对商标取得制度的比较之细致与深入，在当代文献中亦不多见。

第二章"商标之性质"分析了商标的概念。作者把商标定义为"营业人欲表彰自己货物，任意选择、定以为一种所使用之徽章也"。接着，此书把商标的定义拆分成几个要件逐一分析。其一，使用商标之人，即为营业之人。其二，使用商标务以表彰自己货物为目的。"凡装饰商品之外观，所用装饰之意匠，苟其目的不在表彰自己之货物，即不得称为商标。"作者还特别指出，"今有当注意者，商标之要点，只在表彰自己之货物，而于货物之实质，初无关系。故货物之精粗美恶，又与商标问题绝不相关。"② 其三，表彰者，但指其货物而已。"故其目的与商人自己表彰其主人所用之记号及表彰其营业所用之牌号等，均不相同，性质亦不相同。"③ 其四，所表彰之货物，为其自己之货物。"即凡他人生产或制造之货物，第属于吾业经营之下，为吾目所选择，以贩卖于公众者，皆在自己范围之中，但于吾绝无影响之货物，断不能混为己有。"④ 其五，徽章可任意选择。"第凡吾人之视觉所可抉择之资料，即均可以为徽章。"⑤ 以上论述区分了商标与装潢、所有权标记、商号的区别，在民国商标法著述中，此书对商标定义的阐述最为周详。

在"商标专用权之性质"一章，书中提到学理上对商标权性质的几种不同解释：或谓人格权，或谓身份权，或谓财产权。⑥ 把商标权看作人格权或身份权，与当代学说颇不一致，然当时学术规范尚不成熟，作者没有加注，不知这些观点的出处。章圭瑑认为商标权是财产权中之"特权"，其谓"特权"乃"特别权利"之意。书中有明白的交代："特权者既非物权又非债权，实特别权利之统称，而为特别之财产权。"⑦ 章还认为商标权是专用权："即商标乃使用于一定商品之

---

① 章圭瑑：《商标法要义》，上海商务印书馆1923年版，第18页。
② 章圭瑑：《商标法要义》，上海商务印书馆1923年版，第22页。
③ 章圭瑑：《商标法要义》，上海商务印书馆1923年版，第23页。
④ 章圭瑑：《商标法要义》，上海商务印书馆1923年版，第23页。
⑤ 章圭瑑：《商标法要义》，上海商务印书馆1923年版，第23页。
⑥ 参见章圭瑑：《商标法要义》，上海商务印书馆1923年版，第24页。
⑦ 章圭瑑：《商标法要义》，上海商务印书馆1923年版，第25页。

物，有财产上之价值，而其使用权为其独有，他人不能使用，故有专用权之效力。"① 本书第一章提到，对"商标专用权"概念的理解不可忽略近代的历史渊源，"商标专用权"的原意就是指商标权的排他效力。② 章圭琹的论述再一次印证了这一点。

在"商标注册条件"一章，作者把禁止注册条件分为"公益禁止条件"与"私益禁止条件"，相当于"绝对禁止条件"与"相对禁止条件"。此种划分为当代通说，但在近代商标法著作中尚不多见。

"审查"一章中最重要的论述是对商标近似的判断。作者首先阐述了审查商标是否近似的重要性，"盖商标审查者，实对于财产权处分之事也。……商业界上，一刻千金，即当误准注册之后，立即呈请注销，其中已受莫大之损害，故保护商标，于其类似之审查，最为要紧事务，不可不重视者也"③。从私权保护的角度看待商标审查的意义、警戒审查者不可轻易剥夺财产权，实为发聩之语。作者把商标的近似分为"观察上之类似"（视觉上的类似）与"唱呼上之类似"（呼叫之类似）④，并且还专门探讨了色彩的保护问题。颜色商标的保护是近几年知识产权界讨论较多的话题，虽然章圭琹的论述并未涉及今人讨论的重点（主要是单一颜色商标的显著性问题），但其中介绍了一些允许"纯以色彩"注册的外国立法⑤，言其为我国最早论及颜色商标的文献，当不为过。

第八章"专用权之移转"介绍了商标权的许可与转让。民国其他商标法著述很少设专章讨论此问题。虽然"商标之性质"部分已经涉及商标与商号的区别，但此书为了避免读者对这两个概念的混淆，又在第十章专门讨论了"商标与商号之区别"，指出"商号使用之目的，其故在表明自己，故由商号所表见者，人是也。然商标则表明自己之商品。故其表明之目的，即表明营业者之商品，而非表明其人也。此亦商标与商号相异之要点也"⑥。书中还谈到以他人之商号注册商标的行为，指出"人虽欲以其名为商号而禁之，则不可也。各国大抵皆然。惟日本则以其易于混淆故独不准，以吾观之，中国似亦无妨"⑦。把他人的商号注册为商标，是一种不正当竞争行为。章圭琹的论述一面反映出作者对商标与商号之区别的了解，另一面也反映出当时的法学界对制止不正当竞争的认识不足。

---

① 章圭琹：《商标法要义》，上海商务印书馆1923年版，第26页。
② 参见本书第一章第四节。
③ 章圭琹：《商标法要义》，上海商务印书馆1923年版，第55页。
④ 参见章圭琹：《商标法要义》，上海商务印书馆1923年版，第56页。
⑤ 参见章圭琹：《商标法要义》，上海商务印书馆1923年版，第60页。
⑥ 章圭琹：《商标法要义》，上海商务印书馆1923年版，第72页。
⑦ 章圭琹：《商标法要义》，上海商务印书馆1923年版，第74页。

综上，章圭璟的《商标法要义》作为我国第一本商标法专著，非常完整地呈现了商标理论的体系，对商标的概念、商标权的性质等基本理论的分析可圈可点，书中所举立法例也反映出作者对外国商标法的通晓。此书在我国知识产权学术史上的地位可比肩秦瑞玠之《著作权律释义》。

1935年，会文堂新记书局出版了金忠坼的《商标法论》。全书分为绪论和本论。绪论两章，分别为"商标之重要"和"商标法之沿革"。本论包括四章，分别是"商标之意义及性质""商标专用权""近似及使用问题""商标程序"。结构有相当的体系化程度。此书对商标的概念与功能、商标专用权、商标近似、商标使用等基本理论问题均有较详尽的论述，并援引了法院和商标局裁判的大量实例，对国外商标法也有相应的介绍，反映出民国时期商标理论研究的高度。

此书在开篇对商标的重要性作了清晰的阐述，指出"商标之于商品，犹姓名之于人类"，并分别从商人和消费者的利益角度阐述了商标的作用。在商标法的沿革部分，此书把历史划分为萌芽时期、北京政府时期和国民政府时期。在商标的意义部分，此书先介绍了英国、法国、意大利、德国、日本等国法律中的商标定义，而后提炼出商标定义的三个要点：（1）商标的本体是文字、图形、记号之任何一种或其任何联合式；（2）商标须特别显著；（3）商标须用于商品。接着，作者还介绍了"商标与著作物及专利品之区别"，指出："商标重使用，著作物及专利品重发明，此双方特质之所以不同"[1]，言简意赅地点出了商业标记和智力成果的本质区别。书中还探讨了单独商标与联合商标的关系，并设专节讨论了显著性问题（书中称为"特别显著问题"），指出，"特别显著一词，其义乃谓商标须足以表明特定商品，与他商品之同种者，有所区别"[2]，并结合了商标局的评定实例予以说明。在"商标专用权"部分，此书从商标专用权的主体、取得、效力、变更、丧失等五个方面进行了分析。书中有一个关于商标专用权的观点特别值得关注，虽然1930年《商标法》规定商标注册后才产生商标专用权，但此书把商标专用权的原始取得分为四个步骤：实际上之使用、注册之呈请、注册之核准和注册之确定。"商标专用权之发生，始于实际上之使用。不使用其商标于商品，而仅有使用之意思者，则不能取得商标专用权。惟实际上之使用，并不须定在呈请注册之先，与呈请注册同时亦可。即在注册之后亦可。然不得在注册核准后经一年之久，而不使用。"[3] 这是一个非常独到的解释。尽管法律规定商标专

---

[1] 金忠坼：《商标法论》，会文堂新记书局1935年版，第14页。
[2] 金忠坼：《商标法论》，会文堂新记书局1935年版，第28页。
[3] 金忠坼：《商标法论》，会文堂新记书局1935年版，第44-45页。

用权的取得须经注册,但作者认为商标专用权的发生始于实际使用。对于注册的效力,书中认为:"凡欲专用商标,应依法呈请注册,为我国商标法第一条所明定,盖不经注册之手续,国家无从行使其关于商标之行政。且专用之取得,亦未能以周知大众。"① 可见,作者认为注册只是出于行政管理和公示的需要,并不是商标权的实质来源。在"使用问题"一节,作者更是明确地表示"我国商标法采实际使用主义,而不采注册主义,已见前述。简言之,即商标专用权发生之根据,不以注册之日期为准,而以实际开始使用之日期为准。故若有两商标,因近似而不能并行使用时,其撤销及保持之绳准,全以孰先使用为决定"②。金忠圻的"实际使用主义"的提法很值得关注,因为通说一般都认为我国的商标制度历来都是注册主义。1930年《商标法》是否采"实际使用主义"似可商榷,但金忠圻的观点也提示我们应当关注该部立法对实际使用的重视。该法第3条规定:"二人以上于同一商品,以相同或近似之商标各别呈请注册时,应准实际最先使用者注册。其呈请前均未使用,或孰先使用无从确实证明时,得准最先呈请者注册。其在同日呈请者,非经各呈请人协议妥洽让归一人专用时,概不注册。"第4条规定:"以善意继续使用十年以上之商标,依本法呈请注册时,不受第二条第六款及第三条规定之限制。但商标局认为必要时,得令其将形式或所施之颜色,加以修改或限制。"根据第19条的规定,商标注册后一年内从未使用或停止使用满两年即可撤销。书中的"近似问题"部分也特别值得关注。该部分分析了判断商标近似的标准,认为商标近似的判断只问体素,不问心素,即只问客观上是否近似,而不问当事人的主观状态;将判断近似的标准分为人、物与时地:人的标准以"普通一般商品购买人之辨别为准"。物的标准以"商标之主要部分为准",且"以其整个为观察之对象,不必一一对比"。这些论述构成了一个比较体系化的分析框架,与当代通说均基本一致。

1934年,商务印书馆出版了王叔明的《商标注册指导》。从书名来看,此书似乎是实务操作指南,但实际内容包含了理论介绍、法条解释、注册指南和诉讼指南,一共分为10编,分别是商标局沿革、商标意义与效用、法规与说明、商标呈请注册手续、商标图样的研究、商标的审定、商标注册的种类、异议案程序、评定案程序、关于法院商标诉讼案。书中对一些基本概念的介绍虽然表达通俗,文风几近口语化,却直指本质,例如对商标的解释:"说句简单的话,商标

---

① 金忠圻:《商标法论》,会文堂新记书局1935年版,第45页。
② 金忠圻:《商标法论》,会文堂新记书局1935年版,第98-99页。

就是商品的符号"①。又如对商标注册的阐述："再谈商标注册的关系，商标注册在公法上就可说是人民的一种请求权，在私法上就可说是个人的财产所有权。"②这种观点从"人民的请求权"的角度解读注册的意义，凸显了商标权的私权本质，而没有像当代的某些误读那样认为注册是政府的"授权"③。书中在分析商标专用权时指出："此种权利，为财产权之一种，德国学者称为无体财产权，法国学者称为工业所有权……"④ "无体财产权"和"工业所有权"的使用反映了当时知识产权法学体系化程度的提高。书中还专门有一节论述"商标与国货的关系"，告诫我国商人："必定要替自己的商品特立一个标识——就是定一个商标——作为在商业竞争上的一种利器……不过，在立定商标的时候，要想一个特别显著的图样，鲜艳夺目，富于吸引力；商标名称要使人动听，愈时髦、愈漂亮、愈好。但切不可把别人已经注册使用的图样，拿来改个名称使用，那便要引起纠纷，发生涉讼的事情了！"⑤ 作者以通俗的语言揭示商标的运用如何助力国货的振兴，很有现实意义。

1936年，商务印书馆又出版了王叔明的《商标法》。这本书为"实用法律丛书"之一，根据"例言"的说明，该丛书的主旨是"使中等以上学校学生及一般民众获得吾国现行重要法律之知识，并供从事法律职务者及应文法官考试者之参考"⑥。因此，这本书在体例上类似于教材，分为"商标概况""注册手续""审定与注册""商标争议"等四编。但书的内容又带有专著的风格，对一些重要的概念作了比较细致的分析，不是单纯地介绍法条。例如第三章为"商标的性质"，讨论了商标的意义、商标的分类、商标专用权、商标构成要素的限制等四个问题。此书还有一个显著的特点，在"商标法的沿革"部分对中国商标法的历史介绍得特别详尽，足足占了八页的篇幅⑦，对于中国商标法律史的研究很有文献价值。同时，此书对商标法的实践状况也有较多的介绍——如商标的注册情况："据商标局最近（民国十七年起至二十三年底止）统计，中外商人，以商标呈请注册的，全数只达二万四千余件，而其中华商商标，尚不及半数。观此统计，一面固应归因于我国工商业的幼稚，一面也足见我国商人忽视商标注册的重要，以

---

① 王叔明：《商标注册指导》，商务印书馆1934年版，第9页。
② 王叔明：《商标注册指导》，商务印书馆1934年版，第10页。
③ 李琛：《中国商标法制四十年观念史述略》，载《知识产权》2018年第9期。
④ 王叔明：《商标注册指导》，商务印书馆1934年版，第12页。
⑤ 王叔明：《商标注册指导》，商务印书馆1934年版，第14页。
⑥ 王叔明：《商标法》，商务印书馆1936年版，例言。
⑦ 参见王叔明：《商标法》，商务印书馆1936年版，第14-21页。

致仿冒影射之讼案,层见叠出。"① 第二编题为"注册手续",对商标注册的各种手续和文书格式也作了详尽的介绍。总体而言,王叔明的商标法著作以兼顾理论性与实用性见长。

1940年,商务印书馆出版了黄宗勋的《商标行政与商标争议》。黄宗勋时任商标局局长,掌握商标注册的实证资料,故书中包含了一些非常珍贵的案例资料与统计数据,同时第一章的"概说"部分又偏重理论分析,展现了作者的法学功底,鉴于此书的学术价值,且目前没有再版的版本,下文将介绍得详细一些。

这本书分为四章。第一章为"概说",下分四节。第一节"中外订立商约之履行",介绍中国政府保护商标的缘起;第二节为"商标专用权之意义及界说";第三节为"我国商标法采用之主义";第四节为"商标之种类";第五节为"商标权之法益与保障"。第一章,自学术角度观之,有几处特别值得注意:其一,书中介绍了商标一词的语源,指出其源自中外商贸条约,并介绍了汉语对"trademark"的几种译法,包括"贸易牌号""商牌""货牌"等。② 其二,书中分析了商标专用权与其他工业产权的区别,认为专利权、实用新型权和外观设计权(书中称为工艺专利权、实用新案权和意匠权)"皆与商标权完全不同,其最著之区别,则为商标仅为附于商品上之一种标识,其构成之资料,以充分具有表彰商品之性能者为限……"③。其三,该书认为我国商标法所采的主义是"呈请主义"与"使用主义"兼采而偏于"使用",并分析其原因是:"良以吾国非特工商业较各国为落后,即一般国商对于商标权亦且多无认识,每有早已使用而已为他人注册在先,欲请专用已不可能,是以我国商标法兼采两种主义,盖非此无足以扶植国内幼稚之工商业也。"④ 这是对"使用主义"理据的一种新颖的解释。其四,在论及"商标专用权在民法上之效力"时,作者把商标权称为有期限之物权,并把权利人请求他人停止侵害的权利称为"物上请求权"⑤。我国知识产权界曾有一种误解,以为知识产权中的停止侵害责任无须证明过错是"无过错侵权责任"的体现,从而认为侵犯知识产权属于"特殊侵权"。其实停止侵害责任属于支配力回复性救济,在性质上与物上请求权相同,并不属于侵权请求权,"特殊侵权说"难以成立。⑥ 黄宗勋的著作已经对知识产权停止侵害请求权与物上请求权的

---

① 王叔明:《商标法》,商务印书馆1936年版,第19页。
② 参见黄宗勋:《商标行政与商标争议》,商务印书馆1940年版,第1页。
③ 黄宗勋:《商标行政与商标争议》,商务印书馆1940年版,第3页。
④ 黄宗勋:《商标行政与商标争议》,商务印书馆1940年版,第4页。
⑤ 黄宗勋:《商标行政与商标争议》,商务印书馆1940年版,第6页。
⑥ 参见李琛:《论知识产权法的体系化》,北京大学出版社2005年版,第20页。

关系阐述得如此清晰，诚值赞叹。

第二章为"商标争议以及诉愿程序之处理"；介绍了通则、书状、送达、期间、处分决定及裁判、组织、处理之程序。

第三章为"商标争议裁判之基准"，这一部分的亮点是，详列了商标争议裁判所涉的条文以及典型案例，作者交代："本章为求读者醒目起见，特依现行商标法条文为纲，以注释方法详列各级判例或其解释以为目，以供检索之便；其有为现行法所无而为旧法所特有，或有兼及民刑各法条文者，并择要附入。"[1] 本章先列出条文，然后简要说明（若条文浅近则不加说明），接着附几种注释：行政机关的确权裁决标注为【判】；司法院的解释标注为【解】；行政机关的通告标注为【令】；作者自己的说明标注为【注】。以第2条第4款"有妨害风俗秩序，或可欺罔公众之虞者"为例，有【判】为："二条四款系指商标本体有欺罔公众之虞者而言，要与是否相同或近似于他人之商标无涉——行政院二十三年判字第五十三号。"有【解】为："袭用他人夙著盛誉之注册商标，使用非同一商品，如性质近似，而使人误认为他人出品而购买者，即属欺罔公众之一种，自应适用商标法第二条第四款之规定。——司法院二十六年院字第一六一一号。"后接【注】曰："自前项解释一出，商品之性质相同或近似问题亦随之而起，商标法于此既无明文规定，认定上又乏基准，处理此项争议，实属无所依据，爰由商标局于二十六年三月呈请前实业部转请司法院作一统一解释，迄至二十七年十月始经该院作如下之解释：……"[2] 这是非常系统、规范的法条评注。所引的裁判涉及对"善意""商标近似"等基本概念的解释，具有很高的理论价值。

第四章为"附论"。"附论"的第一节"商标注册与国内工商业"提供了很多宝贵的数据。例如自1928年设立国民政府全国注册局至1938年年底，经商标局核准注册的商标为36 800余件[3]，统计表按申请人的国别和时间分类，中国人的注册总量为14 616件。作者认为"准是而论，我国工商业近年来之长足进步，实至未可漠视也"[4]。作者还对注册的商品类别所属的行业进行了分析，并作出了判断："可见我国纺织工业固仍占国内工商业之首位；其棉纱线及丝织品，则至低落，国人于此，实亟应注意者。烟草与化妆品，分占第三位及第六位，此种消耗工业，虽可挽回逐年资金外溢之一部，然值此抗战建国时期，发展工商业，

---

[1] 黄宗勋：《商标行政与商标争议》，商务印书馆1940年版，第30页。
[2] 黄宗勋：《商标行政与商标争议》，商务印书馆1940年版，第36页。
[3] 参见黄宗勋：《商标行政与商标争议》，商务印书馆1940年版，第70页。
[4] 黄宗勋：《商标行政与商标争议》，商务印书馆1940年版，第73页。

实不应偏及于此也。"① 但作者也指出："此表固未足以代表我国工商业之正式进展与倾向，然大部分国内经营工商业者尤未尽悉商标注册之利益，甚至未悉如何使用商标，实亦极大之原因。广事宣导，责在有司，实未容缓图矣。"② 书中还根据外国人注册的数据分析了不同国家的优势产品，提醒国内工商业者予以关注："凡此种种要皆足供国人之经营工商业者有所引借而思趋赴矣。"③ 类似的分析在同期其他商标法著作中非常罕见。第二节是"本法之订立以及设局之经过"，介绍了我国商标法制建立的过程，详尽程度超过前述王叔明著作中的历史介绍，尤其是介绍了 1930 年《商标法》施行之后实践中最大的两个争议问题以及这些问题如何导致 1935 年的修订，很有文献价值。④ 这两大问题之一是读音问题。当时实践中发生多起因商标读音近似而引发冲突的事件，而司法院于 1933 年的解释中指出："文字不包括读音。"问题之二是善意在先使用的地域问题。依据 1930 年《商标法》第 4 条，以善意继续使用十年以上之商标呈请注册时，即使与在先使用的商标冲突，亦可注册，但商标局认为必要时，得令其将形式或所施之颜色，加以修改或限制。司法院在 1933 年的另一份解释中认为："使用区域并不限于国内抑在国外。"这些解释对中国商人非常不利，受到舆论的批评，也由此引发了商标法的修正。1935 年《商标法》第 1 条第 3 款规定："商标所用之文字，包括读音在内。"第 3 条规定："二人以上于同一商品，以相同或近似之商标各别呈请注册时，应准在中华民国境内实际最先使用并无中断者注册。其呈请前均未使用，或孰先使用无从确实证明时，得准最先呈请者注册。其在同日呈请者，非经各呈请人协议妥洽让归一人专用时，概不注册。"这一段历史记载反映了当时立法与司法的互动，有助于后人了解文本变迁背后的原因。

（二）法条释义

1929 年，世界书局出版了朱鸿达编辑的《现行商标法释义》。虽然当时国民政府已经成立，但并未施行新的商标法，故此书仍以 1923 年《商标法》为注释对象。在"例言"部分，作者交代了自己的注释思路："本书除就文义解释外并将立法旨意阐明俾阅者得以融会贯通；解释字句务求明显以期普通商人均可了解；凡法文之有疑义者除逐句释明外并设一实例俾阅者可以一目了然。"本书为逐条释义之体例，在每一条注释之前，均冠以"理由"为标题，阐释立法目的。

1929 年，上海大东书局出版了朱甘霖律师编辑、朱凤池校阅的《现行商标

---

① 黄宗勋：《商标行政与商标争议》，商务印书馆 1940 年版，第 74 页。
② 黄宗勋：《商标行政与商标争议》，商务印书馆 1940 年版，第 75 页。
③ 黄宗勋：《商标行政与商标争议》，商务印书馆 1940 年版，第 76 页。
④ 参见黄宗勋：《商标行政与商标争议》，商务印书馆 1940 年版，第 87 页。

法释义》。此书也是对 1923 年《商标法》的注释。根据开篇"编辑大意"的介绍，朱甘霖是朱鸿达的兄长。可能是二者的关系之故，朱甘霖与朱鸿达的释义有很多相似之处，朱甘霖的注释之前也冠以"理由"二字作为标题，甚至某些行文也颇为类似，但朱甘霖的注释更为详尽。以对禁用标识的解释为例，朱鸿达的注释是："商标之资料，虽得有商人自由指定，然若漫无限制，其结果必于公益私益，两有妨碍。"① 朱甘霖的解释是："商标依照前条第二项规定，在文字、图形、记号、联合式四种当中，虽然可以自由拣用一种，但是，一点没有限制，将来结果，势必害及公私利益。"② 不过，此书对有些概念的解释也不尽准确，例如把"世所共知他人之标章"（相当于驰名商标）解释为"世界上一般人都共晓得这个标章是某人某商品所用的"③。

  1936 年，上海法政学社出版了朱方的《商标法详解》，由广益书局发行，此书是对 1935 年《商标法》的注释书。作者同样采用了逐条释义的体例，对法条的说明比较详尽，并且举了大量的例子，正如作者在"例言"部分所言："本书重在贯输一般商人之法律智识，故每条皆以详细显明之文字释之。其有难以解释者，更假设事例以阐明之，使阅者一览了然。"④ 故而实用性较强。此书在解释法条时很少谈及法理，注释前的标题不用"理由"，而用"详解"，因此不像朱鸿达和朱甘霖的释义那样注重介绍条文的理据，只是偏重条文的含义与适用，理论性较弱。以对商标权依据的理解为例，朱方在解释第 13 条"商标自注册之日起，由注册人取得商标专用权"时认为："商标之取得专用权，必须在注册而后。其在未经呈请注册前，固绝无法律上之效力。即在呈请注册而后，苟未经取得商标局注册证书者，亦无法律上之效力，不能排除他人之使用。"⑤ 这种阐释过于强调注册的意义，认为未注册商标"固绝无法律上之效力"，对商标权本质的理解不及金忠圻深刻。朱方对"世所共知他人之标章"的解释表述得比朱甘霖准确："所谓世所共知者，不必为举世人人皆知也。苟社会上耳熟能详，有大多数共知者，即为共知。"⑥

  (三) 判解研究

  1948 年，大东书局出版了陆桐生的《商标法及其判解》。"判解"乃法院判

---

① 朱鸿达：《现行商标法释义》，世界书局 1928 年版，第 4 页。
② 朱甘霖：《现行商标法释义》，上海大东书局 1929 年版，第 5 页。
③ 朱甘霖：《现行商标法释义》，上海大东书局 1929 年版，第 7 页。
④ 朱方：《商标法详解》，上海法政学社 1936 年版，例言。
⑤ 朱方：《商标法详解》，上海法政学社 1936 年版，第 14 页。
⑥ 朱方：《商标法详解》，上海法政学社 1936 年版，第 5 页。

例与司法院解释之合称。这是我国近代唯一的知识产权判解专著。作者陆桐生曾担任商标局审查员,对商标实务颇为熟悉。此书第一编为"商标法",介绍了商标保护的目的和商标立法的沿革。这一部分详细地介绍了截至1943年我国不同时期的商标法及其施行细则的文本,对于商标制度史的研究很有价值。第二编为判例。此书对判例有严格的定义:"判例为法院判决诉讼事件之先例,在行政法方面只有行政法院一级,在司法方面,只有最高法院一级……"① 由于最高法院审理的商标案件很少,故收录的判例多为行政法院审理的商标行政案件。其基本格式为:先以标题概括判例所涉的法律问题,而后标明所涉的法律条款和案例号,最后提炼判决要旨。兹引判例三例示如下:

商标呈请时所为之说明,以及习惯上之别名,是否构成特别显著案。

法条——商标法第一条第二项。

判例——行政法院二十四年度判字第七十二号:

商标专用权之效力,应以注册时审定之名称与图样为限,其呈请时所为之说明,以及习惯上之别名,自不能主张专用权,观于商标法第一条第二项商标所用之文字、图形、记号,或其联合式,须特别显著之规定,法意已甚明显。②

第三编为"解释",收录司法院有关商标法的解释共35条。其格式为:首先以标题概括问题;其次是该问题所涉之法条;再次为疑义,即围绕此问题所发生的争议;最后是司法院的解释。兹引较简短的一则为例:

他人商标公告注册三年以内,倘以自己商标使用在先为理由,对之请求评定,应否受理?如受理审查结果,认为请求有理由,能否将他人之注册商标撤销问题?

法条——商标法第二十九条第三项

疑义——行政院咨:查商标法第二十九条第三项载:"注册之商标,违背第二条第八款、第九款、第三条或第四条规定者,自登载商标公报之日起,已满三年时,概不得请求评定。"此三年之期间,是否为消灭时效,颇有不同之解释。倘在此期间内,利害关系人以与他人注册商标相同或近似之商标呈请注册,并同时根据同法第三条前段规定,以自己之商标实际使用在先为理由,对他人之注册商标,请求评定,对此请求,应否予以受理,依照

---

① 陆桐生:《商标法及其判解》,大东书局1948年版,第65页。
② 陆桐生:《商标法及其判解》,大东书局1948年版,第66页。

评定程序办理？如受理审查结果，认为请求有理由，能否将该他人之注册商标撤销？不无疑义；相应咨请贵院查照解释见复！

解释——司法院二十六年八月十一日院字第一七零四号：商标法第二十九条第三项所定之期间，系无时效性质之法定期间，经过此期间，其请求评定权应归消灭。反之在此期间内，依同条第一项第一款规定请求评定应予受理，如认其请求为有理由，自得将该商标专用之注册评定为无效。

从学术史的角度而言，《商标法及其判解》有以下几点特别值得关注：（1）此书不仅整理了判例，还专门梳理了司法院的解释，在解释部分先介绍主要的争议观点，可谓对学理与实践的双重总结；加之开篇又介绍了立法史，使后人可透过此书一窥我国近代商标法的立法、司法与理论之全貌。（2）此书采用的体例简明扼要，清楚地标示了案例和解释所涉的问题与法条，当代的案例整理通常仅提炼裁判要旨，不能使读者一目了然地看到案例与法条的关系。再加上"解释"部分也是以法条为线索，此书的写法实际上带有一点法条评注的意味。正如陆桐生在"解释"编的引语中所言："凡所疑问，悉获解答，本法精义，自亦因而彰著焉。"[1] 而法条评注的撰写近几年才受到我国学者的重视。[2] 因此，《商标法及其判解》一书无论是实质内容还是研究方法，在知识产权学术史上均具有重要的价值。

此外，陆桐生还著有《争议商标图例汇编》，由立信会计图书用品社于1948年出版。此书收录了行政法院自1933年至1946年的商标行政诉讼判决共计90件，分为28类，逐案摘录了判决理由，并附以商标图样。书中所收案例，与《商标法及其判解》收录的行政法院判例基本重合。此书最大的特色在于附录了商标的图案。

四、专利法研究的主要成果

（一）专著

我国近代唯一一部专利法图书是秦宏济所撰的《专利制度概论》，由商务印书馆于1945年出版。根据作者的自序，此书"爰就有关立法原委及实体应用两方面，择要编次。各项解释，以国内材料尚少，大多取材外国判例，用供参考……"[3]。全书共分17章，分别为："专利制度之起源与发展""我国专利制度之演进""何

---

[1] 陆桐生：《商标法及其判解》，大东书局1948年版，第79页。
[2] 参见黄卉、朱芒、庄加园等：《五人对话：法律评注中的案例编写》，载《法律适用》2017年第8期。
[3] 秦宏济：《专利制度概论》，商务印书馆1945年版，序。

谓发明""发明之新颖性""不予专利之发明""新型与新式样""专利之呈请""说明书""审查与再审查""专利权之效力与侵害""专利权之追加延展消灭及撤销""专利权人之义务""专利权之实施""雇用人至受雇人""保护工业所有权国际公约""战时之专利保护"重要工业国家之现行法规。

此书的体系完整,既包含历史、概念等基本理论,又介绍了具体制度;既着眼于中国专利法的解析,又介绍了重要的外国法律和国际条约,并专门讨论了战时专利保护的特殊问题。从学术史的角度来看,此书有几点特别值得注意之处:

(1) 作者特别注重比较研究,开篇在"专利制度之起源与发展"部分即介绍了英国、德国、法国和苏联的专利法[①],于第十七章"重要工业国家之现行法规"部分又分别介绍了美国、英国、苏联、法国、荷兰、加拿大、德国、日本、意大利、捷克、瑞士、比利时、瑞典、印度等14国的专利制度。[②] 如此全面地介绍国外制度,尤其包括对苏联、捷克和印度等国制度的介绍,为近代知识产权文献所独有。书中的其他部分也大量地援引了外国立法和外国学者的理论。

(2) 可以反映出当时知识产权法教义的一些成果。例如书中阐述了发明的定义,比较了发明与发现,提出了"原理无专利"。在同时代的其他文献中,很少有这样脱离法条纯粹地进行概念分析的内容。

(3) 书中援引了外国判例对中国立法的具体适用进行解释,最典型的是第十章"专利权之效力与侵害"。按书中的说法,"专利权之效力,专利法有明白规定,具如上节所述。其实体上之解释,往往以各国判例,作为参证,兹摘述如下……"[③]。书中分析了"修理""改造""变更""持有""输入""贩卖""正当购买人"等七种行为。[④]

(4) 书中的某些内容,对于当下的制度完善仍有启示意义。例如专利保护期的延展制度,类似于当代的期限补偿制度,我国专利法在2020年修正时才增加了这个规则。又如专利权人在专利产品上加专利标记,现行法将之打造为权利,当代通说称之为"专利标记权"。也有观点认为,"将注明专利标记作为一种专利权人的义务来规定更为妥当"[⑤]。秦宏济就是把"标记"归入"专利权人之义务",其解释为:"专利标记之目的,在保护发明人,亦在使全社会民众,不致有

---

① 参见秦宏济:《专利制度概论》,商务印书馆1945年版,第4-11页。
② 参见秦宏济:《专利制度概论》,商务印书馆1945年版,第117-134页。
③ 秦宏济:《专利制度概论》,商务印书馆1945年版,第81页。
④ 参见秦宏济:《专利制度概论》,商务印书馆1945年版,第81-82页。
⑤ 刘春田主编:《知识产权法》,中国人民大学出版社2022年版,第212页。

误认专利品为无专利权保护,而贸然仿造之虞。"①

(5) 此书和同时代的著作相比,更注重学术规范。近代知识产权文献,大多引用而不注明出处,而此书每一章最后都附有注释,而且主要是外文文献。

(二) 论文

1930年,《会计月刊》发表了《专利法之原则》一文,作者署名为"曦"②。这篇文章是对专利制度基础知识的介绍,包括"专利法之意义与性质""专利法之法域""专利保护与其他工业所有权法之关系""专利法之基础观念"等四章。作者对文中重要术语的外文标注均用德文,表明作者的介绍是基于德国法。文章虽然不长,但非常全面地介绍了专利制度的基本内容,还采用了实体法与程序法的划分:"专利法者,知专利权法规之全体而言之也,专利法有专利实体法与专利手续法两种,前者系对专利权对象之发明,专利权之发生,内容,移转,消灭,与专利发明之实施权及专利请求权等实体规定之谓也。专利手续法云者,乃专利付与之手续,及专利局对于专利之争讼,以及裁判所手续等之总称也。"③这篇文章从几个方面反映出当时知识产权法的研究程度。在术语方面,此文的"专利"仅指发明专利,文中指出:"专利法对于发明之保护。"④ 可见,当时尚未将发明、实用新型和外观设计统称为专利。此文把实用新型称为"新考案",不同于惯用的"新型"。可见当时专利法的术语尚未统一。此文对外观设计仍采用了"意匠"的表述。文中在"专利保护与其他工业所有权法之关系"一章分析了专利法与新考案法、意匠法、商标法、著作权法之关系,文章把著作权也纳入"工业所有权"之列,与当代理论不符。⑤ 在比较专利法与商标法时,还提到了"不正当竞争":"发明者除对于发明品之技术的要素登记外,于其商品亦应登记,以证明其生产制造批售等。藉以防止不正当之竞争,而维护其利益。"

此文最值得关注之处,在于对民法理论的援引。文章明确地指出:"专利法者私法也……(专利法)对于民法有特别私法之地位,是以解释有适用民法规定补充之必要。"⑥ 文章多处采用了民法术语,例如用"公示主义"指称专利登记,在"专利权侵害之保护"部分提到了"排除妨害之请求权"和"损害赔偿请求权"。

---

① 秦宏济:《专利制度概论》,商务印书馆1945年版,第94页。
② 曦:《专利法之原则》,载《会计月刊》1930年第11期,第22-26页。
③ 曦:《专利法之原则》,载《会计月刊》1930年第11期,第22页。
④ 这句话可能遗漏了"系"字,因为下一句是"新考案法系对于新考案之保护"。
⑤ 通说把知识产权划分为著作权和工业产权。
⑥ 曦:《专利法之原则》,载《会计月刊》1930年第11期,第23页。

1936年,《中国实业》第1期发表了史浩然的《我国实体专利法之商榷》。① 这篇文章的内容非常完整,几乎相当于一本简明教材,一共分为6章:"总论""发明权""专利权""实施权""说明书之订正及专利权之分割""专利权之无效及失权"。

在"总论"部分,作者把专利法分为权利主义与恩惠主义,并认为当时施行的《奖励工业技术条例》"实极端之恩惠主义……盖所谓奖励,本已表明属于恩惠行为,当然可为行政处分。但将来专利法上,决不可流此源泉,愿立法者深切注意,勿离开权利主义之基础也"②。

第二章"发明权"包括"发明权之发生""发明权之主体""发明权之处分"三节。这一部分有些观点颇具新意,例如评价对"医药及其调和法"不予专利的规则时认为:"设如此限制,亦不过以此等物为人生最必要之需用品,若予专利,使此必要品难得,是反于社会之利益。然对此理由,不能无疑。惟以其切要,愈当奖励之以促其发达……"③虽然作者同时认为"但在我国,依政策之见地,应采此不予专利之规定"④,但前面的分析是有见地的,也符合专利法后来转变的趋势。

值得注意的是,此文把发明权与专利权分开,认为专利权的产生是因为"发明人宣示其发明权之存在,要求国家证明之,确认其所有权"⑤。显然,作者并不认为专利权是国家授予的。此文中明确指出:"夫国家之为此证明,系出于发明人之要求,此种要求行为,实为发明人之权利。故专利权之发生,非基于国权之任意的赋予,并非自无生有,实确证发明人所有之发明权。"⑥这一观点是非常先进的。该文章谈到大多数国家对专利局的决定均有司法审查,并解释了德国的特殊制度:"惟德国仅诉诸专利局之抗告部,此为德国之创制,但德国专利局之审判官,规定于法律,其法律委员有法官之资格,凡此皆认发明人之要求行为,系依据司法的手续,非企邀国家之恩典也。"⑦这些论述表明,作者非常强调专利权的私权属性。

在专利权的效力部分,该文章提到"专利物要部破坏,修复为原物,与制造新专利品无异者,可视为侵害专利权……然若以贩卖之目的广告或展览之,则构

---

① 参见史浩然:《我国实体专利法之商榷》,载《中国实业》1936年第1期,第2375-2400页。
② 史浩然:《我国实体专利法之商榷》,载《中国实业》1936年第1期,第2376页。
③ 史浩然:《我国实体专利法之商榷》,载《中国实业》1936年第1期,第2379页。
④ 史浩然:《我国实体专利法之商榷》,载《中国实业》1936年第1期,第2379页。
⑤ 史浩然:《我国实体专利法之商榷》,载《中国实业》1936年第1期,第2382页。
⑥ 史浩然:《我国实体专利法之商榷》,载《中国实业》1936年第1期,第2382页。
⑦ 史浩然:《我国实体专利法之商榷》,载《中国实业》1936年第1期,第2382页。

成贩卖行为之一部"①。修理与再造的区分问题，在当代专利法的理论与实践中也依然是一个难题。这篇文章对此话题的探讨，在当时可谓先进。总体而言，此文是民国专利法论文中理论性较强的一篇。

1941年，《时代精神》刊发了吴学义的《专利法之立法问题》。② 文章认为，1939年《奖励工业技术暂行条例》及其实施细则规定未周，宜参考工业先进国家成规，制定正式的专利法。该文章不但提出了非常全面的立法建议，而且给出了充分的建议理由，是一篇学术价值较高的文章。文章一共包括十个部分，分别为：外国人在中国享有专利权利之能力，宜采附条件认许主义；专利法可合并规定发明、新型、新式样于一法典；认许专利权，应并用审查主义及公告制度；专利权期限，宜稍长，并有伸缩性；专利之纳费义务；专利权之效力，宜以全国为区域，采属地主义，不必加入国际专利联合体；专利权之实施义务；专利权之强制征用；专利案件之救济，宜采合议审计与行政诉讼制度；受雇人之发明创作。

该文章的主要内容包括：

1. 外国人在中国享有专利权利之能力，宜采附条件认许主义

《奖励工业技术暂行条例》规定，专利申请人以中华民国国民为限。作者介绍了英、法、德、日等国的做法，认为中国宜采"附条件认许外国人之专利权主义"，根本理由是："国内新兴产业固须保护，国际情势亦应顺应。"③ 其建议采取的方案是：以外国人（包含法人）在中国有现实且真正之住所或营业所为条件，得呈请专利，不采互惠主义，也暂不加入专利权保护同盟条约。他认为："盖我国科学工业，尚在萌芽时期，名为'互惠'，实则等于片面的负担义务而极少享受权利之机会。"④ 该文章还讨论了战时敌国人民专利权的问题，建议"暂停效力"，待和平时回复效力。"盖敌国人民合法取得之专利权，为私权之一种，依战争不影响于私人财产之原则，非当然归于消灭，只可停止效力"⑤。

2. 专利法可合并规定发明、新型、新式样于一法典

作者比较了不同国家的立法体例，认为发明、实用新型和外观设计合一规定较为经济，而且《奖励工业技术暂行条例》已经采取了这种模式，建议将来的专利法沿袭。后来的1944年《专利法》确实保留了"三合一"模式，也为我国现

---

① 史浩然：《我国实体专利法之商榷》，载《中国实业》1936年第1期，第2385页。
② 参见吴学义：《专利法之立法问题（上）》，载《时代精神》1941年第4卷第5期，第17-25页；吴学义：《专利法之立法问题（下）》，载《时代精神》1941年第4卷第6期，第30-37页。
③ 吴学义：《专利法之立法问题（上）》，载《时代精神》1941年第4卷第5期，第8页。
④ 吴学义：《专利法之立法问题（上）》，载《时代精神》1941年第4卷第5期，第8页。
⑤ 吴学义：《专利法之立法问题（上）》，载《时代精神》1941年第4卷第5期，第9页。

行法所采用。从国际范围来看，采取"三合一"模式的专利立法并不同，吴学义的论述对于探究我国"三合一"立法模式的由来具有史料价值。

3. 认许专利权，应并用审查主义及公告制度

文中所称的"公告制度"即异议制度。作者主张引入公告制度的理由包括：可阻止无价值或假冒之呈请专利；经过公告程序，大足增进其信用，使事业家安心在技术上投资；授权采取先发明原则，应使世人有声明异议的机会，否则有害一般世人之职业自由与权益。①

对于二人以上同时发明的，作者认为，宜采先呈请主义："先呈请专利，公表发明者，比独自秘密使用发明者，为有益于世，故予保护，是为先呈请主义之理论上根据。非仅为图程序上之简便……"②

4. 专利权期限，宜稍长，并有伸缩性

文章首先分析专利权有期限之理由，先介绍了社会契约说，指出该说与近代专利制度的内容不合，当时广为接受的是德国人科勒的无体财产权说。"无体财产权所保护之目的物，于性质上受期间之限制。盖发明、著作等思想的产物，经过一定时期，成为一般社会之共通知识，包含于社会之共用文明。世人更对此知识附加，改善，以促成社会之进步，发达。若一日为发明者，永久于此思想上专有其权利，则利用发明之上，又有利用发明，层递益增，实行制作，必须经多数权利人之承诺，殊阻碍人类社会之进步，增加法律关系之复杂混乱。"③

《奖励工业技术暂行条例》规定的保护期分别为：发明五年或十年；新型五年或三年；新式样三年。作者认为保护期限太短，且缺乏伸缩性，建议：发明为五—十五年，新型为三—八年，新式样为三—五年，由专利官署斟酌。其理由是：重要发明需多年方可完成，费巨大的精神劳力与财力，仅短期保护不公平。并且对比了《巴黎公约》的规定。

文章还主张发明之专利权期限，得予延展，理由是："谓重大之发明，有于原定之专利权期限内，未获充分之利用与收益，不足以酬其劳。"建议延展期限为二年以上五年以内，并只可延展一次，仅限于发明专利。

5. 专利之纳费义务

文章认为，"现行条例不分发明、新型、新式样，而同等征费，似欠公允"，主张区分专利类型，并依年限递增。④

---

① 参见吴学义：《专利法之立法问题（上）》，载《时代精神》1941年第4卷第5期，第22页。
② 吴学义：《专利法之立法问题（上）》，载《时代精神》1941年第4卷第5期，第23页。
③ 吴学义：《专利法之立法问题（上）》，载《时代精神》1941年第4卷第5期，第23页。
④ 参见吴学义：《专利法之立法问题（下）》，载《时代精神》1941年第4卷第6期，第30页。

6. 专利权之效力，宜以全国为区域，采属地主义，不必加入国际专利联合团体

文章所称的"国际专利联合团体"，是指《巴黎公约》。作者反对中国加入的理由是："盖中国科学幼稚，发明甚少"，不能真正地从国际保护中受惠。①

7. 专利权之实施义务

文章认为，专利的不实施，属于权利滥用，并介绍了两种处理：一是强制许诺，二是撤销专利权。其认为现行法只有撤销专利权一种，"失之刚性"，建议两种制度并用。②

8. 专利权之强制征用

文章认为新法宜规定强制征用。现行条例第5条只规定了事前不予专利权，而且事由仅限于"军事上有秘密之必要"，宜改为"国防上或公益上有必要"。对于征用的决定，可以提起诉愿，就补偿额，可以提起民事诉讼。③

9. 专利案件之救济，宜采合议审计与行政诉讼制度

依据《奖励工业技术暂行条例》，对专利局审查结果不服的，得呈请再审查；不服再审查之决定，得提起诉愿；不服诉愿，得提起行政诉讼。文章建议新法对此规则宜原则保留，并加以改善：（1）审查由专利局的技术官司之；（2）再审查由专利局设合议审判部司之，仿照德日之立法例，并准用民事诉讼法之规定；（3）不服再审查结果，可提起行政诉讼。④ 文章还解释了"为何不仿效德日英美由司法法院管辖"⑤，理由是："因专利案件，需要专门之技术知识，司法官既不具备技术的知识，司法法院之民刑诉讼甚忙，无暇兼顾，其威信亦不若英美德日法院之高，不必委其管辖一切有关私权之案件。反之，行政法院案件较少，过去专利案件向行政法院提起行政诉讼，而称便利妥当，不必多事变更。"⑥

10. 受雇人之发明创作

对于受雇人发明，作者认为专利权原则上应当属于作为真正发明人的受雇人。文章的结尾由此问题引申出一段有关立法名称的论述："盖认许专利权之原由，虽由于奖励工业技术之发明创作，然专利权之本体，则为私权。一经认许专利权，已非单纯之奖励问题。为简明计，应选称为专利法，以期名实相符，精神

---

① 参见吴学义：《专利法之立法问题（下）》，载《时代精神》1941年第4卷第6期，第32页。
② 参见吴学义：《专利法之立法问题（下）》，载《时代精神》1941年第4卷第6期，第33页。
③ 参见吴学义：《专利法之立法问题（下）》，载《时代精神》1941年第4卷第6期，第34页。
④ 参见吴学义：《专利法之立法问题（下）》，载《时代精神》1941年第4卷第6期，第35页。
⑤ 指区别于行政法院的一般民事法院。
⑥ 吴学义：《专利法之立法问题（下）》，载《时代精神》1941年第4卷第6期，第35页。

一贯，观念正确。"①

这是一篇可圈可点的近代专利法论文，全面地涉及了专利法的诸多制度与理论。

1943年，宋煟章在《中国工业》发表《关于工业技术专利法之商榷》。该文章是对1942年发布的《专利法》草案的评论，文中提出了几点立法建议：（1）关于可予专利之发明。《专利法》草案规定："凡新发明之具有工业上价值者得依本法呈请专利。"作者建议，"此条似须述明包括新发明之制造技术、程序或方法之具有工业上价值者得呈请发明专利"②。（2）发明之新颖性。文章建议，为了让新颖性要求真正落实，"各国专利公报之购置与国内轮回换阅机构之设立，专利权呈请审定书等之编译，国内外新型旧型新旧式样之搜集，亟宜积极进行"③。（3）专利之呈请、审查及再审查。文章对二人以上同时申请，或原发明人与他人就改进发明同时申请的处理，提出了与《专利法》草案不同的方案。（4）专利权及其实施。文章就专利权效力的表述、不充分实施专利的后果提出了建议。文章结尾总结道："专利法草案……确会隐约表现政府维护工业技术专家权益之苦心，对各有权益人间因应用特殊工业技术所引起之复杂关系，处置适当公允之处，当溢于辞表；若能再加详细研究，渐次补充，俾得日臻精密、确当、完善……工业中国之建设，或可加速度的逐渐实现。"④ 这是一篇比较标准的立法论文献。

1945年，黄应荣在《法治论坛》发表了《专利法述评》⑤，评论的对象是1944年《中华民国专利法》，但基本上是对新法的概述，"评"的成分很少，故学术价值有限。不过其中有一段提到1939年修正的《奖励工业技术暂行条例》把发明、新型和新式样一并保护的原因："经济部于二十七年成立以后，以原条例专利范围仅限于首先发明之物品或方法，不足以广激励之音……"⑥ 此语和秦宏济的解释类似："范围渐广，收效渐宏。"⑦ 结合前述吴学义的《专利法之立法问题》中的相关论述，可进一步理解我国专利法缘何采取了"三合一"模式。

1948年，黄应荣又在《新法学》发表了《专利法的比较》。这是一篇典型的比较法研究的文献。⑧ 文章开篇介绍，"致今日五十余国中，有五十余种专利法，

---

① 吴学义：《专利法之立法问题（下）》，载《时代精神》1941年第4卷第6期，第37页。
② 宋煟章：《关于工业技术专利法之商榷》，载《中国工业》1943年第15期，第27页。
③ 宋煟章：《关于工业技术专利法之商榷》，载《中国工业》1943年第15期，第28页。
④ 宋煟章：《关于工业技术专利法之商榷》，载《中国工业》1943年第15期，第28页。
⑤ 参见黄应荣：《专利法述评》，载《法治论坛》1945年第1期，第16-18页。
⑥ 黄应荣：《专利法述评》，载《法治论坛》1945年第1期，第16页。
⑦ 秦宏济：《专利制度概论》，商务印书馆1945年版，第14页。
⑧ 参见黄应荣：《专利法的比较》，载《新法学》1948第5期，第23-30页。

骤视之，复杂难解，然若加以研讨，则其间系统贯流，颇饶兴趣"①。"系统贯流"一词，最值得注意，反映出作者在比较研究中已有体系化的意识。文章介绍了英国、美国、法国和日本的专利法，最后总结了各国制度主要的不同点。（1）关于专利的基本观念，文章总结为"恩惠说"、"权利说"、"契约说"和"产业振兴说"，但作者未加评论，只表示"至今还没有定论，容以后另文讨论"②。（2）关于具体规则，文章指出，差异主要体现于以下方面：专利方法、发明的范围、呈请人、不服审查的救济、专利期间、实施的规定。文章在论述以上内容时，都和我国制度进行了对照。

1948年，《震旦法律经济杂志》发表了安德的《专利法内容之分析》，分五期连载。③ 文章的主要内容是对1944年《专利法》的解读，基本上属于法条注释。自学术史的角度观之，其中有两处特别值得关注：

文章开篇回顾了我国专利保护的历史，其中有一段对国民政府颁布的《专利法》作了总体评价："专利法制订前，经济部曾设置工业专利办法筹议委员会，负责搜集各国专利法规及参考书籍，翻译研究，同时复将现行条例及专利法重要问题十项，送请学术机关及专家核示意见，故专利法之内容，除参酌各国成规外，并能顾及本国实情，绝不致贻闭门造车，草率从事之讥。"④ 这一段中的"送请学术机关及专家核示意见"值得注意，在之前的文献中未出现过类似表述，表明当时的知识产权学术已经具有影响制度实践的力量。

文章在分析"发明"的定义时指出，各国立法对"发明"通常不下定义，"因为各国学说和法例，关于发明的定义，已渐趋统一。甲国认为发明者，在乙国当然亦可认为发明……学者们解释……'发明'、'新颖性'、'工业上价值'等，一定会拟设若干定义，可是，这些定义，可能脱胎于某外国作者的书籍或某国法例，在法律的立场看来，是毫无拘束力的；故而，我人须俟专利主管机关办理专利事件，著有成例，或司法院以解释方法阐明发明、新颖性、工业上价值的意义后，方能获得该三词在我国专利法上的真正定义。"⑤ 这一段实际上阐明了专利法教义的形成基础，是从法教义学角度进行的阐发。

---

① 黄应荣：《专利法的比较》，载《新法学》1948年第5期，第23页。
② 黄应荣：《专利法的比较》，载《新法学》1948年第5期，第28页。
③ 参见安德：《专利法规内容之分析》，载《震旦法律经济杂志》1948年第6期，第218-220页；1948年第7期，第233-235页；1948年第8期，第242-245页；1948年第9期，第260-264页；1948年第10-11期，第269-273页。此文在1948年第6期发表的题目是《专利法规内容之分析》，但后面几期连载的标题都是《专利法内容之分析》，可能是首发的题目有误。
④ 安德：《专利法规内容之分析》，载《震旦法律经济杂志》1948年第6期，第219页。
⑤ 安德：《专利法规内容之分析》，载《震旦法律经济杂志》1948年第7期，第233页。

第三节　对民国知识产权法学的评价

葛剑雄教授对民国学术曾作过如下评价："民国时间的学术水平如何，就自然科学和社会科学而言是有国际标准的。尽管有少数科学家已经进入前沿，个别成果达到世界先进，但总的水平还是比较低的。"[①] 这个评价也基本适用于民国的知识产权研究，即"整体落后，个别先进"。当时尚无成体系的知识产权教育，知识产权学术研究还是以法条解释为主，研究的领域也极不平衡，与立法任务紧密相关的成果较多（例如商标法与专利法），知识产权总论研究和反不正当竞争法则几付阙如。学术规范也未确立，除了秦宏济的《专利制度概论》等少数作品外，大多数著述甚至连规范的引注都没有。研究者对某些制度的了解也不够准确，例如，对于驰名商标的保护，朱方认为："但使不用于同一商品者，即无妨事，尽可为之。"[②] 甚至对驰名商标的判断标准也不甚清楚："惟所谓世所共知，如何断定，抑须执世界上人一一以问之，而为断；抑只须随便指定任何人，不论妇孺老幼若皆知悉为已足，商标局判例中，尚无是项案件发生。应如何解释，方为确切，或须待之司法院也。"[③]

但与清末相比，民国的知识产权学术有明显的进步。著作权法、商标法、专利法领域均有相应的著述，知识产权总论也有零星的成果，虽无反不正当竞争法的专论，但"不正当竞争"的概念也在个别文献中出现。在方法上，比较法的运用已较为娴熟，个别文献也已有法教义学的意识。在形式上，法条注释、理论探讨、判解研究等都已出现。出于当时的历史背景，有的文献还研究了当代法学甚少涉及的领域，例如战时的知识产权保护问题。

民国知识产权文献对当代知识产权研究也能提供诸多启示，例如当时的著述普遍强调知识产权的私权属性，即使商标权与专利权的取得需要注册，也认为知识产权"非基于国权之任意的赋予"[④]，且重视知识产权与民法的联结，而当代知识产权研究在这些方面尚有明显不足。[⑤] 更重要的是，研究民国知识产权学术史有助于重新思考某些当代知识产权理论，兹举三例。

[①] 葛剑雄：《被高估的民国学术》，载《决策探索》2014年第10期，第76页。
[②] 朱方：《商标法详解》，上海法政学社1936年版，第5页。当时的《商标法》确实是如此规定的，但也说明学界尚无"驰名商标跨类保护"的观念。
[③] 金忠圻，《商标法论》，会文堂新记书局1935年版，第20页。
[④] 史浩然：《我国实体专利法之商榷》，载《中国实业》1936年第1期，第2382页。
[⑤] 参见李琛：《论中国民法典设立知识产权编的必要性》，载《苏州大学学报（法学版）》2015年第4期，第75-82页。

例一：如何看待对"商标专用权"概念的批评（本书第一章已作初步讨论）。

从民国文献中可以进一步看出，"商标专用权"的含义与"商标权"无异，从字面表述上批评"商标专用权"含义过窄是不严谨的。章圭琭在《商标法要义》第三章"商标专用权之性质"部分指出："商标专用权乃以商标使用于一定之物，有财产上之价值，而可以排斥他人不准使用之权利者也。……而其使用权为其独有，他人不能使用，故有专用权之效力。"① 不难看出，这一解释是强调独有与排他。朱鸿达的《现行商标法释义》对商标专用权的效力作了如下解释："取得商标专用权者，即有排斥他人使用同一商标之效力也。"② 值得注意的是，后文还出现一句："商标专用权，有排斥他人使用的效力。故凡他人欲使用类似之标章，当然为商标专用权之效力所拘束。"③ 这一句的重要之处在于"类似"二字，作者认为"禁止使用类似标章"亦属商标专用权之效力。朱甘霖编的《现行商标法释义》对商标专用权的解释为："取得商标专用权的商人，就有排斥别人使用同一样商标的效力。"④ 该文同时指出："商标专用权本有排斥别人使用的效力，所以别人想使用类似的标章，当然为商标专用权的效力所拘束。"⑤ 王叔明的《商标注册指导》认为："这种排斥他人使用相同或近似商标的效力，叫做商标专用权。"⑥ 王叔明又在《商标法》中把商标专用权定义为："这种排斥他人在同一商品上使用相同或近似商标的效力在法律上成立了一种权利叫做商标专用权。"⑦ 他在分析商标注册"在民法上的效力"时，还指出："这种专用权虽仅以专用权人为其特定商标的唯一使用人，仍得因继承或让与而移转给别人，或抵押给别人……"⑧ 金忠圻的《商标法论》在"商标专用权之效力"部分指出："既称专用，当以专用权人为其特定商标之唯一使用人。他人若使用同一或近似之商标，即为侵害其专用权。"⑨ 黄宗勋的《商标行政与商标争议》在"商标专用权在民法上之效力"中写道："惟遇有侵害之事实发生时，即侵害人为相对人，被害人即有向其请求行为或不行为之权利，在法律上称之曰物上请求权，一曰物上诉权，如请求目的物之返还，或请求原状之恢复，或请求妨害之排除，或请求损害

---

① 章圭琭：《商标法要义》，上海商务印书馆1925年版，第25－26页。
② 朱鸿达：《现行商标法释义》，世界书局1929年版，第23页。
③ 朱鸿达：《现行商标法释义》，世界书局1929年版，第24页。
④ 朱甘霖：《现行商标法释义》，上海大东书局1929年版，第26页。
⑤ 朱甘霖：《现行商标法释义》，上海大东书局1929年版，第27页。
⑥ 王叔明：《商标注册指导》，上海商务印书馆1934年版，第11页。
⑦ 王叔明：《商标法》，商务印书馆1936年版，第18页。
⑧ 王叔明：《商标法》，商务印书馆1936年版，第19页。
⑨ 金忠圻：《商标法论》，会文堂新记书局1935年版，第47页。

之赔偿等,是皆为商标一经注册取得专用权后,在民法上所享之权利。"①

通过上述文献可以看出:(1)商标专用权概念在近代的用法不是"专门使用"之意,而是"专有使用"之意,指独占、排他的利用;(2)近代学者并不认为商标专用权有区别于收益、处分等权能的意思,把继承、转让、质押、寻求民事救济等,都解释为商标专用权在民法上之效力;(3)商标专用权之表述并未妨碍注册商标权的效力范围延及近似商标。王叔明所下之定义明白地表达了这一点:"这种排斥他人在同一商品上使用相同或近似商标的效力在法律上成立了一种权利叫做商标专用权。"②虽然当时学者鲜有论及类似商品上的保护,但这是基于当时的保护水平,没有注释者认为是商标专用权概念带来了逻辑障碍,而且金忠圻已经注意到其他法域"实不限于指定之商品。即与指定商品类似者,亦包括在内"③。

基于上述分析,我们可对近代法一直沿用商标专用权概念的现象作一点合理推测。首先,商标专用权须以注册为前提,"专用"一词突出了注册商标的法律效力。如果使用"商标权"一词,则没有彰显注册商标与未注册商标的差别。当代理论可以直接用商标权指称我国的注册商标权,是因为设权保护与反不正当竞争的二分观念已成通说,既用了"权"字,就可以昭示"商标权"是设权规则之下的绝对权,区别于未注册商标的法益。而我国近代的法制理论尚不完善,"商标权"不会被当然地解读为基于注册产生的绝对权,不如"商标专用权"那样直接明白。其次,商标专用权的含义没有引起任何误解,在近代学者的论述和历次修法中,都没有质疑商标专用权的意见。商标专用权即具有排他效力的利用商标的权利,而非"单纯使用权"。因此,近代法学界没有改变"商标专用权"这一传统立法用语的动机。

例二:我国著作权法是否从近代以来就属于作者权体系。④

这种看法隐含了一个预设:近代中国的立法者有意识地在两大体系之间作出了明确的选择,但这个前提是非常可疑的,至少从林环生的《著作权法释义》、徐鸣之的《著作权法释义》和朱方的《著作权法详解》中都无法推断出这一观点。作者权体系的标志之一,是承认著作人格权。通过这三本书对1928年《著作权法》中人格利益相关条款的解释,能够清楚地看出,当时的学理对著作权性

---

① 黄宗勋:《商标行政与商标争议》,商务印书馆1940年版,第6页。
② 王叔明:《商标法》,商务印书馆1936年版,第18页。
③ 金忠圻:《商标法论》,会文堂新记书局1935年版,第48页。
④ 关于我国近代著作权法体系选择的探讨,参见李琛:《近代中国〈著作权法〉之体系选择小考》,载《中国版权》2021年第6期,第38-45页。

质的理解是不一致的。为了后面行文与阅读的便利,此处先将1928年《著作权法》中与人格利益相关的主要条款统一罗列:

第24条:接受或承继他人之著作权者,不得将原著作物改窜、割裂、变匿姓名或更换名目发行之。但得原著作人同意或受有遗嘱者,不在此限。

第25条:著作权年限已满之著作物,视为公共之物。但不问何人,不得将其改窜、割裂、变匿姓名或更换名目发行之。

第26条:冒用他人姓名发行自己之著作物者,以侵害他人著作权论。

第27条:未发行著作物之原本及其著作权,不得因债务之执行而受强制处分。但已经本人允诺者,不在此限。

林环生在解释第24条时,给出的解释是:"著作物之接受或承继人,在法律上,固许其享有著作权,但该项著作物,系由原有著作人注册在案;则接受或承继人,自不得违背原著作之意思,将其改窜割裂,变匿姓名,或更换名目发行,以违背注册条例……"林环生的解释把禁止歪曲篡改的理由建立在"违背注册条例"之上,因为篡改后的作品已经不是当初注册在案的作品。这完全是从管理的角度来论证的,丝毫没有提及人格权。林环生对第25条的解释则是:"享有著作权之著作物,虽因年限已满,消灭其著作权,而著作物依然存在,并不失法律上之效力;况其著作物,虽无享有著作权者,特已视为公共之物。就物质言,较诸原著作人个人享有时,其范围尤广,法律更当加以保障……"按此解释,进入公有领域的作品不得歪曲篡改是基于公共利益的考虑,而且建基于公共利益的作品完整性的维护比作者个人利益的保护更有正当性。其对第26条的解释是:"冒用他人之姓名发行,是其行为之不正当,破坏保护著作权立法之原旨……"这是侧重从公序良俗的角度予以说明。第27条的释义比较含糊:"著作物,固为著作人享有之权利,但就物质上及精神上种种之考量,究与个人拥有其他动产或不动产之情形,截然不同!"① 总体而言,林环生没有从作者权利的角度解释上述条款。

徐鸣之对第24条的解释为:"夫著作者之权利有二方面,其一为专有著作物之发行及奏演权,其一为改窜割裂等之权利,法国著作权法学者谓前者为著作者之财产上之权利,后者为无形上之权利,而前者与普通财产权从同,后者为著作者专属之权利,乃人格权之一部,故此权利不能移转他人。"这段话表明徐鸣之了解法国的二元论,并且把此条的规定解释为人格权的保护。同理,他把第25条也解释为对人格权的保护:"盖著作权虽因年限完满而消灭,而著作者之人格

---

① 林环生:《著作权法释义》,世界书局1929年版,第23-25页。

权初无变更，设法律不设限制，则侵害著作人之名誉自由者又何可胜言。改窜割裂有害著作者之主旨，所不待言。姓名为表现著作者人格最关重要……"其对第26条的解释是："被冒用者之名誉自由必受其损害……"徐鸣之对第27条的释义则比林环生的注释要清晰得多："但未发行之著作，即尚未公之于世者，则不得反于著作者之意，有所强制。盖著作物之良否，关于著作者之名誉，发行与否，须著作者自决之，他人不能代庖。"① 这段话其实就是对发表权的解释。徐鸣之对上述条款的解释是明白地以作者人格权为基础的。

朱方在解释第24条时，未说明禁止改窜割裂作品、变换名目发行的理论依据，但是指出"即原著作人已亡故者，其他任何人亦得依法告发"。其在解释第25条时，认为改窜割裂、隐匿姓名会"失去原著作物之真相，且不免有欺骗行为……且任何人可以告发"。这似乎更倾向于把禁止的理由建基于公共利益。在解释第26条时，朱方则认为假冒署名实为侵犯姓名权，故法律"以侵害他人著作权论"。朱方对第27条的解释也不甚清楚，指出"著作权本为一种私人财产权，然为智能权，与寻常之物权不同"。此处的"智能权"可能暗含了与人格的关联。② 和林环生类似，朱方的解释基本上没有体现著作人格权的观念。

可见，对于客观上涉及作者人格利益的若干条文，学理上并未一致地解释为保护作者的人格权。

例三：我国商标法是否一直是注册主义。

因为我国近代商标法都规定了只有注册才能取得商标专用权，故通说认为我国的商标法传统是注册主义。然而，金忠坼在评价1930年《商标法》时，居然认为"我国商标法采实际使用主义，而不采注册主义，已见前述"③。黄宗勋亦认为我国商标法所采的主义是"呈请主义"与"使用主义"兼采而偏于"使用"④。应当如何重新认识我国的商标法传统，值得认真思考。

---

① 徐鸣之：《著作权法释义》，上海商务印书馆1929年版。第18—20页。
② 参见朱方：《著作权法详解（附出版法）》，上海法政学社1936年版，第22—24页。
③ 金忠坼：《商标法论》，会文堂新记书局1935年版，第98页。
④ 黄宗勋：《商标行政与商标争议》，商务印书馆1940年版，第4页。

第三章

当代中国知识产权学术研究总况

第一节 当代中国知识产权学术研究兴起的三股驱动力

一、推进国家现代化转型与国情改造的需要

近代学人在将西方知识产权制度引入中国时,都有一个共同的特点,即都将知识产权制度作为改造中国国情、求强致富的一剂"良方",都希望通过知识产权法律的制定,从根本上改变中国延续千年的"以农立国"的基本方针,从意识形态上力革"耻言贸易""耻于言利"的惯常积习,从而"一扫数千年贱商之陋习,斯诚稀世之创举"[①]。

新中国成立后,党和政府着手对旧中国半殖民地半封建经济制度进行根本性的改造,为建立新的经济体制准备条件。在逐步实现从新民主主义到社会主义的转变中,中央政府把知识产权制度的建立作为了恢复和发展国民经济的手段之一。在著作权法领域,1949 年 11 月 1 日,中华人民共和国中央人民政府出版总署成立,胡愈之担任署长。不久,胡愈之在一个批示里写道:"政府文件首长言论有无著作权,及著作权谁属,应作根本考虑。如认为版权概属出版局,缺乏根据。"[②] 1950 年 9 月 25 日,第一届全国出版工作会议通过了《关于改进和发展出版工作的决议》,有几项涉及著作权的保护。例如关于稿酬,该决议指出:"为尊重著作家的权益,原则上不应不采取卖绝著作权的办法。计算稿酬的标准,原则

[①] 阎人俊:《中国近代历史讲义》,沪江大学历史政治系,1926 年版,第 65 页。
[②] 周林、李明山编:《中国版权史研究文献》,中国方正出版社 1999 年版,第 263 页。

上应根据著作物的性质、质量、字数及印数。"同时还明确提出："出版业应尊重著作权及出版权,不得有翻版、抄袭、篡改等行为。"1950年11月,在出版总署的批准下,新华书店总管理处颁布了《书稿报酬暂行办法》(草案),其中第1条规定："除在出版合同内由双方另行规定的事项外,一律按照本办法,由新华书店向著作人(包括编辑人或翻译人,下同)支付稿费,作为取得出版权的报酬……"这一规定实际承认了出版权本属于作者(著作人),而且承认了编辑人与翻译人的作者地位。1951年1月12日,出版总署发布了《为出版翻译书籍应刊载原本版权说明的通知》,要求出版翻译书籍时除标注译者信息和出版者信息外,还应标明原作外文名、原作者外文姓名、原出版者名称;如系译自外文报章、期刊,应在书籍中载明原报章、期刊的外文名称、期数、出版日期和出版地点。1951年4月,出版总署成立了以副署长周建人为首的《著作权出版权暂行条例》起草委员会,拟开展相关工作。著作权问题逐渐引起了社会的关注。例如,1951年8月16日,郎星在《大公报》(第三版)发表《版权问题随笔》一文,其中提到,"著作人花了劳力写成作品,构成了他对著作物的著作权,出版者以相当的报酬给予著作人,获得了出版权。……不论何种办法,出版者均获有版权。"1953年11月12日,中央人民政府出版总署颁布了《关于纠正任意翻印图书现象的规定》,其中指出："一切机关团体不得擅自翻印出版社出版的图书图片,以尊重版权。"1954年,出版总署向政务院文化教育委员会送审了《保障出版物著作权暂行规定》(草案)。出版总署合并到文化部,此项工作由文化部出版局继续进行。1957年11月,文化部出版局向国务院法制局报送了《保障出版物著作权暂行规定》(草案)。这是新中国制定著作权法的第一次尝试,但是并没有成功。

在专利法领域,1950年8月,中央人民政府政务院财政经济委员会报经政务院批准公布施行新中国第一部涉及专利制度的法律规范——《保障发明权与专利权暂行条例》。该条例仿效苏联,实行发明权与专利权的双轨制,例如第4条规定,发明人可以在发明权和专利权中选择其一。按照条例的设计,发明权归国家所有,国家给予发明人适当荣誉和物质奖励,国内任何单位个人都可免费使用;专利权由发明人取得,享有一定期限的独占实施权。专利制度是和国家科技体制密不可分的。由于新中国成立初期资源极度匮乏,国家安全也面临威胁,在这种局势下,为了集中力量办大事,国家在科技领域采取的是举国体制的模式,依赖政府这只"看得见的手"来配置资源。[1] 1958年12月6日《人民日报》发

---

[1] 参见武力:《略论新中国60年经济发展与制度变迁的互动》,载《中国经济史研究》2009年第3期,第16页。

表的社论《大力推广科学技术研究的成果》开篇就宣称,"科学技术研究成果是全体人民的财产"①。1963年11月,国务院颁布《发明奖励条例》(同时废止《保障发明权与专利权暂行条例》),其中第23条规定:"发明属于国家所有,任何个人或单位都不得垄断,全国各单位(包括集体所有制单位)都可利用它所必需的发明。"其正式排除了发明私有的可能性,将其作为一种公共资源,由国家负责推广应用,发明人仅可获得政府奖励。1963年12月2日《人民日报》发表的社论《奖励发明和技术改进、促进我国生产建设的发展》进一步强调了该立场:"我们无需把某一个人或某一个单位的发明和技术改进当作私有财产而加以'保护'","这和资本主义制度下的所谓'专利权',有着本质的区别。"②

在商标法领域,1949年12月31日,中央贸易部发出指示,明确商标注册等行政和法制工作必须全国统一办理,各地方的商标注册条例或其他临时性办法应停止施行。③ 1950年7月28日,政务院第四十三次政务会议批准施行了新中国第一部商标法规——《商标注册暂行条例》。④ 这是新中国最早的经济立法之一。从名称可以看出,暂行条例的主要目的是创建商标注册制度。其对商标注册的基本态度是,"商标注册与否,系听自愿,不加强制"⑤。1950年9月4日,中央私营企业局⑥商标处开始受理商标注册申请,办理商标注册工作。自此,全国统一的商标注册制度正式开始运行。这是中国商标法制史上的创举⑦,对于商标的全国统一注册和管理具有深远的历史意义。从1951年到1953年之间,中央私营企业局编印的《工商情况通报》还刊发了《关于外商商标注册问题》、《关于使用商标的一些问题》、《关于未注册商标处理原则和处理方法》和《关于商标管理的几点意见》等文件。从这些文件来看,当时对商标权的保护态度还是比较积极的。例如,当时有些地方工商局认为"三星"商标是不正确地使用五角星,动员商标

---

① 《人民日报》1958年12月6日,第1版。
② 《人民日报》1963年12月2日,第1版。
③ 参见《中央人民政府贸易部指示》,载董葆霖主编:《中国百年商标法律集成》,中国工商出版社2014年版,第78页。
④ 1950年7月28日政务院第四十三次政务会议批准,8月28日政务院公布。按照今日的立法层级规定,其当属于行政法规。
⑤ 《关于使用商标的一些问题》,载《工商情况通报》1951年第21期。
⑥ 中央私营企业局是1949年10月成立的中华人民共和国政务院财政经济委员会下设的行业管理机构。1952年11月,经政务院批准,中央私营企业局与中央外资企业局合并为中央工商行政管理局(国家工商行政管理总局的前身)。
⑦ 在新中国成立之前,清末民初时,诸多地方政府也曾为本地企业办理商标注册。南京国民政府曾在1927年设立全国注册局(1928年改组为商标局),并于1929年把商标局作为全国商标注册与管理机构,但由于当时中国社会是半殖民地半封建社会,事实上无法实现全国的真正统一。

使用人更换，《关于未注册商标处理原则和处理方法》指出："我们认为对使用已久的未注册商标，应采取处理从宽原则；对新使用的则从严。"而且该办法的制定目的是"使各地对未注册商标审查标准取得一致，避免打击面过广，影响生产起见。"但是自1954年之后，对商标使用的行政管理色彩加重。

1954年3月，《未注册商标暂行管理办法》颁布，其第2条规定，未注册商标也要向中央工商行政管理局申请登记，但此种登记并不产生专用权。因为这种登记并不是形式上的，需要经过核准，已经几近于商标注册，却又不产生专用权，按道理，商标使用人必然会尽量注册，使得自愿注册原则名存实亡。1957年1月17日，国务院同意并转发《中央工商行政管理局关于实行商标全面注册的意见》，要求"各企业（不分经济性质），合作社产制商品使用的商标必须注册，现在还没有注册的，统限于1957年6月30日以前完成申请手续，嗣后未经核准注册的商标不能使用"。自此，我国放弃了《商标注册暂行条例》施行以来适用的商标自愿注册原则，转向了商标全面注册（强制注册），目的是通过商标管理监督产品质量，而不是保护商标财产权。这被视为我国和资本主义国家的本质不同。[①] 当时的主流观点认为："商标是资本主义经济的产物。在资本主义社会，商标注册主要是为了保护商标的专用权。社会主义国家已经消灭了资本主义生产资料所有制，而保护商标专用权已经不是主要目的。""通过商标监督产品质量是社会主义商标工作优越性的一种表现，应该作为我们商标工作的纲，以此带动一切。"[②] 1963年4月10日，国务院颁布《商标管理条例》[③]（以下简称《管理条例》），取代了《暂行条例》，继续实行全面注册原则。该条例对商标的认识也没有发生变化，仍然认为："通过商标管理促使企业保证和提高产品质量，是商标管理的目的，是商标管理为发展社会主义经济服务的具体表现。"[④]"保护商标

[①] 例如，全面注册制实行两年后，1959年6月5日，中央工商行政管理局千家驹副局长在全国商标工作现场会议上作总结发言时指出："我们的商标管理之所以和资本主义国家有本质上的不同，即因为在我们的国家里，商标注册除了避免商标的相同近似，保护专用权以外，主要目的还是要通过商标监督产品质量，使商标工作能为生产企业和消费群体服务。"载董葆霖主编：《中国百年商标法律集成》，中国工商出版社2014年版，第114页。

[②] 《进一步开展商标全面注册，积极做好监督商品质量工作——千家驹副局长在陕西省和山东省商标工作会议上的讲话（摘要）》，载《工商行政通报》1960年第162期（1960年3月29日）。

[③] 《商标管理条例》经1960年4月29日国务院全体会议第一百次会议通过，并于1963年3月30日经第二届全国人大常委会第九十一次会议批准。

[④] 《中央工商行政管理局检发〈商标工作座谈会纪要〉的通知》（1964年1月18日），载董葆霖主编：《中国百年商标法律集成》，中国工商出版社2014年版，第150页。

的专用权,不再是我们管理商标的主要目的。"① 1966—1976 年间商标工作遭受了严重的破坏,商标注册分割为二:外国商标和出口商标归贸促会办,内销商标下放地方工商局办。② 由于许多地方工商局机构也变动了,实际形成无人管理,全国商标混乱、滥用、抄袭的情况到处可见,混同商标增多,使正常的社会生产秩序受到前所未有的影响。③

在改革开放初期,党的十一届三中全会作出了把工作重点转移到现代化建设上来的决策,"要实现四个现代化,就要善于学习,大量取得国际上的帮助。要引进国际上的先进技术、先进装备,作为我们发展的起点"④。不保护知识产权,国际技术交流就不可能顺利开展。"外国人和我们进行经贸往来,最关注的一个问题就是知识产权的保护。"⑤ 特别是中美在 1979 年先后签署了《中美科学技术合作协定》以及《中美贸易关系协定》,并约定了知识产权保护条款。知识产权法制的重建迫在眉睫。由此决定了,新中国知识产权研究甫一开始便具有两个鲜明的特征:一方面,学术的主要目的是为法制的重建提供知识和智力支持;另一方,在话语上特别强调知识产权制度对于改造国情和现代化建设的重要意义。⑥ 1982 年商标法颁布前后,学界十分强调"保护商标专用权"对于"维护社会主义经济秩序,促进四化发展"的重要作用⑦;1984 年专利法出台之前,包括任建

---

① 《千家驹副局长关于加强商标管理工作的讲话提要》,载《工商行政通报》1996 年第 306 期(1966 年 3 月 25 日)。

② 1966 年 3 月,中央工商行政管理局认为,"商标集中注册不利于调动地方对商标管理的积极性",因此报请国务院批准把内销商品商标注册权下放地方。4 月,国务院正式批转同意。参见《千家驹副局长关于加强商标管理工作的讲话提要》,载《工商行政通报》1996 年第 306 期(1966 年 3 月 25 日);《国务院批转中央工商行政管理局〈关于改进商标管理工作的报告〉》(1966 年 4 月 7 日),载董葆霖主编:《中国百年商标法律集成》,中国工商出版社 2014 年版,第 163 页。

③ 参见《马冠群同志在全国商标工作会议上的发言》(1979 年 9 月 16 日),载董葆霖主编:《中国百年商标法律集成》,中国工商出版社 2014 年版,第 170 页。

④ 中共中央文献研究室:《邓小平思想年谱(1975—1997)》,中央文献出版社 1998 年版,第 76 页。

⑤ 任建新:《踏上知识产权新大陆》,载《知识产权与改革开放 30 年》编委会编:《知识产权与改革开放 30 年》,知识产权出版社 2008 年版,第 2 页。

⑥ 参见张汇文、卢莹辉:《知识产权的法律意义与国际保护》,载《社会科学》1980 年第 6 期,第 76 - 81 页;赵泽隆、程正宗:《关于智力成果权立法刍议》,载《现代法学》1983 年第 1 期,第 35、53 - 55 页;余鑫如、崔勤之:《略论知识产权的性质与特征》,载《法学评论》1986 年第 3 期,第 31 - 34 页。

⑦ 参见黄勤南:《略论对商标专用权的保护》,载《北京政法学院学报》1981 年第 3 期,第 58 - 61 页;李玉伟:《商标专用权的意义》,载《法学杂志》1982 年第 6 期,第 35 - 36 页;李志一:《贯彻商标法规,保证商品质量》,载《法学》1982 年第 10 期,第 35 - 37 页;韩少友:《关于商标问题的探讨》,载《财贸经济》1982 年第 12 期,第 38 - 40 页;曹义民:《我国商标立法的新发展》,载《湖北财经学院学报》1983 年第 1 期,第 103 - 106 页;沈关生:《试论我国商标法制的特点》,载《法学杂志》1983 年第 2 期,第 35 - 38 页;王河:《加强商标法制,促进商品经济发展》,载《商业研究》1983 年第 5 期,第 14 - 17 页。

新、张友渔在内的诸多学者和官员都呼吁，建立专利制度可以加快四个现代化建设①，因为国家对专利制度的定位就是"为了促进和保护我国的发明创造，促进国际间的科技交流，为引进外资和引进技术创造条件，从而加速我国经济、技术的发展，为实现四个现代化服务"②。1986年《民法通则》一颁布，学者们也纷纷从"促进文化技术发展"的角度为知识产权纳入民事权利体系提供正当性解释③；1990年著作权法制定过程中，学界同样着力凸显著作权制度对于科学文化事业发展和现代化建设的促进作用。④

可见，在新中国改革开放之初知识产权法制的重建阶段，知识产权学术兴起的根本动力与清末知识产权制度的初创动力比较类似，都是为了把知识产权法律规则从域外引入中华大地，植入中国传统社会，通过国家权力的支撑来创设一种新的生产和生活秩序，以改造中国国情、求强致富，完成国家的现代化转型。这是一种比较典型的"立法之学"。固然其有着内在的局限性，但在世界现代化的大潮中，中国要想急速地改造国情并进入现代化社会，立法似乎是最便利的唯一选择。

---

① 参见乐永卓：《从专利制度看〈发明奖励条例〉的弊病》，载《情报学刊》1981年第2期，第52-53页；吕润程：《略论专利制度的利与弊》，载《法学研究》1981年第4期，第19-22页；冯佳：《专利制度势在必行》，载《财经科学》1983年第2期，第101-103页；许立言：《我国专利制度的沿革与发展》，载《情报学刊》1983年第3期，第81-84页；杨经一：《专利制度及其性质》，载《四川大学学报（哲学社会科学版）》1983年第4期，第30页；梁前文：《发明、专利与现代化》，载《管理现代化》1983年第4期，第38-40页；《国家专利局局长黄坤益谈我国专利制度》，载《企业管理》1983年第11期，第8-9页；黄坤益：《中国专利制度在积极筹建中》，载《国际贸易》1984年第2期，第3-6页；段瑞林：《专利法与"四化"建设——试论我国专利法的性质与任务》，载《法学杂志》1984年第2期，第5-8页；[美]安守廉：《窃书为雅罪——中华文化中的知识产权法》，李琛译，法律出版社2010年版，第68页。

② 《国务院批转国家科委关于我国建立专利制度的请示报告》。

③ 参见苏庆：《略论知识产权》，载《中国法学》1986年第4期，第29页；吴汉东：《试论〈民法通则〉中的知识产权制度》，载《中南政法学院学报》1986年第4期，第8页；周强主编：《民法通则知识问答》，辽宁大学出版社1986年版，第118-119页；郑立、刘春田、李长业：《民法通则概论》，红旗出版社1986年版，第192页；最高人民法院《民法通则》培训班：《民法通则讲座》，1986年版，第211-214页；唐德华等编：《中华人民共和国民法通则讲话》，法律出版社1986年版，第94页。

④ 参见尹蓝天、陈虹：《尽快制定适合我国国情的版权法——访中国出版工作者协会版权研究小组沈仁干同志》，载《法学杂志》1983年第3期，第38页；沈仁干：《建立版权制度会妨碍知识传播吗？》，载《中国出版》1984年第9期；龚晓航、石莉莎：《版权立法与公民基本权利的保障》，载《河北法学》1985年第3期，第5页；张玉勇：《论著作权和对著作权的法律保护》，载《法学评论》1985年第4期，第76页；李贵方：《新技术革命与著作权法》，载《吉林大学社会科学学报》1985年第6期，第88-92页；欧阳鹏程：《版权与版权法》，载《法学杂志》1986年第5期，第15页；王令浚：《试论版权立法》，载《探索》1988年第1期，第68页；王骅：《略论版权与社会、经济、政治结构的关系》，载《社会科学家》1988年第3期，第82页；王骅：《版权是科学和教育发展的调节器》，载《社会科学家》1989年第2期，第89页；陈美章：《借鉴与思考——对我国版权保护的思考》，载《工业产权》1989年第4期，第38-41页。

二、回应市场经济体制改革与法制更新的需要

改革开放以来，随着商标法、专利法、著作权法等法律的先后颁行，新中国知识产权法制的重建基本完成，知识产权研究由此进入了一个新的发展阶段。学术的重心不再是法律文本的制定，而是规则解释和完善的对策性研究，以适应国际化、法典化和新技术的发展要求。

（一）适应国际化要求的对策性研究

1980 年中国成为世界知识产权组织正式成员，随后加入《巴黎公约》等国际条约，中国知识产权制度开始向国际规则看齐。1991—1992 年和 1995—1996 年间，中美频频展开知识产权谈判，中国加快了法制完善的进程。1995 年 1 月 1 日，世界贸易组织成立，中国为加入该组织，又启动了大规模的法律修订工作。在不断与国际接轨的同时，知识产权研究的热度不断高涨，知识产权的国际保护[1]、中美知识产权关系[2]、《与贸易有关的知识产权协定》（简称 TRIPs 协定）与中国法的比较[3]等问题不断地成为学者研究的热点。

（二）适应法典化要求的对策性研究

1998 年 1 月 13 日，全国人大常委会决定恢复自 1982 年起一直暂停的民法典起草工作，并组成了九人起草小组。由此引发了学界关于"知识产权法与民法典关系"的大讨论。学者大致有三种思路：第一种思路是建议维持知识产权法的相对独立性，不纳入民法典[4]；第二种思路是强调知识产权的重要性，建议纳入民法典[5]；第三种思路是将知识产权法的共性特征并入民法典，同时将其个性规定

---

[1] 根据 2018 年 9 月 1 日在中国期刊全文数据库以"核心期刊和 CSSCI"为来源的检索结果，1980—2018 年间以"知识产权国际保护"为主题的论文为 691 篇（最早发表此主题论文的年份是 1992 年），以"著作权国际保护"为主题的论文为 121 篇（最早发表此主题论文的年份是 1992 年），以"版权国际保护"为主题的论文为 124 篇（最早发表此主题论文的年份是 1992 年），以"专利权国际保护"为主题的论文为 103 篇（最早发表此主题论文的年份是 1993 年），以"商标权国际保护"为主题的论文为 82 篇（最早发表此主题论文的年份是 1993 年）。

[2] 1980—2018 年间以"中美知识产权"为主题的论文为 212 篇（最早发表此主题论文的年份是 1992 年）。

[3] 1980—2018 年间以"TRIPs"为主题的论文为 1 881 篇（最早发表此主题论文的年份是 1992 年）。

[4] 参见江平：《关于制定民法典的几点意见》，载《法律科学》1998 年第 3 期，第 3-4 页；马俊驹：《现代民法的发展趋势与我国民法典立法体系的构想》，载《法律科学》1998 年第 3 期，第 6-7 页；梁慧星：《当前关于民法典编纂的三条思路》，载《中外法学》2001 年第 1 期，第 110 页。

[5] 参见徐国栋：《民法典草案的基本结构——以民法的调整对象理论为中心》，载《法学研究》2000 年第 1 期，第 52-53 页；郑成思：《民法草案与知识产权篇（编）的专家建议稿》，载《政法论坛》2003 年第 1 期，第 36-49 页。

作单独立法。① 此外也有不少学者建议制定独立的知识产权法典。② 2014年10月，党的十八届四中全会通过的《中共中央关于全面推进依法治国若干重大问题的决定》提出"编纂民法典"，从而再一次将民法典的起草工作提上日程，也再一次在学界掀起了关于"知识产权是否以及如何纳入民法典"的激烈讨论。

（三）适应新技术要求的对策性研究

20世纪下半叶兴起的新技术革命浪潮，将人类社会推向了知识经济时代，不仅进一步凸显了知识产权的重要性，也给知识产权制度带来了挑战。对此学者从权利对象、权利内容、权利管理、权利保护、权利限制等方面进行了全方位的研究。③

就知识产权学术兴起的内在驱动而言，新中国改革开放前十五年的知识产权学术研究具有自身的特点。在这一历史阶段，由于数十年的法制改造或重造，中国社会有了一定的与知识产权法律规则相适应的新的生产和生活秩序，但知识产权学术研究中提出的制度建构和理论命题主要还是为了满足中国经济发展和法制建设的需求，对国家发展过程中的问题研究尚停留于甚至满足于对策性的个案分析，是一种"对策之学"，还缺乏从整体上对现实问题或运行规则进行法理化、学理化甚至哲理化的深度思辨和归纳。知识产权学术具有比较浓厚的工具主义色彩。从长远来看，这一特征在一定程度上阻滞了知识产权学术的主体性特征，遮蔽了学术的自觉性要求。固然这在当时无疑具有一定的历史合理性，但其于学术的内在逻辑而言，不能不说是一种疏离。随着时间的推移，这种疏离所造成的负能量会越来越明显地表现出来。例如，学术的自我创新能力阙如，学术的非学术

---

① 参见王利明：《关于我国民法典体系构建的几个问题》，载《法学》2003年第1期，第33页；吴汉东：《知识产权立法体例与民法典编纂》，载《中国法学》2003年第1期，第48页。

② 参见徐瑄：《知识产权法典化的思考》，载《南方经济》2002年第8期，第31页；胡开忠：《知识产权法典化的现实与我国未来的立法选择》，载《法学》2003年第2期，第55页；曹新明：《中国知识产权法典化研究》，中国政法大学出版社2005年版。

③ 相关成果有，郭禾：《集成电路布图设计权——一种新型的知识产权》，载《知识产权》1992年第6期，第19-22页；郑成思：《"域名抢注"与商标权问题》，载《电子知识产权》1997年第7期，第8-10页；郑友德：《电脑信息网络知识产权若干问题探析》，载《法商研究》1999年第3期，第61-65页；陶鑫良：《网络时代知识产权保护的利益平衡思考》，载《知识产权》1999年第6期，第18-22页；张平：《计算机软件专利保护观念在电子商务环境下的变革》，载《知识产权》2000年第5期，第22-25页；李顺德：《网络环境对版权保护提出的新问题》，载《环球法律评论》2001年第1期，第67-68页；李明德：《网络环境中的版权保护》，载《环球法律评论》2001年第1期；乔生：《网络中的知识产权保护》，载《现代法学》2001年第5期，第66-72页；杨巧：《域名纠纷及其解决》，载《当代法学》2003年第4期，第143-144页；薛虹：《网络时代的知识产权法》，法律出版社2000年版；吴汉东、胡开忠：《走向知识经济时代的知识产权法》，法律出版社2002年版；李扬：《数据库法律保护研究》，中国政法大学出版社2004年版；吴伟光：《数字技术环境下的版权法危机与对策》，知识产权出版社2008年版；王迁：《网络版权法》，中国人民大学出版社2008年版。

化色彩过浓。但它也在一定意义上为新时期中国知识产权学术的发展指明了努力的方向和必须解决的难题。这就是恢复学术的主体性和自觉性，进行以原创和求真为主导的学术重建与革新。毕竟，"学者研究的直接目的不是推进法制的改革和立法的完善，那应当是政治家和社会活动家的任务，而学术研究的使命则是要提出概念、推进理论的发展。"①

三、回应学术中国建设与知识理论体系化的需要

"理论在一个国家实现的程度，总是决定于理论满足这个国家的需要的程度。"② 知识产权因市场经济而生，为市场经济而存。清末民国时期既无强大的市场经济基础，也无安定的学术创作环境，更无强烈的理论创新需求，因而不可能也不需要产生繁荣的知识产权学术研究。所以，驱动清末和民国知识产权学术的动力主要源自以法制变革推动国家转型以及以对策供给满足法制更新，即知识产权学术集中体现为"立法之学"与"对策之学"，而缺乏更为接近学术本质、具有主体性和原创性的理论研究。

新中国的知识产权学术，以改革开放为起点，前十五年大体见证了"立法之学"和"对策之学"两个阶段。③ 自20世纪90年代后期始，随着中国社会逐渐向市场经济迈进，生产和生活方式的转变，对外开放和交往的密切，对知识产权制度和理论的需求达到了前所未有的旺盛程度，从而把知识产权学术推进到新的阶段。这一阶段的研究逐渐突破了旧有模式的藩篱，开始自觉地与现实的法律、普通的常识④拉开了一定的距离，开始以一种外在的、主体的、学术的观点对法律及其常识进行客观的分析和表达，并在此基础上进行深度的思辨和评价。例如，1995年，刘春田主编的《知识产权法教程》出版。该教材为从根本上界定知识产权的性质，开创性地提出了"知识产权对象"的概念，以与"知识产权客体"相区分。⑤ 此后，其又在再版的教材中进一步认为，知识产权的对象是"知

---

① 陈瑞华：《论法学研究方法》，北京大学出版社2009年版，第149页。
② 《马克思恩格斯选集》（第1卷），人民出版社1995年版，第11页。
③ 由于知识产权法规体系比较复杂，各单行法颁布的时间跨度较长，甚至间隔十年以上，因而这两个阶段在很大程度上是交错并行的，并且"对策之学"在当下中国依然是学界主流。有兴趣者可参见陈瑞华：《论法学研究方法》，北京大学出版社2009年版。
④ 法国社会学家布迪厄认为："要科学地构建研究对象，首要的是与常识划清界限，也就是说，与那些被大家共同持有的见解划清界限，不管它是日常生存状态里的老生常谈，还是一本正经的官方见解。"［法］皮埃尔·布迪厄、［美］华康德：《实践与反思——反思社会学导引》，李猛、李康译，邓正来校，中央编译出版社1998年版，第359页。
⑤ 参见刘春田主编：《知识产权法教程》，中国人民大学出版社1995年版，第5-7页。

识"本身,"知识"的本质就是"形式"①,客体则是指"在对象上所施加的、能够产生一定利益关系的行为"②。该观点不仅挑战了事实上的通说——"智力成果说"③,而且质疑了"知识产权是无形财产权"的观点,更为重要的是,该观点在学术上启示了新的研究思路,发现了新的研究对象。中国社会科学要想在当下求得发展或获得自主,"最为重要的是在其自身的社会科学研究中科学地建构研究对象"④。此观点提出后,学者纷纷发表独立见解,信息说⑤、信号说⑥、知识产品说⑦、知识资产说⑧、符号论⑨等学说相继被提出,相关专著不断问世⑩,"每一种学说都是体系化过程中的探索,从这些学说的相互竞争中,可以看出法学不断逼近合理性的科学品性"⑪。

　　学术的本质,是在理性的范导下经由知性而达成对于感性形式或质料的和谐统一。学术是求真的基本形式,并具有审美价值。学术活动拥有一种相对于以功利为目的的实践活动的纯粹性,因而,学术活动首先应当是一种精神的自在的需求。⑫ 中国知识产权学术的百年兴起之路,无论是初期的"立法之学",还是中期的"对策之学",体现的都是一种"实用理性",即将知识产权研究束缚于功利性的目标之上,从而疏远了知识产权研究与学术本身的距离,抑制了学术活动的内在美感。20 世纪 90 年代后期开始的知识产权学术,逐渐淡化了功利主义和工具主义的色彩,摆脱了亦步亦趋、鹦鹉学舌的窘境,开始了彰显学术主体性的努力,推动从"表达中国"到"中国表达"的历史性转变,不断建构有中国特色的知识产权理论体系。中国知识产权学术只有不断地强化主体意识、原创意识,才

---

① 刘春田主编:《知识产权法》,中国人民大学出版社 2000 年版,第 7 页。
② 刘春田主编:《知识产权法》,中国人民大学出版社 2009 年版,第 9 页。
③ 不少资深学者均推崇此说,这些学者认为,智力成果说"概括了知识产权的最本质的因素,是比较准确而经历过反复推敲的""确实是经过深思熟虑的"。参见郭寿康主编:《知识产权法》,中共中央党校出版社 2002 年版,第 5 页;郑成思:《知识产权论》,法律出版社 1998 年版,第 71 页。
④ 邓正来:《学术自主与中国深度研究》,上海文艺出版社 2012 年版,第 15 页。
⑤ 参见张玉敏主编:《知识产权法》,法律出版社 2005 年版,第 20 页;郑胜利、袁泳:《从知识产权到信息产权——知识经济时代财产性信息的保护》,载《知识产权》1999 年第 4 期,第 7-10 页。
⑥ 参见张俊浩主编:《民法学原理》(修订版),中国政法大学出版社 1997 年版,第 457-459 页。
⑦ 参见吴汉东主编:《知识产权法》,法律出版社 2004 年版,第 17 页;周俊强:《知识、知识产品、知识产权——知识产权法基本概念的法理解读》,载《法制与社会发展》2004 年第 4 期,第 43 页。
⑧ 参见刘茂林:《知识产权法的经济分析》,法律出版社 1996 年版,第 2 页。
⑨ 参见李琛:《论知识产权法的体系化》,北京大学出版社 2005 年版,第 124-139 页。
⑩ 参见王太平:《知识产权客体的理论范畴》,知识产权出版社 2008 年版;朱谢群:《创新性智力成果与知识产权》,法律出版 2004 年版;刘淑华:《知识产权对象研究》,中国人民大学 2007 年博士学位论文;何鹏:《知识产权概念研究》,中国人民大学 2009 年博士学位论文;等等。
⑪ 李琛:《论知识产权法的体系化》,北京大学出版社 2005 年版,第 118 页。
⑫ 参见钱捷:《学术与人生——从审美判断谈起》,载《现代哲学》2010 年第 1 期,第 86 页。

有可能开启中国知识产权学者与世界同行的学术对话，使中国在成为"经济中国"的同时，也成为"学术中国""文化中国"。

第二节　当代中国知识产权学术研究建制化的五根支柱的形成

科学是为身体力行者共同体所共同追求的有组织的智力事业，它要求人们为科学的存在、追求、发展而进行相互间思想观念的交流。易言之，科学是"公共知识"的一部分，不为个别研究者和先知独享，而是整个共同体的成就和责任。而作为共同体的基石是科学家对于问题、方法以及评判成功与否的标准，具有智力上、方法论和哲学意义上的高度一致。[①] 既然科学是共同体的活动，它必定是制度化的。就当代中国知识产权研究的学术脉络而言，其建制化的路径和支柱集中体现在以下五个方面。

一、学术新理的发舒——期刊

"学术理想交通的工具，不外两种：一是刊物，一是集会。"[②] 新中国的学术期刊兴起于改革开放以后。1978年1月，《出版工作》（1991年更名为《中国出版》）创刊，从第4期起开辟"版权知识"专栏（共30期），连续刊登沈仁干介绍版权的系列文章。1980年《法学研究》第6期发表王家福的《专利法简论》和郑成思的《试论我国建立专利制度的必要性》，这是法学期刊上最早的知识产权法论文。1987年8月，中国工业产权研究会正式创办《工业产权》杂志（季刊），这是中国历史上第一份知识产权专门期刊。1991年1月，该杂志更名为《知识产权》，同时增加了著作权方面的内容，由中国知识产权研究会、国际保护工业产权协会中国分会、中国许可证贸易工作者协会共同主办。随后，《著作权》（2002年更名为《中国版权》）、《电子知识产权》、《中华商标》等杂志相继于1991年2月、1991年9月、1995年1月创刊。此外，《知识产权研究》、《知识产权文丛》、《中国知识产权评论》[③] 等由国内知识产权研究机构创办的学术刊物也先后面世，开辟了知识产权学术研究和交流的新阵地。

[①] James E. McClellan Ⅲ., *Science Reorganized：Scientific Societies in the Eighteenth Century*, xvii (New York：Columbia University Press, 1985).

[②] 任鸿隽：《七科学团体联合会的意义》，载樊洪业、张久春选编：《科学救国之梦——任鸿隽文集》，上海科技教育出版社2002年版，第609页。

[③] 参见郑成思主编：《知识产权研究》（第1卷），中国方正出版社1996年版；郑成思主编：《知识产权文丛》（第1卷），中国政法大学出版社1999年版；刘春田主编：《中国知识产权评论》（第1卷），商务印书馆2002年版。

"新兴学术之创立，与夫一般学者之讨论，多籍期刊为发表之地，官厅政令亦籍期刊公布。故期刊实为现代之重要参考物。"① 上述先后创办的学术期刊，不仅成为知识产权学术成果的交流渠道，而且也是知识产权学术资源的聚集平台，更是知识产权学术活动的建制化体现。这既是为了"同时代人的同声相应"，也是为了使知识产权学术的"智力才力"得以延续，从而使学术的"接力赛跑"不断前行。

二、学术智识的交换——学会

现代学术研究的发展趋势是分科日益细密，分工愈加复杂。如此趋势，导致每一学者之研究均不可能"赅括全部"，必须进行学术交流，集合多数学者在某一学术问题上之见解。"学问原不是某一个人的专责，也不是某一时代的特有任务，乃是一种含有永久性的分工合作的共同事业。"② 因而，为了培育和推进现代学术，就必须建立一套能够促进"智识交换"的体制和机制，学术组织正是为此功能而生。

新中国的第一个法学会是 1949 年 6 月成立的新法学研究会，1951 年 11 月底，新法学研究会与新政治学研究会合并成立中国政治法律学会，并于 1953 年 4 月正式成立，后于 1982 年 7 月更名为中国法学会。1985 年 4 月 9 日至 14 日，中国法学会民法学经济法学研究会在江苏省苏州市成立，佟柔为首任总干事。大会就如何建立具有中国特色的民法学和经济法学理论体系进行了研究和探索，但尚未触及任何知识产权法问题。在以后的历次年会中，"知识产权"问题都从来没有被纳入年会的议题。

知识产权领域内的第一个学术组织是 1985 年 3 月 29 日成立的中国工业产权研究会。该会是从事工业产权研究的学术性群众团体，以"组织学术活动，普及工业产权知识，提供咨询服务，维护权利人利益，出版学术刊物和书籍"③ 为主要任务。1990 年 11 月 30 日，该会经中国科协批准改名为中国知识产权研究会，并在原任务的基础之上增加了"开展国际民间学术交流"④。随后，中国高等学校知识产权研究会、中国版权研究会、中华商标协会相继于 1985 年 12 月 18 日、1990 年 3 月 9 日、1994 年 9 月 9 日成立。这些学术组织基本上是按照知识产权的分支建立起来的，在一定程度上有利于知识产权研究进一步专业化、精细化，

---

① 中华图书馆协会编：《中国图书馆协会概况》，中华图书馆协会 1933 年刊印，第 39 页。
② 顾颉刚：《古史辨》（第 5 册），上海古籍出版社 1982 年影印本，第 14 页。
③ 《中国工业产权研究会章程（试行）》，载《工业产权》1989 年第 1 期。
④ 《中国知识产权研究会章程》，载《知识产权》1991 年第 1 期，第 36 - 37 页。

但它们的行业服务色彩比较浓厚，法学研究和理论研究的分量略显不足。

2001年10月，经中国法学会批准，中国法学会知识产权法研究会成立，郑成思为首任会长。该会是从事知识产权法研究的学术团体，是中国法学会的学科研究会。① 它的成立，不仅标志着中国知识产权法学研究逐步走向繁荣，而且体现出知识产权法学科正在日益成熟并被广泛认同。在新形势下，2012年5月，中国法学会知识产权法研究会又发展成为中国知识产权法学研究会，成为独立的法人主体，刘春田为首任会长。其宗旨是："团结全国知识产权法学工作者和法律工作者，以中国特色社会主义理论体系和社会主义法治理念指导开展知识产权法学研究和法学交流活动，紧密联系实际，推进知识产权法学发展，为全面落实依法治国基本方略、加快建设社会主义法治国家提供理论支撑和对策支持，为全面建设小康社会做出积极贡献。"② 这必将推动知识产权研究进一步制度化、规范化、独立化、纵深化，更好地促进和支撑知识产权学术共同体的建设和学术研究的发展。

三、学术范式的汇归——学科

研究必有一定的范式。范式的汇归，形成学科。"学科"（discipline）是清末实行学堂分科教育之后，从西方引入的一个概念，目的在于对知识进行分类。"夫彼族之所以强且智者，亦以人各有学，学各有科，一理之存，源流毕贯，一事之具，颠末必详。而我国固非无学也，然乃古古相承，迁流失实，一切但存形式，人鲜折衷，故有学而往往不能成科。即列而为科矣，亦但有科之名而究无科之义。"③ 在内涵上，"学科"具有学术领域、课程、纪律、严格的训练、规范、准则、约束以至熏陶等多重含义。④ 实际上，中文里并没有一个词语可以涵盖其全部内容。"专门之学，各有专门之课。"⑤ 没有知识产权法课程作依托，知识产权法学科的形成就是空谈。无论是清末的《钦定学堂章程》《奏定学堂章程》，还是民国的《大学规程》，都未规定相关课程。

新中国的知识产权高等教育事业始于中国人民大学。1981年，中国人民大学郭寿康教授在民法专业中招收"知识产权法"方向的研究生，首开中国大学知识产权学位教育的先河。1985年，刘春田教授在中国人民大学为法学本科生开

---

① 参见《中国法学会知识产权法研究会章程》，载郑成思主编：《知识产权文丛》（第七卷），中国方正出版社2002年版，第545页。
② 《中国知识产权法学研究会章程》第3条。
③ 《京师大学堂中国史讲义》，载陈德溥编：《陈黻宸集》（下册），中华书局1995年版，第675页。
④ J. Simpson & E. S. C. Weiner ed., *The Oxford English Dictionary*, Volume 4, 574-575 (Oxford University Press, Oxford, 1989).
⑤ 梁启超：《变法通议·论译书》，载《饮冰室文集之一》，中华书局1989年版，第69页。

设36学时的"知识产权法"。这是中国最早①以"知识产权法"命名的课程。②1986年12月，国家教育委员会在中山大学召开全国高校专业目录制定工作会议。刘春田教授作为法学学科组召集人，力倡建立知识产权法专业，并促使国家教育委员会将"知识产权法"（专业编号是0908）作为法学类增设的二级专业③，列入了1987年12月21日公布的《普通高等学校社会科学本科专业目录》（[87]教高一字022号），备注为"试办"。1987年，中国人民大学从获得理工农医专业学士学位者中招生，攻读知识产权法专业第二学士学位④，正式创办了中国历史上的第一个知识产权法本科专业。由此，知识产权的初始学科范式被确立为"法学"，并作为"法学学科门类"中"法学一级学科"下属的"二级学科"⑤获得了官方的认可。这使知识产权法学学科的学院化发展跨出了最重要的一步，也推动了知识产权法学知识体系和学科范式的快速定型和标准化，同时也象征着知识产权法学作为一门独立学科的意义已然存在。

1997年，教育部高等学校法学学科教学指导委员会把"知识产权法"上升为全国高等学校法学专业14门核心课程之一，从而进一步强化了知识产权的法学学科属性。2004年3月1日，根据教育部发布的《关于公布2003年度经教育部备案或批准设置的高等学校本专科专业名单的通知》（教高函〔2004〕3号），华东政法学院⑥获批增设"知识产权"本科专业，专业名称为"知识产权"，专业代码为"030103S"⑦，修业年限为"四年"，学位授予门类为"法学"，自2004

---

① 在现代知识产权法主要发源地的英国，最早以"知识产权法"（Intellectual Property Law）命名的课程也只是在1967年由柯尼什（William Cornish）、雅各布（Robin Jacob）、劳埃德（Richard Lloyd）三人为伦敦大学的法律研究生（LL. M.）开设。See David Vaver & Lionel Bently eds, *Intellectual Property in the New Millennium：Essays in Honour of William R. Cornish*, preface, xii (Cambridge University Press, Cambridge 2004).

② 参见刘春田：《新中国知识产权法学学科的开拓者》，载《法学家》2010年第4期，第79页。

③ "法学"作为该目录的第九大类，下设专业包括：法学（0901）、经济法（0902）、国际法（0903，个别学校设置）、国际经济法（0904，个别学校设置）、侦查学（0905，个别学校设置）、劳动改造法（0906，个别学校设置）、犯罪学（0907，个别学校设置），知识产权法（0908，试办），环境法（0909，试办）。

④ "第二学士学位生，在层次上属于大学本科后教育，与培养研究生一样，同是培养高层次专门人才的一种途径。""根据《中华人民共和国学位条例暂行实施办法》中所规定的十个学科门类（即：哲学、经济学、法学、教育学、文学、历史学、理学、工学、农学、医学），一般地凡是已修完一个学科门类中的某个本科专业课程，已准予毕业并获得学士学位，再攻读另一个学科门类中的某个本科专业，完成教学计划规定的各项要求，成绩合格，准予毕业的，可授予第二学士学位。"参见1987年6月6日发布的《高等学校培养第二学士学位生的试行办法》（〔87〕教计字105号）。

⑤ 学科目录分为学科门类、一级学科（本科教育中称为"专业类"）和二级学科（本科专业目录中称为"专业"）三级。参见《学位授予和人才培养学科目录设置与管理办法》（学位〔2009〕10号）。

⑥ 2007年更名为华东政法大学。

⑦ "S"表示在少数高校试点的目录外专业。

年开始招生。不同于中国人民大学始设于 1987 年的知识产权法第二学士学位，华东政法学院获批的是知识产权第一学士学位专业。截至 2022 年年底，全国共有 110 所高校开设这一专业。①

2004 年 11 月，教育部联合国家知识产权局发布《关于进一步加强高等学校知识产权工作的若干意见》（教技〔2004〕4 号），其中第 13 条规定："增设知识产权专业研究生学位授予点。鼓励有相应条件的高等学校整合教学资源，设立知识产权法学或知识产权管理学相关硕士点、博士点，提升知识产权的学科地位。加强知识产权师资和科研人才的培养。"由此不仅在中国历史上首次建构起了涵盖学士、硕士、博士生培养的完整的知识产权法学学位教育体系，而且在法学学科范式的基础之上，增设了管理学的学科范式，使知识产权学科的范式首次出现了二元并立的局面，开启了知识产权学科多元范式发展的进路。

2008 年，国务院印发的《国家知识产权战略纲要》提出："设立知识产权二级学科，支持有条件的高等学校设立知识产权硕士、博士学位授予点。"2012 年 9 月，教育部印发了《普通高等学校本科专业目录（2012 年）》（教高〔2012〕9 号）。新目录分为基本专业（352 种）和特设专业（154 种）。法学门类下设专业类 6 个、32 种专业，其中，"知识产权"（专业代码为 030102T②）属于"法学学科门类"（03）中"法学专业类"（0301）下的"特设专业"，并统一替代了原来的两个专业"知识产权"（专业代码为：030103S）以及"知识产权法"（专业代码为：030102W③）④。与 1987 年《普通高等学校社会科学本科专业目录》对"知识产权法"专业的定位相比，尽管在学科地位上，二者都属于"法学学科门类"中"法学一级学科"下属的"二级学科"，但 1987 年目录采用的专业名称是"知识产权法"，而 2012 年目录去掉了"法"字，把专业名称改为了"知识产权"，这应该是为了落实《国家知识产权战略纲要》提出的"设立知识产权二级学科"的举措。2020 年 2 月，教育部印发了《普通高等学校本科专业目录（2020

---

① 参见余俊：《面向知识产权强国建设的知识产权学科治理现代化》，载《知识产权》2021 年第 12 期，第 8-9 页。

② "T"表示特设专业。根据《普通高等学校本科专业设置管理规定》（2012 年颁布）第 6 条的规定，特设专业是满足经济社会发展特殊需求所设置的专业，在专业代码后加"T"表示。

③ "W"表示目录外专业。例如，2011 年教育部一共审批增设了 10 所高校招收知识产权本科专业，但这 10 所高校获批的专业名称及其专业代码并不完全一致，具体分为两大类：一类是作为"在少数高校试点的目录外专业"的"知识产权"（专业代码为：030103S），包括广西民族大学、福建工程学院、烟台大学、山东政法学院；另一类是作为"目录外专业"的"知识产权法"（专业代码为：030102W），包括重庆邮电大学、西南政法大学、内蒙古财经学院、浙江工商大学、南昌大学、河南财经政法大学。

④ 2012 年 9 月教育部发布的《普通高等学校本科专业目录新旧专业对照表》。

年版)》(教高〔2020〕2号),"知识产权"(专业代码为030102T)仍然属于"法学学科门类"(03)中"法学专业类"(0301)下的"特设专业",其属于"法学二级学科"的学科地位也没有变化。

此外,2015年国务院发布的《关于新形势下加快知识产权强国建设的若干意见》(国发〔2015〕71号)还明确:"加强知识产权相关学科建设,完善产学研联合培养模式,在管理学和经济学①中增设知识产权专业,加强知识产权专业学位教育。"2020年12月30日,根据国务院学位委员会、教育部印发的《关于设置"交叉学科"门类、"集成电路科学与工程"和"国家安全学"一级学科的通知》,"交叉学科"成为我国第14个学科门类。2022年7月,根据国务院学位委员会发布的《关于下达2021年学位授权自主审核单位撤销和增列的学位授权点名单的通知》(学位〔2022〕12号)②,国务院学位委员会第三十七次会议审议批准了同济大学增列"知识产权"为交叉学科博士学位授权点。2022年9月,国务院学位委员会和教育部印发了新时代的新版《研究生教育学科专业目录(2022年)》③,正式启动了新一轮高等教育学科专业体系改革。新版目录立足于新时代中国特色社会主义现代化建设大局,主动服务国家战略和经济社会发展需求,特别增设了"知识产权"等一批专业学位类别。至此,中国知识产权学科形成了一个以法学学科范式为主干,兼及管理学和经济学范式并以交叉学科范式为补充的包括本科教育和专业学位教育的高层次、中国式的学科体系。④

知识产权专业,实际上就是一个建立和传播标准化范式和程序的重要场域。

---

① 需要注意的是,此处所说的"管理学"和"经济学"应该指的是"学科门类"而非"一级学科"。因为根据《学位授予和人才培养学科目录(2011年)》,"经济学"和"管理学"都只是"学科门类"的名称,而非"一级学科"。具体而言"经济学"(02)学科门类下包括"理论经济学"(0201)和"应用经济学"(0202)两个一级学科。"管理学"(12)学科门类下包括"管理科学与工程(可授管理学、工学位)"(1201)、"工商管理"(1202)、"农林经济管理"(1203)、"公共管理"(1204)、"图书情报与档案管理"(1205)五个一级学科。简言之,并不存在"一级学科"意义上的"管理学"或"经济学"。这一点和"法学"有很大的不同。在学科体系中,"法学"既可能指一个"学科门类"(03),也可能指一个"一级学科"(学科大类)(0301),还可能指一个"二级学科"(专业)(030101K)。

② 参见《国务院学位委员会关于下达2021年学位授权自主审核单位撤销和增列的学位授权点名单的通知》,载 教育部网站,http://www.moe.gov.cn/srcsite/A22/yjss_xwgl/moe_818/202208/t20220823_654778.html。

③ 我国学位制度起源于1981年《中华人民共和国学位条例暂行实施办法》第2条的规定,即"学位按下列学科的门类授予:哲学、经济学、法学、教育学、文学、历史学、理学、工学、农学、医学。"此后,我国分别在1983年、1990年、1997年和2011年发布四版研究生教育学科专业目录,并在2021年增设"交叉学科"门类。所以,随着2022年新版目录的发布,我国目前实行的是第五版学科专业目录,共14个学科门类、117个一级学科、36个博士专业学位类别、31个硕士专业学位类别。

④ 参见余俊:《面向知识产权强国建设的知识产权学科治理现代化》,载《知识产权》2021年第12期,第5-7页。

专业学习者正是通过对知识产权学科知识的学习过程，逐渐接受了这一套具有客观标准的研究范式和规则，并在日后的教学研究及职业生涯中不断地付诸实践。于是，一套属于知识产权这门学科独立且无可替代的批判式的研究原则和方法得以确立，它可以放之四海而皆准，也可以在任何学习者身上无限地复制、转移和传播。由此，知识产权研究开始进入一种职业化、专门化、建制化的规范语境当中。大凡讲授和研习知识产权的人士，都不能违逆这套标准化的范式和程序。在专业化的前提下，它既是一套程序，也是一种规范。当然，在将它作为衡量一个职业和专业水平的标准时，它更是一种纪律。

四、学术程序的传递——教材

"有专门之书，则有专门之学。有专门之学，则有世守之能。人守其学，学守其书，书守其类，人有存没而学不息，世有变故而书不亡。"[1] 学科知识的定型化、标准化，学术研究的职业化、建制化，都离不开教材。教材的功能在于固定标准化的范式和程序，从而为学习者和研究者确立一套固化的实践技巧和准则。它是学科专业化和学术建制化的必要前提，也是进行专业化训练和职业化实践的必备工具。在知识产权法演进的历史长河中，教材扮演了不可忽视的助推角色。例如，在专利法的形成过程中，用于解释专利法的专门教材亦功不可没。这是因为，要完成一本教科书，就需要简化法律，以便于写作，而这样一来，就需要简化成某种特定的格式。而在著作权法的固定化进程中，法学教科书的发展也有其应有的地位，尽管其作用似乎没有在其他法律领域那么显要。[2] 近代中国尚未出现较大规模的知识产权教材编撰活动，其真正进入学术视野并普遍盛行是在新中国知识产权法教育和学术研究兴起之后。

改革开放之后，知识产权制度被寄予改造国情、推进现代化的厚望，知识产权立法呼之欲出，一些法学教材逐渐吸收了知识产权的内容。1981年5月，由中国人民大学法律系民法教研室编写的改革开放以后的首部民法教材《中华人民共和国民法原理》[3] 开始加入知识产权的内容，赵中孚撰写的第三十二至三十三章分别讲述了"著作权"和"发明权"。这是中国法学教材首次涉及知识产权问

---

[1] 郑樵：《通志·校雠略·编次必谨类例论》。转引自姚名达撰：《中国目录学史》，严佐之导读，上海古籍出版社2002年版，第87页。

[2] 参见 [澳] 布拉德·谢尔曼、[英] 莱昂内尔·本特利：《现代知识产权法的演进：英国的历程（1760—1911年）》，金海军译，北京大学出版社2006年版，第127、132页。

[3] 参见中国人民大学法律系民法教研室编：《中华人民共和国民法原理》（上下册），1981年。经适当增删修改后，该书于1982年11月以《民法概论》为名正式出版，涉及知识产权的内容基本未变。参见佟柔、赵中孚、郑立主编：《民法概论》，中国人民大学出版社1982年版。

题，但论述尚不系统。1981年8月，姚壮和任继圣合著的《国际私法基础》① 出版，其中第十章专章论述"知识产权的国际保护"。这是中国法学教材中首次以"知识产权"作为工业产权（发明、商标和工业品外观设计）和文学艺术产权（著作权或版权）的统称，并首次将"知识产权"作为一个独立的知识领域进行讲授。但是，由于该书的基础是国际私法课程的讲稿，所以，有关知识产权的内容主要限于对国际条约的介绍，而未能站在国内法的立场，特别是从民法的视野对知识产权法的基本原理予以阐述。1982年7月，西北政法学院民法教研室编写的《民法原理讲义》② 一书，在第五编专编论述"智力成果权"，并认为"智力成果权，在国际上一般称为知识产权"。全编内容包括"智力成果权的概述；著作权；发现权、发明权；专利权；商标权"，这是中国法学教材首次涵盖知识产权的全部主体内容。1983年6月，简明法学教材之《民法讲义》（试用本）在第十五讲论述知识产权问题时，放弃了通行的"智力成果权"的说法，而是直接采用"知识产权"的表述，该书认为："知识产权是目前国际上通行的用语。但在我们社会主义国家，知识并不是物质财产，也不应该属于私有。从我国的国情出发，有人主张这个用语应该改为'智力成果的专有权'，但考虑到'知识产权'一词的国际性，这里仍予沿用。"③ 这是中国法学教材中首次以"知识产权"作为著作权、专利权和商标权的统称并系统阐述知识产权法的基本原理。

知识产权法专门教材的编写基本同步进行。1981年2月，专利文献出版社出版了《专利知识》和《专利法知识简介》④ 两本书。这是新中国首批专论知识产权法律知识的教材。1985年12月，《知识产权法浅说》⑤ 一书出版。该书由四编组成，分别阐述了"专利、商标、版权法律制度和国际知识产权保护"，内容全面，论证翔实，是中国历史上第一部以"知识产权法"命名的教材。随后，《知识产权法通论》、《知识产权》、《知识产权法概论》⑥ 等教材相继问世。1993年，司法部委托郑成思、刘春田、陈美章等合作编写了我国第一部统编教材《知识产权法教程》⑦，该教材的内容与结构，奠定了我国知识产权法学系统教育与

---

① 参见姚壮、任继圣：《国际私法基础》，中国社会科学出版社1981年版。
② 参见西北政法学院民法教研室编：《民法原理讲义》，西北政法学院科研处1982年版。
③ 《民法讲义》（试用本），法律出版社1983年版，第206页。
④ 参见丘实：《专利知识》，专利文献出版社1981年版；段瑞林编著：《专利法知识简介》，专利文献出版社1981年版。
⑤ 参见富荣武、李晋：《知识产权法浅说》，辽宁科学技术出版社1985年版。
⑥ 参见郑成思：《知识产权法通论》，法律出版社1986年版；刘春田编：《知识产权》，法律出版社1986年版；吴汉东、闵锋编：《知识产权法概论》，中国政法大学出版社1987年版。
⑦ 参见郑成思主编：《知识产权法教程》，法律出版社1993年版。

研究的基础。1998年，受教育部委托，刘春田主持编写了全国高等学校法学专业核心课程"知识产权法"的教学基本要求，确定了知识产权法课程的主要教学内容，并进行了必要的划分和规范，作为各高等学校法学专业教育组织教学、编写教学大纲和教材以及质量评估的主要依据。① 随后，教育部委托编写的全国高等学校法学专业核心课程教材《知识产权法》② 正式出版。这标志着知识产权法列为法学专业核心课程之后，第一次有了配套的统编教材，从而为知识产权法学知识的传播确立了一套规范化的概念与方法体系，为知识产权法的专业化训练建立了一套标准化的技术程序和规则，因为"专业化的训练并非是要唤起原创的本能或激发天才的火花，而是要给予规范（to regularize）、给予批判（to criticise）、要限制特立独行（to restrain vagaries）、要建立一套工作技巧的准则（to set a standard of workmanship），并强迫学习者接受"③。并且，这套技术程序可以在不同主体的身上实现转移和复制，从而有力地促进了知识产权知识普及与学术研究的客观化、程序化、专业化。2011年1月7日，教育部确定并公布了"马克思主义理论研究和建设工程"第三批重点编写教材32个课题组的首席专家和主要成员名单。《知识产权法》教材由刘春田担任编写组的第一首席专家。这必将进一步深化知识产权学术程序传播和传递的体制化路径。

五、学术主体的训练——机构

"学问之道，不专不成。"④ 清末民初的学者已认识到设立专门研究机构的重要性。"迨予游欧洲，见其国各种专门学术机关，无不设备，于是深悟其学者之成就，盖非偶然。此等机关专为研究高深学术而设……皆西方学者精神之结晶体，亦即专门学者之养成所也。"⑤ 故而，为了推进中国现代学术之发展，就必须谋求学术机构之设立。学术机构的成立，是学术建制化最为重要的条件与内容，是学术发展与进步的基础和标志。对于通过引进西方学术逐步发展起来的中国近现代学术而言，学术机构的建制化更是西学本土化的根本保障。

1986年6月，在世界知识产权组织及其总干事鲍格胥的倡导和帮助下，国家教育委员会决定在中国开展知识产权高等教育，发文授权中国人民大学创办，

---

① 参见教育部高等教育司：《全国高等学校法学专业核心课程教学基本要求》，高等教育出版社1998年版，"前言"。
② 参见刘春田主编：《知识产权法》，高等教育出版社、北京大学出版社2000年版。
③ Peter Novic, *That Noble Dream: The Objectivity Question and the American Historical Profession*, 52 (Cambridge University Press, New York 1988).
④ 唐才常：《尊专》，载《砭旧危言——唐才常、宋恕集》，郑大华、任菁选注，辽宁人民出版社1994年版，第19页。
⑤ 洪式闾：《东方学术之将来》，载《东方杂志》1924年第3期。

并设立了"中国人民大学知识产权教学与研究中心",郭寿康为第一任主任。①这是中国有史以来的第一个知识产权专门研究机构。尔后,中南政法学院知识产权教学与研究中心(1988年)②、上海工业大学知识产权教学与研究中心(1988年)③、北京大学知识产权学院(1993年)、中国社会科学院知识产权中心(1994)等相继成立并开始招收知识产权法专业学生。迄今为止,全国共设立了100余所知识产权学术机构。

这些知识产权研究机构的设立,为知识产权知识生产和传播提供了更加强有力的制度性保障,不仅给知识产权学术主体提供了必要的交往名义和学术训练的空间(有些甚至是容身与生存空间),而且进一步促进了知识产权学术的职业化、专业化、建制化,有利于知识产权学术共同体的形成与发展。

总之,包括知识产权学术在内的现代学术是一种建制化的研究。所谓建制化的研究,即有一定目的和组织而进行的学术活动。学术建制化乃现代学术发展之大势。期刊、学会、学科、教材、机构等支柱的建立正是学术建制化的突出标志和内部结构的重要组成。学术体制的创立并逐渐自立,为知识产权学术的展开提供了制度性保障,使知识产权学术研究日益学院化、职业化、精深化;也意味着学术体制下的知识产权知识生产与传播,不再是个体行为,而是社会活动,从而有力地提升了知识产权知识与理论创新的速度、力度、广度和深度。

第三节　当代中国知识产权学术研究成果兴起的三阶形态

一、法律翻译与制度移植

中国知识产权法制的形成与发展,就其内容而言,不外乎通过法律移植,吸收域外法律原则,效仿域外法律制度,进而建立一套以域外法律学说为内核,以域外法律框架为模板的知识产权制度体系。"参酌各国法律,首重翻译。"④ 翻译是移植的基本形式。翻译的对象则大致包括域外的法律文本(包括国际条约)和法律著作。

---

① 有关 WIPO 援华和中心创建的具体细节,参见 WIPO, *The Emerging Needs for Teaching and Training*, 17 (WIPO, Geneva 1995);郭寿康:《改革开放以来知识产权的教学研究——学海片段追忆》,载刘春田主编:《中国知识产权二十年(1978—1998)》,专利文献出版社1998年版,第205-207页。
② 2000年更名为"中南财经政法大学知识产权研究中心"。
③ 1994年发展为"上海大学知识产权学院"。
④ 张国华、李贵连合编:《沈家本年谱初编》,北京大学出版社1989年版,第155页。

(一) 域外法律文本的翻译

新中国知识产权法制建设的时间较短、任务迫切，在制度建成上也主要是依靠域外规范的借鉴与移植，因而同样离不开翻译。1979年，郑成思翻译了世界知识产权组织出版的《有关国家商标法概要》①，把国际上最新的商标法律制度首次引入中国，为1982年商标法的制定提供了文本借鉴。在同一年，中国科学技术情报研究所专利馆出版"专利法丛书"②。1981年，该馆又编译了一套"国外专利法介绍"③丛书，译载各国和地区的专利法规以及有关国际组织条例。1984年，德国学者汇编的《五十国（地区）专利法一瞥》④在我国翻译出版。该书介绍了世界主要国家的专利法及其施行细则以及国际和地区专利条约。这些都为新中国正在开展的专利法起草工作提供了重要参考。1985年，郑成思出版《工业产权国际公约概论》⑤，对到1984年1月为止缔结的全部世界性工业产权公约及一些主要的地区性公约作了翻译和述评。该书"是迄今为止我国出版的第一部比较系统而全面地介绍和论述工业产权国际公约的著作，填补了国内出版物在介绍发展中国家之间签订的工业产权地区性公约方面的空白"⑥。1986年，郑成思又出版《版权国际公约概论》⑦，该书对著作权国际保护的产生、现状及发展趋势作了比较全面的介绍和评论，并重译了《伯尔尼公约》和《世界版权公约》。1994年4月15日，TRIPs协定正式签署。不久，郑成思就将之译成中文并在国内出版⑧，紧接着又出版《关贸总协定与世界贸易组织中的知识产权》⑨一书，对TRIPs协定作了详细解读和评论。这些译介成果为我国后来加入相关国际组织和条约以及修订法律提供了理论指导。

(二) 域外法律著作的翻译

新中国的译介活动，与知识产权法制的重建基本同步，在早期的翻译成果中，专利法所占的比重最大。1978年7月，中央作出了建立专利制度的决策。12月，负责起草工作的国家科委率团赴日考察，回国后译编了《日本专利工作

---

① 相关细节详见郑成思：《郑成思文选·学术小传》，法律出版社2003年版，第4-7页。
② 中国科学技术情报研究所专利馆：《专利法丛书》，科学技术文献出版社1979年版。
③ 中国科学技术情报研究所专利馆：《国外专利法介绍》（共四册），知识出版社1981年版。
④ 参见［德］汉斯·有德：《五十国（地区）专利法一瞥》，朱晋卿等编译，专利文献出版社1984版。
⑤ 参见郑成思：《工业产权国际公约概论》，北京大学出版社1985年版。
⑥ 中国国际法学会主编：《中国国际法年刊（1987）》，法律出版社1988年版，第554页。
⑦ 参见郑成思：《版权国际公约概论》，中国展望出版社1986年版。
⑧ 参见郑成思译：《关贸总协定与世界贸易组织中的知识产权协议》，学习出版社1994年版。
⑨ 参见郑成思：《关贸总协定与世界贸易组织中的知识产权》，北京出版社1994年版。

介绍》①一书，标志着中断30年的知识产权法律移植重新开启。1979年3月19日，专利法起草小组正式组建。不久，小组成员之一宋永林便翻译出版了当时在日本很流行的专利法教材《专利法概论》②，这是新中国的第一本专利法译著。1980年10月，专利局出版《专利法讲座资料汇编》③，此书汇编了世界知识产权组织来华所作的39讲专利法讲座。在此之后，《发明与专利》《法国专利工作介绍》《专利制度对发展中国家的意义》《专利法基础》④等译著先后引入中国，为1984年专利法的制定提供了理论借鉴。在商标法出台之前，日本著作《商标知识》《日本商标法解说》⑤等相继在我国翻译出版。《版权基本知识》《国际著作权公约》⑥等译著也为著作权法的制定提供了参考依据。1986年，还翻译出版了国外系统介绍知识产权的著作《专利商标版权和工业品外观设计须知》。⑦

中国法律制度现在已经变成了受英、美、法、德、日等国家影响的"百衲衣"式的制度，整个中国法学也基本上是移植法学、引进法学的产物。⑧这一点，在知识产权领域表现得尤为明显。由于知识产权非中国固有之制，无论我们依据的思想、理论，抑或我们采用的概念、方法，甚或我们研究的对象、问题等，都是知识引进的产物，都离不开翻译和移植。这个过程到今天仍在继续。大规模的译介依然是当下认识、研究和移植西方知识产权制度的主要途径。法律移植不仅是人类法制文明发展的一个基本历史现象，更是中国法律近代化和现代化的一条基本发展途径。

二、制度诠释与知识普及

知识产权法作为"制度舶来品"引入中国，不仅存在一个"理性选择"的过

---

① 参见《日本专利工作介绍》，科学技术文献出版社1979年版。
② 参见[日]吉藤幸朔：《专利法概论》，宋永林译，科学技术文献出版社1980年版。
③ 参见世界知识产权组织国际局编：《专利法讲座资料汇编》，专利法讲座翻译组译，专利文献出版社1985年版。
④ 参见[日]神保弁吉、市桥明：《发明与专利》，魏启学译，中国财政经济出版社1980年版；专利局教育处编辑：《法国专利工作介绍》，马耀扬等译，专利文献出版社1981年版；《国际专利与许可证贸易》，王之夫、孙崇善编译，中国财政经济出版社1981年版；《专利制度对发展中国家的意义》，中国科学技术情报研究所专利馆编译，科学技术文献出版社1981年版；[美]P. D. 罗森堡：《专利法基础》，郑成思译，对外贸易出版社1982年版。
⑤ 参见[日]小野昌延、江口俊夫：《商标知识》，魏启学译，中国财政经济出版社1981年版；[日]江口俊夫：《日本商标法解说》，魏启学译，专利文献出版社1982年版。
⑥ 参见联合国教科文组织：《版权基本知识》，中国对外翻译出版公司1984年版；[苏]尤·格·马特维耶夫：《国际著作权公约》，李奇译，南开大学出版社1987年版。
⑦ 参见[英]布兰科·怀特、罗宾·雅各布、杰里米·第·戴维斯：《专利商标版权和工业品外观设计须知》，王正发译，周叶谦、胡明正校对，中国展望出版社1986年版。
⑧ 参见陈瑞华：《论法学研究方法》，北京大学出版社2009年版，第104页。

程，更有一个"法律本土化"的过程，即"拿来"的制度如何在本土"扎根"与"内化"的过程。① 因为"任何一种制度总是要嵌入到特定的社会结构和社会文化之中去……否则这种制度的创新与变迁最终不可能带来效益，也不可能造成这个社会的发展和稳定"②。因而，在知识产权法制初创和重建基本完成后，一个迫切的任务便是制度的诠释和知识的普及。

新中国的知识产权法制重建基本完成后，在整个20世纪80年代直至90年代初期，知识产权研究逐渐由知识引进转向制度诠释，但基本上还是围绕《商标法》《专利法》《著作权法》等立法所规定的制度范围进行通俗化解读以及知识性普及。在学术产出上，集中地体现为诸多冠以"概论""要论""略论""简论"等知识产权法教材式的知识层面。即便是这一阶段诞生的中国第一篇知识产权法博士论文《版权若干理论问题研究》③，也偏重于教科书模式，内容全面，但理论含量略显不足。在学术方法上，这一阶段的学术研究更偏向演绎推理式的思维路向，其集中表现是简单地以西方知识产权理论套用中国实践和中国问题，例如，大多数论著照搬西方观点，认为知识产权保护的对象是"智力成果"，并进而认为这种智力成果本质上是"劳动成果"，也有一些论著移植西方理论，认为知识产权对象的本质是"信息"，并进而提出"信息产权"的概念。将西方理论奉为圭臬，少有怀疑，其根源即在于研究者"演绎为先"的思路。如果一开始就使用演绎方法，便只能将中国问题个案化，也就难以从中国问题和中国经验出发提出一般化的假设和命题，也就不可能有"概念化"的冲动和行动。长此以往，中国知识产权学者只能退化为西方理论的学习者、传播者、消费者，却不可能成为知识产权理论的创新者、创造者、生产者。

总之，知识产权的学术产出在这一阶段的特点是高度关注具体法律制度的解释与法律技术的完善，注意研究社会现实中具体的法律问题，致力于凸显并实现知识产权法作为一种专门化的技术和知识的可能性，使之进入社会实践，成为一种实践性话语，也就是有些学者所说的"诠释法学"④。

三、学术自觉与理论自洽

"所有的法律，均在一定的领域，或对一定的人民（如游牧民族），发生效

---

① 参见吴汉东：《知识产权法律构造与移植的文化解释》，载《中国法学》2007年第6期，第55页。
② 李汉林：《中国单位社会：议论、思考与研究》，上海人民出版社2004年版，第110页。
③ 参见朱宣峰：《版权若干理论问题研究》，中国人民大学1994年博士学位论文。
④ 苏力：《也许正在发生——中国当代法学发展的一个概览》，载《比较法研究》2001年第3期，第3页以下。

力，没有一种法律，其效力范围是普天下的，它的管辖权是毫无限制的。"① 知识产权制度不可避免地要受到特定和有限空间的经济、政治、文化、社会等因素的影响，不可避免地会呈现出差异性和地域性特色，因此，中国知识产权理论的应然体系也必将是本土化的。在中国以完成现代性转型为目标的当下，中国知识产权研究应当反对机械照搬他国的概念、方法、模型和理论，反对脱离我国基本国情、逃避我国现实问题、忽视我国法律现象的研究态度，而应当在借鉴西方知识产权理论的基础上，从中国的现实国情、现实问题出发，使知识产权研究建立于中国知识产权制度本身发展演化的规律之上，努力推动知识产权研究的本土化和"理论自觉"②。

晚清和民国时期的知识产权研究，客观上不存在这样的条件，也没有这样的需求，因而当时的学术产出理论性普遍不强，更谈不上理论自觉。新中国的知识产权研究，经过三十余年的发展，已经基本具备了这样的条件。一方面，二十余年前中国加入世界贸易组织，不仅标志着我们融入了世界市场体系、世界竞争体系，也意味着我们进入了世界理论体系、世界话语体系，意即中国不再只是单纯地遵循这套世界结构的普世规则或制度安排，还拥有了对这套普世规则的正当性进行发言的资格。这种资格的获得不仅给中国发展创造了历史契机，也给包括知识产权研究在内的中国学术提供了国际化、全球化的战略机遇。因此，在全球化时代，西方理论对中国的支配关系已经发生了变化，中国学术不再是纯粹以中国问题为中心、自产自销的活动，而是在一个更宏大的框架下成为世界学术的有机组成。中国知识产权研究若能抓住这一百年机遇，尽快突破西方话语的支配地位，发出自己的声音，就可以完成从西方知识产权理论的"消费者"向世界知识产权理论的"生产者"的转型。

另一方面，新中国改革开放以来四十多年的知识产权制度与实践，历经系列性、历史性转变：第一，从落后的农业社会到基本建成现代工业体系的转变；第二，从计划经济到建设市场经济的转变；第三，从封闭社会向全面开放社会的转变，其中，包括从单一公有制经济成分到多元经济成分的转变，从内向型经济到全球型经济的转变等。前四十多年的实践，有太多的经验需要总结；今后的四十年，在全面建成社会主义现代化强国的战略引领下，必将历经更为根本的系列性转变。其中，最为重要的转变之一，是要从主要是生产性经济体，转变为创新型经济体。这一转变，将让知识产权与整个社会的发展更为

---

① 吴经熊：《法律哲学研究》，清华大学出版社2005年版，第17页。
② 费孝通：《对文化的历史性和社会性的思考》，载《思想战线》2004年第2期，第1-6页。

休戚相关。知识产权,将成为未来中国社会最为基础、核心的财产制度之一。这一历史进程,将是科学技术、文学艺术与社会制度创新相互融合的结晶,也是世界普遍规律与中国具体实践相互借鉴的历程。有着前四十多年的基础,我国完全有条件认真地进行中国知识产权理论体系的反思和反省。而事实上,从20世纪90年代后期开始,中国知识产权学者已经开始有意识地推进理论自觉与话语自洽。

(一)总论是知识产权理论体系化的关键一环

1994年签订的世界贸易组织TRIPs协定以多边条约的形式宣示了文明社会的共识:"承认知识产权为私权。"在"知识产权属于私权"已成为现代文明共识的情况下,知识产权法需要不断地从私法的母体汲取营养,而总论就是连接知识产权法与私法之间的"脐带"。1987年,《知识产权法概论》① 一书最早开始涉足知识产权法的理论体系,将其内部结构分为"绪论、总论和分论"三个组成。1993年,中国第一部知识产权法统编教材《知识产权法教程》② 在开篇单设"绪论"部分,阐述了知识产权的概念、特点、知识产权各部门法之间的关系、知识产权法的归类及与其他法律的关系四个问题。1995年,另一部《知识产权法教程》③ 将"绪论"作为第一编,包括知识产权的概念、范围、性质、特点和知识产权制度的作用、历史与现状等内容。以此为基础,1998年,《全国高等学校法学专业核心课程知识产权法教学基本要求》所设计的知识产权法总论包括知识产权的定义、对象、构成和法律体系,性质,知识产权制度的作用、历史与现状、发展趋势五个问题。④ 至此,知识产权法总论的框架初步成型。此后,对总论的研究一直是中国学界重点挖掘的理论富矿,其中既有对知识产权的对象、概念、本质、正当性、体系化等基本范畴的研究⑤,也出现了专门探讨知识产权法总论体系的单行著作。⑥

---

① 参见吴汉东、闵锋编:《知识产权法概论》,中国政法大学出版社1987年版,第1-38页。
② 参见郑成思主编:《知识产权法教程》,法律出版社1993年版,第1-17页。
③ 参见刘春田主编:《知识产权法教程》,中国人民大学出版社1995年版,第1-8页。
④ 参见教育部高等教育司:《全国高等学校法学专业核心课程教学基本要求》,高等教育出版社1998年版,第111页。
⑤ 迄今为止以知识产权法总论为选题的博士论文名录,参见冯晓青知识产权网:http://www.fengxiaoqingip.com/rencai/zscqbssby/zscqbsxwlwxtyzd/zscqbsxwlwxt/20140505/9590.html,2018年9月1日最后访问。
⑥ 以出版时间先后为序,有以下著作:陶鑫良、袁真富:《知识产权法总论》,知识产权出版社2005年版;李扬:《知识产权法总论》,中国人民大学出版社2008年版;齐爱民:《知识产权法总论》,北京大学出版社2010年版;何敏主编:《知识产权法总论》,上海人民出版社2011年版;杨雄文编著:《知识产权法总论》,华南理工大学出版社2013年版;吴汉东:《知识产权总论》,中国人民大学出版社2013年版。

(二) 知识产权的正当性源于人的创造

在论证知识产权的正当性时，西方学界在不同历史时期产生了不同的学说，其中最为现代学者信奉的理论之一便是洛克的"劳动理论"，即劳动赋予知识财产权以正当性。洛克理论的成立，必须首先承认知识产权保护的是劳动成果，知识产权的对象是劳动的产物。在这一问题上，中国知识产权学者认为，以劳动理论为基础提炼而成的传统财产理论和财产制度，无法解释知识产权作为一种新的财产制度的正当性，也无法解决工业文明带来的新问题，因而，中国知识产权学者进一步提出了新的观点并认为，知识产权制度的正当性源于创造，创造不是劳动的特殊形态，而是与劳动有着本质区别的另一类经济活动。创造与劳动之间，不同的创造之间，都是异质的，不具可比性。在经济价值上，创造与劳动之间没有可以交换的共同基础，不可通融。创造成果是唯一的，创造不可再现。创造不是一种技艺，无法再现。创造成果本身无价值，却有使用价值，其使用价值是通过交易实践，由市场价格体现的。其价格完全取决于社会的认知情况、欣赏程度和需求范围。[①] 显然，这是一种不同于劳动理论的知识产权权利观。

(三) 知识产权在财产制度体系中的地位与作用

中国学者认为，主宰我们这个世界的不是物质，而是人。人对这个世界的唯一贡献是创造知识。如果说物是黄金，知识就是化腐朽为神奇的"点金术"，知识是一切经济上、法律上"物"产生的真正原因，"物"是知识的结果。当代社会，没有知识便没有"物"。知识产权制度已成为现代财产制度的关键与核心，成为财产的主宰，是一切财产之母。没有知识产权，就无法建立稳定的经济秩序，社会生活的机制就会难以为继。随着技术、制度创新对经济发展的决定性作用的彰显，知识已经成为一切财产的源泉与根据。知识财产是人类对财产的真正发现。知识产权贵为财产权利体系中"上游权利"是一个不争的事实，私法制度将知识产权列为第一位的财产权利，是财产制度漫长运动历史发展的必然结果，既是逻辑的，也是实践的。[②]

总之，知识无法解释特定的研究对象，也无法规范人的思想和行为。要对人们的所思所想和所作所为予以规范，就必须占有理论。中国知识产权学术只有不断地增强理论自觉意识、话语自洽意识，不断地寻找提升本土研究的理论创造力和创新性，不断地在经验事实的基础之上创造自己的学术体系和话语体系，才能形成有中国特色的知识产权理论体系，才能在世界知识产权理论体系中有自己的学术话语，也才能为世界学术作出中国的贡献。

[①] 参见刘春田：《知识产权制度是创造者获取经济独立的权利宪章》，载《知识产权》2010年第6期，第21页。

[②] 参见刘春田：《知识产权作为第一财产权利是民法学上的一个发现》，载《知识产权》2015年第10期，第8页。

第四章

中国知识产权法学基本概念与重要术语的形成

"每一领域内的现代化进程都是用各该学科的术语加以界说的"[1]。术语是学术发展的核心成果,人类在科学及技术领域的每一项进步,都以术语形式在各种自然语言中记载下来,一个专业的知识框架,有赖结构化的术语体系加以构筑。具有特定内涵的核心术语和关键概念的确立,是精密思维得以运作、学科研究得以展开的必要前提,是某一学科和思想走向成熟的基本标志。[2] 从学术史的角度来看,中国知识产权术语体系的形成受日本的影响颇深,例如,1900年左右,梁启超的《和文汉读法》[3] 在日本出版。该书搜集整理了近200个日语外来词,并在每个词汇后附加了简要说明,其中就介绍到了"商标"(点牌)[4] 和"发明"(创造之事)[5]。这意味着"商标"等专业名词已进入汉语体系。1901年,由中国留日学生创办的译书汇编社[6] 在东京出版了井上毅著,章宗祥翻译的《各国国民

---

[1] [美]费正清、刘广京编:《剑桥中国晚清史(1800—1911年)》(下卷),中国社会科学出版社1985年版,第5页。
[2] 参见冯天瑜、余来明:《历史文化语义学的现状与未来》,载《社会科学报》2007年第4版。
[3] 此书初版已不可得,有学者根据相关史料推定出,此书约初版于1899年5、6月至1900年11月间,系在日本印刷的,刊成后传入国内,以上海为集散地。参见石云艳:《梁启超与〈和文汉读法〉》,载《南开语言学刊》2005年第1期。
[4] 梁启超:《和文汉读法》,梦花庐氏增刊,第38页。
[5] 梁启超:《和文汉读法》,梦花庐氏增刊,第75页。
[6] 1900年成立于东京,在上海设有总发行所,是中国留日学生创办的第一个译书机构。有关该社的详细介绍,参见[日]实藤惠秀:《中国人留学日本史》,谭汝谦、林启彦译,生活·读书·新知三联书店1983年版,第217-221页。

公私权考》①一书单行本,文中也涉及诸多知识产权专业术语,例如,提到了"著作之版权及让与权"②、"发明之专利权"③、"建造物其制造标记(即牌号)"④⑤、"著述及美术之特许(即专利权)与商标(即牌号)之保护"⑥ 等,标志着"版权""商标"等词汇开始以法律术语的形式进入中国。1907—1909年间,《日本法政词解》、《新译日本法规大全·法规解字》、《汉译日本法律经济辞典》、《法律名辞通释》⑦ 等法律辞书在中国相继出版或发行。它们不仅把"著作权""版权""商标""特许""意匠""智能权"等作为法律概念收入其中,而且第一次对这些概念的内涵作出了明确的解释和说明。可以说,如今我们耳熟能详的知识产权专业术语,不少都来自日本。"面对日本新名词入华的强劲势头,中国人迎受者有之,拒斥者有之。然而,在或迎或拒的表象之下,清民之际语文世界的深沉巨流是,日本新名词不以人们的意志为转移地渗入汉语词汇的系统,并逐渐归化为其有机组成部分。"⑧

当然,本土文化也在中国知识产权术语体系的形成中占据了一席之地。现有知识产权术语体系中的一些核心术语是汉语固有的或者国人创造的。例如,"专利"一词与英文中的"patent"相对应。但该词非借自域外,而系汉语所固有。不过,"专利"在汉语中的原本含义是指"独占财利",与现代法上"专利"的本质特征并不完全相符。1882年光绪皇帝批准郑观应等人设立的上海织布局享有十年"专利",实际上指的就是专营。直到20世纪初,在一些清末维新人士的著作中,"专利"才开始涵括"patent"的内涵。例如,孙宝瑄在日记中对《佐治刍言》进行评价时写道:"《佐治刍言》论西国有准一人或一公司,专造一种货物出售,如他人违例私造,准其人指控拿究者,以为病民之政。盖谓贸易之道,必有数家互相争竞,然后物美而价不至甚贵;若止有一家,则必任意索重价,货虽

---

① 此文也可参见井上毅:《译书汇编》1901年第8期,第21-43页。
② 《各国国民公私权考》,第9页。
③ 《各国国民公私权考》,第9页。
④ 括号中为原文译者所加译注,下同。当时的译者在翻译日文著作时,习惯在一些国人比较陌生的词汇后添加注释,以便利于读者理解。译书汇编社甚至曾刊出"难于索解之处,读者尽可致函本编同人"的告示。
⑤ 《各国国民公私权考》,第9页。
⑥ 《各国国民公私权考》,第12页。
⑦ 参见朱树森等编:《日本法政词解》,日本东京并木活版所1907年印刷;钱恂、董鸿祎编:《新译日本法规大全·法规解字》,上海商务印书馆1907年版;[日]田边庆弥:《汉译日本法律经济辞典》,王我臧译,上海商务印书馆1909年版;刘天佑编:《法律名辞通释》,绅班法政学堂1908年版。
⑧ 冯天瑜:《新语探源——中西日文化互动与近代汉字术语生成》,中华书局2004年版,第523页。

甚劣，而国人不得不往购之，则买物者受累无穷矣。忘山居士曰：由此说也，则专利一法岂亦有弊乎？虽然，欲救其弊，亦非无法也。其法奈何？曰：凡创新法制器者，除自己售卖外，有他人欲仿造以博利者听，惟所得利必取五分之一于创物之人，如是则创物者不失专利之益，而又无一家居奇之害矣。"①

此外，据法制史学者考证，清末共出版了四部法律辞书，分别是1907年出版的《日本法政词解》和《日本法规大全解字》、1909年出版的《汉译日本法律经济辞典》、1908年出版的《法律名词通释》。前三本是对日本辞书的翻译，只有最后一本是直接用汉语撰写的法律辞典。② 在辞典中，出现了"著作权""版权""商标"等名词，这些辞典为统一知识产权术语发挥了一定的作用。但是，在1967年《建立世界知识产权组织公约》订立之前，"知识产权"这一概念无论在国际上还是在我国国内，都未被普遍采用，知识产权理论的体系化程度非常低，很少有统合著作权、专利权、商标权等各知识产权类型的学术成果。1967年7月14日，31个国家的代表在瑞典斯德哥尔摩通过并签署了《建立世界知识产权组织公约》，世界知识产权组织正式成立。而在我国，著作权、专利权、商标权等权利的首次集合，正是缘于我国与世界知识产权组织的首次接触。1973年，我国代表团首次赴瑞士日内瓦出席世界知识产权组织全体会议第二届会议。在国内对这次出访的报道中，首次使用了"知识产权"这一表述。从而在汉语中创造了"知识产权"这一专用名词。

所以，中国知识产权术语体系的形成路径，既包括借用日本所造译西语之汉文，也包括对汉语固有词汇的新义改造，还有一些是当代学者根据外文而作的开创性翻译。为此，下文将以学术史的价值为依据，重点介绍核心术语的来龙去脉，包括知识产权、著作权（版权）、专利、商标等，同时，对一些中国知识产权法中比较特别的概念，例如，实用艺术作品、杂技艺术作品、民间文学艺术作品、信息网络传播权、驰名商标等进行梳理。

第一节　知识产权法学核心术语的形成

一、知识产权

（一）"知识产权"的中文词源

在近代历史上，"著作权（版权）""专利权""商标权"等概念于20世纪初

---

① 孙宝瑄：《忘山庐日记》（上册），上海古籍出版社1983年版，第401页。
② 参见王兰萍：《近代中国著作权法的成长（1903—1910）》，北京大学出版社2006年版，第30页。

期输入中国时,各自是并行独立的,彼此之间尚未建立起密切的联系,也没有一个可以涵括三者的统一概念。当时的一些词典尝试着对这些权利进行体系化处理,例如,《汉译日本法律经济辞典》(1909 年)提出了"智能权"的概念,认为:"智能权,谓保护智识能力,使不为他人所侵之权利,如关于著作、意匠者是也。"① 在《中国法律大词典》(1931 年)中,又出现了"专用权"的概念,它"又称无形财产权、智能权,是以人的智能创造、无形的利益为内容的私权,也是一种财产权。如同著作权、专卖权等类"②。但这种努力的成效并不明显,相关概念并未沿用至今。

郭寿康教授曾指出:"在我国,无论是在解放以前的旧中国,还是 1949 年以后的新中国,人们几乎没有遇到过知识产权这一术语。就作者所指,1973 年我国一个代表团第一次应邀访问联合国世界知识产权组织,国家传播媒体首次将该国际组织的 intellectual property 译成'知识产权',一直沿用到现在。"③ 在另一篇文章中,郭寿康教授说得就更加明确了:"1973 年 11 月,经周恩来总理批准,由任建新率领的中国代表团以观察员身份应邀参见了世界知识产权组织(WIPO)领导机构会议。新华社报道中第一次出现了'知识产权'这个词汇。"④根据这一线索,本书作者查阅了《人民日报》自创刊以来的所有版面,确定了第一次在《人民日报》上出现"知识产权"这一术语是在 1973 年 11 月 19 日的第 3 版。当时该条新闻的标题是,"出席世界知识产权组织全体会议第二届会议,我国际贸易促进委员会观察小组离京赴日内瓦"。报道正文是:"新华社一九七三年十一月十七日讯 以任建新为组长的中国国际贸易促进委员会观察小组,应邀出席世界知识产权组织全体会议第二届会议,今天乘飞机离开北京前往日内瓦。有关方面负责人许乃炯、黄超选、刘绍等到机场送行。"自此,从 1973 年 11 月 19 日这一天起,"知识产权"一语在中国逐渐传播开来。

(二)"知识产权"中文名词的来历

"在中国使用知识产权这一术语后不久,就有一些专家,包括外语翻译方面的专家,提出将'intellectual property'译成'知识产权'并不确切,值得进一步推敲。在 20 世纪 80 年代初,联合国日内瓦办事处中文翻译科的一位精通英语

---

① [日]田边庆弥:《汉译日本法律经济辞典》,王我臧译,上海商务印书馆 1910 年版,第 102 页。
② 朱采真编:《中国法律大辞典》,吴经熊等校,世界书局 1931 年版,第 152 页。
③ 郭寿康主编:《知识产权法》,中共中央党校出版社 2002 年版,第 2-3 页。有关该次会议的详细情况,可以阅读任建新:《回顾中国知识产权制度的建立》,载刘春田主编:《中国知识产权二十年(1978——1998)》,专利文献出版社 1998 年版,第 18-26 页。
④ 郭寿康:《改革开放以来知识产权的教学研究——学海片段追忆》,载刘春田主编:《中国知识产权二十年》,专利文献出版社 1998 年版,第 200 页。

翻译的负责人就曾经发表意见说，中文的'知识'相当于英语中的'knowledge'，英语中的'intellectual'不应译为'知识'，而应译为'智慧'或'智力'。'property'也非'产权'之意，而应译为'财产'。所以，他认为这一用语译为'智慧财产'意思更贴近原义。还有一些专家也提出过类似意见。"[1] 还有学者指出，"在英文中，intellectual property 的本义为'智力财产'，指由人的智力或脑力劳动所创造的财产，以区别于洛克所指的传统上的 physical property——'体力财产'，即由人的体力劳动所生产的财产。上世纪 70 年代初期在我国学界尚未对 intellectual property 进行过深入考察和全面研究的背景下，相关工作人员在翻译 World Intellectual Property Organization 时，误将其中的 Intellectual 译为'知识'，又以经济学术语'产权'对应另一个法律概念——Property，从而形成了今天的'知识产权'。此汉译概念不仅未能表达原文的本义，更未能传达出原文所隐含的联想信息。"[2]

可见，从"知识产权"一词在中国诞生之初起，争议就从未平息。但是，现在"知识产权"这一术语已经在我国深入人心，要想矫正这一翻译已经不太现实，或者说没有必要，因为所有的名称都是人的创造，在为万物命名时，其实都是将名称强加给它们的。被称为"狗"的动物，本来也可以被称为"猫"，但等到一个名字被大众所接受之后，这个名和实的关系便约定俗成了。这便是荀子在《正名》篇所说的"名无固宜，约之以命，约定俗成谓之宜"[3]。郭寿康教授也认为"一个法律用语得到公众承认和广泛使用，却往往是约定俗成，不单单决定于定义推敲和逻辑推理"[4]。

2008 年，"知识产权"中文名词的始译者——王正发教授在《知识产权与改革开放 30 年》一书中发表《中国专利制度的叩门人》一文。在该文中，王教授交代道：

> 我把"intellectual property"译成了"知识产权"。当时，日本和我国都已将 1883 年的"Paris Convention for the Protection of Industrial Property"译成《保护工业所有权巴黎公约》。我未将"property"译成"所有权"而译成"产权"，主要考虑 WIPO 方面"intellectual property"理解为继"动产"（movable property）和"不动产"（immovable property）之后的第三种财产。我把

---

[1] 郭寿康主编：《知识产权法》，中共中央党校出版社 2002 年版，第 3 页。
[2] 孙新强：《"知识产权"——民法学之殇》，载《人大法律评论》2016 年卷第 2 辑，法律出版社 2016 年版，第 209 - 210 页。
[3] 冯友兰：《中国哲学简史》，赵复三译，新世界出版社 2004 年版，第 113 页。转引自蒋万来：《知识产权与民法关系之研究》，中国人民大学 2005 届博士学位论文，第 46 页。
[4] 郭寿康主编：《知识产权法》，中共中央党校出版社 2002 年版，第 3 页。

"property"译成"产权"而非"财产",主要是因为在《建立世界知识产权组织公约》中把"intellectual property"释义为包括文学艺术作品、发明、商标等在内的与之相关的权利。至于为何将"intellectual"译成"知识"而非"智力",主要是考虑到我国已将作为名词使用的"intellectual"普遍译作"知识分子"(尽管我国对"知识分子"范围的理解比"intellectual"一词所指含义要宽得多),而"脑力劳动者"的说法在我国并不太普遍。[①]

(三)"知识产权"成为我国正式法律概念的历程

我国民法学界对知识产权的概念曾有过一段排斥的历史,认为用"智力成果权"比用"知识产权"更适合我国社会公有制性质的实际。这是因为当时深受苏联民法的影响。苏联民法学界认为:"知识产权"的概念是表示私人占有脑力劳动成果的意思,属于资产阶级私法的范畴,而在社会主义生产资料公有制条件下,人的脑力劳动的成果必须与生产资料公有制相联系,同整个社会的共同劳动联系起来,因而否认智力成果为私人所有。所以,在苏联民法中只承认智力成果权而不承认知识产权。这种情况持续了很长时期,直至1973年苏联加入了世界版权公约,苏联才开始承认知识产权的概念。根据苏联学者的介绍,苏联民法没有规定对创作成果本身的工业产权、科学产权、文学产权、知识产权或精神产权等制度。在苏联的法学著作和法律实践中之所以使用其中的某些概念,只是因为这些概念在苏联参加的国际关系中使用,例如在关于保护工业产权的《巴黎公约》中,以及在创立世界知识产权组织的国际公约中使用。[②]

1979年开始的第三次起草民法典过程中,多数学人也仍持此主张。例如,当时起草的《中华人民共和国民法草案(第四稿)》一共包括8编,其中第五编的名称就是"智力成果权"。其编制体例和主要内容,主要参考1962年的苏联民事立法纲要、1964年的苏俄民法典和1978年修订的匈牙利民法典。[③] 1980年我国成为世界知识产权组织的正式成员国后[④],民法学界的这种观点开始发生转变,例如,1981年8月,姚壮和任继圣合著的《国际私法基础》[⑤] 出版,其中第十章专章论述"知识产权的国际保护"。这是中国法学教材中首次以"知识产权"

[①] 参见王正发:《中国专利制度的叩门人》,载《知识产权与改革开放30年》编委会编:《知识产权与改革开放30年》,知识产权出版社2008年版,第350-351页。

[②] 参见Б·Л·格里巴诺夫、С·М·科尔涅耶夫主编:《苏联民法》(下册),中国社会科学院法学研究所民法经济法研究室译,法律出版社1986年版,第448页。

[③] 参见梁慧星:《中国民法典编纂的几个问题》,载《山西大学学报(哲学社会科学版)》2003年第5期;何勤华,殷啸虎主编:《中华人民共和国民法史》,复旦大学出版社1999年版。

[④] 中国于1980年6月3日加入该组织,成为它的第90个成员国。

[⑤] 参见姚壮、任继圣:《国际私法基础》,中国社会科学出版社1981年版。

作为工业产权（发明、商标和工业品外观设计）和文学艺术产权（著作权或版权）的统称，并首次将"知识产权"作为一个独立的知识领域进行讲授。1983年6月，简明法学教材之《民法讲义》（试用本）在第十五讲论述知识产权问题时，放弃了通行的"智力成果权"的说法，直接采用"知识产权"的表述。该书认为："知识产权是目前国际上通行的用语。但在我们社会主义国家，知识并不是物质财产，也不应该属于私有。从我国的国情出发，有人主张这个用语应该改为'智力成果的专有权'，但考虑到'知识产权'一词的国际性，这里仍予沿用。"① 这是中国法学教材中首次以"知识产权"作为著作权、专利权和商标权的统称并系统阐述知识产权法的基本原理。此后，随着对外开放过程中与其他国家在知识产品交流方面的活动日益增加，国内商品经济因素的扩大而使技术市场不断扩大，都要求对知识产品的人身权利和财产权利给以法律上的充分确认和保护，这样，知识产权才逐渐取代智力成果权而为民法学界所普遍接受。②

1986年4月12日，第六届全国人民代表大会第四次会议通过了《民法通则》。该法开创性地把"知识产权"作为第五章"民事权利"第三节的标题，并第一次把知识产权列为民事权利的重要组成部分，从立法的角度对知识支配权的商品化问题作了肯定回答，明确规定公民、法人的著作权受法律保护，从而为我国的著作权立法奠定了坚实的基础，也使"知识产权"取代"智力成果权"的提法普遍为社会所采用。一个最直观的反映是，如果以《民法通则》的通过为时间上的分界点，那么，通过之前的民法教材中涉及知识产权的部分一般统称为"智力成果权"，例如：1982年7月，西北政法学院民法教研室编写的《民法原理讲义》第五编为"智力成果权"（第289页）；1983年5月，王作堂、魏振瀛、李志敏、朱启超等编写的《民法教程》第六编为"智力成果权"（第389页）；1983年6月，佟柔主编的《民法原理》第四编为"智力成果权"（第383页）；1984年7月，陈国柱主编的《民法学》第四编为"智力成果权"（第277页）。但在《民法通则》通过之后的民法教材中涉及知识产权的部分绝大多数都统称为"知识产权"，例如：1986年9月，郑立、刘春田、李长业合著的《民法通则概论》；1986年9月，凌相权主编的《中华人民共和国民法概论》；1987年6月，唐德华主编的《民法教程》第五编为"知识产权"（第337页）。当然，这种划分并非绝对，在《民法通则》通过之前，已有教材开始采用"知识产权"一语作为统称，例如：上文述及的1981年8月，姚壮和任继圣合著的《国际私法基础》第十章

---

① 《民法讲义》（试用本），法律出版社1983年版，第206页。
② 参见龙斯荣、尹佐保：《知识产权法论》，吉林大学出版社1992年版，第3-4页。

专章论述"知识产权的国际保护";1983年6月,简明法学教材之《民法讲义》(试用本)在第十五讲论述知识产权问题时直接采用"知识产权"的表述。此外,1983年11月,李威忠编著的《民法原理》第四编(第506页)和1984年9月安徽大学法律系民法教研室编的《中国民法讲义》第五编(第267页)也都以"知识产权"命名。同样地,在《民法通则》通过之后,也有教材并未采用"知识产权"一语作为统称,例如,1986年4月,江平、张佩霖编著的《民法教程》一书中,涉及知识产权的内容甚至只有一章,即该书第二十三章"作品权(著作权)"。

(四) 我国学者对"知识产权"在西方起源的研究成果

关于"知识产权"这一术语在西方的由来,国内主要有三种代表性观点,分别是"德国说"、"法国说"和"瑞士说"。

1. 德国说

这种观点以郑成思教授为国内最早的倡导者,他认为:"'知识产权'这个术语,最早在18世纪中叶出现在西方活字印刷术的诞生地德国。① 在当时,它主要是指文化领域中作者的创作成果所享有的专有权,亦即我们称为'版权'或'著作权'的这种无形产权(现在仍有个别国家如西班牙、菲律宾等沿用'知识产权'仅表示版权)。"② 郑成思教授在最早提出此观点时并未标明出处,但在后续出版的另一本著作中,加上了这一观点的原始出处,即盖勒(Geller)主编的《国际版权的法律与实践》(瑞士篇)。③ 根据上述观点,本书对相关文献进行了梳理和对比。

首先,我们不妨看看这一观点的出处。根据郑成思教授著作的记载,可知其观点来源于盖勒主编的《国际版权的法律与实践》(1996年)之瑞士篇。④ 本书作者查到

---

① 据查,德国人约翰内斯·古腾堡(Johannes Gutenberg〈Gensfleisch zur Laden zum〉,又译作"谷登堡""古登堡""古滕贝格")(约1400年出生于德国美因茨,1468年2月3日逝世于德国美因茨)是西方活字印刷术的发明人,他的发明导致了一次媒介革命,迅速地推动了西方科学和社会的发展。谷登堡印刷的第一本书是《圣经》(1453年印制),使用拉丁文,每页42行,所以也被称为《42行圣经》或《谷登堡圣经》,第一次印了200套,轰动一时。这部《圣经》是西方现存的第一部完整的书籍,也是世界上现存的最早的活字印刷品。参见中文维基网:zh.wikipedia.org/wiki/约翰内斯·古腾堡。

② 郑成思:《世界贸易组织与贸易有关的知识产权》,中国人民大学出版社1996年版,第5页。"参见Geller主编:《国际版权的法律与实践》,1996年版,瑞士篇(英文)。"本书对郑成思的众多著作按照时间先后进行了纵向比较,基本可以确定这是郑成思第一次提出这一观点,也是整个学界第一次提出这一观点。在郑成思先前的作品当中,例如其第一本专著《知识产权法若干问题》(甘肃人民出版社1985年版),以及早期的其他独著:《知识产权法通论》(法律出版社1986年版)、《信息、新型技术与知识产权》(中国人民大学出版社1986年版)、《知识产权法》(四川人民出版社1988年版)、《知识产权与国际贸易》(人民出版社1995年版)和主编的《知识产权法教程》(法律出版社1993年版)等作品中,郑成思都未曾表达此观点。

③ 参见郑成思:《知识产权法》,法律出版社1997年版,第1页。

④ 上注教材出第二版时,郑成思对引注也作了更新,即改为"Geller主编:《国际版权的法律与实践》,Mattew Bender出版社,旧金山2002年版,瑞士篇(英文)"。参见郑成思:《知识产权法》,法律出版社2003年版,第3页脚注③。

了该书①，并找到了观点的源出之地②，经过仔细阅读，大致厘清了文中的含义。书中介绍说：

> 1463 年，瑞士巴塞尔出现了第一位印刷商。在 15 世纪和 16 世纪之交，巴塞尔的印刷商首次被授予特权。1531 年 10 月 28 日，德语区的市政当局（German-speaking municipalities）公布了一项防止盗版印刷的禁令，矛头直指发生在巴塞尔的未经授权的复制行为。该项禁令在书籍出版后三年内有效。违者受罚 100 莱茵金币（Rhine florins）。③ 两个世纪以后④，约翰·鲁道夫·瑟内森（Johann Rudolf Thurneysen）⑤ 提交的博士论文（doctorate thesis）中向世人介绍了 "intellectual property" 这一概念，即 "property in intellectual creations"。他还呼吁在国家间互惠的基础上对文学财产（literary property）提供国际保护，并倡导订立国际条约（比伯尔尼公约正式订立的时间早了约 150 年）。⑥

以上这段话系移译自梅尔维尔·尼莫（Melville B. Nimmer）和保罗·爱德华·盖勒（Paul Edward Geller）主编的 International Copyright Law and Practice 一书中弗朗索瓦·德斯蒙特（Francois Dessemonter）教授撰写的瑞士

---

① See Melville B. Nimmer and Paul Edward Geller, International Copyright Law and Practice. Matthew Bender. 1988. 必须声明的是，本书手头的这个版本是 1988 年出版的，而郑成思最先引用的是 1996 年版（后期又改为 2002 年版，见前页注④）。由于该书逐年更新，主要分析国际版权的法律与实务，虽然参编的各位作者也经常变化，但瑞士篇迄今为止始终由弗朗索瓦·德斯蒙特（Francois Dessemonter）教授撰写，并且，该书之于本书的价值主要涉及史实，因此无论哪个版本都不会对本书的判断造成影响，所以本书主要以该书的 1988 年版为依据，如有异见，请指正。有关该书的详细介绍，可参见 http://bookstore.lexis.com/bookstore/product/10440.html。有关该书编者之一保罗·爱德华·盖勒（Paul Edward Geller）（该书后期系列的唯一编者）的介绍可参见其个人主页：http://www-bcf.usc.edu/~pgeller/。

② See Melville B. Nimmer and Paul Edward Geller, *International Copyright Law and Practice*. Matthew Bender. 1988. Francois Dessemonter［瑞士洛桑大学（University of Lausanne）和弗里堡大学（University of Fribourg）的法学教授］撰写的 Switzerland 部分，第 7-8 页。

③ See Ernst Hefti, "Die geschichtliche Entwicklung des Urheberrechts und die Entwicklung des Urheberrechtsgesetzes von 1883"（The Historical Development of Copyright Law of 1883）, in 100 Jahre Urg (100 years of Copyright Law), 2 (Berne, 1983) (hereinafter cited as "100 Jahre Urg"). See, for the text of this law, Alois Troller, Immaterialguterrecht (Intellectual Property Rights), vol. Ⅰ (3rd ed.), p.39, fn 82 with further citation (Basel and Stuttgart, 1983 [vol. Ⅰ, 3rd ed.], 1971 [vol. Ⅱ, 2nd ed.], and 1985 [vol. Ⅱ, 3rd ed.]) (hereinafter cited as "Troller". 转引自 Melville B. Nimmer and Paul Edward Geller, International Copyright Law and Practice. Matthew Bender. 1988., 第 7 页。

④ 即 18 世纪。

⑤ 必须注意的是：Johann Rudolf Thurneysen 是瑞士人，而非德国人。有些学者在书中写道："Intellectual Property"（知识产权）一词于 18 世纪由德国人约翰·鲁道夫·瑟内森（Johann Rudolf Thurneysen）提出。参见齐爱民主编：《现代知识产权法学》，苏州大学出版社 2005 年版，第 3 页。这其实是对上述观点的错误嫁接。

⑥ Melville B. Nimmer and Paul Edward Geller, International Copyright Law and Practice. Matthew Bender. 1988, p.8.

(Switzerland) 部分第 7-8 页。通览全文，本书找不出这段话和德国有何关联。如果强拉硬扯，似乎只有"语言"这一突破口。因为巴塞尔城属于瑞士北部的德语区，即和德国使用同一种语言。具体到原文，便是原文中的两个脚注（该书的注 12 和注 15），因为这两个脚注均引自两本德文著作：Ernst Hefti 的 Die geschichtliche Entwicklung des Urheberrechts und die Entwicklung des Urheberrechtsgesetzes von 1883（大致意思是：1883 年版权法的历史演进），另一本是阿洛伊斯·特罗勒 Alois Troller 的 Immaterialguterrecht（大致意思是：无体财产权）。但需要提醒的是，这两位学者都是瑞士人，而非德国籍，且这两位学者笔下描述的也是当时发生在瑞士巴塞尔城的情景。另外，由于弗朗索瓦·德斯蒙特（Francois Dessemonter）教授撰写的瑞士篇所用语言为英文，而非德文，为了便于读者的认知，在引用德文著作时，文中在德文著作的标题之后加上了英文释义，例如厄恩斯特·赫夫蒂（Ernst Hefti）的著作 Die geschichtliche Entwicklung des Urheberrechts und die Entwicklung des Urheberrechtsgesetzes von 1883，用英文解释是"the Historical Development of Copyright Law of 1883"，阿洛伊斯·特罗勒（Alois Troller）的著作 Immaterialguterrecht，用英文解释是"Intellectual Property Rights"。这一解释给不懂德语的读者带来了极大的便利，但对于这看似"好意"且"不经意"的翻译，本书却从中窥出了一线蛛丝马迹。

弗朗索瓦·德斯蒙特（Francois Dessemonter）教授在书中将阿洛伊斯·特罗勒（Alois Troller）的著作 Immaterialguterrecht 翻译成英文是"Intellectual Property Rights"，易言之，"Immaterialguterrecht = Intellectual Property Rights"。那么，约翰·鲁道夫·托乃森（Johann Rudolf Thurneysen）提交的博士论文中向世人介绍的"intellectual property"[①] 这一概念反译成德文就应当是"Immaterialguterrecht"。但问题也随之而至。众所周知，德文中的"知识产权"表述应当是"Geistiges Eigentum"，而非"Immaterialguterrecht"。在目前的学术界，"Immaterialguterrecht"一词翻译成中文都是"无体财产权"（也有译作"无形财产权"），这已达成共识[②]，而"Intellectual Property Rights"一词无论如何也翻译不出"无体财产权"或者"无形财产权"的含义。可见，"Immaterialguterrecht"和"Intellectual Property Rights"并不是互相对应的关系。在弗朗索瓦·德斯蒙特（Francois Dessemonter）教授的理解中，"Immaterialguter-

---

[①] 由于"Intellectual Property"和"Intellectual Property Rights"这两组词语在我国基本上不作区分，事实上《成立世界知识产权组织公约》中也是不作区分的，所以本书也不再区分这两个概念。参见郭寿康主编：《知识产权法》，中共中央党校出版社 2002 年版，第 2 页。

[②] 参见［德］M. 雷炳德：《著作权法》（URHEBERRECHT）（2004 年第 13 版），张恩民译，法律出版社 2005 年版，第 25-26 页。

recht"等同于"Intellectual Property Rights",但这并不同当下学界的通识相一致,所以,弗朗索瓦·德斯蒙特(Francois Dessemonter)的观点和我们大多数人的认识是有出入的。简言之如果以"知识产权"="Geistiges Eigentum"="Intellectual Property(Rights)"为前提,是无法从 *International Copyright Law and Practice* 一书中得出"知识产权一语产生于18世纪的德国学者"这一论断的。

其次,从查阅的其他资料来看,德国学者只把"知识产权"视为外来语(知识产权的德文表述为 Geistiges Eigentum)。① 根据德国学者迪茨(Adolf Dietz)教授的解释,"知识产权的概念在德国法律语言中一直被认为是所谓的非物质财产权或者工业产权加著作权的总称,但是通常很少用。正如德国期刊'工业产权与著作权'(GRUR)表明的,直到不久前这种双重表述还备受欢迎"②。这种观点也得到了另外一位学者的印证,他在文中认为:"德国法学中并没有'知识产权法'这一上位概念,而是使用'工商权利保护法与著作权法'这一组合概念来表示知识产权法。其中,'工商权利保护'(Gewerblicher Rechtsschutz)相当于其他国家法律以及国际公约中通用的'工业产权'(英文 Industry Property,法文 Propriété industrielle,德文 Gewerbliches tigentwm)。"③

最后,德国著名学者约瑟夫·科勒(Josef Kohler)从1874年起,开始构建以著作权(Urheberrecht)为核心的无形财产权(Immaterialguterrechts; Unkoeperlichs Recht)学说。④ 该学说对奥地利、瑞士等国家的无形财产权理论的发展产生了深远影响。然而,此后德国学者将无形财产权大多称为工商业权利保护和著作者权(Gewerblicher Rechtsschutz Urheberrecht)。直到1978年,德国宪法法院才首先使用与"Intellectual property"有等同意义的"Geistiges Eigentum"(精

---

① See Hubmann/Goetting/Forkel, Gewerblicher Rechtsschutz. Muenchen: C. H. BECK'SCHE, 1998, S. 1 f. 这一观点在我国也不乏支持者,例如有学者在文中写道:"在国内有关著述中还可以看到一种观点,即认为知识产权这一术语产生于18世纪的德国。不过,从作者所查阅的德文资料来看,德国学者却把其视为外来语。"参见韩赤风主编:《知识产权法》,清华大学出版社2005年版,第2页。

② 参见郑成思主编:《知识产权研究》(第1卷),中国方正出版社1996年版,第6-7页。

③ 参见邵建东:《德国反不正当竞争法研究》,中国人民大学出版社2001年版,第28-29页。

④ See Vgl Rehbinder, Urheberrecht, Muechen: C. H. Beck, 2002, 12. Auflage, S. 18. 转引自:郑友德主编:《知识产权法》,高等教育出版社2004年版,第20页。还可以参见 UFITA,第123期,1993年,第81页;这一理论的综合阐述参见《文字作品的著作权与出版权》,见[德] M. 雷炳德:《著作权法》(URHEBERRECHT)(2004年第13版),张恩民译,法律出版社2005年版,第25页。此外,还可参见刘德宽:《民法诸问题与新展望》,中国政法大学出版社2002年版,第314页。李琛:《知识产权片论》,中国方正出版社2004年版,第32页。科勒的"无体财产权理论"对"知识产权"(intellectual property)这一概念的整合作出了重大的贡献。See J. H. Reichman, *Charting the Collapse of the Patent-Copyright Dichotomy: Premises for a Restructured International Intellectual Property System*, 13 Cardozo Arts & Ent. L. J. 475, 480. (1995), citing among others, 1 Stephen P. Ladas, *The International Protection of Literary and Artistic Property* 9-10 (1938).

神或智力所有权）概念。[1] 尽管 Eigentum 在德国法中专指有体物的所有权，但上述两种概念作为知识产权的代名词，在德国法学界至今频繁交替使用，并行不悖。[2] 而原创于德国的无形财产权一词，则"墙内花开墙外香"，目前在瑞士倒十分流行。瑞士知识产权法学者阿洛伊斯·特罗莱尔（Alois Troller）及其子卡门·特罗莱尔（Kamen Troller）合作撰写的著名的知识产权专著通称知识产权为无形财产权。[3]

2. 法国说

国内的这一观点最早由郭寿康教授提出来，他认为："知识产权一词源于17世纪中叶的法国，主要倡导者是卡普佐夫（Carpzov）。"[4] 吴汉东教授则换了一种表述，他认为："将一切来自知识活动领域的权利概括为'知识产权'，最早见之于17世纪中叶的法国学者卡普佐夫（Carpzov）的著作。后来，这一概念被19世纪比利时法学家皮卡弟[5]所发展。皮卡弟认为，知识产权是一种特殊的权利范畴，它根本不同于对物的所有权：'所有权原则上是永恒的，随着物的产生与毁

---

[1] See vgl. Bverfg, 25, 10, 1978, GRUR 1980, 44 (46) -Kirchenmusik. 转引自郑友德主编：《知识产权法》，高等教育出版社 2004 年版，第 20 页。

[2] 即使是认为"知识产权"一语产生于德国的学者，也曾在书中写道：在18世纪产生出"知识产权"这一术语的德国，从本世纪（20世纪）初开始，反倒不大用"知识产权"了，主要原因是"Eigentum"（Property）这一用法容易使局外人将知识产权与有形"财产"相混淆。所以德国开始更多地使用"无形产权"来覆盖原有"知识产权"所覆盖的范围。参见郑成思：《知识产权论》，法律出版社 1998 年版，第 3 页。

[3] See Vgl Troller Alois, Immaterialguterrecht, Basel: 3 ueberarb. Aufl. 1983.; Troller Kamen, Grundzuege des Schweizer-ischen Immaterialguterrechts, Basel. Genf, Muechen: Helbings & Lichtenhahn, 2001. 转引自：郑友德主编：《知识产权法》，高等教育出版社 2004 年版，第 20 页。

[4] 佟柔主编：《民法原理》，法律出版社 1983 年版，第 383 页。根据郭寿康在另外一篇文章中的介绍，该书第四章"智力成果权"系由其撰写，并认为这本书的出版标志着国内首部知识产权法教材的问世。参见郭寿康：《改革开放以来知识产权的教学研究——学海片段追忆》，载刘春田主编：《中国知识产权二十年》，专利文献出版社 1998 年版，第 203 页。根据本书对众多采"法国说"教材专著的比较分析，基本可以确定这是国内第一本提出此学说的著作，不过郭寿康在提出此观点时并未标明出处。以后的观点，或原封不动地照搬，或略加修饰地沿袭，但实质内容保持不变。

[5] 国内学者一般翻译为"埃德蒙·皮卡尔"（Edmond Picard）（1836—1924），他是比利时的法学家和作家，也是赫赫有名的大律师。主要用法语写作。曾在不同时期担任比利时律师协会的会长和最高法院的法官。写过两本专著探讨法律与艺术的相似之处，分别是：Paradox sur l'avocat（1881）和 Le Juré（1887）。他的很多小说都是自传体的，叙述他作为水手和探险家的经历，其中最著名的一本当属 L'Amiral（1884）。皮卡尔还写过七部剧本。有关皮卡尔的生平可以参阅百科在线全文检索网：http://www.dbk2008.com/cp/。皮卡尔对于法学的一大贡献是首次提出了"知识权利理论"，他制定了法律关系的一般分类法，把著作权连同发明、工业外观设计和商标列在一个特殊的和独立的新类别——知识权利之中，以此来与物权这个传统类别相抗衡。参见 E. 皮卡尔：《非应用法律学》，弗拉马里翁出版社 1908 年版，第 45、53、54 页。转引自德利娅·利普希克：《著作权和邻接权》，联合国教科文组织和中国对外翻译出版公司 2000 年版，第 13 页。皮卡尔的"知识权利理论"对"知识产权"（intellectual property）这一概念的整合也作出了重大的贡献。See J. H. Reichman, Charting the Collapse of the Patent-Copyright Dichotomy: Premises for a Restructured International Intellectual Property System, 13 Cardozo Arts & Ent. L. J. 475, 480 (1995), citing among others, 1 Stephen P. Ladas, The International Protection of Literary and Artistic Property 9 - 10 (1938).

灭而发生与终止；但知识产权却有时间限制。一定对象的产权在每一瞬息时间内只能属于一个（或一定范围的人——共有财产），使用知识产品的权利则不限人数，因为它可以无限地再生。'"① 唐德华教授主编的著作中只是认为："知识产权一语，起源于17世纪中叶的法国。"② 具体何人，无从得知。

上述观点在提出"知识产权"这一称谓最早见于卡普佐夫（Carpzov）的著作时，均没有指出原文的出处，这给本书的考证带来了极大的困难。为此，本书作者曾向郭寿康教授进行了当面求证。根据郭寿康教授的回忆，这一说法系源自日本的一本法学词典，可由于年久时长，已经无法找到原出之典，甚为遗憾。但如果结合下文"瑞士说"也是郭寿康教授最早提出的这一事实，我们便不难感受到郭寿康教授观点的转变，即以新的"瑞士说"否定了旧的"法国说"。一般来说，两种观点出自同一人，当采纳最新观点，因为，新观点的提出，要么是对旧观点的否定，要么是对旧观点的否定之否定，否则，着实找不出一个合理的理由来解释这种转变。可见，"法国说"的最早提出者既已公开否定自己的观点，为什么还有那么多人孜孜不倦地坚持呢？

此外，本书作者经过查找，得出 Carpzov（拉丁语为 Carpzovius）是一个德国家族的姓。③ 17世纪—18世纪，这一家族的很多成员都声名显赫，有法学家、神学家以及政治家。该家族的源头可追溯至西蒙·卡普佐夫（Simon Carpzov），他曾于16世纪中期担任德国勃兰登堡州（Brandenburg，著名的勃兰登堡门

---

① ［苏］E. A. 鲍加特赫、B. H. 列夫琴柯（第二作者系本书添加）：《资本主义国家和发展中国家的专利法》（苏联法律文献出版社1978年出版——本书注），载《国外专利法介绍》（第1册）（册数系本书添加），知识出版社1981年版（原文误作1980年版，本书予以修正），第11—12页（原文误作第2页，本书予以修正）。转引自吴汉东主编：《知识产权法学》，北京大学出版社2000年版，第1页。本书经过确认，有关皮卡弟的这段话引用了两位苏联作者在文中所表达的含义，并非原文。原文应该是"著名比利时法学家皮卡弟（Urbaneta Mariano Uzcateqrci, Op. cit. 第四十八页——转引自原文）制定的知识权利理论也强调发明人权利的特殊性。依照此项理论，对于文学、艺术、发明创造等成果的权利，其产生是由于这些成果创立的事实本身，而不是由于法律关系所诞生的。这是一种特殊的权利范畴。此范畴不像已知的罗马法那样，将民法关系分成物权、债权和人身权。按照皮卡弟的意见，对于发明、外观设计、实用新型、商标、厂商名称等的财产权利构成"知识产权"，其产权根本不同于对物的所有权。所以，所有权原则上是永恒的，随着物的产生与毁灭而发生与终止；但知识产权有时间限制。一定对象的产权在每一瞬息时间内只能属于一个（或一定范围的人——共有财产），使用知识产品的权利则不限人数，因为它可以无限地再生。现在知识产权的概念已广为传播，甚至反映出了从事发明、科学、文学、艺术领域的作者权问题的国际组织——"世界知识产权组织"（WIPO）的名称内。

② 唐德华主编：《民法教程》，法律出版社1987年版，第337页。

③ 确切地说，Carpzov只是德语中的姓氏，法语中并无 Carpzov 这一姓氏，只有相对应的 Carpzow，而 Carpzow 同时也属于德语姓氏。See *Grand Larousse encyclopédique*（法国《拉鲁斯百科全书》）, de son nom complet Grand Larousse encyclopédique en dix volumes, tome deuxiéme, -2, LIBRAIRIE LAROUSSE and *Brockhaus Enzyklopädie*（德国《布洛克豪斯大百科全书》）in zwanzig Bänden. Siebzehnte（3.）völlig neu bea. Aufl. des Großen Brockhaus. Dritter Band：BLIT-CHOC. Wiesbaden, Brockhaus Verlag, 1967, Halbleder 17. . Auflage1. Auflage. 如有错谬，请方家教正。

Brandenburg Gate 即位于该城）的州长，他生有两个儿子：一位名叫尤阿西姆·卡普佐夫（Joachim Carpzov）（卒于 1628 年）——曾任丹麦国王克里斯蒂安四世（Christian IV.）（1588—1648 年）的军需处大将军（Master-General of Ordnance），另一位名叫本尼迪特·卡普佐夫（Benedikt Carpzov）（1565—1624 年），是著名的法学家。[①] 1595 年 5 月 27 日他的第二个儿子出生：贝内迪克特·卡普佐夫（Benedikt Carpzov，1595—1666 年），他是德国普通刑法学最著名的代表人物，其理论在其后的一个世纪支配了德意志刑法学。1612 年 6 月 4 日本尼迪特·卡普佐夫（Benedikt Carpzov）的第五个儿子降生，即奥古斯特·卡普佐夫（August Carpzov）（1612—1683 年），同祖先不同，他是一位外交家。[②]

3. 瑞士说

此观点也由郭寿康教授最早提出，他认为："历史上，知识产权这一术语首先是在西欧国家产生和使用的，我国在实行改革开放政策以后才将知识产权这一用语移植过来。知识产权这一用语，具体由何国何人第一次提出来，说法不一。从作者掌握的资料来看，历史上第一次提出知识产权的，是瑞士人瑟内森（Johann Rudolf Thurneysen）。他在 1738 年[③]于巴塞尔城（Basel-Stadt——引者注）提出的一篇博士学位论文中就探讨了知识产权，称之为'智力创造的财产'。"[④] 郭寿康教授在文中紧接着写道："有人认为'知识产权'产生于 18 世纪的德国，虽然也间接引用了弗朗索瓦·德斯蒙特（Francois Dessemontet）的著作，但实际上是误解。"[⑤] 李琛教授的观点与此基本相同，她认为："'Intellectual property'一词，最初是指作者对作品享有的权利。当前可考的最早使用 intellectual property 的文献，是瑞士人瑟内森（Johann Rudolf Thurneysen）在 1738 年发表的博士论文 International copyright law and practice，该文中的'知识产权'仅指版权。"[⑥] 据本书考证，这两种表述均有微疵。

首先，正如上文在分析"德国说"时提到的，弗朗索瓦·德斯蒙特（Francois Dessemonter）教授将"Immaterialguterrecht"等同于"Intellectual Proper-

---

[①] See http：//www.answers.com/topic/carpzov.

[②] See http：//www.jrank.org/jrankweb/servlet/jrankweb/template/Index.vm? css = http%3A%2F%2Fencyclopedia.jrank.org%2Fstylesheets%2Fsearch.css&s=0&l=10&ci=280&q=carpzov.

[③] 在 *International Copyright Law and Practice* 一书中，并没有标明这一日期，但这一日期确真无误，详见下文。

[④] Alois Troller：《无体财产权》（Immaterial Guterrecht），德文第 3 版（1983 年，第一卷），第 21 页；Franois Dessemontet，《国际版权法律与实务》（瑞士篇，第 2 卷）2001 年英文版，瑞士篇第 10 页。巴塞尔城早在 1501 年即加入瑞士联邦，现在属于瑞士北部德语区。参见郭寿康主编：《知识产权法》，中共中央党校出版社 2002 年版，第 1 页。

[⑤] 郭寿康主编：《知识产权法》，中共中央党校出版社 2002 年版，第 1 页。

[⑥] 李琛：《知识产权法关键词》，法律出版社 2006 年版，第 2 页。

ty Rights",这和我们当下的认识存在误差。弗朗索瓦·德斯蒙特(Francois Dessemonter)教授的这一观点其实否定了目前已经形成定论的"Geistiges Eigentum"="知识产权"="Intellectual Property(Rights)"的模式。

此外,本书作者在一位德国学者的著作中也发现了有关瑞士教授的介绍。该文中写道:

> 在德国和瑞士,关于知识产权的理论也在各种文献中进行了激烈的讨论。对这一理论进行过深入探讨的是巴塞尔教授约翰·鲁道夫·托乃森(Prof. Johann Rudolf Thurneysen)的博士论文:Dissertatio juridica inaugrualis de recusione librorum furtiva,德语的意思是未经许可之图书翻印(1738年于巴塞尔,德文译文被收录于《伯尔尼公约100周年纪念文集》,1986年,伯尔尼)。在该论文中,在伯尔尼公约联盟体制建立之前150年,作者就提出了制定一个相关的国际条约的要求,按照对等原则在不同的国家提供法律保护。按照自然法理论,托乃森把知识产权理解为永久权利。①

从语义的角度看,"international copyright law and practice"所表述的意思和"dissertatio juridica inaugrualis de recusione librorum furtive"不尽相同;从语言的角度看,瑞士一共有四种官方语言——德语、法语、意大利语和拉丁曼罗语,并没有英语,所以,本书认为,瑞士教授用英语写作博士论文的可能性微乎其微。另外,瑟内森(Thurneysen)于1738年在瑞士首先提出的是"对作者的保护"(Turneisen forderte 1738 in der Schweiz einen Schutz von Autoren. Erst)②。

可见,上述三种代表性观点之上均笼罩着难以挥去的"疑云"。"知识产权"的词源,仍是一个需要细心考证的问题。

二、著作权(版权)

"著作权"和"版权"两个术语在我国出现以后,沿用至今,在很多场合相互代用。但是,对于这两个术语的内涵是完全相同还是有所区别,我国保护作者权利的法律是称"著作权法"还是"版权法",学术界有不同的看法,在立法过

---

① 参见〔德〕M. 雷炳德:《著作权法》(URHEBERRECHT)(2004年第13版),张恩民译,法律出版社2005年版,第21页。

② See Urheberrechts-Schutz in der Schweiz, Turneisen forderte 1738 in der Schweiz einen Schutz von Autoren. Erst, einzelne Privilegien für musikalische Kompositionen, technische Neuerungen, (Vermischung mit Patentrecht),参见:http://72.14.221.104/searchq=cache:i5HTgBSXF9cJ:elsaunisg.ch/zusammenfassungen/mitschriften/Immaterialgueterrecht/Immaterialgueterrecht.pdf+der+Begriff+Geistiges+Eigentum+1738&hl=de&gl=de&ct=clnk&cd=2。

程中，争议也一直不断。例如，1990年6月20日，全国人大法律委员会副主任宋汝棼在第七届全国人民代表大会常务委员会第十四次会议审议《中华人民共和国著作权法（草案）》时就曾指出，"对于本法的名称，争论较大，有些委员和地方主张改为版权法，有些委员和地方则主张仍用著作权法。"2001年10月27日，全国人大法律委员会在第九届全国人民代表大会常务委员会第二十四次会议上就修改著作权法提交的书面报告中再次指出："这次修改，有些委员建议将法的名称修改为'版权法'，有些委员认为可以不修改。"那么，这种争议是如何产生的？我们需要考察这两个术语各自产生的历史背景和术语背后的理论基础。

（一）"版权"与"著作权"的词源

据史料记载，中国古代版权的萌芽当始于活版印刷之前的雕版时代。据考证："雕本肇于隋，行于唐，扩于五代，精于宋。"宋代集历代印刷的精华，以毕昇创造活版而实现了印刷术的革命，故宋时就对民间出版的书籍采取了保护措施。但是，宋代的这种保护措施，同现代社会的著作权制度是有根本区别的。因为著作权是近代社会的财产范畴，著作权制度是近代产业利益的反映，其基本功能是维系作品与资本的结合，而后者属于近代的产业结构，所以，"中国古代是否有著作权"的讨论实际上是一个伪问题，著作权制度根本不可能出现在古代。①

1. "版权"与"著作权"在日本的起源

从词源的角度进行考察，近代中国出现并沿用至今的"版权"和"著作权"这两个概念其实都源自日本。1868年，被称为"日本近代化之父"的福泽谕吉在其出版的《西洋事情·外篇》卷之三首次将英文"copyright"直译为汉字"版权"。1875年（明治八年），日本修改《出版条例》时，首次将"版权"作为法律概念进行使用。该条例第2条规定，"在著作图书或者翻译外国图书而出版的情况下，可以给予三十年专卖权。版权是指在此所说的图书专卖权。但注册版权与否由当事人自己决定。因此希望申请注册版权的人应当为请求批准提交申请书。即使没有申请注册版权的人也可以出版"②。在1887年（明治二十年）的《版权条例》和1893年（明治二十六年）的《版权法》中，继续沿用了"版权"的概念。

1886年，《伯尔尼公约》订立，日本希望加入，为此开始修订1893年的《版权法》。1897年，日本内务省参事官水野炼太郎考察了欧洲制度之后，发现日译"版权"一词不合乎《伯尔尼公约》关于尊崇著作权人权利的基本理念。他在其著述的《著作权法要义》写道："著作权是指著作者对其著作物享有的权利，过去我国称为版权。一说版权，就使人误解仅仅是指出版权，新法保护对象包括雕刻、模型、照片，还包括以剧本或者乐谱进行的商业演出权。如果这些权利总

---

① 参见李琛：《关于"中国古代因何无版权"研究的几点反思》，载《法学家》2010年第1期。
② 刘春田：《关于我国著作权立法的若干思考》，载《中国法学》1989年第4期。

称为版权的话，觉得可能使人误导狭义理解。因此，在该法中称为著作权。"1899年（明治三十二年），法律颁布，新制定的法律不再用"版权法"的旧名，而改称为《著作权法》。① 自此，日本立法用语中开始使用"著作权"一词，而废弃了"版权"这一旧词，从此再未在法律中用过。现代日本专门立法，如1970年《著作权法》、1939年《有关著作权中介业务的法律》都是用著作权一词。在《汉译日本法律经济辞典》的"版权"条目释义中注明"新法改为著作权"，《法律名词通释》的"版权"条目释义也说明："现行著作权法内，改为著作权。"②

关于"著作权"一词的来历，虽然多数观点都认为是由参与制定日本1899年（明治三十二年）《著作权法》的水野炼太郎博士参考多种西方国家术语创造而来，其本人在所著的《著作权法要义》一书中也是这么认为的，但是，近年有日本学者考证后发现，在水野炼太郎制定著作权法之前就已经存在"著作权"一词。该学者提出，日本学者黑川诚一郎于1886年在其翻译出版的《天然法》中发明了"著作权"一词。他在与无形财产有关部分翻译如下："以自己的良心和知识，随意变更、增加、修改或者停止今后的发行，就是著作权的大略。此外，由著作获得的金钱上的利益也是著作者之权。"③

2. "版权"与"著作权"在中国的最早使用

"版权""著作权"等术语最早进入我国是在19世纪和20世纪之交。1899年3月20日，在梁启超主编的《清议报》上翻译刊登了发表于日本《东洋经济新报》的《论布版权制度于支那》一文，文中强调："支那改良之策，其中最急者在以经世实用之智识，供给四万万人也。……盖版权制度者，供给智识之原动力所借以保护者也。"④ 该报同时配发匿名回应文章——《读东洋经济新报布版权与支那》。有学者推测，此文乃梁氏本人所为。⑤ 这是目前可考的"版权"一词进入中国的最早历史记录。1901年，由中国留日学生创办的译书汇编社⑥在东

---

① 参见王兰萍：《近代中国著作权法的成长（1903—1910）》，北京大学出版社2006年版，第4页。
② 王兰萍：《近代中国著作权法的成长（1903—1910）》，北京大学出版社2006年版，第32、34页。《法律名词通释》中的"现行著作权法"是指日本法。
③ 吉村保：《发掘日本著作权史》，第一书房1993年版，第12页。转引自：[日]萩原有里：《"版权"与"著作权"两个词在日本的来龙去脉》，载唐广良主编：《知识产权研究》（第17卷），中国方正出版社2005年版。
④ 梁启超：《论布版权制度于支那》，载周林、李明山主编：《中国版权史研究文献》，中国方正出版社1999年版，第21-23页。
⑤ 参见李明山主编：《中国近代版权史》，河南大学出版社2003年版，第31-32页。
⑥ 1900年成立于东京，在上海设有总发行所，是中国留学生创办的第一个译书机构。有关该社的详细介绍，参见[日]实藤惠秀：《中国人留学日本史》，谭汝谦、林启彦译，生活·读书·新知三联书店1983年版，第217-221页。

京出版了井上毅著、章宗祥翻译的《各国国民公私权考》①一书单行本，书中涉及"著作之版权及让与权"②等内容。1902年4月23日，严复在给官学大臣张百熙的书信中也强调"版权兴废无小事"，"今夫国之强弱贫富，纯视其民之文野愚智为转移，则甚矣版权废兴，非细故也"③。1903年10月8日，中美签订了《中美通商行船续订条约》。其中第11款规定："无论何国若以所给本国人民版权之利益一律施诸美国人民者，美国政府亦允将美国版权律例之利益给与该国之人民。中国政府今欲中国人民在美国境内得获版权之利益，是以允许凡专备为中国所用之书籍、地图、印件、镌件者，或译成华文之书籍，系经美国人民所著作，或为美国人民物业者，由中国政府援照所允保护商标之办法及章程，极力保护十年，以注册之日为始，俾其在中国境内有印售此等书籍、地图、镌件或译本之专利。"这是"版权"一词作为法律概念首次出现在中外双边条约之中。

1903年，英美学者合撰的《版权考》④一书经周仪君翻译成中文在商务印书馆出版。该书"详考版权之起点，撮述版权之要义"，由"版权之胚胎、版权之发达、版权之进步"三篇组成，是中国近代第一部全面介绍西方著作权法基本理论的译著，对清末制定《大清著作权律》和普及著作权法知识都有直接的推动作用。1907年，在张元济等人的推动下，十函、八十一册、四百万字的《新译日本法规大全》⑤由上海商务印书馆出版。该书按照行政官厅顺序划分为25类，涵盖了宪法、民法、出版法、著作权法、商标法、专利法等部门法律规范，收录的法律、法规、规章近3 000件。由于该书出版时正值清政府起草版权律，第六卷收录的1899年日本《著作权法》对后来正式颁行的《大清著作权律》具有范本的意义，有学者经对比后发现，"《大清著作权律》移植了日本明治三十二年（1899年）著作权法，移植量在整部《大清著作权律》55个条文中占32个条文，约占91%"⑥。

---

① 此文也可参见《译书汇编》1901年第8期，第21-43页。
② 《各国国民公私权考》，第9页。
③ 严复：《与张百熙书二封》，载王栻主编：《严复集》（第3册），中华书局1986年版，第578页。此外，美国传教士林乐知（Young John Allen）、陶保霖等人也曾撰文细数著作之重要，参见林乐知：《版权之关系》，陶保霖：《论著作权法出版法急宜编订颁行》，载周林、李明山主编：《中国版权史研究文献》，中国方正出版社1999年版，第82-86页。
④ 参见〔英〕斯克罗敦、普南，〔美〕罗白孙：《版权考》，周仪君译，上海商务印书馆1903年版，第2页。
⑤ 此书现已由商务印书馆再版。参见南洋公学译书院初译、商务印书馆编译所补译校订：《新译日本法规大全》，商务印书馆2007年版。
⑥ 王兰萍：《近代中国著作权法的成长（1903—1910）》，北京大学出版社2006年版，第99、120页。

1910年12月，清政府资政院将表决通过、谕旨准行的《大清著作权律》[①]及原奏、谕旨一并转咨民政部，并由之发布告示公布实施[②]，这是中国历史上第一部成文著作权法。[③] 该法在起草中，不仅参考了1899年日本《著作权法》，还参考了美国、匈牙利、德国、比利时、西班牙、法国、英国等国家的法律。在此期间，清政府还派观察员出席了1908年在柏林举行的修订《伯尔尼公约》[④] 的国际会议。可见，清政府在当年立法时，不仅对世界各国的著作权法律制度有了比较清楚的了解，而且对从版权到著作权概念的历史演变过程也已经有了明确的认识。例如，1910年，陶保霖在《教育杂志》发表《论著作权法出版法急宜编订颁行》[⑤] 一文时采用了"著作权"的表述，他指出，著作权"即现在吾国所称版权"。陶文认为："版权有出版之权利意味，而著作权则可包含美术家之图书雕刻，音乐家之乐谱曲本，范围较广。推衍其意，可称为创作者之权利，或精神上之财产；又可称为学艺及美术上之所有权。而要之，以称为著作权为最合。"可见，清末法律界对"版权"和"著作权"称谓的优劣是进行了比较的，因而立法中使用"著作权"而放弃"版权"用语的指导思想是十分明确的。在我国自《大清著作权律》之后，北洋政府1915年和国民党政府1928年颁布的该法，都称著作权法。新中国的正式法律，也多称著作权。

（二）"著作权"与"版权"的称谓之争

虽然"版权"和"著作权"这两个概念都源自日本，但日本在1899年《著作权法》颁布以后，作为法律用语的"版权"基本就消失了。反观中国，在1910年《大清著作权律》颁布后，在概念的使用上，"著作权"也并未完全取代"版权"，二者经常并用、混用甚至误用。这种情况在整个近代都普遍存在。例

[①] 《大清著作权律》全文可参见中国人民大学知识产权学院编：《中国百年著作权法律集成》，中国人民大学出版社2010年版，第5-8页。

[②] "资政院为恭录咨行事。所有会奏议决著作权律一案，于宣统二年十一月十六日军机大臣钦奉谕旨：资政院议决著作权律，会同民政部具奏，缮单呈览，请旨裁夺一折，著依议。钦此。相应恭录谕旨，抄粘原奏清单，咨行贵部钦遵办理可也。须至咨者。右咨民政部"，丁进军编选：《清末修订著作权律史料选载·资政院为著作权律奉谕准行事致民政部咨文》，中国第一历史档案馆馆藏，载《历史档案》1989年第4期。

[③] 当时的学者指出，"著作权律之见于我中国法令，自宣统二年资政院之议决案为始。前此历数千年，著作多矣，固未有特认为权利，而由国家订专律以保护之者也。"秦瑞玠：《著作权律释义》，载周林、李明山主编：《中国版权史研究文献》，中国方正出版社1999年版，第98页。

[④] 1886年，《保护文学和艺术作品伯尔尼公约》在瑞士伯尔尼诞生之初，清末有识之士就较早注意到了这一重要事件，并很快将之输入国内。1902年，上海《外交报》第3—5期连续刊载了公约中文译本《创设万国同盟保护文学及美术著作条约》及其续增条款，从而使国人首次接触了著作权国际保护的观念。

[⑤] 参见陶保霖：《论著作权法出版法急宜编订颁行》，载周林、李明山主编：《中国版权史研究文献》，中国方正出版社1999年版，第82-86页。

如，1941年高庆琛、丁龙宝翻译出版的《中国版权法》[①]一书就依然采用了"版权"的概念。该书从"西方版权沿革""中国版权法沿革""中外版权交涉""中国国民版权法""版权诉讼及中外版权关系""翻版的经济原因"等六个方面分析了中国未加入《伯尔尼公约》的理由以及盗版严重的原因。最后得出的结论是，因为"中国还没有完全采取版权法所根据的西方的社会经济概念"。

同样的情况也延续到了新中国成立后。1949年11月1日，中华人民共和国中央人民政府出版总署成立，由胡愈之任署长。不久，胡愈之在一个批示里写道："政府文件首长言论有无著作权，及著作权谁属，应作根本考虑。如认为版权概属出版局，缺乏根据。"[②]可见，胡愈之所理解的"著作权"和"版权"并不是一回事。"版权"基本等同于"出版权"。此后，1950年9月25日，第一届全国出版工作会议通过了《关于改进和发展出版工作的决议》，其中规定："出版业应尊重著作权及出版权，不得有翻版、抄袭、窜改等行为。"此处的"著作权"和"出版权"是并列的。而"出版权"基本可以被理解为"版权"。至此，我们可以得出这样的结论：在新中国成立之初，"著作权"和"版权"是并列的概念，而"版权"则等同于"出版权"，二者经常替换着使用。此后的一系列事件都可以验证这一结论，例如，1951年4月，出版总署成立了以副署长周建人为首的《著作权出版权暂行条例》起草委员会，拟开展相关工作。此处的"著作权"和"出版权"是并列的。1951年8月16日，郎星在《大公报》（第三版）发表《版权问题随笔》一文，其中提道："著作人花了劳力写成作品，构成了他对著作物的著作权，出版者以相当的报酬给予著作人，获得了出版权。……不论何种办法，出版者均获有版权。"1953年11月12日，中央人民政府出版总署颁布了《关于纠正任意翻印图书现象的规定》，其中指出："一切机关团体不得擅自翻印出版社出版的图书图片，以尊重版权。"1954年，出版总署向政务院文化教育委员会送审了《保障出版物著作权暂行规定（草案）》。出版总署合并到文化部，此项工作由文化部出版局继续进行。1957年11月，文化部出版局向国务院法制局报送了《保障出版物著作权暂行规定（草案）》。这是新中国制定著作权法的第一次尝试，但是并没有成功。该规定草案第4条规定："消失著作权之著作物，其出版权归国家所有。"

从1954年开始，新中国还曾经尝试重新制定民法典，在第二次起草过程中，曾就草案条文在全国范围内征求意见。在各方提出的意见中，有不少涉及著作权

---

① 参见罗文达：《中国版权法》，高庆琛、丁龙宝译，载《报学》1941年第1期，第55-82页。
② 周林、李明山编：《中国版权史研究文献》，中国方正出版社1999年版，第263页。

的内容，但无一例外使用的都是"著作权"的称谓。例如，在对民法1963年7月9日草案第一、二篇征求意见时，江西省高院就草案第2条提出："民法调整的对象应包括财产关系和人身非财产关系。著作出版、创造发明、商标等人身非财产关系也应调整，或者明确规定这些人身非财产关系由单行法规调整。"① 宁夏高院就草案第三条提出："也有同志提出，著作、发明的权利问题，是否在民法中应加以规定。"② 中国人民大学就草案第24条提出："（本条）第二款中对'本法'所说的'财产'是指'……及其他一切财物'的提法，似有将本法所说的财产限定在有体财物的范围内，不能包括'商标权、著作权、发明专利等……'，而这对国内或国际的某些民事关系是有意义的，我们认为与其对财产作这样的解释，反不如将本条款删除。"③ 此外，中国人民大学民法教研室曾在1962年10月发表《关于建立新的民法体系的一些想法》一文，其中提道："以主体、物权、债权、著作权、发明权、继承权等抽象的法律形式所组成的旧的民法体系是与私有制为中心的，以个人为本位，以'国家不干预民事活动'为原则的资产阶级民法内容相适应的，这种体系极不符合我国社会主义民法内容的要求，因之必须抛弃，并应对建立符合我国社会主义革命和建设实际情况的民法体系作大胆的尝试。"④

改革开放之初，1979年1月签订的《中华人民共和国国家科学技术委员会和美利坚合众国能源部在高能物理领域进行合作的执行协议》第6条采用的是"版权"一词。该条规定："双方认识到，需要就有关版权保护以及在执行本协议的过程中或按本协议所作出或设想出的发明或发现的处理，达成协议条款以便按此进行具体活动。"1984年文化部颁布的《图书、期刊版权保护试行条例》采用的也是"版权"的表述。该条例第5条规定："作者依本条例享有的版权，是指下列权利：（一）以本名、化名或以不署名的方式发表作品；（二）保护作品的完整性；（三）修改已经发表的作品；（四）因观点改变或其他正当理由声明收回已经发表的作品，但应适当赔偿出版单位损失；（五）通过合法途径，以出版、复制，播放，表演、展览、摄制影片、翻译或改编等形式使用作品；（六）因他人使用作品而获得经济报酬。上述权利受到侵犯，作者或其他版权所有者有权要求

---

① 何勤华、李秀清、陈颐编：《新中国民法典草案总览》（下卷），法律出版社2003年版，第66页。
② 何勤华、李秀清、陈颐编：《新中国民法典草案总览》（下卷），法律出版社2003年版，第69页。
③ 何勤华、李秀清、陈颐编：《新中国民法典草案总览》（下卷），法律出版社2003年版，第83-84页。
④ 中国人民大学民法教研室：《关于建立新的民法体系的一些想法》（1962年10月），载何勤华、李秀清、陈颐编：《新中国民法典草案总览》（下卷），法律出版社2003年版，第314-316页。

停止侵权行为和赔偿损失。"同时，该条例第 13 条规定："在出版社对其在本条例生效之前已经出版或已经接受的作品，应继续享有为期 5 年的专有出版权，期限自本条例生效之年年底起计算。5 年以后，出版权回归作者或其合法继承人。"可见，在该条例中，"版权"和"出版权"已经不是等同的概念，后者只是前者的部分内容。但是，在改革开放之初起草的四个版本的民法草案①中，采用的都是"著作权"的称谓。

此外，在当时最早一批介绍国外著作权制度的著作，既有使用"著作权"概念的，例如，1981 年，改革开放后出版的首部民法教材——《中华人民共和国民法原理》②中就有"著作权"的内容，1987 年翻译出版的《国际著作权公约》③；也有采用"版权"一词的，例如，1984 年翻译出版的《版权基本知识》④，1985 年出版的首部以"知识产权法"冠名的教材《知识产权法浅说》⑤一书中专门有一编论述"版权法律制度"；还有"著作权"和"版权"两个概念同时采用、视为等同的，例如，1981 年，姚壮和任继圣合著的《国际私法基础》一书中就写道："文学艺术产权，亦称著作权或版权。"⑥

在新中国第一部《继承法》起草的过程中，也涉及了"著作权"与"版权"的称谓问题。1985 年 4 月 3 日，在第六届全国人民代表大会第三次会议上，全国人大常委会秘书长、法制工作委员会主任王汉斌在作《关于〈中华人民共和国继承法（草案）〉的说明》时提道："草案还规定，公民的著作权（版权）和专利权中的财产权利在有关法律规定的期限内允许继承。"可见，王汉斌是把"著作权"和"版权"视为等同的概念的。但在正式公布的《中华人民共和国继承法》中，第 3 条把"公民的著作权、专利权中的财产权利"也列入"遗产范围"，但并没有提到"版权"。可是，1986 年 4 月 12 日通过的《中华人民共和国民法通则》第 94 条的规定是，"公民、法人享有著作权（版权），依法有署名、发表、出版、获得报酬等权利"。此处把"著作权"和"版权"相提并论。这是我国法律中首

---

① 这四个版本的民法草案分别是：《中华人民共和国民法草案（征求意见稿）》（1980 年 8 月 15 日）、《中华人民共和国民法草案（征求意见二稿）》（1981 年 4 月 10 日）、《中华人民共和国民法草案（第三稿）》（1981 年 7 月 31 日）、《中华人民共和国民法草案（第四稿）》（1982 年 5 月 1 日）。

② 参见中国人民大学法律系民法教研室编：《中华人民共和国民法原理》（上下册），中国人民大学出版社 1981 年版。经适当增删修改后，该书于 1982 年 11 月以《民法概论》为名正式出版，涉及知识产权的内容基本未变。参见佟柔、赵中孚、郑立主编：《民法概论》，中国人民大学出版社 1982 年版。

③ 参见[苏]尤·格·马特维耶夫：《国际著作权公约》，李奇译，南开大学出版社 1987 年版。

④ 参见联合国教科文组织：《版权基本知识》，中国对外翻译出版公司 1984 年版。

⑤ 参见富荣武、李罾编著：《知识产权法浅说》，辽宁科学技术出版社 1985 年版。

⑥ 姚壮、任继圣：《国际私法基础》，中国社会科学出版社 1981 年版，第 158 页。

次明确把"著作权"和"版权"作为同等的法律概念。这种做法直接影响了后续制定的著作权法。

1979年中美签订高能物理协定后,著作权立法引起了国内的重视。1979年4月,一份关于起草版权法并逐步加入国际版权公约的报告被呈递给有关领导,党中央和国务院领导同志在报告上批示要求"草拟版权法"。1980年在中国出版工作者协会名义下组建了版权研究小组。1985年7月,国家版权局成立。1986年5月,国家版权局向国务院呈报了《中华人民共和国版权法(草案)》。在那一段时期里,无论是国家主管部门,还是法律草案的名称,都采用的是"版权"一词。但在法律草案正式进入全国人大常委会的立法程序时,因有专家建议改用"著作权"的表述并被立法机关采纳,从而引发了"著作权"与"版权"的称谓之争。例如,1990年4月4日,顾昂然作了《关于著作权法(草案)初步修改意见的说明》,其中第一点内容就是"关于法的名称"。他在说明中提到,有的同志主张改为"版权法",有的主张仍用著作权法。我们建议仍用"著作权法"加"(版权)",理由是:第一,与《民法通则》的用语一致。在制定继承法、民法通则时,对称版权还是著作权,就有争论,最后采用了"著作权(版权)"。这个法起草时原称"版权法",因为有意见,后来改称"著作权法",如改回用"版权法",又会引起另一方面的意见。第二,"版权""著作权"现在已有特定的含义(版权不只是出版权,著作权也不仅是指文字著作),在国际上是通用的。[①] 1990年6月20日,在第七届全国人民代表大会常务委员会第十四次会议上,全国人大法律委员会副主任宋汝棼代表全国人大法律委员对《中华人民共和国著作权法(草案)》审议结果作报告时就曾指出,"对于本法的名称,争论较大,有些委员和地方主张改为版权法,有些委员和地方则主张仍用著作权法。鉴于民法通则已规定为著作权(版权),建议本法的名称仍用著作权法,同时增加一条规定:'本法所称的著作权与版权系同义语。'(修改稿第二条)"

在加入世界贸易组织前夕,我国对著作权法启动了第一次修订。在修订过程中,关于法律的名称再一次引起了争论。2001年10月27日,全国人大法律委员会在第九届全国人民代表大会常务委员会第二十四次会议上就修改著作权法提交的书面报告中再次指出:"关于法的名称。1990年制定著作权法时,对法的名称就有不同意见,经过反复研究,全国人大常委会审议通过为'著作权法'。同时,在附则中规定'本法所称著作权与版权系同义语。'这次修改,有些委员建议将法的名称修改为'版权法',有些委员认为可以不修改。法律委员会对这两种意

---

① 参见顾昂然:《新中国改革开放三十年的立法见证》,法律出版社2008年版,第233页。

见进行了认真反复研究，认为，鉴于这次是为进一步保护著作权人的合法权益，适应参加世界贸易组织的需要，对一些不适应的内容进行具体修改，同时考虑到法的名称的修改涉及一些复杂问题，是否改，如何改，委员们也还有不同的意见，因此建议法的名称不作修改，将著作权法第五十一条修改为：'本法所称的著作权即版权。'"

（三）"著作权"与"版权"称谓的学术讨论

上述立法上的争议，也直接反映到了学术研究。在理论界，围绕"著作权"与"版权"两个概念的讨论，大体有四类观点。

第一类观点认为，我国应当摒弃"著作权"，统一为"版权"。如有学者在对两个概念的内涵进行比较后认为，著作权只是版权的一种形式，而不是版权的全部内容。对于版权的概念，有广义的和狭义的理解。狭义的版权即著作权，是指权利主体对著作物所享有的权利；广义的版权，是指权利主体对于著作物及某些"著作邻接物"的权利，其客体不仅包括著作物，而且包括一些不属于著作物的智力成果，如艺术品、音像制品等。我国在制定版权法时应采取广义的版权概念。[1] 有学者则从"作者享有的权利较为特殊"这一角度提出，用"版权"一词表述可能更合适，其理由如下：（1）用"著作权"一词，容易混淆政治权利（言论出版自由）与民事权利（作者的特殊权利）之间的界限；（2）"版权"一词，即使被理解为出版权，它也是作者经济权利中的一种权利。（3）人称"版权"是印刷技术之子。"版权"一词沿用至今，可以说约定俗成了。（4）近来我国与外国签订的双边协定，或公布的某些法律规章，谈到作者权利时，用"版权"一词者居多。（5）"版权"一词是从英语译过来的，英语已经成为最活跃的国际语言，在国际交往中，使用"版权"一词来表述作者的特殊权利，是不会引起误解的。[2] 有学者则结合新技术的发展来论证"版权"概念的优越性：20 世纪以后，随着新的复制与传播技术发展，著作权或作者权难以囊括表演者权、广播者权、录制者权等。《著作权法》虽规定"著作权与版权系同义语"，但给人空中楼阁之感，缺乏汉语本意的根基，有悖于汉字表意文化传统，易使人们将"著作权"误认为是著书立说的政治权利。版权这一概念指称的是民事权利，可以蕴含一切作品的复制权和传播权。因此建议将"著作权法"改名为"版权法"，这有助于消除著作权与版权两词并用所造成的累赘混乱，而且能与《世界版权公约》和国际

---

[1] 参见温世扬：《版权立法的几个问题》，载《甘肃政法学院学报》1987 年第 4 期。
[2] 参见沈仁干：《版权与著作权小议》，载《中国出版》1987 年第 2 期。

国内版权机构与组织名称相统一。①

第二类观点认为，应当放弃"版权"的称谓，统一采用"著作权"的表述。如有学者认为，我国保护作者权利的法律是称"著作权法"还是"版权法"，不是个简单的称谓问题，它还影响到该法的性质和内容。从历史上看，版权代表的是出版人本位的特权，著作权则反映了著作人本位的私权。在我国自《大清著作权律》之后，北洋政府1915年和国民党政府1928年颁布的该法，都称著作权法。新中国的正式法律，也多称著作权。《民法通则》采用"著作权（版权）"的表述方法在理论上和逻辑上是不通的。②

第三类观点主要受立法实践的影响，认为两个称谓不需要分出胜负，同时采用未尝不可。如有学者认为，我国著作权法中所称的著作权与版权系同义语。③版权与著作权本质上是一样的，是一对同义词。④ 版权在不同的国家有不同的称谓，在英语国家叫"版权"（copyright），在欧洲大陆国家叫"作者权"，在日本叫"著作权"。版权和作者权、著作权指的都是同一个东西，即作者对其作品享有的财产权利和人身权利。⑤ 作者权、版权和著作权这三个概念就其现在的习惯和规定用法，指的是同一事物，只不过各有侧重。作者权强调权利与作者的联系，著作权突出了权利与作品的联系，版权则反映了权利与作品使用过程的联系。作者、作品和对作品的使用是版权的发生缺一不可的条件。这三个概念合起来，倒是对版权颇为全面的解释。⑥ 所以，有学者认为，根据《民法通则》就可以解绝版权与著作权之争。无论用"版权法"还是"著作权法"，同《民法通则》都是一致的。但如果一定要肯定一个，否定另一个，就同《民法通则》不一致了。事实上，继续这一争议对于法律本身并不会产生任何实质性影响。现代版权概念绝不是仅指出版权。著作权的客体也决不仅指文字著作。如果一定要争下去，也许可以仍旧回到《民法通则》上来，对两种意见"兼收并蓄"，采用"著作权（版权）法"或"版权（著作权）法"的提法。⑦

有学者虽然不认为著作权和版权是同义语或者一回事，但认为因为两者性质

---

① 参见岳楠：《〈著作权法〉修订的几个基本问题》，载《现代法学》1999年第4期。
② 参见刘春田：《关于我国著作权立法的若干思考》，载中国版权研究会编：《版权研究文选》，商务印书馆1995年版，第29-32页。
③ 参见顾昂然：《新中国第一部著作权法概述》，载《中国法学》1990年第6期。
④ 参见丁学军：《简论版权及其法律特征》，载《中南政法学院学报》1988年第1期。
⑤ 参见张用江：《浅谈版权和著作权》，载《法律适用》1988年第1期。
⑥ 参见裘安曼：《版权面面观》，载《出版工作》1987年第4期。
⑦ 参见肖峋：《从我国的实际出发解决版权（著作权）立法中有争议的问题》，载中国版权研究会编：《版权研究文选》，商务印书馆1995年版，第21-22页。

不同，所以应当并存，否则，著作权的内容将是不完整的或者难以实现的。"版权是著作物的出版人或发行人根据著作人让与的定限著作权而取得的复制著作物，并通过出版发行，从中取得盈利的权利。版权产生于著作人的让与，只是财产权而没有人身权的内容，因为，人身权和人身相联系，是不能让与的。著作权是著作人享有的权利，版权是出版人或发行人享有的权利，即对著作物出版发行的垄断性的财产权。版权并不是出版权，出版权是宪法赋予公民的一项基本政治权利，不只是出版人才能享有的。由此不难认定，著作权和版权是两个不同的概念。著作权侧重于人身权，而版权只是财产权；著作权的内容是由法律直接规定的，而版权，因为出自著作权人让与的定限著作权，所以，权利的内容是由著作人和出版人通过出版合同来规定的。"[1] 另有学者从历史起源的角度来论证著作权和版权同时存在的必要性。该观点认为，版权最初起源于我国唐朝，完善于宋代；版权产生的历史条件主要是印刷技术的发明、发展，出版业的兴盛。著作权最早产生于18世纪的欧洲，著作权产生的历史条件是资产阶级革命的胜利，资本主义生产方式的发展。从世界范围看，版权产生于著作权之前，就版权而言，东方先于西方；就著作权而言，西方先于东方。版权和著作权是两种不同的民事权利，行使版权和行使著作权必须加以区分：前者是基于享有以某种形式使用作品的权利而实际构成某种使用行为，而后者则是自己进行或许可他人进行这种行为的权利。版权保护的是作品的使用者，著作权保护的是作品的作者。著作权是版权的前提。版权是实现著作权的手段。[2]

第四类观点则认为"著作权"和"版权"两个称谓都不太精确，最好是寻找新的概念。如有学者建议从权利主体的角度统一为"作者权"：无论是"版权"还是"著作权"的概念，都不能完全概括出作者权利的全部内容。直接沿用大陆法系国家的"作者权"的说法，可能从原意上更为合适。但是"著作权"和"版权"的说法在我国已经约定俗成，辟用"作者权"的称谓又会使大多数人感到生疏而难以接受。所以，根据我国《民法通则》的规定和长期实践的做法，在将来的著作权法中我们可以继续使用这两个术语，但没有必要将两者作为不同的概念对待。[3] 有学者建议从权利对象的角度统一为"作品权"：鉴于无论采用"著作权法"，还是"版权法"的名称，都有争议，于是，有学者认为，"版权法"的提法的片面性在于很容易被我们中国群众误解为仅限于"出版发行"的权利。"著

---

[1] 姚新华：《关于〈民法通则〉中的知识产权》，载《政法论坛》1986年第5期。
[2] 参见徐发明：《试论著作权和版权》，载《江西大学学报（哲学社会科学版）》1986年第1期。
[3] 参见吴汉东：《"著作权"、"版权"用语探疑》，载《现代法学》1989年第6期。

作权法"虽然避免了"版权"的局限性，却同样有片面性，因为科技、文艺作品并不仅限于"著作"。"作者权"的提法倒是可以避免上述二种片面性，它既可全面地包括全部财产、人身权，也可不受"著作"的局限，反正所有此法所保护的作品总都是有作者的。可是，这样又产生了一种新的片面性，就是这种权利中的财产权可以转让和继承，那么，把非作者的他人的出版、复制、演绎等权称为"作者权"就又名不副实了。因此，建议把法律名称改为"作品权法"①。无论从立法的指导思想，还是从语言逻辑角度分析，版权、作者权、著作权等均不宜为我国立法所采用，因此提议采用作品权一词，即基于作品所产生的权利，它能克服版权、著作权、作者权概念中的种种缺陷，体现法律术语的科学性。那么，相应的法律部门应采用作品权法这一名称。②

(四)"著作权"与"版权"称谓之争的历史与理论背景

实际上，采用"著作权"还是"版权"，已不仅是个简单的称谓问题，它关涉著作权法的立法理念以及所采取的著作权权利观，进而影响到该法的性质和内容。为了说明问题，就需要考察一下这两个术语产生的理论背景和历史发展。

现代意义上的版权制度，一般认为起源于英格兰。16世纪，英格兰伊丽莎白女王一世（Queen Elizabeth I）时期，清教徒（Puritans）关停了所有与其教义不符的产业。其不仅毁坏了宗教艺术，而且关闭了生产宗教工艺品的行会和小作坊。通过关停这些行会，英格兰破坏了绘画和雕刻艺术之源，因而，英格兰艺术家也绝无可能铺就一条与其欧陆同行同样的维权道路。所以，艺术家权利也未能成为英格兰法定版权体系的组成部分。英格兰版权制度源于王室规制和审查文学作品的需求。王室设立了星室法院（Court of the Star Chamber），其职责之一便是管制新近特许的出版商公会（Stationers' Company）。但是，星室法院并未规制英格兰年轻的出版业，而是把出版商公会视为执行严苛审查政策的工具。③ 在当时，作者对王室保护其权利不抱希望。1641年，王室废除星室法院，改由出版商公会控制出版业。到了17世纪末期，议会不再支持出版商公会，后者也要求颁布版权法令，以保护出版利益。1710年，《安妮法》通过，加强了对作者版权而不是出版商公会的保护。该法令全称为《于法定期间授予已印书籍之稿本著作人或购买人稿本所有权以励治学之法》。④ 该法令指出："印刷商等……常未经

---

① 张佩霖：《"版权法"这个名称不科学》，载《法学杂志》1988年第6期。
② 参见刘国林：《关于保护作者创作权立法的几点刍议》，载《法律科学》1990年第4期。
③ Star Chamber Decree of July 11, 1637, in 4 Arber 529.
④ 英文名为 "An Act for the Encouragement of Learning, by Vesting the Copies of Printed Books in the Authors or Purchasers of such Copies, during the Times therein mentioned". 关于该法令全文可参见《安妮法》，刘波林译，载刘春田主编：《中国知识产权评论》（第2卷），商务印书馆2006年版，第539-543页。

著作人或所有人同意,擅自翻印他们的印籍……为防止这种业务行为,并为鼓励学者努力著述有价值书籍……特制定本法案。"此后,出版商之间围绕《安妮法》中的版权诉讼开始增多,它不再是讨论出版商印刷销售作品复本的权利,而是关注作者自然财产权的本质和范围。《安妮法》的出现,使早期出版人本位的特权——版权,发展转变为作者本位的权利,成为基于作品的完成就产生的权利。由于在立法中确认了以作者为核心的权利,确认印刷出版图书的专有权利首先由作者享有,从而结束了出版商的垄断,这是一个根本的转折,从而使版权从公法领域进入私法领域,成为一项财产权。这一质的转变在版权史上具有里程碑的意义。这段历史表明,英格兰的版权传统是与王室特许权密不可分的,并且,由于特许的标的是"copy"(复制),在英文中便把这种特权称作"copyright"(复制之权),也就是说,特权是复制的权源,或者说复制是特权的实现。复制即印刷出版等行为,所以"版权"这一概念是从行为主义的视角界定的。同时,由于"版权"这一概念脱胎于皇家特许令,因而在观念上往往会认为"版权"是特许的产物。例如,在1910年《大清著作权律》颁布之后,秦瑞玠出版了《大清著作权律释义》一书,其中解释了立法为何采纳"著作权"而非"版权":"不称为版权律,而名之曰著作权律者,盖版权多出于特许……"[1]

在欧洲大陆,首个授予著作权保护的国家是丹麦,该国在1741年颁布的一项法令中规定:"任何人都不得重印、盗版、引进或许诺销售在哥本哈根已由他人拥有合法权利的图书或手稿的副本,该拥有合法权利的方式可以是自发馈赠的礼物或捐献,也可以通过购买或翻译或者是已经支付一定费用的现成修改稿。"[2]但论影响力,欧陆的著作权法主要受法国和德国的影响。大革命之后,法国著作权法在自然权利理论的影响下逐步发展。并且,与普通法相比,法国著作权法把作者的权利置于"更高的道德基础之上"。法国法有一个理性的哲学基础,它把受保护的权利视为对天性的具体表达。换言之,法国1791年1月13—19日以及1793年7月的革命性法律,把"作者、剧作者、作曲者和艺术家对其作品享有的独占权"的法定化,仅仅视为是对"物之本性所固有权利"的承认。法国法上流行的这一后革命时代以财产权为基础的著作权观一直持续到19世纪末期。[3]

18世纪~19世纪,德国哲学家康德和黑格尔的观点在欧洲大陆的影响十分

---

[1] 秦瑞玠:《大清著作权律释义》,商务印书馆2015年版,第2页。
[2] Sam Ricketson & Jane Ginsburg, *International Copyright and Neighbouring Rights: The Berne Convention and Beyond*, 2nd ed., 3 (Oxford University Press, Oxford 2006).
[3] Jane C. Ginsburg, 'A Tale of Two Copyrights: Literary Property in Revolutionary France and America' (1990) 64 TUL. L. Rev. 991, 995.

广泛。在《什么是书籍》一文中，康德认为，作品是对作者人格的表达，因为他的文字和洞见在不断地表达他的内在自我。[1] 康德把书的实物存在形式与书的内容作出了区分。在书的实物存在形式上人们享有物权，书的内容是作者向公众说的话，因而作者享有人格权。如果人们在没有得到作者同意的情况下通过翻印把作品公之于众的话，就会侵犯作者的人格权，该出版社就应当向作为作品的"总管"的被侵犯的作者本人支付赔偿。[2] 黑格尔的观点基于人格权理论提出。他认为，人有自由意志，因而享有权利。自由意志不是虚无缥缈的，而主要是通过财产权来表现的。"人为了作为理念而存在，必须给它的自由以外部的领域。"[3] "人有权把他的意志体现在任何物中，因而使该物成为我的东西；人具有这种权利作为他的实体性的目的，因为物在其自身中不具有这种目的，而是从我意志中获得它的规定和灵魂的。这就是人对一切物据为己有的绝对权利。"[4] 如果一物中体现着人的意志，人就有绝对权利占有它。到了19世纪后半叶，卡尔·加赖斯（Karl Gareis）、奥托·弗里德里希·冯·基尔克（Otto Freidrich von Gierke）和约瑟夫·科勒（Joseph Kohler）等学者把康德和黑格尔的哲学观点扩展为"著作人格权"的理论基础。卡尔·加赖斯在人格权的伞形体系下对文学作品和艺术作品的权利进行了分类。"作者权人格主义理论之父"奥托·弗里德里希·冯·基尔克强调，比起作品表达作者人格的意义，作品中的金钱利益是次要的。约瑟夫·科勒则在20世纪初期，在黑格尔的哲学基础上创立了著作权的二元论。根据二元论体系，作者对其作品同时享有人格和经济利益，二者根据不同的权利类型予以保护。这些思想反映在大陆法系国家的著作权法中，又是一个进步。它使著作权的概念更加明确，内容更为丰富。至此，著作权已发展成为以作者为核心的，由相互依存的多种人身权利和财产权利相结合的民事权利。同时，由于以法、德为代表的大陆法系的著作权传统从本质上讲是主体主义的，它将正当性基础奠定于主体人格理念之上，认为作品是作者人格的延伸和体现，因而一般把大陆法系的著作权传统称为作者权体系。这一称谓与大陆法系将"人"（作者）置于核心地位的哲学基础是密不可分的。

尽管日本通常也被纳入大陆法系国家，但是日本的著作权传统有别于以法、德为代表的作者权体系。这一点集中体现在日本著作权法名称的转变。前已述

---

[1] See Tom G. Palmer, 'Are Patents and Copyrights Morally Justified? The Philosophy of Property Rights and Ideal Objects' (1990) 13 HARv. J. L & PUB. POL'Y 817, 839 & 841.
[2] 参见［德］M. 雷炳德：《著作权法》，张恩民译，法律出版社2005年版，第24页。
[3] ［德］黑格尔：《法哲学原理》，范扬、张企泰译，商务印书馆2017年版，第57页。
[4] ［德］黑格尔：《法哲学原理》，范扬、张企泰译，商务印书馆2017年版，第60页。

及，日本保护著作权的法律最初为1893年的《版权法》，但是在1886年《伯尔尼公约》订立后，日本迫切希望加入公约，为此开始着手修订《版权法》。1897年，日本内务省参事官水野炼太郎考察了欧洲制度之后，发现日译"版权"一词不合乎《伯尔尼公约》关于尊崇著作权人权利的基本理念，同时，由于《伯尔尼公约》的全称为《保护文学和艺术作品伯尔尼公约》，是侧重于从"权利对象"（作品）来为法律文件取名的，因而，日本依此效仿，把"版权法"改为了"著作权法"。尽管只是一个名称的变化，但反映了日本著作权法理念的转向，即从"行为主义"（版权）过渡到了"对象主义"（著作权）。按照水野炼太郎的说法："著作权是指著作者对其著作物享有的权利……一说版权，就使人误解仅仅是指出版权。"根据权利理论，权利必有对象，无对象，即无权利。著作权，即依著作物而产生的权利。因此，日本将法律名称定为"著作权"，是契合著作权产生的基本原理的。至此，世界各国的著作权传统实际上形成了三个阵营，即"行为主义"（版权）、"主体主义"（作者权）和"对象主义"（著作权），而非过去所划分的"版权体系"和"作者权体系"。

就中国而言，对于我们是否有自己的著作权传统，目前存在着不同观点。据明代学者胡应麟考证，"雕本肇自隋时，行于唐世，扩于五代，精于宋人"[1]。宋代集历代印刷的精华，以毕昇创造活版而实现了印刷术的革命。故宋时就对民间出版的书籍采取了保护措施。例如，《东都事略》有关宋代"眉山程舍人宅刊行，已申上司，不许复版"的记载，宋淳祐八年（1248年）"国子监颁发禁止翻版《丛桂毛诗歌集解》公据"的记载，以及书家叶德辉在其《书林清话》中关于"翻版有禁例始于宋人"的记载等[2]，都是实例。但宋代的这种保护措施，是否等同于现代著作权制度，则不无争议。对此，有学者认为，由于著作权是近代社会的财产范畴，著作权制度是近代产业利益的反映，其基本功能是维系作品与资本的结合，而后者属于近代的产业结构。"中国古代是否有著作权"的讨论实际上是一个伪问题，著作权制度根本不可能出现在古代。[3]

不过，近期有学者认为，尽管中国古代可能没有著作权制度，但著作权观念应该是确实存在的。该学者经悉心考察后发现，中国著作权观念与标志性范畴在魏晋南北朝时期就已经基本形成。最初为回避"作""述"之别而创设的"著作"的概念，逐渐衍生出新型创作物的内涵，最终转化为一个新的客体范

---

[1] ［明］胡应麟：《少室山房笔丛卷四》。
[2] 参见周林、李明山主编：《中国版权史研究文献》，中国方正出版社1999年版，第3-8页。
[3] 参见李琛：《关于"中国古代因何无版权"研究的几点反思》，载《法学家》2010年第1期。

畴。随着人性的发现和弘扬，作者褪掉了圣性的光环，在人性作者观确立后，"作者"最终演变为一个新的主体范畴。此外，在魏晋南北朝时期，著作之上的署名从自发走向了自觉；尊重作者对著作的所有关系获得了社会价值和规范系统的接纳；作者及受益人对著作归属的主张发展成了有着普遍观念支撑的社会行动，并建立了获得社会结构认可的作者和著作之间的主客体关系。这些标志性范畴及其深层观念支撑起了中国原生著作权思想体系，成为近代以来中国著作权法制建设的底层文化基础，并为当代建构中国自主的知识体系留下了宝贵思想资源。①

因此，如何全面认识宋代等朝代的出版保护措施，特别是在中国古代不存在制度性著作权规范的条件下，如何客观地评判中国古人在面临出版中的经济利益受到侵害时所展现出来的态度、观念、智慧与经验，确实是一个颇值研究的理论和实践问题。这一问题直接决定了如何还原中国古代著作权传统的历史起点与原貌。在缺乏对历史资料的仔细爬梳和纵横对比的情况下，不宜过早下结论。按照我们当前理解，起源于西方的现代著作权或版权制度，是私权和财产法意义上的存在。如果按照这一标准，中国古代不可能存在西方标准下的著作权传统。古代中国所依循的经济发展模式以及对待私利的态度与西方差别甚大。中国传统社会所奉行的儒家意识形态是不谈"利"的道德理想主义的价值系统。由此决定了儒家经济伦理尽管在常识理性层面肯定个人利益，并强调"利"和"义"的一致，但在实际操作中只能是"以义取利""义内生财"，即"利"要顺从"义"，所以，追求个人利益的行为终究只能停留在常识理性的范围，而无法转化为制度化的社会规范。因此，从这个意义上而言，中国古代不存在制度化的私权传统和财产法体系，也就不可能出现西方意义上的著作权或版权制度，因为二者的经济基础和经济伦理迥然有别。但是如果换一种思路，跳出制度化私权和财产法的观察窠臼，从现象进入本质，以经济生活中涌现的特定个人利益和经济需求为出发点，也许会看到不一样的历史图景。古人云："天下熙熙皆为利来，天下攘攘皆为利往。"逐利的人性都是相通的，无论是西方人，还是东方人，无论是西方文明，还是东方文明，都不会忤逆这一人性。大量史料说明，以宋代为代表的中国古代王朝时期已经出现了相当规模的出版产业和活跃的图书交易市场。站在古人的视野下，这种经济关系在当时就是一种全新的经济关系和经济活动，它所创造的利益也是全新的经济利益。而且是当时全世界范围内全新的、独一无二的新经济、新活动、新利益。它所带来的经济利益的流转、归属、分配乃至纷争，同样

---

① 参见余俊：《中国著作权观念与标识性范畴的形成》，载《当代法学》2023年第4期。

第四章　中国知识产权法学基本概念与重要术语的形成

也都是全新的、前所未有的。因而，古人在面临这一全新经济关系所带来的冲击时如何应对和处理，是一个值得深入研究的问题。这不可避免地会涉及心态、观念、习俗、惯例和规范层面的重新调整和安排，也必然会彰显出古人在独特的经济、社会、文化和技术条件下所作出的独特的探索实践和经验。这些实践和经验都是独具中国智慧、彰显中国独特文明的宝贵资源，特别值得我们今天在理解和建设现代著作权制度时虚心地考察、体悟和借鉴。这既是文化自信的必然要求，也是历史自信的题中之义。

不过，随着我国在19世纪中后叶被卷入西方资本主义向全球扩张的历史进程，我们的历史与文化都不可能再按照原有的节奏和方式继续演化。中国古代就算存在著作权传统，也在近代被冲击得支离破碎，并被塞入了西方著作权法制的话语体系和发展进程，所以，我们今天所熟知的"版权"和"著作权"这两个称谓都不是汉语体系所固有的，而是从日本直接"拿来"的产物。即便是以清政府名义颁布的1910年《大清著作权律》，实际也是修订法律大臣沈家本请日本专家协助起草所得。因为当时的政治气候是"日本则我同洲同种同文之国也，译和文又非若西文之难也"[①]，"今之言改政者，莫不胎范于日本之制……天时、地度、国体、宗教、民情、皆与我为近"[②]，因而，法律名称定为"著作权"而非"版权"，是进一步向"日本之制"学习的结果。

可见，从表面上看，"版权"和"著作权"只是法律名词的选取问题，实际上代表的却是一种著作权立法观和权利观。我国既然在1910年就选择了"著作权"称谓，就意味着我国认同的是"对象主义"路径，而且这条路径也最符合著作权产生的基本原理，那就没有必要改换其他路径。实际上，一百多年前，秦瑞玠在《大清著作权律释义》一书中就已经说得十分清楚了："（版权）多指书籍图画，而不足以赅雕刻、模型等美术物，故自以著作权名之为适当也。"[③]

"发展之道，首在统一名词。否则纷歧舛错，有志者多耗脑力，畏难者或且望望然去之。如是而欲冀其进步，殆无异南辕而北辙焉。"[④] 在中国知识产权法律史上，"专利"（特许、专卖）、"商标"（点牌、牌号、商牌、货牌、贸易牌号）、"著作权"（版权）等称谓都曾有各种别称，但演化至今，只有"著作权/版

[①] 沈家本：《〈寄簃文存〉卷六·新译法规大全序》，载沈家本撰：《历代刑法考》，中华书局1985年版，第2242页。
[②] 《新译日本法规大全》（第1卷），商务印书馆2007年版，载泽序。
[③] 秦瑞玠：《大清著作权律释义》，商务印书馆2015年版，第2页。
[④] 《科学名词审查会第一次化学名词审定本·序》，载《东方杂志》1920年第7期。

133

权"的概念仍未统一，可谓横亘百年的烦恼，也当引起后人反思。毕竟，"法律语言最好是确切的、简洁的、冷峻的和不为每一种激情行为左右。……它们用精确合适的语词模塑出一种世界经验，……把人类的共同生活调控到有序的轨道上。"① 否则，只会徒增不必要的立法、司法与普法的成本。

三、专利

（一）汉语固有词汇中的"专利"

现代知识产权法意义上的"专利"一词与英文中的"patent"相对应。但该词非借自域外，而系汉语所固有。汉语史上，"专利"一词始见于战国初年，《国语·周语上》记载："夫荣公好专利而不知大难。夫利，百物之所生也，天地之所载也，而或专之，其害多矣。"② 不过，此处的"专利"是指"独占财利"，与现代法上"专利"的本质特征并不相符。正是由于这个原因，世界知识产权组织前总干事鲍格胥（D. A. Bogsch）曾建议在汉语中找一个与"patent"一词相当的、既有"独占"又有"公开"含义的词来代替"专利"，以免引起人们对专利制度的误解。③

（二）"专利"与"patent"相对应的起源

据考证，到了清朝末期，"专利"一词才真正涵盖了"patent"的意义。1885年首次翻译出版的《佐治刍言》在第178节对"patent"和"copyright"这类新式财产有详细介绍。不过，译者并未按照英文底本逐字翻译，而是根据中文习惯，调整了原文语序，叙述了大体意思，也没有直接译出"patent"和"copyright"两个专用名词，而是笼统地称为"独用""独造""独行"之法。④ 1896年出版的《中东战纪本末》一书，译编者林乐知从五个方面提出了变法的建议：意兴宜发越，权力宜充足，道德宜纯备，政令宜划一，体统亦整饬。在论述"政令宜划一"时强调人人应有"自主之权"，并特别举例，"如有人创一新法，试之而果利于用，

---

① ［德］阿图尔·考夫曼：《当代法哲学和法律理论导论》，郑永流译，法律出版社2002年版，第293页。
② 《国语·周语上·芮良夫论荣夷公专利》。
③ 参见郑成思：《知识产权论》，法律出版社2003年版，第3页。
④ 参见［英］傅兰雅：《佐治刍言》，上海书店出版社2002年版，第64－65页。此书系由英国人傅兰雅（John Fryer）口译，应祖锡笔述，1885年首次由江南制造局翻译馆出版。英文底本为：W. & R. Chambers, *Political Economy* (William and Robert Chambers, Edinburgh 1852). 此书被誉为戊戌变法之前介绍西方社会政治思想最为系统、篇幅最大的一部书，出版以后多次再版，对中国思想界影响很大。康有为、梁启超、章太炎都曾认真读过，晚清思想界对之评价甚高。参见熊月之：《西学东渐与晚清社会》，上海人民出版社1994年版，第517－519页。

官宜给以文凭,任专利数。"① 此处使用的"专利"一词已经基本接近现代法上的意义。

1901年,清末维新人士孙宝瑄在日记中对《佐治刍言》进行评价时,则直接将"patent"译为"专利",他在日记中写道:"《佐治刍言》论西国有准一人或一公司,专造一种货物出售,如他人违例私造,准其人指控拿究者,以为病民之政。盖谓贸易之道,必有数家互相争竞,然后物美而价不至甚贵;若止有一家,则必任意索重价,货虽甚劣,而国人不得不往购之,则买物者受累无穷矣。忘山居士曰:由此说也,则专利一法岂亦有弊乎?虽然,欲救其弊,亦非无法也。其法奈何?曰:凡创新法制器者,除自己售卖外,有他人欲仿造以博利者听,惟所得利必取五分之一于创物之人,如是则创物者不失专利之益,而又无一家居奇之害矣。"② 这标志着汉语固有词汇"专利"开始涵括"patent"的内涵。此后,在严复等人的论著中,也开始大量使用"patent"意义上的"专利"一词。③

另外,在军阀割据时期,北京政府曾将"专利"改为"专卖",并出台了《专卖特许条例》。相应地,"patent"对应的汉语也变为"专卖"。一些学者的论著中也曾如此使用,如马寅初在文中提道:"(商标权)与专卖权(patent)及版权(copyright)之性质不同。"④ 不过,随着北伐的结束、中国的统一,特别是1928年《奖励工业品暂行条例》的颁布,"专卖"与"patent"的对应关系并未持续太久。

(三)"专利"在中外文语境中的差异

"专利"在《巴黎公约》和西方国家的国内专利法中,一般指的是发明专利。特别是《巴黎公约》第1条明确规定:"工业产权的保护对象有专利、实用新型、工业品外观设计、商标、服务标记、厂商名称、货源标记或原产地名称,和制止不正当竞争。"此处将"专利"与"实用新型"和"工业品外观设计"相提并论,

---

① [美]林乐知、蔡尔康译撰:《〈中东战纪本末〉第八卷之〈治安新策〉》(下之上),载《台湾文献汇刊》(第6辑第9册),九州出版社、厦门大学出版社2004年版,第311页。《中东战纪本末》一书由林乐知译编,蔡尔康笔述,1896年4月在上海广学会出版,初编八卷,1897年2月增出续编四卷,1900年又出三编四卷,初编、续编、三编合计十六卷。

② 孙宝瑄:《忘山庐日记》(上册),上海古籍出版社1983年版,第401页。

③ 参见王栻主编:《严复集》,中华书局1986年版,第1册第99、107、217页,第3册第544、545页,第4册第864、869、886、887、893、895页。

④ 马寅初:《商标与〈商标法〉》,载《银行周报》1931年第15卷第47期。

可见该"专利"指的就是"发明专利"①。然而,《巴黎公约》并未对专利一词作出定义,从而为各成员国在本国专利法中设定专利的内涵与外延留下了自由决定的空间。例如,我国1984年《专利法》所规定的专利就并不局限于发明专利,而是扩大为发明、实用新型和外观设计专利三种类型。这在全世界都属于比较少见的立法例。

从新中国第一部专利法起草的过程来看,在1979年6月4日完成的专利法草案第一稿中,保护对象只有发明专利,当时考虑的出发点是我国没有实行专利制度的经验,对实用新型和外观设计的保护宜在发明专利法施行一段时间取得经验之后再予考虑。同时,当时还考虑到了国外一般不将实用新型和外观设计称为专利这一客观情况。在1979年7月20日完成的专利法草案第三稿中,规定专利包括发明专利、实用设计专利和新式样专利,其中第四章对新式样专利专门作出规定,除准用发明专利章节的相关条款之外,对新式样的定义和授权条件等进行规定。这一立法例被称为"我国专利法律制度建设的一大创举,我国专利法的一个重要特点"②。在1979年9月25日完成的专利法草案第五稿中,将"新式样专利"改称为"外观设计专利"。1983年6月1日的第十九稿引入"发明创造"一词,用以概括发明、实用新型和外观设计。③

1983年11月25日,第六届全国人民代表大会常务委员会第三次会议首次审议专利法草案,专利局局长黄坤益受国务院委托所作的草案说明就专利法的内容谈了6个问题,其中第二个问题就是将发明专利、实用新型专利和外观设计专利一并加以规定的问题。他提到,专利保护对象包括外观设计,可以鼓励产品的花色多样化,以满足人民生活生产日益增长的需要,增强出口竞争能力。在审议过程中,对于发明、实用新型和外观设计应否一并加以规定的问题专门进行了讨论,有观点认为,外观设计在轻工业生产中很多,存在时间很短,没有突出的经济效益,同发明一样给予保护没有必要。尤其是,在第一次审议后,全国人大常委会法制工作委员会召开座谈会进一步征求意见时,最高人民法院和国家知识产权局机械发明审查部主张,世界上其他国家保护两种或者三种专利的,几乎都是分别立法,因此建议专利法只保护发明专利,实用新型和外观设计可在日后另行

---

① 1883年《巴黎公约》签字文本所采用的语言为法文,其中"专利"对应的法文是"brevets d' invention",意思为"发明专利",而该法文对应的英文是"patent"。可见"patent"在英文中所指为"发明专利"。
② 赵元果编著:《中国专利法的孕育与诞生》,知识产权出版社2003年版,第213—214页。
③ 我国《专利法》在实用新型和外观设计后面用了"专利"二字,主要是为了公众更好理解,但是并不改变实用新型和外观设计本身的含义。参见高卢麟主编:《中国专利教程·专利基础》,专利文献出版社1994年版,第63页。

立法；中国国际贸易促进委员会也认为，外观设计专利相关规定最好推迟生效；轻工部和工商行政管理局赞成保护三种专利，主张保护外观设计专利有助于调动设计人员的积极性，增加产品花色品种。①

随后，专利局专门撰写了《关于搞几种专利的请示》和《关于法律保护外观设计必要性的调查》，强调对外观设计给予专利保护的必要性。在第六届全国人民代表大会常务委员会1984年3月12日审议专利法草案时，有7位代表发言主张发明、实用新型和外观设计三种专利一并规定，主张这有利于鼓励发明创造，有助于增加工业品的花色品种；有4位代表发言主张发明、实用新型和外观设计三种专利分别制定三个法律或者将发明、实用新型合并在一起同时将外观设计单独立法，理由是三种专利的审批程序和奖励办法等应有所区别，外观设计属于美术性创造，与技术性发明不同。从审议历程而言，直至最后审议通过之前，对是否需要单独立法问题仍然存在不同观点，只是出于提高立法效率尽快建立专利制度的战略考虑，对这一问题没有进一步展开讨论，即审议通过了专利法草案。②根据曾作为专利法起草小组成员之一的郭寿康教授回忆，在专利法起草过程中曾有将外观设计单独立法的打算，但因后来考虑到立法过程冗长繁杂，为尽快建立外观设计保护制度，故将其并入专利法中。③

但在中国专利法制史上，将专利的外延扩大为发明、实用新型和外观设计三种类型的立法模式，却并不是1984年《专利法》的首创。其最早滥觞于1944年5月29日国民政府颁行的中国历史上第一部形式意义上的专利法——《中华民国专利法》。这部法律首开我国历史先河，同时规定了"发明、新型（实用新型）、新式样（外观设计）"三种类型的专利。该法第1条规定，"凡新发明之具有工业上价值者得依本法呈请专利"，并且将发明、新型、新式样分别规定在第一章、第二章和第三章。其中第一章"发明"规定了通则、呈请、审查及再审查、专利权、实施、纳费、损害赔偿及诉讼等节，第二章和第三章参照上述内容规定了新型、新式样的特殊规则。第三章"新式样"规定了保护客体、申请程序（需要指定产品类别）、权利内容（制造、贩卖）伪造仿冒新式样的刑事责任和民事责任等，并在第111条将"新式样"界定为"凡对物品至形状花纹色彩首先创造适于美感之新式样者的，依本法呈请专利"④。

---

① 参见赵元果编著：《中国专利法的孕育与诞生》，知识产权出版社2003年版，第270-271页。
② 参见张鹏：《外观设计单独立法论》，载《知识产权》2018年第6期。
③ 参见郭禾：《外观设计与专利法的分野》，载《知识产权》2015年第4期。
④ 张鹏：《外观设计单独立法论》，载《知识产权》2018年第6期。

四、商　标

(一)"商标"语词的最早出现

虽然中国早在战国时期既已出现商标使用的实践,但直到北宋才形成较为完整的商标式样,其中最有代表者,当属学界经常提及的济南刘家功夫针铺的"白兔"商标。① 但当时并无"商标"这一称谓,直至晚清。

1884年,康有为在其所著的《大同书》乙部第二章"欲去国害必自弭兵破国界始"写道:"然交通日繁,故邮政、电线、商标、书版,各国久已联通,特许专卖及博士学位之类,皆各国合一。欧美先倡,日本从之。"② 据本书作者考察,这可能是"商标"一词在汉语中的最早出现。并且,康有为将"商标"与"书版"相提并论,显然其内涵与今日并无根本不同。

但是,关于《大同书》的完成日期,学术界一直是有疑问的,而这又直接关系到如何确定"商标"一词在中国最早使用的时间。康有为自称在1884年撰有此书,但后世学者经比较分析后发现,该书中有很多1884年以后的事例,因此,有学者认为,《大同书》实际是1901—1902年之间康有为避居印度时所撰。③

如果《大同书》的撰写时间是在1901—1902年间,那么,"商标"一词在中国出现的时间不仅要推后几年,而且,也不是最早出自《大同书》了。理由是,1900年左右,梁启超的《和文汉读法》④ 在日本出版。该书搜集整理了近200个日语外来词,并在每个词汇后附加了简要说明,其中就介绍到了"商标"(点牌)⑤,这就比《大同书》更早地把"商标"一词引入了汉语体系。

(二)"商标"作为法律概念的最早使用

商标成为一个法律概念,和清末的商约谈判密不可分。1901年9月7日,清政府与八国联军及比利时、西班牙、荷兰等11国订立了不平等的《辛丑条约》

---

① 参见左旭初:《中国商标法律史》(近现代部分),知识产权出版社2005年版,第5页;黄晖:《商标法》,法律出版社2016年版,第2页。
② 康有为:《大同书》,陈得媛、李传印评注,华夏出版社2002年版,第98页。
③ 参见汤志钧:《再论〈大同书〉的成书年代及其评价》,载《广东社会科学》2004年第4期。
④ 此书初版已不可得,有学者根据相关史料推定出,本书约初版于1899年5月至1900年11月间,系在日本印刷,刊成后亦传入国内,以上海为集散地。参见石云艳:《梁启超与〈和文汉读法〉》,载《南开语言学刊》2005年第1期。
⑤ 梁启超:《和文汉读法》,梦花庐氏增刊,第38页。

(Boxer Protocol)。① 其中第 11 款规定:"大清国国家允定,将通商行船各条约内,诸国视为应行商改之处,及有关通商各他事宜,均行议商,以期妥善简易。"② 据此,英、美、日、葡、德、意等国代表,于 1902 年至 1906 年,先后与清政府代表谈判修订商约事宜。

1902 年 6 月 27 日,中美两国在上海启动了谈判。中方代表团由吕海寰③、盛宣怀④担任商约大臣,外加三位英籍随员戴乐尔⑤、贺璧理⑥、裴式楷⑦和中籍译员杨文骏、温宗尧;美方代表是康格(Edwin Hurd Conger)⑧、古纳(John Goodnow)⑨、希孟(John F. Seaman,亦译作西门)⑩,另有译员海格思(John Reside Hykes)。⑪

谈判的结果是双方于 1903 年 10 月 8 日签订《中美通商行船续订条约》⑫,条约共 17 款。1904 年 1 月 13 日中美互换批准书,条约正式生效。⑬《中美通商行船续订条约》第 9 款规定:"(1)无论何国人民,美国允许其在美国境内保护

---

① 西方诸国也将它称为《1901 年条约》(Treaty of 1901)或者《诸列强与中国间之和平协议》(Peace Agreement between the Great Powers and China),其全称为《关于恢复诸外强与中国间友好关系之最终议定书》(Final Protocol between the Foreign Powers and China for the Resumption of Friendly Relations),原文以法文为准,其他语文版本者,皆系译本。See Final Protocol between the Foreign Powers and China for the Resumption of Friendly Relations 1903 (Cd. 1390), Parliamentary Papers 38.

② 《辛丑条约》全文,参见中国社会科学院近代史研究所网站:http://jds.cass.cn/Article/20050923104514.asp. 第十一款的英文版原文为:"The Chinese Government has agreed to negotiate the amendments deemed necessary by the foreign Governments to the Treaties of Commerce and Navigation and the other subjects concerning commercial relations with the object of facilitating them." See Final Protocol between the Foreign Powers and China for the Resumption of Friendly Relations 1903 (Cd. 1390), Parliamentary Papers 47.

③ 时任工部尚书,1902 年 2 月 23 日领谕加入,3 月 20 日第一次出席谈判。

④ 时任宗人府府丞。盛宣怀(1844 年 11 月 4 日—1916 年 4 月 27 日)生平参见:http://zh.wikipedia.org/wiki/盛宣怀,或者 http://en.wikipedia.org/wiki/Sheng_Xuanhuai. 1902 年 2 月 20 日,即中英谈判期间,盛宣怀被升任为工部侍郎。

⑤ 英国人,时任江海关造册处税务司。

⑥ 英国人,时任江汉关税务司。

⑦ 英国人,时任副总税务司。

⑧ 康格(1843 年 3 月 7 日—1907 年 5 月 18 日)时任美国驻华公使,其个人生平参见:http://en.wikipedia.org/wiki/Edwin_H._Conger.

⑨ 时任美国驻上海总领事。

⑩ 时任美国驻上海同孚洋行(Wisner & Co.)商董。

⑪ 系美国传教士,时任驻上海圣经会代表。

⑫ 关于《中美通商行船续订条约》的历史影响,有兴趣者可以阅读崔志海:《试论 1903 年〈中美通商行船续订条约〉》,载中国社会科学院近代史研究所网站:http://jds.cass.cn/Article/20050916175639.asp.

⑬ 有关中美商约谈判的具体细节,参见中国近代经济史资料丛刊编辑委员会主编,中华人民共和国海关总署研究室编译:《辛丑条约订立以后的商约谈判》,中华书局 1994 年版,第 147－208 页;王尔敏:《晚清商约外交》,香港中文大学出版社 1998 年版,第 147－174 页。

独用合例商标，如该国与美国立约，亦允照保护美国人民之商标。（2）中国今欲中国人民在美国境内得获保护商标之利益，是以允在中国境内美国人民行铺及公司有合例商标，实在美国已注册，或在中国已行用，或注册后即欲在中国行用者，中国政府准其独用，实力保护。凡美国人民之商标，在中国所设之注册局所，由中国官员查察后，经美国官员缴纳公道规费，并遵守所定公平章程，中国政府允由中国该官员出示，禁止中国通国人民犯用或冒用或射用，或故意行销冒仿商标之货物。所出禁示，应作为律例。"[1] 双方关于商标互惠条款的约定，是历史上"商标"首次作为一个法律概念被正式的法律文件所采用。

（三）"商标"作为法律概念的来历

历史上，根据《辛丑条约》而启动的商约谈判，最先进行的是中英谈判。谈判的成果是双方签订了《中英续议通商行船条约》。其中第 7 款也规定了商标互惠保护的内容，但饶有意思的是，虽然都涉及商标保护的互惠规定，但《中英续议通商行船条约》没有率先采用《中美通商行船续订条约》中所使用的"商标"的概念，而是选择了"贸易牌号"这一语词。该条款的具体规定是："（1）英国本有保护华商贸易牌号，以防英国人民违犯、迹近、假冒之弊，中国现亦应允保护英商贸易牌号，以防中国人民违犯、迹近、假冒之弊。（2）由南、北洋大臣在各管辖境内设立牌号注册局所一处，派归海关管理其事。各商到局输纳秉公规

---

[1] 此为中文本，英文本中此款为："(1) Whereas the United States undertakes to protect the citizens of any country in the exclusive use within the United States of any lawful trade-marks, provided that such country agrees by treaty or convention to give like protection to citizens of the United States. (2) Therefore the Government of China, in order to secure such protection in the United States for its subjects, now agrees to fully protect any citizen, firm or corporation of the United States in the exclusive use in the Empire of China of any lawful trade-marks to the exclusive use of which in the United States they are entitled, or which they have adopted and used, or intend to adopt and use as soon as registered, for exclusive use within the Empire of China. To this end the Chinese Government agrees to issue by its proper authorities proclamations, having the force of law, forbidding all subjects of China from infringing on, imitating, colorably imitating, or knowingly passing off an imitation of trade-marks belonging to citizens of the United States, which shall have been registered by the proper authorities of the United States at such offices as the Chinese Government will establish for such purpose, on payment of a reasonable fee, after due investigation by the Chinese authorities, and in compliance with reasonable regulations." See United States Department of State /Papers relating to the foreign relations of the United States, with the annual message of the president transmitted to Congress December 7, 1903 (1903): China, pp. 96 at: http://digicoll.library.wisc.edu/cgi-bin/FRUS/FRUS-idx? type=goto&id=FRUS.FRUS1903&isize=M&submit=Go+to+page&page=90.（着重号为引者所加）。

费,即将贸易牌号呈明注册,不得借给他人使用,致生假冒等弊。"①

从当初参与中英以及中美谈判的阵容来看,中方参与谈判的代表也是基本相同的,这种情况下就更加令人费解了。当时参与商谈的中方代表是:盛宣怀、戴乐尔(Francis Edward Taylor)、贺璧理(Alfred Edward Hippisley)、裴式楷(John Edward Bredon),后加入吕海寰。英方代表是马凯爵士(Sir James Lyle Mackay)②、德贞(Charles John Dudgeon)③、戈颁(H. Cockburn)。④ 第一次会议于1902年1月10日在上海盛宣怀寓所举行。谈判历时大半年,最终于1902年9月5日晚10点签约。中方代表吕海寰、盛宣怀,英方代表马凯均在商约⑤上签字,商约中文本由李维格、温宗尧(吕海寰译员)、陈善言和贺璧理译成。

但若细加考证便可发现,上述不同译法与人的主观因素无关,因为参与两次谈判的中方代表基本未变,因此译员素质的差异可略去不考虑。问题的关键在于,两次翻译的对象并不完全一致。《中英续议通商行船条约》中为"trade marks",而《中美通商行船续订条约》中则是"trade-mark(s)",二者的不同在于,后者两单词间有英文连字符"-"。英文语法告诉我们,连字符可用于构成复合词。这种复合词可以是"形容词+名词",例如"long-distance"(长途),也可以是"名词+名词",例如"coal-mine"(煤矿)等,"trade-mark(s)"正是属于"名词+名词"的类型。换言之,"trade-mark(s)"在语法上实际是一个单

---

① 此为中文原文,英文原文是:"(1) Inasmuch as the British Government afford protection to Chinese trade marks against infringement, imitation, or colourable imitation by British subjects, the Chinese Government undertake to afford protection to British trade marks against infringement, imitation, or colourable imitation by Chinese subjects. (2) The Chinese Government further undertake that the Superintendents of Northern and of Southern trade shall establish offices within their respective jurisdictions under control of the Imperial Maritime Customs, where foreign trade marks may be registered on payment of a reasonable fee." See Despatch from His Majesty's Special Commissioner inclosing the Treaty between Great Britain and China 1902 (Cd. 1079) *Parliamentary Papers* 378. 本书还注意到,条约之中文本与英文本并不逐句对应,中文本明显添加了部分词句,但其目的尚未可知。据说翻译中文时"遇有争论,盛宣怀总是同意贺璧理的译文。因为贺璧理是张之洞方面的人,以他的译本为准,把责任放在他的身上,如果张之洞对译文有意见,别人可以不负责任"。参见中国近代经济史资料丛刊编辑委员会主编,中华人民共和国海关总署研究室编译:《辛丑条约订立以后的商约谈判》,中华书局1994年版,第146页。
② 马凯爵士(1852年9月11日—1932年5月23日)时任五印度二等宝星总理印度事务大臣政务处副堂,其生平参见:http://en.wikipedia.org/wiki/James_Mackay,_1st_Earl_of_Inchcape.
③ 时任上海英商老公茂洋行(Ilbert & Co.)经理。
④ 时任英国驻华使馆参赞。
⑤ 即《中英续议通商行船条约》,又称《马凯条约》(*Mackay Treaty*),英官方称之为《1902年9月5日订于上海之英中条约》(*Treaty between Great Britain and China; signed at Shanghae, September 5, 1902*),See Despatch from His Majesty's Special Commissioner inclosing the Treaty between Great Britain and China 1902 (Cd. 1079) *Parliamentary Papers* 375.

词,而"trade marks"则属于词组,两个构成单词之间是相互独立的。据此,本书推测,当年中方几位译员在翻译商约文本时,很可能考虑了上述因素,所以才会出现两种不同的译法。

此后,清廷又于1903年10月9日①与日本签署了《中日通商行船续约》,其中第5款规定:"中国国家允定一章程,以防中国人民冒用日本臣民所执挂号商牌,有碍利益,所有章程必须切实照行。中国国家允设立注册局所,凡外国商牌并印书之权请由中国国家保护者,须遵照将来中国所定之保护商牌及印书之权各章程,在该局所注册。日本国国家亦允保护中国人民按照日本律例注册之商牌及印书之权,以免在日本冒用之弊。"此处提出了又一个称谓,即"商牌"。由于中日商谈时,日方代表所提出的条约草案采用英文,因此,"商牌"一词由英文翻译而来当确真无疑。但因本书作者尚不掌握此条约英文版,暂不确定与"商标"对应之英文是"trade marks",还是"trade-mark(s)"。但无论如何,"商牌"应属又一新译法。

另外,1904年11月11日,清政府与葡萄牙订立的《中葡通商条约》第15款规定:"葡国本有定例,他国若将葡国人民在该国内所使之货牌竭力保卫,以防假冒,则葡国亦将该国人民在葡国所使之货牌一律保卫。兹中国欲本国人民在葡国境内得享此项保卫货牌之利益,允许凡葡国人民在中国境内所使之货牌亦不准华民有窃取冒用,或全行仿冒,或略更式样等弊。是以中国应专定律例章程,并设注册局所,以便洋商前往该注册局所输纳秉公规费,请为编号注册。"由于中葡谈判使用的语言为中、葡、法三种,不包括英语,所以本书对此不予考证。但"货牌"之称谓,当是商标之又一别名。②

---

① 此处作一说明:中日商约签字之前,10月8日双方曾通宵开会,直到9日上午才签字,但条约上的签字日期仍是10月8日。参见中国近代经济史资料丛刊编辑委员会主编,中华人民共和国海关总署研究室编译:《辛丑条约订立以后的商约谈判》,中华书局1994年版,第253-254页。
② 有学者专门就中国历史上的"商标"称谓问题作了统计,其文中总共统计出了"商标"的五种叫法,即本书所述的四种:《中英续议通商行船条约》中的"贸易牌号"、《中美通商行船续订条约》中的"商标"、《中日通商行船续约》中的"商牌"、《中葡通商条约》中的"货牌"以及当时清府《商部奏拟订商标注册试办章程折》提到的"贸易标牌",该折奏道:"圣鉴事,窃维商人贸易之事,各有自定牌号,以为标记,使购物者,一见而知为某商之货。近来东西各国,无不重视商标,互为保护。实与制造、专利之法,相辅而行。中国开埠通商,垂数十年,而于商人牌号,向无保护章程。此商牌号,有为彼商冒用者,有为伪货掺杂者,流弊滋多,商人遂不免隐受亏损。……据英、美、日各国驻京使臣,先后照称,续议通商行船条约内,英约第七款载有,互保贸易标牌一事,美约第九、第十、第十一各款,日约第五款,均载明保护商标及书、图、著作权、专利各项,请即设局开办注册事宜等情,并将总税务司赫德代拟商标注册章程,抄送到部。"参见左旭初:《中国商标法律史》(近现代部分),知识产权出版社2005年版,第94-96页。亦可参见安青虎:《品牌与商标》,载于《知识产权》2006年第4期。

第二节　中国特色知识产权术语的形成

一、杂技艺术作品

(一)"杂技艺术作品"的词源

中国杂技艺术历史悠久,春秋战国时已有萌芽形式,至汉代已初步形成。但作为一个专用术语,"杂技"一词最初是周恩来总理在1950年提出来的。第一位获国际杂技大奖的中国杂技团老演员金业勤回忆:"他们在北京向党和国家领导人展示了他们的精彩技艺后,周恩来首次将'杂耍'、'玩把式'等说法统称为杂技,从此杂技成为中国传统技艺、绝活的代称。"①

我国1990年《著作权法》并没有把杂技艺术作为保护对象。2001年修订《著作权法》时首次增加了杂技艺术作品,理由是:"我国杂技在世界上享有很高的声誉,杂技造型具有独创性,应明确规定为著作权保护的客体。"② 据悉,我国是世界上唯一作出此种规定的国家。③

随后修订的《著作权法实施条例》对杂技艺术作品作了明确规定:"是指杂技、魔术和马戏等通过形体动作和技巧表现的作品"。《著作权法》第三次修改的草案④首次明确规定了"杂技艺术作品"的含义,即:"杂技艺术作品,是指杂技、魔术、马戏、滑稽等通过形体和动作表现出来的作品。"该定义与《著作权法实施条例》中的定义相比,作出了细微的修改与完善。但是,关于著作权法对杂技艺术作品的保护,理论界不乏批评的声音。例如,有学者认为,根据著作权法原理,杂技、魔术和马戏本身是不可能构成作品的。关于这一点在国际上早有定论。背离国际通行规则的"首创"无论在理论上还是实务中都导致了混乱。⑤

(二)"杂技艺术作品"内涵的讨论

杂技是指在特定的环境之中,运用各种道具表演的人体技艺,其以高难度和

---

① 海天:《"杂技"的由来》,载《语文教学与研究》2007年第15期。
② 2001年4月24日,全国人大法律委员会副主任委员顾昂然在第九届全国人民代表大会常务委员会第二十一次会议上代表全国人大法律委员会所作的关于《中华人民共和国著作权法修正案(草案)》修改情况的汇报。
③ 参见王迁:《著作权法借鉴国际条约与国外立法:问题与对策》,载《中国法学》2012年第3期。
④ 参见《中华人民共和国著作权法(修改草案送审稿)》,载中国政府法制信息网: http://www.gov.cn/foot/2014-06/06/content_2695611.htm。
⑤ 参见王迁:《著作权法借鉴国际条约与国外立法:问题与对策》,载《中国法学》2012年第3期。

惊险的技巧作为主要表演手段。① 魔术又称为幻术，主要是借助各种物理或者化学等科学原理，以及各种电子、机械装置等表现物体或者动物在短时间内增减隐现的变化，与以藏见长的戏法属于同一种类型。② 马戏，通常是指马术和驯兽表演，也即演员驾驭或者指挥经过训练的动物来表演各种技巧动作。③

有学者认为，《著作权法》和《著作权法实施条例》都没有界定杂技艺术的内涵。之所以如此，是因为杂技艺术作品是"通过形体动作和技巧表现"的作品，形体动作和技巧仅仅是作品（思想的表达）的表达方式（或表达手段），而不是思想的表达本身。这正如《著作权法实施条例中》对美术作品的规定——美术作品是指"绘画、书法、雕塑等以线条、色彩或者其他方式构成的有审美意义的平面或者立体的造型艺术作品"。"线条、色彩等"并不是受保护的对象，它们仅仅是思想的表达方式。④ 有学者认为杂技是"技"和"艺"的完美结合，有"艺"无"技"或有"技"无"艺"都构不成杂技艺术的美感。⑤ 有学者认为杂技和所有艺术门类一样，其"技与艺"的交融是一种断然不能分离的，有如血肉相连的结合体。没有"技"的含量就谈不上"艺"的塑造，而没有"艺"的塑造，就没有"技"的放矢。⑥ 有学者认为杂技是在多因素的共同作用下产生的，武术起了主要作用。杂技是在武术的基础上增加了其观赏性和表演性的难度，或饰以假面、或戏在马上、或高空表演，但其基本动作都是武术的形，其概念、其形态、其技术、其器具、其功力都与武术有一定的渊源关系，其原始形态只是武术动作、技术的纯熟化和异化。杂技是在与其他艺术并存的情况下，依托于武术而独立发展起来的一门古老艺术。⑦

二、民间文学艺术作品

（一）"民间文学艺术"的词源

一般认为，汉语"民间文学艺术"一词系译自英文术语"folkfore"。"Folkfore"一词则最早是由英国著名考古学家汤姆斯（W. G. Thoms）在1846年使用的。他在提及一个民族成员传统、习俗和超自然的观念时使用了该词。随后，这个词语作为一个术语被所有语言采用，用来定义和指代"民族知识"和"民族文

---

① 参见夏征农、陈立志主编：《辞海》，上海辞书出版社2009年版，第2845页。
② 参见夏征农、陈立志主编：《辞海》，上海辞书出版社2009年版，第1601页。
③ 参见夏征农、陈立志主编：《辞海》，上海辞书出版社2009年版，第1514页。
④ 参见董美根：《杂技艺术作品的著作权保护》，载《杂技与魔术》2008年第2期。
⑤ 参见何卉：《浅谈中国杂技表演的独创性与艺术性》，载《杂技与魔术》2017年第4期。
⑥ 参见沈娟：《浅谈传统杂技的艺术定位》，载《杂技与魔术》2003年第6期。
⑦ 参见王万林、王俊法、马平静：《"技"源于"武"考证》，载《武术研究》2011年第12期。

化"这两种表达方式之下所涵盖的全部内容。① 根据《不列颠简明百科全书》的解释,"folklore"的基本含义是指"保存在一群人中的口头文学和流行传统"②。这个词中的组成元素"folk"是指"至少具有某一共同特性的一群人"。在不同的时代和语境下,对指称的"一群人"有不同的解释。在19世纪初,"folk"主要指乡下人和其他被认为未受现代生活方式影响的人群。到了20世纪中期,"folk"可以用来指称"任何通过维持共同的传统而表示其内在凝聚力的团体,连接的因素可以是职业、语言、居住地、年龄、宗教信仰或种族发源地"③。《世界知识产权组织著作权与邻接权法律术语汇编》对"folklore"的定义是:"从法律保护的角度而言,通常意味着属于民族的文化遗产、在一个土著团体中由不明身份的人一代一代地创造、保存和发展的作品……在其尽可能广泛的法律意义上,'folklore'包含了主要由推定为某国国民的不明身份的人创作、从该国族群的传统典型形式演化而来的所有作品。"

据学者考证,"民间文学"这一汉语概念的引入与胡适的文学革命紧密相连。1916年3月19日,梅光迪在写给胡适的信中说道:文学革命自当从"民间文学"(folklore, popular poetry, spoken language, etc.)入手,此无待言;唯非经一番大战争不可,骤言俚俗文学,必为旧派文家所讪笑攻击。但我辈正欢迎其讪笑攻击耳。④ 梅光迪首次输入"民间文学"概念,并在括号中以"folklore"解释,并且直接将其与胡适的文学革命、白话文学等同起来。"folklore"意指"民众的知识"或"民间的智慧",这与胡适强调文学的"民间性"和"民众性"基本吻合,胡适此后也常用"民间文学"一词来指称自己所倡导的文学。1921年1月,胡愈之在上海《妇女杂志》第7卷第1号上发表《论民间文学》一文,这篇文章被学界视为是最早对民间文学进行系统总结和概括的文章。文中说:"民间文学的意义,与英文的Folklore德文的Volkskunde大略相同,是指流行于民族中间的文学。"

(二)"民间文学艺术"法律概念在中国的演变

"Folkfore"一词最早由日本学者翻译为"民俗",后来也为我国民俗学界所采用。⑤ 虽然民俗学涉及传统文化和市民生活的方方面面,但自从民俗学学科诞

---

① 参见张耕:《民间文学艺术的知识产权保护研究》,法律出版社2007年版,第8页。
② 《不列颠简明百科全书》(英文版),上海外语教育出版社2008年版,第598页。
③ 李琛:《论"folklore"与"民间文学艺术"的非等同性》,载《知识产权》2011年第4期。
④ 参见胡适:《胡适古典文学研究论集》,上海古籍出版社1988年版,第208页。
⑤ 参见钟敬文:《民俗学与民间文学》,载钟敬文主编:《民间文学论丛》,中国民间文艺出版社1981年版,第2页。

生以来，民间文学艺术始终是各国民俗学的主要研究对象，在有些民俗学者那里甚至是唯一的研究对象。[1] 因此，久而久之，"folkfore"逐渐演变成了与"民间文学艺术"相对应的词。实际上，尽管"民间文学艺术"与"folklore"（民俗）之间具有十分紧密的联系，但"民间文学艺术"仅是民俗的一部分，民间文学作品及其民间文学理论，是民俗志和民俗学的重要构成部分。[2] 前者（民间文学作品等）是后者（民俗志等）这个学术"国家"里的一部分"公民"，在这学术"国家"里占据着一定的疆土。[3]

美国人类学和民俗学者艾伦·麦克海尔（Ellen Mchale）认为，无论受过教育还是未受过教育，在农村还是在城市，每个连接在一起的群体，或是有共同的利益和目的的群体，都拥有一种传统，这种传统叫作民俗。民俗包含许多个体的、大众的和"文学的"因素，这些因素通过反复流传和变异被群体评价和延续，并以这种方式被群体吸收和同化。民俗，其范围包括：传统艺术、信仰；工作和休闲的传统方式；装饰和庆典等，是一个群体保持和传承一种生活方式的传统形式。在任何情况下，民俗都存在于群体之中，并在群体中代代相传，民俗是群体在相互交往中产生的具有意义的共同经验。通过表演或示范，手把手地或在小范围内相互交流，群体以这种非正规的方式掌握了这些知识的传统形式。[4]

为此，有学者认为，作为法律概念的"folklore"应当强调其包含的"一群人（folk）"的含义，强调作为利益主体的"团体"的界定。把"民间文学艺术"作为法律概念，遗失了作为"folklore"保护诉求核心的"团体所有"这一文化信息，容易模糊公有领域与团体所有的界限。"民间"的含糊性，也无法证立团体所有的合理性，因此，建议将法律意义上的"folklore"译为"族群文学艺术"。并且，这种"族群"不能是任意定义的抽象团体，应当是可以证明对传统文学艺术表达具有团体所有的意愿、事实上确有团体控制行为并有团体控制之必要的族群。[5]

1984年文化部颁布的《图书、期刊版权保护试行条例》首次规定了民间文学艺术作品的保护。该条例第10条规定："民间文学艺术和其他民间传统作品的

---

[1] 参见吕微：《"内在的"和"外在的"民间文学》，载周星主编：《民俗学的历史、理论与方法》（上册），商务印书馆2006年版，第98页。
[2] 参见蒋万来：《民间文学艺术的法律保护》，载《电子知识产权》2004年第5期。
[3] 参见钟敬文：民俗学与民间文学，载《钟敬文民俗学论集》，上海文艺出版社1998年版，第244页。
[4] See Ellen Mchale, Fundamentals of Folklore, in John Suter, ed., Working with Folk Materials in New York State: A Manual for Folklorists and Archivists, Ithaca NY: New York Folklore Society, 1994, page 21.
[5] 参见李琛：《论"folklore"与"民间文学艺术"的非等同性》，载《知识产权》2011年第4期。

整理本，版权归整理者所有，但他人仍可对同一作品进行整理并获得版权。民间文学艺术和其他民间传统作品发表时，整理者应注明主要素材提供者，并依素材提供者的贡献大小向其支付适当报酬。"1990年《著作权法》制定时，有些委员和少数民族地区提出，我国是一个多民族的国家，各民族有丰富多彩的民间文学艺术，著作权法应当规定对民间文学艺术予以保护。鉴于民间文学艺术作品与一般作品的情况不完全一样，保护办法也应有所不同，因此，建议增加一条规定："民间文学艺术作品享有著作权，保护办法由国务院另行规定。"（修改稿第7条）①

三、驰名商标

（一）"驰名商标"制度的起源

1. "驰名商标"议题在国际上的首次提出

1911年6月2日在华盛顿召开的《巴黎公约》修订会议上，第一次提出了原属国注册商标的所有人如何禁止相同商标被他人在他国使用的问题。

为提供此情形下的保护，法国代表团在《巴黎公约》1883年最初版第6条②的基础上，提议增加附加条款，从而允许巴黎联盟成员国国民的商标在获得本国注册，并在另一成员国内第一次使用后，有权继续使用该商标，即使第三人已经在该国取得了该商标的注册。

该项提议的基本目的是对已在原属国注册的商标进行延伸保护。这一理念同驰名商标保护（尽管在该项建议中并未提出"商标必须驰名"的条件）的基本理念是相同的，也就是说，商标保护的产生无须注册，仅源于使用，从而禁止相关竞争者利用该商标已获得的信誉。

由于另外两个只在注册基础上授予商标保护的国家无法接受（尽管他们也认为法国提议所涉及的问题需要得到解决），该项提议最终没有通过。

2. "驰名商标"在国际上的首次正式使用

1925年11月6日在海牙召开的《巴黎公约》修订会议上，再次提出要保护未注册外国商标的所有人。在会议准备过程中，荷兰政府和保护知识产权联合国际局③在国际联盟④（League of Nations）的框架内进行了商讨。国际联盟经济

---

① 1990年6月20日，全国人大法律委员会副主任委员宋汝棼在第七届全国人民代表大会常务委员会第十四次会议上代表法律委员会作《中华人民共和国著作权法（草案）》审议结果的汇报。
② 1883年版《巴黎公约》的第6条是当前版公约的第6条之五。
③ International Bureau of BIRPI，世界知识产权组织的前身。
④ 1920年成立的世界性的政治性国际组织，简称"国联"。第一次世界大战结束后，美、英、法等战胜国于1919年1月18日起在巴黎举行缔结和约的会议，6月28日在凡尔赛宫签订了《凡尔赛和约》。该和约的第一章就是《国际联盟约》，该和约于1920年1月10日生效，国际联盟于同月16日正式成立。

和金融委员会承担了此项工作。该委员会在前一年（1924年）刚举办了一个专门会议，讨论反对不正当竞争的有效措施，因此对这一议题有着浓厚的兴趣。

那次会议的报告中写道："商人甚至他人申请注册外国驰名商标以获得财产权，并阻止商标的真正所有人在该国使用或迫使其付出更高的代价以获得使用权，这一现象并不少见。"①

为解决这一问题，荷兰政府和保护知识产权联合国际局提出了一项建议作为新的第6条之二。此后，各国就该项提议进行了讨论，德国和奥地利建议新条文应该规定商标必须在注册国驰名，才能拒绝或撤销他人注册，并应当明确表明，与注册标记相冲突的商品应当具有相同或相似性。法国、英国和意大利建议将请求撤销注册的期间从3年延长至5年。瑞典建议驰名商标的保护必须以在该国使用到一定程度为前提。瑞士则提出疑问：商标在原属国或注册与其冲突的商标所在国是否必须驰名？（该问题没有被答复）此外，瑞士还建议巴黎联盟成员国有义务通过行政或司法决定，或依职权，或经相关当事人请求，使注册无效。并且，当事人请求的期间不应当受到限制。美国则从另一个角度发表了意见，它建议在后来成为《巴黎公约》第6条之五（在海牙会议上仍属于第6条）的框架内——所谓的"与在原属国注册那样"（telle quelle——法文）（对应英文为"as is"）条款——解决驰名商标的问题。这就意味着，将驰名商标作为拒绝保护冲突标记的理由只是一种可能（possibility），而非一项义务。

由此而言，许多如今仍在讨论的驰名商标保护问题其实早在1925年的海牙会议上即已提出。经各国讨论之后，第6条之二在海牙会议上被一致通过，这也是驰名商标首次在国际上正式使用。由于当时通过的公约语言为法文（1958年以前的所有会议文本和记录都仅用法文），因此驰名商标最先使用的是其法文称谓"marque notoirement connue"，此后，才将法文翻译成对应的英文"well-know marks"。

3. 其他几次会议对驰名商标制度形成的贡献

（1）1934年伦敦修订会议。

1934年6月2日在伦敦召开的《巴黎公约》修订会议上，只有英国政府和保护知识产权联合国际局提出了一条修改意见，即将请求撤销冲突商标（该商标注册也是善意取得）的最短期间由3年延长到7年。其理由是，公开注册的过程有时难免拖沓冗长，并且，冲突商标的注册人可以先等候3年，再通过抨击商标合法所有人的手段表明其权利。不过，奥地利和南斯拉夫赞成3年的期间。墨西哥

---

① Actes de La Haye at 242.

希望是10年，挪威则建议为5年。西班牙和芬兰认为，如果冲突商标的使用人出于善意，3年即已足矣。捷克斯洛伐克认为，冲突商标注册人是善意的情况下，应将最短期间设在5年，因为第6条之二对未注册商标的保护本来就属于例外。美国则建议重新起草第6条之二，新条文应当明确商标须在"哪儿"驰名（在提供保护的国家内明确相关的工业或商业圈子）。此外，新条文还包括两个附加条款，第1款是关于冲突商标使用人或注册人是恶意的情形（知晓商标的存在和使用，即便其不驰名）；第2款的内容后来则成了当前版公约的第6条之七，即"未经所有人授权而以代理人或代表人名义注册"。

英国政府和保护知识产权联合国际局的修改意见在大会上没有被接受，因为一些国家反对将最短期间由3年延长至7年。至于美国的意见，其实质部分也没有获得足够的支持，不过也有一些非实质性意见被最终采纳。

(2) 1958年里斯本修订会议。

1958年10月31日在里斯本召开的修订会议上，保护知识产权联合国际局就第6条之二提出的修改建议包括两个已在伦敦会议上提出的问题，即禁止冲突商标的使用以及将最短期间从3年延长至5年。各国讨论的内容和伦敦会议基本相同。

至于商标是否不需要在一国使用即可认定为驰名的问题，保护知识产权联合国际局认为，无法想象一商标尚未在一国使用也能驰名，因此，它没有采纳保护工业产权国际协会（International Association for the Protection of Industrial Property, AIPIP）在其1954年布鲁塞尔大会上通过的一项决议——该决议认为，不能把"使用"作为保护的前提。

美国建议在保护工业产权国际协会决议的基础上增加一句话，作为第6条之二第1款，根据该句话，驰名商标并不一定要在请求保护的国家先使用。此外，美国还提出了一个定义，根据该定义，如果一商标已经在请求保护的国家有效使用或者已通过该国或国外的广告或借助其他宣传手段为该国商业圈或公众所熟知的商标，即可认定为"驰名"。美国的最后一项提议还包括打破驰名商标的保护必须是相同或类似商品的限制。

不过，美国的这些提议没有获得足够的支持，大会最后通过了保护知识产权联合国际局的修改建议。通过后的文本，即如今仍在生效的条款，在那之后也未再作任何修改，条款如下（下划线部分为本次大会增加的内容）[①]：

1) 本联盟各国承诺，如本国法律允许，应依职权，或依利害关系人的请求，

---

① 下划线为引者注。

对商标注册国或使用国主管机关认为在该国已经驰名，属于有权享受本公约利益的人所有、并且用于相同或类似商品的商标构成复制、仿制或翻译，易于产生混淆的商标，拒绝或撤销注册，并禁止使用。这些规定，在商标的主要部分构成对上述驰名商标的复制或仿制，易于产生混淆时，也应适用。

2）自注册之日起至少五年的期间内，应允许提出撤销这种商标的请求。本联盟各国可以规定一个期间，在这期间内必须提出禁止使用的请求。

3）对于依恶意取得注册或使用的商标提出撤销注册或禁止使用的请求，不应规定时间限制。

（3）1967年7月14日的瑞典斯德哥尔摩会议

1967年7月14日在瑞典斯德哥尔摩召开的会议并未对《巴黎公约》第6条之二作出任何修改，甚至都没有将其列入会议日程。

不过，正是在这次会议上，来自31个国家的代表签署了《成立世界知识产权组织公约》（1970年5月26日生效）。自此，世界知识产权组织宣告成立。

（二）"驰名商标"中文称谓的演变

1982年8月23日第五届全国人民代表大会常务委员会第二十四次会议通过并公布，自1983年3月1日起施行的《商标法》，是我国第一部商标法，也是我国第一部与知识产权有关的法律。不过，该法并未规定驰名商标的保护问题。

1983年，郑成思教授发表了《谈谈〈保护工业产权巴黎公约〉的几个问题》一文，介绍了15点《巴黎公约》的最低要求，其中第十三点为"对驰名商标应当给予特别保护"，即"各成员国的国内法，均应当禁止使用与驰名商标相同或近似的商标，并拒绝接受与其相同或近似的商标注册。"这是目前可考的关于"驰名商标"中文称谓的最早出处。

1984年11月4日，全国人大第八次会议通过了我国加入《巴黎公约》的议案，同年12月19日我国要求加入《巴黎公约》的申请书获得批准，从1985年3月19日起我国正式成为《巴黎公约》的成员国。由于《巴黎公约》中驰名商标的英文为"Well-Known Marks"，在将该制度介绍到我国时，对"Well-Known Marks"曾有几种翻译：第一种翻译是"驰名商标"，例如，前述郑成思教授对《巴黎公约》的介绍。第二种翻译是"著名商标或周知商标"，例如，目前可检索到的第一篇专论驰名商标的法学文章——《论驰名商标的特殊法律保护》中提道："所谓驰名商标，就是指那些信誉卓著、极为著名，为广大公众所周知的商标，故又称之为著名商标或周知商标。"[①] 第三种翻译是"公众熟知的商标"。例

[①] 朱丽亚、王琪生：《论驰名商标的特殊法律保护》，载《法学杂志》1989年第1期。

如，1993年7月15日国务院批准修订的《商标法实施细则》第25条规定："下列行为属于《商标法》第二十七条第一款所指的以欺骗手段或者其他不正当手段取得注册的行为：……（2）违反诚实信用原则，以复制、模仿、翻译等方式，将他人已为公众熟知的商标进行注册的；……"第48条规定："连续使用至1993年7月1日的服务商标，与他人在相同或者类似的服务上已注册的服务商标（公众熟知的服务商标除外）相同或者近似的……"上述两条使用的称谓就是"公众熟知的商标"。

1996年8月14日国家工商行政管理局颁布了《驰名商标认定和管理暂行规定》（国家工商行政管理局第56号令）（1998年12月3日根据《国家工商行政管理局修改〈经济合同示范文本管理办法〉等33件规章中超越〈行政处罚法〉规定处罚权限的内容》进行修改），其中第2条规定："本规定中的驰名商标是指在市场上享有较高声誉并为相关公众所熟知的注册商标。"第3条规定："国家工商行政管理局商标局负责驰名商标的认定与管理工作。任何组织和个人不得认定或者采取其他变相方式认定驰名商标。"这是我国第一部专门调整驰名商标认定和管理的行政规章，它第一次以国务院部门规章的形式明确并初步确立了对驰名商标的保护。但该暂行规定将"驰名商标"限于"注册商标"，即将"注册"规定为驰名商标认定和保护的前提条件，和《巴黎公约》及国际惯例相悖。并且，该暂行规定对驰名商标的认定做法属于"主动认定为主，被动认定为辅，批量认定"。允许商标局"主动认定"的做法违背了驰名商标制度的设立初衷，导致我国驰名商标保护制度陷入了一段误区。

2001年10月27日，根据第九届全国人民代表大会常务委员会第二十四次会议《关于修改〈中华人民共和国商标法〉的决定》第二次修正后的《商标法》颁布，其中《商标法》第13条规定："就相同或者类似商品申请注册的商标是复制、摹仿或者翻译他人未在中国注册的驰名商标，容易导致混淆的，不予注册并禁止使用。就不相同或者不相类似商品申请注册的商标是复制、摹仿或者翻译他人已经在中国注册的驰名商标，误导公众，致使该驰名商标注册人的利益可能受到损害的，不予注册并禁止使用。"第14条规定："认定驰名商标应当考虑下列因素：（一）相关公众对该商标的知晓程度；（二）该商标使用的持续时间；（三）该商标的任何宣传工作的持续时间、程度和地理范围；（四）该商标作为驰名商标受保护的记录；（五）该商标驰名的其他因素。"这是我国第一次在法律中明确驰名商标的法律地位并规定了较为详细的认定标准。

但是，法律中明确选择了"驰名商标"的称谓，而放弃了曾经使用过的"周知商标"和"公众熟知的商标"，导致驰名商标制度在后来逐渐异化。例如，有学者认为："驰名商标概念的扭曲和作用的夸大，致使不少企业把认定驰名商标当成荣誉追逐，轻视市场评价而重视政府批文，而有的地方政府不遵循市场规律，通过奖励更多企业认定驰名商标以体现政府的政绩。可以说计划经济下的一些东西借机还魂了！"[①] "现在中国驰名商标制度被普遍用于所谓商标战略，用于表彰先进、市场促销甚至政绩考核中，被明显异化了。"[②] 我国在驰名商标方面的诸多做法歪曲了《巴黎公约》的原则，将一个纯由市场决定的经济事实，变成一个由政府主导的事实上的评选活动，变成一个经过评定在数年内享用，并在其后事实上可以"续展"的商标贵族的身份。驰名商标在一定程度上已成为少数企业利用政府参与此事所展示的公信力，实施不正当竞争的手段。[③]

从语言翻译的角度来说，把驰名商标翻译成"周知商标"或者"公众熟知的商标"更为准确。在英文中，表示"知名度"的词汇主要有三个：（1）"famous"，翻译为"著名的，出名的，极好的"，这是个有较强感情色彩的褒义词；（2）"well-known"，翻译成"出名的，众所周知的，熟知的"，是个无明显感情色彩的中性词；（3）"notorious"翻译成"臭名昭著的，声名狼藉的"，是个有明显感情色彩的贬义词。

可见，将中性的"well-known"翻译成具有较强感情色彩的褒义词"驰名商标"，并未吻合该术语的原义，而翻译成"周知商标"或者"熟知商标"则似乎更为准确。但是由于"驰名商标"所具备的褒义更为人们所乐见，因此，不知不觉中，人们就使用了"驰名商标"，而未使用"周知商标"或者"熟知商标"，这可能是一个历史性的错误，因为它不能准确地反映出《巴黎公约》对"Well-Known Marks"加以保护的初衷。考虑到这一层因素，2013年我国《商标法》修订时，在第13条特意增加了一款作为第1款，并着重强调了"熟知"这一限定条件，暗含着对"驰名"内涵的一种限制性界定，即"为相关公众所熟知的商标，持有人认为其权利受到侵害时，可以依照本法规定请求驰名商标保护"。

---

① 杨叶璇：《让驰名商标走下神坛》，载《电子知识产权》2009年第8期。
② 董葆霖：《驰名商标异化是对〈商标法〉公正原则的颠覆》，载《电子知识产权》2009年第8期。
③ 参见刘春田：《民法原则与商标立法》，载《知识产权》2010年第1期。

第五章

中国知识产权法总论研究中的重大理论争议

"理论在一个国家实现的程度,总是决定于理论满足这个国家的需要的程度。"[1] 知识产权因市场经济而生,为市场经济而存。近代中国既无强大的市场经济基础,也无安定的学术创作环境,更无强烈的理论创新需求,因而不可能也不需要产生繁荣的知识产权学术研究,遑论重大的理论争议。

新中国的知识产权学术,以改革开放为起点,前十五年大体见证了"立法之学"和"对策之学"两个阶段。[2] 自20世纪90年代后期始,随着中国社会逐渐向市场经济迈进,生产和生活方式的转变,对外开放和交往的密切,对知识产权制度和理论的需求达到了前所未有的旺盛程度,从而把知识产权学术推进到了新的阶段。这一阶段的研究逐渐突破了旧有模式的藩篱,开始自觉地与现实的法律、普通的常识[3] 拉开了一定的距离,开始以一种外在的、主体的、学术的观点对法律及其常识进行客观的分析和表达,并在此基础上进行深度的思辨和评价。例如,刘春田教授在20世纪90年代中期首开国内先河,开创性地提出了"知识

---

[1] 《马克思恩格斯选集》(第1卷),人民出版社1995年版,第11页。
[2] 由于知识产权法规体系比较复杂,各单行法颁布的时间跨度较长,甚至间隔十年以上,因而这两个阶段在很大程度上是交错并行的,并且"对策之学"在当下中国依然是学界主流。有兴趣者可参见陈瑞华:《论法学研究方法》,北京大学出版社2009年版。
[3] 法国社会学家布迪厄认为:"要科学地构建研究对象,首要的是与常识划清界限,也就是说,与那些被大家共同持有的见解划清界限,不管它是日常生存状态里的老生常谈,还是一本正经的官方见解。"〔法〕皮埃尔·布迪厄、〔美〕华康德:《实践与反思——反思社会学导引》,李猛、李康译,邓正来校,中央编译出版社1998年版,第359页。

产权对象"的概念,以与"知识产权客体"相区分①,从而挑战了事实上的通说"智力成果说"②。该观点在学术上不仅启示了新的研究思路,更为重要的是发现了新的研究对象。中国社会科学要想在当下求得发展或获得自主,"最为重要的是在其自身的社会科学研究中科学地建构研究对象"③。此观点提出后,学者纷纷发表独立见解,信息说④、信号说⑤、知识产品说⑥、知识资产说⑦、符号论⑧等学说相继提出,相关专著不断问世⑨,"每一种学说都是体系化过程中的探索,从这些学说的相互竞争中,可以看出法学不断逼近合理性的科学品性"⑩。

　　学术的本质,是在理性的范导下经由知性而达成对于感性形式或质料的和谐统一。学术是求真的基本形式,并具有审美价值。学术活动拥有一种相对于以功利为目的的实践活动的纯粹性,因而,学术活动首先应当是一种精神的自在的需求。⑪ 中国知识产权法学研究的百年兴起之路,无论是初期的"立法之学",还是中期的"对策之学",体现的都是一种"实用理性",即将知识产权研究束缚于功利性的目标之上,从而疏远了知识产权法学研究与学术本身的距离,抑制了学术活动的内在美感。20世纪90年代后期开始的知识产权学术研究,逐渐淡化了功利主义和工具主义的色彩,摆脱了亦步亦趋、鹦鹉学舌的窘境,开始了彰显学术主体性的努力,推动从"表达中国"到"中国表达"的历史性转变,不断建构有中国特色的知识产权理论体系。中国知识产权学术只有不断地强化主体意识、原创意识,才有可能开启中国知识产权学者与世界同行的学术对话,使中国在成为"经济中国"的同时,也成为"学术中国""文化中国"。

---

　　① 参见刘春田主编:《知识产权法教程》,中国人民大学出版社1995年版,第5-7页。
　　② 不少资深学者均推崇此说,这些学者认为,智力成果说"概括了知识产权的最本质的因素,是比较准确而经历过反复推敲的";"确实是经过深思熟虑的"。郭寿康主编:《知识产权法》,中共中央党校出版社2002年版,第5页;郑成思:《知识产权论》,法律出版社1998年版,第71页。
　　③ 邓正来:《学术自主与中国深度研究》,上海文艺出版社2012年版,第15页。
　　④ 参见张玉敏主编:《知识产权法》,法律出版社2005年版,第20页;郑胜利、袁泳:《从知识产权到信息产权——知识经济时代财产性信息的保护》,载《知识产权》1999年第4期。
　　⑤ 参见张俊浩主编:《民法学原理》(修订版),中国政法大学出版社1997年版,第457-459页。
　　⑥ 参见吴汉东、闵锋编著:《知识产权法概论》,中国政法大学出版社1987年版,第34页;王太平:《知识产权客体的理论范畴》,知识产权出版社2008年版,第122-123页;周俊强:《知识、知识产品、知识产权——知识产权法基本概念的法理解读》,载《法制与社会发展》2004年第4期。
　　⑦ 参见刘茂林:《知识产权法的经济分析》,法律出版社1996年版,第2页。
　　⑧ 参见李琛:《论知识产权法的体系化》,北京大学出版社2005年版,第124-139页。
　　⑨ 参见王太平:《知识产权客体的理论范畴》,知识产权出版社2008年版;朱谢群:《创新性智力成果与知识产权》,法律出版2004年版;刘淑华:《知识产权对象研究》,中国人民大学2007年博士学位论文;何鹏:《知识产权概念研究》,中国人民大学2009年博士学位论文;等等。
　　⑩ 李琛:《论知识产权法的体系化》,北京大学出版社2005年版,第118页。
　　⑪ 参见钱捷:《学术与人生——从审美判断谈起》,载《现代哲学》2010年第1期,第86页。

同时，我们认为，"总论是一个学科体系化成果的集中体现，学科越成熟，总论的共识越多、分歧越小。知识产权法总论是阐述知识产权理论体系的基础，是该学科走向理性的重要标志"①。从世界知识产权法学研究的角度看，虽然中国是知识产权法制建设与学术研究的"后发者"和"继受者"，但对"知识产权法总论"的研究是当代中国学者对世界知识产权法学的独特贡献。因此，本书独辟一章，专门讨论中国知识产权法总论研究中的重大理论争议，议题涉及知识产权的概念、知识产权的对象、知识产权的性质、知识产权的特征、知识产权的正当性、知识产权与民法典的关系等。

第一节 知识产权概念研究中的重大理论争议

一、知识产权的概念

关于知识产权的概念，学界主要三种界定方式：第一种是列举知识产权主要分支的方法，第二种是完全列举知识产权保护范围的方法，第三种是直接下定义的方法。

（一）主要列举

列举知识产权主要分支的方法是国内外比较普遍的方法。例如，1998年，沈达明编著的《知识产权法》认为，将专利权、商标权与著作权等一般结合在一起称之为知识产权。② 但是，这种列举知识产权主要组成的方法不能揭示属概念的全部外延

（二）下定义

用下定义的方法来界定知识产权概念的路径，有代表性的是我国20世纪90年代以来编写的教材，为知识产权下的定义主要是指人们就其智力成果依法享有的专有权利，例如：1993年，郑成思主编的《知识产权法教程》提出，知识产权指的是人们可以就其智力创造的成果依法享有的专有权利。③ 1999年，吴汉东主编的《知识产权法》认为，知识产权是人们对于自己的智力活动创造的成果和经营管理活动中的标记、信誉依法享有的权利。④ 2001年，张玉敏在《知识产权的概念和法律特征》中提出，知识产权是民事主体所享有的支配创造性智力成

---

① 刘春田：《新中国知识产权法学学科的开拓者》，载《法学家》2010年第4期，第82页。
② 参见沈达明编著：《知识产权法》，对外经济贸易大学出版社1998年版，"前言"。
③ 参见郑成思主编：《知识产权法教程》，法律出版社1993年版，第1页。
④ 参见吴汉东主编：《知识产权法》，中国政法大学出版社1999年版，第1页。

果、商业标志以及其他具有商业价值的信息并排斥他人干涉的权利。[①] 2002年，刘春田主编的《知识产权法》认为，知识产权是基于创造性智力成果和工商业标记依法产生的权利的统称。[②] 用下定义的方法，固然直观、抽象、深入，但要准确揭示知识产权概念的内涵和外延，必须首先对权利的对象进行归纳，而这又涉及另外几个重大争议的问题：如何理解知识产权的对象？知识产权的对象是什么？

二、知识产权的对象

(一)"知识产权对象"的提出

我国法理学和民法学界长期以来并不区分权利对象和权利客体，在知识产权领域以知识产权客体替代知识产权对象的做法也是普遍现象，甚至，在大多数知识产权学者的论著中，根本不使用"知识产权对象"这一表述。1995年，刘春田主编的《知识产权法教程》出版，该教材为从根本上界定知识产权的性质，开创性地提出了"知识产权对象"的概念，以与"知识产权客体"相区分。[③] 1996年，刘春田在《简论知识产权》一文中继续对"知识产权对象"与"知识产权客体"进行了区分，认为，"知识产权的对象，是指知识产权法律关系所据以产生的事物"[④]。此后，2000年改版的教材《知识产权法》认为，知识产权的对象是"知识"本身，"知识"的本质就是"形式"[⑤]，2009年修订的《知识产权法》教材进一步认为，知识产权的客体是指"在对象上所施加的、能够产生一定利益关系的行为"[⑥]。该观点不仅挑战了事实上的通说——"智力成果说"[⑦]，而且质疑了"知识产权是无形财产权"的观点。更为重要的是，该观点在学术上启示了新的研究思路，发现了新的研究对象；此后，不仅在学界引发了"知识产权对象是什么"的大讨论，而且也促使学者重新思考"权利对象"与"权利客体"的关系问题。

[①] 参见张玉敏：《知识产权的概念和法律特征》，《现代法学》2001年第5期，第103-110页。
[②] 参见刘春田主编：《知识产权法》，中国人民大学出版社2002年版，第6页。
[③] 参见刘春田主编：《知识产权法教程》，中国人民大学出版社1995年版，第5-7页。
[④] 刘春田：《简论知识产权》，载郑成思主编：《知识产权研究》（第1卷），中国方正出版社1996年版，第46页。
[⑤] 刘春田主编：《知识产权法》，中国人民大学出版社2000年版，第7页。
[⑥] 刘春田主编：《知识产权法》，中国人民大学出版社2009年版，第9页。
[⑦] 不少资深学者均推崇此说，这些学者认为，智力成果说"概括了知识产权的最本质的因素，是比较准确而经历过反复推敲的"，"确实是经过深思熟虑的"。郭寿康主编：《知识产权法》，中共中央党校出版社2002年版，第5页；郑成思：《知识产权论》，法律出版社1998年版，第71页。

(二)"知识产权对象"即"知识产权客体"的观点

大多数学者都采用"知识产权客体"的称谓来指代创造性智力成果和工商业标记。[①] 持此观点的学者,有的明确指出知识产权客体即知识产权对象,有的则明确遵从主流用法将知识产权客体等同于知识产权对象。例如,1991年,王家福在《关于知识产权的几个问题》中认为:"知识产权的客体即知识产权的保护对象,知识产权的保护范围即为知识产权的客体范围。"[②] 1997年,郑成思在《知识产权法》中认为:"知识产权保护对象涵盖主体与客体,作品是对象,也是客体。"[③] 2005年,陶鑫良和袁真富在《知识产权法总论》中认为:"知识产权的客体与知识产权对象系同一语,都是指知识产权所支配的智力成果和商业标记。"[④] 还有学者虽然没有明确指出知识产权客体与知识产权对象的同一关系,但对于知识产权客体的阐述,往往是以对象或者受保护对象等作为客体的解释或者替代词,如1999年吴汉东主编的《知识产权法》一书。[⑤]

(三)"知识产权对象"不同于"知识产权客体"的观点

与上述主流观点相反,以刘春田为代表的人大学者对知识产权对象和知识产权客体的关系提出了不同的见解。1996年,刘春田在《简论知识产权》一文中首次对"知识产权对象"与"知识产权客体"进行了区分并作出了详细的界说,他认为,"知识产权的对象,是指知识产权法律关系所据以产生的事物。具体地说,就是有关的智力成果和工商业标记"。"知识产权的客体,即知识产权法律关系的客体,与对象是不同的。法律关系的构成要素包括主体、内容和客体。……法律调整人与人的关系,不调整人与物的关系。所以,按照这种逻辑,法律关系的客体绝不是智力成果或工商业标记本身,而是依法对智力成果或工商业标记进行控制、利用和支配之行为。"[⑥] 2000年,刘春田主编的《知识产权法》认为,知识产权的对象就是"知识"本身。在知识产权领域,知识是指创造性智力成果和工商业标记,它们是知识产权法律关系发生的前提和基础。与对象有关的概念是知识产权的客体,知识产权的客体是指基于对知识产权的对象的控制、利用和

[①] 参见郑成思:《知识产权论》,法律出版社1998年版,第151页;吴汉东:《知识产权基本问题研究》,中国人民大学出版社2005年版,第30页;刘春茂:《知识产权原理》知识产权出版社2002年版,第11页;陶鑫良、袁真富:《知识产权法总论》,知识产权出版社2005年版,第97页。

[②] 王家福:《关于知识产权的几个问题》,《法学研究》1991年第1期。

[③] 郑成思:《知识产权法》,法律出版社1997年版,第11页。

[④] 陶鑫良、袁真富:《知识产权法总论》,知识产权出版社2005年版,第99页。

[⑤] 参见吴汉东主编:《知识产权法》,中国政法大学出版社1999年版,第13页。

[⑥] 刘春田:《简论知识产权》,载郑成思主编:《知识产权研究》(第1卷),中国方正出版社1996年版,第46页。

支配行为而产生的利益关系或称社会关系,它是法律所保护的内容。由于知识产权的对象与客体有密切联系,因而很容易出现将二者混淆,把知识产权的对象当成知识产权的客体的情况。对象是具体的、感性的、客观的范畴,是第一性的,它是法律关系发生的客观基础和前提,比如,人的出生与死亡或身体健康受到伤害,以及技术发明的创造或作品的完成等法律事实,会引起相应法律关系如人身权、财产权、继承权、债权、知识产权等的发生、变更或者消灭。可见,法律事实只是导致法律关系产生的客观原因,而不是该原因作用于法律法规而形成的利益关系或称社会关系。这种利益关系,才是法律关系的客体。正如马克思在评论林木盗窃案时所说的"犯罪行为的实质并不在于侵害了作为某种物质的林木,而在于侵害了林木的国家神经——所有权本身",客体是法律关系的要素之一。客体是抽象的、理性的范畴,是利益关系即社会关系,是第二性的。法律关系的客体是对象即法律事实与一定的法律规范相互作用的结果。所以,对象与法律关系的客体是两种不同的事物。以往,我们把创造性智力成果和工商业标记,也就是法律事实的构成要素当作知识产权的客体,把远在知识产权制度产生之前就存在着的、本属于知识产权的对象,即创造性智力成果和工商业标记的自然属性,如"无体性""可复制性"等,也当成知识产权法律关系的特征加以论述,显然是不妥当的。①

2009年,刘春田主编的《知识产权法》进一步完善了上述观点,将知识产权的客体从"基于对知识产权的对象的控制、利用和支配行为而产生的利益关系或称社会关系",修改为了"在对象上所施加的、能够产生一定利益关系的行为"②。该书认为:"作为对象的知识是'形式''结构''符号',属非物质的范畴。""所谓利益关系,包括因对知识产权对象的控制、利用和支配行为而产生的利益关系或称社会关系。由于知识产权的对象与客体有密切联系,无论理论上,还是实践中,很容易将知识产权的对象和知识产权的客体混为一谈。作为知识产权对象的'知识',是具体的、感性的、客观的范畴。相对于客体,也就是对对象所施加的行为而言,是第一性的事物,是权利客体发生的客观基础和前提。它决定了能够对其施加行为的具体方式及内容。如果没有第一性的客观对象的存在,行为就没有了发生的根据,失去了作用的对象,因而就失去了所施加行为方式及其内容的确定性。因此,我们不应将对象和在对象上施加的行为混为一

---

① 参见刘春田主编:《知识产权法》,中国人民大学出版社2000年版,第6—7页。
② 刘春田主编:《知识产权法》,中国人民大学出版社2009年版,第9页。

谈。"① 根据刘春田在该书中的分析，知识产权对象与知识产权客体除具有不同的定义以外，二者的区别还表现在对象、权利、客体是不同的事物。对象是客观的、具体的、第一性的，是利益乃至权利发生的前提；权利是"形而上"的，是由法律规范的反映利益关系的意志关系，是主体在法律上的地位或资格；客体是"形而下"的，是主体依法对权利对象所能为的行为的方式及其限度，客体是权利与对象的中介。②

三、"知识产权对象"的不同归纳

以下定义的方式界定知识产权的概念，必然以归纳和界定知识产权对象的内涵为前提。固然我国学界主流并不认为"知识产权对象"和"知识产权客体"是两个有区别的概念，但关于知识产权对象或者客体是什么的研究，呈现出少有的繁荣。具体而言，我国学者提出的主要观点有以下几种。③

（一）智力成果说

智力成果说源自知识产权定义中的智力成果权说。根据法国学者萨勒维斯基（J. Shmidt-Szalewski）和皮埃尔（J. L. Pierre）的考证，将知识产权视为智力成果权源于19世纪的科勒（Kohler）和皮卡尔（Picard），他们认为知识产权诸分支的共性一方面同属于智力成果权，另一方面都不同于有体财产权，并且这些权利都属于特殊的财产权类型。④ 此后，智力成果权说因得到多数国家和相关国际组织的采纳而强化了其权威地位。世界贸易组织在其官方网站上对知识产权的描述认为知识产权是设立在智力创造成果上的排他权。⑤ 世界知识产权组织在其管理的《成立世界知识产权组织公约》第2条第8款中以不完全列举的方式划定了知识产权的范围之后，也概括地规定知识产权是来自工业、科学及文学艺术领域内的一切智力创造活动所产生的权利。世界知识产权组织在其编写的《知识产权法教程》中进一步确认，"知识产权的对象是人的脑力、智力的创造物，对这类

---

① 刘春田主编：《知识产权法》，中国人民大学出版社2009年版，第9页。
② 参见刘春田主编：《知识产权法》，中国人民大学出版社2009年版，第10页。
③ 参见刘淑华：《知识产权对象研究》，中国人民大学2007年博士学位论文；何鹏：《知识产权概念研究》，中国人民大学2009年博士学位论文。
④ J. Szalewski & J.-L. Pierre, Droit de la propriété industrielle, Litec, 1996, p. 4. 转引自刘淑华：《知识产权对象研究》，中国人民大学2007年博士学位论文。
⑤ "Intellectual property rights are the rights given to persons over the creations of their minds. They usually given the creator an exclusive rights over the use of his/her creation for a certain period of time." http://www.wto.org/english/tratop_e/trips_e/intell_e.htm.

知识财产即与之有关的各类信息享有的各种权利即知识产权"[1]。

我国民法学界对知识产权的概念曾有过一段排斥的历史,认为用"智力成果权"比用"知识产权"更适合我国社会公有制性质的实际。这是因为当时深受苏联民法的影响。苏联民法学界认为,"知识产权"的概念是表示私人占有脑力劳动成果的意思,属于资产阶级私法的范畴,而在社会主义生产资料公有制条件下,人的脑力劳动的成果必须与生产资料公有制相联系、同整个社会的共同劳动联系起来,因而否认智力成果为私人所有,所以,在苏联民法中只承认智力成果权而不承认知识产权。这种情况持续了很长时期,直至1973年苏联加入世界版权公约,苏联才开始承认知识产权的概念。根据苏联学者的介绍,苏联民法没有规定对创作成果本身的工业产权、科学产权、文学产权、知识产权或精神产权等制度。在苏联的法学著作和法律实践中之所以使用其中的某些概念,只是因为这些概念在苏联参加的国际关系中使用,例如,在《巴黎公约》中,以及在创立世界知识产权组织的国际公约中使用。[2] 在1979年起第三次起草民法典过程中,多数学人仍持此主张。

1. 将知识产权的对象归纳为智力成果

1982年7月,西北政法学院民法教研室编写的《民法原理讲义》一书,在第五编专编论述"智力成果权",并认为"智力成果权,在国际上一般称为知识产权"。该编内容包括"智力成果权的概述,著作权,发现权、发明权,专利权,商标权"[3]。这是中国法学教材首次涵盖知识产权的全部主体内容,但使用的统称是"智力成果权"。1980年我国成为世界知识产权组织的正式成员国后[4],民法学界的这种观点开始发生转变,随着对外开放过程中与其他国家在知识产品交流方面的活动日益增加,国内商品经济因素的扩大而使技术市场不断扩大,都要求对知识产品的人身权利和财产权利给以法律上的充分确认和保护,这样,知识产权才逐渐取代智力成果权而为民法学界所普遍接受。[5] 1983年6月,王明毅等编著的简明法学教材之《民法讲义》(试用本)在第十五讲论述知识产权问题时,放弃了通行的"智力成果权"的说法,而是直接采用"知识产权"的表述,该书认为:"知识产权是目前国际上通行的用语。但在我们社会主义国家,知识并不

---

[1] 世界知识产权组织编著:《知识产权纵横谈》,张寅虎、孙建政、张来明、何兵、包林译,世界知识出版社1992年版,第4页。
[2] 参见 B. Л. 格里巴诺夫、C. M. 科尔涅耶夫主编:《苏联民法》(下册),中国社会科学院法学研究所民法经济法研究室译,法律出版社1986年版,第448页。
[3] 西北政法学院民法教研室编:《民法原理讲义》,西北政法学院科研处1982年版。
[4] 中国于1980年6月3日加入该组织,成为它的第90个成员国。
[5] 参见龙斯荣、尹佐保:《知识产权法论》,吉林大学出版社1992年版,第3-4页。

第五章　中国知识产权法总论研究中的重大理论争议

是物质财产，也不应该属于私有。从我国的国情出发，有人主张这个用语应该改为'智力成果的专有权'，但考虑到'知识产权'一词的国际性，这里仍予沿用。"① 这是中国法学教材中首次以"知识产权"作为著作权、专利权和商标权的统称并系统阐述知识产权法的基本原理。1986年4月12日通过的《民法通则》以"知识产权"作为第五章"民事权利"第三节的标题，并第一次把知识产权列为民事权利的重要组成部分，从立法的角度对知识支配权的商品化问题作了肯定回答，明确规定公民、法人的著作权受法律保护，从而为我国的著作权立法奠定了坚实的基础，也使"知识产权"取代"智力成果权"的提法普遍为社会所采用。②

虽然目前已经没有法律条文或者教材论著将知识产权称为"智力成果权"，但在界定知识产权的含义时，将知识产权保护的对象归纳为"智力成果"依然是普遍的现象，因而，智力成果说仍是理解知识产权对象的事实上的通说。例如，2002年，刘春茂在《知识产权原理》一书中认为："知识产权是对包括著作权、专利权、商标权、发明权、发现权、商业秘密、厂商名称、地理标记等智力成果权的总称。"③ 同年，郭寿康在其主编的《知识产权法》中指出，智力成果权说

---

① 王明毅等编著：《民法讲义》（试用本），法律出版社1983年版，第206页。
② 一个最直观的反映是，以《民法通则》的通过为时间上的分界点，通过之前的民法教材中涉及知识产权的部分一般统称为"智力成果权"，例如：（1）西北政法学院民法教研室编：《民法原理讲义》，西北政法学院科研处1982年版，第五编"智力成果权"（第289页）；（2）王作堂、魏振瀛、李志敏、朱启超等编：《民法教程》，北京大学出版社1983年版，第六编"智力成果权"（第389页）；（3）佟柔主编：《民法原理》，法律出版社1983年版，第四编"智力成果权"，第383页；（4）陈国柱主编：《民法学》，吉林大学出版社1984年版，第四编"智力成果权"，第277页。《民法通则》通过之后的民法教材中涉及知识产权的部分绝大多数都统称为"知识产权"，例如：（1）郑立、刘春田、李长业：《民法通则概论》，红旗出版社1986年版，第191页；（2）凌相权主编：《中华人民共和国民法概论》，山东人民出版社1986年版，第263页；（3）唐德华主编：《民法教程》，法律出版社1987年版，第五编"知识产权"，第337页。当然，这种划分并非绝对，在《民法通则》通过之前，已有教材开始采用"知识产权"一语作为统称，例如：简明法学教材之《民法讲义》（试用本）（法律出版社1983年版）一书中，第十五讲的题目即是"知识产权"。该书解释了采这一做法的原因："知识产权是目前国际上通行的用语。但在我们社会主义国家，知识并不是物质财产，也不应该属于私有。从我国的国情出发，有人主张这个用语应该改为'智力成果的专有权'。但考虑到'知识产权'一词的国际性，这里仍予沿用。"（第206页）这是我国法学教材中首次以"知识产权"作为著作权、专利权和商标权的统称。此外，李威忠编著、方立校订，新疆维吾尔自治区政法干部学校科研处发行的《民法原理》（1983年版）第四编（第506页）和安徽大学法律系民法教研室编的《中国民法讲义》（安徽大学法律系1984年9月发行）第五编（第267页）也都以"知识产权"命名。在《民法通则》通过之后，也有教材并未采用"知识产权"一语作为统称，例如江平、张佩霖编著的《民法教程》（中国政法大学出版社1986年版）一书中，涉及知识产权的内容甚至只有一章，即该书第二十三章"作品权（著作权）"。
③ 刘春茂：《知识产权原理》，知识产权出版社2002年版，第4页。

"概括了知识产权的最本质的因素,是比较准确而经历过反复推敲的"①。而郑成思则可谓该说的坚定捍卫者,他在1993年的《知识产权法教程》和1997年的《知识产权法》中分别将知识产权定义为:"知识产权指的是人们可以就其智力创造的成果所依法享有的专有权利"②,"知识产权乃基于一切来自工业、科学、文学艺术领域的智力创造活动所产生的权利"③。他在1998年和2001年的《知识产权论》中指出,《建立世界知识产权组织公约》第2条是"集中了各国真正专家们多年讨论的结果而给'知识产权'下的定义(即:发明、发现、作品、商标、商号、反不正当竞争等'一切'智力创作活动所产生的权利),确实是经过深思熟虑的"④,"广义的知识产权,可以包括一切人类智力创作的成果,也就是《建立世界知识产权组织公约》中所划的范围"⑤。在其他论著中,郑成思也反复论证和强调知识产权的对象,包括商业标志在内,都是具有创造性的智力成果。⑥

2004年,李琛在《对智力成果权范式的一种历史分析》中指出:在知识产权的诸种定义中,占据主流地位的显然是智力成果权。"intellectual property"中的"intellectual"、"知识产权"中的"知识"、"智慧财产权"中的"智慧",都体现了权利与智力的关联。这些称谓的权威地位至少从一个侧面反映出智力成果权说的影响力。在试图给出知识产权概念的著述中,智力成果权说在数量上占据了绝对优势。从表象上看,当得范式概念之名的,只有"智力成果权说"⑦。

采用智力成果说的一个主要难题是:"商标"是否属于"智力成果"? 2003年,郑成思在《知识产权论》中认为,商标中包含的创造性智力成果因素可以体现在如下几个方面:第一,人们"在选择或设计商标、商号的过程中"反映了一定的创造性因素。第二,"知识产权项下的识别性标记之所以构成'产权',之所以可以成为合同转让、合同许可的标的,之所以在企业合并、合资等活动中可以估出价来,(原因)在于经营者在选定并使用了某个标识后,通过不同于(或高于)同类竞争者的广告宣传、打通销售渠道等促销活动,使有关标记在市场建立起一定的信誉或'商誉'。在这些活动中,均不同程度体现出创造性劳动。"第

---

① 郭寿康:《知识产权法》,中共中央党校出版社2002年版,第5页。
② 郑成思:《知识产权法教程》,法律出版社1993年版,第1页。
③ 郑成思:《知识产权法》,法律出版社1997年版,第4—5页。
④ 郑成思:《知识产权论》,法律出版社1998年版,第71页。
⑤ 郑成思:《知识产权论》(第2版),法律出版社2001年版,第70页。
⑥ 参见郑成思:《再论知识产权的概念》,《知识产权》1997年第1期;郑成思:《知识产权论》,法律出版社1998年版,第68页。
⑦ 李琛:《对智力成果权范式的一种历史分析》,载《知识产权》2004年第2期,第9页。

三，"作为最根本的，是生产及经营者要通过自己的（或经许可、经转让获得的）技术，保持产品或所销商品的恒定质量，通过自己的经营方式，保证所提供的商品，尤其是服务的质量，从而使自己的商标、商号等标识具有稳固的、不断上升的价值。这些活动附加给其标识的创造性，是不应被忽视的"①。

2. 反对将知识产权的对象归纳为智力成果

主要的反对理由是工商业标记不能纳入智力成果。例如，1995 年，刘春田主编的《知识产权法教程》反对将工商业标记纳入智力成果，其对知识产权概念的界定是："知识产权是智力成果的创造人依法所享有的权利和生产经营活动中标记所有人依法所享有的权利的总称。"② 1996 年，刘春田在《简论知识产权》中进一步认为，"智力成果，是人们思想认识、主观意志或情感的表现形式。该表现形式应当具备创造性。工商业标记则是标记所有人工商业信誉的凝结之体现。智力成果和工商业标记，是以不同的载体（或媒介）、以不同的形式表现出来，从而为人类感知、占有、使用、控制和支配提供了可能"③。

1996 年，王春燕在《也论知识产权的属性》中持类似的观点，认为："将知识产权定义为：'人们基于自己智力活动创造的成果所享有的权利。'该定义仅含智力创造的成果，而未涵盖知识产权的另一大类对象——生产经营者就识别性标志所拥有的工商业信誉。根据国际保护工业产权协会（AIPPI）1992 年《东京大会报告》，知识产权的保护对象可划分为'创作性成果'与"识别性标记'两大类。前者也即通常所称的'智力成果'。可见，'智力成果'一词指代不了'识别性标记'。而后者作为知识产权的保护范围，既为国际社会所普遍承认，也为我国知识产权法律所明确规定。因此，将这一部分内容排除在定义之外，显然使该定义失之狭窄。"④

2000 年，刘春田主编的《知识产权法》认为："知识产权是基于创造性智力成果和工商业标记依法产生的权利的统称。"理由是："知识产权之所以划分为创造性的智力成果权和工商业标记权，是因其作为财产权，创造性的智力成果权的价值与工商业标记权的价值来源截然不同，创造性的智力成果权的概念不能覆盖

---

① 郑成思：《知识产权论》，法律出版社 2003 年版，第 59-60 页。此外，关于商标的智力成果属性，还可参见张耕：《试论商业标志的智力成果属性》，载《贵州工业大学学报（社会科学版）》2003 年第 5 卷第 4 期。
② 刘春田主编：《知识产权法教程》，中国人民大学出版社 1995 年版，第 1 页。
③ 刘春田：《简论知识产权》，载郑成思主编：《知识产权研究》（第 1 卷），中国方正出版社 1996 年版，第 46 页。
④ 王春燕：《也论知识产权的属性》，载《中国法学》1996 年第 3 期。

工商业标记权的内容。"① 2010 年，刘春田主编的《知识产权法》（第四版）更为详细地阐述了理由："知识产权之所以将创造成果权和工商业标记权并列，是因为创造成果权的概念不能覆盖工商业标记权的内容。二者划分的标准是各自获得财产的手段不同。二者同作为财产权，创造成果权的价值与工商业标记权的价值来源截然不同。创造成果权作为财产，其价值来源于创造，或者说创造成果所带来的功能或功效，该功能或功效是精神或物质的需求对象。消费者为获得特定的功能或功效，必须付出代价，以获得对创造成果的支配权。著作权对象——作品，为消费者提供的是满足精神消费的审美功能；专利权对象——技术发明，可以为消费者实现物质实用功能。二者的财产价值均源自因对象的创造性而产生的功能，消费者的消费对象是特定的创造物——'知识'本身。工商业标记是指商标、商号、产品的包装、装潢、地理标记等各类标记。商业标记权作为知识产权，其财产的来源不同于创造成果权。消费者的消费对象不是工商业标记本身，而在于它所指代的产品与服务。工商业标记权作为财产，其来源在于它的区别功能；其量的规定性，取决于该区别功能在市场交易中所发挥的作用、所占份额的大小。工商业标记作为知识产权的对象，与技术发明、文学艺术作品等创造成果这种最初的知识产权对象相比，表面上看，截然不同。"②

2004 年，李琛在《对智力成果权范式的一种历史分析》一文中，在历史考察的基础上也指出，在知识产权诸分支中，商标权的出现晚于智力成果权。人们曾一度以商标不具创造性为由，反对把商标权作为知识产权对待。根据布拉德·谢尔曼（Brad Sherman）和莱昂内尔·本特利（Lionel Bently）的考证，商标进入知识产权领域出于很多偶然因素：商标与专利领域存在共同的职业团体，许多专利代理人兼任商标代理人；19 世纪 80 年代出现了"工业产权"的概念，以"工业"为纽带，商标权与专利权联系在一起；19 世纪后期许多双边的商业条约同时涉及商标、外观设计和模型；商标法在形成的过程中，专利法、外观设计法和版权法提供了类比的模型，用以解释商标法的原理，商标的登记制度、商标法的立法语言和结构，都受到智力成果权的影响；有些商标被当作外观设计或作品登记等。商标权的出现，瓦解了智力劳动对知识产权的统一功能。③ 智力成果说未揭示知识产权统一的内在依据和真正的基础，它只是简单地重复了第一性的财产来源，未考虑这种来源描述有无规范价值。④

---

① 刘春田主编：《知识产权法》，高等教育出版社 2000 年版，第 3 页。
② 刘春田主编：《知识产权法》，高等教育出版社 2010 年版，第 6 页。
③ 参见李琛：《对智力成果权范式的一种历史分析》，载《知识产权》2004 年第 2 期，第 12 页。
④ 参见李琛：《知识产权片论》，中国方正出版社 2004 年版，第 15 页。

(二) 知识产品说

1. 将知识产权的对象归纳为知识产品

1986 年，闵锋、吴汉东编写的《知识产权法律知识》一书提出了知识产品的概念和特点，认为："知识产品，就是人们在与自然界的斗争和社会的斗争中，通过支出脑力劳动所创造的、以一定形式表现出来的一切技术、自然科学和社会科学的成就。"知识产品具有以下几个特点：（1）知识产品是人类认识、改造自然和社会的成果作为某个领域的系统知识，能够满足人们的精神需要。同时，像技术、信息之类的知识产品，如果投入生产过程就可以转化为有形的物质产品，来满足人们的物质需要。在商品生产的条件下，知识产品就具备了商品的基本属性，或者说被商品化了。（2）知识产品具有创造性的特点。（3）知识产品有一定的表现形式，能使创作者以外的人了解。[①]

1987 年，吴汉东、闵锋编著的《知识产权法概论》进一步完善了知识产品的概念和特点，认为："知识产品，亦称智力成果，是人们在科学、技术、文化等精神领域中所创造的产品。"知识产品具有创造性、非物质性、公开性、社会性和有价性五个特点。该文提出："应建立'知识产品'的概念，即把知识产权的客体概括为知识产品。其理由有二：第一，我国《民法通则》把知识领域中所取得的一切民事权利统称为知识产权，并在第五章第三节作了专门规定，而没有采用智力成果权的称谓。中共中央《关于科学技术管理体制改革的决定》指出，'技术在社会商品价值中所起的作用越来越大，越来越多的技术已经成为独立存在的知识形态的商品'。上述规定为我们建立'知识产品'范畴提供了法律根据和理论根据。第二，知识产品较之物和智力成果来说，更能概括知识产权客体的本质特征。物的概念突出的是人身以外的物质对象，无论是未经加工的自然物，还是物质劳动的创造物，都表现了客体的物质性，而知识产品突出了知识形态产品的本质含义，强调这类客体是人类知识的创造物，明显表现了客体的非物质性。同时，知识产品的内涵，指出了它在商品生产条件下的商品属性和财产性质，概括地反映了版权、商标权、专利权中的财产内容；而智力成果作为客体的含义，难以明确地表示知识产权（intellectual property）中包含的'知识所有权'的原意，无法揭示出非物质财富具有价值和使用价值的商品形态。因此，我们主张将知识产权法律关系的客体概括表述为知识产品。"[②]

此后，吴汉东撰写和主编的论著中多次阐述了知识产品说的内容，认为知识

[①] 参见闵锋、吴汉东编写：《知识产权法律知识》，湖南人民出版社1986年版，第1-2页。

[②] 吴汉东、闵锋编著：《知识产权法概论》，中国政法大学出版社1987年版，第1-4、34-35页。

产权的对象为知识产品,即人们在科学、技术、文化等知识形态领域中所创造的精神产品。① 知识产品是对各类知识产权保护对象的新的概括,其种类主要有创造性成果、经营性标记与经营性资信。② 知识产品这一用语不但具有现实基础,而且具有理论基础和法律根据;关于知识产品这一专门术语已有国外学者作出类似表述,知识产权概念的倡导者比利时法学家皮卡第曾将知识产权称为使用知识产品的权利。"知识存在于大脑中就是知识,而只有通过物质载体外化和固定,才能成为产品,才能成为知识产权的对象。"③ 智力劳动所创造的知识产品与物质产品一样,都是有价值和使用价值的商品,这是知识产品成为知识财产的经济学依据。④ 但是与物质产品不同的是,知识产品描述了知识形态产品的外延范围,强调这类客体产生于科学、技术、文化等精神领域,是人类知识的创造物,明显地表现了客体的非物质性;同时,知识产品的本质内涵,突出了它是创造性劳动的产物,且在商品经济条件下具有商品属性和财产性质,从而反映了知识产权所包含的财产权利内容。在该说看来,知识产权对象的自然属性是非物质的"智力成果";社会属性是"产品",是商品或财产。知识产品体现了知识产权对象这两个方面的属性。单纯的"智力成果"概念不足以揭示非物质财富具有价值和使用价值的商品形态。因此,应当将知识产权的对象表述为知识产品,而不是物或智力成果。⑤ 尽管该说认为用"知识产品"的称谓在概括知识产权对象的双重属性上较"智力成果"更为全面和恰当,但该说并不否认知识产品本身是智力创造的产物,并强调知识产品的本质属性就在于非物质性,即"知识产品作为一种非物质形态的智力产物,是与物质产品(民法意义上的有体物)相并存的一种民事权利对象。对象的非物质性是知识产权的本质属性所在,也是该项权利与传统意义上的所有权的最根本的区别。"⑥

不少学者也认同知识产品说。例如,1994 年,谭忠东和饶继红在《知识产权保护的经济学分析》中认为,知识产权是指知识产品所有人公布其知识产品而获取的公众承认并在一定时期内有独占支配的专有权利⑦;2004 年,李扬等人所著的《知识产权基础理论和前沿问题》认为,知识产权的对象是以无形的知识产

---

① 参见吴汉东主编:《知识产权法学》,北京大学出版社 2000 年版,第 15 页;吴汉东主编:《知识产权法》,法律出版社 2004 年版,第 17、19 页;等等。
② 参见吴汉东:《关于知识产权本体、主体与客体的重新认识》,载《法学评论》2000 年第 5 期。
③ 吴汉东:《无形财产权的若干理论问题》,载《法学研究》1997 年第 4 期。
④ 参见吴汉东等:《走向知识经济时代的知识产权法》,法律出版社 2002 年版,第 16 页。
⑤ 参见吴汉东:《知识产权基本问题研究》,中国人民大学出版社 2005 年版,第 33-34 页。
⑥ 吴汉东:《关于知识产权本体、主体与客体的重新认识》,载《法学评论》2000 年第 5 期。
⑦ 参见谭忠东、饶继红:《知识产权保护的经济学分析》,载《知识产权》1999 年第 4 期,第 21-23 页。

品形式出现的,知识产权实质上指的就是对非物质性的知识产品所享有的权利[①];2005年,冯晓青和杨利华主编的《知识产权法学》认为,知识产权对象是一种无形的知识形态的劳动产品——知识产品,这一特性决定了知识产权与一般的财产所有权的区别:作为非物质性的知识形态的产品,它不能被人们在事实上占有或控制,一旦被公开就可以同时为许多人使用。[②] 此外,知识产品说不仅为知识产权领域的学者所主张,而且在其他学科领域得到一定程度的采纳,其对知识产品的概念和范围等进行了相应阐述。[③]

2. 反对将知识产权的对象归纳为知识产品

有学者对"知识产品说"提出了疑问。例如,2005年,李琛在《论知识产权法的体系化》中指出:"知识产品中的'产品'起不到确定作用,它和'成果'一样,无从告知知识产权对象与物的区别,物也可以成为产品。关键是'知识'的定义。"[④]

2008年,王太平在《知识产权客体的理论范畴》中认为,知识产品说并未能对其所提出的"知识产品"的概念所要求的"一般的、本质的特征"作更深入的说明,仅仅停留在对知识产权客体概念的词语把握上,仅仅提出了一个词语而已,概念的抽象性不够。知识产品无疑可以被进行进一步分类,但是无论如何分类,总体而言必须把它们抽象为一个完整的概念,并给出其"一般的、本质的特征",这样才能算建立了一个比较科学的知识产权客体概念。知识产品说就其所揭示的知识产权客体理论范畴中的"一般的、本质的特征"方面则除"无形"这一点外,并没有给出知识产品的其他特征,这对于全面把握知识产权客体概念从而达到认识概念的"一般的、本质的特征"还是不够的。另外,对知识产权客体概念即"一般的、本质的特征"的"无形"特征的揭示,也不是明确概念的理想方法,因为在下定义的规则中有一条基本规则是:"定义项,除非必要,不应包括负概念。"这是因为"负概念是表示事物不具有某种属性,知道了事物不具有某种属性,并不能使我们知道事物具有某种属性"。因此姑且不论"无形"是否为知识产权客体的一般的、本质的特征,仅仅这种定义方式就使得其"无形"的知识产权客体概念并不完美。此外,"'知识产品'与'知识'的差别仅仅是多了'产品'两个词,而其目的无非是凸显知识产权客体的人类产物的特点,由于

---

① 李扬等:《知识产权基础理论和前沿问题》,法律出版社2004年版,第11页。
② 冯晓青、杨利华主编:《知识产权法学》,中国大百科全书出版社2005年版,第6页。
③ 张和生:《知识经济学》,辽宁人民出版社1992年版,第294页;钱明星:《物权法原理》,北京大学出版社1994年版,第26页;张文显:《法哲学范畴研究》,中国政法大学出版社2001年版,第109页。
④ 参见李琛:《论知识产权法的体系化》,北京大学出版社2005年版,第127页。

'知识'均是人类产物,因此没有加上'产品'加以强调的必要"①。

(三) 无形财产说

无形财产或无体财产对应英文中的"intangible property",我国法学界一般不加区别地使用这两个概念。② 无形财产说是知识产权对象的诸学说中历史最为悠久的学说,可以溯源至古罗马法中的"无形物"概念。从盖尤斯的《法学阶梯》中我们可以发现,古罗马法的所有法律被分为三类:人法、物法和行为法。其中物法分为有形物(nescorporales)和无形物(incorporales)。③ 虽然古罗马时代的物权理论强调的是对有形物的占有,无形物或无形财产主要是指所有权以外的其他财产权利,如债权、用益物权和遗产继承权等,但无形物观念的出现以及随之罗马法复兴对两大法系产生的重要影响,为后来的财产法的演进、在无形物中包含财产权意义上的知识产权奠定了基础。④ 由于各国的无形财产所指对象和范围不同,学术界对"无形财产"是指"知识产权"还是"知识产权对象"也并无定论,往往同时在两种含义上使用而忽略二者的差异。

1. 将知识产权的对象归纳为无形(无体)财产

一般而言,无形(无体)财产说的逻辑思路是从知识产权对象的角度讨论无形财产,例如,1997年,刘春茂主编的《中国民法学·知识产权》认为:"在20世纪60年代以前,人们把基于智力成果所获得的民事权利称为无体财产权(Intangible Property)、无形财产权。有些西方学者至今坚持使用这个概念,将作品等视为无体财产。"⑤

1997年,吴汉东在《无形财产权的若干理论问题》中认为:"知识产权与相关权利的本质区别,不是所谓该项权利的无形性,而在于其权利客体即知识产品的非物质性特征所决定的";"知识产品是一种无形财产,是独立于传统意义上的物的另类客体。无形财产之无形是相对于动产、不动产之有形而言的";"作为知识产权客体的无形财产与民法传统意义上的无体物并非同类事项"⑥。

2005年,冯晓青在《信息产权理论与知识产权制度之正当性》中认为,知

---

① 王太平:《知识产权客体的理论范畴》,知识产权出版社 2008 年版,第 30-32、44 页。
② 也有学者指出:用"无体财产"之表述更为准确,"非物质"或"无体"虽然是知识产权对象的重要属性,但不是它的独有性质。知识产权是无体财产权,但是无体财产还可以指债权、商业信誉以及贸易中的服务、劳力的收支等。参见刘春田:《知识财产权解析》,《中国社会科学》2003 年第 4 期,第 111 页。
③ 参见周枏:《罗马法原论》(上册),商务印书馆 1994 年版,第 28 页。
④ 参见刘淑华:《知识产权对象研究》,中国人民大学 2007 年博士学位论文。
⑤ 刘春茂主编:《中国民法学·知识产权》,中国人民公安大学出版社 1997 年版,第 1 页。
⑥ 吴汉东:《无形财产权的若干理论问题》,载《法学研究》1997 年第 4 期。

识资产表现为信息,而信息具有无形性的特征。① 因此,"知识资产"又表现为"无形财产","知识资产"和"无形财产"作为类似的概念都用来指称知识产权的对象。

2005年,郑成思在《知识产权——应用法学与基本理论》中从有形(体)财产与有形(体)财产权相对立的思路进行分析,认为物权的对象为有形物,物权为有形财产权;而知识产权的对象为无形(无体)物或无形(无体)财产,知识产权为无形(无体)财产权。例如"物权总与一个看得见的'物'在一起,踪迹确定,因而称为'有形财产权'";而"作为某一知识产权客体的同一智力成果随处可见,该特定客体上的权利却踪迹难觅,因此很容易让人觉得知识产权无影无踪,所以更可以称之为'无形财产权'"②。

部分学者指出,知识财产只是无形财产之一,无形财产的外延更广。例如,2002年,梅夏英在《财产权构造的基础分析》中提出:"在立法观念上应一定程度抛弃把物法规则和债法规则涵盖无形财产的方式,重新审视无形财产的特点,予以具体立法。……对于股权、票据权利、知识产权和有价证券等无形财产,由公司法、票据法、知识产权法、信托法等分别予以调整,上述各种立法相互配合、相互补充,从而逐步形成一个完整的无形财产立法体系。"③ 2005年,吴汉东、胡开忠的《无形财产权制度研究》(修订版)主张:"建立一个大于知识产权范围的无形财产体系。……与这一权利体系相适应,我们将知识产品具体地分为三类:一是创造性成果,包括作品及其传播媒介、工业技术;二是经营性标记;三是经营性资信。……经营性资信,泛指工商企业在经营活动中所具有的经营资格、经营优势以及在社会上所获得的商业信誉,包括特许专营资格、特许交易资格、信用以及商誉等。"④ 2006年,张明霞在《知识产权的客体及权利体系略论》中认为:知识财产是一种无形财产,但无形财产并不等同于知识财产。无形财产除知识财产外还包括信托财产、市场自由权、政府特许权、劳务财产等,因此,无形财产的概念外延更广。⑤

2. 反对将知识产权的对象归纳为无形(无体)财产

有学者对"无形财产说"提出了疑问,例如,2000年,刘春田主编的《知

---

① 参见冯晓青:《信息产权理论与知识产权制度之正当性》,载《法律科学》2005年第4期。
② 郑成思:《知识产权——应用法学与基本理论》,人民出版社2005年版,第122-123页。
③ 梅夏英:《财产权构造的基础分析》,人民法院出版社2002年版,第107-108页。
④ 吴汉东、胡开忠:《无形财产权制度研究》,法律出版社2005年版,第60-62页。
⑤ 参见张明霞:《知识产权的客体及权利体系略论》,载《高校图书馆工作》2006年第2期,第19页。

识产权法》认为，如果称知识产权是无形财产权，其中的"无形"指的又是权利，比如，有的著作特别强调无形是指权利本身，并使用所谓"无形的版权"或"无形的专利权"等提法，这些提法把共性当作个性，破坏了事物的逻辑与知识的秩序，经不起推敲和检验，不能成立。知识，包括一切技术、作品、标记等，都不是无形的，既不是看不见、也非摸不着的。知识，并非形而上的，而是形而下的；并非抽象的，而是具象的，是客观的、可以诉诸人的感官的具体形式。无形的知识是不存在的。因此，在以往有关知识产权为无形财产权的论述中，存在着根本的缺陷。其错误在于：第二性和第一性，即权利和我们称为对象的"知识"不分，形和体，即物质的存在形式和物质材料本身不分，甚至"形"与"无形"不分，似是而非，逻辑混乱。①

2004年，李琛在《法的第二性原理与知识产权概念》中提出："只有当对象的共性有可能用统一或相似的规则去调整时，选择这些对象组织一个独立的体系才具有制度意义。事物之间总有或多或少的联系，采用不同的标准，可以进行不同的归类，但这些归类未必都具有制度意义。仅以单薄的'无体'作为共性基础，囊括许多法律特性各异的权利，权利之间难以适用统一的规则，导致无体财产权概念彻底失去规范价值。"②

2005年，蒋万来在《知识产权与民法关系之研究》中指出，无体（无形）财产说中"无体"的归类过于粗略，所谓的"无体财产权法"不能形成总论，也无法形成统一的规则，故仅"无体"的共性不足以担当构成体系的基础。③

2007年，刘春田主编的《知识产权法》指出："长期以来，我们习惯于用其他相对熟悉的旧事物的术语描述知识产权，例如，'无体财产权''非物质财产权''准物权''无形财产权'等，这种回避直面解读研究对象，用在其他传统事物的术语前边加上一个否定词'无'或'非'的方法，来描述一个新事物，违背了下定义的逻辑，因而不可能相对准确、客观地揭示出知识产权这种不同于传统财产权的崭新财产权之对象的本质。"④

(四) 信息说

"信息"是信息论中最主要、最基本的概念，学术界对信息的定义林林总总不下十数种，但信息作为物质的属性已是共识。维纳说："信息就是信息，不是

---

① 参见刘春田主编：《知识产权法》，高等教育出版社2000年版，第4-11页。
② 李琛：《法的第二性原理与知识产权概念》，载《中国人民大学学报》2004年第1期。
③ 参见蒋万来：《知识产权与民法关系之研究》，中国人民大学2005届博士论文。
④ 刘春田主编：《知识产权法》，高等教育出版社、北京大学出版社2007年版，第5-6页。

物质也不是能量。"①

1. 将知识产权的对象归纳为信息

1984年,澳大利亚学者彭德尔顿教授提出了信息产权的概念。1987年,郑成思在《计算机、软件与数据的法律保护》一书中最早将它引入了国内。② 此后,郑成思在其论著中提出,知识产权的对象是信息③,并倡导在我国建立有关信息保护的立法,以更好地实施"以信息化带动工业化"。他认为:"信息社会既然已经(或将要)把信息财产作为高于土地、机器等有形财产的主要财产,这种社会的法律就不能不相应地对它加以保护,就是说,不能不产生出一门'信息产权法'。事实上,这门法律中的主要部分,也是早已有之的(至少是信息社会之前就已经存在着的),这就是传统的知识产权法。"④

由于该说的倡导者同时主张知识产权的对象为智力创造成果,在处理智力创造成果和信息的关系上,该说认为二者属于属种关系,即人类的智力创造成果是经由人类独具的思维能力深度加工过的、浓缩的、系统化了的特定信息,因此,知识产权的对象即智力成果作为一种优化的、特定的信息属于信息的范畴,是信息的一部分。"基于知识(智力成果)本质上是一种特定信息,将知识产权确定为一种'信息产权',更是顺理成章的。当然,正如知识只是信息的核心部分而非全部,知识产权也只是信息产权的核心部分,信息产权的范围大于知识产权的范围。另由于'知识产权'早于'信息产权'出现,因此可以认为信息产权是知识产权的扩展。"⑤

---

① N. 维纳:《控制论》,科学出版社1963年版,第133页。
② 参见郑成思:《计算机、软件与数据的法律保护》,法律出版社1987年版,第191页。国内也有观点认为:在世界范围内最早提出"信息与知识产权的关系问题"或"知识产权客体的信息本质"这一观点的是被誉为"中国知识产权研究第一人"的中国社会科学院学部委员、法学研究所已故研究员郑成思教授。该观点在郑成思教授的学术思想体系中占有重要地位,是其最卓越的学术成就之一,具有广泛而深远的影响。1985年,郑成思教授在国际上首次提出了"信息产权"理论。1986年4月,郑教授出版了《信息、新技术与知识产权》一书,系统阐述了知识产权客体的"信息"本质。这一"信息产权"理论得到美国、日本、俄罗斯等国知识产权界的高度重视,《欧洲知识产权评论》等国际学术刊物纷纷专文推介这一理论创新成果。西方学者1990年后才开始集中探讨这一理论。1999年美国的《统一计算机信息交易法》和俄罗斯的《信息安全学说》则不仅采纳了这一理论还将"信息产权"作为正式法律术语;2002年日本发布的《知识产权战略大纲》和《知识产权基本法》认为信息(知识)产权是21世纪最重要的财产,并据此提出"信息创新时代,知识产权立国"的基本国策。可以说,目前国际上对郑成思教授首倡的这些理论观点的探索和应用至今仍方兴未艾,仍在不断深化并不断取得新进展。参见《"经典回放系列"之四——信息产权理论的开山之作》,载中国法学网:http://iolaw.org.cn/showArticle.aspx?id=2371。
③ 参见郑成思:《知识产权法》,法律出版社2003年版,第127页。
④ 郑成思:《知识产权——应用法学与基本理论》,人民出版社2005年版,第83-84页。
⑤ 郑成思:《知识产权——应用法学与基本理论》,人民出版社2005年版,第90页。

其他许多学者也认可知识产权对象的本质即信息，主张建立一个大于知识产权范围的信息产权体系。例如，1999年，郑胜利和袁泳在《从知识产权到信息产权——知识经济时代财产性信息的保护》中认为："知识产权的对象为财产性信息，知识产权也可称为信息产权"；"从目前的趋势来看，与其说传统的知识产权在扩展，不如说知识产权将被纳入一个更广泛的领域，即信息产权"[①]。2001年，张玉敏在《知识产权的概念和法律特征》中认为，"知识产权的保护对象是非物质性的信息"；"知识产权是民事主体所享有的支配创造性智力成果、商业标志以及其他具有商业价值的信息并排除他人干涉的权利"；"将知识产权称为信息产权似乎更确切"[②]。2005年，吴汉东在《知识产权基本问题研究》中认为，"在当代信息社会里，知识产权的范围有向'信息产权'扩充的趋势。知识产权所涉及的对象可视为非物质形态的知识信息"[③]。2005年，冯晓青在《信息产权理论与知识产权制度之正当性》中则从信息产权的角度分析了知识产权制度的正当性，认为："知识产权保护的知识产品视为一种信息，具有无形性的特征。""建立知识产权制度的合理性应当解决新信息的足够生产、信息的消费者（用户）对信息的足够而合理的分享，以及信息专有与信息自由和分享矛盾的调适等问题。知识产权制度通过一系列制度设计和安排特别是其中的利益平衡机制，妥善地解决了信息产权理论上信息垄断与信息分享之间的悖论，从而使其存在和运行具有充分的正当性。"[④]

2. 反对将知识产权的对象归纳为信息

尽管信息说在知识产权对象的诸多理论中取得一席之地，但仍有不少学者对此存有不同见解。例如，2000年，郭禾在《信息、信息流及其知识产权》中对信息产权这一概念提出异议，认为："现有的法律框架中各种有关信息的私法，无论是专利法、还是著作权法、甚至商业秘密法等，无不以最大限度发挥有关信息的功效为其立法宗旨之一。信息产权的字面含义过于宽泛，不能祈望在法律框架中存在对任何信息都适用的专有权。"[⑤]

2003年，刘春田在《知识财产权解析》中通过对知识与信息的定义以及其区别进行比较后认为：信息不同于知识。信息是事物的本体，是自在之"物"。

[①] 郑胜利、袁泳：《从知识产权到信息产权——知识经济时代财产性信息的保护》，载《知识产权》1999年第4期。
[②] 张玉敏：《知识产权的概念和法律特征》，载《现代法学》2001年第5期，第103-110页。
[③] 吴汉东等：《知识产权基本问题研究》，中国人民大学出版社2005年版，第7页。
[④] 冯晓青：《信息产权理论与知识产权制度之正当性》，载《法律科学》2005年第4期。
[⑤] 郭禾：《信息、信息流及其知识产权：兼评北京阳光数据公司诉上海霸才数据有限公司案》，载《人大法律评论》2000年第1期。

知识是对信息的描述，是人为的形式。信息是抽象的，知识则是具体的。它们既非属和种，亦非整体与部分，而是"标"与"本"的关系。二者毫无共同之处，是根本不同的两种事物。知识和信息，在物理上是"风马牛"全不相干的两种事物。信息是自在之物，不因人类的研究、认识和描述而改变。知识则是人类对认识的描述，是沟通思想和情感的工具，是人类的发明，是"人界"之"物"。如果此论成立，那么，认为知识是信息的一部分，称知识产权为"信息产权"的观点，显然就是不成立的了。[①]

2004年，蒋万来在《质疑信息产权》中持同样的观点，以知识与信息辨析为前提，认为之所以将知识产权对象概括为信息，是由于未认真分析"知识""信息"等基本概念。这两者虽有一定关系，但区别至为明显。称知识产权的对象为信息，知识产权是所谓"信息产权"等是难以成立的。[②]

2005年，陶鑫良和袁真富在《知识产权法总论》中指出，信息的内涵与外延并不能概括知识产权的对象，认为："信息"的优点是足够抽象。几乎没有什么不可以囊括其中。但是，它的不足也正隐藏于这种过度抽象中。信息一词与各项传统的知识产权客体，如发明、作品、商标等缺乏较直接的联系（姑且称为"关系不够亲密"），因而只有借助于较多的解释才能拉近彼此距离。另外，"信息"可能本身就包括了物质的、非人造的自然景观，如此，则又在很大程度上使统一知识产权对象称谓的任务落空了。[③] "必须看到，信息的外延远远比知识产权对象要广泛复杂得多。因此用信息的外延不能准确地限定知识产权对象的范围。同时，就人们的一般理解而言，信息更多地被看作是数据的代名词，所以，信息的内涵远远不能反映知识产权对象的实质。"[④]

2007年，刘淑华在《知识产权对象研究》中认为：信息作为信息论中最主要、最基本的概念滥觞于信息科学领域，鉴于信息的概念已经扩展到传播学、社会学、法学、经济学、哲学等社会科学及日常领域，各个学科的学者结合自己的理解对信息的定义林林总总不下百数种，反而忽略了信息在经典信息科学和哲学上的含义。这种不加区分的拿来主义，往往导致同一术语在不同学科领域有不同的内涵和外延，造成不必要的混乱和误解。这一误区体现在关于知识产权对象的信息说上，论者所持的信息含义通常与信息技术、信号、情报，以及知识等概念

---

① 参见刘春田：《知识财产权解析》，载《中国社会科学》2003年第4期。
② 参见蒋万来：《质疑信息产权》，载《政治与法律》2004年第4期。
③ 参见韦之：《知识产权客体的统一称谓之我见》，载《电子知识产权》2006年第4期。
④ 陶鑫良、袁真富：《知识产权法总论》，知识产权出版社2005年版，第120页。

混为一谈,难免产生较大的分歧和争执。①

2009年,何鹏在《知识产权概念研究》中认为,信息说存在的最大缺陷是:在将其他学科领域的概念引入法学领域时,缺乏必要的定义和说明。在知识产权法领域,"信息"是什么?作品、商标、专利技术因何而属于信息的范畴?持信息说观点的学者在主张"知识产权的对象是信息"的同时,对于这些极为重要的问题却避而不谈、语焉不详,似乎"一切尽在不言中"。信息说学者这种"大而化之"的态度,正是目前知识产权学界在不同层面、不同含义上使用"信息"一词的症结所在。②

(五)知识说

1. 将知识产权的对象归纳为知识

2000年,刘春田主编的《知识产权法》提出了知识产权对象的"知识说",认为知识产权的对象就是"知识"本身③,此后又多次进行了阐述,其核心观点包括:

第一,知识产权的对象是以"形式、结构、符号系统"等为存在方式的知识。知识的本质是精神的产物,其存在方式是主观见诸客观的、具体的、有限的形式、结构或符号系统。知识是知识产权及其客体发生的前提和基础。知识产权法中的"知识"和物权法中的"物",在法律关系上具有相同的逻辑关系。

第二,知识是创造成果,"知识"以"形式的面貌存在。知识不仅是人类的认识过程,也包含认识的结果;不仅是认识的结果,也包含改造的过程与结果。改造是'就原有的事物加以修改或变更,使适合需要'"④的活动和过程。因此,知识是人类认识世界和改造世界的成果,它通过各种不同方式的描述得以表达。作为知识产权对象的创造成果和工商业标记,都属于"知识"范畴。

第三,知识产权中的"知识"与"知识产权"这两个法律术语,是知识产权法律理论中的基础性概念,是有关"知识产权"概念体系的基本元素,它们决定着整个知识产权理论的性质和面貌。要想对知识产权的理论和制度建立一种有机的、整体的认识,就应当对这两个术语有内涵确定、逻辑贯一的理解。

第四,知识作为形式,是客观的。知识是形式与内容的统一。形式与内容是知识的一对范畴。既没有无内容的形式,也没有无形式的内容。形式是表现的,是无实体的,故形式不能独立存在,它必须借助一定的物质材料(或称质料)加

---

① 参见刘淑华:《知识产权对象研究》,中国人民大学2007年博士学位论文。
② 参见何鹏:《知识产权概念研究》,中国人民大学2009年博士学位论文。
③ 参见刘春田主编:《知识产权法》,高等教育出版社2000年版,第4页。
④ 《现代汉语词典》,商务印书馆2005年版,第436页。

以表现。同时，形式作为知识的本质和现实的存在方式，与作为知识之载体的质料，是不同的。

第五，知识，纯作为一种形式，又是非物质的。这一自然属性决定了知识产权具有不同于物权和债权的独特的面貌和特征。纯形式和非物质性这一本质，决定了"知识"具有如下特征："知识"作为形式，不具有实体性，它必须依赖于一定的载体作为存在条件；在时间上具有永存性的特点；受其非物质性决定，它在空间上可以无限地再现或复制自己。①

有学者认为，就"知识说"对我国学界的影响可以从宏观和微观两个方面分析②：从宏观上，"知识说"引导了我国学者将研究的注意力从具体制度、规则的建设，转移到基础理论体系的构建。自刘春田提出"知识说"伊始，就引起了学界的广泛关注，尤其是其对传统观点——"知识产权是无形财产权"的质疑，激发了学者对知识产权概念、知识产权对象等基本理论问题进行深入研究的兴趣和热情。从微观上，有学者基于"知识的本质是形式，知识是人为的形式"这一观点，进一步指出，"该形式必然是符号形式"，进而构建知识产权对象的"符号论"③。

2. 反对将知识产权的对象归纳为知识

也有学者对"知识说"提出了反对的意见，例如，2004年郑成思撰写的《信息、知识产权与中国的知识产权战略》以及2006年郑成思和朱谢群撰写的《信息与知识产权》指出：有人认为知识产权的客体是"形式"；认为人类只能创造形式不同的东西、不能创造实质不同的东西；认为知识产权的客体只有形式，没有内容。这是非常荒谬的。"信息创新"要求所创成果必须与原有成果存在实质上的不同。在专利领域，没有实质不同的发明不能被授予专利；在版权领域，没有实质不同的所谓作品，不属抄袭，即属雷同。把它们当成知识产权保护的客体（或者"对象"）是不对的。在哲学上，"形式"与"实质"、"形式"与"内容"等，是相互对应的概念；而"意识"与"物质"则是另一领域中的相对应概念。有些基本概念尚未弄清的人，把"实质"中的"质"与"物质"中的"质"相混淆，其论谬以千里，是不足怪的。把知识产权的客体认定为"信息"还是认

---

① 相关观点具体参见以下代表性论著：刘春田主编：《知识产权法》，高等教育出版社2000年版，第4-15页；刘春田：《知识产权的对象》，载《中国知识产权评论》（第1卷），商务印书馆2002年版，第124-136页；刘春田：《知识财产权解析》，载《中国社会科学》2003年第4期，第109-121页；刘春田主编：《知识产权法》，高等教育出版社、北京大学出版社2003年版，第6-18页。
② 何鹏：《知识产权概念研究》，中国人民大学2009年博士学位论文。
③ 参见李琛：《论知识产权法的体系化》，北京大学出版社2005年版，第124-139页。

定为"形式",其根本不同也就在这里。作为知识产权保护客体的信息,既有形式又有内容,绝不仅仅是一种"形式"。①

(六)符号说

1. 将知识产权的对象归纳为符号组合

将符号哲学运用到知识产权对象领域发轫于"知识说"。按照知识说对知识的定义,符号是用来描述思想感情的工具,运用符号进行描述是人类的特征,知识即用符号描述的表现,知识在本质上是形式。在此基础上,2005年,李琛在《论知识产权法的体系化》中进一步提出了知识产权对象的"符号论",将知识产权对象解释为符号组合。②

符号说以卡西尔的文化哲学为其哲学基础,通过对现有各理论的合理性进行批判、吸收而建立。该理论构建的逻辑思路是:第一,纵观历史上各种有关知识产权对象的理论学说,"可以看出,人们对知识产权对象的解释因循了这样一个脉络:从模糊到清晰(譬如从'无形财产'这样的泛概念到'信息''形式''信号'等子概念);从突出财产来源到突出财产形态(权利的统一基础从智力劳动到权利对象)"。第二,既然对知识产权对象的概括要"突出财产形态",那么,"知识产权权利对象的科学定义必定从'着眼于财产具体形态'的诸学说产生或演化而来"。第三,现有的"着眼于财产具体形态"的学说包括"知识产品说、信息说、信号说、形式说"。就知识产品说来看,"知识产品中的'产品'起不到确定作用,它和'成果'一样,无从告知知识产权对象与物的区别,物也可以成为产品"。就信息说来看,由于"信息通常与质料、能量并列,属于物质世界的属性",因而"信息不可传播,当然不可能具备财产价值"。但是,信息说提供了重要的参考价值,"知识产权对象的价值确实在于反映信息"。至于信号说,"固然比信息说前进了一步,但'信号'仍未能突显知识产权对象的'人为'特征"。关于形式说,"既然任何物都包含了质料与形式,自然物也具备天然的形式,仅用'形式'还不足以揭示知识产权对象作为人工物的特性"。第四,卡西尔的文化哲学理论指出,"人类文化的产品——神话、宗教、语言、艺术、历史、科学等等尽管具有多样性,但它们的劳作过程是统一的,都是一种符号生产。所有的

---

① 郑成思:《信息、知识产权与中国的知识产权战略》,载《云南民族大学学报(哲学社会科学版)》2004年第6期;郑成思、朱谢群:《信息与知识产权》,载《西南科技大学学报(哲学社会科学版)》,2006年第1期。

② 参见李琛:《论知识产权法的体系化》,北京大学出版社2005年版,第118-138页。

文化形式都是符号形式"。由此推而广之,"作为知识的形式,是由符号建构的形式"①。由于"符号说"沿用了"知识说"的核心观点——"知识的本质是形式,知识产权是形式产权",因此,该学者认为,"符号论与形式说具有直接的传承性,符号论在两个方面发展了形式说:(1)揭示了形式构成的具体元素,即符号。(2)突出了作为知识产权对象的形式是人工形式,因为符号是人创物"②。

2. 反对将知识产权的对象归纳为符号组合

有学者对"符号说"提出了疑问。例如,2008年,王太平在《知识产权客体的理论范畴》中认为,李琛提出的符号组合论并非没有缺憾:一是她也承认商标无法被解释为符号组合,符号组合论由于其"组合"二字而无法解释商标;二是她并没有进一步界定其符号到底是什么,而符号并不是一个不需要界定的概念。这使得其符号组合论和其所批判继承的形式说、信号说相比并没有实质性的进步,也不过是提出了一个界定知识产权客体的词语。③

2009年,何鹏在《知识产权概念研究》中认为,若用符号组合来解释说明商标,那么,在实践中就极易将"商标"与"符号"混为一谈,从而将"商标权"错误地扩大为"符号权"。当然,商标权人只对"商标"享有专用权,对于构成商标的"符号组合"并不享有专用权。④ 对于这一点,持符号说的学者也是认同的。⑤ 但是,如果认为商标权的对象是"符号组合",那么,按照"商标权是专有权、专用权"这一逻辑思路,我们就会因此而得出结论,商标权是权利人基于权利对象(符号组合)而享有的专用权。从而,商标权实质上演变成为符号权。⑥

第二节 知识产权本质研究中的重大理论争议

一、知识产权的性质

知识产权的本质问题是知识产权理论的核心,是知识产权研究的基础与出发

---

① 本段关于"符号说"理论构建的逻辑思路的介绍,参见李琛:《论知识产权法的体系化》,北京大学出版社 2005 年版,第 118-132 页。
② 李琛:《论知识产权法的体系化》,北京大学出版社 2005 年版,第 127 页。
③ 参见王太平:《知识产权客体的理论范畴》,知识产权出版社 2008 年版,第 29 页。
④ 参见何鹏:《知识产权概念研究》,中国人民大学 2009 年博士学位论文。
⑤ 参见李琛:《商标权救济与符号圈地》,载《河南社会科学》2006 年第 1 期。
⑥ 参见何鹏:《知识产权概念研究》,中国人民大学 2009 年博士学位论文。

点，它决定着知识产权理论与制度的根本面目。① 虽然1986年颁布的《民法通则》和2020年通过的《民法典》都明确将知识产权归为民事财产权利，归为私权。TRIPS协定在"序言"中也明确提出，"各成员认识到知识产权属私权"②。这是文明社会的共识，是知识产权国际公约第一次明确界定知识产权的权利属性，即以私权名义强调知识财产私有的法律形式。这一规定不仅说明了知识产权在私法领域中的地位，而且厘清了知识产权与相关法律制度的差异③，意味着知识产权与其他有形财产所有权一样都处于同样的私权地位，从而在理念和制度上可以为知识产权提供可靠的法律保障。④ 这对于"在传统思想中不存在关于个人及其权利概念"⑤ 的中国社会而言，无疑具有特殊的、现实的意义，具有深远的历史影响。但是，在上述法律规定之外，学界曾就知识产权性质展开大讨论。

（一）知识产权私权论

1. 知识产权的私权属性是客观的

关于知识产权的私权属性，我国理论界的认识是不断深化的。20世纪80年代的教科书及相关著述，多将知识产权表述为一体两权，即认为知识产权具有财产权与人身权的双重属性；20世纪90年代的知识产权学说，一般从民事权利体系出发，将知识产权区别于财产所有权，对其作出无体财产权的定性分析；21世纪初，一些学者根据国际人权公约和经典学说理论，将知识产权这一私人财产权定位为一项普遍的人权。无论是一体两权、无形体财产权还是普遍人权，理论界关于知识产权属性的认识并没有离开私权品性的基本范畴。⑥

例如，2000年，刘春田主编的《知识产权法》认为，知识产权作为民事权利的属性是客观的，它不以人的主观意志而改变。人们之所以把知识产权归于民事权利，是由于它所反映和调整的社会关系是平等主体的公民、法人之间的财产关系，因而具备了民事权利的最本质的特征。知识产权的发生、行使和保护，适用于所有民法的基本原则和全部的民事规范，如民事主体、客体、内容、法律事实、民事法律行为，等等。如果抽掉民事规范和制度、脱离民法的基本原则，知识产权制度就会面目全非，无法生存。总之，民法的精神和制度，决定着知识产

---

① 参见刘春田：《新中国知识产权法学学科的开拓者》，载《法学家》2010年第4期。
② 英文为"Members Recognizing that intellectual property rights are private rights"。
③ 参见吴汉东：《知识产权的私权与人权属性——以〈知识产权协定〉与〈世界人权公约〉为对象》，载《法学研究》2003年第3期。
④ 参见孔祥俊：《WTO知识产权协定及其国内适用》，法律出版社2002年版，第72页。
⑤ 陈弘毅：《权利的兴起：对几种文明的比较研究》，载《外国法译评》1996年第4期。
⑥ 参见吴汉东：《关于知识产权私权属性的再认识——兼评"知识产权公权化"理论》，载《社会科学》2005年第10期，第58-64页。

权的面貌。至于把知识产权置于何种法律中,是在经济法中,还是在民法中,或者是在行政法中,甚至是在国际经济法、国际法中,使用民事的、行政的,刑事的或者国际法的手段来解决知识产权问题,都无关紧要。这些属于不同的立法技术或处理手段以及法律编纂问题,并不能改变知识产权的民事权利属性。此外,由什么样的国家机构来审理知识产权法律纠纷,则属于司法、行政分工问题,更与知识产权的法律属性关系不大。① 2002 年,孔祥俊在《WTO 知识产权协定及其国内适用》中认为,关于"知识产权"是私权的规定,虽然看似是历史的偶然事件,但它是发达国家和发展中国家一种平衡的结果,其背后折射的是知识产权的不同理念的冲突和激荡。② 2003 年,刘春田在《知识财产权解析》中认为,知识产权的性质属于私权,由于知识是劳动的产品,因此知识产权属于民事权利的范畴,知识的创造者是其天然的权利人。③ 2015 年,刘春田主编的《知识产权法》认为,权利的属性决定于它所反映和调整的社会关系的性质,是客观的,不因人的主观意志而改变。人们之所以把知识产权归于民事权利,是由于它所反映和调整的社会关系是平等主体的公民、法人之间的财产关系,具备了民事权利的最本质的特征,固为民事权利。世界贸易组织 TRIPs 协定前言中,明确了各成员的共识之一——"承认知识产权为私权"(recognizing that intellectual property rights are private rights),乃是对上述法律关系属性的客观表述。④

2. 知识产权完全适用私权的原理

2001 年,郑成思在《民法、民诉法与知识产权》中认为,知识产权本身就是民事权利的一部分,虽然知识产权大部分来源于古代或者近代的特权,它们与一般的民事权利似乎并不同源,但知识产权是民法的一部分,这在《民法通则》中已经有了定论。⑤

2014 年,李琛在《知识产权法基本功能之重解》中认为:知识产权法的基本功能是合理分配企业创造的财富,政府不能过于强调知识产权的政策杠杆功能而忽视知识产权与市场的联系。知识产权不是公权力为刺激创造而给予的赏赐,乃是一种新的财富形态出现之后,法律遵照市场规则设计的分配机制。知识产权法价值原则的转变,反映出知识产权已经完全地适用私权的原理,私权被剥夺乃

---

① 参见刘春田主编:《知识产权法》,高等教育出版社 2000 年版,第 13 页。
② 参见孔祥俊:《WTO 知识产权协定及其国内适用》,法律出版社 2002 年版,第 72 页。
③ 参见刘春田:《知识财产权解析》,载《中国社会科学》2003 年第 4 期,第 117 - 118 页。
④ 参见刘春田主编:《知识产权法》,高等教育出版社 2015 年版,第 20 页。
⑤ 参见郑成思:《民法、民诉法与知识产权》,载《法律适用》2001 年第 1 期,第 9 - 13 页。

是例外。①

2015年，刘劭君在《知识产权在民事法律权利体系中的地位》中认为：知识产权私权之性质，毋庸置疑。从物权的角度入手，站在法律系统的角度进行分析，对物（包括服务及货币）而言最终要确定的是谁拥有真正的处分权限。因此，法律首先通过"所有权"这一媒介来判断"合法所有/非法所有"的差异。随后产权关系随着"合同"发生变动，即当事人的意思表示。"所有权－合同"是民事法律系统中的核心制度结构要素，是维系经济运转的核心机制。而知识产权则与物权相同，需要通过这个核心结构要素来发挥其功能，因此其私权的本质是同一的。②

3. 公权介入不影响知识产权的私权性质

2005年，吴汉东在《关于知识产权私权属性的再认识——兼评"知识产权公权化"理论》中认为，所谓"知识产权公权化"的观点是值得商榷的，理由如下：第一，关于公权和私权的划分标准。对于私权和公权的划分标准应该把握两点：权利的内容和权利的产生方式，该学者认为权利的属性取决于权利的基本内容而不是权利的产生方式，因此知识产权公权化的观点不能成立。"一体两权"即知识产权兼为人身权和财产权，其双重内容概为民事权利，它们并未脱离知识产权的私权属性。如果说，知识产权兼具公权与私权的内容，这种融政治性与民事性为一体的权利在各国立法中尚无先例。第二，私法的公法化不是私权的公权化。关于私法公法化问题，描述的是现代私法发展的一种趋向，即传统私法的权利本位理念有所动摇。私法的公法化，导致私法自治原则的限制，但这并没有影响民法的本质、私权的本质。主张"知识产权公权化"的学者，无非强调的是国家对知识产权制度的干预，或创造者个人利益与社会利益平衡机制的建立，但这些绝不可能"内化"为知识产权从本质属性的私权演变成私权与公权的混合体。第三，现代知识产权制度应确立私权神圣和利益平衡的法律观。私权神圣强调的是权利保护，利益衡平主张的是权利限制。这两者并非绝对对立，而是共存于知识产权的制度设计中。③ 2013年，吴汉东在《知识产权的多元属性及研究范式》中认为，现代私法发展变革的一个重要趋势，即传统私法的权利本位理念有所动摇，自治原则有所限制。但是，国家对知识产权领域的干预，具体表现为知识产权在权能范围、效力范围等方面受到某些限制，但不可能改变知识产权的私权基

---

① 参见李琛：《知识产权法基本功能之重解》，载《知识产权》2014年第7期，第7页。
② 参见刘劭君：《知识产权在民事法律权利体系中的地位》，载《知识产权》2015年第10期，第31页。
③ 参见吴汉东：《关于知识产权私权属性的再认识——兼评"知识产权公权化"理论》，载《社会科学》2005年第10期，第58－64页。

本属性。① 2016 年，吴汉东在《民法法典化运动中的知识产权法》中认为，知识产权是私权，其基本属性与财产所有权无异，知识产权是受民法保护的权利。知识产权法虽含有若干公法、程序法规定，但依然是以实体法为基础的私法制度，隶属于民法部门。②

2007 年，孙海龙和董倚铭在《知识产权公权化理论的解读和反思》中直接批评了"知识产权公权化理论"，认为这是对知识产权特殊性的某种程度的误读，可以说知识产权是一种特殊的民事权利，但把知识产权作为"公权化的私权"，一种公权和私权的混合体，在理论和实践层面都是值得商榷的，原因如下：第一，私法的公法化并非就代表了私权公权化，知识产权不会因为社会本位思潮主导下的私法公法化潮流就具备了公权的属性。第二，国内外知识产权政策法律的种种新动向都不足以说明知识产权作为私权的属性发生了公权化。第三，知识产权的权利限制从根本上讲就是对知识产权私法范围定界的制度工具，其表现出来的一系列特点是由知识产权客体的特殊性决定的，从知识产权权利限制制度中无法得出知识产权私权属性发生公权化的结论。第四，知识产权法由于行政规范的广泛介入而具有了公法的某些色彩，但这并不意味着知识产权因此具有了公权的属性。③

2007 年，衣庆云在《知识产权公权化理论之批判》中认为，知识产权公权化的理论论据存在不足，表现在：第一，关于国家对知识产权确权行为的性质。知识产权是否具有公权的成分，不能依据其权利产生的根据。第二，关于知识产权与社会利益之间的利益平衡。"利益平衡"不是知识产权领域所特有，从该理论中也不能推导出知识产权应当具有公权性质的结论。第三，关于知识产权法对社会公共利益价值的追求。这些具体制度立足于私人利益的保护，通过刺激私人对利益的追求，间接地实现了立法者所追求的社会公共利益，甚至可以说，私权越昌明，社会公共利益的实现就越充分。这种制度机制，正是知识产权法科学性和合理性之所在。④

2011 年，杜颖和王国立在《知识产权行政授权及确权行为的性质解析》中认为，知识产权行政授权和确权行为是一种行政确认行为。⑤

---

① 参见吴汉东：《知识产权的多元属性及研究范式》，载《中国社会科学》2011 年第 5 期，第 39-45 页。
② 参见吴汉东：《民法法典化运动中的知识产权法》，载《中国法学》2016 年第 4 期，第 33 页。
③ 参见孙海龙、董倚铭：《知识产权公权化理论的解读和反思》，载《法律科学（西北政法大学学报）》2007 年第 5 期，第 76-85 页。
④ 参见衣庆云：《知识产权公权化理论之批判》，载《电子知识产权》2007 年第 7 期，第 34-37 页。
⑤ 参见杜颖、王国立：《知识产权行政授权及确权行为的性质解析》，载《法学》2011 年第 8 期，第 92-100 页。

2015年，刘春田在《知识产权作为第一财产权利是民法学上的一个发现》中认为：在法治国家私权是公权的基础。私权的运动机制离不开公权力的辅助，"知识产权私权公权化的趋势"的观点是错误的。有必要指出，社会生活中公权力和私权利往往交织在一起，但二者有着本质的区别。知识产权作为民事权利，根植于私权土壤，生长于私权之树。其间或有外力干预其生存空间或外在形态，或剪枝，或移植，都不改其存在、价值和生命之本质。在私法体系中，私权和公权力之间，私权始终居于目的、实体、主体、第一性的地位，巩固公权力则居于手段、程序、辅助、第二性的地位。在私法体系中，为保障私权秩序的合理、公平，经常需要借助公权力的介入，须有公法规范。公权力在其中也只是辅助的手段，体现公权力的是程序规范。在知识产权的保护中，公权力具有关键作用，但是公权力的作用再突出，也不可能超越或改变法律对私权确认的实体性规定，更不可能主辅颠倒。[1] 2018年，刘春田在《我国〈民法典〉设立知识产权编的合理性》中指出：民事权利的取得，是依照民事法律，而非行政法规，审查其主张是否合法的过程并非行政行为。基于此，法律并不在意审查确权的机构的法律性质，无论是政府部门，还是社会中介等其他机构，都不影响其私权性质。[2]

2018年，杜颖在《知识产权"入典"的思考》中指出，虽然知识产权法中含有很多公权力色彩的行政程序规范，但现今世界上恐怕很难找到一部不掺入一点点公权力的民法典，这绝不改变也不应该改变民法典的私权性质，因此知识产权法中的行政程序性规范界定和保护的依然是私法。[3]

2018年，邓志红和余翔在《再论知识产权的性质——一种权利结构的视角》中认为，私权的公权化理论存在不足，表现在：第一，概念问题。"私权的公权化"不是一个很严谨的概念，大体上有三层意思。第一层意思旨在描述知识产权发展中有了很强的公共性和社会性因素；第二层意思是对于经济生活的干预使得公权力介入到私法关系之中，传统私法自治原则受到限制；第三层意思是知识产权的确认需要经过行政程序，国家行政机关在知识产权的取得、行使以及权利人的救济方面都发挥重要的职能。这三层意思并不能说明私权的公权化，因为公共性和社会性因素增加不能直接与"公权化"画等号，单纯的行政机关确权程序不会改变权利本身的性质。第二，界限或性质问题。知识产权中的利益平衡原则只

---

[1] 参见刘春田：《知识产权作为第一财产权利是民法学上的一个发现》，载《知识产权》2015年10期，第5页。
[2] 参见刘春田：《我国〈民法典〉设立知识产权编的合理性》，载《知识产权》2018年第8期，第89页。
[3] 参见杜颖：《知识产权"入典"的思考》，载《北方法学》2018年第3期，第23页

是确立了权利的边界或界限,而不是改变了知识产权的性质。利益平衡原则的存在不能说明知识产权具有何种性质,只能说明知识产权价值的多元性,"私权的公权化"论者混淆了权利的性质与权利的界限问题。①

4. 将知识产权作为私权意义重大

2011年,余俊在《TRIPs协定与中国知识产权法制的变革》中认为:知识产权本质上是私法上的一种权利,对知识产权的认识应以私权的理论为逻辑起点和制度本源。这一表述的原则和理念,对我国现实的知识产权制度而言,是一个历史性的超越。在知识产权法制建设中对之予以充分、有效、持续的贯彻,将极大改变我国知识产权制度的内在品格、根本面貌和立法走向,也会有力地推动知识产权法律制度与整个私法制度融为一体。②

2013年,唐艳在《知识产权私权话语表达之探讨》中认为,将"知识产权"与"私权"关联起来的理论意义如下:第一,强调知识产权的私权属性,意味着从法史角度正本清源,将知识产权叙事从封建特权中彻底抽离,从而为整个知识产权制度的合法性辩护,从历史性维度抹去其制度发生史上可能的原罪和污名。第二,强调知识产权的私权属性,可以顺利地将知识产权归类于民法,从而获得其必要的学科地位,以便更好地开展知识产权研究。第三,借用私权神圣的理念,为知识产权保护摇旗呐喊。③

2018年,邓志红和余翔在《再论知识产权的性质——一种权利结构的视角》中则提出,私权论者对知识产权为私权的论证存在几个假定前提:第一,私权严格区分于公权;第二,知识产权在本质上属于财产权的一种类型,核心特征在于它的排他性,并可通过市场交易获得其全部的价值或利益;第三,法律对知识产权的保护与其他类型财产的保护机制一样,应采取侵权损害补偿和申请禁令等私法救济方式,以恢复到知识产权被侵害前的状态。但是对知识产权的性质进行深入分析,可以得出:第一,知识产权中搭便车理论存在误用;第二,知识产权并非只是一种消极的私权,私权论者对私权的理解基于公权私权二元对立的立场,私权基本隔绝于公权成为一个自治领域。质言之,私权是一种消极性的权利,如财产权一样主要在于排除他人干预。但是知识产权不是这样一种消极的权利,知

---

① 参见邓志红、余翔:《再论知识产权的性质——一种权利结构的视角》,载《知识产权》2018年第2期,第8页。

② 参见余俊:《TRIPs协定与中国知识产权法制的变革》,载《电子知识产权》2011年第6期,第73页。

③ 参见唐艳:《知识产权私权话语表达之探讨——以对〈TRIPS协定〉"private rights"的翻译为切入点》,载《知识产权》2013年第4期,第43页。

识产权还有积极的面向。例如，把专利权视为一种根本意义上的私权，不仅存在概念上的缺陷，也会带来严重的后果，其最重要的后果之一就是把作为促进创新目的之手段的专利权变成了目的本身，专利权的主要目标不再是最大限度激励创新而是保障排他性的专利权不受侵犯。[①]

5. 放弃知识产权私权本质论

部分学者主张放弃知识产权私权本质论。例如，2013年，唐艳在《知识产权私权话语表达之探讨》认为，私权论可能存在负面作用。其理由如下：第一，私权通常被作为一个具有很强褒义意蕴的词在使用。其次，"私权"与私法相关联，意味着某种属于私人的民事权利，私人对其有强支配权。最后，私权是一种与公权相对立的权利。当"私权"这一符号被标注于知识产权之上时，也同时隐含了知识产权需要强力保护、知识产权优先于政治国家、知识产权可以对抗政治国家的潜台词。[②]

2018年，朱冬在《知识产权的私权形式与工具本质》中主张放弃知识产权私权本质论，原因在于：第一，自然权利论的解释力不足。将知识产权定义为自然权利并不符合知识产权的历史形象，西方知识产权的发展历史表明，知识产权脱胎于封建特权，并随着近代国家的形成逐渐嬗变为一种法定权利，这种法定权利并非基于自然权利论而确定，而是一种为了达成某种功利目标而专门由制定法所创设的权利。第二，权利本位、二元价值与知识产权的扩展。私权论中被用于支持知识产权扩张的首要依据是自然权利论中传统私法中的权利本位观念，知识产权私权本质论在解决知识产权正当性危机的过程中表现出的不足，被学者归纳为强调权利人保护的"工具理性的越位"以及对知识产权保护社会效果进行评价的"价值理性的缺位"，因此不能片面地强调知识产权的保护。[③]

(二) 知识产权具有公权化趋势

1. 知识产权具有公权性质

2004年，李永明和吕益林在《论知识产权之公权性质——对"知识产权属于私权"的补充》中认为，知识产权的公权性质表现在以下三个方面：第一，社会公益性。知识产权的社会公益性主要体现在它对"公平"和"效率"两方面价

[①] 参见邓志红、余翔：《再论知识产权的性质——一种权利结构的视角》，载《知识产权》2018年第2期，第8页。

[②] 参见唐艳：《知识产权私权话语表达之探讨——以对〈TRIPS协定〉"private rights"的翻译为切入点》，载《知识产权》2013年第4期，第43页。

[③] 参见朱冬：《知识产权的私权形式与工具本质》，载《贵州师范大学学报（社会科学版）》2018年第3期，第141-152页。

值的追求。第二，国家授予性。一方面，知识产权制度受到国家政策性立法的限制，即法律基于国家政策的需要，对知识产权的取得、传播和使用等规定了严格的限定条件；另一方面，国家制定的各项具体政策都在一定程度上涉及知识产权问题。第三，利益权衡性。知识产权制度就是一种权衡机制，是国家在权利人私人垄断利益与社会公共利益之间进行的一种法律选择和整合。[1]

2. 知识产权对公权具有依存性

2005年，胡坚在《知识产权的本质及属性探析》中认为，知识产权属于私权但对公权有强烈的依存性。自从知识产权制度成为一项法律制度以来，其保护私权与增进公益的双重价值目标就从来没分开过，知识产权制度承认知识产权是私权但须臾没忽视过公共利益的存在。[2]

3. 知识产权公权化趋势不改变私权属性

2004年，冯晓青和刘淑华在《试论知识产权的私权属性及其公权化趋向》中认为，在当代，知识产权的私权性并没有发生变化，但国家介入因素在增强，换言之，知识产权私权的公权化因素在增强。然而公权的渗入并没有改变知识产权的私权性，这种"公""私"融合，可以使知识产权更加符合社会的需要。我们可以从以下方面了解知识产权：第一，利益平衡。知识产权法是平衡知识产权人和社会公众之间利益的调节器，这种平衡是一种动态的平衡，它需要公权适时介入并调整。第二，知识产权本身的专有性。知识产权本身的专有性决定了知识产权法在维护自身动态平衡中，离不开公权力的介入。第三，知识产权私权公权化的趋势暗合了私法公法化的国际潮流。第四，知识产权法价值的实现。知识产权法由仅涉及公民、法人享有的权利，逐渐演化为一种与国民经济的发展密不可分的具有公权因素的私权，能够更好地实现知识产权法的价值。[3]

2005年，彭礼堂和武芳在《知识产权属性的法理探析》中认为，知识产权的公权化趋势只是"私法公法化"的表现之一，即"国家权力对社会和经济生活的直接干预突破了传统的私法界限，从而使公法关系向私法领域延伸"的现实显现。国家公权对知识产权制度的介入只是一种逐渐干预的过程，是一种影响，包括好的影响和坏的影响，而没有改变知识产权的私权属性。[4]

---

[1] 参见李永明、吕益林：《论知识产权之公权性质——对"知识产权属于私权"的补充》，载《浙江大学学报（人文社会科学版）》2004年第4期，第34页。
[2] 参见胡坚：《知识产权的本质及属性探析》，载《知识产权》2005年第2期，第49-51页。
[3] 参见冯晓青、刘淑华：《试论知识产权的私权属性及其公权化趋向》，载《中国法学》2004年第1期，第61-68页。
[4] 参见彭礼堂、武芳：《知识产权属性的法理探析》，载《科技与法律》2005年第3期，第33-38页。

4. 谨慎对待知识产权公权化趋势

2006年，孟奇勋在《"异化"的权利与权利的"异化"——以知识产权的私权保护与公权规制之协调为视角》中认为，知识产权制度中公权介入具有必要性，要做到知识产权私权保护和公法规制相互协调应该注意：第一，尊重知识产权的私权品格；第二，将政府公权管制和知识产权的规制相结合。①

2014年，张富强和许健聪在《知识产权法公法化宜慎行》中认为：知识产权公法化是知识产权法中公法规范类型化扩充的过程，本质上是公权力进一步介入知识产权之创设、保护和限制等方面。但由于"政府失灵"无法避免，知识产权法公法化的趋势也可能引发政府过度干预的弊端，因而对待这一趋势应当慎之又慎，具体表现在：第一，逐步完善知识产权行政保护的法律规范；第二，选择性增加知识产权创设的法律规范；第三，有效防范知识产权权利限制法律规范的泛滥。②

（三）知识产权私权保护中的利益平衡

2005年，任寰在《论知识产权法的利益平衡原则》中认为，知识产权法中利益平衡的基本内涵为：第一，以私权保护作为利益平衡的前提，以利益平衡作为私权保护的制约机制，在立法上进行权利义务的合理配置。第二，将利益平衡原则贯穿在整个知识产权法的解释和适用过程。③

2007年，冯晓青在《知识产权法的价值构造：知识产权法利益平衡机制研究》中认为，实际上，知识产权法是一种典型的利益平衡机制。正是因为知识产权客体即知识产品具有私人产品和公共产品双重属性，利益平衡机制在知识产权法中尤为重要，整个知识产权法在价值构造上表现为一系列的平衡模式和与此相适应的制度安排。例如，知识产权人权利与义务的平衡，知识产权人的权利与社会公众利益以及在此基础上的公共利益间的平衡，专有权保护与知识产品最终进入公有领域的平衡，公平与效率的平衡，权利行使内容、方式与权利限制的平衡，知识创造与再创造的平衡，知识产权与物权的平衡，等等。甚至可以认为，利益平衡是知识产权法中的一个根本性问题。④ 2018年，冯晓青和韩萍在《私权保护中的知识产权公共领域问题研究——基于实证案例的考察》中认为，知识产权私权保护必须以留存丰富的公共领域为前提和基础，没有知识产权公共领域，

---

① 参见孟奇勋：《"异化"的权利与权利的"异化"——以知识产权的私权保护与公权规制之协调为视角》，载《电子知识产权》2006年第8期，第16-18页。
② 参见张富强、许健聪：《知识产权法公法化宜慎行》，载《知识产权》2014年第2期，第62页。
③ 参见任寰：《论知识产权法的利益平衡原则》，载《知识产权》2005年第3期，第13-18页。
④ 参见冯晓青：《知识产权法的价值构造：知识产权法利益平衡机制研究》，载《中国法学》2007年第1期，第67-77页。

知识产权私权保护就会失去基础，知识产权赖以建立的利益平衡机制也就会打破，知识产权法律制度将无法实现其立法宗旨。①

2012年，张冬和李博在《知识产权私权社会化的立法价值取向》中认为，知识产权的私权利愈发需要与社会福祉紧密协调才能够合理存在，以减少私权滥用，具体表现在：第一，知识产权社会化价值的立法宗旨——正义与效益的平衡价值；第二，知识产权社会化价值的立法内容——私权受到社会利益的限制；第三，知识产权社会化价值的立法趋势——国家战略的切入点。②

2013年，郭林昕在《简析知识产权的公权利和私权利属性》中认为，在知识产权保护的过程中，除应该注重对知识产权私权的保护之外，知识产权所有人与受益人之间的利益平衡同样是关键。因此，我们在保护作为私权的知识产权的同时，对于这种权利的界定也应当建立在公权范围以内。然而，知识产权的公权属性若是过于强势，不但会导致知识产权所有人等既得利益者的合法权益受到损害，更有可能使得知识产权法律制度对技术创新的激励能效降低。③

也有学者对利益平衡论提出质疑。例如，2011年，熊琦在《著作权的法经济分析范式——兼评知识产权利益平衡理论》中认为，利益平衡能否从立法目标上升为一种方法论存在疑问。这主要是"平衡"内涵的广义性使然，平衡既能解释为资格与地位的平等，也能定位为利益或收益的均沾。不同主体正是利用多重价值在平衡理论上的叠加，将其用来证明自己的立场，使利益平衡成为大量知识产权研究文献的共同结论，但其代表的价值取向可能千差万别。价值取向的不明必然带来法律体系的混乱，多重价值共用一套表达，无论是立法论还是解释论，都会出现任意性趋向，正因为如此，发达国家的知识产权学者在归纳知识产权的正当性理论时，仅将利益平衡作为立法的目标加以表述，而并未视为方法论的一种。④

（四）知识产权的人权属性

1. 知识产权是私权与人权的统一

2003年，吴汉东在《知识产权的私权与人权属性——以〈知识产权协议〉与〈世界人权公约〉为对象》中认为：私权与人权在本质上是统一的。就人权体

---

① 参见冯晓青、韩萍：《私权保护中的知识产权公共领域问题研究——基于实证案例的考察》，载《邵阳学院学报（社会科学版）》2018年第8期，第42页。

② 参见张冬、李博：《知识产权私权社会化的立法价值取向》，载《知识产权》2012年第3期，第55-58页。

③ 参见郭林昕：《简析知识产权的公权利和私权利属性》，载《湖北理工学院学报（人文社会科学版）》2013年第3期，第45-48页。

④ 参见熊琦：《著作权的法经济分析范式——兼评知识产权利益平衡理论》，载《法制与社会发展》2011年第4期，第36-47页。

系而言，私人财产权即是人权的基础权利；就知识产权本身而言，它既具有私权属性，同时又直接构成基本人权的内容。在私权与人权的统一范畴中理性地把握与认识知识产权，有助于我们全面考察现代知识产权制度的价值理念和社会功能。对知识产权进行私权定性与人权定位，并将其建构在统一的法律价值体系中，不仅是理论上的偏好，更重要的是现实社会发展的需要。国际人权组织注意到：知识产权几乎成为一切经济生活领域的中心。这意味着，涉及知识产权的国际条约、国家法典和司法裁决，对保护和促进人权都有着重大的影响。国际人权公约所规定的经济、社会、文化权利更是如此。依照国际人权标准，国际知识产权保护制度存在的主要问题包括：第一，对创造者权利保护不完整；第二，对传统文化保护不重视；第三，对公众利益保护不理想；第四，对发展中国家利益考量不充分。[①] 2013年，吴汉东在《知识产权的多元属性及研究范式》中认为，在人权的视野中研究知识产权，主要涉及以下三个问题：第一，是否将知识产权视为人权，主张者的论点不尽一致；第二，如何认识知识产权的人权意义；第三，如何解决知识产权与其他人权的冲突。[②]

2005年，胡坚在《知识产权的本质及属性探析》中认为，知识产权是作为私权的财产权利，但其主要方面也包含有重要的人权属性。知识产权中的人权具有两个层次的含义：第一，劳动者个人就其创造知识的劳动产生的成果所享有的权利；第二，社会公众分享科技进步及其应用的效益的权利。[③]

2. 知识产权和人权既联系又区别

2004年，周艳敏在《冲突与平衡：知识产权的人权视野》中认为：人权是一个相对开放的"权利集合"，所以英文总以复数 human rights 表示人权；人权首先标志着一种角度，它将义务主体指向作为公权力之代表的国家；人权关乎着道德人格层面，即使是纯粹的财产权保护，也须与人之尊严和自由相关；人权是一种人人共有的"公共权利"；知识产权不属于人权，但保护知识产权也需要以人权诉求为依据。[④]

2004年，张乃根在《论 TRIPS 协议框架下知识产权与人权的关系》中建议：看待知识产权与人权的关系，应该切入财产权的视角。首先从本质上肯定知识产权是人权。然后，人们必须正视权利冲突及其协调问题，目前下列人权可能和知

[①] 参见吴汉东：《知识产权的私权与人权属性——以"知识产权协议"与"世界人权公约"为对象》，载《法学研究》2003年第3期，第66-78页。
[②] 参见吴汉东：《知识产权的多元属性及研究范式》，载《中国社会科学》2011年第5期，第39-45页。
[③] 参见胡坚：《知识产权的本质及属性探析》，载《知识产权》2005年第2期，第49-51页。
[④] 参见周艳敏：《冲突与平衡：知识产权的人权视野》，载《知识产权》2004年第2期，第51-56页。

识产权发生冲突：第一，健康权和知识产权的冲突；第二，发展权与知识产权的冲突；第三、文化权与知识产权的冲突。①

2007年，郑万青在《知识产权与人权的关联辨析》中认为，对知识产权的人权含义应该从以下方面理解：第一，在知识产品中凝结了人类的创造性劳动，对智力成果的保护本身体现了对人类智慧的尊重，体现了人类的内在价值；第二，对于具有人格因素的智力成果，保护作者享受由自己的科学性、文学性或艺术性的作品发生的精神性利益，体现了人类的尊严；第三，对创造者物质性利益的保护是维护以智力活动为生的作家、艺术家和科学家、发明家等人的生存权利，能够保证他们必需的生活水准和继续从事创造性活动的必要物质条件，实质上含有生存权和劳动权的意蕴。但是知识产权并不是人权。人权和知识产权的区别如下：第一，人权具有基本性和普遍性，而知识产权具有国家授予性和可让与性；第二，人权具有道德性和终极性，而知识产权具有经济性和工具性。②

（五）知识产权的公共政策属性

1. 知识产权制度是政策工具

2006年，吴汉东在《利弊之间：知识产权制度的政策科学分析》中认为，从国家层面而言，知识产权制度是一个社会政策的工具，中国知识产权政策有必要进一步充实、调整和提高，具体表现在：第一，应该紧密结合中国具体国情和实践经验，修改和完善知识产权制度；第二，紧密结合国家知识产权战略，建立以知识产权为导向的公共政策体系；第三，紧密结合国际知识产权制度变革的最新动向，积极加强知识产权国际事务的交流和合作。③ 2013年，吴汉东在《知识产权的多元属性及研究范式》中认为，知识产权法律是公共政策的组成部分，这是政策科学对知识产权政策属性的基本概括。所谓知识产权政策，即是政府以国家的名义，通过制度配置和政策安排对私人知识资源、归属、利用以及管理进行指导和规制，通常表现为一系列的法令、条例、规章、规划、计划、措施、项目等。也就是说，知识产权同物权、债权一样，是为私权，但同时具有某种超越私人本位的公共政策属性。④

---

① 参见张乃根：《论TRIPS协议框架下知识产权与人权的关系》，载《法学家》2004年第4期，第145-152页。

② 参见郑万青：《知识产权与人权的关联辨析——对"知识产权属于人权"观点的质疑》，载《法学家》2007年第5期，第41页。

③ 参见吴汉东：《利弊之间：知识产权制度的政策科学分析》，载《法商研究》2006年第5期，第6-15页。

④ 参见吴汉东：《知识产权的多元属性及研究范式》，载《中国社会科学》2011年第5期，第124-136页。

2008年，袁晓东和孟奇勋在《知识产权制度变迁中的公私权结构之演进》中认为：我们要按照科学发展观的要求建设创新型国家，知识产权将是一个重要的战略支撑。因此，建立以知识产权为导向的公共政策体系迫在眉睫。具体而言，应该注意以下问题：第一，明确对知识产权制度进行政策分析的必要性；第二，协调公共政策和现行知识产权法律秩序的关系；第三，对知识产权公共政策进行梳理和绩效评估；第四，从本国的语境出发阐释知识产权。①

2. 知识产权具有私权与政策工具双重属性

2016年，吴汉东在《知识产权应在未来民法典中独立成编》中认为，知识产权已然成为国际经贸领域各国实力比拼的主战场。在认识论上，知识产权具有私人产权与政策工具的双重定位，前者表现了知识产权的法律属性，后者彰显了知识产权的制度功能。可以认为，知识产权保护的政策立场，其法律基础是知识产权的私权性。②

2018年，朱冬在《知识产权的私权形式与工具本质》中认为，消解知识产权中私权保护和平衡公共利益原则矛盾的方法，是引入知识产权本质的多维度视角：主张私权论仅仅是理解知识产权本质的一种视角，知识产权可以被看作是一种政策工具，工具论可以说明权利限制的必要性。将知识产权的本质定位于公共政策工具，并不意味着否认知识产权在法律形式上具有私权的属性。应当相信工具论和私权论并非对立，亦不是私权之外的维度，而是应该在工具论的视野下看待知识产权的私权形式和调剂。质言之，在贯彻促进创新的政策目标时，需要坚持以私权的框架实现知识产权的体系化、对知识产权制度的相应调试亦应当在私权的框架下进行。③

二、知识产权的特征

知识产权的特征问题属于知识产权的基本理论，中国自有知识产权问题以来，学者对知识产权特征的表述多种多样。具有代表性的有如下观点：第一，"五特征说"，认为知识产权有"无形性、专有性、地域性、时间性、可复制性"等特征。④ 第二，"四特征说"，认为知识产权有"客体的非物质性、专有性、地

---

① 参见袁晓东、孟奇勋：《知识产权制度变迁中的公私权结构之演进》，载《知识产权》2008年第1期，第14-19页。
② 参见吴汉东：《知识产权应在未来民法典中独立成编》，载《知识产权》2016第12期，第7页。
③ 参见朱冬：《知识产权的私权形式与工具本质》，载《贵州师范大学学报（社会科学版）》2018年第3期，第141-152页。
④ 参见郑成思：《论知识产权的概念》，载《中国社会科学院研究生院学报》1996年第1期，第21-23页。

域性和时间性"等特征①，或有"无形性、专有性、地域性、时间性"等特征②，或有"客体的无形性、相对垄断性、效力有限性和保护范围的不确定性"等特征。③ 还有的学者将知识产权的特征归纳为知识产权的对象是信息，它是对世权、支配权，知识产权可以分地域取得和行使，知识产权的权能具有可分授性。④ 第三，"三特征说"，认为知识产权有"专有性、地域性、时间性"等特征⑤，或有"客体的非物质性、地域性以及可以分地域取得和行使"等特征。⑥ 第四，"两特征说"，认为知识产权具有"时间性以及权利内容的多元性与多重性"两个特征。⑦ 第五，"一特征说"，认为知识产权只有或主要有一种特征。有学者认为是客体的无形性⑧，有学者认为是创新性。⑨

对于知识产权的特征，不少学者的观点经历了一个发展变化的过程。例如，1985 年，郑成思在《知识产权法若干问题》中认为知识产权的三个方面在法律上的共同特点是专有性和地域性。⑩ 1988 年，郑成思在《知识产权法》中认为知识产权具有无形性、专有性、地域性、法定时间性、公开性和可复制（可固定）性。⑪ 1996 年，郑成思在《论知识产权的概念》中提出"五特征说"，认为知识产权具有无形性、专有性、地域性、时间性和可复制性。⑫

又如，1986 年，闵锋、吴汉东编写的《知识产权法律知识》认为，在法律上知识产权具有三个特点：专有性、地域性、时间性。⑬ 1987 年，吴汉东、闵锋

---

① 参见吴汉东：《关于知识产权本体、主体与客体的重新认识——以财产所有权为比较研究对象》，载《法学评论》2000 年第 5 期，第 5-7 页。
② 参见郭寿康主编：《知识产权法》，中共中央党校出版社 2002 年版，第 11-17 页。
③ 参见江滢、郑友德：《知识产权特征新论——兼析知识产权与有形财产权的区别》，载《华中科技大学学报（社会科学版）》2001 年第 4 期，第 16-20 页。
④ 参见张玉敏：《知识产权的概念和法律特征》，载《现代法学》2001 年第 5 期，第 105-110 页。
⑤ 参见崔民海、马耀文、韩晓林：《知识产权的范围和基本特征》，载《科技信息》1995 年第 11 期，第 28 页。
⑥ 参见金多才：《论知识产权的概念和特征》，载《河南财经政法大学学报》2004 年第 6 期，第 59-60 页。
⑦ 参见刘春田：《知识财产权解析》，载《中国社会科学》2003 年第 4 期，第 119-121 页。
⑧ 参见程啸：《知识产权法若干基本问题之反思》，载《中国人民大学学报》2001 年第 1 期，第 75-81 页。
⑨ 参见刘晓：《知识产权的特征重解：以创新性为核心特征》，载《知识产权》2023 年第 12 期，第 51 页。
⑩ 参见郑成思：《知识产权法若干问题》，甘肃人民出版社 1985 年版，第 1-2 页。
⑪ 参见郑成思：《知识产权法》，四川人民出版社 1988 年版，第 2-6 页。
⑫ 参见郑成思：《论知识产权的概念》，载《中国社会科学院研究生院学报》1996 年第 1 期，第 21-23 页。
⑬ 参见闵锋，吴汉东编写：《知识产权法律知识》，湖南人民出版社 1986 年版，第 5 页。

编著的《知识产权法概论》认为知识产权具有以下五个特征：（1）知识产权具有人身权和财产权的双重性质；（2）知识产权需要由国家主管机关依法确认；（3）知识产权是一种专有性的民事权利；（4）知识产权具有严格的地域限制；（5）知识产权仅在法定期限内发生效力。[1] 2000年，吴汉东主编的《知识产权法学》及其撰写的《关于知识产权本体、主体与客体的重新认识——以财产所有权为比较研究对象》提出"四特征说"，认为知识产权的特征是客体的非物质性、专有性、地域性和时间性。[2]

再如，1986年，刘春田编著的《知识产权》一书认为，知识产权具有六个特点：（1）知识产权的客体是一种无形财产；（2）知识产权具有人身权和财产权双重内容；（3）知识产权必须经过国家主管机关依法直接确认才能产生；（4）知识产权是一种专有权利；（5）知识产权是一种受地域限制的权利；（6）知识产权的财产权是一种有期限的民事权利。[3] 1996年，刘春田在《简论知识产权》中认为知识产权的特征是地域性和权利的受限制性，后者包括时间性和非专有性。[4] 2003年，刘春田在《知识财产权解析》中提出"两特征说"，认为知识产权的特征是时间性和权利内容的多元性与多重性。[5]

同时，学界提出的每项知识产权特征，几乎都遭受了质疑。例如，1996年，刘春田在《简论知识产权》质疑了公开性、无形性和可复制性。[6] 2001年，程啸在《知识产权法若干基本问题之反思》中质疑了无形性、地域性和时间性。[7] 2001年，张玉敏在《知识产权的法律特征》中质疑了无形性、专有性、地域性、时间性、法律确认性、双重权利性和受限制性。[8] 2003年，刘春田在《知识财产权解析》中质疑了无形性、专有性、地域性和可复制性。[9] 2004年，杨和义在《论知识产权的法律特征》中质疑了无形性、专有性、地域性、时间性、支配权、

---

[1] 参见吴汉东、闵锋编著：《知识产权法概论》，中国政法大学出版社1987年版，第1-4、34-35页。
[2] 参见吴汉东主编：《知识产权法学》，北京大学出版社2000年版，第5-10页；吴汉东：《关于知识产权本体、主体与客体的重新认识——以财产所有权为比较研究对象》，载《法学评论》2000年第5期，第5-7页。
[3] 参见刘春田编著：《知识产权》，法律出版社1986年版，第2-6页。
[4] 参见刘春田：《简论知识产权》，载郑成思主编：《知识产权研究》（第1卷），中国方正出版社1996年版，第47-50页。
[5] 参见刘春田：《知识财产权解析》，载《中国社会科学》2003年第4期，第119-121页。
[6] 参见刘春田：《简论知识产权》，载郑成思主编：《知识产权研究》（第1卷），中国方正出版社1996年版，第47-50页。
[7] 参见程啸：《知识产权法若干基本问题之反思》，载《中国人民大学学报》2001年第1期，第79-81页。
[8] 参见张玉敏：《知识产权的概念和法律特征》，载《现代法学》2001年第5期，第105-110页。
[9] 参见刘春田：《知识财产权解析》，载《中国社会科学》2003年第4期，第119-121页。

信息性、人身性和可复制性。① 2004年，郑成思和朱谢群在《信息与知识产权的基本概念》中质疑了权利内容的多元性与多重性。② 2004年，金多才在《论知识产权的概念和特征》中质疑了无形性、专有性、时间性、可复制性、对世权、支配权、具有财产权和人身权双重属性、依法审查确认性。③ 2005年，陶鑫良和袁真富在《知识产权法总论》中质疑了无形性、知识性、可复制性、专有性、独占性、地域性、时间性、权利双重性、人身联系性和国家授予性。④ 2023年，刘晓在《知识产权的特征重解：以创新性为核心特征》中质疑了无形性、专有性、地域性、时间性、权利双重性、人身联系性、国家授予性、非稳定存续性、法定性、客体的非物质性、信息性、符号性、可复制性和共用性、权利内容的多元性与多重性、可同时实施性、可分授权性、权利的受限制性和权利保护范围的不确定性。⑤

因此，下文将先阐述学界对知识产权特征判断标准的争议，然后逐一针对每个特征梳理赞成和反对观点。

(一) 知识产权特征的判断标准

学界对知识产权的特征众说纷纭，原因之一在于没有对知识产权特征的判断标准形成一致的意见，依据不同的判断标准，自然会得出不同的结论。具体而言，对判断标准的争议主要体现在以下三个方面。

1. 是否必须是所有知识产权都具有的特征

第一种观点认为，知识产权的特征并不意味着各类知识产权都具备全部特征，每一项基本特征都可以存在例外。例如，2000年，吴汉东在《关于知识产权本体、主体与客体的重新认识——以财产所有权为比较研究对象》中认为，知识产权的特征是与其他财产权利特别是所有权相比较而言的，是具有相对意义的概括和描述，这并不意味着各类知识产权都具备全部特征，每一项基本特征都存在着若干"例外"，如商业秘密权益不受时间性限制等。⑥

第二种观点认为，知识产权的特征必须是所有知识产权都具有的特征。例

---

① 参见杨和义：《论知识产权的法律特征》，载《知识产权》2004年第1期，第22-24页。
② 参见郑成思、朱谢群：《信息与知识产权的基本概念》，载《中国社会科学院研究生院学报》2004年第5期，第49页。
③ 参见金多才：《论知识产权的概念和特征》，载《河南财经政法大学学报》2004年第6期，第59页。
④ 参见陶鑫良、袁真富：《知识产权法总论》，知识产权出版社2005年版，第76-79页。
⑤ 参见刘晓：《知识产权的特征重解：以创新性为核心特征》，载《知识产权》2023年第12期，第42-47页。
⑥ 参见吴汉东：《关于知识产权本体、主体与客体的重新认识——以财产所有权为比较研究对象》，载《法学评论》2000年第5期，第8页。

如，2001年，张玉敏在《知识产权的概念和法律特征》中认为，知识产权的法律特征必须满足两个条件，其中之一必须是所有知识产权都具备的特点，只有一部分知识产权具备的特点不能作为知识产权的共同特点。[1] 2004年，金多才在《论知识产权的概念和特征》中认为，归纳知识产权的特征应考虑的两个标准，其中之一必须是所有知识产权都具有的特征，只有部分知识产权具有的特征不能作为知识产权的特征。[2] 2023年，刘晓在《知识产权的特征重解：以创新性为核心特征》中认为，知识产权的特征必须符合的两个条件，其中之一必须是所有知识产权都具备的特征，仅部分知识产权所具有的特点不能作为知识产权的共同特征。《民法典》第123条采用了广义的知识产权概念，知识产权的客体不仅包括作品、发明和商标等绝对权的客体，还包括地理标志和商业秘密等法益。因此，对知识产权的特征应从广义知识产权的角度进行总结，以获得最强的解释力。允许知识产权的特征存在例外会降低知识产权特征的解释力。如果某权利不具备知识产权的某一特征，由于存在例外，很难判断该权利是否属于知识产权。因此，知识产权的特征不应存在例外。[3]

2. 是否必须是知识产权所特有的特征

第一种观点认为，只要不是所有民事权利的共同特点，就可以成为知识产权的特征。例如，2001年，张玉敏在《知识产权的概念和法律特征》中认为，知识产权的法律特征必须满足的两个条件，其中之一是不能是所有民事权利的共同特点，因为这样的特点不能说明知识产权与其他民事权利有什么区别，无助于认识知识产权这一"特殊"民事权利。[4] 2004年，金多才在《论知识产权的概念和特征》中认为，归纳知识产权的特征应考虑两个标准，其中之一是知识产权的特征必须是知识产权所特有的，所有的民事权利都具有的特征不能作为知识产权的特征，否则就无法通过知识产权的特征将其与其他民事权利区分开来。[5]

第二种观点认为，知识产权的特征必须是知识产权所特有的特征。例如，2004年，杨和义在《论知识产权的法律特征》中认为，研究知识产权的法律特征就是探寻只有知识产权具有，而物权、债权、人身权、继承权、亲属权不具有的法律上的特别显著的征象、标志，即知识产权法律特征的讨论应在"知识产权

---

[1] 参见张玉敏：《知识产权的概念和法律特征》，载《现代法学》2001年第5期，第105页。
[2] 参见金多才：《论知识产权的概念和特征》，载《河南财经政法大学学报》2004年第6期，第59页。
[3] 参见刘晓：《知识产权的特征重解：以创新性为核心特征》，载《知识产权》2023年第12期，第40-41页。
[4] 参见张玉敏：《知识产权的概念和法律特征》，载《现代法学》2001年第5期，第105页。
[5] 参见金多才：《论知识产权的概念和特征》，载《河南财经政法大学学报》2004年第6期，第59页。

的法律特征是知识产权独有而其他权利所没有的法律上特别显著的征象、标识"的语义和语境中进行。① 2023年，刘晓在《知识产权的特征重解：以创新性为核心特征》中认为，知识产权的特征必须符合的两个条件，其中之一必须是知识产权所独有而其他权利所没有的法律上特别显著的征象，不能是其他民事权利也具有的特点，否则便不能将知识产权与其他民事权利区别开来。有学者认为只要不是所有民事权利的共同特点，就可以成为知识产权的特征。这是不能成立的，例如，如果知识产权和人格权都具有某一特点，而物权没有该特点，该特点只能用于排除物权，但仍不能区分知识产权与人格权，不能被称为知识产权的特征。②

3. 是否可以包括知识产权客体或保护对象的特征

第一种观点认为，知识产权的特征不包括知识产权客体或保护对象的特征。例如，2003年，刘春田在《知识财产权解析》中认为，对于知识产权的特征应讨论知识产权作为权利的特征，既不包含该权利的对象的特征，也不涉及该权利所保护的利益的特征。③ 2005年，陶鑫良和袁真富在《知识产权法总论》中认为，知识产权客体或保护对象的特征不是知识产权权利本身的特征。④

第二种观点认为，知识产权的特征包括知识产权客体或保护对象的特征。例如，2023年，刘晓在《知识产权的特征重解：以创新性为核心特征》中认为，从研究目的来看，之所以要研究知识产权的特征，就是因为要区分知识产权与其他权利。如果知识产权客体或保护对象的特征可用于区分知识产权与其他权利，其自然可以作为知识产权的特征，从而实现知识产权特征的研究目的。从客体或保护对象的特征出发，是我国学者研究知识产权特征的一贯做法。因为保护对象的差异是知识产权与物权等其他权利相互区别和独立存在的根源，也是形成知识产权特征的出发点。权利的特点、内容以及救济方法归根结底是由权利保护对象的特点决定的，所以研究知识产权的特征，首先要研究其保护对象。只有准确得出知识产权客体或保护对象的特征，才能在此基础上得出知识产权的其他特征。因此，知识产权客体或保护对象的特征也可以作为知识产权的特征。⑤

---

① 参见杨和义：《论知识产权的法律特征》，载《知识产权》2004年第1期，第22页。
② 参见刘晓：《知识产权的特征重解：以创新性为核心特征》，载《知识产权》2023年第12期，第41页。
③ 参见刘春田：《知识财产权解析》，载《中国社会科学》2003年第4期，第119页。
④ 参见陶鑫良、袁真富：《知识产权法总论》，知识产权出版社2005年版，第77页。
⑤ 参见刘晓：《知识产权的特征重解：以创新性为核心特征》，载《知识产权》2023年第12期，第42页。

（二）专有性、支配性与排他性

1. 赞成专有性的理由

1987年，吴汉东、闵锋编著的《知识产权法概论》认为，知识产权是一种专有性的民事权利。知识产权是一种独占性权利（exclusive right），它同所有权一样，具有排他性和绝对性的特点，即这种权利为权利人所专有，权利人垄断这种专有权利并受到严格保护；权利人以外的第三人不得侵犯这种权利，未经权利人的同意，不能享有或使用这种权利，权利人对这种权利可以自己行使，也可转让他人行使，并从中收取报酬。知识产权是专有性的民事权利，包括对知识产品的所有权和知识产品流转过程的其他财产权。版权法保护作者对自己的文学艺术和科学作品的专有权，专利法保护发明人和设计人对自己的发明和工业设计的专利权；商标法保护商标权人对自己的注册商标的专用权。总之，知识产权法确认和保护知识财产权与财产法所确认和保护的对物的财产权，在实质内容上是相同的。由于知识产品的特殊性，知识产权法在权利内容和性质上作出了有别于物权保护的特殊规定，授予这种权利以专有或独占的性质。①

1995年，崔民海、马耀文和韩晓林在《知识产权的范围和基本特征》中认为，专有性是指受到法律保护的知识产权仅为权利人专有，其他人未经权利人许可都不能实施，否则就构成侵权。为了保证知识产权的专有性，知识产权在授权上必须具有单一性，即同样的智力成果，其知识产权在一个国家只能被授予一次，不能被重复授权。②

1996年，郑成思在《论知识产权的概念》中提出，有形财产权的专有，极少可能采用"分身法"处置有关标的。这至少反映出知识产权在专有性上更复杂。此外，知识产权，尤其是其中的工业产权的专有性，还反映出完全不同于有形财产权的"排他性"。例如，两人分别拥有两幢完全相同的房屋，他们均有权互不干扰地出让、转卖、出租等。而两人分别搞出完全相同的发明，但在分别申请的情况下，只可能由其中一人获专利权。获专利权之人将有权排斥另一人将其自己搞出的发明许可或转让第三者，另一人只剩下"在先使用权"。不了解知识产权的这种排他专有性，往往是某些发明人丧失自己本应享有的权利的一个主要原因。专有性把知识产权与公有领域中的人类智力成果相区分的一个重要依据就是，知识产权固然是人类智力成果中的专有权，但并非一切人类智力成果均是专

---

① 参见吴汉东、闵锋编著：《知识产权法概论》，中国政法大学出版社1987年版，第37页。
② 参见崔民海、马耀文、韩晓林：《知识产权的范围和基本特征》，载《科技信息》1995年第11期，第7-28页。

有的。《三国志》是处于"公有领域"的智力创作成果。而当代作者的作品则处于"专有领域"之中,它们具有"专有性"[①]。

1998年,辛果在《说知识产权的特征》中认为,专有性是法律规定知识产权所有人对自己的智力成果享有的专有的排他的权利。权利人依照垄断这种智力成果,可以自己使用,也可以转让或者许可他人使用该智力成果,并从中获益。任何人未经权利人同意或者未按照法律规定的程序占有或使用他人的智力成果,均属于侵权,都要承担相应的法律责任。知识产权专有性的另一表现是:在某一法律的有效范围内,就同样的智力成果而言,附着其上的知识产权只能由一个人享有。在这一法律区域内,无论由多少人了解并掌握这一智力成果,也无论他们获得该智力成果的渠道和手段如何,只要有一个法律主体依法获得了该智力成果的知识产权,其他人都失去了再次获得权利的机会。[②]

2004年,郑成思和朱谢群在《信息与知识产权的基本概念》中认为,知识产权的"专有性",又称"排他性"。物权、人身权都具有"排他性",但知识产权的"排他性"具有特殊品格。知识产权的客体是智力成果这种特定的信息,具有共享性。因此,知识产权的排他性建立在对"客体"和"客体上利益"进行区分的基础上,允许客体的共享,同时运用法律的强制力将该特定信息所生利益确定地配置给法律认可的特定主体(权利人)。换言之,非权利人可以掌握某特定信息,但不能实现特定信息所生之利益,该信息上利益只能由特定主体凭借"法律上之力"去排他地实现。可见,知识产权是"客体共享,利益排他",这意味着不必通过配置客体再间接地配置客体上的利益,而是直接地对客体利益进行排他性配置。物权则是通过"客体排他"间接地完成"利益排他",由此可看出知识产权排他性的特别之处。[③]

2. 用支配性或排他性取代专有性

部分学者认为应当用支配性取代专有性。例如,2001年,张玉敏在《知识产权的概念和法律特征》中对"专有权"进行了批评,认为我国的著述一般用专有性来表述知识产权的支配权特点,就其所解释的含义来说,不能算错。但是,如前所述,凡民事权利都是专有权,不专有就不称其为权利,郑成思先生也承认这一点。因此,专有性不能作为知识产权区别于其他民事权利的法律特征。而对世权、支配权虽然不为知识产权所独有,但不属于所有民事权利所共有,它可以

[①] 郑成思:《论知识产权的概念》,载《中国社会科学院研究生院学报》1996年第1期,第21页。
[②] 参见辛果:《说知识产权的特征》,载《北方论丛》1998年第2期,第100-102页。
[③] 参见郑成思、朱谢群:《信息与知识产权的基本概念》,载《中国社会科学院研究生院学报》2004年第5期,第47-48页。

说明知识产权属于对世权、支配权，而不属于相对权、请求权。郑成思先生还特别指出，强调知识产权的专有性，是为了对专有领域的成果和进入公有领域的成果加以区别。其实，"专有领域"远不如"私有领域"通俗和明确。今天，我们已经没有20年前那么多禁忌，技术、作品等智力成果是创造者的私有财产已成为人们普遍接受的观念。现在，已经到了用通俗明确的"私有领域"取代似是而非的"专有领域"，用清晰准确的"对世权""支配权"取代易生歧义的"专有权"的时候了。[①]

上文进一步指出：支配权和保护对象的非物质性相结合，使知识产权实际上成为市场上的垄断权。智力成果、商业标志和数据库等信息的权利人依法享有使用、复制该信息和销售该信息载体的复制品的独占权利。因此，知识产权也可以称为垄断权、独占权。知识产权所保护的对象，如发明或商标，完全有可能是由不同的人独立完成的，但是，在同一个法域之内，法律却只能授予一个权利。从这个意义上讲，知识产权这种支配权的排他性，比物权的排他性更强烈。了解和宣传知识产权的这一特点，对我国的经营者具有非常重要的意义。它告诉我们，要在市场竞争中取得胜利，不仅要重视技术创新，而且要善于运用知识产权法保护自己的技术、商标、作品等无形资产，如此才能将技术优势转化为市场优势，否则，辛辛苦苦开发出来的智力成果很可能成为他人的"嫁衣"[②]。

对此也存在反对观点。例如，2004年，杨和义在《论知识产权的法律特征》中认为，支配权原本是传统民法中使用的一个法学术语，因此，从法律特征的角度，支配权不是知识产权所特有的征象和标志。[③]

部分学者则认为应当排他性取代专有性。例如，2009年，马忠法和王全弟在《知识产权的历史成因、法定主义及其法律特征》中认为，用排他性取代专有性更为合理，因为所谓"专有"就是不能为他人所享有，即某项权利的权利主体是特定的、唯一的。实际上由于知识产权客体的无形性和易复制性，它极易为他人所占有、享用，一旦某一项技术或者著作被他人购得或通过其他渠道途径取得，则获取人也拥有了占用权和一定范围内的使用权，此时再说原始权人"占有"或"独占"很不恰当。权利人控制的是他人的商业使用权。"专有性"和"排他性"有着本质的区别，将"专有性"等同于"独占性"也有失偏颇。在这里"排他性"和"垄断性"有些近似，垄断意指"他人可以对某些产品、技术拥

---

① 参见张玉敏：《知识产权的概念和法律特征》，载《现代法学》2001年第5期，第107页。
② 张玉敏：《知识产权的概念和法律特征》，载《现代法学》2001年第5期，第107页。
③ 参见杨和义：《论知识产权的法律特征》，载《知识产权》2004年第1期，第20-24页。

有所有权,但不能影响我的市场,或抢占我的市场份额,染指我的市场"。在许可转让的场合下,后占有人受到的限制应当是未经许可不得从事经营或者其他商业活动,他受限制的是这种权利,所以用"排他性"取代独占性或专有性更为恰当,任何一个物品的所有权都具有专有性或者独占性的属性,单讲知识产权具有这一特征是不恰当的。①

3. 反对专有性的其他理由

2003年,刘春田在《知识财产权解析》中指出,专有性不能作为知识产权的特征之一,理由在于:第一,知识产权、物权和人身权,虽然各自产生的法律事实前提不同,所产生的利益内容也有所区别,但他们对各自利益的专有属性是一样的。第二,就专有性而言,知识产权的权利人就其所生利益之专有程度,远低于人身权和物权。②

(三) 地域性

1. 赞成这一特征的理由

1986年,闵锋和吴汉东编写的《知识产权法律知识》认为,地域性是指经某国法律所保护的某种知识产权只在该国范围内发生法律效力。③ 1987年,吴汉东、闵锋编著的《知识产权法概论》认为,知识产权是一种专有权利,这种权利在空间上的效力并不是无限的,而要受到地域的限制,即具有严格的领土性,其效力只限于本国国境以内。知识产权的这一特点有别于有形财产权。一般说来,有形财产权原则上没有地域性的限制,无论是一个公民从一国移居另一国的财产,还是一个法人因投资、贸易从一国进入另一国的财产,都照样归权利人所有,不会发生财产所有权失去法律效力的问题。而知识产权则不同,各国依照国家主权的原则,只保护按照本国法律获得承认和保护的知识产权,而不承认根据外国法设立的权利。除签有国际公约或双边互惠协定的以外,知识产权要在其他国家取得法律保护,就需要按照该国法律规定经审查批准或登记注册。④

1994年,陈志刚在《论知识产权的法律特征及法律保护》中认为,现在社会为了知识产权的国际交流和国际贸易顺利进行,各国都力求本国的知识产权法和外国法减少冲突,同时缔结了不少国际性、地区性知识产权公约。这些国际性、地区性的知识产权公约,毫无疑问使知识产权的地域性特征有所弱化。但知

---

① 参见马忠法、王全弟:《知识产权的历史成因、法定主义及其法律特征》,载《河南财经政法大学学报》2009年第2期,第167-172页。
② 参见刘春田:《知识财产权解析》,载《中国社会科学》2003年第4期,第109-121页。
③ 参见闵锋、吴汉东编写:《知识产权法律知识》,湖南人民出版社1986年版,第5页。
④ 参见吴汉东、闵锋编著:《知识产权法概论》,中国政法大学出版社1987年版,第36-37页。

识产权既然由法律确认，必然具有国家主权性，因而在现代社会，地域性特征仍然是知识产权的主要特征之一。①

1996年，郑成思在《论知识产权的概念》中指出，除知识产权一体化进程极快的地区（如西欧经济体）外，专利权、商标权、版权这些传统的知识产权，均只能依照一定的国家法律产生，又只在其法律产生的地域内有效。其理由是：第一，在国际私法领域中多数国家遵循一条原则：有形财产适用财产取得地法或物之所在地法，知识产权则适用权利登记地法或权利主张地法。这就反映了知识产权不同于有形财产权的地域性特点。第二，关于著作权是自动产生的，无须行政批准，故在一国享有版权的作品在其他国均应承认的理论已经过时。②

2004年，金多才在《论知识产权的概念和特征》中认为，知识产权具有地域性的特性，表明知识产权的效力受到地域的限制，它具有以下两层含义：第一，在通常情况下，知识产权的效力具有严格的领土性，其效力只限于特定国家的国境；第二，在地区经济一体化的情况下，有些国家通过签订双边或者多边条约使知识产权的地域性得到了扩展。知识产权地域性特征表述为知识产权可以分地域取得和行使更为确切。知识产权可以分地域取得是指自然人、法人或其他组织就同一知识财产可以分别在不同的国家取得相应的知识产权。经批准授权的知识产权，自然人、法人或者非法人组织根据特定国家法律的规定，可以经批准授权程序分别在不同国家取得相应的知识产权；不经批准授权的知识产权，自然人、法人或者非法人组织根据特定的国家法律的规定，可以分别在不同的国家取得相应的知识产权。知识产权可以分地域行使是指同一知识产权人可以在其知识产权受保护的地域内分别行使其知识产权，也可以在其知识产权受保护的地域内将其知识产权的权能分别授予多人行使。③

2. 反对这一特征的理由

2001年，程啸在《知识产权法若干基本问题之反思》中认为，地域性不是知识产权的基本特征，理由如下：第一，将知识产权和有形财产相比较（暂且不讨论这样的比较在逻辑上是否正确）得出知识产权具有地域性的特征不合理。"有形财产权适用财产取得地或物之所在地法"作为国际私法上解决涉外物权冲突的一项基本冲突法规则，不能用来佐证物权不具有地域性，相反它恰恰表明物权具有地域

---

① 参见陈志刚：《论知识产权的法律特征及法律保护》，载《科学·经济·社会》1994第2期，第41页。
② 参见郑成思：《论知识产权的概念》，载《中国社会科学院研究生院学报》1996年第1期，第19-29页。
③ 参见金多才：《论知识产权的概念和特征》，载《河南财经政法大学学报》2004年第6期，第56-60页。

性。第二，《世界版权公约》未在中国生效前，中国作品在英国不受保护可以说明知识产权有地域性，但无法说明物权没有地域性。我们在逻辑上应该注意一个问题，当我们不加限制性前提地指出一个事物的特征时，必然是指该事物区别于同类其他事物的特有属性。指出知识产权具有地域性特征的学者仅将知识产权与物权做对比而不与其他权利做对比且未加任何限制性前提，是不可能得出正确结论的。第三，智力成果具有"公共性"，不仅在国内会被人"搭便车"，并且在国外被"搭便车"更加容易，知识产权的地域性特征较物权的地域性特征更为凸显。[①]

2003年，刘春田在《知识财产权解析》中指出，地域性是主权国家的意志体现，是法律规范的基本属性，它适用于一切民事权利。任何民事权利都源于主权国家的法律赋予，任何一国法律赋予民事主体的权利都只在一国范围内有效，所以把地域性当作知识产权的特征是没有依据的。[②]

2004年，杨和义在《论知识产权的法律特征》中认为，诸多民事权利均有地域性，所以地域性不是知识产权的特征。在民事权利中，关于亲属、继承的权利，由于各国的历史传统、文化价值观念、经济发展水平不同，也颇有不同。如在结婚年龄上，众多国家的规定是不同的，亲权的范围和行使方式也差异明显。同样，在亲属法中，中国大陆的婚姻法规定有探视权。其他国家或者地区的亲属立法中一般没有规定。在债权方面，除有名合同外，各国因合同之债的发展变化甚快，有许多国家对无名合同不作规定。在物权方面，则差距巨大，因为英美法系中根本就没有"物权"这个概念，只有"财产权"这个概念。[③]

(四) 时间性

1. 赞成这一特征的理由

对于时间性的含义，1986年，闵锋和吴汉东编写的《知识产权法律知识》认为，时间性是指，法律对各项权利的保护都规定了一定的有效期限。知识产权只在法定期限内有效，期限届满就失效。[④] 1996年，郑成思在《论知识产权的概念》中认为，一方面，从历史唯物主义的角度看，知识产权是随着实用技术及商品经济的发展，"历史性"产生的一种无形财产权。另一方面，"时间性"的另外一层含义就是人们一般讲的"法定时间性"，即指其价值的有效期。[⑤]

---

① 参见程啸：《知识产权法若干基本问题之反思》，载《中国人民大学学报》2001年第1期，第79-81页。
② 参见刘春田：《知识财产权解析》，载《中国社会科学》2003年第4期，第109-121页。
③ 参见杨和义：《论知识产权的法律特征》，载《知识产权》2004年第1期，第22-24页。
④ 参见闵锋，吴汉东编写：《知识产权法律知识》，湖南人民出版社1986年版，第5页。
⑤ 参见郑成思：《论知识产权的概念》，载《中国社会科学院研究生院学报》1996年第1期，第19-29页。

对于时间性的意义，2003年，刘春田在《知识财产权解析》中指出，作为法定权利，知识产权的期限和物权的期限虽有区别，但确定其长短的缘由是相同的。二者都以对象的使用价值为存废前提。物的使用价值以物的自然寿命为准，物灭权失。知识产权的对象作为人类设计的结构或形式，一方面其本体是一元的，具有永不磨损的品质；另一方面，作为一种工具，其有用性在时间上又是有限的，任何知识和技术都会被新的知识和技术所更新取代。对象的永不磨损性和它有限的有用性之矛盾，为知识产权保护期的长短确立了一个界定原则。同时，考虑创造者的投入与合理回报，并平衡权利人和社会公众的利益，设计出一个时间段，在这个时段中，凡是利用和支配知识来的利益，均属于知识产权人。超过此期间，权利丧失，利益由社会共享。①

对于时间性的根据，2004年，郑成思和朱谢群在《信息与知识产权的基本概念》中认为，任何知识的进步必然是以已有知识积累为基础进行的，智力成果上的专用权若永远存续，意味着他人尤其是后世人将无法利用这些智力成果，显然这将阻塞知识的发展之路，有违人类追求的公益，因此，法律为绝大多数的知识产权规定了时间上的限制，一旦期限届满，原来专有的智力成果自动进入公有领域。可见，知识产权的时间性是法律直接设定的。②

2. 反对这一特征的理由

2001年，程啸在《知识产权法若干基本问题之反思》中认为，所谓的时间性指的是，知识产权受到法定期间的限制即法定时间性。然而，商标权是没有所谓的法定时间性的。如果商标权存在时效的限制而且其在生产者停止制造含有该商标的商品前失效，那么生产者不得不对产品重新命名，消费者可能会受到迷惑。虽然法律规定注册商标的有效期是十年，但商标权人可以无限制地续期，这一事实，有力地击破了知识产权具有时间性的特点。③

2004年，杨和义在《论知识产权的法律特征》中认为，知识产权的时间性是指具体的一项知识产权作为某一特定主体享有的一项民事权利，其受到法律保护的时间有法律的明确规定，在法律保护的期限内，权利人排他地享有此权利。但是时间性不构成知识产权的特征，因为任何权利都有时间性。在通常情况下，基于稳定的法律关系，法律对于任何权利的保护都有时间性：在各国的民法中，有关于时间的具体限制的制度，如诉讼时效制度、取得时效制度、消灭时

---

① 参见刘春田：《知识财产权解析》，载《中国社会科学》2003年第4期，第109-121页。
② 参见郑成思、朱谢群：《信息与知识产权的基本概念》，载《中国社会科学院研究生院学报》2004年第5期，第39-45页。
③ 参见程啸：《知识产权法若干基本问题之反思》，载《中国人民大学学报》2001年第1期，第79-81页。

效制度；人身权的法律保护亦受到时间的限制，其保护期为公民的有生之年。商业秘密权的保护不受时间的限制从另一个方面证明了时间性不构成知识产权的特征。①

(五) 无形性

1. 赞成这一特征的理由

1997年，郑成思在《再论知识产权的概念》中强调，知识产权第一个也是最重要的特点就是"无形性"，这一特点把它们同一切有形财产及人们就有形财产享有的权利分开，应该承认知识产权的"无形性"而反对知识产权客体的"无形性"。其理由是：第一，知识产权本身及其某些权能，如使用权，可以作为转让、使用许可和质押的标的，这说明知识产权可以以权利为客体。第二，有些知识产权的客体，如外观设计、实用新型、文字以及雕塑作品，是有形的；实用新型专利权只授予产品，而绝不会授予制作产品的技术；如果在著作权领域把所有作品都说成是"无形"的，则不仅在理论上令人吃惊，而且在实践上离常识太远。②

2. 反对这一特征的理由

2001年，程啸在《知识产权法若干基本问题之反思》中认为，关于知识产权的特征，有的学者认为知识产权具有"无形性"。然而研究他们对所谓"无形性"的论述，可知他们指的是"知识产权权利人可以将他们的权利卖给两个或两个以上的买主，而一栋房产的所有人，不可能把他的财产权标的同时卖给两个分别独立的买主"。其实这些学者出现了逻辑上的根本混乱，他们将"权利"与"权利的标的"这两个概念相混淆。"权利""义务"这些概念只是人们观念上的产物，作为观念上的产物的任何"权利"都可以说是无形的。无论"知识产权"抑或"著作权""商标权""专利权"，它们所描述的事实在现实生活中原本并不存在，而是法律向自然事实注入评价性因素之后形成的。如果说知识产权是一种无形权利，物权、债权、人格权何尝又"有形"？我们只能说知识产权这种"权利的标的"具有"无形性"。总而言之，说知识产权具有"无形性"显然在理论研究中是无意义的，在形式逻辑上也是混乱的。③

2003年，刘春田在《知识财产权解析》中认为，把"无形"（比如，著作权强调"无形"指权利本身，并使用"无形的版权"等提法）看作是知识产权的特

---

① 参见杨和义：《论知识产权的法律特征》，载《知识产权》2004年第1期，第22-24页。
② 参见郑成思：《再论知识产权的概念》，载《知识产权》1997年第1期，第19-29页。
③ 参见程啸：《知识产权法若干基本问题之反思》，载《中国人民大学学报》2001年第1期，第79-81页。

征,认真推敲,实难成立。"无形"是任何一种权利和所有社会关系共同的属性,而不是知识产权的特有征象。此外,有关说明"无形"的论著中,常常是对象和权利不分,逻辑混乱,不能让人信服。①

(六)客体的非物质性

1. 赞成这一特征的理由

2000年,吴汉东在《关于知识产权本体、主体与客体的重新认识——以财产所有权为比较研究对象》中认为,"专有性"、"地域性"和"时间性"这些特征并非知识产权独有的,是具有相对意义的概括和描述。这并不意味着各类知识产权都具有以上特征,或者说每一项基本特征都存在若干例外。例如,产地标记权不存在完整意义上的专有性,商号权的地域性具有自己的特殊规定,商业秘密权不受时间限制。从本质上说,只有客体的非物质性才是知识产权所属权项的共同法律特征。② 同年,吴汉东在《关于知识产权基本制度的经济学思考》中认为,非物质性的特征表明了它与物质性的产品有不同的存在和利用形态,表现为:第一,不发生有形控制的占有;第二,不发生有形损耗的使用;第三,不发生消灭知识产品的事实处分和有形交付的法律处分。③

2001年,程啸在《知识产权法若干基本问题之反思》中认为,知识产权是人们对"知识"这种"形"的排他的支配权,这种知识包含智力成果、工商业标记并随着社会的发展而增加。知识产权的特有属性应认为是:作为知识产权的客体的"知识"是"形",其具有与"体"(质料)的可分离性,所谓专有性、地域性与时间性都不是知识产权的特征。知识产权的性质仅体现为其客体的特有属性,即作为知识产权客体的知识无形性,别无其他的特征。④

2001年,张玉敏在《知识产权的概念和法律特征》中认为,知识产权保护的对象是非物质性的信息,非物质财产不同于无形财产。无形财产所表达的是该财产没有形体,不占据一定的空间。但是,它可能是一种客观存在的物质,如气、水、电、光。因此,用无形性来形容知识产权保护对象的特征是不科学的。知识产权的保护对象确实是无形的,但是它与其他物质财产的本质区别在于它的非物质性,而不是无形性。这种非物质性具有不同于物质财产的重要特点:第

---

① 参见刘春田:《知识财产权解析》,载《中国社会科学》2003年第4期,第109-121页。
② 参见吴汉东:《关于知识产权本体、主体与客体的重新认识——以财产所有权为比较研究对象》,载《法学评论》2000年第5期,第3-13页。
③ 参见吴汉东:《关于知识产权基本制度的经济学思考》,载《法学》2000年第4期,第33-41页。
④ 参见程啸:《知识产权法若干基本问题之反思》,载《中国人民大学学报》2001年第1期,第79-81页。

一,是一种精神权利,具有永久存续性;第二,具有可复制性;第三,具有广泛传播性;第四,可以同时被多人使用且具有可复制性。①

2. 反对这一特征的理由

2004年,李琛在《法的第二性原理与知识产权概念》中认为,将权利对象形态概括为"无体",根本无法揭示知识产权和其他无体财产权的区别,依然不能解释知识产权诸分支缘何集结为独立的权利类型、知识产权法缘何成为一种独立的规范群。而知识产权概念的存在价值恰在于此,它必须揭示知识产权诸分支的统一性。因此,如果脱离法的第二性,把知识产权称为"无体财产权"未尝不可,但以法的规范目的审视之,无体财产说的意义极其有限。②

2023年,刘晓在《知识产权的特征重解:以创新性为核心特征》中指出,通常认为知识产权的特征在于客体的非物质性,但非物质的客体不都是知识产权的客体,非物质客体上的权利可以分成三类:精神性人格权、知识产权和其他无体财产权。精神性人格权不以具体的物质性实体为标的,而是以抽象的精神价值为客体,因此具有非物质性。无体财产权除知识产权之外,还包括网络虚拟财产权等权利。广义的网络虚拟财产是指一切存在于网络虚拟空间内的虚拟财产,包括电子邮箱、网络账户、虚拟货币、网络游戏中的虚拟物品及装备、经注册的域名等,也具有非物质性。因此,权利客体的非物质性不是知识产权独有的特征。③

(七)可复制性与客体的信息性

1. 赞成这一特征的理由

有学者提出,知识产权具有可复制性。例如,1996年,郑成思在《论知识产权的概念》中认为,知识产权之所以能成为某种财产权,是因为这些权利被利用后,能够体现在一定产品、作品或其他物品的复制活动上。这种权利客体一般可由一定的有形物去复制,作者的思想如果不体现在可复制的手稿、录音上,就不能成为一种财产权。别人不能因直接利用了他的"思想"而发生侵权。④ 2008年,许春明在《知识产权基本特征在网络环境下的嬗变》中认为,在网络环境下知识产权的可复制性得到了强化。在网络环境下,数字化作品在网上发表会发生一系列的复制,包括上传的复制,也包括在信息传输过程中由网络服务器作出的

---

① 参见张玉敏:《知识产权的概念和法律特征》,载《现代法学》2001年第5期,第103-110页。

② 参见李琛:《法的第二性原理与知识产权概念》,载《中国人民大学学报》2004年第1期,第95-101页。

③ 参见刘晓:《知识产权的特征重解:以创新性为核心特征》,载《知识产权》2023年第12期,第44、55-56页。

④ 参见郑成思:《论知识产权的概念》,载《中国社会科学院研究生院学报》1996年第1期,第19-29页。

一系列的自动复制,还包括网络用户访问浏览、下载的复制。因此,知识产权权利人已经越来越难以控制他人对知识产权的复制,知识产权的可复制性得到了进一步的强化,并逐渐演化为极易复制性。[1]

知识产权的可复制性,实际上是指知识产权的客体具有可复制性。例如,2000年,陈传法在《知识产权客体与特征新解》中认为,知识产权客体的特殊性主要表现在:第一,知识产权的客体为无体物;第二,知识产权的客体具有客观的表现形式;第三,知识产权的客体具有可复制性;第四,复制的知识产权的客体一般是有利可图的。[2]

知识产权客体的可复制性,又与知识产权客体的信息性和共享性密不可分。例如,2004年,郑成思和朱谢群在《信息与知识产权的基本概念》中认为,知识产权的各个特点主要都来自智力成果知识的共享性,而智力成果知识之所以具有共享性,是因为其本质上属于一种特定信息。共享性是信息与物最根本的区别之一,正是由此出发,才导致了知识产权乃至信息产权与物权的巨大差异。因此,要说明知识产权的特点,就不能不考察、介绍信息的共享性,即知识产权客体的"可复制性",这不仅不违反逻辑而且极其必要,否则无法正确理解知识产权的各种特点。[3] 2005年,粟源在《知识产权及其制度本质的探讨》中认为,知识产权客体的信息特征就是区别于其他客体的本质特征,即信息是无形的,可以被无穷复制,易于传播,不因使用而消耗,且可以多主体同时使用。[4]

2. 反对这一特征的理由

2003年,刘春田在《知识财产权解析》中认为,把对象的可复制性置于权利的特点中讨论,在逻辑上是不妥的。即使把可复制性当作对象的特点,也不成立。所谓复制,是对形式的再现。凡是形式都可以复制,形式既是人造的,又是自然界固有的。知识是人造的形式,只是客观世界中无限形式中微乎其微的一部分。称可复制性是人造形式独有的特点,是见木不见林。此外,如果按照智力成果"无形"的见解,谈论对"无形"的复制,那么就更令人费解了。[5]

2023年,刘晓在《知识产权的特征重解:以创新性为核心特征》中认为,

---

[1] 参见许春明:《知识产权基本特征在网络环境下的嬗变》,载《中国发明与专利》2008年第3期,第77-78页。
[2] 参见陈传法:《知识产权客体与特征新解》,载《北京化工大学学报(社会科学版)》2000年第2期,第38-41页。
[3] 参见郑成思、朱谢群:《信息与知识产权的基本概念》,载《中国社会科学院研究生院学报》2004年第5期,第49页。
[4] 参见粟源:《知识产权及其制度本质的探讨》,载《知识产权》2005年第1期,第3-8页。
[5] 参见刘春田:《知识财产权解析》,载《中国社会科学》2003第4期,第109-121页。

知识产权和人格权的客体都具有信息性。姓名、名称、肖像等标表型人格权的客体本身就是可以传递主体身份信息的符号，而名誉、荣誉、隐私和个人信息，都是通过符号来传递与主体有关的信息。例如，通过文字符号对某人的经历进行陈述和评论，传递了与该主体有关的名誉、荣誉、隐私和个人信息等信息。因此，知识产权与人格权的客体都具有信息性，都可以传递信息，知识产权与标表型人格权的客体还都是传递信息的符号，信息和符号所具有的可复制性和共用性等特点也是知识产权客体和人格权客体都具有的。因此，权利客体的信息性、符号性、可复制性和共用性都不是知识产权的特征。①

（八）权利内容的多元性与多重性

1. 赞成这一特征的理由

2003 年，刘春田在《知识财产权解析》中认为，有用性是能够成为财产权对象的决定因素。对象的自然属性不同，能给人类带来利益（或有用性）的方式也不同，因而造成了利益内容的区别。知识产权同物权相比，纯形式的"知识"和物相比，自然属性有很大的区别。它们各自给人类带来利益的方式也不同。易言之，"知识"和物的使用价值不同，它们各自的权利内容也不同。受二元统一体之限制，物权对象的物是特定的、唯一的。因此，对物的利用方式，不能脱离特定物，自然只能是"一物一权"。无论是占有、使用、收益、处分，都只能是单一的权利。离开特定之物，就无法行使其中任何一项权能。反之，就"知识"而言，它是纯形式，是一元的，它虽然借助于质料才能表现，但它的表现不受特定质料的限制。与材料相比，"将要获得的形式是最重要的"。无论何种材料，只要在材料中刻画出对象的形式，就是对"知识"的利用，就会产生功利性。由此，现实中"知识"呈现出"一形多用"的现象。一张绘画，作为纯造型艺术可以悦目，同时，可作为产品外观设计或包装装潢，可作为工商业标记，还可作为广告素材，等等。在对"知识"的利用中，所有方式都可以不受时空限制而合法共存，都会给权利人带来相应的利益。此外，对知识的利用权既可以由权利人自己行使，也可以授权他人与权利人共同行使。与物的唯一性相比，知识作为形式，既可以无限地再现自己，也可以经再创作"变相"地再现自己，所以，知识产权的权利内容既是多元的，也是多重的。②

2. 反对这一特征的理由

2004 年，郑成思和朱谢群在《信息与知识产权的基本概念》中认为，知识

---

① 参见刘晓：《知识产权的特征重解：以创新性为核心特征》，载《知识产权》2023 年第 12 期，第 44-45 页。

② 参见刘春田：《知识财产权解析》，载《中国社会科学》2003 年第 4 期，第 109-121 页。

产权的各个特点主要都来自智力成果知识的共享性，而智力成果知识之所以具有共享性，是因为其本质上属于一种特定信息。共享性是信息与物最根本的区别之一，因此，要说明知识产权的特点，就不能不考察、介绍信息的共享性即知识产权客体的"可复制性"。同一智力成果可以在多个时空、以多种方式被利用，但这只是行为方式上的多样性，就该智力成果上每一项具体的知识产权本身而言，其利益归属是单一的——只能归属于特定的权利主体而不可能人人均沾，这也正是知识产权作为排他权的题中应有之义，进一步说，利益归属的单一性是包括物权在内的每一种排他权都具有的共同属性，不然无法称为"排他"或"专有"。"权利的本质是受法律保护的利益"，知识产权中利益归属的单一性意味着知识产权本身不存在"多元性"或"多重性"。可见，如果因为知识产权客体使用行为方式上的多样性而推论出知识产权本身的"多元性"或"多重性"是不合法理也不合逻辑的。有人为了避开传统上使用的关于知识产权的客体无数次的"可复制"的概念，而表达为知识产权的对象可以无数次地"再现"。这样并没有建立起任何新的体系，只是玩了并不高明的文字游戏，因为，在这里用"再现"代替"复制"显然使论者的论述神化了，仿佛作品、商标标志、技术方案等可以离开人的复制活动而自我再现一样。[1]

2023年，刘晓在《知识产权的特征重解：以创新性为核心特征》中认为，基于权利客体的非物质性、信息性、符号性、可复制性和共用性，知识产权与人格权都具有权利内容的多元性与多重性。权利内容的多元性是指同一对象可以成为多项权利的客体，由于知识产权客体和人格权客体都具有非物质性，因此同一对象与物质载体相结合后，都可以成为多项权利的客体。例如，同一姓名既可以成为姓名权的客体，也可以成为商标权的客体，如乔丹不仅可以指代篮球明星，还可以指代体育品牌。同一肖像既可以成为肖像权的客体，也可以成为著作权或商标权的客体，如李小龙的肖像不仅可以指代功夫明星李小龙，还可以作为真功夫餐饮店的商标。权利内容的多重性，又称可同时实施性或可分授权性，是指同一对象可以被无数人同时使用，既可以由权利人自己使用，也可以许可给多人同时使用。姓名、名称、肖像和个人信息等人格权客体都可以被无限复制，权利人可以将同一人格权分别授予多人使用，如某明星可以许可不同商家使用自己的肖像宣传不同商品，带有明星肖像的商品可以被无数消费者购买并同时使用。此时多人可以同时使用这些人格要素，因此具有权利内容的多重性。因此，权利内容

---

[1] 参见郑成思、朱谢群：《信息与知识产权的基本概念》，载《中国社会科学院研究生院学报》2004年第5期，第49页。

的多元性与多重性不是知识产权独有的特征。①

(九) 可同时实施性和可分授性

1. 赞成这一特征的理由

1998年，辛果在《说知识产权的特征》中认为，知识产权具有无限分割性，同一知识产权客体可以为无限多个民事主体所拥有和使用。②

2001年，张玉敏在《知识产权的概念和法律特征》中认为，知识产权可分地域取得和行使，同一项信息可以在不同的法域内分别取得多个知识产权，权利人可以在取得权利的不同地域范围内分别行使其权利。知识产权还具有可分授性，可以在同一法域内同时或先后将知识产权相同的或不同的权能分别授予多人行使。这包括两种情况：其一，不同的权能可以分别授予多人行使。其二，相同的权能亦可授予多人行使。所有权的权能虽然也可以与所有权分离，但是，所有权标的物的最终使用人只能是一人，因此，以使用标的物为内容的权能只能授予一人行使。可分授性是知识产权区别于其他民事权利特别是物权的又一重要特征，这一特征是由知识产权的保护对象可以同时被许多人利用的特点决定的。这一特征使知识产权的权利人享有更多的选择自由，他可以通过多种方式行使自己的权利，谋求最大的经济效益。③

2005年，陶鑫良和袁真富在《知识产权法总论》中认为，知识产权是一种在特定条件下可由多个主体同时对同一智力成果或商业标识享有知识产权的权利，也是在利用上没有排他性的权利。④

2014年，齐爱民在《知识产权法总论》中认为，知识产权具有可同时实施性，知识产权人可同时在同一地域或者不同地域实施知识财产，也可授权不同的人同时在同一地域或者不同地域实施知识财产。⑤

2. 反对这一特征的理由

2023年，刘晓在《知识产权的特征重解：以创新性为核心特征》中认为，知识产权与人格权都具有可同时实施性或可分授权性，即同一对象可以被无数人同时使用，既可以由权利人自己使用，也可以许可给多人同时使用。姓名、名称、肖像和个人信息等人格权客体都可以被无限复制，权利人可以将同一人格权

---

① 参见刘晓：《知识产权的特征重解：以创新性为核心特征》，载《知识产权》2023年第12期，第45-46页。
② 参见辛果：《说知识产权的特征》，载《北方论丛》1998年第2期，第101页。
③ 参见张玉敏：《知识产权的概念和法律特征》，载《现代法学》2001年第5期，第108页。
④ 参见陶鑫良、袁真富：《知识产权法总论》，知识产权出版社2005年版，第81-83页。
⑤ 参见齐爱民：《知识产权法总论》，北京大学出版社2014年版，第68页。

分别授予多人使用，如某明星可以许可不同商家使用自己的肖像宣传不同商品，带有明星肖像的商品可以被无数消费者购买并同时使用。此时多人可以同时使用这些人格要素，因此具有可同时实施性和可分授权性。可同时实施性和可分授权性不是知识产权独有的特征。①

（十）权利的受限制性和相对垄断性

1. 赞成这一特征的理由

2001年，江滢和郑友德在《知识产权特征新论——兼析知识产权与有形财产权的区别》中认为，知识产权制度产生的条件是：知识产品所有人将自己的作品、发明创造公之于众，使公众得到其中专门的知识，而公众则承认作者、发明创作者在一定时间内独占使用、制造其知识产品的专有权利。知识产品是公开的（公众产品属性），而知识产权是垄断的（私人产权属性）。这种垄断性是相对的，表现在：第一，知识产权与有形财产所有权在权利人对其客体的"占有"和"使用"方式上存在很大差别；第二，知识产权与有形财产所有权在权利的"行使"方式上存在区别。②

2003年，吴志文和杨淑军在《简析知识产权的法律特征》中认为，知识产权是受公共利益限制的权利。知识产权作为一种民事权利，作为保护对象的智力成果，是在人类已有成果的基础上的进一步结晶。法律保护的作用在于激发和促进新成果的产生和使智力成果广泛被使用；如果过分强调知识产权人的利益，就会阻碍智力成果的广泛传播和使用。为此，需要对知识产权作一定的限制，包括对财产权的时间限制和知识产权权利效力的限制。时间限制是指无论著作权、专利权还是商标权，其财产权都有一定的限制，除商标权因可能续展而得以存在之外，凡期限届满，财产权都归于消灭。对知识产权权利效力的限制是指为了国家或公共的利益，行使了法律规定通常属于权利人才能行使的权利，这种行为依法不属于侵权行为。比如，著作权法中的合理使用、强制许可和法定许可制度，专利法中的强制许可制度等。③

2. 反对这一特征的理由

2023年，刘晓在《知识产权的特征重解：以创新性为核心特征》中认为，知识产权和人格权都具有权利的受限制性。知识产权法规定了合理使用、法定许

---

① 参见刘晓：《知识产权的特征重解：以创新性为核心特征》，载《知识产权》2023年第12期，第45-46页。

② 参见江滢、郑友德：《知识产权特征新论——兼析知识产权与有形财产权的区别》，载《华中科技大学学报（社会科学版）》2009年第4期，第16-20页。

③ 参见吴志文、杨淑军：《简析知识产权的法律特征》，载《中国林副特产》2003年第2期，第4页。

可、强制许可和权利用尽等权利限制制度,人格权也有类似的权利限制制度。例如,《民法典》第999条规定了对姓名、名称、肖像和个人信息的合理使用,第1020条规定了对肖像的合理使用,第1025条规定了影响名誉的免责事由。由于知识产权与人格权都有权利的受限制性,因此权利的受限制性不是知识产权的特征。[1]

(十一) 人身、财产一体性

1. 赞成这一特征的理由

1988年,吴汉东在《关于知识产权若干理论问题的思考》中认为,知识产权在内容上具有复合性,它是财产权和人身权的结合,具有双重法律属性。知识产权之所以具有人身权的性质,在于它的权利客体和权利主体的人身密切相连;知识产权之所以具有财产权的性质,就在于知识产品具有财产价值和商品属性。[2]

2004年,冯晓青在《对知识产权理论几个问题的探讨》中认为,知识产权具有人身权和财产权的融合性,即在理论上所称的"两权一体性",这是其他民事权利不具备的一大属性。正是基于此,知识产权才独立于其他权利中的人身权利或者财产权利成为一种独立的民事权利类型。不过"两权一体性"并不意味着任何类型的知识产权均由人身权和财产权构成,而是指在知识产权中人身权和财产权的融合性。例如,某人对其知识产权的人格利益进行支配时,呈现为人身权,而对该知识产品的财产利益进行支配时,会形成财产权,二者可以合一。严格地讲,只有著作权高度实现了人身权和财产权的融合。[3]

2. 反对这一特征的理由

2001年,张玉敏在《知识产权的概念和法律特征》中强调,分析一项权利是否具有人身权的内容,应该以法律对该权利的规定为依据。从商标法和专利法的规定来看,这两项权利都没有人身权内容,所以主张专利权和商标权具有人身权内容的观点是没有法律依据的,在理论上也难以找到有力的支持。而主张商号权和商誉权具有人身权的内容是值得赞同的。所以,我们只能说一部分知识产权具有人身权和财产权双重权利,而不能说全部知识产权具有人身权和财产权双重

---

[1] 参见刘晓:《知识产权的特征重解:以创新性为核心特征》,载《知识产权》2023年第12期,第46页。
[2] 参见吴汉东:《关于知识产权若干理论问题的思考》,载《法商研究》1988年第1期,第15-20页。
[3] 参见冯晓青:《对知识产权理论几个问题的探讨》,载《吉首大学学报(社会科学版)》2004年第3期,第103-109页。

权利。①

2004年，李琛在《质疑知识产权之"人格财产一体性"》中认为，"人格—财产一体性"的权利不可能存在，知识产权纯属财产权。著作人格权渗入知识产权存在着偶然的原因，19世纪的哲学观与美学观认为"作品是人格的外化"，对作品本质的这种诠释受到了现代美学的挑战，著作人格权制度面临着双重危机：作为文化信仰，丧失了社会认同的基础；作为法学工具，对利益的调整缺乏有效性。知识产权的必然属性是纯粹的财产权，人格权渗入纯属偶然。②

(十二) 创造性与创新性

对于创造性或创新性，部分学者认为这是知识产权的特征，部分学者则认为这只是知识产权客体的特征。

1. 赞成这一特征的理由

部分学者认为，创造性或创新性不仅是知识产权客体的特征，也是知识产权的特征。例如，2000年，张晓阳在《论知识产权的界定》中认为，知识产权具有不同于一般物的特征，其中之一是创造性。知识产品与物质产品不同，不可能是以前出现的产品的简单重复，而必须是有所创新、有所突破。独创性是知识产品受法律保护的前提。两个相同的发明只能将专有权授予其中的一个，而两件相同的物质产品都可以取得独立的所有权。③

2023年，刘晓在《知识产权的特征重解：以创新性为核心特征》中认为，与人格权和物权等其他权利相比，知识产权的核心特征是创新性，表现在两个方面：（1）权利客体是与人格无关的创新性符号；（2）权利的设立目的是鼓励创新。知识产权的设立目的是鼓励创造新的知识，通过新知识的积累，促进文化的繁荣、技术的进步和商品的多样，因此，知识产权的客体都要求有创造性或创新性。鉴于"创造性"是专利法规定的授权条件之一，具有特定含义，无法涵盖"新颖性"，应采"创新性"这一更具包容性的概念，可以包含新颖性的要求。知识产权由智力成果权和商业标识权组成，这两类权利客体的创新性含义不同。智力成果权的设立目的是鼓励创造新的智力成果，因此权利客体都要求创新性。商业秘密要求不为公众所知悉，也包含了新颖性的要求，但这种新颖性的要求较低，只要求能与众所周知的信息有最低限度的区别或者新意。商业标识权保护的不是商业标识本身，而是商业标识与商品来源之间的联系，因此，商业标识权的

---

① 参见张玉敏：《知识产权的概念和法律特征》，载《现代法学》2001年第5期，第103-110页。
② 参见李琛：《质疑知识产权之"人格财产一体性"》，载《中国社会科学》2004年第2期，第68-78页。
③ 参见张晓阳：《论知识产权的界定》，载《法制与社会发展》2000年第5期，第65页。

设立目的不是鼓励创造新的商业标识,而是鼓励商业标识与商品来源建立新的联系,从而促进商品的多样性。因此,并非任何标志都可以享有商业标识权,商业标识与商品来源的联系必须是新的。为此,法律要求商业标识具有显著性,能与商品来源建立新联系,能将自己的商品与他人的商品区分开来。对于注册商标,即便注册时尚未与商品来源建立新联系,但在注册时要以使用为目的,在注册后三年内必须使用,否则就不再享有商标权,都是为了确保商标与商品来源建立新联系。对于未注册的商业标识,法律要求"有一定影响",也是为了确保商业标识已经与商品来源建立了联系。由此可见,不论是智力成果权还是商业标识权,设立目的都是鼓励创新,权利客体都要求创新性,这些特点都是物权和人格权等其他权利所不具备的。[1]

2. 反对这一特征的理由

不少学者都曾将创造性或创新性作为知识产权客体的特征,但这些学者在分析知识产权的特征时,都未提及创造性或创新性。由此可知,这些学者仅将创造性或创新性作为知识产权客体的特征,而非知识产权的特征。

例如,1986年,闵锋、吴汉东编写的《知识产权法律知识》认为:"知识产品具有创造性的特点。例如,科学发现是人们对自然界的新认识;文学艺术作品必须具有首创性;发明及其他技术成果必须具有新颖性和创造性。总之,新知识产品与该产品出现以前的知识产品相比,必须有所创见,有所进步。"[2] 但是,该书并未将创造性作为知识产权的特征,认为知识产权的特征是专有性、地域性和时间性。[3]

1987年,吴汉东、闵锋编著的《知识产权法概论》进一步阐述了知识产品的创造性特点,认为:"知识产品与物质产品不同,它不可能是以前出现的产品的简单重复,而必须是有所创新、有所突破。例如,科学发现应当是'对至今没有认识的可以证明是正确的物质世界的现象、性质和法则的认识'(《科学发现国际登记日内瓦条约》);文学艺术作品一定要有独创性,'它是作者自己的创作,完全不是或基本上不是从另一作品抄袭来的'(世界知识产权组织《版权和邻接权法律术语词汇》);授予专利权的发明,则是'利用自然法则对技术思想的高度创造'(日本《专利法》),商标标志必须具有识别性,不得'同他人在同一种商品或类似商品上已经注册的或者初步审定的商标相同或者近似'(《中华人民共和

---

[1] 参见刘晓:《知识产权的特征重解:以创新性为核心特征》,载《知识产权》2023年第12期,第48—51页。

[2] 闵锋、吴汉东编写:《知识产权法律知识》,湖南人民出版社1986年版,第1页。

[3] 参见闵锋、吴汉东编写:《知识产权法律知识》,湖南人民出版社1986年版,第5页。

国商标法》)。创造性往往是知识产品获得法律保护的条件,而物质产品则不要求这样。例如,生产相同的物质产品,不问其数量如何,都可以分别取得独立的财产所有权;而两个相同的发明,根据法律程序只将专有权授予其中的一个。以后的发明与已有的技术相比,如无突出的实质性特点和显著的进步,也不能取得专利权。"[1] 同样,该书也未将创造性作为知识产权的特征,认为知识产权的特征是:(1)知识产权具有人身权和财产权的双重性质;(2)知识产权需要由国家主管机关依法确认;(3)知识产权是一种专有性的民事权利;(4)知识产权具有严格的地域限制;(5)知识产权仅在法定期限内发生效力。[2]

2006年,阳平在《论知识产权的特征》中认为,统一知识产权概念的基石是创造性,主体的创造性劳动是知识产权产生的源泉。只有形成某一成果、某一知识的劳动符合法律的创造性要求,其结出的智力成果才可能符合创造性的条件要求,并可能相应地获得对劳动者知识产权的保护。由于创造性本身的内容不同,对不同种类知识产权的保护对象也有着不同的实质性要求。在著作权和专利权领域,创造性的内容在于创造出来的事物本身。在商标法领域,其创造性的内容表现为创造性地引发人类从商标到商品或者服务的联想,于是其创造性的要求不仅需要考虑商标设计本身,还需要考虑到商品或者服务,对商标与商品和服务相结合的整体效果进行考量。获得商标权保护的这种创造性标准,表现为对商标显著性的要求。商标的显著性,也被称为商标的可识别性,其内涵不仅在于要求商标设计本身独特,更与商标的功能相联系,体现为可借助商标的识别力要求。因此,要获得知识产权的保护,需要某一对象符合独创性、首创性或者显著性这样的创造性要求。[3] 但是,该文未将创造性作为知识产权的特征,认为知识产权的特征是无体的定在性、脆弱的存续性、有限的排他性和动态的组合性。[4]

2016年,王坤在《知识产权法学方法论》中认为,并非所有的符号组合均能够成为知识产权的对象,只有符合创新性和系统性的符号组合才是知识产权法上的知识。所谓创新性是指知识中应当具备新增的知识形式或知识内容。作为知识产权对象的知识须具有创新性,这种创新性在著作权法中表现为独创性,在商标法中表现为显著性,在专利法中表现为新颖性。创新性之所以能够作为知识产

---

[1] 吴汉东、闵锋编著:《知识产权法概论》,中国政法大学出版社1987年版,第1-2页。
[2] 参见吴汉东、闵锋编著:《知识产权法概论》,中国政法大学出版社1987年版,第35-38页。
[3] 参见阳平:《论知识产权的特征》,载刘春田主编:《中国知识产权评论》(第2卷),商务印书馆2006年版,第271-272页。
[4] 参见阳平:《论知识产权的特征》,载刘春田主编:《中国知识产权评论》(第2卷),商务印书馆2006年版,第265页。

权对象的本质要求，主要原因在于：第一，促进创新本身就是知识产权法立法的根本目的。具备创新性的知识的创造才需要一定的成本，需要耗费一定的人力、物力和财力，因而才是稀缺的。在这种情况下，赋予创造者支配知识的资格，直接或间接地控制各种知识产品的生产和流通进程，才能够强化知识创新的动力，实现知识产权制度的立法目的。第二，设置创新性要求的目的也在于克服知识产权制度所带来的消极后果。知识产权本身具有一定的垄断性，知识产权授予的结果势必影响社会公众利用特定知识的能力，加大了他人知识创新的成本。为了克服这一消极后果，防止他人将现存的知识据为己有，获得相关的知识产权保护，就需要知识具有创新性。不具有创新性的知识不能获得知识产权保护，当然，也只有知识中的创新部分才能被纳入特定知识产权保护的范围。① 但是，该书未将创新性作为知识产权的特征，认为知识产权的特征是：保护范围是有限的并具有不确定性、赋权方式具有特殊性以及法域性。②

第三节 知识产权地位研究中的重大理论争议

一、知识产权的正当性

法律和政治哲学的学者常常为知识产权的地位和合法性争论不休。论证过程中，学者经常追问："为什么要赋予知识产权"？对哲学家来说，这是一个十分重要的问题，因为我们在面临此类疑问时并非别无选择，而恰恰是我们看起来似乎并不必须要赋予此类权利。这个问题也不仅仅是对哲学家才显得重要，它关乎的是普罗大众，因为赋予无体物以财产权，和贸易商人、新闻媒体和社会公众的利益都休戚相关，它容不得我们想当然。

在论证土地及其他有体物私有财产权存在的正当性时，传统观点往往奠基于资源的稀缺性、有限可得性或不可共享性的前提之上，而对知识产权，即对于无体存在的知识资源的排他性财产权如何论证其正当性，则颇有难度，因为知识资源并非稀缺，也可以在不直接妨碍原始所有人继续使用的能力或条件的情况下进行复制。建立于有体物上的证成理论在观照知识产权时，也许并不真正行之有效，因此对这一问题的解答显得更为重要。

关于知识产权的正当性，我国学界的讨论，可谓激烈。具体而言，主要有以

---

① 参见王坤：《知识产权法学方法论》，华中科技大学出版社2016年版，第29-30、51页。
② 参见王坤：《知识产权法学方法论》，华中科技大学出版社2016年版，第72-74页。

下路径。

(一) 自然权利论与激励理论并用

2003年，冯晓青在《知识产权法哲学》中综合了知识产权的劳动理论（洛克）、人格理论（黑格尔）与激励理论（制度经济学派）以探讨知识产权制度的正当性。他认为，以上三种论证知识产权正当性的理论，其本身之间也不是完全分开而是具有一定的契合性的，像某些方面劳动理论与激励论的契合、劳动理论与人格理论的契合等。[1]

2004年，朱谢群在《知识产权的法理基础》一文中，首先在洛克"劳动财产权理论"和康德"意志论"的语境中探讨知识产权的法理基础，并通过与有形财产权的比较，揭示了知识产权在法哲学上的正当性根据；其次，依据法经济学原理对知识产权进行法理分析，阐明知识产权法律制度背后的经济原因，回应了几种不认同"知识财产权"形式的观点，从而证成了知识产权制度建立与存在的必然性。[2]

2006年，胡朝阳在《论知识产权的正当性》中指出，当代知识产权正当性有赖更加广泛的法哲学基础。知识产权正当性之所以面临科技资本化及其全球化的社会挑战，一个重要的法理根源便是知识产权保护中自由与平等的价值冲突及其形式正当性与实质正当性的背离。知识产权正当化应该在功利主义的目的论与自然权利论的义务论等多种正义价值（取向）理论中谨慎权衡。要实现知识产权正功能最大化而有效抑制其负功能，就必须在知识创造的私权保护与知识分享的公权实现（私权限制）之间达成一种平衡，而这在全球化时代却又有赖于对知识产权保护尤其是国际保护领域中形式正当性与实质正当性之背离的不断消解。[3]

2009年，余海燕在《论知识产权的本质及其正当性》中，"从为财产权提供正当性的几个代表性学说入手，重点选取洛克的自然法理论的劳动学说和黑格尔的财产权自由意志理论作为讨论的依据，在分析两大学说的内涵的基础上着重探讨它们在知识产权领域的适用性和有限性，从哲学层面上思考知识产权制度这种存在了几百年历史的法律制度的理性与正当性。以此为依据，指出知识产权法律制度和知识产权法学的存在是客观事实，如何通过理论上的完善使长期以来争论不休的知识产权体系化问题得以统一，最重要的就是要找到其中的逻辑联系点"[4]。

---

[1] 参见冯晓青：《知识产权法哲学》，中国人民公安大学出版社2003年版，第4-6页。
[2] 参见朱谢群：《知识产权的法理基础》，载《知识产权》2004年第5期，第3页。
[3] 参见胡朝阳：《论知识产权的正当性》，南京师范大学2006年博士学位论文。
[4] 余海燕：《论知识产权的本质及其正当性》，载《河北法学》2009年第4期，第151页。

（二）激励理论、功利主义或工具主义

2003年，冯晓青在《财产权经济学理论与知识产权制度的正当性》中认为："从财产权经济学的角度看，知识产权制度的存在具有充分的正当性。这种正当性体现在提供产权激励、扭转信息市场的静态和动态失败、纠正消极的外部性问题和消除集体行为等方面。"①

2006年，崔国斌在《知识产权法官造法批判》中也认为："中国知识产权法并不是孕育在一个像传统欧洲那样富有自然法传统的社会环境中。中国立法保护智力成果，并非出于对所谓自然权学说的默认规则的尊重，而是出于一系列功利主义的考虑。"②

2006年，杨才然在《知识产权正义论》中提出，知识产权并非具有神圣不可侵犯的正当性，而是人类在目前社会条件下经过利弊权衡而不得不接受的一种财产权制度。然而，这并不排除我们能够证明部分知识产权制度之正当性的可能性。在此，我们可以采取工具主义的态度，将知识产权制度看作一种实现某一或某些目标的工具或手段。知识产权制度应置于知识产品的分配制度这个更大的框架之下来理解其正当性。包括知识产权制度在内的知识产品分配制度的目标在于激励创新、促进社会进步和实现人的全面自由发展。与不对某些知识产品提供知识产权保护或其他知识产品分配制度相比较，只有在赋予知识产权更有利于实现上述目标或具有相同的效果的场合，知识产权制度才具有正当性。③

2009年，杨志敏在《论知识产权法的目的及其实现途径》中认为，知识产权法的直接目的就是保护成果信息开发者的利益，以此促进人们开发出更多的成果信息。知识产权法的最终的发展目的就是要实现文艺、科学事业和产业的快速进步和发展。④

（三）利益平衡理论

2003年，徐瑄在《知识产权的正当性——论知识产权法中的对价与衡平》中提出，知识产权法是相对知识产权与绝对知识产权的衡平机制，现代国家应当确立对价与衡平的立法原则，知识产权法应重塑现代国家的衡平责任。知识产权法保护对象具有双重结构，其本质内容是智慧信息，其外在形式是知识形态。从衡平原则出发，知识产权法仅仅提供了确认秘密和鼓励公开两种衡平机制。其

---

① 冯晓青：《财产权经济学理论与知识产权制度的正当性》，载《法律科学》2003年第2期，第86页。
② 崔国斌：《知识产权法官造法批判》，载《中国法学》2006年第1期，第151页。
③ 参见杨才然：《知识产权正义论》，中国人民大学2006年博士学位论文。
④ 参见杨志敏：《论知识产权法的目的及其实现途径》，载《电子知识产权》2009年第7期，第17-19页。

中，鼓励公开的机制是近代国家"创制"的、需经对价才能衡平并实现多赢的衡平机制。违反对价与衡平条件的知识产权扩张会侵害社会公众的基本人权。对价与衡平、实现多赢的至善目标是现代国家的法定职责。在信息技术环境下知识产权应在全球范围内体现对价与衡平，促进人类共同发展。①

2005年，任寰在《论知识产权法的利益平衡原则》中认为："知识产权法调整的对象不仅涉及多元的主体利益，而且涉及复杂的国内和国际经济秩序，同时由于知识产权所存在的智力成果的非物质性、知识产品生产的社会性、知识产权取得的国家授权性等迥异于有形财产权的特点，以及知识产品对人类文明的进步所起的特殊作用，决定了利益平衡在知识产权法中有着特殊的存在价值和意义。"②

(四) 权利弱化与利益分享理论

2004年，曹新明在《知识产权法哲学理论反思——以重构知识产权制度为视角》中，对于"知识产权怀疑论"、"反知识产权论"和"知识产权僵化论"这三股思潮作了阐释，反思了作为知识产权制度之基础的"精神道德论"、"经济激励论"、"增强竞争论"和"利益补偿论"，认为应以"权利弱化与利益分享理论"重构知识产权制度。权利弱化，是指减弱知识产权所有人的禁止实施权的功能，让知识产权所有人之外的其他人能够更有效地利用智慧创作物，然后通过利益分享形式使知识产权所有人的利益、智慧创作物使用者的利益和社会利益最大化。建立该项理论的哲学基础在于两个方面：一是人类可利用资源的有限性以及智力劳动者用于创作之资源的公共性。当智力劳动者运用自己的智慧对公共资源或者处于管控之下的资源加以利用，创作出自己的智慧创作物并取得相应的知识产权时，知识产权所有人不仅应当无权禁止他人对同样的资源进行再利用，而且还应当允许对其所利用之资源的所有者对其所开发的成果进行合理的利用，使他们能够从中分享一部分利益。③

(五) 历史视角的理论

美国法官霍姆斯尝言："历史之一页，逻辑之一卷。"④ 其主旨意在强调，对于理解与解释当前规范、制度、理论的现状，历史的考察与研究较之于纯粹的逻

---

① 参见徐瑄：《知识产权的正当性知识产权的正当性——论知识产权法中的对价与衡平》，载《中国社会科学》2003年第4期，第144-146页。
② 任寰：《论知识产权法的利益平衡原则》，载《知识产权》2005年第3期，第13页。
③ 参见曹新明：《知识产权法哲学理论反思——以重构知识产权制度为视角》，载《法制与社会发展》2004年第6期，第60-71页。
④ 英文原文为"A page of history is worth a volume of logic", New York Trust Co. v. Eisner, 256 U. S. 345, 349 (1921).

辑分析与演绎推理将更具说服力。① 为此，有不少学者从知识产权制度史的视角进行了深度挖掘与系统考察。

2006年，黄海峰在《知识产权的表达与实践：版权、专利与商标的历史考察》中认为，知识产权制度的产生，最初源于资本主义兴起后在贸易政策上规制商业竞争的需要，并非出于现如今所谓的保护创造者劳动进而促进公共知识的增长及提升社会福利的目的。②

2013年，王宏军在《技术文化输入国的知识产权立法分析》中认为："在支持和反对知识产权立法强化的学术争鸣中，既有的价值判断与实证研究都存在一定的局限性，有必要引入历史与逻辑的分析视角。通过回顾历史上技术文化输入国的立法实践，可以看出：'技术文化输入国，知识产权立法适度保护'的历史经验是客观存在的。通过对该条经验进行逻辑分析，可以看出其主要蕴含有能切实减少技术文化输入国与输出国之间知识控制力差距的制度理性。在理论意义上，这样的分析与结论可能会加强反对知识产权立法强化一方的观点，进而也可能会推动对我国知识产权立法实践的反思。"③

（六）正义理论

2007年，梁志文在《反思知识产权之合法性基础——以正义论为视角的分析》中提出，知识产权制度如同所有的社会制度一样，其首要的价值是正义。知识产权正义价值体现在初始权利的分配、权利行使和侵权救济等制度上。从分配正义来看初始权利的分配，知识产权制度首先体现为增进人类幸福和文明。知识产权法的道义基础是激励创新以使社会公众获益于科学技术的进步。国家创设知识产权，意图在于为知识产品的创新者提供必要的、公平的回报，因为对创新活动的保护有益于人类幸福和文明的进步。对知识产权制度的限制制度也体现在这一伦理基础上：专断的知识产权保护将降低知识积累的作用、降低在他人知识产品上进行创新的动力。因此，知识产权的保护及其限制制度关注知识总量的增进，关注创新"之饼"的规模扩大。同时，知识产品的利益分配还应考虑弱势群体而采取区别对待原则。知识产权正义论要求TRIPs协定下的知识产权法将知识产品上的利益合理分配给不同的利益集团。知识产品是凝聚社会功能的公共产

---

① 参见黄海峰：《知识产权的话语与现实——版权、专利与商标史论》，华中科技大学出版社2011年版，第1页。
② 参见黄海峰：《知识产权的表达与实践：版权、专利与商标的历史考察》，中国人民大学2006年博士学位论文。
③ 王宏军：《技术文化输入国的知识产权立法分析：从历史和逻辑的视角》，载《中外法学》2013年第2期，第405页。

品，激励创新的目标不是以经济发展为终点，而应该包括政治、经济、文化等综合发展，尤其是人类幸福和文明的发展。①

(七) 创造理论

2010 年，刘春田在《知识产权制度是创造者获取经济独立的权利宪章》中认为，知识产权的正当性源于创造，创造不是劳动的特殊形态，而是与劳动有本质区别的另类的人类活动。创造与劳动之间、不同的创造之间，都是异质的，不具可比性。在经济价值上，相互之间没有可以交换的共同基础，不可通融。创造成果是唯一的，创造不可再现。创造不是一种技艺，无法再现。创造成果本身无价值，却有使用价值，其使用价值是通过交易实践，由市场价格体现的。其价格完全取决于社会的认知情况、欣赏程度和需求范围。② 显然，这是一种不同于劳动理论的知识产权权利观。

(八) 产业政策理论

2012 年，张平在《论知识产权制度的"产业政策原则"》中提出："在知识产权保护的基本理论研究方面，私权论（无形财产论）一直占据主流，产业政策（industrial policy）被认为是一个负面词汇。但是在各国知识产权的制度设计以及实践上，却无不体现出强烈的产业政策立场，纵观各国在不同技术领域的司法判例上贸易保护主义倾向、在同一技术领域中探戈舞般的左右摇摆，以及市场主体自相矛盾的知识产权保护观点，尽管都以捍卫智慧、保护创新为借口，但决然掩盖不住背后针锋相对的产业利益之争。"③

(九) 功能理论

2013 年，李琛在《著作权基本理论批判》中认为，知识产权制度在道德上的正当性，并不足以支持知识产权制度的产生。因为知识产权的正当性理论都是基于某一种哲学理论，这些哲学理论属于价值判断，人们的价值观千差万别，全社会不会只持有一种价值观，以特定价值观为基础的特定知识产权正当性理论，不会得到全社会的认同。法律是为了满足某些现实中的实际利益而产生的，而不是为了满足某些哲学理论而产生的。知识产权制度确立的根本原因要解决的核心问题是：为什么设立知识产权？这是一个事实判断。一种制度之所以被确立，是

---

① 参见梁志文：《反思知识产权之合法性基础——以正义论为视角的分析》，载《电子知识产权》2007 年第 9 期，第 22 - 23 页。
② 参见刘春田：《知识产权制度是创造者获取经济独立的权利宪章》，载《知识产权》2010 年第 6 期，第 20 - 22 页。
③ 张平：《论知识产权制度的"产业政策原则"》，载《北京大学学报（哲学社会科学版）》2012 年第 3 期，第 121 页。

因为这种制度拥有一定的功能,能满足一定的社会需求。因而,知识产权制度所拥有的主要功能是知识产权制度确立的根本原因。①

二、知识产权与民法典

被誉为"社会生活百科全书"的《民法典》是规范市场经济的基本法和总章程,也是法治国家的重要标志,具有崇高的地位。我国曾于1954年、1962年、1979年三次启动民法典的制定,但受历史条件所限,始终未能完成。1998年启动的第四次起草工作,虽然在2002年12月,全国人大常委会曾首次审议民法典草案,但终因民法典内容复杂、体系庞大、学术观点有分歧,于是全国人大常委会决定先制定物权法、侵权责任法等单行法,在条件成熟后再以此为基础研究制定一部完整的民法典。

2014年10月23日,中国共产党第十八届中央委员会第四次全体会议审议通过了《中共中央关于全面推进依法治国若干重大问题的决定》,其中提出要"完善激励创新的产权制度、知识产权保护制度和促进科技成果转化的体制机制。加强市场法律制度建设,编纂民法典"。中办、国办印发《中央有关部门贯彻实施党的十八届四中全会〈决定〉重要举措分工方案》,对民法典编纂进行分工安排。2015年3月20日,全国人大常委会法制工作委员会召开民法典编纂工作协调小组会议,宣布启动民法典的编纂工作。

随后,2015年3月以来,全国人大常委会法制工作委员会牵头成立了由最高人民法院、最高人民检察院、国务院法制办、中国社会科学院、中国法学会5家单位参加的"民法典编纂工作协调小组",并组织了专门负责起草的"工作小组",积极开展民法典编纂工作。在深入开展调查研究,梳理分析主要问题,广泛听取各方面意见的基础上,协调小组各成员单位密切配合,工作小组抓紧工作,形成了《中华人民共和国民法总则草案(征求意见稿)》。

2016年6月14日,习近平总书记主持召开中共中央政治局常委会会议,听取了全国人大常委会党组《关于民法典编纂工作和民法总则(草案)几个主要问题的请示》的汇报,原则同意请示,并就做好民法典编纂和民法总则草案审议修改工作作出重要指示。全国人大常委会法制工作委员会,根据党中央的重要指示精神,对草案又作了进一步修改完善,形成正式的法律草案:《中华人民共和国民法总则(草案)》。

2016年6月28日,第十二届全国人大常委会第二十一次会议,对《中华人

---

① 参见李琛:《著作权基本理论批判》,知识产权出版社2013年版,第4-40页。

民共和国民法总则（草案）》（以下简称民法总则草案）进行了第一次审议。审议后，将民法总则草案在中国人大网正式公布，向社会公众征求修改意见。民法总则草案（一次审议稿）包括11章186条。

全国人大常委会第一次审议中提出的各种意见，和此后从社会各界征求得到的修改意见和建议，经法制工作委员会梳理、归类、斟酌研究提出修改建议，提交全国人大法律委员会审议，对法律草案进行修改完善，形成民法总则草案（第一次审议稿修改稿），提交2016年10月31日至11月7日召开的十二届全国人大常委会第二十四次会议进行了第二次审议，称为《中华人民共和国民法总则草案（二次审议稿）》，并于2016年11月18日在中国人大网正式公布，再次面向公众征求意见，第二次审议稿仍为11章，但条文由186条增加至202条。在遗嘱监护、监护人的范围、临时监护措施、监护人资格的恢复等监护制度方面予以进一步修改和完善，对农村集体经济组织的法人地位予以明确，并对公民个人信息的保护、未成年人受到性侵害的诉讼时效起算等热点问题作出了规定。

民法总则草案三审稿于12月19日提请十二届全国人大常委会第二十五次会议审议。三审稿在二审稿的基础上增加了紧急救助免责条款，强化了民政部门的监护职责，对未成年人父母的监护人资格被撤销后的再恢复增加了限制条件等。全国人大常委会组成人员表示，民法总则草案三审稿全面规定了基本民事法律制度，积极回应了社会关切，适应我国的现实需求，总体已经比较成熟。

2017年3月15日，十二届全国人大五次会议表决通过了《中华人民共和国民法总则》，国家主席习近平签署第66号主席令予以公布，自2017年10月1日起施行。民法总则共分基本规定、自然人、法人、非法人组织、民事权利、民事法律行为、代理、民事责任、诉讼时效、期间计算和附则11章、206条。对于酝酿已久的民法典编纂而言，这是令人期待的坚实一步。"现代社会中，民法既饱含哲学思想和社会思潮，又是公民生活和商业活动体现出的惯性和规则。民法总则的制定，把我们和民法典的距离大大拉近了一步。"[①]

2018年8月，十三届全国人大常委会第五次会议对《民法典各分编（草案）》进行了初次审议。之后，2018年12月、2019年4月、2019年6月、2019年8月、2019年10月，十三届全国人大常委会第七次、第十次、第十一次、第十二次、第十四次会议对各分编草案进行拆分审议。根据民法典编纂工作计划，到2019年12月，将2017年3月出台的民法总则同经过常委会审议和修改完善的民法典各分编草案合并为一部完整的民法典，即《中华人民共和国民法典（草

[①] 人民时评：《民法典编纂，立下法治中国新标杆》，人民日报2017年3月8日。

案)》。《民法典各分编(草案)》经常委会二审或三审后,法制工作委员会均通过中国人大网公开征求社会公众意见。同时,在北京召开多个座谈会,分别听取中央有关部门和部分专家学者的意见,并到北京、天津、山东、浙江等地进行调研,了解实际情况,听取意见。宪法和法律委员会于11月27日至29日召开会议,根据常委会组成人员的审议意见和各方面意见,对民法典各分编草案进行了审议,并将2017年已经出台施行的《中华人民共和国民法总则》编入草案,重新编排条文序号,形成《中华人民共和国民法典(草案)》。该草案共7编,依次为总则编、物权编、合同编、人格权编、婚姻家庭编、继承编、侵权责任编,以及附则,共1260条。2019年12月23日,十三届全国人大常委会第十五次会议听取了全国人大宪法和法律委员会关于《民法典各分编(草案)》修改情况和《中华人民共和国民法典(草案)》编纂情况的汇报。2020年5月28日,《中华人民共和国民法典》由第十三届全国人民代表大会第三次会议通过,自2021年1月1日起施行。

虽然正式公布的民法典没有规定知识产权编,但在民法典公布之前,由于同时涉及民法典的体例结构和制度内容,知识产权法是否纳入民法典一直都是学者关注的焦点之一,相关的讨论未曾间断。总体而言,学界关于知识产权法是否纳入民法典的观点可以分为以下几种。

(一) 分离说

分离说,即将知识产权法独立于民法典之外,反对将知识产权法的内容纳入未来民法典。主要有以下理由。

1. 为了维护民法典的科学性

例如,1998年,江平在《关于制定民法典的几点意见》中认为:"1986年《民法通则》通过前后,以及我们可以预见的立法规划中,属于民事或与民事有密切关系的单行法大体可以概括为十类:商事和商事企业法;知识产权法;……在这些单行法中,我们有把握地纳入民法典的只是合同法、担保法、继承法和不动产物权法。……至于其他一些单行法仍应保留其单行法形式,不应当把它们纳入作为基本法的民法典之中,以免形成'大一统'民法典所造成的庞杂、混乱,缺乏基本法① 的科学性。"②

---

① "基本法"即指江平教授文中的"民法典"。
② 江平:《关于制定民法典的几点意见》,载《民法典:建设社会主义法治国家的基础——专家学者谈中国民法典的制定》,载《法律科学》1998年第3期。江平教授在其他场合多次强调了这一观点,例如,其于2002年11月8日在中国政法大学民商经济法学院组织召开的"'中国民法典论坛'第一场——中国民法典的立法思路和立法体例"的讲话,参见法大新闻网: http://news.cupl.edu.cn/news/558_20041109080252.htm。

2. 为了协调民法典与特别法①的关系

例如，1995年，魏振瀛在《中国的民事立法与民法法典化》中认为："知识产权是一种民事权利，专利法、商标法、著作权法已有单行法，并有其独特的性质，可作为民法的特别法。同时，应参照1964年的苏俄民法典在总则部分规定一条民事权利和民事义务发生的根据，其中包括写明知识产权是民事权利和民事义务发生的根据之一。"② 1998年，马俊驹在《现代民法的发展趋势与我国民法典立法体系的构想》中认为："我国应基于民法商事化的发展趋势，坚持民商合一的立法主义。但应正确处理民法典与特别法的关系。目前，有理由将公司法、证券法、竞争法、保险法、破产法、知识产权法等作为民事特别法，而调整最一般的人身关系和财产关系的部分，应作为民法典的本体部分。"③

3. 为了保持民法典的稳定性

例如，2001年，王利明在《中国民法典的体系》中虽然认为知识产权是民法的重要组成部分，但"民法的重要组成部分与编入民法典是两个不同的概念"，并不赞成将知识产权法纳入民法典，其理由是："民法典是基本法，要保持一定的稳定性，不能朝令夕改，这决定了其规则应当具有普遍适用和相对抽象的特点。而知识产权法的技术性规定较多，且变化性较大，放在民法典中，与其他民法法律部门的法律规范不协调，相对于其他民事权利而言，知识产权制度受社会文化、经济发展、新技术革命影响更巨，总处于不断修订更迭的状态中，因此，若将此一频频变动的法律置于相对稳定、系统化的民法典中，无疑会极大地损害民法典的稳定性。"④

4. 知识产权法体系具有相对独立性和变动性

例如，1999年，梁慧星在《关于我国民事法律制度的几个问题》中认为："知识产权为重要的民事权利，现行民法通则第五章第三节作了规定。但考虑到现行专利法、商标法和著作权法已构成一个相对独立的知识产权法体系，因此建议民法典不设知识产权编，而以专利法、商标法和著作权法作为民法典外的民事特别法。有不少学者认为，知识产权非常重要，一定要在民法典上专设一编。按

---

① 持这一理由的学者，无一例外，都将知识产权法视为民法的特别法。
② 魏振瀛：《中国的民事立法与民法法典化》，载《中外法学》1995年第3期。
③ 马俊驹：《现代民法的发展趋势与我国民法典立法体系的构想》，载《民法典：建设社会主义法治国家的基础——专家学者谈中国民法典的制定》，载《法律科学》1998年第3期。
④ 王利明：《中国民法典的体系》，载《现代法学》2001年第8期。值得注意的是，王利明在此问题上所持的观点出现多次反复，例如，其在1998年发表的文章中曾认为，知识产权法应当纳入我国未来的民法典，立论的依据是知识产权的民事权利属性以及现行法的认可。但在2003年的文章中，王利明则又抛弃了反对将知识产权法纳入民法典的做法，而是采取了一种更为"中庸"的思路，有关此点，详见下文。

照这样的思路,无非是两种方式,一是把关于专利、商标、著作权的规则全部纳入民法典设知识产权编,原封不动地把三部法律搬进来,等于是法律规则位置的移动,实质意义不大。另一方案是从专利、商标和著作权法当中抽象出若干条重要的原则和共同的规则,规定在民法典上,同时保留专利、商标和著作权法。正如有的学者已经指出的,抽象出那几条规定在民法典上也起不了什么作用。法官裁判知识产权案件不能仅靠那几条,还得适用专利、商标和著作权法上的具体规则。与其如此,不如保留知识产权法作为民事特别法继续存在于民法典之外。还有一个理由,知识产权法往往涉及国际间的纷争,并且随着科学技术的进步,需要不断地修改、变动。继续作为民法典之外的单行法存在,改动和修改起来要方便得多。"[1] 2001年,杨立新编的《〈中华人民共和国民法典〉编纂大纲》认为:"考虑到实际情况,对于知识产权法的内容,由于已经制订了完整的著作权法、专利法和商标法,这些内容不再规定在民法典中。对于知识产权法还缺乏的内容,在制订相关法律的时候再进行补充,使之作为民法典的特别法。"[2]

在采纳分离说的前提下,关于如何设置知识产权法律内容,又有两种不同的观点:

第一,整合、制定知识产权法法典。例如,2016年,吴汉东在《民法法典化运动中的知识产权法》中认为,知识产权法法典化是现代民法法典化运动的重要组成部分。前者的基本任务,一是实现知识产权法与民法典的连接,二是在民法典之外再设专门法典,概称为"入典"和"成典"问题。近代大陆法系国家是以"物权—债权"的物质化财产权结构作为民法典编纂的"范式"。进入20世纪以来,经历了体系化、现代化改造的知识产权法"入典",成为"范式"民法典的历史坐标。与此同时,知识产权立法从单行法到法典法,已成为法律现代化的一个重要趋向,并表现为先民法典后知识产权法典(或工业产权法典)的法现象特征。中国知识产权法的法典化道路,宜采取"两步走"的方略:第一步,在民法典中实现对知识产权法的"点、面"链接,满足知识产权作为私权的理

---

[1] 梁慧星于1999年8月31日以《关于我国民事法律制度的几个问题》为题给第九届全国人大常委会所做的第十次法制讲座,载中国人大网: http://www.npc.gov.cn/npc/xinwen/1999-08/31/content_1459910.htm. 另参见梁慧星:《制定民法典的设想》,载《现代法学》2001年第2期;梁慧星:《当前关于民法典编纂的三条思路》,载《律师世界》2003年第4期;梁慧星:《我国民法典制定中的几个问题》,载南京师范大学法制现代化研究中心编:《法制现代化研究》(第9卷),南京师范大学出版社2004年版,第354页。

[2] 杨立新编:《〈中华人民共和国民法典〉编纂大纲》(2001年6月1日),载中国民商法律网: http://www.civillaw.com.cn/article/default.asp?id=7604.

性回归；第二步，制定专门法典，实行知识产权法一体化、体系化的理性安排。①

第二，保留知识产权法单行法并列的局面。例如，1995 年，魏振瀛在《中国的民事立法与民法法典化》中认为："知识产权是一种民事权利，专利法、商标法、著作权法已有单行法，并有其独特的性质，可作为民法的特别法。"② 1998 年，马俊驹在《现代民法的发展趋势与我国民法典立法体系的构想》中认为："目前，有理由将公司法、证券法、竞争法、保险法、破产法、知识产权法等作为民事特别法，而调整最一般的人身关系和财产关系的部分，应作为民法典的本体部分。"③ 1999 年，梁慧星在《关于我国民事法律制度的几个问题》中认为："知识产权为重要的民事权利，现行民法通则第五章第三节作了规定。但考虑到现行专利法、商标法和著作权法已构成一个相对独立的知识产权法体系，因此建议民法典不设知识产权编，而以专利法、商标法和著作权法作为民法典外的民事特别法。"④ 2001 年，杨立新编的《〈中华人民共和国民法典〉编纂大纲》认为："考虑到实际情况，对于知识产权法的内容，由于已经制订了完整的著作权法、专利法和商标法，这些内容不再规定在民法典中。对于知识产权法还缺乏的内容，在制订相关法律的时候再进行补充，使之作为民法典的特别法。"⑤ 2001 年，王利明在《中国民法典的体系》中认为："如果知识产权法以独立于民法典的单行法的地位而存在，这样对其作出修改要便利得多。此外，中国即将加入 Trips 协议，将国际知识产权保护规则放入国内法不合适，并且知识产权法中还有大量的管理规范，如将其写入民法典会妨碍民法的体系完整。我认为知识产权法应作为民事特别法，在民法典之外另外规定。"⑥

（二）入典说

入典说，即将知识产权法并入民法典体系。其主要理由包括：

1. 这是民法现代化的大趋势

2015 年，刘春田在《知识产权作为第一财产权利是民法学上的一个发现》

---

① 参见吴汉东：《民法法典化运动中的知识产权法》，载《中国法学》2016 年第 4 期。
② 魏振瀛：《中国的民事立法与民法法典化》，载《中外法学》1995 年第 3 期。
③ 马俊驹：《现代民法的发展趋势与我国民法典立法体系的构想》，载《法律科学》1998 年第 3 期。
④ 梁慧星教授于 1999 年 8 月 31 日以《关于我国民事法律制度的几个问题》为题给第九届全国人大常委会所做的第十次法制讲座，载中国人大网：http://www.npc.gov.cn/npc/xinwen/1999-08/31/content_1459910.htm. 另参见梁慧星：《制定民法典的设想》，载《现代法学》2001 年第 2 期；梁慧星：《当前关于民法典编纂的三条思路》，载《律师世界》2003 年第 4 期。
⑤ 杨立新：《〈中华人民共和国民法典〉编纂大纲》（2001 年 6 月 1 日），载中国民商法律网：http://www.civillaw.com.cn/article/default.asp?id=7604.
⑥ 王利明：《中国民法典的体系》，载《现代法学》2001 年第 8 期。

中认为,知识产权成为事实上的"第一财产权"是财产历史重大革命的标志。知识产权贵为财产权利体系中"上游权利"作为一个不争的事实,随着技术、制度创新对经济发展的决定性作用的彰显,知识已经成为一切财产的源泉与根据。知识财产是人类对财产的真正发现。私法制度将知识产权位列财产权利之首,是财产制度漫长运动历史发展的必然结果,既是逻辑的,也是实践的。[①] 2018 年,刘春田在《我国〈民法典〉设立知识产权编的合理性》中进一步指出,知识产权为私权,已经是当代国际社会的共识。知识产权法入《民法典》是民法法典化运动的发展趋势。之所以说融入知识产权编的《民法典》具有里程碑式的时代意义,不是指在一个固有的《民法典》中简单地追加一个新的财产法成员,而是说,这个崭新的子体系的融入,而非"加入",是对自 19 世纪初《法国民法典》以来一系列具有代表性的民法典的一个历史性的超越。知识产权的实质、制度功能、商业模式、独特的财产权能,以及它所揭示的财产本源的理论与逻辑,其方法和解释力,既是固有民法的延伸,又是一种制度与理论的再创造,可以反哺民法。把传统民法带入知识经济的新时代。知识产权法适应新技术、新经济、新生活方式的需求,可以为传统民法典注入新的生命活力。知识产权几百年历史,尤其近几十年来所显示的制度与实践独特、先锐、深邃和与时俱进的精神内核,以及独步财产历史的理论光辉,是对民法制度与理论的提升。[②] 2017 年,冯晓青在《〈民法总则〉"知识产权条款"的评析与展望》中认为,基于知识产权的民事权利属性和知识产权法的私法秉性,以及知识产权的无形财产权特点和国内外已有民事立法中关于知识产权的制度规范,在我国民法典中接纳知识产权规范势所必然。在当代,随着知识产权经济的凸显和科学技术在国家经济社会生活中的作用和地位日益增强,知识产权这一私权需要在民事基本法中得到体现和强化。尤其在我国,正实施国家知识产权战略和创新驱动发展战略,强化知识产权的作用,实施强国知识产权政策,促使经济转型升级和经济发展方式改变,需要更加充分地发挥知识产权制度激励创新和促进成果转化与运用的作用。我国民事基本立法自当加强知识产权保护的地位,否则,我们的民法典将无法体现其现代化特色,无法构建自身完整的财产权保护体系和民事权利体系,无法凸显知识产权在我国经济

---

① 参见刘春田:《知识产权作为第一财产权利是民法学上的一个发现》,载《知识产权》2015 年第 10 期。

② 参见刘春田:《我国〈民法典〉设立知识产权编的合理性》,载《知识产权》2018 年第 9 期。

社会生活中日益重要的地位。①

2. 实现民法典的基本功能

2015年，李琛在《论中国民法典设立知识产权编的必要性》中认为，设立知识产权编可以实现民法典的基本功能：(1) 权利教科书功能。如果民法典设立知识产权编，是对《民法通则》立法传统的继承，既有利于启迪民众认识民事权利的完整体系、认知"知识"的财产属性，也可在形式上提示知识产权法研究应注重体系化、注重与民法的连接，这无论对于普通民众还是对于专业人士，都能起到教科书的作用。(2) 实现社会变革的功能。我国正处于经济转型时期，从资源消耗型经济、劳动力密集型经济转向创新型经济，这三种经济形态反映于法律上的权利对象分别是：物、行为与知识。从反映社会变革的需求而言，中国民法典也应该突出知识产权的地位。(3) 区隔公权与私权。如果在民法典中设立知识产权编，不仅可以宣示知识产权纯正的民事权利属性，而且在整合民事权利救济时，也有可能剔除与民事权利本性不合的知识产权救济方式，至少对日后公权力的任意扩张构成约束。② 2016年，李琛在《从知识产权司法需求论我国民法典的编纂》中进一步指出，通过在民法典中设置知识产权编，推进知识产权法教义学的发展，深刻影响裁判者的思维方式与表达习惯，缩小立法、司法与学术之间的语言分歧，引导裁判者在体系依托中寻求裁判的正当性与说服力，节制无根基的所谓"司法创新"，才能从根本上推进知识产权裁判的统一性。③

3. 现行法已认可知识产权制度属于民法的组成部分

例如，1998年，王利明在《论中国民法典的制订》中认为："知识产权制度是否应包括在民法中，争议很大。有些学者认为知识产权有其特殊性，并不完全运用民法的基本原则，因而应成为一个独立的法律部门。本书认为，这一观点不够妥当。我们不否认知识产权制度的特殊性，但归根结底，知识产权仍然是一种民事权利，其本质属性是财产权利和人身权利的结合，而且我国民法通则已在民事权利一章中专设知识产权一节。现行的合同法律制度，也对知识产权的转让和利用设有专门规定。这就说明，我国现行法已认为知识产权制度属于民法的组成部分。因而，我国未来民法典中，应包含知识产权法的内容。"④ 2013年，谢鸿

---

① 参见冯晓青：《〈民法总则〉"知识产权条款"的评析与展望》，载《法学评论》2017年第4期。
② 参见李琛：《论中国民法典设立知识产权编的必要性》，载《苏州大学学报（法学版）》2015年第4期。
③ 参见李琛：《从知识产权司法需求论我国民法典的编纂》，载《法律适用》2016年第12期。
④ 王利明：《论中国民法典的制订》，载《政法论坛》1998年第5期。

飞在《民法典与特别民法关系的建构》中认为,知识产权法作为补充型特别民法,不违反民法典的价值取向与基本原则,……虽然经常涉及国家权力,但国家只是提供行政服务,并不干预私人关系,如不动产登记其实是国家的信用背书,目的是降低交易成本与风险。市场自发调节的功能再好,国家也始终是市场的伙伴,它至少要持续提供货币和信用,解决交易纠纷,甚至还要培育有德性的公民,以减少市场中的机会主义与背德行为。[①] 2017年,邓社民在《我国民法典分则编纂中的知识产权立法构想》中认为,知识产权独立成编并融入民法典是知识产权回归民法的理性选择。知识产权是民事主体通过事实行为创作或创造的民事权利,并不是知识产权行政管理部门授予的。知识产权之所以需要向相关行政管理部门申请核准或登记,主要是因为知识产权客体的非物质性,不能通过交付发生权利变动,不能通过占有公示,为了确定知识产权的归属和保障交易安全只能通过行政管理部门予以确认。[②]

4. 有利于加强对知识财产的保护

例如,2002年,王家福在会议发言时认为:"知识产权就构成人类进步中特殊的制度,是在保护着人所创造的越来越重要的价值连城的无形财产,在保护着人在这方面权利的同时,也保护其人格或创造力等方面的特殊权利。所以,我觉得还是不好将知识产权放入物权而单立一编好。我想,财产就写两大编:一编是无形财产,一编是有形财产。它们都是绝对的、排他性的权利,都是人特别需要的权利,尽管说知识产权价值连城,但并不因此排除物权,物权也推动了社会的发展,人们离开了物也无法享受生活,因此我认为两个都应写上。如果二十世纪中国的知识产权编搞好了,将是对人类的贡献,因为别人没有做,而我们中国人却将知识产权的一般规定写进了民法典。我觉得,在知识产权中,还应写进创造自由,对之加以保护。一个国家若想昌盛,其技术革新若想得到飞速发展,则需要很重要的前提:人的思想是自由的,创造是自由的,有很好的环境和法律保护。我想,我们如果有那么多的聪明的中国人去创造出更灿烂更具有价值的智力成果,将会给中华民族的兴旺发达提供更多的技术支持。"[③] 2006年,王家福在

[①] 参见谢鸿飞:《民法典与特别民法关系的建构》,载《中国社会科学》2013年第2期。
[②] 参见邓社民:《我国民法典分则编纂中的知识产权立法构想》,载《法学评论》2017年第5期。
[③] 王家福教授于2002年11月26日在中国政法大学民商经济法学院组织召开的"'中国民法典论坛'第三场——物权法、知识产权法与中国民法典"的讲话,载法大新闻网:http://news.cupl.edu.cn/news/571_20041109080252.htm。

会议发言中进一步指出:"我们认为放在《民法典》对知识产权的保护,会有更多层次的保护。因为二十一世纪是知识时代,新的时代对知识的财产要求更加严格,如果加以保护,将有利于人类和社会更加和谐的发展,我们这方面保护不够,这是一个想法。"①

5. 符合民法典的发展趋势

例如,2000年,徐国栋在《民法典草案的基本结构——以民法的调整对象理论为中心》中认为:"在知识产权日益重要的当代,再让它游离于民法典之外,已经不合时宜,因此,俄罗斯联邦民法典和荷兰民法典都完成了对知识产权的整合。从理论上看,知识产权作为无体物,应该被纳入物权编作为无体物规定。1994年蒙古民法典即是如此,该民法典第87条第6款把知识产权规定为所有权的客体,同时规定这方面的事务由其他法律调整。这实际上是考虑到知识产权具有不同于通常的无体物的特点,例如,一个知识产权可以同时由许多人利用、可以大量复制、出卖知识产权产品不移转标的物的知识产权、其法律规则具有很强的技术性等,因此,原则上承认知识产权是所有权的一种,但是一种特殊的所有权。这种立法模式值得借鉴,因此,我们的民法典草案把知识产权放在紧接着物权编的一编加以规定,把它理解为一种特殊的所有权。这样,既可以昭示知识产权与普通物权的联系,也可揭示两者的不同。"②

6. 扩大民法典的包容性

例如,2002年,郑成思在会议发言时认为,如能借助民法典制定过程中对知识产权的讨论,可以将一些知识产权法的特殊规定,如即发侵权、诉前保全等制度上升为民法的共同原则和规则,从而提高民法的层次,扩大民法的包容性,

---

① 王家福:《中国的民事立法与民法法典化》,2006年7月3日在"民法法典化:中国与法国的对话"研讨会上的发言,载中国民商法律网: http://www.civillaw.com.cn/Article/default.asp?id=27305。梁慧星教授在其文中也提道:"法制工作委员会于2002年4月16—19日召开民法典草案专家讨论会。在对受托人起草的各编条文草案进行了讨论之后,于19日上午集中讨论民法典结构体例。王家福研究员建议民法典设10编:第一编总则、第二编人格权、第三编物权、第四编知识产权、第五编债权总则、第六编合同、第七编侵权行为、第八编亲属、第九编继承、第十编涉外民事关系的法律适用。"梁慧星:《中国民法典编纂的几个问题》,载《山西大学学报(哲学社会科学版)》2003年第5期。

② 徐国栋教授在其1998年12月提出的民法典草案结构中,将知识产权法的内容作为第六分编,该草案结构的总体设计如下。序编:小总则;第一编:人身关系法;第一分级自然人法;第二分编:法人法;第三分编:亲属法;第四分编:继承法;第二编:财产关系法;第五分编:物权法;第六分编知识产权法;第七分编:债法总论;第八分编:债法各论;附编:国际私法。参见徐国栋:《民法典草案的基本结构——以民法的调整对象理论为中心》,该文原为徐国栋教授于1999年4月19日在安徽大学法学院的演讲,后发表于《法学研究》2000年第1期。

以利于整个民法典的形成，使一个包容知识产权的民法典能够产生。①

7. 丰富财产法的内容

例如，2002年，费宗祎在会议发言时认为，"物权法中物的概念要扩大，绝不能限于有形体的物，可以把无形财产放进去。这样的话，物权法的内容要增加，比如说，我们现在的用益物权，实际上就是不动产的用益物权，而且不动产用益物权更多的是土地的用益物权，连房屋都没有用益物权……如果把无形财产即知识产权也纳入的话，即使不是纳入所有法规，也应有它特殊的用益物权，这样的话，用益物权概念本身就更充分了。当然，不一定非要将知识产权写进去，知识产权有它的特殊性，它有专利、商标、著作权或版权这些东西，各个法都有它非常强的个性，要在这些法上抽象出一个共性的东西，很难。所以说，抽不出共性的东西来不如不写，如果在物权法中不能把无形财产包括进去的话，就不一定要写知识产权编了。当然，若能抽象出来一些共性、规律性的东西放入民法典中很好，知识产权原来是二级法，现在能上升到基本法中求得保护地位当然更高，大家更重视。"② 2005年，蒋万来在《知识产权与民法关系之研究》中认为，当知识产权成为一种重要的私权与物权并驾齐驱，一者无体，一者有体，恰似一阴一阳相互调和，珠联璧合地构成完美的财产权的静态图景时，19世纪的传统民法典却未将知识产权收归入编，本身就是一种缺憾和不完美，这种不完美的状

---

① 郑成思教授于2002年11月26日在中国政法大学民商经济法学院组织召开的"'中国民法典论坛'第三场——物权法、知识产权法与中国民法典"的讲话，载法大新闻网：http://news.cupl.edu.cn/news/571_20041109080252.htm. 值得一提的是，郑成思教授在该论坛上明确表示，他一开始是反对将知识产权法纳入民法典的［梁慧星教授在其文中也提道，"2002年4月19日法制工作委员会召开的民法典草案专家讨论会上，郑成思教授和梁慧星教授公开表示不赞成设知识产权编"。参见梁慧星：《中国对外国民法的继受》，载《山东大学法律评论》（第1辑），山东大学出版社2003年版，第12页］。郑成思教授反对的理由有二："其一，世界上对此没有成功的经验，并且知识产权本身已经比较完善，比较成体系；其二，从理论上来讲有它不可行不可为的地方，例如，知识产权特别是工业产权部分，都是靠行政授予才获得的民事权利，这是它特殊的地方，如果把知识产权放进民法典，就会有一大批行政程序条款进入民法典里，这就不成为民法典了。并且，WTO那么多协议只有知识产权这里讲到刑事制裁，这就是它特殊的地方。"根据其书的说明，转变观点的理由亦有三点："第一，原先我说过，虽然法国、葡萄牙、波兰、菲律宾等国家，在民法典之外独立搞知识产权法典，可法工委说我们如果也要搞独立的知识产权法典，过十年、二十年甭想，因为知识产权体系已经较完善了，如果这次不与民法典一起起草，不借光、不搭车，就没你的事了。第二，我觉得有这么个机会，有可能借民法典制定的机会，把我们的'积货'塞上。搭上没坏处。过去在修正知识产权那些单行法时，我们争了很久。第三，最重要的是，使整个民法典的立法者千万别忘了知识产权，在起草民法典的过程中，抽象出一些真正该抽象的东西。因此我同意了。"

② 费宗祎教授于2002年11月26日在中国政法大学民商经济法学院组织召开的"'中国民法典论坛'第三场——物权法、知识产权法与中国民法典"的讲话，载法大新闻网：http://news.cupl.edu.cn/news/571_20041109080252.htm.

态应该可以由于知识产权的加入而得以改进。至于知识产权自身的结构体系是什么？除了公法上的因素，其私法部分本质上几乎和物权的机构体系没有太大区别，其权利体系结构、原则、效力等无不如此，所以，将知识产权的所谓自身结构体系和民法结构体系并列以示区别，没有合理的依据，他们本来就是一体的。①

8. 无体物的救济程序完全不同

例如，2004年，我国台湾地区学者曾世雄在会议发言时认为，"所谓财产基本上由两样东西组成：一是'摸得到的东西'，一是'摸不到的东西'。'摸得到的东西'就是指物权的东西，大家都知道在制度上有一种'准物权'，我认为这个观念应该被打破，这个概念不应该有，有时间的话我们可以讨论。还有一个可以讨论的问题是'完全有价证券'的问题，这可以包含在有体物之中。下一个问题就是无体物，也就是碰不到的东西，无体物的代表是债权，此外还有商标权、专利权、著作权、优先权等。有体物和无体物救济的程序完全不同，因为有体物你可以把他锁在保管箱中保管，所以不容易被侵害，而无体的东西飘在外面大家都能碰得到，因此容易被侵害，可见二者有所不同。依据以上的阐述，民法典应有这样三篇：人格身份篇、有体财产编、无体财产编。这三编讲的就是命或钱的问题。"②

(三) 折中说

折中说，即将知识产权法的共性特征并入民法典，同时将其个性规定作单独立法。

例如，2003年，王利明教授在《关于我国民法典体系构建的几个问题》一文中，先从民法典与民事单行法的关系着手，认为"民法典作为最高形式的成文法必须保持最大程度的稳定性，不能频繁地修改或者废除，……而有关知识产权的具体规则常常不断变化发展，如果将各种适应社会经济文化的发展而不断变动

---

① 参见蒋万来：《知识产权与民法关系之研究》，中国人民大学2005年博士学位论文。
② 曾世雄教授于2004年11月18日在中国政法大学民商经济法学院组织召开的"'中国民法典论坛'第八场——民法典的私法传统"的讲话，载北大法律信息网：http://article.chinalawinfo.com/Article_Detail.asp?ArticleId=28233。曾世雄教授在该次会议不仅建议将包含知识产权的无体财产单独成编，而且独树一帜地提出了四编制的民法体例编，即：总则编、人格身份编、有体财产编、无体财产编。其理由是："法国民法中的编数和德国民法中的编数对我来说不重要，在整个法律体系中，如果强盗碰到你，问你要命要钱，你还是会要命。因此在整个编制上应配合这种人性化的要求，第二编应该是人格身份编，不是财产编。而财产编根据现实情况应分为有体财产编和无体财产编。简单讲就是，整体的民法以生活资源为其对象。公权力以后还是要介入，但是要合理地介入。"

的技术性很强的知识产权规则都①纳入民法典,无疑会妨碍民法典内容的稳定性"。接着其特别从实体规则与程序规定的角度指出:"民法典主要规定的是实体的交易规则以及对与实体交易规则联系极为密切的程序问题作出原则性的规定,如不动产登记规则可以在物权法中作出一些原则性规定,但是那些非常琐碎的具体的具有很强的技术性的程序性的规定,应当由单行法加以规定。例如,知识产权法涉及有关专利、商标登记的具体程序规则就不应当在民法典中作出规定。"②最后,王利明教授专门就知识产权法与民法典的关系作出了详细阐述:"在处理民法典与单行法的关系之时,争议最大的就是知识产权法律规范如何安排的问题。毫无疑问,知识产权属于民事权利的一种类型,知识产权法也应当属于民法的范畴。我国已经制定和颁布了《著作权法》《商标法》《专利法》,这些法律是否都应当都纳入民法典?对此存在着两种不同的观点。我认为,将各个单行的知识产权法律都收入民法典是不可取的。主要理由在于:第一,知识产权制度本身是一个内容非常庞杂的规范体系,知识产权本身是一个综合性的法律规范体系,既涉及程序法也涉及实体法,既涉及公法也涉及私法,既涉及国际法也涉及国内法,显然,将其放到民法典是困难的。与其如此,还不如制定专门的知识产权法,集中规定知识产权的相关内容。第二,知识产权本身是一个开放式的法律体系。知识产权本身是不断变化发展的,自新技术革命于 20 世纪中叶兴起,知识产权法中出现了一种边缘保护法,即采用专利权和著作权的若干规则,创设出一种工业版权制度,如集成电路布图设计,即属于此种情况。再如,著作权邻接权的范围正在随着传播技术的提高逐渐扩大,如信息网络传播权等权利都纳入知识产权的范畴。所以,一旦在法典中将知识产权的类型固定化,不一定适应知识产权的发展需要。第三,将知识产权单行法收入民法典,会妨害民法典的体系的和谐。民法典是基本法,要保持一定的稳定性,不能朝令夕改,这决定了其规则应当具有普遍适用和相对抽象的特点。而知识产权法的技术性规定较多,且变化性较大,若将此一频频变动的法律置于相对稳定、系统化的民法典中,无疑会极大地损害民法典的稳定性。我认为,知识产权不应当作为独立的一编在民法典中作出规定。民法典对此作出规定可以考虑采纳第二种或第三种模式,即仅规定知识产权的共同规则,或仅在民事权利的客体中确认知识产权,这样有两个作用:一

---

① 值得一提的是,王利明教授此处使用了"都"一字,"都"在汉语词典中的意思是"全,完全",因此,可以从中看出,王利明教授,隐约表明其不赞成将知识产权规则"全部"纳入民法典,但是否赞成"全部不纳入"还是"不全部纳入"则需要结合该文其他部分进行全盘分析。

② 从这句话可以看出,王利明教授对知识产权内部一些诸如登记的程序规则是否纳入民法典是持鲜明的反对态度的,但对于知识产权内部的实体规则如何在民法典中作出安排,尚不得而知。

是宣示知识产权为民事权利,二是共性的规则在特别法中不好规定,可以放在民法典中规定。"①

2003年,吴汉东在会议发言时提出:"知识产权与民法典编撰的关系问题,是一个很有争议的问题,尽管法工委在民法草案中起草了知识产权编,但是提交给常委会的草案并没有这个问题,当然这并不说明已成定局。从世界范围看,知识产权是不是要编入民法典,有几种立法例:第一种是德国民法典式;第二种是单独编撰知识产权法,实际上是依据民法典来编撰知识产权特别法;第三种是在民法典中规定知识产权法。凡是编进民法典中的,并不一定要仿效,凡是将知识产权写进民法典的,都不一定是成功的。从中国的情况看,多数人是不同意将知识产权法编入民法典的。对于第二种立法例,也有一定的争议。我开始是不同意将知识产权编入民法典的,但是去年10月我改变了意见,主张有条件地将知识产权写进民法典,对其作一般性规定,而将知识产权的具体制度作特别法规定。这种主张不同于意大利民法典,它规定了四种权利,同时依然保留知识产权制度。越南的做法是,废除知识产权的特别法规定,而全部规定在民法典中,但其中没有包括知识产权的公法内容。世界知识产权组织的权威人士认为,在民法典中写进知识产权的国家,正在反思这样的做法,因此主张在民法典中仅仅对知识产权作一般规定。之所以在民法典中对知识产权作规定,有三点理由:第一,知识产权是私权,民法典是私权的法典,规定了知识产权制度,有助于在私法领域内构筑一个完整的财产权体系;第二,知识产权应当是受民法典保障的权利,民法典显然具有更高的权威,对知识产权进行私法定位,有助于维护这项权利的神

---

① 王利明:《关于我国民法典体系构建的几个问题》,载《法学》2003年第1期。实际上,王利明教授并不是在此文中才第一次提出这一观点,其于2002年11月8日在中国政法大学民商经济法学院组织召开的"'中国民法典论坛'第一场——中国民法典的立法思路和立法体例"的讲话中,就已提出:"我们应该规定知识产权制度。但我想强调一点,知识产权本身是一种非常复杂的体系,它不仅包括实体规范,还包括程序规范,因为知识产权的取得本身就必须要通过一系列的复杂的程序,包括登记等程序规范才能产生。知识产权不仅包括实体规则,还包括大量的技术性规则;不仅包括大量民事法律规范,还包括很多涉外法律规范。其实它是一个非常庞大的体系。这些复杂的内容都放在民法典里,作为一编来规定,这与民法典作为基本法应该保持普遍适用性和抽象性的特点也不完全符合。特别是,我们考虑的知识产权的主要内容,都是随社会经济的发展尤其是科技的发展而进步。如果在民法典里,规定了这些保持了高度可变化性和动态性的规范,与法典的稳定性是不协调的。因此,我个人不赞成把整个知识产权法放在民法典里规定。最多只能规定有关知识产权的一般性规则,甚至可以考虑仅仅是简单列举各种权利,用以明确知识产权仅作为民事权利的一种。有关知识产权的规定可以适用民法典的规则。我想这就足够了。这些权利在民法典中作出了规定。"关于本次论坛的实录,载法大新闻网:http://news.cupl.edu.cn/news/558_20041109080252.htm.《关于我国民法典体系构建的几个问题》一文差不多在同一时期完成,该文的发表,标志着王利明教授在知识产权法与民法典关系这一问题上的观点基本固定,后续其他文章也基本是对2003年观点的重申,例如发表于《政法论坛》2003年第1期的《试论我国民法典体系》;收录于2003年12月出版的《厦门大学法律评论》第6辑的《民法典体系研究》。

圣不可侵犯性；第三，知识产权已经为民法基本法所规定，《民法通则》已经将其作为一项基本权利进行了规定，体现传承性，在民法典中继续规定，是适宜的。"①

这种观点也得到曹新明教授的大力支持，2005年，他在《知识产权与民法典连接模式之选择——〈以知识产权法典〉的编纂为视角》中，称之为将知识产权和民法典的链接模式，是一种最佳选择。这种模式肯定了知识产权是民法规范的一个组成部分，知识产权是民事权利体系的一种权利。它对传统民法典体例或结构和民法典应有的稳定性基本上都不产生影响，但又不妨碍知识产权固有的多变性。②

2015年，朱谢群在《也论民法典与知识产权》中也建议，在民法总则中直接给知识产权作出定义或者界定知识产权的外延，在诉讼时效制度中，明确规定知识产权有关请求权不适用诉讼时效；在人格权中规定著作人身权；在财产权编设立物权和知识产权通则；在债权部分对知识产权许可合同予以规定，并对由知识产权引起的无因管理、不当得利等债的原因进行规定；在继承编对自然人商标权的继承作出规定。③

---

① 吴汉东教授于2003年3月27日至28日，在全国人大常委会法工委与中国人民大学民商事法律科学研究中心、中国社会科学院法学研究所联合举办，云南大学法学院协办的"中国民法典草案国际研讨会"上的发言，载中国民商法律网：http://www.civillaw.com.cn/article/default.asp?id=11057.

② 参见曹新明：《知识产权与民法典连接模式之选择——〈以知识产权法典〉的编纂为视角》，载《法商研究》2005年第1期，第31-32页。

③ 参见朱谢群：《也论民法典与知识产权》，载《知识产权》2015年第10期，第15页。

第六章

中国知识产权法分论研究中的重大理论争议

知识产权制度本非中国固有之制,作为法律移植继受国①的中国在历史上并无知识产权的传统。它虽是清末新政时问学西方,拿来主义的产物,但更多的是西方列强施加压力的结果。它是"舶来品",而非"土特产",是"外发的",而非"内生的"。中国知识产权法律史的演变路线是一段从"逼我所用"到"为我所用"的制度变迁史,也是一段从"被迫接受"到"主动安排"的法律移植史,因而国人对知识产权的认识与研究总不免有隔岸观花之感,于制度建构上亦常有"夫子步亦步,夫子趋亦趋"的情形。这就决定了知识产权法作为"制度舶来品"被引入中国,不仅存在一个"理性选择"的过程,更有一个"法律本土化"的过程,即"拿来"的制度如何在本土"扎根"与"内化"的过程。②"任何一种制度总是要嵌入到特定的社会结构和社会文化之中去,否则这种制度的创新与变迁最终不可能带来效益,也不可能造成这个社会的发展和稳定。"③ 改革开放以来,尤其是"入世"以后,我国虽已迅速搭建起比较完备的知识产权法律体系,但它并未完全实现其预期的政策目标和法律效益。要扭转这一局面,唯一的出路就是使"拿来"的知识产权制度与中国的政治、经济、社会、文化等因素更加紧密地融为一体,要特别注意国外法(供体)与本国法(受体)之间的同构性和兼容

---

① 有学者认为,知识产权不仅是移植的产物,更是"被迫"移植的产物。参见张平:《知识产权与法律移植》,载《读书》2004年第8期,第3页。
② 参见吴汉东:《知识产权法律构造与移植的文化解释》,载《中国法学》2007年第6期,第55页。
③ 李汉林:《中国单位社会:议论、思考与研究》,上海人民出版社2004年版,第110页。

性①，使外来的法律属地化、本土化，即用本国法去同化和整合外国法，使之内化为本国法律的有机组成。毕竟，"法律是一种文化的表现形式，如果不经过某种本土化的过程，便不可能轻易地从一种文化移植到另一种文化"②。所以，只有使"拿来"的外生的知识产权法律真正融入中国法律的本体，才能更好地适应中国社会的需求，也才能更好地服务于中国经济的发展。

当今的国际竞争，在很大程度上是不同制度系统之间的竞争。③ 竞争的成败很大程度上取决于制度的优劣、文化的深厚。制度创设的目的在于维护一种社会秩序，社会秩序的维护则在于建立一种信任。此也即"见必然之政，立必胜之罚，故民知所必就而知所必去"④ 所揭示的义理。"中国的历史已经告诉我们，能向世界输出制度和文化的国家，才能成为大国。中国大国化进程的实现，必依经济建设、政治建设、文化建设、社会建设、生态文明建设的全面法治化为据。实现法治创新，是中国走向大国的必由之路，实现中华法系的创造性转型则可能是实现中国大国化地位的最终标志。"⑤

从学术进路上看，中国知识产权研究大体呈现出两条路径：一条主要表现为对理论和制度表达的研究与参悟。这类主要是文本研究，多集中于知识产权法总论。另一条则偏重司法实践中对概念的诠释和具体制度的运用。这类研究基本属于经验总结，主要表现为法官的办案体验以及司法实践中的争议问题。这类研究集中于知识产权法分论。为了更加清晰地展现这两条路径，本书将当代中国知识产权法学研究中的重大理论争议分为两章来呈现，第五章主要呈现知识产权法总论研究中的重大理论争议，而本章则聚焦知识产权法分论研究中的重大理论争议。同时，虽然知识产权法律制度由著作权法、专利法、商标法、反不正当竞争法共同构成，但在学术研究中，受制度自身门槛、学者研究偏好、司法疑难分布等因素的影响，知识产权分论的研究体现出轻重有别、冷热不均的特点，例如，著作权法的研究热度显著高于其他分支，而专利法的研究则明显处于较冷的状态，这种状况直接决定了本章的内容结构。具体而言，本章重点分析了以下问题：著作权法上的作品、实用艺术作品、杂技艺术作品、民间文学艺术作品、外观设计等知识产权对象研究中的重大理论争议，著作人格权、信息网络传播权、

---

① 参见张文显主编：《法理学》，高等教育出版社、北京大学出版社 2007 年版，第 214 页。
② [美] 格林顿等：《比较法律传统》，米健等译，中国政法大学出版社 1993 年版，第 7 页。
③ 参见 [德] 柯武刚等：《制度经济学——社会秩序与公共政策》，韩朝华译，商务印书馆 2000 年版，第 3 页。
④ 《管子·七臣七主》。
⑤ 徐显明：《走向大国的中国法治》，载《法制日报》2012 年 3 月 7 日第 9 版。

商标权的本质等知识产权内容研究中的重大理论争议,合理使用、默示许可等知识产权限制研究中的重大理论争议,以及法定赔偿、惩罚性赔偿等知识产权救济研究中的重大理论争议。

第一节 知识产权对象研究中的重大理论争议

一、著作权法上的作品

不少学者主张客体和对象的意义是相同的,著作权的客体就是著作权的对象,二者均是著作权权利和义务共同指向的对象。[①] 作为著作权的对象,作品一直都是著作权法研究中的基本问题。学界对作品的概念、本质、独创性、思想与表达的关系以及作品的类型化等问题都存在争议。

(一) 作品的概念

作品的概念须经由构成要件来界定,版权理论中的可版权作品概念只有在满足了一国版权法规定的作品构成充要条件后才能成为该国版权法规定的版权作品,享有该国版权法的保护。[②] 学界对作品概念的争议主要是源于对作品的构成要件理解不同,主要有以下观点。

1. 独创性和可复制性

1989 年,郭登科在《著作权客体的构成要件》中认为,一部著作物要成为享有著作权的作品,须具备以下两个要件:(1) 独创性;(2) 可复制性。可复制性,即能够以某种物质形式复制下来,具体表现为:第一,作品创作必须以一定的形式表现出来,也就是要有一定的物质形式来表现。第二,作品必须可以被感知。第三,必须能够复制。[③]

2. 反映思想或情感、独创性、固定性、可复制性

1990 年,吴汉东、王毅在《著作权客体论》中认为,从法律上说,一部作品要取得著作权必须具备下列条件:(1) 作品必须反映一定的思想或情感;(2) 作品必须具有独创性;(3) 作品必须具有固定性;(4) 作品必须具有可复制性。[④]

3. 可感知性、可复制性、独创性、法定性

1991 年,王丽娅在《试述著作权保护客体的特征》中认为,作品成为著作

[①] 参见卢海君:《版权客体论的基本范畴》,载《电子知识产权》2008 年第 6 期,第 14 页。
[②] 参见金渝林:《论版权理论中的作品概念》,载《中国人民大学学报》1994 年第 3 期,第 98 页。
[③] 参见郭登科:《著作权客体的构成要件》,载《河北法学》1989 年第 6 期,第 27-28 页。
[④] 参见吴汉东、王毅:《著作权客体论》,载《中南政法学院学报》1990 年第 4 期,第 41-42 页。

权客体所必备的特征有以下四个：(1) 可感知性——成为著作权保护客体的先决必要条件；(2) 可复制性——成为著作权保护客体的目的性要求；(3) 独创性——成为著作权保护客体的基本条件；(4) 法定性——成为著作权保护客体的决定性因素。①

4. 表现、非实用性、独创性、反面条件

1994年，金渝林在《论版权理论中的作品概念》中认为，版权抽象理论体系中有两个基本公理：一是"思想—表现二分原则"，版权只保护思想的表现而不保护思想本身，因此，无论是版权理论中的作品概念还是一国版权法中有关作品的概念，都是表现概念的种概念。二是"实用—非实用二分原则"，它把具有功能性、实用性的表现划归专利保护，而把不具有功能性、实用性的表现划归版权保护。在大多数国家的版权法以及两个著名的国际版权保护公约中，都把版权保护范围限定在文学、艺术和科学领域内，这一限定的理论依据正是"实用—非实用二分原则"。上述两个约束条件称作"可版权性"，把由此定义的作品统称为"可版权作品"。在各国版权法中，"作品"的概念是在可版权作品概念的基础上附加一系列限制性条件后从可版权作品概念派生出来的概念。由于这一派生的作品概念必须满足一国版权法设定的约束性条件，因此也被称作"版权作品"，简称"作品"。各国版权法为界定作品概念所设立的约束性条件大致可以分为两类：一类是正面条件，另一类是反面条件。正面条件是作品构成的必要条件，一般可能由两个要件构成：其一是作品必须满足"独创性"条件，这是所有建立了版权制度的国家普遍采用的作品构成要件。其二是作品必须符合"被固定在有形媒介上"的条件。这一作品构成要件不是所有国家的版权法都采用的，只有那些不承认口头作品的国家才把这一条件作为作品的构成要件，不具有普遍性。反面条件是作品构成的充分条件，它通过法律的形式从可版权作品中排除了那些在一国范围内不受版权保护的作品，从外延上限定了作品概念的范围。由于反面条件是根据一国的具体国情设置的，而各国又都有不同的具体国情，所以版权法设立的界定作品概念的反面条件也就不同。正面条件和反面条件的总和构成了一国版权法中定义作品概念的充要条件，在该国范围内任何一件可版权作品只有满足了法定的作品构成充要条件才能成为受该国版权法保护的版权作品。②

5. 表达和独创性

2005年，杨述兴在《论著作权法中的作品概念》中认为，在著作权法意义

---

① 参见王丽娅：《试述著作权保护客体的特征》，载《理论月刊杂志》1991年第9期，第36页。
② 参见金渝林：《论版权理论中的作品概念》，载《中国人民大学学报》1994年第3期，第96-98页。

上，作品是具有独创性的表达。该概念包含两层含义：作品是表达，作品具有独创性。作品是表达，是为了强调著作权法保护范围不能延及思想，否则会阻碍社会文化的发展；作品必须具有独创性，体现了法律鼓励创造，体现了作品的智力创造劳动因素，同时对作品的产生过程也予以必要关注。① 2012年，李明德在《论作品的定义》中认为，著作权保护的起点是作品，而作品的构成要件是表达和独创性，我国《著作权法》应当明确规定作品的定义；同时在司法实践中和学术研究中，依据定义中的"表达"和"独创性"两个要件，理解著作权法中所列举的作品种类。②

6. 表达、非实用性、独创性

2015年，李琛在《论作品定义的立法表述》中认为，作品的定义应遵循属加种差的逻辑。首先，在属的选择上以"表达"为优。"表达"是与"思想"相对的概念，以"表达"作为属概念，暗含了"思想—表达"二分法，对实践的指引更有针对性，更具有规范意义。其次，在种差的设定上应以具有法律构成要件价值为准。"文学、艺术、科学领域内"与"独创性"作为作品的要件，基本上没有争议。《著作权法实施条例》的作品定义还附加了一个限定："并能以某种有形形式复制的。""有形形式"是一个赘语，没有无形的形式，该限定的意思就是作品应具有可复制性。在逻辑上，任何表达都具有被复制的可能，思想才是不可复制的。因此，"表达"就隐含了可复制性，"并能以某种有形形式复制的"是一个多余限定。"文学、艺术、科学领域"的限定意义在于划分著作权与工业产权，将具有"实用性"的表达排除在作品的定义之外。③

7. 区分作品和准作品

除构成要件之外，学界对作品的概念还提出了一些其他的观点。例如，2009年，王忠诚在《著作权客体制度的现实反思与未来变革》中认为，科技的发展带来了作品表现形式和传播媒介的革命性变化，传统的思想—表达二分以及实用/非实用性的区分原则难以适用于非传统意义上的作品，著作权法需要重构建立在模拟技术之上的作品体系。在这个体系中，基于思想—表达的二分原则以及独创性的高低，总体上可以将著作权客体分为作品和"准作品"两大类：作品可容纳大部分传统客体，因其具有较多的创作空间，独创性一般较高，所以设计具体制度时可以考虑给予其较高的保护水平。"准作品"则包括数字时代出现的新型客

---

① 参见杨述兴：《论著作权法中的作品概念》，中国人民大学2005年博士学位论文。
② 参见李明德：《论作品的定义》，载《甘肃社会科学》2012年第4期，第149-152页。
③ 参见李琛：《论作品定义的立法表述》，载《华东政法大学学报》2015年第2期，第13-16页。

体，如数据库、软件等，以及传统著作权所不能完全包容的客体，如地图作品，由于其创作水平一般较低，可采取相对较弱水平的具体保护措施，同时对具体权利的行使作出较多的限制，如规定更加广泛的法定许可以及合理使用规则等。赋予"准作品"法律保护是基于保护创作者智力成果和合理投资人利益的需要（如阻止存在竞争关系的公司的不合理"搭便车"行为）；给予其弱保护是对"准作品"自身固有的功能性与社会公众客观需要进行利益衡量后的公共决策，即保障公众接触相关知识产品与促进相关知识产品生产行业健康发展的利益平衡。[①]

(二) 作品的本质

作品的本质与学界关于知识产权对象的争议密切相关，就其主要有以下观点。

1. 智力成果说

该学说认为作品的本质是智力成果[②]，我国《著作权法》和《著作权法实施条例》在定义作品时都采纳了这一观点。

1994 年，金渝林在《论版权理论中的作品概念》中认为，作品是智力成果，而智力成果是具有独创性的表现。无论是版权理论中的作品概念还是一国版权法中有关作品的概念，都是表现概念的种概念。作品概念是在表现概念上附加了一系列限制性条件后从表现概念派生而来的概念。以上作品与表现概念之间的逻辑关系充分地体现在美国 1976 年版权法有关"作品"的定义中。在该法中，"表现"概念被直接用作"作品"定义的相邻属概念，突出了它们之间存在的属种关系。在其他一些国家的版权法中，通常并不直接用"表现"概念作为定义"作品"概念的相邻属概念，例如，日本版权法和《伯尔尼公约》中使用了"production"一词，而我国版权法中使用了"（智力）成果"一词。"（智力）成果"概念受两个条件的约束：其一是思想—表现二分条件。因为任何一个智力活动结果必须为社会承认或者由一定的社会组织认可才构成（智力）成果，因此它必须具有外在形式，即必须存在一个表现。其二是必须具有创造性。任何一个不具有创造性的表现都不构成一个"成果"，成果必须具有显著的进步性。因此，"表现"概念和"（智力）成果"概念在逻辑上是"蕴含"关系，前者蕴含了后者，而不是等价关系。国内有些学者把"Production"一词译成"（智力）成果"，这显然是不准确的。[③]

---

① 参见王忠诚：《著作权客体制度的现实反思与未来变革》，载《电子知识产权》2009 年第 5 期，第 51 页。
② 该观点为传统知识产权理论对知识产权对象的概括，在我国为众多学者所赞同。
③ 参见金渝林：《论版权理论中的作品概念》，载《中国人民大学学报》1994 年第 3 期，第 97 - 98 页。

2. 无形财产说[①]

1997年，郑成思在《知识产权法》中认为，作品的本质是无形财产。[②]

3. 产品说

2003年，吴汉东在《财产的非物质化革命与革命的非物质财产法》中认为，作品是人们在科学、技术、文化等精神领域中所创造的产品。[③]

4. 信息说

2003年，朱谢群在《信息共享与知识产权专有》中认为，客观世界是由物质、能量、信息组成。在物质和能量上设定的财产权为物权，在人类的智力成果这种信息上设定现代意义上的财产权称为知识产权，作为著作权对象的作品当然也属于这种信息。[④]

2008年，戴娜娜在《著作权的客体本质及其现实意义》中认为，著作权的客体是思想的表达，其本质是具备独创性的特定信息。在21世纪新的时代背景下，认清著作权的客体本质不仅仅是一个法学理论研究课题，更具有重要的现实指导意义：（1）有助于正确理解著作权客体的非物质性；（2）有助于减少不必要的著作权侵权纠纷；（3）有助于准确把握著作权保护对象的增列范围；（4）有助于协调权利人利益与社会公众利益之间的衡平。[⑤]

5. 表达说

2005年，杨述兴在《论著作权法中的作品概念》中认为，从法律的规范功能角度来看，作品的本质应该是表达（形式）。[⑥]

6. 符号说

2009年，谭玥在《著作权法语境下作品的符号学分析》中认为，作品的构成元素是符号，符号的性质直接决定了作品的性质。具体而言，作品的符号属性主要体现在功能、结构和价值三个方面。在功能方面，根据符号的指称功能和表意功能，作品的类型可以分为再现作品和表现作品。在结构方面，符号的能指部分与物质之间的关系决定了作品是一种独立于物质的特殊存在，作品和其物质载体的关系得以明确；符号的能指与所指结构的整体性决定了作品的构思与表达的

[①] 该学说也是我国学界对知识产权本质的一种流行说法。
[②] 参见郑成思：《知识产权法》，法律出版社1997年版，第9-12页。
[③] 参见吴汉东：《财产的非物质化革命与革命的非物质财产法》，载《中国社会科学》2003年第4期，第122页。
[④] 具体内容可参见朱谢群：《信息共享与知识产权专有》，载《中国社会科学》2003年第4期，第134页。
[⑤] 参见戴娜娜：《著作权的客体本质及其现实意义》，载《电子知识产权》2008年第6期，第31-32页。
[⑥] 参见杨述兴：《论著作权法中的作品概念》，中国人民大学2005年博士学位论文。

不可分；能指与所指之间不同的对应关系决定了作品不同的表现方式。在价值方面，符号来源的经验成分和理性成分解释了不同著作权制度对于作品本质的不同理解；符号内部的社会性与个体性之间辩证统一的关系决定了作品中公有领域与个人权利之间界限划分的问题。①

2010年，王坤在《作品概念的科学建构及其在著作权法上的意义》中认为，作品概念之科学建构需要借助其他学科理论的支持，需要考虑作品与商标、发明等其他知识产权对象之间的关系。从符号学、信息学和系统论的视角上看，作品是一种具有精神功能的符号组合，也是各种存量知识要素和增量知识要素有机构成的系统。科学建构作品概念有助于分析著作权法上的其他概念和制度，推动知识产权法体系化进程。②

7. 多元作品观

2012年，陈杰在《论著作权法视野下的作品观》中指出，文学理论中的作品观是多元的，对作品的理解和解读，存在"模仿说""表现说""再现说""文本说""读者说""产品说"等诸多观点。而被著作权法所采纳的作品观只有浪漫主义"表现说"和"产品说"两种。作者权体系的著作权法借由浪漫主义的"表现说"而建立，版权体系著作权法的作品观与"产品说"契合。此两种作品观是对文学理论中作品观的选择和取舍，被采纳的原因在于：基于此作品观可以将作品上利益的源头追溯至作者，以满足作品上利益有序分配的需要。我国著作权法采纳浪漫主义"表现说"等观点作为其作品观，仅仅是利益分配之需。但是此种作品观因为法律的规定而强化，进而产生了各种不利的影响。"模仿说""再现说""文本说""读者说"等作品观虽然不能构建著作权法法律制度，但是至少可以提醒我们，著作权法所采纳的作品观并非唯一的作品观。故相关立法和司法实践也需要考量其他作品观对著作权法律制度可能产生的影响，以及单一作品观对社会生活所带来的危害。多元化作品观的研究为正当的文学研究与评论、公众正常的生活等公益的保持，提供了另一条路径。③

(三) 作品的独创性

作品必须具有独创性，受著作权法保护的作品应该展现"作者自己的智力创造"④ (displaying the author's own intellectual creation)。但对于独创性的判断

---

① 参见谭玥：《著作权法语境下作品的符号学分析》，中国人民大学2009年博士学位论文。
② 参见王坤：《作品概念的科学建构及其在著作权法上的意义》，载《知识产权》2010年第6期，第82页。
③ 参见陈杰：《论著作权法视野下的作品观》，载《知识产权》2012年第6期，第16-24页。
④ J. A. L. Sterling, *World Copyright Law*, 251 (London: Sweet & Maxwell 1999).

标准，学界提出了以下不同观点。

1. 独立创作说

1989 年，郭登科在《著作权客体的构成要件》中认为，这里的"独创性"是著作权法意义上的独创性，它的实质是指该作品是作者独立创作完成的，而不是抄袭来的。它并不要求该作品表达的思想主题是"独创"的，是新颖别致、绝无仅有的，它强调的是作者须是独立思考，运用自己的技巧、方法独立完成作品的创作，只要你的作品不是剽窃来的，即使你在作品中表达的思想与别的作品雷同，也是受著作权法保护的。[①] 1991 年，张广生在《略论著作权的特点》中认为，独创性是指作品经作者独立的脑力和技巧性劳动而产生，完全不是或基本上不是从已有的作品抄袭而来。[②] 1992 年，吕彦在《试论作品的表现形式》中认为，首先，独创性的根本含义是作品的存在方式是作者运用自身能力独立创作的产物，绝非对他人作品的复制或者剽窃、抄袭。其次，独创性还意味着法律虽然不要求作品表现形式必须达到何种高度，但是应当满足一定社会历史条件下构成作品的最低要求，能够为人类的文化心理所认可接受。[③] 2003 年，沈仁干、钟颖科在《著作权法概论》中认为，著作权法中的独创性是指，"必须是作者创造性的独立完成的劳动成果，而不是从别人作品中抄来的。只要某一作品从基本上说是独立创作出来的，即使有另一非常类似的作品早已问世，亦可受到保护"[④]。

但也有学者提出不同的观点。2011 年，乔丽春在《"独立创作"作为"独创性"内涵的证伪》中认为，"独创性"的内涵应当仅指"创造性"，不应当包括"独立创作"，"独立创作"只是"判定复制与否的证据之一、侵权抗辩事由之一、确定权利主体的方法之一"[⑤]。

2. 体现个性说

1990 年，肖峋在《论我国著作权法保护的作品》中认为，只有那些有个性的、有一定创作高度的，才是作品，受著作权法保护，反之，没有个性的、达不到创作高度的，就是"产品"，而不是作品。[⑥] 1991 年，王丽娅在《试述著作权保护客体的特征》中认为，著作权保护客体的独创性是指作者在创作作品时，运用自己的智能和创作技巧等独立创作完成的，作品中能够反映作者的人格特性、

[①] 参见郭登科：《著作权客体的构成要件》，载《河北法学》1989 年第 6 期，第 27—28 页。
[②] 参见张广生：《略论著作权的特点》，载《社会科学探索》1991 年第 3 期，第 115 页。
[③] 参见吕彦：《试论作品的表现形式》，载中国版权研究会编：《全国著作权理论与实践研讨会论文集》，湖北教育出版社 1992 年版，第 12 页。
[④] 沈仁干、钟颖科：《著作权法概论》，商务印书馆 2003 年版，第 67 页。
[⑤] 乔丽春：《"独立创作"作为"独创性"内涵的证伪》，载《知识产权》2011 年第 7 期，第 35 页。
[⑥] 参见肖峋：《论我国著作权法保护的作品》，载《中国法学》1990 年第 6 期，第 64 页。

表述风格等,它至少也是作者技能的体现和劳动的成果,而不仅仅是已有作品的复本。① 1997年,高思在《关于"作品"的几点思考》中认为,作品内在的规定性在于其具有独创性,是"创作努力产生的个性标记"。首先,"个性不仅作为作品概念的实际前提而成为受保护的基础以及标明保护与否的界限,而且还决定保护的范围"。可见,独创性既将作品与其他智力成果相区分,又使"著作权不保护的大量日常的东西,平庸的东西以及处于一般范畴内的产物得以区分"。其次,对个性的衡量是主观的,而且各国对个性在作品中的表现程度的要求不同②;2003年,费安玲在《著作权法教程》中认为,独创性是指作者运用自己的方法和习惯将其思想通过文学、艺术、科学等形式表现出来的个性。不同创作行为人的个性由于其能力或者才气的不同而各异。但是创作个性有它的一个基本点,这就是创作者的创作结果与别人有着明显的不同之处,也就是说,在作品的体系构成、排列设计、内容取舍或者组合上体现出作者的独具匠心之处,而不是他人作品的"复制品"。这种通过个性张扬而进行的创作行为,与模仿、剽窃等复制他人作品的行为有着本质上的不同。只有真正通过创作来体现作者思想的表达形式才能成为作品,才能进一步依法寻求法律的保护。③

2004年,潘淑红在《卡拉OK著作权纠纷案法理评析》中认为,根据我国著作权法对作品的实质性条件的规定,作品的独创性的含义有二:一是作品系独立创作完成,而非剽窃之作。二是作品必须体现作者的个性特征,属于作者智力劳动创作成果,即具有创作性。④ 2010年,卢海君在《论作品的原创性》中认为:原创性是作品可版权性的核心要件,其最基本的含义就是作品来源于作者,而不是抄袭他人作品的结果;原创性并不包含艺术价值和新颖性的要求;个性的存在是原创性的直接证据;在特定作品中,版权法的原创性要求可能与这些作品将要实现的社会价值相冲突,版权法需要作出适当平衡;创作意图的存在与否不应当成为原创性的要件;额头出汗原则不应当成为现代作品获得可版权性的基础;原创性是否包含创造性应当视作品类型的不同而作不同处理。应当将作者导向型分析与作品导向型分析、特征导向型分析与目的导向型分析、定性研究与定量研究结合起来对作品是否具有原创性作出适当的界定。主观性的表达可能受版权法保护,但客观性的事实不具有可版权性。⑤ 2011年,徐俊在《版权侵权判

---

① 参见王丽娅:《试述著作权保护客体的特征》,载《理论月刊杂志》1991年第9期,第37页。
② 参见高思:《关于"作品"的几点思考》,载《著作权》1997年第1期。
③ 参见费安玲:《著作权法教程》,知识产权出版社2003年版,第46页。
④ 参见潘淑红:《卡拉OK著作权纠纷案法理评析》,载《法学》2004年第7期,第125页。
⑤ 参见卢海君:《论作品的原创性》,载《法制与社会发展》2010年第2期,第78页。

定》中提出，独创性概念反映了"激励"与"接触"这两项彼此竞争的需求之间的协调，本身包含了消极和积极两个层面的含义。消极层面是指作品不得抄袭，而必须形成于作者自身的努力，这种制度安排反映了其经济分析上的合理性。但是，将独创性概念仅仅局限在消极含义之内，不符合版权制度的目的与功能。作为独创性内涵的重要组成部分，还要求作品的表达体现出创造性。这种创造性是作品的本质特征，是此作品区别于彼作品的标志，正是由于作者为人类知识宝库贡献的创造性部分，因而他有资格成为"作者"受到版权法的保护。如果作品的表达存在作者主观性的选择、分析和判断，从中可以辨别出属于作者个性的东西，即可认为符合创造性的要求。在判定创造性的过程中，应摒弃创作高度的要求，并根据不同类型的作品区别对待。①

3. 创作高度说

1993年，宋深海在《论作品的独创性》中认为，作品的"独创性"有两层含义：第一层含义系指"相对独立"的创作。从独创性的这一层含义，可以得出下列结论：（1）客观存在的描述元素和被描述对象不受著作权法的保护。（2）著作权法不保护公有领域的任何表达形式。（3）"不劳而获"的抄袭、剽窃、擅自复制等无偿占有他人脑力劳动成果的行为，不仅不会产生独创性，而且极可能是侵权行为。（4）违反国家法律和社会公德、善良风俗的"作品"不为著作权法和社会所承认，不具有独创性。独创性的第二层含义是指它是"创造性"的活动。"创造"不是对已有事实或状态的重复，而必须是一种创新、发展或推进。②1993年，王建宁在《对"著作权保护作品的内容"观点的认识》中认为，作品按照"内容是否具有独创性"这一标准，可分为纪实性作品和创造性作品两类。前者所反映的是客观世界的存在，后者所反映的不是客观存在，而是作者发挥主观能动性，经思维加工而完成。纪实性作品的内容不能予以保护，而创造性作品则不同，作者拥有自己的世界观，通过自己的眼光观察生活，经过思考和加工，把客观存在重新在意识中排列组合，然后通过作品形式，表现出前所未有的新内容，这种创造性的内容，不可能和其他作者所创造的内容完全相同，如果其他人对这一内容照搬，仅改换主人公的名称、改变时间等，即使其作品的表现形式不同，仍构成侵犯他人著作权的行为，应当依照著作权法追究其责任。③

1994年，刘春田在《著作权法实践中的独创性判断》中认为，人类智力产

---

① 参见徐俊：《版权侵权判定：以独创性表达的保护为中心》，复旦大学2011年博士学位论文，第36页。
② 参见宋深海：《论作品的独创性》，载《法学》1993年第4期，第26页。
③ 参见王建宁：《对"著作权保护作品的内容"观点的认识》，载《西北第二民族学院学报（哲学社会科学版）》1993年第4期，第92页。

品存在层次（或曰等级）、类别和程度之分。层次、类别和程度，是判断作品是否具有独创性的质的规定性或标准。[①] 1998年，韦之在《著作权法原理》中认为，一般而言，独创性的成就有赖于两方面的因素：其一是独立创作，其二是创造性。前者是指作品是作者独立创作完成的；而后者则要求作品体现作者一定的创作高度。[②] 2002年，刘春田主编的《知识产权法》进一步认为，人类智力活动可以分为智力机械劳动、智力技艺劳动和智力创造劳动。只有智力创造劳动产生的结果才具有独创性，才受著作权法保护。智力机械劳动、智力技艺劳动产生的结果因不具有独创性而不受著作权法保护。也就是说，一件作品的完成是该作者自己选择、取舍、安排、设计、综合的结果，既不是依已有的形式复制而来，也不是依既定的程式或程序（又称手法）推演而来。[③]

2003年，李明德、许超在《著作权法》中认为，作品的独创性，又称作品的原创性，是指作者在创作作品的过程中投入了某种智力性的劳动，创作出来的作品具有最低限度的创造性。这就意味着，作品是由作者独立创作的，而非抄袭的；作品体现了作者的精神劳动和智力判断，而非简单的摹写或材料的汇集。[④] 2007年，杨述兴在《作品独创性判断之客观主义标准》中认为，真正的独创性标准应在主观主义标准和客观主义标准之间"允执其中"，我们的眼光应在主观主义标准和客观主义标准之间往返流转，我们应以"独立创作，并具备最低程度的创造性"这种方式予以表述和进行判断，这种方式不仅反映了当代对创作的理解，而且会进一步使公共领域重新充满活力，从而使著作权法的立法宗旨和价值追求得以实现。[⑤]

4. 判断和选择说

1997年，郑成思在《知识产权法》中认为，"如果判断和选择体现在作品中，作品就具有独创性了"[⑥]。

5. 体现个性、创作高度与创作余地结合说

1999年，任寰在《作品的独创性之考察》中认为，我们在考察作品的独创性的时候，既要坚持作品在智力创作成果上的个体差异性及应有的创作高度，又需充分考虑各种不同的具体作品为作者所提供的发挥余地的大小。[⑦]

[①] 参见刘春田：《著作权法实践中的独创性判断》，载《著作权》1994年第4期。
[②] 参见韦之：《著作权法原理》，北京大学出版社1998年版，第16页。
[③] 参见刘春田主编：《知识产权法》，中国人民大学出版社2002年版，第48页。
[④] 参见李明德、许超：《著作权法》，法律出版社2003年版，第31页。
[⑤] 参见杨述兴：《作品独创性判断之客观主义标准》，载《电子知识产权》2007年第8期，第64页。
[⑥] 郑成思：《知识产权法》，中国人民大学出版社1997年版，第449页。
[⑦] 参见任寰：《作品的独创性之考察》，载《法律适用》1999年第12期，第14页。

6. 智力投入说

2004年，姜颖在《作品独创性判定标准的比较研究》中，通过对具有代表性的英国、法国和美国的独创性界定标准进行比较研究，结合我国司法和理论上的观点，从分析不同标准的利弊入手，提出我国宜采取一般原则和特殊原则相结合的标准，即原则上采取"智力投入"的标准，在特殊类型的作品中，则应当针对作品的特点，在"智力投入"的数量上采取或严格或宽松的判定标准。①

7. 有取舍余地说

2005年，李琛在《谢瑨樵与独创性》中认为，将"独创性"表述为"作品的表达有取舍余地"更为恰当，这种表述把关注的对象从过程转为结果，只要客观上作品的表达并非"必然如此"，就具备独创性，无论作品通过何种方式得来。②

8. 分类讨论说

2006年，刘丽娟在《如何认识作品独创性》中，结合司法实践中独创性标准应用现状的经验研究，对相关案例进行了统计及分析，提出其中可能反映的问题，建议我国应当改变"立法不言独创性"的状况，将《著作权法实施条例》第2条的作品必须具有独创性的要求转移到《著作权法》正文中去。在最高人民法院的司法解释中，对独创性标准进行明确的说明。针对不同类型的作品确定"独创性"的具体认定方式。③ 2011年，赵锐在《作品独创性标准的反思与认知》中认为，从利益平衡的视角审视独创性，很难用一个普适性的标准判断作品的独创性，宜针对作品类型区别对待。淡化独创性标准中的"创造性"是适应著作权立法和产业诉求的明智之举。④

9. 公共领域反向界定说

2009年，黄汇在《"版权法"独创性理论的困境与出路》中认为：一方面，独创性理论的好处是假定作者"独立创作"了作品，从而使其得以安全地任由其潜意识驰骋，并利用各种素材展开自由的文化创造。但另一方面，作品的生产是需要作者从"公共领域"汲取资源的，因此，作者"独立创作"了作品的假设将使原本属于公共领域的要素可能重新被私人圈占起来。所以，为了协调当前作者和未来作者的利益，版权法的出路就是引入"公共领域"的概念工具，使其和"独创性"理论协同运作，如此才能很好地实现作者之间作品创造的代际平等，

---

① 参见姜颖：《作品独创性判定标准的比较研究》，载《知识产权》2004年第3期，第8页。
② 参见李琛：《谢瑨樵与独创性》，载《电子知识产权》2005年第8期。
③ 参见刘丽娟：《如何认识作品独创性》，载《科技与法律》2006年第4期，第77页。
④ 参见赵锐：《作品独创性标准的反思与认知》，载《知识产权》2011年第9期，第55页。

并解决"独创性"规则长期以来的理论重负。①

(四)思想与表达的关系

在著作权法领域中几乎没有一个理论会比思想—表达二分理论更为基本和更经常地被提到了。②思想与表达二分理论在许多国家是著作权司法实践的理论基础。③该理论所强调的是:著作权法所保护者,为表达,而非思想。我国学界对此也基本形成了共识。④例如,1990年,李永明在《著作权保护中的"作品源"理论》中认为,"著作权不保护作品的思想内容,这是著作权法律制度的一项重要原则"⑤。2000年,袁晓东在《独创性理论研究与实证分析》中认为,著作权法保护的是作者思想的表达形式,但不保护思想内容本身。⑥但对于思想与表达二分法的含义和作用,学界存在不同观点。

1. 思想与表达二分法的含义

对于思想与表达二分法的含义,学界的分歧主要体现在对思想的理解不同,主要有以下两种观点。

(1)思想存在于作者的脑中。

部分学者认为,思想仅存在于作者的脑中。例如,1993年,金渝林在《论同一作品的两种不同表现形式》中认为,在现有的版权理论中,一个作者智力创作活动的结果被明确地划分为两个部分,其中的一部分是存在于作者大脑中的思想,而另一部分是作者思想的表现形式。由于作者的思想仅存在于作者的大脑中,倘若他不以任何形式将其思想表现出来,外界是无法感知的。⑦1994年,金渝林在《论版权理论中的作品概念》中认为,思想和表现(表达)概念分别描述了两个不同的客观存在,尽管这两个客观事物之间存在着必然的联系,但是它们的本质属性完全不同。前者是指仅仅存在于人脑中的智力活动结果,而后者是指从智力活动结果发展形成的外在形式,它们之间存在明显的界限,从而决定了这两个概念在版权理论中是既处于同一抽象层次上又相互独立的概念。⑧

---

① 参见黄汇:《"版权法"独创性理论的困境与出路》,载《电子知识产权》2009年第9期,第84页。
② Edward Samuels: The Idea-Expression Dichotomy in Copyright Law, Tennessee Law Review Association, 321 (1989).
③ J. A. L. Sterling, World Copyright Law, 190 (London: Sweet & Maxwell 1999).
④ 但有学者认为:"由于作品的思想、内容、形式三者的划分有很大的随意性,故内容与表现形式两分法的科学性,应该受到质疑。"参见韦之:《著作权法原理》,北京大学出版社1998年版,第20页。
⑤ 李永明:《著作权保护中的"作品源"理论》,载《政治与法律》1990年第4期,第30页。
⑥ 参见袁晓东:《独创性理论研究与实证分析》,载梁慧星主编:《民商法论丛》(第16卷),香港金桥文化出版公司2000年版,第596页。
⑦ 参见金渝林:《论同一作品的两种不同表现形式》,载《著作权》1993年第2期。
⑧ 参见金渝林:《论版权理论中的作品概念》,载《中国人民大学学报》1994年第3期,第99页。

2001年，孟祥娟在《版权侵权认定》中认为，idea-expression dichotomy（思想与表达二分理论）中的"idea"所指的就应当是创作者创作作品时的主观意图、思想或主意。① 2007年，李雨峰在《为什么著作权法不保护思想》中认为，著作权法不保护思想的理由在于：只有借助表达这样的交流形式，作者的内在情感才能外显，才能体现作者的个性。②

（2）思想是由作品反映的。

在一些学者的论述中，可以看出思想并非仅存在于作者的脑中，已经表达出来的作品也可以反映思想，如作品的主题等。例如，1987年，吴汉东、闵峰在《知识产权法概论》中认为，"任何作品，只要是作者独立构思和创作的，不问其思想内容是否与已发表的作品相同，均可获得独立的版权"。"版权保护的不是作者的思想内容和作品的主题"③。

1990年，李永明在《著作权保护中的"作品源"理论》中认为，引入"作品源"理论有助于区分作品的思想内容和表现形式，较为准确地确定各类作品中著作权所要保护的对象及保护范围。"作品源"是指作品创作之源，即创作题材的出处。"作品源"往往是客观的，如自然界存在的东西（规律、物质），人类社会存在的东西（如现实和历史事件、人物）。对客观存在的"作品源"，对出自同一"作品源"的各种作品，只要其表现形式各具独创性，法律都予以保护。④ 1991年，张广生在《略论著作权的特点》中认为，思想、观点、原则、方法是不受著作权保护的。当一种思想、观点或方法以某种作品形式，如小说、论文、演讲、绘画、乐曲、照片、电影、舞蹈设计等形式表达出来时，著作权保护的只是这种具有独创性的作品形式，而不是作品包含、反映的思想、观点和方法。⑤ 1993年，林国民在《论著作权的特征》中认为，著作权保护的是作品本身，而不是作品所表达的思想内容。著作权只是禁止他人未经作者同意而使用其作品，并不禁止他人使用作品中的思想。⑥ 1994年，张民在《论著作权保护对象理论对抄袭认定的影响》中认为，著作权法所称的"思想内容"，是指以各种形式表达于外部的思想，这种"思想"可能由其他人以同样的形式表达出来而构成"巧合"。著作权法中所称的"表现形式"包括三个层次：其一是作品的物化形式，

---

① 参见孟祥娟：《版权侵权认定》，法律出版社2001年版，第6页。
② 参见李雨峰：《为什么著作权法不保护思想》，载《电子知识产权》2007年第5期，第58页。
③ 吴汉东、闵峰：《知识产权法概论》，中国政法大学出版社1987年版，第52页。
④ 参见李永明：《著作权保护中的"作品源"理论》，载《政治与法律》1990年第4期，第30页。
⑤ 参见张广生：《略论著作权的特点》，载《社会科学探索》1991年第3期，第115页。
⑥ 参见林国民：《论著作权的特征》，载《山东社会科学》1993年第2期，第91页。

如图书、录音带等，它实际只表明作品的载体不同而已；其二是作品的外在形式，如诗歌、剧本、电视剧等体裁，它实际上处于公有领域，谈不上著作权保护；其三是作品的内在形式，如情节、结构、角色及表现手法等。只有第三个层次的表现形式即作品的内在形式，才是著作权保护的对象，对它的抄袭就构成侵权。①

1994年，刘春田在《对于国颖诉汪雪琴侵犯著作权案的几点看法》中指出，著作权法所保护的是作品，即用以表达思想、情感的文学、艺术和科学作品的形式，而不涉及作品所反映的情感或思想内容。换句话说，思想内容的异同，不是判断著作权归属的条件。思想内容和表现形式是两个范畴，只有后者才是著作权法的保护对象。② 2001年，郭禾在《网络技术对著作权的影响》中认为：作品不包括思想，思想仅为作品所体现或反映。作品是思想的表达，著作权的效力只能及于这种特定且具体的表现，也就是说著作权不能保护这种具体形式所反映的内在思想。③ 2003年，费安玲在《著作权法教程》中认为，作品由两大要素构成：特定内容和将内容进行表达的客观形式。所谓特定内容就是体现创作者的创作性思维，或者思想，或者情感的信息。④ 2004年，冯晓青在《著作权法中思想与表达"二分法"的法律与经济学分析》中认为，作品是反映创作者的思想感情的智力产品，它必然地会包含一定的思想。⑤ 2009年，冯晓青在《著作权法中思想与表达二分法之合并原则及其实证分析》中认为，通常，作品的思想可以通过不同的表达形式体现出来，这一特点也是社会公众获取不同品位的作品、发展文化多样性和繁荣科学文化所需的。但在特殊情况下，作品中不被保护的思想和被保护的表达之间具有不可分离性。这就使思想与表达的合并原则应运而生。有学者认为，思想与表达的合并原则又称思想表达识别的例外原则。它只存在于特定的表达形式中，即表达与思想难以区分，甚至必须被认为混合在思想中。合并原则关注的是作品的表达性成分和作品表达体现的思想是否难以区分，或者表达性成分很有限以致他人的相同或相似的表达不构成侵权。合并原则在著作权司法实践中具有适用价值。⑥

---

① 参见张民：《论著作权保护对象理论对抄袭认定的影响》，载《法律适用》1994年第11期，第28页。
② 参见刘春田：《对于国颖诉汪雪琴侵犯著作权案的几点看法》，载《法律适用》1994年第3期，第45页。
③ 参见郭禾：《网络技术对著作权的影响》，载《科技与法律》2001年第1期，第43页。
④ 参见费安玲：《著作权法教程》，知识产权出版社2003年版，第41页。
⑤ 参见冯晓青：《著作权法中思想与表达"二分法"的法律与经济学分析》，载《云南大学学报（法学版）》2004年第1期，第29页。
⑥ 参见冯晓青：《著作权法中思想与表达二分法之合并原则及其实证分析》，载《法学论坛》2009年第2期，第63页。

有学者对此进行了详细说明。2005年，李琛在《树·阳光·二分法》中认为，"思想—表达二分法"，不是一个精确的概括。或许，"此表达—彼表达二分法"更为贴切，也就是"应保护之表达—不应保护之表达二分法"。并非所有的表达都能获得保护，这一命题比"不保护思想"有意义得多。① 2013年，李琛在《著作权基本理论批判》中进一步认为，思想/表达二分法与作品概念的关系有两种解释：其一，作品是一种表达，"表达"是"作品"的属概念。思想和表达是相互独立的逻辑概念，所以作品根本不属于"思想"的范畴。其二，作品中包含了思想和表达，著作权法保护作品中的表达而不保护作品中的思想。从法学角度来看，两种解释都有不足之处。第一种解释使得"思想—表达二分法"失去了意义。存在于头脑中的思想是不可感知、不可利用的，也就没有保护的必要。所以根据"思想属于主观范畴"来解释"思想—表达二分法"在逻辑上可以证立，但难以解释"思想—表达二分法"作为法律原理的必要性。第二种解释认为"思想"是作品的组成部分也有缺陷。因为思想不是著作权的对象，它本身处于公有领域，所以说"某部作品的思想"是没有意义的，只能是"某部作品反映的思想"，因为在思想之上不能成立归属关系，思想不能与任何作品形成特定关系。综上，比较合理的提法是：作品本身就是表达，但法律意义上的思想不是内在的主观想法，而是人们透过表达可以感知的抽象观念。著作权法中"思想—表达二分法"语境下的"思想"不是内在的"作者思想"，而是已经传达出来的某种设想，主要体现为未形成作品的创作构想、作品描述的实践方案以及作品的概括层面。这三种意义的"思想"在逻辑上的统一性不是因其内在或主观，而是因其笼统、概括，区别于"表达"的具体与细化。②

2. "思想—表达二分法"的作用

对于"思想—表达二分法"的作用，学界主要有以下观点。

（1）侵权判定说。

2006年，刘家瑞在《互联网页版权保护范围的法经济学分析》中认为，"思想/表达"划分的理论虽然源远流长，但是它一直受到理论界的批判，被视为缺乏对实践的指导意义。所以，在大多数具体案件中，"思想/表达"划分不应该被法院用来事先排除某个作品或作品某部分的版权性，只能被用来衡量被告对原告作品的借鉴程度是否超出了限度，构成了对原告表达的不合理盗用。③

---

① 参见李琛：《树·阳光·二分法》，载《电子知识产权》2005年第7期，第63页。
② 参见李琛：《著作权基本理论批判》，知识产权出版社2013年版，第121-129页。
③ 参见刘家瑞：《互联网页版权保护范围的法经济学分析——谈"思想/表达"划分与网络效应的关系》，载《知识产权》2006年第6期，第15页。

(2) 划定保护范围说。

2006 年，张小强在《论软件界面的知识产权保护》中认为，虽然"思想—表达二分法"是版权法中得到公认的一般原则。但是其含义是模糊的、不确定的。因此，对思想和表达不应用作语义学上的解释，而应当把它们各自作为一部作品中不受保护部分和受保护部分的隐喻。[①] 2007 年，王太平、李长皓在《著作权保护的双重限制》中认为，从起源来看，思想表现两分原理就是一种对著作权进行限制的技术，即通过将作品划分为不可受到保护的思想与可受到保护的表现两种成分，从而将著作权保护限制在一定的范围之内。正是这种技术性的限制，才使著作权获得了其正当性。[②]

2013 年，李琛在《著作权基本理论批判》中认为，法律必须平衡两个目的：既要制止非照搬的复制，又要防止著作权人过度地扩张保护的范围。"无论成文法还是判例法都没有定义'思想'或'表达'。版权法中的思想/表达之区分，实际上是一种关于哪些作品元素为权利人独占、哪些元素可为他人自由复制的政策导向性区分。"不保护"笼统的层面"意味着允许他人在较为抽象的层次上自由地借鉴作品，而借鉴的对象可能构成美学意义上的"表达手法"，例如某种体式，概括的情节也可能被解释为"思想"。"思想"因其笼统、概括，区别于"表达"的具体与细化。之所以根据抽象/细化来划分，是因为二分法的主要功能是划定保护范围。抽象即无限，抽象的观念可以涵盖大量的表达，如果对其保护会对其他创作造成过多的妨碍。"思想—表达二分法"在个案中充当解释的工具，某些在美学意义上构成"表达手法"的成分，因为可能派生出无数具体的表达，也可能被解释为法学上的"思想"[③]。

(3) 鼓励创作与公众使用兼顾说。

2011 年，徐俊在《版权侵权判定》中提出，思想表现两分理论所起的作用在于：一方面，激励作者，保证独立创作的表达得到保护，禁止他人任意使用并获得该表达的市场价值；另一方面，维护他人接触作品的权利，为社会公众保留不被版权限制的思想使用自由。通过思想、表达两分理论，版权法构筑了区分版权人专属权利和社会公众自由权利的围栏，在作品所有人和使用人之间建立了一个成本较低但效率较高的协调机制。思想具备有限性、公共性和不确定性的特征，正是这些特征决定了版权法不保护思想，而只能保护思想的表达。版权司法

[①] 参见张小强：《论软件界面的知识产权保护》，载《法商研究》2006 年第 1 期，第 32 页。
[②] 参见王太平、李长皓：《著作权保护的双重限制：以死海古卷案引之为鉴》，载《知识产权》2007 年第 4 期，第 60 页。
[③] 李琛：《著作权基本理论批判》，知识产权出版社 2013 年版，第 128-129 页。

实践中，关于作品从哪里开始不再属于思想而应归为表达的判断，不可避免地要视情况而定。在作出判断时，至少有以下准则可供遵循：一是根据作者独创性贡献进行利益衡量，二是根据作品表达的展开程度与包含容量合理划界，三是根据作品类型和表达性质区别对待。在思想与表达的区分过程中，还需要注意两者的合并。当思想与表达紧密结合难以区分时，版权不仅不保护思想，连思想的表达也不再保护。①

2012年，卫绪华在《思想/表达二分原则的价值追问》中主张：思想/表达二分原则的价值不在于提供区分"思想"与"表达"的普适性原理，而是为个案提供价值判断的指导原则。无论是从思想/表达二分原则的创立初衷出发，还是为了解决著作权正当性问题，思想/表达二分原则都应当以兼顾保护作者的合法利益和后续创作的自由为价值取向。以此价值取向为指导，应当以思想/表达二分原则"鼓励创造"的价值定位来确定权利的合理边界，限制对"技艺"的垄断。② 2012年，熊文聪在《被误读的"思想/表达二分法"》中则提出，"思想/表达二分法"是著作权法中一项极富特色的裁判规则，它关乎的是成本收益的利益衡量与价值取舍，而不关乎思想与表达在事实层面是否可分，学界对此的解读往往混淆了事实问题与价值问题，没能揭示其扮演的真正角色及所发挥的修辞功能。作为一项价值法则，"思想/表达二分法"无法向我们提供统一普适的裁判标准，它依赖法官在个案中基于具体情势自由裁量，正是法官的创造性努力，定纷止争的目标才得以实现。③

（五）作品的类型化

关于作品的类型化，学界在2020年之前的争议焦点主要是，我国《著作权法》对作品类型的规定是封闭式的还是开放式的，应该采用何种模式。2020年《著作权法》第3条在修改时采用了开放式的立法模式，但应然层面的理论探讨仍有价值。

1. 开放式的观点

2012年，陈志强在《音乐作品及其权利研究》中建议，应从我国本土出发，借鉴德国的立法体例对我国《著作权法》进行修订。将其第3条改为："本法所称的作品，包括但不仅限于以下形式创作的文学、艺术和自然科学、社会科学、工程技术等作品：……"同时去掉"（九）法律、行政法规规定的其他作品"。将

---

① 参见徐俊：《版权侵权判定》，复旦大学2011年博士学位论文，第55页。
② 参见卫绪华：《思想/表达二分原则的价值追问》，载《广西社会科学》2012年第5期，第86页。
③ 参见熊文聪：《被误读的"思想/表达二分法"：以法律修辞学为视角的考察》，载《现代法学》2012年第6期，第168页。

《著作权法实施条例》第 3 条改为："著作权法所称创作，是指直接产生文学、艺术和科学作品的智力活动。"① 2018 年，李琛在《论作品类型化的法律意义》中认为：立法中的作品类型化是例示性而非限定性的，凡公认符合作品定义的新表达，只要立法未明确排除，就应当予以著作权保护。不过，当新表达难以归入法定类型时，应更为谨慎地检验其是否属于作品。不同的作品类型可能对应不同的保护规则，对新作品归类时，要重点考虑该作品与保护规则是否匹配。②

2. 封闭式的观点

2019 年，王迁在《论作品类型法定——兼评"音乐喷泉"案》中认为：我国采取"作品类型法定"模式具有充分的理论依据。一方面，著作权与物权一样属于绝对权，著作权的客体必须在立法中予以明确规定，用以划清界限、保障交易安全和降低交易成本。另一方面，作品类型的法定还有助于划清"思想"与"表达"的边界，以及明晰作品与表演、录音录像制品、广播以及版式设计等不同邻接权客体之间的不同范围与内涵。理由是：我国采取"作品类型法定"模式最主要的依据在于，我国《著作权法》第 3 条第 9 款对作品兜底条款的规定中明确指出，"法律、行政法规规定的其他作品"，而我国至今并未有任何法律和行政法规规定了"其他作品"。值得一提的是，在 2014 年《著作权法》第三次修法的公开草案中曾打算放弃"作品类型法定"的模式，其将兜底条款改为开放性的"其他文学、艺术和科学作品"，然而在 2018 年的内部征求意见当中又将其恢复为之前的封闭式规定。这说明我国采取"作品类型法定"模式是立法者有意作出的选择。③

2019 年，曹阳在《非典型作品著作权保护的审慎原则证成与修正》中指出，非典型作品的著作权保护关涉著作权法所力图维护的利益平衡。是否保护某一智力成果是立法者基于各种利益精细平衡的结果。突破著作权法所规定的法定客体为某一智力成果提供保护需要充分的正当性基础。中国著作权法立法采取了较为谨慎的态度，但司法实践采取了较为开放的做法。从不同的理论视野出发，对非典型作品提供著作权保护都需谨慎，不能随意扩张著作权保护范围。坚持客体范围的法定性，通过类比方式将非典型作品纳入典型作品的范畴进行保护符合审慎性原则。在类比时，不能将著作权法立法是广泛存在但著作权法没有明确保护的客体纳入，除非这些客体体现出不同的表达。此外，在将新型非典型作品与典型

---

① 陈志强：《音乐作品及其权利研究》，福建师范大学 2012 年博士学位论文，第 34 页。
② 参见李琛：《论作品类型化的法律意义》，载《知识产权》2018 年第 8 期，第 3 页。
③ 参见王迁：《论作品类型法定——兼评"音乐喷泉"案》，载《法学评论》2019 年第 3 期，第 17 页。

作品类比时，需要首先判断其是否构成著作权法意义上的作品，其次需进行作品构成要件的一一类比，不能将一体的非典型作品人为分割为不同的典型作品进行保护，从而确保对新型非典型作品不过分扩张保护。著作权法不能解决所有与智力创作成果相关的问题，不能类比入典型作品的新型作品是否需要保护，这应由立法者予以界定。①

二、实用艺术作品

"实用艺术作品"源于《伯尔尼公约》中的英文称谓"works of applied art"。在1886年制定之初，《伯尔尼公约》并没有把实用艺术作品列为著作权保护的客体。在1908年柏林修订会议上，才在第2条第4款首次将实用艺术作品规定为著作权保护的对象。②

虽然公约明确要求其成员国应该对实用艺术作品提供保护，但没有对实用艺术作品的概念作出明确界定。世界知识产权组织出版的《伯尔尼保护文学和艺术作品公约指南》将实用艺术作品定义为："公约使用这种一般性表述来涵盖小摆设、首饰、金银器皿、家具、壁纸、装饰品、服装等的制作者的艺术品。"③ 世界知识产权组织编写的《著作权与邻接权法律术语汇编》对实用艺术作品的定义为："适于作为实用物品的艺术作品，不论是手工艺还是按工业规模制作的作品。"④

在我国，无论是在理论中还是在实践中，实用艺术作品的概念一直处于模糊不确定的状态，缺乏明确的定义，甚至缺乏统一的表述。例如，在我国加入《伯尔尼公约》之前的一些早期教材中，有的将它表述为"实用美术作品"，如1981年8月姚壮、任继圣撰写的《国际私法基础》⑤；有的将之表述为"实用艺术品"，如1986年11月郑成思撰写的《版权国际公约概论》。⑥ 直到我国在1992年正式加入《伯尔尼公约》，并同步制定施行《实施国际著作权条约的规定》后，才统一采用"实用艺术作品"的称谓。

实际上，"实用艺术作品"在我国仍然属于非正式法律用语。在我国现行有

---

① 参见曹阳：《非典型作品著作权保护的审慎原则证成与修正》，载《电子知识产权》2019年第12期，第69页。
② 参见世界知识产权组织官方网站：https://www.wipo.int/wipolex/en/text/278699.
③ 《保护文学和艺术作品伯尔尼公约指南》，刘波林译，中国人民大学出版社2002年版，第16页。
④ 世界知识产权组织编：《著作权与邻接权法律术语汇编》，刘波林译，北京大学出版社2007年版，第9页。
⑤ 参见姚壮、任继圣：《国际私法基础》，中国社会科学出版社1981年版，第172页。
⑥ 参见郑成思：《版权国际公约概论》，中国展望出版社1986年版，第131页。

效的著作权法律体系乃至整个知识产权法律体系中，仅仅在 1992 年颁布的《实施国际著作权条约的规定》第 6 条中出现过"实用艺术作品"，并且也没有对其概念作出明确界定。2012 年，我国《著作权法》第三次修改草案（送审稿）首次明确要对"实用艺术作品"提供 25 年的著作权保护，并将实用艺术作品界定为："玩具、家具、饰品等具有实用功能并有审美意义的平面或者立体的造型艺术作品。"由此可见，我国《著作权法》修改草案对实用艺术作品概念的界定与《伯尔尼公约》对实用艺术作品作出的界定基本一致。

对于实用艺术作品的概念、分离标准、独创性标准，实用艺术作品与美术作品的关系，以及实用艺术作品的保护模式等问题，我国学界都存在争议。

（一）实用艺术作品的概念

实用艺术作品的概念可以由不同的构成要件来界定。对此，学界主要有以下观点。

1. 实用性和艺术性

2000 年，周长玲在《浅析实用艺术品的法律保护》中认为，实用艺术品具有双重性质，它既是具有实用性的物质产品，同时又具有艺术欣赏价值，两者不可缺一。①

2003 年，郭宝明在《浅析实用艺术作品的知识产权保护》中认为，实用艺术作品应该是包括实用美术作品和工业品外观设计在内的具有实际用途的艺术作品。② 2008 年，郑成思在《版权法》一书中写道，实用艺术品是指为实际使用而创作或创作完成后付诸使用的艺术品。③ 2009 年，王迁在《知识产权法教程》中认为，某些物品既具有实用功能，又具有美感，被称为"实用艺术品"④。2018 年，冯晓青、付继存在《实用艺术作品在著作权法上之独立性》中认为：实用艺术作品是具有实用性并表现出创作者审美情趣的作品，兼具实用性与艺术性特征。结合方式有两种：一是艺术作品被用于实用品的设计中，二是实用艺术作品被整体创作出来。⑤

2. 实用性、艺术性、独创性、可复制性

2003 年，张岚在《产品外观的法律保护》中认为，一件产品要构成实用艺

---

① 参见周长玲：《浅析实用艺术品的法律保护》，载《当代法学》2000 年第 4 期，第 24 页。
② 参见郭宝明：《浅析实用艺术作品的知识产权保护》，载《电子知识产权》2003 年第 5 期，第 60 页。
③ 参见郑成思：《版权法》，中国人民大学出版社 2008 年版，第 118 页。
④ 王迁：《知识产权法教程》，中国人民大学出版社 2009 年版，第 57 页。
⑤ 参见冯晓青、付继存：《实用艺术作品在著作权法上之独立性》，载《法学研究》2018 年第 2 期，第 144-145 页。

术作品，必须具备以下条件：第一，实用性；第二，艺术性；第三，独创性；第四，可复制性。①

3. 文学和艺术作品的范畴、实用性、艺术性、独创性、可复制性

2009年，张嘉容、罗先觉在《关于我国实用艺术作品保护的反思》中认为，实用艺术作品首先应该属于文学和艺术作品的范畴，其次应该是兼具实用性和艺术性的特殊作品，最后必须具有独创性并且能够被有形复制。②

4. 玩具、家具、饰品的列举、实用性、艺术性

2012年，我国《著作权法》第三次修改草案（送审稿）将实用艺术作品定义为"玩具、家具、饰品等具有实用功能并有审美意义的平面或者立体的造型艺术作品"。对此，我国学者也持不同观点。

部分学者持赞同观点。例如，2013年，杨利华在《我国著作权客体制度检讨》中认为，实用艺术作品，是指玩具、家具、饰品等艺术功能能够区别且独立于实用功能的艺术品。③ 2018年，张慧霞、姚梦媛在《浅析实用艺术作品的"艺术性"的判断——以美国明星体育公司诉校园品牌公司案为引》中认为，艺术作品是指玩具、家具、饰品等兼具实用性和艺术性，并且艺术性可以与实用性相互分离且独立存在的平面或者立体的造型艺术作品。④

部分学者则持不同意见。例如，2015年，李琛在《论作品定义的立法表述》中认为，"玩具、家具、饰品"恰恰并非典型的实用艺术作品，这三类对象中的大多数不具有独立的赏析价值，因此这种列举起不到指引实践的规范功能，不应该被纳入立法定义。⑤

（二）实用艺术作品的分离标准

对于实用艺术作品能否受著作权法保护的判断标准，部分学者采用了实用性与艺术性相分离的标准，部分学者则持不同意见。

1. 赞同分离标准

部分学者赞同采用分离标准判断受著作权法保护的实用艺术作品。

2005年，吴晓梅在《实用艺术作品的界定及保护》中认为，实用艺术作品的实用性和艺术性在形式上不可以分离，如果形式上可以分离，则其艺术部分仍

---

① 参见张岚：《产品外观的法律保护》，载《当代法学》2003年第11期，第139－141页。
② 参见张嘉容、罗先觉：《关于我国实用艺术作品保护的反思——兼评意大利OKBABY公司诉慈溪佳宝有限公司侵犯著作权纠纷案的判决》，载《电子知识产权》2009年第12期，第78页。
③ 参见杨利华：《我国著作权客体制度检讨》，载《法学杂志》2013年第8期，第20－29页。
④ 参见张慧霞、姚梦媛：《浅析实用艺术作品的"艺术性"的判断——以美国明星体育公司诉校园品牌公司案为引》，载《法律适用》2018年第20期，第82页。
⑤ 参见李琛：《论作品定义的立法表述》，载《华东政法大学学报》2015年第2期，第13－17页。

旧由著作权法来保护；艺术性可以独立于作品的实用性而存在，且其艺术性的表现形式可以被有形复制。[①] 2012年，管育鹰在《实用艺术品法律保护路径探析——兼论〈著作权法〉的修改》中认为，实用艺术品中仅其艺术表达部分或者可抽离于有形载体的部分能得到著作权法的保护，其"艺术性"成分必须独立于产品的实用功能而成为"作品"表现形式单独存在。[②] 2013年，李雅琴在《实用艺术作品的著作权适格性问题研究——兼论我国〈著作权法〉的修改》中认为，实用性与艺术性可分离的实用艺术作品当然属于著作权法的保护对象，而实用性与艺术性不可分的实用艺术作品则属于工业产权的保护对象。[③] 2015年，马荣在《论实用艺术作品"概念可分离标准"的适用——兼论歼十战机的著作权属性》中认为，在一件物品的艺术性表达部分同时满足目的要件和作用要件时，才能证明该物品的艺术性表达可以从其实用功能中分离出来，才具备受到著作权法保护的基础要件。目的要件是指实用艺术品的设计需体现作者对于审美设计理念的表达，而非对产品的功能的追求；作用要件是指运用拆分法，实用艺术品的设计起到艺术性的装饰作用，而非为实现产品功能。[④] 2018年，张慧霞、姚梦媛在《浅析实用艺术作品的"艺术性"的判断——以美国明星体育公司诉校园品牌公司案为引》中认为，鉴于美国法院的最新司法动态以及顺应我国法院公报案例的裁判思路，实用艺术作品的判断标准应是要求艺术性可以与实用性相互分离且独立存在。[⑤]

分离标准具体分为两种观点：一是既包括物理上分离又包括观念上分离，二是不包括物理上分离仅包括观念上分离。

（1）既包括物理上分离又包括观念上分离。

2014年，卢海君在《美国实用艺术作品版权保护制度及其借鉴》中认为，物理上的可分离性标准在区分物品的美学层面与实用性层面方面可以发挥一定作用，在实用艺术作品版权法律制度上具有一定的法律地位。现实中确实存在实用艺术作品的艺术性层面能够从物理上同功能性层面分离开来的情形。但该标准本

[①] 参见吴晓梅：《实用艺术作品的界定及保护》，载《人民司法》2005年第4期，第77-80页。
[②] 参见管育鹰：《实用艺术品法律保护路径探析——兼论〈著作权法〉的修改》，载《知识产权》2012年第7期，第55-63页。
[③] 参见李雅琴：《实用艺术作品的著作权适格性问题研究——兼论我国〈著作权法〉的修改》，载《湖北社会科学》2013年第8期，第140-141页。
[④] 参见马荣：《论实用艺术作品"概念可分离标准"的适用——兼论歼十战机的著作权属性》，载《中国版权》2015年第4期，第75-76页。
[⑤] 参见张慧霞、姚梦媛：《浅析实用艺术作品的"艺术性"的判断——以美国明星体育公司诉校园品牌公司案为引》，载《法律适用》2018年第20期，第82页。

身并不是一个特别清晰的概念，实践中如何操作缺乏统一标准。另外，该标准也可能过于严格，许多实用艺术作品并不能够满足它。因此，版权立法和司法实践中发展出观念上的可分离标准，试图弥补物理上的可分离性标准的缺陷。不论是物理上的可分离性标准还是观念上的可分离性标准，它们的目的都是将实用物品的设计层面同实用层面区分开来，避免版权法对物品的功能性进行保护而产生阻碍创造的不当后果。①

（2）不包括物理上分离仅包括观念上分离。

2014年，吕炳斌在《实用艺术作品可版权性的理论逻辑》中认为，如果一项艺术品的艺术与功能可以在物理上分离，那么其不应再被认定为实用艺术作品而保护。② 2016年，徐棣枫、邱奎霖在《实用艺术作品双重保护问题及裁判路径探讨》中认为，分离规则只包括"观念分离"，如果艺术与功能可以在物理上分离，那么该艺术成分即构成美术作品，实用艺术作品并无增设的必要。③ 2018年，冯晓青、付继存在《实用艺术作品在著作权法上之独立性》中认为，逻辑上比较恰当的界定方式是实用艺术作品的实用性与艺术性在物理上无法分离，但是在观念上可以分离。这一界定的合理性在于：第一，进一步厘清了作品与载体的关系。实用性与艺术性在物理上可分离就意味着两者在表达方式上可以彼此脱离而独立存在，这就表明实用性的任何部分对艺术性均没有贡献，实用部分只为艺术部分的存在提供载体；第二，明确贯彻了思想表达的合并原则，即当作品的表达方式仅有一种或有限的几种时，作品的表达与思想难以区分，因而也就不再受到保护。④ 2018年，宋戈在《实用艺术作品分离规则的适用——以合并原则为视角》中认为：我国美术作品的著作权保护强于实用艺术作品，如果采取"物理分离"标准势必会造成实用艺术作品相关条款形同虚设。因此，我国在借鉴实用艺术作品的分离规则时适宜采取"观念分离"而非"物理分离"标准。⑤

2. 反对分离标准

部分学者反对采用分离标准判断受著作权法保护的实用艺术作品，认为分离标准存在缺陷，不满足分离标准的实用艺术作品也可以受著作权法保护。

---

① 参见卢海君：《美国实用艺术作品版权保护制度及其借鉴》，载《知识产权》2014年第3期，第98页。
② 参见吕炳斌：《实用艺术作品可版权性的理论逻辑》，载《比较法研究》2014年第3期，第68-80页。
③ 参见徐棣枫、邱奎霖：《实用艺术作品双重保护问题及裁判路径探讨》，载《知识产权》2016年第12期，第48页。
④ 参见冯晓青、付继存：《实用艺术作品在著作权法上之独立性》，载《法学研究》2018年第2期，第148页。
⑤ 参见宋戈：《实用艺术作品分离规则的适用——以合并原则为视角》，载《电子知识产权》2018年第2期，第32页。

2013年，孟祥娟在《实用艺术作品宜为著作权独立的保护对象》中认为，实用性和艺术性可以结合，而无论这两种特性是否可以分离，都是实用艺术作品。这不仅有利于保护创造者的利益，激发其创作的积极性，而且可以开发和培育版权产业，促进版权产业快速健康地发展。[1] 2014年，李燕、韩赤风在《实用艺术作品的著作权保护研究——兼评我国〈著作权法〉的第三次修改》中认为，艺术性是否可以与实用性分离不应该作为实用艺术作品的判断标准，因为艺术性与实用性是否可以分离并不影响一件物品同时具备艺术性与实用性；倘若艺术性可以在形式上与实用性分离，那著作权法就保护实用艺术作品的"艺术部分"；倘若艺术性无法与实用性进行分离，那著作权法就保护实用艺术作品的"艺术成分"[2]。

2015年，王玉凯在《从"歼10模型案"谈实用艺术作品的著作权保护》中认为分离标准存在缺陷，表现在：第一，以分离原则作为作品的构成要件，未注意到"不构成作品"与"不受著作权法保护"的区别；第二，不论功能性本身还是其与艺术性的区分都存在认定难度；第三，比较法上以分离原则作为作品构成要件的也只有美国。同属版权体系的英国只强调艺术作品用于工业生产的将降低其保护期。法国、德国等对艺术性的高度要求不同，但均未以分离原则作为特定对象是否受著作权法保护的标准。[3] 2017年，李军在《实用艺术品之著作权保护资格：艺术统一、可分离或高阶层》中认为，可分离标准的难度和不明确预示着它并不适合用来判断实用艺术品著作权资格。可分离标准从其描述上看的确显得非常美妙、合理——实用艺术品保护的是可分离的艺术特征，但是究竟怎样才能分离，却很难找到明确的方法，美国司法实践形成众多的方法说明了这一点。[4]

（三）实用艺术作品的独创性标准

对于实用艺术作品的独创性标准，学界的争议主要集中于，实用艺术作品是否须达到美术作品的艺术性高度。

1. 须达到美术作品的艺术性高度

2005年，吴晓梅在《实用艺术作品的界定及保护》中认为，实用艺术作品

---

[1] 参见孟祥娟：《实用艺术作品宜为著作权独立的保护对象》，载《学术研究》2013年第3期，第46-51页。

[2] 李燕、韩赤风：《实用艺术作品的著作权保护研究：兼评我国〈著作权法〉的第三次修改》，载《长春理工大学学报（社会科学版）》2014年第8期，第19-24页。

[3] 参见王玉凯：《从"歼10模型案"谈实用艺术作品的著作权保护》，载《中国版权》2015年第1期，第44-48页。

[4] 参见李军：《实用艺术品之著作权保护资格：艺术统一、可分离或高阶层》，载《电子知识产权》2017年第9期，第25页。

的艺术性应达到一定的高度，其艺术性的创作程度至少同美术作品的创作程度是相当的，通常应高于工业品外观设计美感的创作程度。这是因为实用艺术作品从其定义来看，首先是一件艺术作品，其次才是具有实际用途。实用艺术作品的高度艺术性使人们能够轻易地在其实用价值之外，体味到艺术价值的独立存在。这也是实用艺术作品的艺术性可以独立于其实用性而存在的根本原因，同时也是其能够得到著作权法保护的基础。[①] 2013年，黄钱欣在《论实用艺术作品的"胎记"以中日司法实践为视角看实用艺术作品的"审美意义"》中认为：我国《著作权法》修改草案中实用艺术作品的"审美意义"应和美术作品的"审美意义"含义一致，而不应因其具有实用性而有所提高或降低，因为作品是作者思想感情的具有独创性的外在表达，这是所有作品的共性，实用艺术作品也不例外。在保护实用艺术作品这种客体时，保护的着眼点在于其"艺术性"，从这个角度出发，保护实用艺术作品与保护一般美术作品没有本质区别，因此受到保护的实用艺术作品的艺术部分应当被当作美术作品来看，自然就应适用和美术作品一致的独创性要求。此外，从司法实践的角度看，无论是为了维护我国司法稳定性，还是借鉴日本的先进经验，都应该对实用艺术作品和美术作品适用一致的独创性标准。[②] 2015年，徐卓斌在《实用艺术作品的认定条件》中认为：实用艺术作品艺术性的标准不应当低于一般美术作品的艺术性标准。实用成分和艺术成分可以在实体上分离的实用艺术作品，对其中艺术成分的艺术性标准界定可以等同于美术作品，即只需具有一定审美意义即可视为满足艺术性这一要件；对于实用成分和艺术成分难以在实体上分离，但可以在观念上分离的，因为其艺术性成分与造型、色彩等抽象载体以及实用功能相结合，对其艺术性标准的界定可以略高于普通美术作品，即要求必须达到一定高度的独创性、个性才能视为满足了艺术性这一要件。[③]

2. 无须达到美术作品的艺术性高度

2005年，丁丽瑛在《实用艺术品著作权的保护》中认为：实用艺术作品创作时受到的限制影响了作品创作的自由度，从而决定了作品个性表达的有限。因此，实用艺术作品的独创性的个性要求应低于纯美术作品而定位于"具有一定的审美个性"，这种审美个性可以体现于产品设计中的外观形状、空间结构、色彩搭配、人物或动物的脸部或动作造型等诸多方面。[④] 2015年，宋智慧在《实用艺

---

① 参见吴晓梅：《实用艺术作品的界定及保护》，载《人民司法》2005年第4期，第77-80页。
② 参见黄钱欣：《论实用艺术作品的"胎记"以中日司法实践为视角看实用艺术作品的"审美意义"》，载《电子知识产权》2013年第12期，第65页。
③ 参见徐卓斌：《实用艺术作品的认定条件》，载《人民法院报》2015年10月21日，第7版。
④ 参见丁丽瑛：《实用艺术品著作权的保护》，载《政法论坛》2005年第3期，第138页。

术作品版权保护探析》中认为：著作权法中对美术作品本身并没有很高的"审美意义"或独创性要求，即使以美术作品的艺术性要求作为标尺来衡量实用艺术作品的艺术性是否符合可版权标准，也没有任何实质意义。实用艺术作品设计时必须考虑产品的功能效用会使艺术表达的空间受到限制，创作自由度较低。如果要求其艺术性等同于美术作品，客观上是对其艺术性提出了高于美术作品的要求。基于此，实用艺术作品能满足一般作品的独创性要求即可。① 2016 年，徐棣枫在《实用艺术作品双重保护问题及裁判路径探讨》中认为，与美术作品相比，实用艺术作品的设计会受制于产品的实用性以及相关的技术要求，因此，其艺术创作空间和表达形式均比美术作品要低。② 2018 年，谢晴川在《论实用艺术作品的"美"和"艺术性"要件——以适用路径的反思与重构为中心》中认为：在法律上规定美的要件是徒劳的，因为在适用这一要件时缺乏一个客观的可操作的，从而具有普遍说服力的判断标准。从价值论角度出发，司法裁判难以越俎代庖地为美感和审美意义界定标准、划定边界。法律上难以直接依据美感或者审美意义的有无判断实用艺术作品是否具有可版权性。③

3. 须高于美术作品的艺术性高度

2018 年，刘瑾在《实用艺术作品的艺术性标准比较研究》中认为：以美术作品的艺术品质作为实用艺术作品的艺术性认定标准欠妥。实用艺术作品内含着实用性和艺术性，工业和艺术的对立性决定了工业品中能够满足实用艺术作品艺术性标准的实用物品其实是很少的。这在客观上要求对实用艺术作品的艺术性进行测试，只有达到一定高度的作品才可以获得版权保护。而实用性决定了大多数时候实用艺术作品直接具备商品的属性，从艺术品到艺术商品经历了一个有意识的拣选的过程，艺术高度和艺术价值是拣选的重要标准和基础。虽然纯艺术品获得版权保护并不要求艺术品质，但是艺术品质低下的艺术品可能永远无法到达市场成为艺术商品。作为实用艺术作品，由于一开始就具有商品的属性，其获得版权保护自然要求更高的艺术品质。这决定了实用艺术作品应该适用高于美术作品的艺术性标准。④

（四）实用艺术作品与美术作品的关系

对于实用艺术作品与美术作品的关系，学界主要有以下观点。

---

① 参见宋智慧：《实用艺术作品版权保护探析》，载《社会科学辑刊》2015 年第 6 期，第 86 页。
② 参见徐棣枫、邱奎霖：《实用艺术作品双重保护问题及裁判路径探讨》，载《知识产权》2016 年第 12 期，第 51 页。
③ 参见谢晴川：《论实用艺术作品的"美"和"艺术性"要件——以适用路径的反思与重构为中心》，载《法律科学（西北政法大学学报）》2018 年第 3 期，第 145 页。
④ 参见刘瑾：《实用艺术作品的艺术性标准比较研究》，载《知识产权》2018 年第 1 期，第 90 页。

1. 实用艺术作品属于美术作品

2004年，丁丽瑛在《实用艺术品纳入著作权对象的原则》中认为：美术作品包括的内容很多，一般可以分成两种：一种是纯美术作品，即纯粹为表现个性与美感而创作的美术作品，它们一般专供陈设、欣赏、收藏使用；另一种为实用艺术作品，即不为表现艺术美感，还为满足生产或生活需要，并投入产业制作、销售的艺术产品。就艺术性而言，实用艺术作品满足了美术作品的"有审美意义"的要求，具备以线条、色彩或者其他方式构成的平面或者立体造型的表现形式。因而，从理论上理解，美术作品的定义是足以涵盖实用艺术作品的。[①] 2012年，卢海君、周喆在《实用艺术作品的保护模式及我国的立法选择》中认为，实用艺术作品可以看作是一种美术作品，但与普通的美术作品不同，其除了具有艺术性，还具有功能性。[②] 2012年，管育鹰在《实用艺术品法律保护路径探析——兼论〈著作权法〉的修改》中认为："实用艺术品"是仅用于知识产权法理论探讨的一个概括性非正式用语。现实生活中作为对具有实际用途的有形艺术品的总称，"实用艺术品"的概念要远远大于属于美术作品范围的"实用艺术作品"的概念。[③] 2015年，宋智慧在《实用艺术作品版权保护探析》中认为：我国《著作权法修改草案（第三稿）》第3条将美术作品与实用艺术作品并列共同作为《著作权法》的有名作品，这一规定不符合逻辑。从定义内涵和外延的关系来看，实用艺术作品具有美术作品的全部内涵，即"有审美意义的平面或者立体的造型艺术作品"，因而属于美术作品的外延。实用艺术作品在美术作品内涵的基础上又多了"具有实用功能"的本质属性，对美术作品的外延进行了限缩。据此，实用艺术作品与美术作品不是两个并列的概念，应该是具有种属关系的两个概念。[④]

2. 实用艺术作品不同于美术作品

2005年，吴晓梅在《实用艺术作品的界定及保护》中认为：实用艺术作品并不等同于美术作品。美术作品仅仅是某种艺术品，而实用艺术作品除了必须是艺术品，还应是为实际使用而创作的作品或创作成功后被付诸实用，即具有实用性；美术作品只要形式上能够脱离载体而独立存在，就仍然受到著作权法的保护，而实用艺术作品的实用性和艺术性形式上不能分离；实用艺术作品的保护期

[①] 参见丁丽瑛：《实用艺术品纳入著作权对象的原则》，载《厦门大学学报（哲学社会科学版）》2004年第6期，第39页。

[②] 参见卢海君、周喆：《实用艺术作品的保护模式及我国的立法选择》，载《重庆理工大学学报（社会科学）》2012年第5期，第21页。

[③] 参见管育鹰：《实用艺术品法律保护路径探析——兼论〈著作权法〉的修改》，载《知识产权》2012年第7期，第56页。

[④] 参见宋智慧：《实用艺术作品版权保护探析》，载《社会科学辑刊》2015年第6期，第86页。

短于美术作品。① 2018年，冯晓青、付继存在《实用艺术作品在著作权法上之独立性》中认为，如果将实用艺术作品并入美术作品，虽然可以省略看似并不相关的实用性的认定过程，但无法在艺术成分的认定与艺术成分表现创作者个性方面形成相对一致的参照标准，也很容易将具有审美特征但又具有实用功能的部分纳入保护范围，以致不适当地扩大实用艺术作品的保护范围，挤压公共领域的知识与技巧，并破坏保护对象的一致性内涵。将实用艺术作品独立出来，提示实用成分的存在及其对艺术成分的影响，无疑对实用艺术作品及其保护范围的确定至关重要。② 2018年，杨慧在《实用艺术作品著作权保护的现实困境及其消解》中认为，实用艺术作品和美术作品的区别在于，美术作品属于文学版权领域，实用艺术作品的功能性属于工业版权的范畴。③

（五）实用艺术作品的保护模式

对于实用艺术作品的保护模式，学界主要有以下观点。

1. 著作权保护模式

该模式认为，实用艺术作品属于著作权的保护对象。

2004年，丁丽瑛在《实用艺术品纳入著作权对象的原则》中认为：实用艺术作品不应因其所具有的实用性而被必然地排除在著作权保护对象之外，其具有艺术性表达的成分只要具备作品的保护条件，同样可以获得著作权登记和专有权保护。随着实用艺术作品市场的发展，有必要进一步明确实用艺术作品著作权保护，因而建议在立法上对美术作品进行狭义界定而限指纯美术作品，并将该项列举修改为"美术、建筑、实用艺术作品"④。2005年，吴晓梅在《实用艺术作品的界定及保护》中认为，应当明确将实用艺术作品纳入著作权法的保护范围，当前最实际的方法就是将实用艺术作品归为《著作权法》第3条第9项的"其他作品"加以保护，或者明文增列为受保护的客体。保护期限可以设定为作品完成之日起二十五年。⑤

2012年，管育鹰在《实用艺术品法律保护路径探析——兼论〈著作权法〉的修改》中认为：现行《著作权法》关于美术作品的规定之解释和适用已经可以

---

① 参见吴晓梅：《实用艺术作品的界定及保护》，载《人民司法》2005年第4期，第78页。
② 参见冯晓青、付继存：《实用艺术作品在著作权法上之独立性》，载《法学研究》2018年第2期，第148页。
③ 参见杨慧：《实用艺术作品著作权保护的现实困境及其消解》，载《财经法学》2018年第4期，第132页。
④ 丁丽瑛：《实用艺术品纳入著作权对象的原则》，载《厦门大学学报（哲学社会科学版）》2004年第6期，第39页。
⑤ 参见吴晓梅：《实用艺术作品的界定及保护》，载《人民司法》2005年第4期，第78页。

应对实用艺术作品的著作权保护问题。在《著作权法》中明确规定"实用艺术作品"及其不同于其他作品的特殊保护规则,可能模糊著作权法与其他工业产权法保护方式的界限。① 2015 年,黄汇在《论飞机及其模型的可著作权性》中认为,诸如歼 10 这样的战斗机,可以作为实用艺术作品来保护,但保护的前提是它必须满足"功能和艺术"观念上可分离的要求,且其艺术性并非由功能性决定。另外,母机和模型,既可以作为一个作品来保护,也可以在母机因"功能性"原因不受保护时,单独获得著作权的保护,其前提是模型作品本身具有独创性。而这既不违反著作权法的原理,还有利于澄清实用艺术作品,实物和模型作品保护的关系,为二者的合理保护提供理论基础。② 2017 年,李军在《实用艺术品之著作权保护资格:艺术统一、可分离或高阶层》中认为,可以将一般实用艺术作品的保护期限降低,有别于纯艺术作品,将实用艺术作品的保护期限设置为二十五年,对于那些艺术层次较高的实用艺术作品给予与纯艺术相同的保护期限。③

2. 专利权保护模式

该模式认为,实用艺术作品属于专利权的保护对象,而非著作权的保护对象。

2009 年,钱翠华在《失效的外观设计专利不再受著作权法保护》中认为:《著作权法》第 4 条第 2 款规定了著作权行使的公益目标。专利法、著作权法在规定专利权人、著作权人个人垄断与独占的同时,也限定了专利权、著作权的保护期限,已进入公有领域的知识产品,成为社会公共财富的作品,著作权法不再予以保护。这体现了著作权法对公益目标的关注,以及著作权法在维护著作权人私人利益与公共利益之间的利益平衡。④ 2012 年,卢海君、周喆在《实用艺术作品的保护模式及我国的立法选择》中认为,从专利法的立法实践来看,法律对外观设计专利权人已经提供了足够的保护,排斥他人未经许可的实施权,从而实现了保护工商业利益的目的,如果再同时赋予其著作权则是过度保护。⑤ 2013 年,周云川在《实用艺术品的著作权保护》中认为,由于我国已设置了专门的外观设计专利制度对工业品设计予以保护,因此对于符合外观设计专利保护要件的实用艺术作品,应尽量通过外观设计专利制度进行保护,不能因为其具有艺术性就轻

---

① 参见管育鹰:《实用艺术品法律保护路径探析——兼论〈著作权法〉的修改》,载《知识产权》2012 年第 7 期,第 56 页。
② 参见黄汇:《论飞机及其模型的可著作权性》,载《中国版权》2015 年第 1 期,第 43 页。
③ 参见李军:《实用艺术品之著作权保护资格:艺术统一、可分离或高阶层》,载《电子知识产权》2017 年第 9 期,第 25-26 页。
④ 参见钱翠华:《失效的外观设计专利不再受著作权法保护》,载《人民司法》2009 年第 14 期,第 52 页。
⑤ 参见卢海君、周喆:《实用艺术作品的保护模式及我国的立法选择》,载《重庆理工大学学报(社会科学)》2012 年第 5 期,第 21 页。

易给予著作权保护,否则将导致权利人长期垄断相关设计。① 2014年,范云程在《实施已失效的外观设计专利不构成著作权侵权》中认为:实施已经失去法律保护效力从而进入公有领域的专利权,正是体现了社会公众对专利权的社会公示效力的信赖。如果此时仍然允许以享有外观设计专利中的设计图案的著作权为由阻碍公众实施已经进入公有领域的专利,显然损害了社会公众对专利公示效力的信赖利益。②

3. 著作权和专利权分别保护模式

该模式认为,某些实用艺术作品或者实用艺术作品中的某些部分属于著作权的保护对象,另一些实用艺术作品或者实用艺术作品中的另一些部分则属于专利权的保护对象,互相没有交叉重叠。

2000年,周长玲在《浅析实用艺术品的法律保护》中认为:对实用艺术作品的法律保护应分两步走,即对实用艺术作品中的手工制品或被手工制品用作装潢的部分,应予版权法保护,而工业品外观设计不宜用版权保护,而应以专利法来保护。首先,工业品外观设计应分为两种,一种是符合实用艺术品要件的工业品外观设计,另一种应是那种虽然对产品的形状、图案、色彩或结合作出了设计,但这种设计又不符合艺术欣赏性案件的那部分工业品外观设计。如果以版权保护,那么后者就得不到保护。如果以《专利法》保护,所有的工业品外观设计都能得到保护。其次,因为版权的有效期比专利权的有效期长,如以版权保护,很难想象某一产品的外观设计二十五年不变(版权法对实用艺术作品保护二十五年)。况且《伯尔尼公约》第2条第7项允许成员国在已经有专门法保护实用艺术作品时,不予版权保护,而我国《专利法》即是保护工业品外观设计的专门法。如果我们不予版权保护,并不违反《伯尔尼公约》。最后,由于版权是自动产生,而外观设计专利要经申请批准,如果我们以版权保护,则绝大多数外观设计所有人将感到没有必要费力去申请专利,那样我们的外观设计专利制度将形同虚设。鉴于此,我国不宜将外观设计以版权保护,应以专利法保护。③

2012年,卢海君、周喆在《实用艺术作品的保护模式及我国的立法选择》中认为,我国应在《著作权法》中增加对实用艺术作品的保护模式的规定,可规定为:"实用性部分与艺术性部分可分离的实用艺术作品的艺术性部分可以视为美术作品,对其提供期限为作者终身加死后五十年的著作权保护。对不可分离的

---

① 参见周云川:《实用艺术品的著作权保护》,载《中国专利与商标》2013年第4期,第67页。
② 参见范云程:《实施已失效的外观设计专利不构成著作权侵权——评谢某诉叶某木、海宁市明扬食品有限公司著作权侵权纠纷案》,载《中国知识产权报》2014年9月10日,第8版。
③ 参见周长玲:《浅析实用艺术品的法律保护》,载《当代法学》2000年第4期,第25页。

实用艺术作品，符合专利法保护要件的可选择由专利法或著作权法保护，受专利法保护的作品不能同时受到著作权法保护，不符合专利法保护要件的由著作权法提供保护。实用性部分与艺术性部分不可分离的实用艺术作品的著作权保护期限为自作品完成之日起二十五年。"①

4. 著作权和专利权择一保护模式

该模式认为，权利人只能选择著作权和专利权中的一种方式保护实用艺术作品。

2009年，张嘉容、罗先觉在《关于我国实用艺术作品保护的反思》中认为：我国应当就实用艺术作品保护问题制定单行法规，具体可参考《计算机软件保护条例》的做法，制定一个专门的条例对实用艺术作品进行保护，避开《著作权法》对作品分类复杂性的规定，确立实用艺术作品的适当法律地位，规定实用艺术作品获得著作权保护的期限不超过《伯尔尼公约》的最低要求。此外，应将实用艺术作品是按照外观设计还是著作权进行保护的选择权赋予权利人。权利人可根据自己的实际需要，结合不同实用艺术作品的特殊性，选择更加合适的保护模式。② 2013年，高岚在《浅析实用艺术作品的保护模式——关于著作权保护与外观设计专利权保护关系的思考》中认为：考虑到外观设计专利权和著作权在确权、保护方式、侵权判定等方面存在很大区别，应限制权利人在一个诉讼中只能主张一种权利，而不能同时主张两种权利。当然，权利人在诉讼中可以提出变更所主张的权利，是否同意变更应由法院裁定。③

5. 著作权和专利权双重保护模式

该模式认为，实用艺术品可以同时受著作权和专利权保护。

2003年，郭宝明在《浅析实用艺术作品的知识产权保护》中认为，因为实用艺术作品包括实用美术作品和工业品外观设计两部分，根据艺术统一规则，实用艺术作品既可以享受工业设计和模型权的保护，即工业品外观设计专利权，又可享受著作权的法律保护。④ 2009年，张玉敏、凌宗亮在《三维标志多重保护的体系化解读》中认为：多重保护不是重复保护，而是对同一对象承载的多重利益的关切。一种客体之上只能有一种权利，但同一对象之上可以并存多种权利，试

---

① 卢海君、周喆:《实用艺术作品的保护模式及我国的立法选择》,载《重庆理工大学学报（社会科学）》,2012年第5期,第26页。

② 参见张嘉容、罗先觉:《关于我国实用艺术作品保护的反思——兼评意大利OKBABY公司诉慈溪佳宝有限公司侵犯著作权纠纷案的判决》,载《电子知识产权》2009年第12期,第78页。

③ 参见高岚:《浅析实用艺术作品的保护模式——关于著作权保护与外观设计专利权保护关系的思考》,2013年中华全国专利代理人协会年会暨第四届知识产权论坛论文汇编第四部分。

④ 参见郭宝明:《浅析实用艺术作品的知识产权保护》,载《电子知识产权》2003年第5期,第60页。

图通过选择原则来避免知识产权多重保护是不妥当的。立法者基于逻辑性以及体系化的考量，为每部法律规定了不同的规范意旨，并以此对社会生活进行裁减和调整，从而划定了各自的界限。但界限本身不是目的，而是关涉彼此不同的法益，因此，多重保护并非重复保护，法律应当允许。①

2010年，凌宗亮在《失效的外观设计专利仍受著作权法保护》中认为：首先，判断某一对象是否应受到著作权法保护，我们只需探求其是否与著作权法的视角相契合，不应囿于其是否将要或者已经适用于商业领域。其次，双重保护不会破坏知识产权体系平衡。著作权法对失效外观设计专利的后继保护虽然使外观设计专利不能及时进入公共领域，但是不会对其他竞争者的自由竞争造成影响，相反有可能促进市场的自由竞争。最后，著作权和外观设计专利权的保护不是重复保护。外观设计专利保护的立足点是产品，著作权保护的立足点则是产品上体现出来的具有独创性的艺术美；专利法保护外观设计的首创性，赋予权利人以独占权，而著作权法提供的是相对较弱的保护。即使著作权法继续对失效外观设计专利进行保护，其他竞争者只要能证明相同或相似的外观设计是自己独立设计的，权利人仍然没有权利禁止其他竞争者的使用。② 2013年，李雅琴在《实用艺术作品的著作权适格性问题研究——兼论我国〈著作权法〉的修改》中认为：由于对他人作出新设计的影响不大，实用艺术作品的专利权保护期届满后应当还可再享有著作权。但是，从促进工商业发展、维护公共利益的角度考虑，同时为避免多重保护带来的激励过度的缺陷，应该对专利权终止或保护期届满的实用艺术作品的著作权进行适当限制。③

2013年，张伟君在《实用艺术作品著作权法保护与外观设计专利法保护的协调》中认为：对同一客体进行实用艺术作品著作权和外观设计专利权的重叠保护，再加上实用艺术作品著作权与外观设计专利权保护期限存在的差异，将对我国外观设计专利制度的有效实施带来冲击。如果我国外观设计专利权可以延长到二十五年的保护，那么，即便《著作权法》规定了对实用艺术作品的二十五年著作权保护，也不至于对外观设计专利制度造成过大的冲击。可以借鉴欧盟的规则，给予外观设计专利权"首期五年，可续展四次，最长二十五年"的保护。④

---

① 参见张玉敏、凌宗亮：《三维标志多重保护的体系化解读》，载《知识产权》2009年第6期，第19页。
② 参见凌宗亮：《失效的外观设计专利仍受著作权法保护》，载《人民司法》2010年第4期，第89页。
③ 参见李雅琴：《实用艺术作品的著作权适格性问题研究——兼论我国〈著作权法〉的修改》，载《湖北社会科学》2013年第8期，第140—141页。
④ 参见张伟君：《实用艺术作品著作权法保护与外观设计专利法保护的协调》，载《知识产权》2013年第9期，第53页。

2013 年，高岚在《浅析实用艺术作品的保护模式——关于著作权保护与外观设计专利权保护关系的思考》中认为：对实用艺术作品进行外观设计专利权和著作权的双重保护既不违反相关法理，也与当今国际趋势相一致。从外观设计专利权和著作权的区别而言，外观设计专利权是一种排他权，著作权不享有排他权，在维权时举证证明侵权责任会困难得多。符合条件并有保护需求的实用艺术作品不会因为可自然享有著作权而放弃争取外观设计专利权。此外，两种权利保护的侧重点存在很大的不同。从我国实用艺术作品的国际化保护来看，提供双重保护也有其必要性和优势。①

2016 年，吕炳斌在《实用艺术作品交叉保护的证成与潜在风险之化解》中认为：实用艺术作品著作权和外观设计专利权的交叉保护的根源是思想—表达二分法。从原理上而言，专利法保护的是创意或思想，著作权法保护的是创意的表达。在思想—表达两分法下，外观设计专利权期满之后，其设计的思想进入公有领域，但其设计的美感表达仍受著作权法保护。实用艺术作品的交叉保护本质上是在符合专利法和著作权法各自条件的情形下，在自动保护的著作权之上添加一个需要经过申请获得的专利权。添加的专利保护以公开为对价，并不需要以消灭版权保护为对价。如果一个创作者对其创作设计/选择进行专利保护，但其专利申请由于不符合新颖性要求以失败告终，如果严格按照选择论的逻辑，创作者已经选择专利保护而放弃了版权保护，这意味着其作品无法受到本可享有的版权保护。这样的制度安排存在明显的不公之处，给创作者的选择施加了过高的风险。② 2016 年，徐棣枫、邱奎霖在《实用艺术作品双重保护问题及裁判路径探讨》中认为：外观设计作为设计方案，对其赋予版权和专利权双重保护，并不会导致权利过度垄断。毕竟，无论是版权还是专利权，保护的对象均在于富有美感的设计方案，即便双重保护导致公众不能在专利权终止后自由使用，也不会对社会进步和公共利益造成太大影响。③

6. 著作权、专利权和反不正当竞争三重保护模式

该模式认为，实用艺术作品可以同时受著作权和专利权保护，无法保护时还可以采用反不正当竞争法保护。

---

① 参见高岚：《浅析实用艺术作品的保护模式——关于著作权保护与外观设计专利权保护关系的思考》，2013 年中华全国专利代理人协会年会暨第四届知识产权论坛论文汇编第四部分。

② 参见吕炳斌：《实用艺术作品交叉保护的证成与潜在风险之化解》，载《法律科学（西北政法大学学报）》2016 年第 2 期，第 142 页。

③ 参见徐棣枫、邱奎霖：《实用艺术作品双重保护问题及裁判路径探讨》，载《知识产权》2016 年第 12 期，第 51 页。

2003年，郭宝明在《浅析实用艺术作品的知识产权保护》中认为：一方面，在法律上应给予明确，例如提出一个总的法律保护原则，如《伯尔尼公约》和Trips协议；另一方面，在社会实践中，将法律保护选择权授予权利人，由其在市场机制下，根据具体情况，或选择采取版权保护模式，或者采取专利权——外观设计专利权保护模式，或者两者皆选，即版权加专利权的法律保护模式，在权利人选择某种保护模式之后，如果权利仍然得不到有效保护的时候，可以采用反不正当竞争法进行补充保护。[1]

三、杂技艺术作品

我国《著作权法》规定的杂技艺术作品具有中国特色，学界对杂技艺术作品的可著作权性和保护方式都存在争议。

(一) 杂技艺术作品的可著作权性

对于杂技艺术作品的可著作权性，学界的争议集中于是否有必要将杂技艺术作品规定为一种独立的作品类型。

1. 有必要将杂技艺术作品列为独立的作品类型

2001年，吴汉东主编的《知识产权法学》认为，《著作权法》将杂技艺术作为一种作品进行著作权保护很有必要。[2] 2002年，冯晓青、杨利华在《我国〈著作权法〉与国际知识产权公约的接轨——〈著作权法〉第一次修改研究》中认为，中国的杂技艺术造型有很强的创造性，在世界上具有很高的声誉，因此将杂技艺术列入著作权保护的客体，有利于保护杂技艺术家的创造力劳动，也有利于中国的杂技艺术走向世界。[3]

2. 将杂技艺术作品列为独立作品类型的必要性存疑

2012年，李明德在《论作品的定义》中认为：杂技艺术作品是一个很难说清楚的问题。我们通常见到的杂技表演，例如走钢丝、转碟、钻圈和变魔术等，更多的是属于技艺，与作品的关系似乎不大。然而，删除"杂技艺术作品"存在操作上的困难：第一，规定对杂技艺术作品的保护，有其特殊的历史背景，在2001年修订《著作权法》的时候，国际上频频传来中国的杂技艺术表演获得大奖的消息。一些人建议应该提供对杂技艺术作品的保护。第二，杂技、魔术和马

---

[1] 参见郭宝明：《浅析实用艺术作品的知识产权保护》，载《电子知识产权》2003年第5期，第60-61页。
[2] 参见吴汉东主编：《知识产权法学》，北京大学出版社2001年版，第56页。
[3] 参见冯晓青、杨利华：《我国〈著作权法〉与国际知识产权公约的接轨——〈著作权法〉第一次修改研究》，载《河南省政法管理干部学院学报》2002年第5期，第16页。

戏等虽然是技能性的,但是从理论上讲,很难完全排除构成作品的可能性。我们在理解杂技艺术作品的时候,不仅要看"杂技、魔术和马戏等通过形体动作和技巧表现的作品"的定义,还要回到作品的定义上,尤其是表达的要件上。事实上,只要我们紧扣作品构成要件中的"表达",那么无论是走钢丝、顶碗、钻圈一类的杂技,还是魔术和马戏之类的技巧,都不属于著作权法保护的对象。将表达性和独创性要件结合起来,现实生活中究竟有多少杂技、魔术和马戏能够构成作品,就很值得讨论了。①

3. 没有必要将杂技艺术作品列为独立的作品类型

2012年,王迁在《著作权法借鉴国际条约与国外立法:问题与对策》中认为,根据著作权法原理,杂技、魔术和马戏本身是不可能构成作品的。虽然《著作权法》的立法者可能也意识到了保护"技巧"本身是直接违背著作权法的基本原理的,因此使用了"以技巧表现的作品"这一术语。但是杂技、魔术和马戏的根本目的在于展示技巧本身,动作设计者追求的最终结果,是使观众被表演者高超的技巧所折服,而不是首先去感受美的表达。这正如跨栏比赛中运动员在乎的是能否跑得最快,而不是其一连串动作是否优美动人。可以想象,如果有人在春节晚会之前,就对刘谦所表演的模式进行"揭秘",将其整套魔术的所有秘密都和盘托出,试问:刘谦的魔术还能吸引观众吗?因此,杂技、魔术和马戏本身不能构成独立于技巧之外,以"技巧表现的作品"。虽然在杂技、魔术和马戏表演过程中,可以插入舞蹈、音乐等其他类型的作品,但是这与"杂技艺术作品"毫无关系。②

2013年,袁博在《论魔术可版权性的证伪——以我国首例魔术作品著作权纠纷案为切入点》中认为:不是每一种值得保护的法益都能纳入著作权法的保护范围,著作权的产生有其内在的逻辑。杂技、魔术和马戏都需要高超的技巧,但这并不是要把它们纳入著作权法保护范围的理由。"技巧"属于一种操作方法,而著作权只保护具有独创性的表达。任何实用性的因素,包括操作方法、技术方案和实用功能都不在著作权法的保护范围内,这就是著作权法的思想—表达二分法原则。③ 同年,杨利华在《我国著作权客体制度检讨》中认为:"通过连续的动作、姿态、表情等表现思想情感"的舞蹈作品,与"通过形体和动作表现"的杂技艺术作品相比,两者都是通过"动作、姿势"等表现出来的,主要区别在于

---

① 参见李明德:《论作品的定义》,载《甘肃社会科学》2012年第4期,第149-152页。
② 参见王迁:《著作权法借鉴国际条约与国外立法:问题与对策》,载《中国法学》2012年第3期,第35-36页。
③ 参见袁博:《论魔术可版权性的证伪——以我国首例魔术作品著作权纠纷案为切入点》,载《中国版权》2013年第2期,第30页。

其表达的侧重点不同:杂技通过动作在表达美感的同时侧重于技艺,而舞蹈通过动作表现的通常是"思想情感"。杂技技巧不是著作权保护的内容,而杂技通过形体动作体现出来的审美特征与舞蹈并无区别。根据杂技本身的特点,我国《著作权法》不必再单独设置杂技艺术作品。① 同年,刘银良在《百尺竿头,何不更进一步?——评著作权法第三次修改》中认为,杂技艺术作品主要与舞蹈作品重合且在现实生活中应用极少,这类作品的表演又可以通过表演者权获得保护,单独规定这类作品并无显然的必要性和现实意义。②

2016年,齐凯悦在《杂技、魔术、马戏的著作权法保护探究》中认为通过"形体或者动作"表现的内容不构成新的作品,理由如下:第一,杂技、魔术、马戏中通过形体或者动作表现出来的内容与舞蹈作品相似,两者都是通过动作、姿势表现出来,并可能会结合一定的道具作为补充;第二,部分魔术通过"形体或者动作表现的作品"与戏剧作品相似;第三,通过"形体或者动作"表现的内容不一定构成作品。大部分情况下,通过"形体或者动作"表现出的内容实际上可能并不具备构成作品的独创性要求的条件。③ 2017年,袁博在《浅议我国著作权法的"人无我有"和"人有我无"》中认为:杂技艺术作品的规定不合理。主要原因在于:第一,杂技能够吸引眼球的部分在于高难度的技术动作,而这种动作并不符合著作权法中关于作品的要求,而能够表达某种艺术思想的修饰性舞台动作又不是杂技的主要内容。第二,将杂技的关键动作纳入著作权保护会窒息杂技创作的热情。第三,杂技节目中具有艺术美感表达的部分不是杂技的主要或者核心部分。④

(二)对杂技艺术作品的保护方式

关于对杂技艺术作品的保护方式,学界主要有以下观点。

1. 通过著作权进行保护

2006年,张爱丽、潘海波、徐红新在《我国杂技的著作权如何保护》中认为,著作权属于创造杂技脚本的作者,在特殊情况下,单位也可以取得杂技艺术作品的著作权,这主要包括两种情况:第一,职务创作。杂技团专门从事脚本创作的职工为完成单位下达的工作任务创作的杂技脚本是职务作品,单位可以在给

---

① 参见杨利华:《我国著作权客体制度检讨》,载《法学杂志》2013年第8期,第25页。
② 参见刘银良:《百尺竿头,何不更进一步?——评著作权法第三次修改》,载《知识产权》2013年第2期,第30页。
③ 参见齐凯悦:《杂技、魔术、马戏的著作权法保护探究》,载《苏州大学学报(法学版)》2016年第3期,第91页。
④ 参见袁博:《浅议我国著作权法的"人无我有"和"人有我无"》,载《中国知识产权报》2017年5月26日,第010版。

予作者奖励的条件下和作者订立合同，约定除署名权由职工享有外，其他著作权全部归单位。如果没有订立合同，那么著作权归作者享有，但单位有权在业务范围内优先使用。第二，委托创作。杂技团委托单位以外的人创编脚本，可以通过合同约定著作权归属，合同未作明确约定或者没有订立合同的，著作权属于受托人。①

有学者对著作权保护的可操作性提出了质疑。2018 年，郭云鹏在《从〈俏花旦——集体空竹〉被侵权说开来》中认为：当下杂技维权仍缺乏有效途径，倘若真的发生纠纷，相关法律的不健全、侵权行为难界定、高昂的时间及金钱成本等因素，会使维权行动困难重重。当前的《著作权法》虽然将杂技列入了保护范畴，但还是一个宽泛的规定，实际操作性不强。②

2. 作为商业秘密进行保护

2008 年，董美根在《杂技艺术作品的著作权保护》中认为：虽然技巧对杂技的发展起了非常大的作用，没有技巧，杂技艺术作品难以生存和发展。然而，著作权并不保护技巧本身。主要理由为：第一，著作权法保护对象为作品，体现了著作权法保护的是创造性的智力成果；第二，保护杂技技巧与著作权立法所追求的促进文化传播的目标不相吻合；第三，创造者与表演者的分离同样体现了杂技艺术作品不保护技巧。虽然著作权法对技巧不予保护，但事实上，杂技技巧在某些层面上还是可以获得有限的保护的。比如，在杂技进行公演之前将其作为商业秘密进行保护。③

3. 通过表演者权进行保护

2013 年，王勉青在《我国魔术作品的著作权保护》中认为，由于很多国家是通过邻接权对表演者进行保护的，因此给予通过表演来实现经济利益的表演者广泛的经济权利是十分有必要的。④ 2016 年，朱光琪在《视听表演者权研究》中认为，将杂技艺术作品作为著作权保护对象存在争议，但保护杂技艺术作品的表演者是合理的。⑤ 2016 年，齐凯悦在《杂技、魔术、马戏的著作权法保护探究》中认为：杂技等艺术不应作为"杂技艺术作品"获得《著作权法》保护，但并不意味着其不应获得《著作权法》保护。我国可以参考借鉴《罗马公约》与其他国家立

---

① 参见张爱丽、潘海波、徐红新：《我国杂技的著作权如何保护》，载《河北大学学报（哲学社会科学版）》2006 年第 4 期，第 141 页。
② 参见郭云鹏：《从〈俏花旦——集体空竹〉被侵权说开来》，载《杂技与魔术》2018 年第 3 期，第 55 页。
③ 参见董美根：《杂技艺术作品的著作权保护》，载《杂技与魔术》2008 年第 2 期，第 51-53 页。
④ 参见王勉青：《我国魔术作品的著作权保护》，载《中国版权》2013 年第 6 期，第 21 页。
⑤ 参见朱光琪：《视听表演者权研究》，武汉大学 2016 年博士学位论文，第 160 页。

法的方式，赋予杂技演员、魔术师、马术小丑等"表演者"身份，以表演者权的方式进行保护。可以参照法国等国家列举式的方式，将表演者定义为"……以朗诵、演唱、演奏以及其他方式表演文学艺术作品、民间文学艺术作品或杂技、魔术、马戏的自然人"。该规定一方面可以实现对杂技、魔术、马术进行著作权法保护的立法目的，另一方面不至于对表演者的范围作出超出法律规定的设置。①

四、民间文学艺术作品

我国著作权法虽然规定了民间文学艺术作品，但学界对民间文学艺术作品的法理基础、保护模式和权利归属都存在争议。

(一)民间文学艺术作品的法理基础

对于民间文学艺术作品的法理基础，学界主要有以下观点。

1. 人权理论

2006年，张耕在《民间文学艺术知识产权保护的正当性》中认为：民间文学艺术通常被视为属于公有领域的信息，但对其赋予知识产权保护的呼声日渐高涨。第三代人权理论发展产生的自决权、发展权等集体人权为民间文学艺术的知识产权保护提供了充分的理论支持，人权保护为民间文学艺术的知识产权保护奠定了又一正当性基础。②

2. 法哲学和文化学理论

2007年，张耕在《民间文学艺术的知识产权保护研究》中认为：法哲学、文化学等学科的理论从不同的角度，可以对民间文学艺术知识产权保护的正当性和合理性进行阐释。这些阐释各有利弊，它们之间实际上是相互交错、相互关联的，共同构成民间文学艺术知识产权保护的正当性基础。③

3. 正义论

2008年，张耕在《民间文学艺术知识产权正义论》中认为：正义是社会制度的首要价值，民间文学艺术必须接受正义价值观的审视。正义具有流变性和恒定性，分配正义和社会正义观从不同的角度为民间文学艺术的知识产权保护提供了理论依据。④

---

① 参见齐凯悦：《杂技、魔术、马戏的著作权法保护探究》，载《苏州大学学报（法学版）》2016年第3期，第94页。

② 参见张耕：《民间文学艺术知识产权保护的正当性——以人权保护为视角》，载《学术论坛》2006年第12期，第125页。

③ 参见张耕：《民间文学艺术的知识产权保护研究》，法律出版社2007年版，第51—99页。

④ 参见张耕：《民间文学艺术知识产权正义论》，载《现代法学》2008年第1期，第28页。

4. 保护文化多样性、保障民族地区发展权和建立新的利益平衡机制的需要

2009年,于洪燕在《对民间文学艺术知识产权保护的理论分析》中认为,民间文艺知识产权保护的法理基础包括:保护文化多样性的需要,保障民族地区发展权的需要,建立新的利益平衡机制的需要。①

(二)对民间文学艺术作品的保护模式

关于对民间文学艺术作品的保护模式,学界主要有以下观点。

1. 著作权法保护模式

1992年,张广生在《试论民间文学艺术作品的著作权保护》中认为,对民间文学艺术作品进行著作权保护有着充分的依据:(1)民间文学艺术作品符合著作权保护的条件:首先,每一部民间文学艺术作品都有其不同的特点,反映的是各个民族的独创性,凝聚了各民族千姿百态的审美意识。其次,民间文学艺术的形式有传说、故事、唱本、乐曲、歌谣、舞蹈等,这些作品无疑都可以用文字记录、录音、录像等物质形式进行复制,并以出版、发表、播放、展览、改编等方式传播,为公众所感知,产生一定的社会效果。最后,民间文学艺术作品是各个民族通过许多人的脑力劳动而形成的集体智力成果,与一般的文学艺术作品是种属关系,当然属于著作权的客体。(2)民间文学艺术作品不属于早已进入公有领域的作品。在未公开发表以前,民间文学艺术作品始终处于不断的"创作"状态,公开发表后才标志着它相对地"完稿"。只有在这时才能开始计算它的著作权保护期限,超过期限后才能视之为进入公有领域的作品。(3)对民间文学艺术作品给予著作权保护符合国际上版权发展的趋势。② 1997年,许超在《民间文学艺术在中国的法律保护》中认为,《著作权法》第6条是制定保护民间文学艺术的规定的直接法律依据。③

1993年,杨新书、刘水云在《论中国民间文学艺术版权保护》中认为,民间文学艺术作品较之于一般著作权客体在法律特征上有较大差异,其特殊性几乎与一般著作权原则形成了抵触,因此,仅以著作权法的相关条款来调整民间文学艺术作品的版权法律关系,会导致适用法律的障碍,但是作为著作权法律客体,它又必须依据著作权法的一些准则来规范其著作权主体和各相关权益主体及公众的行为。④ 1998年,冀红梅在《民间文学艺术的著作权保护》中认为,对民间文

---

① 参见于洪燕:《对民间文学艺术知识产权保护的理论分析》,载《法律适用》2009年第5期,第97页。
② 参见张广生:《试论民间文学艺术作品的著作权保护》,载《中国法学》1992年第3期,第43-44页。
③ 参见许超:《民间文学艺术在中国的法律保护》,载《中国专利与商标》1997年第1期,第54页。
④ 参见杨新书、刘水云:《论中国民间文学艺术版权保护》,载《知识产权》1993年第4期,第39页。

第六章 中国知识产权法分论研究中的重大理论争议

学艺术的保护运用著作权保护的基本精神与方法，并对其特殊之处规定特别的保护措施，以单行条例加以规定是一种合理而便捷的方式。[①] 2003 年，赵蓉、刘晓霞在《民间文学艺术作品的法律保护》中认为：在抉择哪种途径保护民间文学艺术作品更适当时，应从与其最密切联系之法律适用的角度去考察。民间文学艺术作品系人们文学艺术领域中创造之成果，是用来满足人们的精神文化需要，丰富人们生产、生活，因而，利用现行的版权法律框架对民间文学艺术作品给予全面保护将有利于形成对民间文学艺术更高水平的认可。[②]

2004 年，蒋万来在《民间文学艺术的法律保护》中认为，在幅员辽阔的多民族的我国，民间文学艺术所蕴含的主要利益关系属于其发源地和流传地区族群的私权，而非所谓公共利益，从而对其也应该以著作权法模式保护。[③] 2005 年，杨勇胜、郑章瑶在《民间文学艺术作品的版权客体化》中认为：民间文学艺术作品具有可版权性。版权法上的作品类型历史地来看是开放的，发展中国家应依据自身的国情和版权立法价值观，重置"可版权作品"的约束性条件，确认群体作者的身份和民间文学艺术作品的独创性，排除"固定"的要求，使民间文学艺术作品版权客体化，以达成传统民间文艺与知识创新的利益平衡。[④] 2006 年，李永明、杨勇在《民间文学艺术作品的版权保护》中认为：民间文学艺术作品具有版权法意义上的作品性，版权保护应当是民间文学艺术作品法律保护中的核心手段。民间文学艺术作品的权利主体是多层次的。创作民间文学艺术作品的群体是原始的版权主体，传承人等相关主体则依其付出的劳动的性质获得相应的版权或其他权利。通过群体的代表或组织享有相应权益是民间文学艺术作品的集体版权实现的有效途径。[⑤]

2007 年，张耕在《民间文学艺术的知识产权保护研究》中认为：许多知识产权都能在保护民间文学艺术中发挥独特的作用，但对于民间文学艺术来源群体的直接保护，经适当改革后的版权制度是相对合理的选择。这不仅是因为通过版权保护民间文学艺术有明确的法律依据，更重要的是版权法具有与时俱进的品质，可以克服或消除民间文学艺术版权保护所面临的系列障碍，如作品的独创性要件、作品的固定性要件、作者身份的可确定性要求、版权的个人主义私权属性

---

① 参见冀红梅：《民间文学艺术的著作权保护》，载《科技与法律》1998 年第 1 期，第 60 页。
② 参见赵蓉、刘晓霞：《民间文学艺术作品的法律保护》，载《法学》2003 年第 10 期，第 52-53 页。
③ 参见蒋万来：《民间文学艺术的法律保护》，载《电子知识产权》2004 年第 5 期，第 20-21 页。
④ 参见杨勇胜、郑章瑶：《民间文学艺术作品的版权客体化——传统民间文艺与知识创新的利益平衡》，载《浙江师范大学学报（社会科学版）》2005 年第 1 期，第 60 页。
⑤ 参见李永明、杨勇：《民间文学艺术作品的版权保护》，载《浙江大学学报（人文社会科学版）》2006 年第 4 期，第 132 页。

与有限制的保护期等，并且版权制度中人身权和财产权相结合的"二权一体"特点及丰富的权利内容正好能迎合民间文学艺术来源群体的保护需求和保护目标。① 2008 年，党和苹、景浮英在《关于非物质文化遗产著作权保护的探讨》中认为：非物质文化遗产具有鲜明的自身特性，要获得著作权法保护需在独创性、主体、客体、保护期限等问题上克服一定障碍。非物质文化遗产可分为个人型、社会团体型、国家型，其因类型的不同对著作权保护模式提出了不同的要求。② 2008 年，苏喆、张建梅在《民族民间文化的登记式版权保护初探》中认为：对民族民间文化进行知识产权保护的观点虽然早已提出，但对似乎已经进入公共领域的传统知识再回过头来进行私权保护，其理由并不十分充足。因民族民间文化具有较为复杂的法律特征，应从其特点和难点出发，进行充分的公示，在允许异议的基础上明确权利主体，取得共识，才有可能有序形成私权保护模式。在具体方法上应实施登记式版权保护。③

2010 年，管育鹰在《〈著作权法〉在调整民间文艺相关利益关系方面的缺漏》中提出：《著作权法》没有明确规定民间文艺的演绎者应尊重保有人的精神性权利，也没有提及民间文艺的整理者和表演者的地位问题，并准确区分改编、整理、翻译、记录等概念，更没有提供任何解决民间文艺保有人、演绎人、记录人、传承人及商业化利用人等之间经济利益关系的思路。当前广播、电影电视、网络及各类复制技术的发展促进了民间文艺的广泛流通，其间不可避免地出现了更多不正当利用的情形。民间文艺的各种表现形式借助于这些现代化手段正在被大规模地用于商业目的，而创造和保有这些传统民间文艺的群体的文化和经济利益却得不到丝毫尊重；即使是具体的民间文艺作品的创作者、表演者、记录者也难以分享到商业制品制作人的商业收入。此外，在民间文艺的商业化过程中，人们出于各种目的还可能将其表现形式加以歪曲利用，这样就侵犯了民间文艺保有人的精神性权利。随着人们对"原生态"文化的兴趣不断提高，这个问题变得日趋尖锐。鉴于运用民间文艺所产生的成果绝大部分雷同于著作权法的保护客体，在专门针对民间文艺特殊权利的法律保护尚难以落实的情况下，现有《著作权法》如何认真思考维护民间文艺商业化利益分配的公正并惩罚侵权行为是现实带

---

① 参见张耕：《民间文学艺术的知识产权保护研究》，法律出版社 2007 年版，第 153-173 页。
② 参见党和苹、景浮英：《关于非物质文化遗产著作权保护的探讨》，载《法学杂志》2008 年第 4 期，第 123 页。
③ 参见苏喆、张建梅：《民族民间文化的登记式版权保护初探》，载《电子知识产权》2008 年第 10 期，第 27 页。

给我们的挑战。① 2011 年，冯希艳在《论民间文学艺术作品的著作权保护》中认为：加强对民间文学艺术作品的著作权保护符合国际潮流，也符合中国的利益。中国应尽快制定民间文学艺术作品著作权保护的法律，对民间文学艺术作品的保护范围、权利主体、著作权内容以及其传承者、搜集整理者的权利等作出界定。② 2012 年，魏清沂、罗艺在《民族民间文学艺术类非物质文化遗产保护模式的法理分析》中认为：现有《著作权法》显然对民间文学艺术保护不够，而《非物质文化遗产法》也回避了知识产权保护的具体保护问题，因此，对于民间文学艺术的保护而言，国家层面的《民间文学艺术作品著作权保护条例》尽快出台是非常必要的。《民间文学艺术作品著作权保护条例》主要通过著作权模式保护民间文学艺术，大多数民间文学艺术基本能被涵盖在其中。③

也有学者对著作权法保护模式提出了质疑。例如，2005 年，邵明艳在《让"乌苏里船歌"的歌声更悠扬》中认为，民间文学艺术作品与我国《著作权法》规范的作品在法律属性和基本特征上存在根本区别，我国《著作权法》的很多规定和原则不能适用在民间文学艺术作品的保护上。④ 2006 年，罗向京在《论著作权法与民间文学艺术保护》中认为：民间文学艺术的基本属性，决定了它对著作权制度运作机理的排斥。无视这个基础，先入为主地谈民间文学艺术"著作权"保护之类的具体制度设计，似可商榷。不可否认，我们应当建立法律制度保护民间文学艺术，但制度本身并非我们的目的。我们应当为民间文学艺术保护寻求合适的法律制度，而非为著作权制度的目的去改造民间文学艺术。⑤

2. 专门法保护模式

部分学者主张，对民间文学艺术应制定专门法进行保护，具体又分为专门私法保护模式、知识产权特别立法保护模式和其他专门法保护模式。

（1）专门私法保护模式。

1996 年，李祖明在《民间文学艺术表达形式法律保护之我见》中认为，应制定专门的私法性质的法律保护民间文学艺术表达形式，或者说是制订扩大的而

---

① 参见管育鹰：《〈著作权法〉在调整民间文艺相关利益关系方面的缺漏》，载《北方法学》2010 年第 4 期，第 30 页。
② 参见冯希艳：《论民间文学艺术作品的著作权保护》，载《中国石油大学学报（社会科学版）》2011 年第 3 期，第 40 页。
③ 参见魏清沂、罗艺：《民族民间文学艺术类非物质文化遗产保护模式的法理分析》，载《甘肃政法学院学报》2012 年第 4 期，第 100 页。
④ 参见邵明艳：《让"乌苏里船歌"的歌声更悠扬——民间文学艺术作品法律保护的探讨》，载《电子知识产权》2005 年第 9 期，第 50 页。
⑤ 参见罗向京：《论著作权法与民间文学艺术保护》，载《中国出版》2006 年第 5 期，第 56 页。

非现代意义上的版权法对之加以保护。[①] 2007 年，曾荇在《论我国民间文学艺术作品的法律保护》中认为，应该制定专门的"民间文学艺术作品保护法"对民间文学艺术作品予以保护，而且为了提升立法的层次，应该由全国人大或其常委会制定"民间文学艺术作品保护法"，将民间文学艺术作品以私法的形式给予保护，形成以私法为主，多种法律全面予以救济的法律保护体系，构建民间文学艺术作品保护的新模式。[②]

(2) 知识产权特别立法保护模式。

2004 年，程慧钊在《民间文学艺术若干法律问题研究》中认为，我国在起草保护民间文学艺术的法律时，不应将民间文学艺术列入《著作权法》中，应该采用知识产权的特别立法的方式对其进行保护。[③] 2004 年，刘华、胡武艳在《民间文学艺术及其特别保护体系研究》中认为，应在现有知识产权保护机制基础上进一步建立特别保护体系。[④] 2006 年，李阁霞在《论民间文学艺术表达的法律保护》中认为，最好的保护民间文学艺术的模式，就是用类似于知识产权法的特别法（可以称之为"民间文学艺术表达保护法"）进行保护；并认为，鉴于民间文学艺术表达对我国的重要性，"民间文学艺术表达保护法"不应该由国务院制定，它与知识产权法保护的原则和目标及保护对象都是不同的，因而，不应该成为《著作权法》等知识产权法的下位法，而应该由全国人大或其常委会制定并通过。[⑤] 2007 年，任玉翠在《论民间文学艺术作品的版权保护》中认为，由于民间文学艺术作品既有版权客体的性质又有与之相冲突的一面，因此采用单一的保护方式都不全面，只有版权制度与专门的知识产权立法相结合才能提供全面、充分的保护。[⑥]

2009 年，黄玉烨在《我国民间文学艺术的特别权利保护模式》中认为：民间文学艺术的著作权保护模式有诸多不足，如缺乏对民间文学艺术中蕴含的公共利益的公权保护，多数民间文学艺术并不符合著作权保护的条件，强化对经济权利的保护将妨碍民间文学艺术的传播与发展等。这些不足决定了民间文学艺术的著作权保护模式并非最佳选择。因此，民间文学艺术的保护需要建立一种知识产

[①] 参见李祖明：《民间文学艺术表达形式法律保护之我见》，载《思想战线》1996 年第 2 期，第 55 页。
[②] 参见曾荇：《论我国民间文学艺术作品的法律保护》，载《求索》2007 年第 10 期，第 103 页。
[③] 参见程慧钊：《民间文学艺术若干法律问题研究》，载《法学杂志》2004 年第 9 期，第 81 页。
[④] 参见刘华、胡武艳：《民间文学艺术及其特别保护体系研究》，载《华中师范大学学报》（人文社会科学版）2004 年第 3 期，第 41 页。
[⑤] 参见李阁霞：《论民间文学艺术表达的法律保护》，载《贵州师范大学学报（社会科学版）》2006 年第 1 期，第 38 页。
[⑥] 参见任玉翠：《论民间文学艺术作品的版权保护》，载《浙江社会科学》2007 年第 4 期，第 123 页。

权的特别权利保护体系,这更加有利于促进民间文学艺术的保护、保存与发展。① 2010年,杨鸿在《民间文艺特别知识产权保护的国际立法实践研究》中认为:产生并发展于工业化时代的知识产权法(包括但不限于版权法),其宗旨是鼓励创新而非保护传统,其保护的权利主体是现当代社会中具有明确个体身份的作者或法人,而非成员范围与身份都不能完全确定,甚至不断变化的传统群体。或者说,民间文艺来自古老传统、由范围不确定的群体创造这两大基本特征使得其难以符合知识产权法的保护要求。此外,知识产权法,尤其是版权法仅提供有限期的保护,而民间文艺由久远前流传而来且仍将流传至不确定的将来,有限期的保护对其显然是不适应的。一方面,真正有意义的保护需要知识产权类型的保护,另一方面,民间文艺又难以符合通行的知识产权法基本原则,且知识产权的普通保护方式难以满足民间文艺对保护的需求。在此背景下,适当改革通行的知识产权法(尤其是其中的版权法),结合民间文艺的特征建立特别的知识产权制度成为一种必要而可行的折中方法。② 2011年,石雪梅、程平在《民间文学艺术的知识产权保护》中认为,只有构建独立的民间文学艺术的知识产权保护的法律模式,同时借鉴意大利、埃及等国对民间文学作品著作权享受无限期保护的条款,才能够最有效地保护我国的民间文学艺术。③ 2013年,张冬在《传统文化知识产权专有性认定的几个基本问题》中从传统文化的角度提出:知识产权的专有性本身并没有排斥传统文化的知识产权保护,传统文化具有相对专有性,传统文化权利主体即便是国家也应属于私主体,具有财产权利。虽然现存知识产权法律框架,以美国为例,并不利于对以新技术欠发达国家为主的传统文化之私权保护,但是知识产权私权社会化的全球趋势,正加速以各类群体为私权人的传统文化知识产权保护的竞争需求。建议作为对现有知识产权立法框架的补充,传统文化应当适用知识产权体系下的一种独立的特别保护路径,以期实现竞争利益的平衡发展。④

(3) 其他专门法保护模式。

2009年,孙彩虹在《我国民间文学艺术知识产权保护对策探析》中认为,可以按照《保护民间文学艺术表达,防止不正当利用及其他侵害行为的国内示范法》确立的示范法模式,将"民间文学艺术表达形式"(注意,不是"民间文学

---

① 参见黄玉烨:《我国民间文学艺术的特别权利保护模式》,载《法学》2009年第8期,第119页。

② 参见杨鸿:《民间文艺特别知识产权保护的国际立法实践研究》,华东政法大学2010年博士学位论文,第2页。

③ 参见石雪梅、程平:《民间文学艺术的知识产权保护》,载《福州大学学报(哲学社会科学版)》2011年第6期,第117页。

④ 参见张冬:《传统文化知识产权专有性认定的几个基本问题》,载《知识产权》2013年第3期,第75页。

艺术作品")从著作权法中独立出来,专门立法进行保护。① 2012年,王春梅在《传承与创新:民间文学艺术表达保护中的利益分配与平衡》中认为:民间文学艺术表达延续着古老的文化与文明,并创新着今日的繁荣。但传承是基础,创新是发展,民间文学艺术表达保护立于传承兼顾创新的立法目的与宗旨要求采单独法保护模式,且必须在正当性基础上通过利益分配机制满足和实现不同主体的利益诉求,实现民间文学艺术表达保护中传承与创新,个体、群体与公益之间的利益平衡。②

3. 特别权利保护模式

部分学者认为,对民间文学艺术应创设特别权利进行保护,具体又分为集体权利保护模式和民间文学艺术权保护模式。

(1) 集体权利保护模式。

2003年,梁志文在《民间文学艺术立法的集体权利模式:一种新的探讨》中提出:民间文学艺术保护主要是基于传统知识产权尤其是著作权的保护,但现在人们均认为该种保护不太适宜,因此需要制度创新。集体权利作为一种新的模式,它是基本人权在民间文学艺术保护中的体现。它由利用控制权、精神权利和权利限制等部分组成,其权利可由来源社团和国家指定的行政部门行使,同时保护民间文学艺术传承人的权利,在民间文学艺术原生境使用和派生使用之间进行协调。③

(2) 民间文学艺术权保护模式。

2004年,刘胜红、王林在《试论民间文学艺术权》中认为:民间文学艺术权是一种"特别权利",它类似于知识产权,但又不同于知识产权,它在权利性质、创新标准、客体范围等方面与传统知识产权都存在较大差异。它表现出非个体专有的独占性、长期性、不可转让性等特征。④ 2007年,贺桂华在《民间文学艺术法律保护的新思路》中认为:民间文学艺术处于公有领域,应当通过严格界定民间文学艺术客体,赋予来源群体民间文学艺术权,引进"公有领域付费"制度解决随之而来的问题。与传统知识产权不同,民间文学艺术的保护应该以"保

---

① 参见孙彩虹:《我国民间文学艺术知识产权保护对策探析》,载《河南社会科学》2009年第2期,第210页。

② 参见王春梅:《传承与创新:民间文学艺术表达保护中的利益分配与平衡》,载《苏州大学学报》2012年第4期,第87页。

③ 参见梁志文:《民间文学艺术立法的集体权利模式:一种新的探讨》,载《华侨大学学报(哲学社会科学版)》2003年第4期,第72页。

④ 参见刘胜红、王林:《试论民间文学艺术权》,载《中央民族大学学报(哲学社会科学版)》2004年第6期,第31页。

存"为宗旨,使民间文学艺术不因人类的行为而改变、失传、消亡。① 2008年,黄汇在《民间文学艺术保护的价值与模式选择》中建议:保护民间文学艺术,应构建一个群体性的"民间文学艺术权";应特别强调公法手段的介入与运用。②

4. 综合法律保护模式

2003年,张今在《民间文学艺术保护的法律思考》中认为:面对保护传统的民间文化这一世界性课题,我们一方面要利用现行知识产权制度,在传统知识和知识产权相结合方面作出应有的贡献,另一方面,应积极地在知识产权制度以外,运用诸如人权保护、文物保护、旅游管理等国家立法和地方立法,以及公共政策的扶持如少数民族民俗文化、民间传统文化资料的收集、整理、保存等项措施,来达到保持、尊重与弘扬民间文学艺术的目的。③《著作权法》因其特有禀赋而在民间文学艺术保护上具有很大局限性,而民间文学艺术本身的复杂性也决定了对它的保护超越了知识产权。保护民间文学艺术有多种方式,知识产权只是其中一种,与之并行的应有公法领域多种法律制度及社会政策。更重要的是,保护民间文学艺术不仅是为商业上的开发和利用,而是以保持、尊重与弘扬为直接目的。④

2007年,张玉敏在《民间文学艺术法律保护模式的选择》中认为:通过对版权保护和特殊权利保护两种主要法律保护模式的客观比较可见,其间并不存在根本差异,仅具体保护路径之别。民间文学艺术在保护客体、保护目的、保护方式等诸多方面与传统版权客体具有较大差异,特殊权利保护模式能够更为充分地体现民间文学艺术的保护需求,为较优选择。此外,在民间文学艺术法律保护制度中应当融入公法性质的保护手段,并整合商标法、反不正当竞争法等其他保护方式,以求实现对民间文学艺术的全面保护。⑤ 2009年,严永和在《我国民间文学艺术法律保护模式的选择》中认为:我国民间文学艺术的法律保护模式,在理论上需要采私法与公法综合保护模式;在立法操作上宜将民间文学艺术与传统知识等非物质文化遗产放在一起制定"非物质文化遗产行政促进条例"或者"非物质文化遗产保护法";同时制定"民间文学艺术保护条例",把民间文学艺术确

---

① 参见贺桂华:《民间文学艺术法律保护的新思路》,载《河南师范大学学报(哲学社会科学版)》2007年第2期,第148页。
② 参见黄汇:《民间文学艺术保护的价值与模式选择》,载《西南民族大学学报》(人文社科版)2008年第5期,第168页。
③ 参见张今:《民间文学艺术保护的法律思考》,载《法律适用》2003年第11期,第67页。
④ 参见张今:《民间文学艺术保护的法律思考》,载《法律适用》2003年第11期,第80页。
⑤ 参见张玉敏:《民间文学艺术法律保护模式的选择》,载《法商研究》2007年第4期,第3页。

定为一种特别权利予以保护。① 2011年，孙彩虹在《国外民间文学艺术法律保护实践及其启示》中提出：仅依赖著作权法律保护制度不足以维护和保全民间文学艺术持有者的合法权利，应当根据其特殊性，给予综合考虑，形成以《著作权法》为主体，多种法律法规如商标法、专利法、反不正当竞争法等全面救济的保护体系。② 2012年，周安平、龙冠中在《公法与私法间的抉择》中认为：尽管传统意义上的知识产权法是以赋予个体独占权、鼓励创新为主要目的，但是这并不能成为否定分布在我国境内各地的少数民族族群和众多的传承人获取自身合法利益的借口。只有在公法保护与私法保护相融合的基础上，辅之以非政府组织的保护及大力提倡公民保护，民间文学艺术才能更好地传承和发展。这是未来民间文学艺术保护的必由之路。③ 2012年，陈志强在《音乐作品及其权利研究》中提出：对于民间音乐作品的法律保护问题，一方面要有《非物质文化遗产法》的公法属性运行机制，另一方面也要有以民间组织为基础的"民间文学艺术权法"的私法属性运行机制，两套机制相得益彰，可以在不同的层面发挥作用，"双管齐下"，共同为民间文学艺术的保护"护航"。我国应尽快制定与《非物质文化遗产法》配套的《民间文学艺术权法》，将《非物质文化遗产法》确认的权利进行细化并拓展。《非物质文化遗产法》的施行对民间音乐"特别权"保护而言，并非终结，而只是开始。④

5. 商标法保护模式

2004年，沈颖迪在《民间文学艺术表达之商标保护》中认为，可以运用商标法的规定，从商标法视角进行保护。⑤

6. 根据国家政策目标选择保护模式

2008年，孙璐在《民间文学艺术的版权保护与经济发展》中认为：由于各国法律、文化、历史、社会环境等方面的不同，民间文学艺术的保护并没有单一的模式可以遵循。但无论是采用知识产权制度，还是采专门的保护体系，抑或作出非知识产权方面的选择，确定国家政策目标是保护模式赖以选择的基础。⑥

---

① 参见严永和：《我国民间文学艺术法律保护模式的选择》，载《知识产权》2009年第3期，第69页。
② 参见孙彩虹：《国外民间文学艺术法律保护实践及其启示》，载《河南大学学报（社会科学版）》2011年第2期，第210页。
③ 参见周安平、龙冠中：《公法与私法间的抉择：论我国民间文学艺术的知识产权保护》，载《知识产权》2012年第2期，第27页。
④ 参见陈志强：《音乐作品及其权利研究》，福建师范大学2012年博士学位论文，第192-193页。
⑤ 参见沈颖迪：《民间文学艺术表达之商标保护》，载《中华商标》2004年第7期，第52页。
⑥ 参见孙璐：《民间文学艺术的版权保护与经济发展》，载《中国出版》2008年第2期，第42页。

7. 公法保护模式

2010年，周婧在《质疑民间文学艺术著作权保护的合理性》中，从民间文学艺术概念的释义入手，对民间文学艺术的内涵和外延进行了界定，对比了易混淆的法律术语，在分析民间文学艺术创造规律的基础上总结了民间文学艺术的基本特征。其从法哲学的视角，在对功利论、劳动论、洛克先决条件、人格论和社会规划论等当代知识产权理论逐一辨析的基础上，对民间文学艺术的著作权保护提出了质疑，认为对民间文学艺术的保护无论是从"合规律性"还是从"合目的性"的角度都更适合采用公法模式。[①]

8. 不宜贸然立法进行保护

2011年，李琛在《论"folklore"与"民间文学艺术"的非等同性》中认为："folklore"的保护诉求之核心是确立知识的团体所有，这一诉求的依据是团体所有的意愿、事实和必要性，与土著民族和传统部族的文化心理和社会结构相关。"民间文学艺术"概念未能揭示团体所有的本质，"民间"一词模糊了团体所有与公有领域的界限，也无法证立团体所有的合理性。以中文语境的"民间文学艺术"含义作为法律讨论的基础容易误入歧途。从以上分析引申出几点建议：一是"folklore"的保护本质上是确立一种知识的族群所有，并且是以未落入公有领域为前提的。我国的"民间文学艺术"究竟在多大程度上需要实行族群所有，哪些属于公有领域，有待研究。二是知识的族群所有，是以自由传播的有害性为前提的。如果自由传播是无害的，应以公有为首选。知识的族群所有应当作为一种例外。三是确立知识族群所有的必要性，取决于一国的族群历史和生活现状，不能简单地以发达国家或发展中国家来划分。以"我国是发展中国家"和"民间文学艺术资源丰富"来推论知识族群所有的必要性，是不充分的。四是土著民族和传统部族的诉求有其文化心理、社会结构、生活模式等方面的依据，我国作为一个多民族长期共存、文化彼此融合的国家，究竟有多少族群希望对自身的传统文化传播予以限制，有待研究。五是知识的族群所有之诉求，是一个文化自决问题，与以财产利益为核心的知识产权保护诉求有着质的不同。这种诉求只能由相关族群自发地提出，而不能由政府代行意见。相关族群也可以选择文化开放的发展模式。六是在以上问题未澄清之前，相关立法不宜贸然出台，否则有可能影响文化发展的生态，对民众文学艺术传播的规制应格外谨慎。[②]

[①] 参见周婧：《质疑民间文学艺术著作权保护的合理性》，载《知识产权》2010年第1期，第71页。
[②] 参见李琛：《论"folklore"与"民间文学艺术"的非等同性》，载《知识产权》2011年第4期，第15-19、46页。

(三) 民间文学艺术作品的权利归属

对于民间文学艺术作品的权利归属，学界主要有以下观点。

1. 归来源民族或群体所有

1992年，张广生在《试论民间文学艺术作品的著作权保护》中认为：民间文学艺术作品没有具体的作者，它是一个民族集体创作出来的，因此这个民族享有著作权的主体资格。但是民族的每个成员都参与行使著作权是难以想象的。另外，由于受自然环境、经济状况、文化程度等条件的限制，要推举一个由若干民族成员组成的机构负责行使本民族作品的著作权，也是非常困难的。最好的解决办法是国家规定由县级以上文化主管部门代表民间文学艺术作品所属民族行使著作权，并负责分级管理工作。① 2004年，杨勇胜在《论民间文学艺术作品的权利主体》中认为：民间文学艺术作品的权利主体是多层次的。依据创造性的劳动应获得相应的版权权利和权利义务对等的原则，其版权首先应该归属于创作民间文学艺术作品的群体，其他主体应享有相应的版权或其他权利。有关群体的集体版权可以通过群体的代表或民间组织来实现，国家在特殊情况下成为民间文学艺术作品的权利主体。② 2005年，邵明艳在《让"乌苏里船歌"的歌声更悠扬》中认为，民间文学艺术作品是特定民族群体共同创造的智力成果，其所有权和版权应归属于产生民间文学艺术作品的特定民族群体。③

2006年，李阁霞在《论民间文学艺术表达的法律保护》中认为，民间文学艺术表达是在一个社群内部产生并发展的，与该社群的传统文化特征相契合，所以，将社群整体作为权利主体，在理论上是行得通的。④ 2007年，贺桂华在《民间文学艺术法律保护的新思路》中认为，民间文学艺术的权利主体应该是特定的来源群体，民间文学艺术权的特征在于：它仅是一种精神权利，不具有财产权利的内容；传承人是民间文学艺术保护的关键，不仅要在法律上明确传承人的权利，还要强调国家在保护传承人方面的义务。⑤ 2012年，马忠法、宋秀坤在《论民间文学艺术作品的著作权主体及其权利行使主体》中认为：民间文学艺术作品是现代文明的重要源头，其著作权主体与一般著作权主体相比，有共性也有特殊

---

① 参见张广生：《试论民间文学艺术作品的著作权保护》，载《中国法学》1992年第3期，第44-45页。

② 参见杨勇胜：《论民间文学艺术作品的权利主体》，载《浙江师范大学学报（社会科学版）》2004年第1期，第42页。

③ 参见邵明艳：《让"乌苏里船歌"的歌声更悠扬》，载《电子知识产权》2005年第9期，第50页。

④ 参见李阁霞：《论民间文学艺术表达的法律保护》，载《贵州师范大学学报（社会科学版）》2006年第1期，第36页。

⑤ 参见贺桂华：《民间文学艺术法律保护的新思路》，载《河南师范大学学报（哲学社会科学版）》2007年第2期，第148页。

性。依据独创性获取著作权之最基本原则，民间文学艺术作品的著作权主体应该是对其作出创造性贡献的来源地群体；但由于来源地群体是一个抽象的客观集合体，不可能自己行使该权利，故其权利行使主体应该是来源地政府、群体代表组织或国家。[①] 2013年，吕睿在《民间文学艺术知识产权主体合法性探求——以署名权为进路》中建议：以我国当前的国情，通过法律规范的形式授权非物质文化遗产的保护单位——政府文化行政部门（其属下研究机构）代理民间文学艺术知识产权，代表族群主张相关权利，避免民事权利的集体失语是较为现实的选择。借助非物质文化遗产名录体系明晰权利主体和产权归属，厘清客体范围，通过文化行政部门非物质文化遗产保护的层级构成和机构网络，实现优化代理，并依托政府文化行政部门的管理职能维护文化安全。[②]

2. 归国家所有

2003年，张革新在《民间文学艺术作品权属问题探析》中认为：民间文学艺术不仅关系到某个群体的利益，而且关系到国家和民族的利益，因此，民间文学艺术原生作品事实上的权利主体不能作为法律上的权利主体主张权利。在此情况下，国家应当作为民间文学艺术原生作品法律上的所有权和著作权主体，通过行使国家权力对其进行强有力的保护。[③]

3. 归传承人所有

2005年，崔国斌在《否弃集体作者观——民间文艺版权难题的终结》中认为：对民间文学艺术版权的传统保护以集体作者观作为核心论点。然而，这种民间文学艺术领域的集体作者观歪曲了著作权法的发展方向。版权法应该放弃集体作者观，而赋予传承人以作者身份，将民间文学艺术作品视为普通作品，按照普通的个人作品加以保护，才能最终解决民间文学艺术的版权难题。[④]

4. 归来源群体和传承人所有

2008年，张耕在《论民间文学艺术版权主体制度之构建》中认为：民间文学艺术是集体创造物，以浪漫主义为基础的个人作者观被认为是构建民间文学艺术版权保护制度的最大障碍。版权作者观经历了从普通工匠到创作天才、从个人主义到集体主义与个人主义相结合的演变过程。民间文学艺术来源群体和以自然

[①] 参见马忠法、宋秀坤：《论民间文学艺术作品的著作权主体及其权利行使主体》，载《民俗研究》2012年第4期，第8页。

[②] 参见吕睿：《民间文学艺术知识产权主体合法性探求——以署名权为进路》，载《内蒙古社会科学（汉文版）》2013年第1期，第67页。

[③] 参见张革新：《民间文学艺术作品权属问题探析》，载《知识产权》2003年第2期，第49页。

[④] 参见崔国斌：《否弃集体作者观——民间文艺版权难题的终结》，载《法制与社会发展》2005年第5期，第67页。

人为主的传承人享有民间文学艺术的版权,这与现代版权制度中个人与集体相结合的二元主体结构具有契合性。运用法定代理制度可以解决因民间文学艺术来源群体民事行为能力欠缺带来的权利主体虚位的世界性难题。[1]

五、外观设计

对外观设计的保护重点不在于其功能而在于其外观,这使外观设计与典型的专利权对象有差异,反而与保护美感的著作权对象更接近,因此,学界对外观设计的本质和立法模式都存在争议。

(一) 外观设计的本质

对于外观设计的本质,学界主要有以下观点。

1. 产品实用功能与美感的统一

2010 年,严若菡在《我国外观设计单独立法必要性研究》中提到,现代外观设计的产生既是工业发展的产物,也是追求美学的成果,其本质上是产品功能性与装饰性的统一。[2] 2012 年,赵小东在《论外观设计在知识产权体系中的地位》中认为,复合性是外观设计的本质特征,即外观设计所具有的表达特征符合版权保护的要求,其因与产品功能不可分离的特性,又在一定程度上属于专利法保护的对象,而在获得标示和区分产品出处的显著性时,又可受到商标法保护,这也是其与作品、发明等知识产权客体纠缠不清的原因所在。事实上,外观设计是一种介于作品与发明之间兼具美学和实用功能的知识产品。[3]

2. 与产品实用功能无关的美感设计

2015 年,郭禾在《外观设计与专利法的分野》中认为,基于"功能与形式二分法"可以推知,外观设计绝不是具备技术功能的产品方案,而是一种依托在产品上的以美感为目的的智力创造成果。产品只是外观设计依附的对象。无论从智力创造成果的角度看,还是从其追求的美感目的角度看,外观设计都与产品的实用功能无关。从这种意义上讲,外观设计可以被解释为一种被安排在有实用功能的产品身上的艺术"作品",是针对产品的关于美感的设计,所以,外观设计本质上是作品与产品的"混血儿",其身上兼备著作权和工业产权保护对象的属性。[4]

---

[1] 参见张耕:《论民间文学艺术版权主体制度之构建》,载《中国法学》2008 年第 3 期,第 55 页。
[2] 参见严若菡:《我国外观设计单独立法必要性研究》,载《电子知识产权》2010 年第 12 期,第 91 页。
[3] 参见赵小东:《论外观设计在知识产权体系中的地位》,载《广西社会科学》2012 年第 3 期,第 81 页。
[4] 参见郭禾:《外观设计与专利法的分野》,载《知识产权》2015 年第 4 期,第 12 页。

(二) 外观设计的立法模式

对于外观设计的立法模式，学界主要有以下观点。

1. 单独立法模式

2007 年，彭学龙、赵小东在《外观设计保护与立法模式比较及对我国的启示》中认为：在知识产权体系中，外观设计系介于作品与发明之间、兼具审美和实用功能的特殊客体，这种复合特征决定了保护模式的多样性。就此而言，单一的版权或专利模式具有针对性不强或力度不够的弱点；多重保护又存在叠床架屋、激励过度的缺陷；只有量身定做的专门模式才能满足外观设计法律保护的客观需求。实际上，专门模式已是当今世界外观设计法的发展趋势，自应成为我国立法机关的理性选择。[①] 2010 年，严若菡在《我国外观设计单独立法必要性研究》中认为：外观设计作为一种单独的知识产权客体，是知识产权体系的重要组成部分，在各国都受到重视和保护。随着国内、国际形势的发展，外观设计在经济和社会中起着越来越重要的作用。由于外观设计所具有的功能性和装饰性的特征，我国现行法律模式给予外观设计的保护不够完善。结合我国国情，借鉴国外成熟经验，对外观设计进行单独立法，可以更好地加大我国外观设计权的保护力度，完善我国的知识产权保护制度。[②]

2015 年，郭禾在《外观设计与专利法的分野》中指出：纵观我国《专利法》实施三十年来的情况，现实中有关外观设计的一些问题显然源自目前《专利法》的"三位一体"立法模式。具体地讲，在专利法实施中反映出的关于外观设计立法方面的问题或者执法上的不协调，至少有以下几个方面：第一，与发明或实用新型专利的技术方案相比，外观设计的侵权判断完全不同。第二，与发明或实用新型专利相比，外观设计的授权标准完全不同。因此，鉴于外观设计在性质上完全不同于发明、实用新型，即外观设计不是技术方案，最为恰当的做法就是将其逐出专利法，另立门户制定专门法。[③] 2016 年，马云鹏在《外观设计法律保护模式研究》中认为：如果说用专利法保护外观设计有历史的偶然性与合理性，当外观设计专利法保护模式的弊端不断涌现时，外观设计单独立法十分必要。在未来一定期限内，待时机成熟时，同日本、韩国一样，我国应当将外观设计从专利法中分离，另行制定单行的外观设计法。外观设计专门法保护，符合外观设计的本质特征和自然属性，是制度发展的规律使然，有利于协调不同的法律关系，满足

[①] 参见彭学龙、赵小东：《外观设计保护与立法模式比较及对我国的启示》，载《知识产权》2007 年第 6 期，第 74 页。
[②] 参见严若菡：《我国外观设计单独立法必要性研究》，载《电子知识产权》2010 年第 12 期，第 91 页。
[③] 参见郭禾：《外观设计与专利法的分野》，载《知识产权》2015 年第 4 期，第 12-13 页。

产业利益的需求，顺应国际保护的趋势。① 2017年，黄细江在《外观设计的本质回归和立法展望——以图形用户界面为考察对象》中认为：外观设计的专利权保护模式，有其特殊的时代特征和历史背景，缺乏理性的论证。外观设计通过专利权进行保护，最直接的影响就是将技术创作的思维和理念凌驾于外观设计上，扭曲外观设计的本质，忽略外观设计表达的客观属性，使得技术专利的授权标准、载体要求不适当地影响外观设计。随着理论的深入和实践的发展，这些不适将不断被扩大，在未来，对外观设计应当进行单独立法。②

2018年，张鹏在《外观设计单独立法论》中认为：从立法过程和审议过程来看，1984年专利法将外观设计制度在专利法中一并加以规定并非源自理性的判断，而是源自立法便利的选择，仅仅是为了提高立法效率、节省立法资源。从国际范围来看，单独立法模式代表了外观设计制度设计的主流趋势，美国采取纳入专利制度的保护模式存在历史的偶然性，并且在船舶外观设计和时尚外观设计方面存在单独立法的积极探索。因此，该学者建议外观设计单独立法，理由是：第一，外观设计制度保护客体的特殊性，使外观设计制度与专利制度并不具有内在整体性，从而二者不会内生出共性的法律规则。从立法技术层面上看，将两种总体思路完全不同的问题混杂于同一部法律之中也不利于法律的规范化。第二，从法律实践的角度看，诸多法律适用问题的根源在于体系化不足，在于业界缺少关于外观设计制度内在价值的共识，所以，该学者进一步提出，外观设计单独立法具有可行性和现实紧迫性。首先，外观设计单独立法存在立法先例的有力支撑。其次，外观设计单独立法存在制度实践的坚实基础。最后，外观设计单独立法存在产业发展的现实需求。③

2. 著作权法保护模式

2012年，李小武在《回到外观设计保护制度的起点》中指出：我国的外观设计是放在专利法下进行保护，这种方式的保护存在的最大的问题在于，在外观上让人认为外观设计与专利更为接近，其判定标准与其他的专利没有什么不同。这是一种谬误。这一谬误的始作俑者可能是美国，而我国在发展的过程中，尤其是在2008年专利法第三次修正过程中，也同样在向这个方向迈进。因此，建议我国对外观设计采取更版权化而非更专利化的保护模式。回归版权化，借助版权

---

① 参见马云鹏：《外观设计法律保护模式研究》，知识产权出版社2016年版，第175-178页。
② 参见黄细江：《外观设计的本质回归和立法展望——以图形用户界面为考察对象》，载《知识产权》2017年第11期。
③ 参见张鹏：《外观设计单独立法论》，载《知识产权》2018年第6期，第51-54页。

保护进行参照，能更好地理解和构建外观设计制度。① 2017 年，黄细江在《外观设计的本质回归和立法展望》中认为：不能以商业标准对外观设计、作品、发明进行简单区分，将外观设计完全区别于作品，否定其表达性。我们应当正视外观设计客观的自然属性，其作为一种个性表达，同属版权"作品"的范畴。将外观设计列入"思想"的法律逻辑，以专利法对其进行保护，都是浪漫主义者的"失误"，与外观设计的本质和法律逻辑相悖。②

六、商标的本体

对于商标的本质，学界有不同的观点，主要有智力成果说、信息说、符号说、联系说和市场说等。

1. 智力成果说

2003 年，郑成思在《知识产权法》中认为，商标是智力成果，其智力性表现为设计、选取商标时的智力性，经营过程中的智力性等。③ 但也有学者提出了不同意见。2007 年，刘春田主编的《知识产权法》认为：该说意在论证商标权属于知识产权的合理性，因为传统知识产权理论认为知识产权保护的对象是智力创作活动所产生的权利。然而，商标作为财产，其价值来源取决于它的识别性，取决于市场对它所标记的商品或服务的评价，与它自身的设计水平没有关系，与它自身是否具有独创性以及独创性程度的高低没有关系，与它自身的设计成本没有关系。④ 因此，强调商标的本质为智力成果是不合适的。

2. 信息说

2003 年，朱谢群在《商标、商誉与知识产权——兼谈反不正当竞争法之归类》中提出了信息说，认为商标的实质是商品和服务提供者的结构性信息或者说是商品和服务提供者的综合品质，这种结构性信息以各种被固定地使用在商品和服务上的"标记或标记组合"为载体。⑤ 该说不仅指出了商标是商品和服务上的"标记或标记组合"，还揭示了商标是商品和服务提供者的综合品质信息的载体，注意到了商标与商品和服务提供者之间的关系。但不足之处在于，该说未能强调

---

① 参见李小武：《回到外观设计保护制度的起点：从 GUI 的保护谈起》，载《清华法学》2012 年第 5 期，第 64 页。
② 参见黄细江：《外观设计的本质回归和立法展望——以图形用户界面为考察对象》，载《知识产权》2017 年第 11 期，第 69 页。
③ 参见郑成思：《知识产权法》，法律出版社 2003 年版，第 1 页。
④ 参见刘春田主编：《知识产权法》，高等教育出版社、北京大学出版社 2007 年版，第 4 页。
⑤ 参见朱谢群：《商标、商誉与知识产权——兼谈反不正当竞争法之归类》，载《当代法学》2003 年第 5 期。

商标和商品信息或服务信息之间的关系,因为消费者最看重的是商品和服务的质量,而不太在意提供商品和服务的主体的具体信息。

3. 符号说

2005年,李琛在《论知识产权法的体系化》中提出了符号说,认为知识产权的对象应解释为符号的组合,符号是人为创设的、具有指代功能的信号。① 2007年,彭学龙在《商标五分法的法学和符号学分析》和《商标法基本范畴的符号学分析》中认为:商标既是一个法律术语,又有其符号属性。② 作为符号,商标也是由能指、所指和对象组成的三元结构,其中,能指就是有形或可以感知的标志,所指为商品的出处或商誉,对象则是所附着的商品。③ 2007年,王建平在《中国城市中间阶层消费行为》中提出,商标的符号价值具有两个层次:第一是商品的独特性符号,即通过设计、造型、口号、品牌与形象等而显示它与其他商品的不同和独特性。借此传达商品本身的格调、档次和美感,体现某种梦想、欲望和离奇幻想。第二是商品本身的社会象征性,商品成为指称某种社会地位、生活方式、生活品位和社会认同等的符号。④ 2014年,李东海在《商标权边界研究》中认为:从商标存在的外在形式观察,无论是在现实中还是在法典上,商标都首先表现为一种符号,虽然各国对于商标是否需要具备可视性有不同规定,但是该符号对于作为认知主体的消费者来讲,必须是具备可感知性的,不管这种感知的方式是味觉的、听觉的还是视觉的。从商标所传达的意义考察,商标之所以在商业领域当中得以广泛应用,根本原因就在于通过该商标,商品的生产者、服务的提供者,甚至是商品的销售者都能够通过商标的使用来实现与消费者之间的信息交流。商标使用者通过商标传达信息,而消费者则通过商标来接收并解读信息。商标作为一种符号,构成了商标权人与消费者之间共同的沟通语言。⑤ 商标作为一种符号的特殊之处还在于,商标传递信息内容的变化会直接导致商标自身性质的变化。当一个标志因其自身的性质不适于作为商标注册时,其可以通过在商业中的实际应用获得商标法上的"第二含义"进而获得商标法的保护成为货真价实的商标。⑥

2016年,王坤在《论商标显著性的层次及规律》中认为:商标是一种具有

---

① 参见李琛:《论知识产权法的体系化》,北京大学出版社2005年版,第124-139页。
② 参见彭学龙:《商标五分法的法学和符号学分析》,载《电子知识产权》2007年第3期。
③ 参见彭学龙:《商标法基本范畴的符号学分析》,载《法学研究》2007年第1期。
④ 参见王建平:《中国城市中间阶层消费行为》,中国大百科全书出版社2007年版,第166页。
⑤ 参见李东海:《商标权边界研究》,西南政法大学2014年博士学位论文。
⑥ 参见李东海:《商标权边界研究》,西南政法大学2014年博士学位论文。

实用销售功能的符号组合,主要作用在于促进商品服务之销售。商标的要素分为符形和符号信息两个层次。其中,符形是商标符号的外在表现方式,符号信息是消费者对符形进行解读后获得的结果,是商标符号的意义,包括品质信息和文化信息。[1] 2018年,章凯业在《商标保护与市场竞争关系之反思与修正》中认为:相较于专利与著作权等创造性成果权,商标是一种纯粹涉及消费者意识的财产。与此同时,无论是商标还是人类现有的其他一切文化形式,在本质上都是一种符号形式。因此,对于商标使用能产生产品差异化及品牌忠诚的原因,并非传统的法学研究方法所能解释,相反,对其探讨应诉诸符号学、消费者行为学等经验研究方法。从符号学的角度,商标能产生差异化及品牌忠诚,首先是通过"意指"即赋予意义的过程实现的。换言之,通过商标使用以及有针对性的市场推广,同类产品上的不同商标被赋予了独特的符号意涵。赋予商标以符号意涵的意指过程,在市场营销领域也被称为"品牌化",是指以某些方式将某产品与满足同样需求的其他产品区分开来,创造差异性从而使自己的产品与众不同的过程。[2]

有学者基于商标的符号本质,进一步提出了商标的心理学本质。2012年,姚鹤徽、申雅栋在《商标本质的心理学分析》中提出:商标的功能、商标权、商标侵权等商标法基本范畴都与消费者的心理反应密切相关,从本质上看,其都源于商标的心理学本质。商标的心理学本质即在于以外在的人体可感知的标识刺激、引起消费者的心理反应,构建、改变、激活消费者长时记忆中特定商品的认知网络,从而指导消费者购物。由此,通过认知心理学可以更好地认识商标,为商标法律制度的完善奠定坚实的理论基础。[3]

但也有学者对符号说进行了反思。2009年,刘期家在《商标权概念的反思与重构》中认为:符号说有助于说明商标的显著性的含义,可以对商标专用权、禁止权和商标侵权等问题作出合理化解释,不足之处在于容易误导人们将商标等同于符号,将商标权理解为符号产权,并可能助长"符号圈地"行为。[4]

4. 联系说

2009年,刘期家在《商标权概念的反思与重构》中认为:商标的本质是特定符号与特定商品信息或服务信息之间的对应关系。一方面,商标符号不能脱离商品或服务而孤立存在;另一方面,商标反映或承载了商品或服务信息,包括商

---

[1] 参见王坤:《论商标显著性的层次及规律》,载《知识产权》2016年第2期。
[2] 参见章凯业:《商标保护与市场竞争关系之反思与修正》,载《法学研究》2018年第6期,第97页。
[3] 参见姚鹤徽、申雅栋:《商标本质的心理学分析》,载《河南师范大学学报(哲学社会科学版)》2012年第4期,第138页。
[4] 参见刘期家:《商标权概念的反思与重构》,载《知识产权》2009年第4期,第68页。

品或服务的来源信息（提供者信息）、商品或服务的种类信息、商品或服务的品质信息（质量信息）、消费者对商品或服务的评价信息（商誉信息）、商品或服务的宣传信息（广告信息）等方方面面的内容。① 2010年，徐春成在《"联系说"视野下的商标侵权例外辨析》中认为，商标权的客体是相关公众所认知的商标与商标所标识的商品之间的联系，并据此分析商标侵权例外的主要情形。② 2011年，宋建宝在《论商标权的本质及其异化》中认为，特定商业标识本身无法成为商誉的载体，只有其与特定商品或服务之间的联系才能成为商誉的载体，才能成为商标权的客体。一句话，商标应是指特定商业标识与特定商品或服务之间的联系，而不是指某商业标识本身。③ 2012年和2016年，杜志浩在《"联系说"视角下商标俗称抢注案的法律思考》和《商标权客体"联系说"之证成——兼评"非诚勿扰"商标纠纷案》中阐述了联系说，认为：符号与商标之间的联系才是商标的本质，一旦割裂了特定商品与特定符号之间的联系，商标将不复存在。商标权的客体是相关公众所认知的商标与商品或服务之间的特定联系，坚持这一商标权客体"联系说"，有助于把握商标权的本质，从而使裁判者能够在"非诚勿扰"商标纠纷案这样看似复杂的商标权案例中理清法律关系。④ 2016年，曹佳音在《支配权视角下的商标侵权混淆可能性研究》中认为：商标权与专利和著作权不同，单纯的商标标识并不当然受到法律保护。从商标发挥的功能看，商标是用于指示商品或服务来源的标识，商标权人使用商标的目的和商标法的立法本意都是保护商标的这种识别作用，单纯的商标标识并不能实现这一目的，只有通过实际的使用，在消费者心目中形成对特定商品或服务的指代，商标的识别功能才能得到发挥。因此，应当将商标与商品或服务之间的对应联系作为商标权的权利客体，该文将其称为商标蕴含的来源意义。只有形成上述对应联系，商标权人对商标及其来源意义的支配权利才得以产生。⑤

5. 市场说

2021年，刘春田在《商标概念新解——"商"是民法学上的又一发现》一文中首次提出：商标的本质在于"商"。"商"，就是市场。"商"，作为交易工具，

---

① 参见刘期家：《商标权概念的反思与重构》，载《知识产权》2009年第4期，第69页。
② 参见徐春成：《"联系说"视野下的商标侵权例外辨析》，载《西北农林科技大学学报（社会科学版）》2010年第5期，第104页。
③ 参见宋建宝：《论商标权的本质及其异化》，载《知识产权》2011年第1期，第79页。
④ 参见杜志浩：《商标权客体"联系说"之证成——兼评"非诚勿扰"商标纠纷案》，载《政治与法律》2016年第5期，第87页。
⑤ 参见曹佳音：《支配权视角下的商标侵权混淆可能性研究》，载《知识产权》2016年第4期，第51页。

本质上是一个关系，是由多种要素组合配置而成的复杂的、变动不居地提供交易服务的关系实在。"商"，是商业活动的纽带、桥梁，是网络化的，结构复杂、组合精巧的交易工具。① 2023年，余俊在《商标本质基础观念的重构》一文中进一步提出：商标是人类在"商"的关系中对"标"进行商业赋能后的产物。在商标诞生的过程中，"标"的选择为用，"商"的开拓为本。"商"赋予商标以正当性基础，"标"给予商标以可视化形式。在商标制度的运行中，通过商标产权制度确认"商"的财产地位，并由商标注册制度以"标"的形式对"商"进行标准化表述。故此，将"商"作为商标的本质，符合经济规律和商业逻辑，也最契合商标产生和商标制度运行的内在理路。"商"即市场，商标的本质也即为市场。②

第二节　知识产权内容研究中的重大理论争议

一、著作人格权

对于著作人格权，学界的争议主要集中于著作人格权的称谓、著作人格权的法理基础以及著作人格权与民法上人格权的关系等问题上。

（一）著作人格权的称谓

著作人格权一词，译自德文 Urheberperson lichkeitsrecht（直译为作者人格权），法文称 droit moral，英文为 moral rights。刘德宽教授将著作人格权的研究视为"研究著作权所不可或缺，且最富理论，及最能表现出著作权与其他财产权相异点的问题"③。著作人格权和著作财产权共同构成著作权，使之兼具人格财产的双重属性，从而比其他类型的知识产权更具有复杂性。不仅在民事权利体系中这是绝无仅有的，而且在知识产权体系中，同样是只此一例。④

理论和实践中，关于著作人格权的表述并不完全统一，主要有以下几种不同的用法。

1. 著作人身权

我国《著作权法》采用这种表述方式。⑤ 综观国内各种版本的论著，采纳此说者在数量上占据较大优势。国内早期的几本著作权法专著都采此说，例如1991年

---

① 参见刘春田：《商标概念新解——"商"是民法学上的又一发现》，载"知识产权家"公众号2021年10月10日。
② 参见余俊：《商标本质基础观念的重构》，载《中国法学》2023年第5期，第227-228页。
③ 刘德宽：《民法诸问题与新展望》，中国政法大学出版社2002年版，第304页。
④ 参见张俊浩主编：《民法学原理》（下册），中国政法大学出版社2000年版，第561页。
⑤ 参见《著作权法》第10条规定："著作权包括下列人身权和财产权……"

江平、沈仁干等主讲的《中华人民共和国著作权法讲析》① 以及同年河山、肖水所著的《著作权法概要》。② 1992 年，史文清、梅慎实在《著作权诸问题研究》中认为，著作权人身权是指保护作者的名誉、声望及其他附属于作品上的人格利益权，又称"身上权"③。1994 年，江建名在《著作权法导论》中认为，著作权人享有的著作权包括人身权和财产权两大部分。人身权又称精神权利。④ 2003 年，刘春田主编的《知识产权法》认为，著作人身权，是作者基于作品依法享有的以人身利益为内容的权利，是与著作财产权相对应的人身权。我国民法理论和民事立法称之为著作人身权，这种称谓符合我国的立法传统，也便于被人理解。⑤ 2005 年，吴汉东等学者在《知识产权基本问题研究》中认为，尽管各国对著作人身权的称谓有别，但其基本含义差别不大，都是指著作人基于作品创作所享有的一种使其人格、作品受到尊重的权利。⑥

一般认为，人身权由人格权和身份权组成，这也是我国多数学者所达成的共识。那么，倘若采纳"著作人身权"的称谓，其内在体系也理当包括著作人格权和著作身份权。关于著作身份权，该提法是否符合法理暂且不论，单就这种称谓本身而言，采纳者寥寥无几。1998 年，孙昌兴、鲍金桥在《论作者精神权利的几个理论问题——兼与郑成思同志为代表的学者商榷》中认为：作者的精神权利，实为民法人身权的一个部分，本质上属于身份权的范围。身份权不完全以人的出生为依据，如因婚姻、亲子关系等发生的权利是主体在结婚、生育子女或实施收养法律行为后才能拥有，这些与作者精神权利必须在作品完成这一法律事实产生后才为作者所实际拥有一样。⑦ 2012 年，李锡鹤在《民法原理论稿》中明确提出了"著作身份权"的概念，认为："著作权非单一权利，而是权利组合，包括著作人身权和著作财产权。著作人身权属人格权还是身份权？人格权是具体主体作为一般主体而享有的权利，身份权是具体主体作为具体主体而专享的权利。主体因创作而取得作者身份，因为作者身份而取得著作权，因此著作人身权属身份权。"⑧

---

① 参见江平、沈仁干等主讲：《中华人民共和国著作权法讲析》，中国国际广播出版社 1991 年版，第 174 页。
② 参见河山、肖水：《著作权法概要》，人民出版社 1991 年版，第 64 页。
③ 史文清、梅慎实：《著作权诸问题研究》，复旦大学出版社 1992 年版，第 100 页。
④ 参见江建名：《著作权法导论》，中国科学技术大学出版社 1994 年版，第 149 页。
⑤ 参见刘春田主编：《知识产权法》，高等教育出版社，北京大学出版社 2003 年版，第 61 页。
⑥ 参见吴汉东等：《知识产权基本问题研究》，中国人民大学出版社 2005 年版，第 239 页。
⑦ 参见孙昌兴、鲍金桥：《论作者精神权利的几个理论问题——兼与郑成思同志为代表的学者商榷》，载《知识产权》1998 年第 6 期，第 41 页。
⑧ 李锡鹤：《民法原理论稿》，法律出版社 2012 年版，第 543 页。

2. 精神权利

1995年，唐广良在《论版权法中的"精神权利"》中认为，"精神权利"作为"自然人"权利的一部分，存在于"人身权利"和"财产权利"之外，是一种并非"特权"的特殊权利，即"精神利益维护权"[①]。2003年，李明德、许超在《著作权法》中认为：精神权利（moral rights）是指作者就作品中所体现的人格或精神所享有的权利。以"人身权利"指称精神权利，并不准确。人身权利是一种远比精神权利广泛得多的权利。用"人身权利"指称精神权利，很容易造成一些不必要的误解，让一些人从宽泛的人身权利的概念来理解狭隘的作者精神权利，从而扩大了作者精神权利的范围。[②] 郑成思在《知识产权法》中也采用这种称谓，但并未作过多说明。[③] 另外，这种称谓又可以细分为两种子称谓：作者精神权利[④]和作品精神权利。[⑤]

部分学者则对"精神权利"的表述提出了质疑。例如，2003年，刘春田主编的《知识产权法》指出：精神权利，系直译自"moral rights"。"Moral"确有精神上的或道义上的意思，但"moral rights"所包含的无非是与作者身份有关的一些内容，这些权利既不反映作品的精神，也不涉及作者本人的精神。况且，精神一词的内容不易确定。通常，它是指人的神志、思想等主观的东西。主观的东西不可能受到侵犯，任何人都不能对他的主张享有垄断的支配权，法律既无须也无法为"精神"设置权利。[⑥] 2005年，汤宗舜在《著作权法原理》中认为：从此种权利（著作人格权）是保护作者与作品的智力的和个人的关系来看，所保护的是作者对作品的署名权，对作品的发表、修改和保持完整等权利，译为精神权利似乎不很妥当。[⑦]

3. 著作人格权

2000年，薄燕娜在《论著作人格权》中从法理角度分析认为：应当用"著作人格权"而不应当用"著作人身权"的概念，其理由是：民法身份区别于日常用语的身份，基于创作而产生的作者的身份与一般的身份权不可同日而语。由

---

① 唐广良：《论版权法中的"精神权利"》，载中国版权研究会编：《版权研究文选》，商务印书馆1995年版，第146页。
② 参见李明德、许超：《著作权法》，法律出版社2003年版，第70-71页。
③ 参见郑成思：《知识产权法》，法律出版社2003年版，第312页。
④ 参见李明德、许超：《著作权法》，法律出版社2003年版，第70-71页。
⑤ 参见杨延超：《作品精神权利论》，西南政法大学2006年博士学位论文，第128页。
⑥ 参见刘春田主编：《知识产权法》，高等教育出版社、北京大学出版社2003年版，第61页。
⑦ 参见汤宗舜：《著作权法原理》，知识产权出版社2005年版，第59页。

此,将作者精神权利称为著作人格权更为恰当。① 2002年,李琛在《著作人格权诸问题研究》中认为:之所以不采"著作人身权"概念,是因为人身权包括人格权和身份权,而笔者不同意著作人格权属于身份权的看法。从权利的内容来看,身份权不仅是为权利人利益,更主要是为相对人的利益。身份权的主体同时也是义务主体。而著作人格权是单纯的权利,不存在所谓相对人的利益问题。由"作者身份"这一通常意义上的表达引申出著作人格权属于亲属法上的身份权,是极不科学的。作者资格,即作者与作品的关系,能够反映作者与某种思想的关系,与社会评价、隐私密不可分,本质上是一种人格利益。② 总体来说,大陆法系国家多采"著作人格权"概念,我国台湾地区的"著作权法"第二章第二节也规定了"著作人格权"。

(二) 著作人格权的法理基础

对于著作人格权的法理基础,学界也有争议,主要有以下几种观点:

1. 满足人的心理需求

1992年,麻昌华在《论精神权利制度》中认为:无论是标示需求、评价需求还是感情需求、安全需求或其他需求,心理需求的满足都有赖于法律对各种满足需求的可能性的确认。而所有的这些可能性的实现或现实化,都是主体的非物质活动,其所追求的都是非物质利益的获得。因此,法律在确认和保护人的心理需求的满足时,规定了一系列的精神权利的享有。心理需求是一种纯粹的精神需求。精神权利的实质是法律所确认和保护的主体进行精神活动获取精神利益的可能性。它以精神利益为客体,以获取精神利益的活动为内容,以满足主体的精神需求为目的。③

2. 具有秩序价值

2002年,张雯在《关于作者人格权性质及其立法原则的思考》中认为:作者精神权利最初由欧洲大陆法学家作为一种法理提出,经过一百多年的发展演变,逐渐成为一种法律文化传统,为各国所认可并最终写进成文法,体现了人们法律观念的文明进步。但这一观念最终能完善地落实到具体法律制度的设置上,还需人们作出大量的努力和探索。法律的秩序,是在法律的根本精神的指导下,在诸多利益的综合平衡过程中,博弈而成的社会最优选择。作者人格权在著作权法中的设置也是这样:必须把作者人格权放在其赖以存在的整个法律制度背景上

---

① 参见薄燕娜:《论著作人格权》,载《河北法学》2000年第5期,第109-110页。
② 参见李琛:《著作人格权诸问题研究》,载刘春田主编:《中国知识产权评论》(第1卷),商务印书馆2002年版,第262页。
③ 参见麻昌华:《论精神权利制度》,载《中南政法学院学报》1992年第2期,第52-53页。

进行考虑，不仅要使人格权的设定符合其本质属性，同时还要协调好作者人格权与制度中存在的其他权利的共生关系，这样才可能对作者人格权作出科学的界定。① 2006 年，杨延超在《作品精神权利论》中分析了价值与权利价值的概念，从而总结出作品精神权利价值概念：作品精神权利作为客体对主体——作者之（其他著作权人）需要的满足。作品精神权利价值具有较强的社会性和主观性特征。由此从法学、经济学、社会学视角展开了对作品精神权利价值的论述：作品精神权利的法学价值——秩序价值，作品精神权利的经济学价值——效益价值，作品精神权利的社会学价值——文化价值。② 2007 年，杨延超在《作品精神权利的秩序价值》中进一步认为：根据洛克的"劳动财产学说"，作品是作者劳动的结果，作者应当享有署名权、发表权、修改权、保护作品完整权等权利。总之，作品精神权利秩序价值具有正当性。精神权利的秩序价值在现实中又具体表现为一定的秩序状态，这一秩序状态对于鼓励创作、提高效率都具有重要意义，一旦作品精神权利所确认的秩序状态受到破坏，法律的救济功能会力求通过恢复原有秩序状态或重建新的秩序状态进行救济。③

3. 是制度安排的工具

2006 年，张建邦在《精神权利保护的一种法哲学解释》中指出：精神权利最初源于个人主义和浪漫主义对尊重个人创作和个性的要求。德国的先验唯心主义和法国的天赋人权学说从人的主观权利和自然权利的角度论证了这种要求的正当性，并进而涉及人的主观权利和作者人格的联系。19 世纪这种联系扩展到作者和作品之间的一般联系，并被确认为作者身份所应有的最高人格权。但在精神权利制度化的生长过程中，20 世纪 30 年代以降，受实用主义哲学的影响，精神权利呈现弱化和软化处理的趋向，具有一种从纯粹的自然权利蜕化为某种制度安排工具的倾向。从权利制度化的角度看，这种趋向是对市民社会发展变迁的理性反应，对解决版权交易市场中经济权利和精神权利存在的紧张关系具有积极意义。④ 2008 年，易继明、周琼在《论具有人格利益的财产》中认为：更多的时候，知识产权中人格利益的保护来自一项社会承认：归属权（the right of attribution）。⑤ 2011 年，梁志文在《著作人格权保护制度的误解与真相》中提出：

---

① 参见张雯：《关于作者人格权性质及其立法原则的思考》，载《济南大学学报》2002 年第 4 期，第 71 页。
② 参见杨延超：《作品精神权利论》，西南政法大学 2006 年博士学位论文，第 46-71 页。
③ 参见杨延超：《作品精神权利的秩序价值》，载《知识产权》2007 年第 1 期，第 19 页。
④ 参见张建邦：《精神权利保护的一种法哲学解释》，载《法制与社会发展》2006 年第 1 期，第 32 页。
⑤ 参见易继明、周琼：《论具有人格利益的财产》，载《法学研究》2008 年第 1 期，第 12 页。

起源于大陆法系的著作人格权制度被认为是两大法系著作权法的主要区别之一。但作为诞生于司法并在司法中发展的权利制度,两大法系对著作人格权保护的差异在于其保护依据不同,即是否依著作权法进行保护。作为具有人格因素的权利,著作人格权因其不可转让等特征而被认为阻碍了商业自由。但在著作人格权保护的利益平衡原则下,两大法系依不同的法律工具达成了大体一致的法律效果。①

4. 具有财产激励作用

2007年,杨延超在《精神权利的困境》中认为:经济进步与科技发展,为作者精神权利带来了严峻挑战。精神权利何去何从,已成为理论界热点问题。两大法系有关精神权利的立法进程及模式,可以带给我们启迪。应当摒弃英美法系版权法之"弱保护"模式,重视精神权利在财产方面的激励作用;还应当纠正大陆法系将精神权利作为纯粹人格权之立法模式,挖掘精神权利的财产属性。在融合中发展,在发展中完善,唯有如此,精神权利才能最终摆脱困境。②

5. 制度净利益最大化

2007年,沈雄杰在《著作权之精神权利保护制度的经济分析》中,从经济学角度出发,以效用理论、交易成本理论、制度变迁与选择理论,结合相应的数学模型对上述问题进行分析,得出精神权利保护应遵循制度净利益最大化原则,并给出制度净利益最大化原则实现的条件。③

6. 作者的意志自由

2012年,袁泽清在《作者精神权利的独立性》中认为:作者精神权利强调保持作者与作品的正当联系,保护作者的人格利益。长期以来,学界对精神权利的地位一直存有争议。从对精神权利的内容、基础与一般人格权的区别以及作用等方面的分析可以看出,精神权利具有其自身的独立性。同时,精神权利理论与相关的立法文件和司法实践之间也存在不相协调之处,应当对其绝对性原则加以修正,重视和尊重作者对于其作品的意志自由。④

也有不少学者反对著作人格权的存在。2010年,刘洁在《谈著作人格权与著作权的应然分离》中认为:著作人格权与一般人格权没有差异,作者的人格利

---

① 参见梁志文:《著作人格权保护制度的误解与真相》,载《华南师范大学学报(社会科学版)》2011年第4期,第100页。
② 参见杨延超:《精神权利的困境——两大法系版权立法比较分析》,载《现代法学》2007年第4期,第44页。
③ 参见沈雄杰:《著作权之精神权利保护制度的经济分析》,载《学术交流》2007年第12期,第50页。
④ 参见袁泽清:《作者精神权利的独立性》,载《河南社会科学》2012年第6期,第14页。

益应当由民法中的一般人格权立法予以保护。如果使用作品侵害到作者署名权、发表权及作品完整性,依据著作权法,作者得到的是财产利益的补偿。作品未必体现作者的人格,著作人格权存在于著作权法中已经没有了正当性基础。著作权应保持其纯粹财产性。署名、发表及作品完整性保护权存在于著作权法中不是为了迁就制度的"惯性",其存在的正当性基础是它们具有实现作品财产化的辅助性。这不是著作人格权的异变,而是著作权制度本性的反射——著作权制度不就是在财产利益的驱动下产生的吗?著作人格权与著作权的脱离,使著作权的财产性更加彻底,也更容易超越。① 同年,刘洁在《论福柯的作者观》中进一步认为:从近代工业革命的独特视角来看,知识产权作为一种制度安排的正当性,最初是与工业资本主义发展及其经济增长的正当性休戚相关。著作权制度从产生以来,最大的功效就是促进了作品的创作和传播,推动了经济增长。作品本质上就是写作者从经济实用的角度将文字累积起来的,理应发挥其经济效益,那么著作权的法律属性应是纯粹的财产性。而作者作为文字的汇集者,应当对作品的质量作出保证。当然,如果不当使用作品损害到作者的人格利益,并不排斥对此行为进行追究。只是缘于"作者是人"的理论,这应当由一般人格权的法律规范进行规制。著作权法作为财产法,应当为追求财产的最大利益作出保障。② 2011 年,张今在《著作人格权制度的合理性质疑》中认为:著作人格权制度旨在加强对作者人格利益的保护。这样的制度安排能够达到逻辑的自足与价值的圆满,满足作者人格利益的需要,很多学者对此提出了质疑。社会生活的复杂多变也开始向该制度提出了挑战。运用逻辑、价值和实证的多重分析方法和比较法上的考察,分析著作权法作者人格利益保护的真实内涵,质疑著作人格权制度的合理性,对现行著作权法律制度进行反思,有利于该项制度的科学构建。③

(三)著作人格权与民法上人格权的关系

对于著作人格权与民法上人格权的关系,学界主要有以下观点。

1. 二者完全不同

这种观点认为,著作人格权同一般人格权完全不同。例如,1995 年,谢怀栻在《论著作权》中认为:"著作人格权与一般人格权之间丝毫没有共通之处。"其理由是:二者的根本性不同在于权利的客体上,一般人格权的客体是自然人的人身与人格,人格权具有"一身专属性"。著作人格权与著作人的人身或人格都

---

① 参见刘洁:《谈著作人格权与著作权的应然分离》,载《黑龙江社会科学》2010 年第 1 期,第 149 页。
② 参见刘洁:《论福柯的作者观——兼谈著作财产权的纯粹财产权属性》,载《理论界》2010 年第 4 期,第 78 页。
③ 参见张今:《著作人格权制度的合理性质疑》,载《社会科学辑刊》2011 年第 4 期,第 66 页。

是分离的,著作人格权并不具有"一身专属性"。因此,将著作权中的一部分内容(或权能)总称为著作人格权,也是不确切的。他甚至认为,应该不再使用"著作人格权"(或"著作人身权")这个词语。① 1995年,唐广良在《论版权法中的"精神权利"》中也认为:"版权法中的精神权利同民法中的人身权利之间竟有如此的区别,以至于我们无论如何也没有办法在二者之间画上等号。……因此,我们必须承认,作为自然人权利的一部分,在人身权利和财产权利之外,确实还存在着一种并非特权的特殊权利,即精神利益维护权,或者就简单地称为精神权利。"② 1997年,徐沛荣在《关于署名权的几个法律问题》中认为,著作权法中的人身权不同于民法中的人身权的突出表现是,一部分人身权(发表权、修改权、保持作品完整权)可以转让、放弃、继承。③ 2004年,刘平在《对作者精神权利的追问》中认为:从总体上说,人身权不能继承、转让,也不能许可他人行使,但自然人的荣誉称号有可能被国家依法剥夺,自然人可以许可他人在商业活动中使用其姓名、肖像。很明显,除署名权外,著作人身权中的其他权利都不是严格意义上的人身权。④ 2006年,杨延超在《作品精神权利论》中考察了人身权(人格权与身份权)概念的发展脉络,提出人身权的特质——专属性,而作品精神权利不符合人身权的特质,故其不属于人身权。⑤

2. 二者完全相同

这种观点认为,著作人格权同一般人格权并无本质差异,在与一般人格权的关系上,著作人格权也是一种具体的人格权。例如,1998年,孙昌兴、鲍金桥在《论作者精神权利的几个理论问题》中认为,所谓作者的精神权利,实为民法人身权的一个部分,本质上属身份权的范围。⑥ 2003年,李明发、宋世俊在《著作人身权转让质疑》中认为:著作人身权与民法人身权的区别并非本质性的,著作人身权与作品及作者的依附性是客观存在的。综观现代各国民事立法及有关著作权方面的国际公约,著作人身权的普遍确认已是不争之事实。发表权、署名权、修改权和保护作品完整权被称为著作人身权或精神权利,是因为它们与民法

---

① 参见谢怀栻:《论著作权》,载中国版权研究会编:《版权研究文选》,商务印书馆1995年版,第59-70页。
② 唐广良:《论版权法中的"精神权利"》,载中国版权研究会编:《版权研究文选》,商务印书馆1995年版,第144-146页。
③ 参见徐沛荣:《关于署名权的几个法律问题》,载《法制与社会发展》1997年第2期,第63页。
④ 参见刘平:《对作者精神权利的追问》,载《河北法学》2004年第5期,第40-41页。
⑤ 参见杨延超:《作品精神权利论》,西南政法大学2006年博士学位论文,第128页。
⑥ 参见孙昌兴、鲍金桥:《论作者精神权利的几个理论问题——兼与郑成思同志为代表的学者商榷》,载《知识产权》1998年第6期,第41页。

人身权存在本质上的相同。① 2011 年，李叔宁、刘有东在《著作人身权的保护问题研究》中认为，对著作人身权的保护只存在民法保护的问题，著作人身权的民法保护实质上就是法律赋予作者在其著作人身权受到侵害以后，可依法要求法律的保护，使其著作人身权恢复到未受到侵害前的状态。②

3. 二者同中有异

这种观点认为，著作人格权同一般人格权有共同之处，但亦有区别。例如，2000 年，刘春田主编的《知识产权法》认为：著作人身权具有一定的专属性，通常不得转让、继承和放弃；但其不同于民事权利中的其他人身权。这是由于它们各自赖以发生的法律事实构成不同。后者多以民事主体的生命存续为前提，每个人无差别地享有。著作人身权则不是基于以自然人的生命现象为法律事实，而是以创作出文学艺术作品为法律事实，所以它也不因创作者的生命完结而消失。著作人身权基于作品的存在而依附其上，在理论上可能无限存在，因而其期限不受限制。③ 2000 年，薄燕娜在《论著作人格权》中认为：著作人格权与一般民法人格权的客体都是人格利益，均具有不可转让性、不可继承性、不可放弃性的特点，但基于发挥作用的领域不同而有区别：（1）权利产生的依据不同。（2）权利主体不同。④ 2002 年，刘德宽在《民法诸问题与新展望》中认为，一般人格权在权利主体、权利客体等方面与著作人格权有很大的差异，但二者亦有相似点，例如名誉与作者身份权之间有其类似性，然而后者并非保护名誉本身，受保护的是作者的地位。⑤ 2002 年，张雯在《关于作者人格权性质及其立法原则的思考》中认为，作者人格权虽与民法上一般人格权同以人格为权利客体，但后者是人之生存层面上的权利，是人之所以为人的基本权利，而前者是人之发展层面上的权利，是作者之所以为作者的基本权利，较后者有着更强的社会属性。⑥ 2010 年，王坤在《著作人格权制度的反思与重构》中提出：作品和作者人格之间的关系是全部著作人格权理论的逻辑起点，在此基础上形成的著作人格权制度缺少强有力的支撑理论，存在着严重的理论缺陷。在实践中，著作人格权制度既与民法人格

---

① 参见李明发、宋世俊：《著作人身权转让质疑》，载《安徽大学学报（哲学社会科学版）》2003 年第 5 期，第 127 页。
② 参见李叔宁、刘有东：《著作人身权的保护问题研究》，载《社会科学战线》2011 年第 3 期，第 254 页。
③ 参见刘春田主编：《知识产权法》，中国人民大学出版社 2000 年版，第 52 页。
④ 参见薄燕娜：《论著作人格权》，载《河北法学》2000 年第 5 期，第 110 页。
⑤ 参见刘德宽：《民法诸问题与新展望》，中国政法大学出版社 2002 年版，第 316 页。
⑥ 参见张雯：《关于作者人格权性质及其立法原则的思考》，载《济南大学学报》2002 年第 4 期，第 71 页。

权制度之间存在着难以调和的冲突，破坏了人格权制度的统一性，也不利于保障作者的私益和社会文化发展利益。这就需要将署名权、完整权、发表权等权利从民法人格权制度框架中解放出来，从经验出发，通过考察这些权利的实际功能，将其界定为专属于作者的各种辅助性权能，重新建构作者专属辅助权制度体系。① 2011年，杨延超在《著作人格权侵权赔偿制度研究》中认为：著作人格权作为著作权的重要内容，一般是指作者的署名权、发表权、修改权、保护作品完整权等几项权利。著作人格权与作者的一般人格权既有区别又有联系，侵犯著作人格权并不必然会侵犯作者的一般人格权，但一旦侵犯了作者的一般人格权，作者可据此主张精神损害赔偿。②

二、信息网络传播权

我国《著作权法》在2001修改时增加了信息网络传播权，学界对信息网络传播权的含义、特征和判断标准都存在争议。

（一）信息网络传播权的含义

对于我国《著作权法》规定的信息网络传播权的含义，学界主要有以下观点。

1. 无须对我国《著作权法》规定的信息网络传播权的含义进行修改

2013年，芮松艳在《信息网络传播权的理解适用与第三次〈著作权法〉修改》中指出：对信息网络传播权的理解可以细化到对"提供作品""获得""公众""有线或无线方式""个人选定的时间""个人选定的地点"等要件的理解。其中核心要件为"提供作品"与"个人选定的时间"。"提供作品"系指提供作品的初始行为，而"个人选定的时间"则体现了信息网络传播权的交互性特性，即用户可以按照其"个人的需要"决定获得具体内容的时间。在《著作权法》第二次修改中，有关著作权人信息网络传播权的规定无须修改，对于表演者权及录音制作者权中的信息网络传播权应采用与著作权相同的表述。③

2. 应该对我国《著作权法》规定的信息网络传播权的含义进行完善修改

2009年，李旭在《信息网络传播权考略》中认为，从历史脉络看，著作权法总是在失衡的博弈中恣意发展，结果造成了今天著作权利体系的繁杂混乱。其通过历史的考证、法域的比较和逻辑的分析，认为信息网络传播权的设立实无必

---

① 参见王坤：《著作人格权制度的反思与重构》，载《法律科学》2010年第6期，第38页。
② 参见杨延超：《著作人格权侵权赔偿制度研究——以人格和财产的双层视角》，载《法学论坛》2011年第5期，第70页。
③ 参见芮松艳：《信息网络传播权的理解适用与第三次〈著作权法〉修改》，载《电子知识产权》2013年第1期，第124页。

要，我国在信息网络传播权的立法上存在明显漏洞，并从法解释学的角度对法律漏洞提出了填补性的解释方案。①

对于如何修改信息网络传播权的含义，学者也提出了不同方案。

第一种方案是整合现行发行、广播、播放、信息网络传播等传播方式，创立一种能够覆盖各种传播方式的"传播权"。例如，2004年，王洪友在《信息网络传播权与相关权利之比较研究》中认为：信息网络传播权主要是为调整作品的网上传播产生的法律关系而设计的。与传统的翻译权、发行权、广播权、复制权比较，信息网络传播权包含复制权的内容，与发行权和广播权的内容十分接近，我国现行法律将信息网络传播权单独规定，与发行权和广播权存在一定程度的交叉。未来我国《著作权法》再次修订时，如果整合现行发行、广播、播放、信息网络传播等传播方式，创立一种能够覆盖各种传播方式的"传播权"，则著作权权利体系设计逻辑将更为周延。②

第二种方案是将信息网络传播权与广播权合并为一项传播权。例如，2008年，王迁在《我国〈著作权法〉中"广播权"与"信息网络传播权"的重构》中认为：我国《著作权法》对"广播权"和"信息网络传播权"的规定存在重大缺陷，导致通过有线系统或通过计算机网络，以非"交互式"手段传播作品的行为无法受到任何一项专有权利的控制。这不但不符合《世界知识产权组织版权条约》第8条的要求，也对有线电视产业和网络视频产业造成了重大负面影响，还导致法院为了追求对权利人的保护而曲解法律，因此必须对这两项专有权利进行重构。方法之一是规定一项广义的"无线或有线传播权"以控制使用任何技术手段向远端传播作品的行为。③

2009年，靳学军、石必胜在《信息网络传播权的适用》中认为：我国著作权法中信息网络传播权的立法目的与WCT第8条相同。不能脱离数字网络传播方式来理解"选定的时间和地点"要件。数字网络传播具有交互性，即在数字网络中，数字信号是否开始向某个特定用户传输由该用户"在其个人选定的时间和地点"决定。从文义解释出发，数字网络传播也应适用信息网络传播权。为弥补立法缺陷，可以删除"选定的时间和地点"要件，合并广播权，确立实至名归的信息网络传播权。④

---

① 参见李旭：《信息网络传播权考略》，载《网络法律评论》2009年卷，第3页。
② 参见王洪友：《信息网络传播权与相关权利之比较研究》，载《科技与法律》2004年第2期，第36页。
③ 参见王迁：《我国〈著作权法〉中"广播权"与"信息网络传播权"的重构》，载《重庆工学院学报（社会科学）》2008年第9期，第23页。
④ 参见靳学军、石必胜：《信息网络传播权的适用》，载《法学研究》2009年第6期，第106页。

2009年，焦和平在《论我国〈著作权法〉上"信息网络传播权"的完善》中提出了类似观点，认为：作为新型网络传播方式，"非交互式"网络传播行为因不符合我国《著作权法》上任何一项专有权的规定而游离于法律规则之外，原因在于我国《著作权法》规定的"信息网络传播权"不当缩小了国际条约中"向公众传播权"的范围，将规范的对象限定于"交互式"网络传播行为。我国应当在保留现有"信息网络传播权"名称的基础上完全依循国际条约中"向公众传播权"的内容，使其能够适用于所有网络传播行为并达到国际条约的要求。[①]

(二) 信息网络传播权的特征

对于信息网络传播权的特征，学界的观点也有分歧，主要有以下观点。

2003年，于军波在《略论信息网络传播权》中认为，从信息网络传播权的内容及权能来看，其主要有四个特点：一是权利行使方式的特定性，二是权利主体的专有性，三是权利内容的复合性，四是权利行使的限制性。[②] 2003年，张异琴在《信息网络传播权之主体与内容》中指出：信息网络传播权是我国著作权法新确立的一种著作权。信息网络传播权的权利主体除了传统的著作权人，还应当包括一些新的权利主体，即数字化作品的创作者和网络出版者。在权利内容上，信息网络传播权也有其特殊之处，包括网络出版和复制行为。[③] 2008年，梁志文在《信息网络传播权的谜思与界定》中认为，信息网络传播权的权利构造包括三个部分：交互性传播方式、传播行为的公开性和信息网络传播行为。[④] 2007年，张胜珍在《论我国信息网络传播权之法律特征》中认为，我国信息网络传播权，具有主体的专有性、客体的广泛性、行使方式的特定性、财产权性、内容的复合性、合理限制性、保护方式的特殊性等法律特征。[⑤]

(三) 信息网络传播权的判断标准

对于信息网络传播权的判断标准，学界主要有以下观点。

1. 服务器标准

服务器标准强调对开放服务器的实际支配，信息网络传播行为表现为将作品上传至或以其他方式置于向公众开放的网络服务器，使公众可以在其选定的时间和地点获得作品。该标准将著作权法中的"以有线或无线方式向公众提供作品，

[①] 参见焦和平：《论我国〈著作权法〉上"信息网络传播权"的完善——以"非交互式"网络传播行为侵权认定为视角》，载《法律科学》2009年第6期，第143页。

[②] 参见于军波：《略论信息网络传播权》，载《政法论丛》2003年第1期，第54-55页。

[③] 参见张异琴：《信息网络传播权之主体与内容》，载《四川大学学报（哲学社会科学版）》2003年第4期，第129页。

[④] 参见梁志文：《信息网络传播权的谜思与界定》，载《电子知识产权》2008年第4期，第10页。

[⑤] 参见张胜珍：《论我国信息网络传播权之法律特征》，载《理论月刊》2007年第3期，第108页。

使公众可以在其个人选定的时间和地点获得作品"阐释为"通过自己的服务器向公众提供作品"。目前我国司法界普遍采用服务器标准。

2006年，王迁在《论"网络传播行为"的界定及其侵权认定》中对服务器标准进行了阐释："寻根溯源，只有将歌曲文件'上传'或以其他方式置于服务器中的网站才使公众有了获得作品的'可能性'。而对第三方网站中歌曲文件设置链接的网站只能'帮助'公众发现和实现这种获得作品的'可能性'。如果被链接的网站删除了歌曲文件，或是关闭了网络服务器，那么设置链接的网站即使保持原有的链接，也无法使公众通过点击这些链接来获得歌曲文件。相反，即使设置链接的网站移除了原有的链接，公众也依然可以通过直接登录原先被链接的网站而获得歌曲文件。显然，决定公众获得歌曲文件'可能性'的只能是被链接的网站，而不是设置链接的网站。"[①] 2009年，王迁在《网络环境中版权直接侵权的认定》中进一步认为："在网络环境中版权直接侵权的认定方面，存在着'服务器标准'和'用户感知标准'之争，其关键分歧在于对作品设置深层链接是否可能构成直接侵权。两者比较，'服务器标准'符合'信息网络传播权'的立法原意，因为只有将作品上传至向公众开放的服务器，才能使作品处于'能够为公众获得的状态'，而对该作品设置链接只是扩大了作品传播范围，并非新的传播行为。'服务器标准'能够包容网络搜索技术的发展和合法应用，且权利人的合法利益也可以通过间接侵权规则得到合理维护。"[②] 2016年，芮松艳在《实质性替代标准存在的误区》中认为："服务器标准是目前环境下信息网络传播行为认定的合理标准，信息网络传播行为是指将作品置于向公众开放的服务器中的行为。"[③]

对于服务器标准，不少学者提出了质疑。2014年，崔国斌在《加框链接的著作权法规制》中认为：服务器标准没有抓住加框链接问题的本质。著作权人之所以反对加框链接，是因为设链者改变了作品的传播范围和传播方式，从而影响著作权人的商业利益。因此，服务器标准的问题在于，设链行为是否满足服务器标准与是否造成著作权人损害并无直接关系，在诉讼程序中鼓励当事人就这一本质上并不相关的事实进行举证是浪费社会资源。[④]

2017年，李琛在《侵害信息网络传播权的认定不能简约为任何技术标准：对服务器标准的质疑》中指出：法律的问题解析必须要运用法学的思维，法律从来都不是直接调整技术，直接的调整对象永远是社会关系，是利益，所谓的服务

[①] 王迁：《论"网络传播行为"的界定及其侵权认定》，载《法学》2006年第5期，第66页。
[②] 王迁：《网络环境中版权直接侵权的认定》，载《东方法学》2009年第2期，第12页。
[③] 芮松艳：《实质性替代标准存在的误区》，载《中国知识产权杂志》2016年第11期，第35页。
[④] 参见崔国斌：《加框链接的著作权法规制》，载《政治与法律》2014年第5期，第90页。

器标准其实是一种固守技术手段的标准，聚合链接传播跟自己上传提供作品破坏的利益关系是没有区别的，作品存在哪里并不重要，如果把现在的著作财产权，例如复制权、发行权等，做一个逻辑上的提炼就不难发现，著作财产权要控制的核心就是公众对作品的感知。[1] 2017 年，刘银良在《信息网络传播权框架下深层链接的法律性质探究》中认为：现今并未有国际条约或《著作权法》条款支持服务器标准是界定向公众提供作品或信息网络传播行为之唯一判断标准。研究者混淆了作品的复制和传播，把传播者拥有作品复制件当作他在互联网环境下实施作品传播行为的前提条件。互联网环境下的作品传播固然需要依赖作品数字复制件的存在，但无论是《世界知识产权组织版权条约》还是我国《著作权法》都没有要求传播者本人需要拥有作品复制件才可实施作品传播行为，在互联网技术支持下，作品的传播者完全可以利用他人网站上存储的复制件实施作品传播行为，恰如加框链接等特殊深层链接的设链者所实施的那样。[2] 2021 年，郭鹏在《深度链接侵害信息网络传播权再思考——从技术解析窠臼趋向权利保护本位》中认为：对于深度链接能否构成信息网络传播权直接侵权的问题，一种分析路径是将"提供作品"固守于向服务器上传作品，则深度链接自然不可能具有"提供作品"的内容提供服务功能，更不可能向"公众"提供作品。这种分析思路桎梏于技术细节的窠臼，导致削足适履的后果：将权利的阐释捆绑在特定技术上，将信息网络传播权的侵权赔偿责任扭曲为规避技术措施的违法赔偿责任，以初始传播技术定性信息网络传播权的直接侵权与间接侵权，技术性地扩张了只应适用于中立技术服务提供者的间接侵权范围。[3]

2. 法律标准

法律标准是对服务器标准的发展。法律标准认为，除了将作品上传至公开服务器的行为，只要是将作品置于信息网络中的行为，都是信息网络传播行为。最高人民法院的司法解释对"法律标准"的表述是该行为人要"将作品、表演、录音录像制品置于信息网络中"。

2012 年，孔祥俊在答人民法院报记者问中指出："经过调研，我们认为，随着技术的发展，不经过服务器的存储或中转，通过文件分享等技术也可以使相关

---

[1] 参见李琛：《侵害信息网络传播权的认定不能简约为任何技术标准：对服务器标准的质疑》，2017年6月2日在网络平台责任学术研讨会上的发言。
[2] 参见刘银良：《信息网络传播权框架下深层链接的法律性质探究》，载《环球法律评论》2017年第6期，第93页。
[3] 参见郭鹏：《深度链接侵害信息网络传播权再思考——从技术解析窠臼趋向权利保护本位》，载《法学论坛》2021年第4期，第71页。

作品置于信息网络之中，以单纯的'服务器标准'技术标准界定信息网络传播行为不够准确，也难以应对网络技术的飞速发展，因此应将信息网络传播行为作广义的理解，以是否直接提供权利人的作品的法律标准取代服务器标准来界定信息网络传播行为。"[1] 2016年，刘文杰在《信息网络传播行为的认定》中认为：认定网络空间中的传播行为，需要坚持传统著作权法关于"内容提供/技术支持"的区分。区分的标准不在于支持内容传播的技术特征，而在于将内容向公众开放或传播的意思支配。归根到底，法律要规范的并非技术原理，而是技术运用所造成的当事人间的利益分配格局。无论运用何种技术，如果其效果是造成对著作权人作品传播市场的替代，就越过了技术支持的界限而步入内容提供之列。判断是否存在网络传播，最终是看主体是否处在占有作品市场或者说造成市场替代的位置上。概言之，一切"支配作品的在线开放或传播，使公众可以在其选定的时间和地点接触作品"的行为，均属于信息网络传播行为。[2]

3. 传播源标准

传播源标准同样是对服务器标准的发展。传播源标准认为，从新的传播源向公众传送作品的行为是信息网络传播行为。

2016年，王迁在《论提供"深层链接"行为的法律定性及其规制》中认为："任何著作权法意义上的传播行为都应当形成'传播源'，使作品从该'传播源'向公众传送。'深层链接'通常只是为用户提供了从同一'传播源'获得作品的不同途径，并未形成新的'传播源'，因此不构成'信息网络传播行为'。对于破解其他网站的技术措施并相应地提供'深层链接'的行为，著作权法中禁止规避技术措施的条款可进行规制。该方法不仅能够有效遏制利用'深层链接'损害著作权人与被许可人利益的不当行为，而且可以避免将提供'深层链接'认定为'信息网络传播行为'对正当行为的误伤，从而实现利益平衡。"[3]

4. 实质替代标准

与前述标准更关注传播行为本身不同，另外一些标准更关注传播行为的效果，实质替代标准就是其中的典型。实质替代标准认为，通过网络使公众获得作品的行为具有替代权利人作品的效果，就构成网络传播行为。

2008年，石必胜在《论链接不替代原则——以下载链接的经济分析为进路》中认为："凡是能够使用户在设链网站上获得被链作品具体内容的链接，包括能

---

[1] 张先明：《加强网络环境下著作权保护 促进信息网络产业健康发展——最高人民法院知识产权庭负责人答记者问》，载《人民法院报》2012年12月27日，第3版。
[2] 参见刘文杰：《信息网络传播行为的认定》，载《法学研究》2016年第3期。
[3] 王迁：《论提供"深层链接"行为的法律定性及其规制》，载《法学》2016年第10期，第23页。

使用户完成作品下载的下载链接，统称为替代链接。这些链接使设链网站替代了被链网站向用户提供作品内容，进而使设链网站截取了被链网站在互联网上传播作品的利益。因此，不准设置替代链接，应当成为链接应遵守的基本原则，即链接不替代原则。从利益分配的效果上来看，符合替代链接特征的深层链接者实际上替代了被链网站向用户提供作品内容，享受了作品传播的利益，按照权利义务对等原则，此类深层链接者应当承担网络内容服务者的注意义务。当替代链接的作品是合法上传到被链网站时，由于著作权人仅许可了被链网站在其网站上传播作品，而替代链接者没有以权利人直接或间接许可的方式将作品提供给用户，因此替代链接者未经著作权人直接或间接许可传播作品，应属侵权；当替代链接作品是非法上传到被链网站时，替代链接者帮助用户获得侵权作品，同样构成侵权。"① 2021年，毛铭浩在《深层链接行为的著作权法规则》中认为："信息网络传播权的侵权认定应采用新实质替代标准。从行为后果出发，考察相关行为是否使得行为人实质替代其他网络传播者的地位，使得作者失去对作品的控制进而对其传播利益造成消极影响。再考察相关行为是否未经许可行使权利或者破坏权利人或者被许可人对专有权的控制，进而作出对提供行为的最终认定。"②

对于实质替代标准，有学者提出了质疑。2016年，芮松艳在《实质性替代标准存在的误区》中认为：实质性替代标准未对视频聚合服务中所包含的各种行为进行清晰划分，其讨论基础存在偏差。实质性替代标准将获益与损害作为信息网络传播行为的认定标准，该做法有违信息网络传播行为认定的客观事实属性，且将著作权利益与合同利益、竞争利益相混淆，是使用竞争案件的思路审理著作权案件。《网络著作权法司法解释》第5条无法成为实质性替代标准的法律依据。③ 2017年，刘银良在《信息网络传播权的侵权判定——从"用户感知标准"到"提供标准"》中认为，"实质替代标准"的缺陷体现在判断的主观性及其不确定性方面，因为既然是"实质替代"，就需要当事人或裁判者对作品提供效果予以评价，从而不可避免地伴有主观性和不确定性。④

5. 用户感知标准

用户感知标准是指，是否实施了信息网络传播行为，以网络用户的感知体验

---

① 石必胜：《论链接不替代原则——以下载链接的经济分析为进路》，载《科技与法律》2008年第5期，第64-66页。
② 毛铭浩：《深层链接行为的著作权法规则》，载《国际人才交流》2021年第2期，第29页。
③ 参见芮松艳：《实质性替代标准存在的误区》，载《中国知识产权杂志》2016年第11期，第35页。
④ 参见刘银良：《信息网络传播权的侵权判定——从"用户感知标准"到"提供标准"》，载《法学》2017年第10期，第111页。

为标准。用户在浏览页面时认为特定主体是作品的在线提供者,那么该主体就是信息网络传播行为的实施者,其是否实际支配服务器在所不论。用户感知标准最初系针对搜索链接服务商的某些行为而提出,这些行为的特征在于,用户可以直接在搜索页面打开浏览或下载作品,用户浏览器不再跳转到实际存储作品的网站页面。

2009 年,芮松艳在《深层链接行为直接侵权的认定:以用户标准为原则,以技术标准为例外》中认为:"认定具体的链接服务是属于直接的信息网络传播行为,还是属于网络服务提供行为,不应以被传播的内容是否存在于该网站的服务器上为标准。如果用户可以直接在该网站的网页上获得被链接网站的内容,原则上即应认定其实施了直接的信息网络传播行为,除非该网站可以证明其仅被动地提供网络技术服务,且未进行任何人工干预,同时提供给网络用户的展示具体内容的网页表现形式是由被链接网站决定的。"①

对于用户感知标准,不少学者提出了质疑。2009 年,王迁在《网络环境中版权直接侵权的认定》中认为:"用户感知标准"在法理上是难以成立的,单纯以高度主观的"用户感知标准"去认定"提供行为"的实施者是没有法律依据的。② 2014 年,崔国斌在《加框链接的著作权法规制》中认为:著作权人之所以反对加框链接,是因为设链者改变了作品的传播范围和传播方式,从而影响著作权人的商业利益。因此,用户感知标准的问题在于,设链者以合理方式提示作品地址信息,可能可以消除用户的误解,但是并不能改变设链者通过自己的网页或客户端呈现作品的事实,并不一定能够消除加框链接行为对著作权人利益的损害。③ 2017 年,王艳芳在《论侵害信息网络传播权行为的认定标准》中认为,"用户感知标准"使行为定性缺乏基本的确定性和稳定性,过于主观化。④

6. 实质呈现标准

实质呈现标准认为,将作品呈现给公众的行为属于信息网络传播行为。

2010 年,陈加胜在《信息网络传播权与链接的关系》认为:对他人作品设置内链,是将他人作品在自己的网页中使用,使其成为自己网页的组成部分,在向公众提供自己的网页时也就向公众提供了他人的作品,构成网络传播行为。对他人作品设置外链,则只是通过链接引导公众进入被链网站,没有在自己的网页

---

① 芮松艳:《深层链接行为直接侵权的认定:以用户标准为原则,以技术标准为例外》,载《中国专利与商标》2009 年第 4 期,第 81 页。
② 参见王迁:《网络环境中版权直接侵权的认定》,载《东方法学》2009 年第 2 期,第 13 页。
③ 参见崔国斌:《加框链接的著作权法规制》,载《政治与法律》2014 年第 5 期,第 90—91 页。
④ 参见王艳芳:《论侵害信息网络传播权行为的认定标准》,载《中外法学》2017 年第 2 期。

中使用他人作品，不构成网络传播行为。① 2014 年，崔国斌在《加框链接的著作权法规制》中认为：应改造信息网络传播权，使其可以涵盖加框链接设链者通过自己控制的用户界面实质呈现他人作品的行为，即实质呈现标准。这一标准强调著作权人对于作品提供者身份的有效控制，而不关心设链者是否实质损害了被链接网站的利益。如果设链者通过加框链接将他人作品作为自己网页或客户端的一部分向用户展示，使用户无须访问被设链的网站，则设链者就应当被视为作品的提供者，应当承担直接侵权责任。这并没有创设一种"设链权"的专有权利，法律要禁止的是通过加框链接在自己网页或客户端实质地呈现他人作品的行为，而非单纯的设置链接或者提供网络地址信息的行为。②

对于实质呈现标准，有学者提出了质疑。2016 年，王迁在《论提供"深层链接"行为的法律定性及其规制》中认为："实质呈现标准"将交互式传播行为分为"作品提供"与"作品展示"行为，着重从效果而非行为特征的角度对设链行为进行定性，同样的深层链接行为会因所链接的网络地址不同得出不同的结论，对同类行为无法做到相同评价，不具有普适性。这导致实质呈现标准所打击的范围太广，将所有提供作品的深层链接行为全部都定性为信息网络传播行为，会误伤到很多正当引用的行为。③ 2017 年，刘银良在《信息网络传播权的侵权判定——从"用户感知标准"到"提供标准"》中认为，"实质呈现标准"的缺陷也体现在判断的主观性及其不确定性方面，因为既然是"实质呈现"，就需要当事人或裁判者对作品呈现行为或提供效果予以评价，从而不可避免地伴有主观性和不确定性。④

7. 提供标准

在实质呈现标准之后，学界又提出了提供标准、间接提供标准和实质提供标准等理论。这些理论不完全相同，但由于名称中都含有"提供标准"，故归于一类。

2017 年，刘银良在《信息网络传播权的侵权判定——从"用户感知标准"到"提供标准"》中提出了提供标准，认为：向公众提供作品的行为或信息网络传播行为由"作品提供行为"和"作品处于可为公众所获得的状态"两个要素组成。在这两个要素中，提供作品的行为居于中心地位，因此该标准可被概称为

---

① 参见陈加胜：《信息网络传播权与链接的关系》，载《电子知识产权》2010 年第 2 期，第 70-74 页。
② 参见崔国斌：《加框链接的著作权法规制》，载《政治与法律》2014 年第 5 期，第 91 页。
③ 参见王迁：《论提供"深层链接"行为的法律定性及其规制》，载《法学》2016 年第 10 期，第 23 页。
④ 参见刘银良：《信息网络传播权的侵权判定——从"用户感知标准"到"提供标准"》，载《法学》2017 年第 10 期，第 111 页。

"提供标准"。至于如何考察行为人是否实施了作品提供行为,仍需从上述提供行为的第二个要素即"作品处于可为公众所获得的状态"介入。对该要素应适用"新用户感知标准"予以判断,即如果网络用户能够感知作品,就认为作品处于可为公众所获得的状态,从而推知行为人实施了作品提供行为。因此,该标准其实是两种标准的结合,即以"提供标准"考察行为人在网络空间的作品提供行为,以"新用户感知标准"考察作品等处于可为公众获得的状态。"提供标准"主要关注行为人的作品提供行为以及作品是否处于可为公众所获得状态的判断,从而免除了对具体技术细节的举证要求,具有客观性,且易于举证。无论行为人采取何种技术或方法向公众提供作品,只要其是在未经许可的情形下实施了向公众提供作品的行为,且使公众能够感知作品,就可能属于侵犯信息网络传播权的行为。[1]

2018年,万勇在《网络深层链接的著作权法规制》中提出了间接提供标准,认为:由于"提供"的字面意义是指"使……可获得",并没有限制为仅可直接获得,因此,可以将"提供"解释为既包括向公众直接提供(上传至服务器),也包括向公众间接提供(网络深层链接)。从条约目的来看,即使存在两种以上的解释,也应作出有利于为作者提供更高保护水平的解释。从系统解释来看,"提供"并不需要受制于"传播",因此"间接提供理论"完全符合各种条约解释方法。[2] 2021年,蒋舸在《深层链接直接侵权责任认定的实质提供标准》中提出了实质提供标准,认为作品利用行为的责任定性包含两方面的考虑:一方面,权利人开发某种利用行为潜在的社会福利能力越强,该利用行为越可能引发责任;另一方面,利用者对内容和传播方式的干预程度越高,越可能引发直接侵权责任。深层链接的侵权责任同样基于这两项因素判定,而与服务器生成复制件这一技术特征无必然联系。如果非跳转链接对内容的选择程度很高,对内容展示和传输方式的干预很强,以致用户能够直接从设链网站获得作品,则深层链接成立直接侵权,这种判定方法可称为"实质提供标准"。"实质"和"提供"两要件缺一不可,首先,"实质"强调设链者在促成用户获得作品各项因素中的作用力足够显著。在现有技术条件和商业环境下,实质性可以通过观察是否发生跳转来判断,跳转型链接均不具备实质性,故不成立直接侵权;其次,"提供"强调行为对象是作品而非技术。非跳转型链接中提供技术者也无须承担直接侵权责任,只

---

[1] 参见刘银良:《信息网络传播权的侵权判定——从"用户感知标准"到"提供标准"》,载《法学》2017年第10期,第113-114页。

[2] 参见万勇:《网络深层链接的著作权法规制》,载《法商研究》2018年第6期,第174页。

有当非跳转型链接技术被用于根据设链方意愿展示或呈现由其选择的作品时，设链方才应当承担直接侵权责任。①

8. 新公众标准

新公众标准认为，使不特定的新公众获得作品的行为是信息网络传播行为。

2018年，范长军在《加框链接直接侵权判定的"新公众标准"》中认为："应适用'新公众标准'将加框链接纳入向公众传播行为的范围，即在加框链接产生了著作权人授权首次传播所预计公众范围之外的公众（新公众）时，其属于向公众传播行为，构成直接侵权。从法历史学角度考察，'新公众标准'经由德国著作权法与欧盟版权法的冲突与协调而产生，在向公众传播权能协调实现法的安定性与灵活性的一般化问题上获得了普遍意义。经法政策学评价，该标准成为协调排他利用与开放获取之社会理性冲突的基石，其适用范围能保障责任风险的合理分担、社会成本的适度维持与著作权人适当地参与利益分享，也不会因技术措施而显多余，有助于互联网基本功能的发挥。在法教义学层面，从法官司法裁判的角度来看，该标准可与'实质替代标准''服务器标准'融洽共存。这意味着对著作财产权的界定从以作者为中心转换为以利用人为中心。适用该标准将加框链接纳入著作权法一般条款式权利的规制范围，而不是依据反不正当竞争法一般条款予以规制，这有利于廓清两部法律之间的关系。"②

2021年，郭鹏在《深度链接侵害信息网络传播权再思考——从技术解析窠臼趋向权利保护本位》中认为：对于深度链接能否构成信息网络传播权直接侵权的问题，应采用的分析路径是，不预设"提供作品"的技术方式，如深度链接的介入使设链网站用户成为著作权人传播意志控制之外的新公众，则设链网站与其用户之间形成了向"公众"提供作品，可构成信息网络传播权的直接侵权。上述分析思路不以技术方式限制向公众提供行为，而以深度链接是否导致向新公众提供作品从而致使著作权人的作品市场及收益遭受侵蚀予以判断，从权利保护的角度发展信息网络传播权的直接侵权与间接侵权的认定标准，试图建立在技术上可广泛适用的评判规则。③

对于新公众标准，也有学者提出了质疑。2022年，王迁在《著作权法中传播行为的"新公众标准"批判》中指出：欧盟法院为认定"向公众传播行为"而

---

① 参见蒋舸：《深层链接直接侵权责任认定的实质提供标准》，载《现代法学》2021年第3期，第155、163页。
② 范长军：《加框链接直接侵权判定的"新公众标准"》，载《法学》2018年第2期，第42页。
③ 参见郭鹏：《深度链接侵害信息网络传播权再思考——从技术解析窠臼趋向权利保护本位》，载《法学论坛》2021年第4期，第71页。

提出的"新公众标准"是误读《伯尔尼公约》和《伯尔尼公约指南》的结果,虽经欧盟法院的限缩性解释,但也与国际条约不符。根据"新公众标准"为"深层链接"定性的做法,混淆了对传播权的保护和对技术措施的保护,也混淆了直接侵权与间接侵权的界限。我国不应移植和参考"新公众标准",而应以相关行为是否产生了新的"传播源"为标准,对各类传播行为作出精准的判断,特别是正确认定提供"深层链接"行为的性质。①

三、商标权的本质

对于商标权的本质,学界主要有以下观点。

1. 商标权的私权本质

2002 年,刘春田在《商标法代表了我国民事立法的方向》中认为:商标天然地属于市场经济,商标权属于私权观念的确立,有助于市场经济的发展,有利于我国经济融入国际社会。② 2010 年,刘春田在《民法原则与商标立法》中进一步强调:商标权是私权,商标法是财产法,是民法的重要组成部分,商标立法是民事立法。这是商标法制的基础和出发点,不可因经济形势的起伏而改变,也不可因行政权力的强势而忽视或动摇。③ 2011 年,宋建宝在《论商标权的本质及其异化》中认为:根据 TRIPS 协议第一部分第 1 条第 2 款之规定,商标权属于该协议规定的知识产权范畴。因此,商标权也属于私权。商标权既然属于私权,那么我们在对商标权进行法律制度设计时,就必须将私权的本质属性具体化到相应的法律制度中,而不是相反。在权利来源方面,基于"天赋人权"以及洛克的劳动理论,商标权不是来源于政府的授权,而是来源于权利人自身的发现或劳动创造。没有发现或劳动创造,就没有权利。在权利行使方面,基于"意思自治"原则,商标权的行使,包括权利转让和权利许可,无须获得政府的批准。在权利范围方面,基于"法不禁止即自由"的原则,法律不应当限制商标权的行使,除非这种行使妨碍了他人合法利益的正常实现而构成权利滥用。在权利救济方面,基于"不告不理"原则,当商标权受到侵害时,公权作为私权救济的补充工具不应主动救济商标权。④

---

① 参见王迁:《著作权法中传播行为的"新公众标准"批判》,载《知识产权》2022 年第 2 期,第 111 页。
② 参见刘春田:《商标法代表了我国民事立法的方向》,载《中华商标》2002 年第 9 期,第 7 页。
③ 参见刘春田:《民法原则与商标立法》,载《知识产权》2010 年第 1 期,第 4-5 页。
④ 参见宋建宝:《论商标权的本质及其异化》,载《知识产权》2011 年第 1 期,第 78 页。

2. 商标权的财产权本质

2001年，程玟玫在《从商标权财产化角度论商标专用权人资格等相关问题》中提出，商标权现在的趋势是：越来越将其视为一种财产权。可以从世界各国立法例对商标（权）的保护看出。在商标方面的保护传统是对避免混淆来保护商标专用权，借此达到"促进工商企业之正常发展"或"保障消费者的利益，促进社会主义商品经济的发展"等公法性质的目的；而最近开始将商标（权）视为一种财产权。[1] 2004年，冯晓青在《商标的财产化及商标权人的"准作者化"》中指出，考察近些年来国内外发生的若干商标案件可以看出，避免消费者在市场中被混淆的商标原则正受到以财产为基础的商标原理的挑战，因为为刺激竞争目的而防止商标权人的消费者受到损害的思想没有被强调，随着商标权的急剧扩张，加上广告的蔓延，商标保护作为一种保护财产的相对有力的形式出现了。[2] 2014年，李东海在《商标权边界研究》中认为：虽然商标的基本属性是用作区分的工具属性，然而商标可转让之事实也同时证明了商标财产价值的存在，在商标被允许自由转让之时，商标的财产属性已经为立法者所承认和保护，商标的财产属性集中表现在对驰名商标提供的特殊保护方面。[3] 2014年，张惠彬在《商标财产化研究》中认为：当下，商标已经渐渐完成从"工具"到"财产"的转型，并且从与商誉密不可分演变为独立的交易客体。最具代表性的就是淡化立法的引入，驰名商标权人可以禁止非竞争领域的他人使用相同或相似的商标，甚至不必证明他人的使用可能造成混淆之虞，只要证明他人使用相同或相似的商标可能弱化或污损原商标的显著性即可。还有，商标转让限制的松动，等于无形中承认商标本身就是一种财产。而商标商品化的发展，昭示着商标可以不依附于商品或服务商，而是凭借其本身的图案或文字，就可以作为商品销售。[4]

但也有学者提出了不同的意见。2016年，卢海君在《商标权客体新论》中认为：从商标法的立法目的来看，其并不如同版权法与专利法，目的是保护权利人对作品与发明创造的一种专有性权利，其目的是维护公平竞争的市场秩序，保护消费者的合法权益。实质上，虽然版权法、专利法与商标法都被认为是知识产权法的组成部分，但商标法是反不正当竞争法的有机组成部分，事实上，普通法

---

[1] 参见程玟玫：《从商标权财产化角度论商标专用权人资格等相关问题》，载《法学家》2001年第5期，第78页。

[2] 参见冯晓青：《商标的财产化及商标权人的"准作者化"——商标权扩张理论透视》，载《中华商标》2004年第7期，第7页。

[3] 参见李东海：《商标权边界研究》，西南政法大学2014年博士学位论文，第36页。

[4] 参见张惠彬：《商标财产化研究》，西南政法大学2014年博士学位论文，第2页。

中的商标法就发源于反不正当竞争法的反假冒之诉。从商标法作为反不正当竞争法的有机组成部分的法律属性来看，商标法并无意建立基于标志本体上的财产权，保护商标权的根本目的在于维护竞争利益，保护消费者的合法权益。[1]

3. 商标权与民法的关系

2010年，刘春田在《民法原则与商标立法》中指出，我国在商标法制这个问题上，存在着法律的逻辑理念、立法体制、法律制度、法的实施、法的适用等诸环节的非系统化，存在理论与实践的冲突。众所周知，法律关系的属性，决定它所适用的法律的性质。商标权的私权性质，决定了它得以栖身的法律家园只能是民法。无论历史与人为因素导致知识产权法在形式上与民法相距多么远，它们共有的相同私权基因是无法改变的。因此，在立法上，必须运用民法的思想、民法的方法、民法的体系、民法的制度观照和统领商标法律制度。[2]

4. 商标私权与公权的关系

2010年，刘春田在《民法原则与商标立法》中强调：商标权作为私权，同时作为企业谋取财富的手段，也是公权力的规制与保护客体。公、私权性质不同，二者之间应当谨守分际，尤其是政府，不可固执于计划经济体制过多干预企业的传统习惯。无论是政府部门的程序，还是司法程序，都是为商标权的确立与归属设定的，是为构建一个公平、理性市场秩序服务的。政府行为的结果不会导致政府可以通过行政行为从私权主体手中分得一杯羹。根据商标法，政府无权超越法律的规定，任由自己的意志，凭借行政权力决定私权利的归属和与夺。[3] 2016年，孙淑涛在《论公权对商标权性质的影响》中认为：商标权法律制度中难免有公权的身影，但是公权的干预不可能使商标权由私权变成公权。理由是：行政登记机关将不动产物权的设立、变更公示于众，与商标局将注册商标予以公告并无实质区别。不动产物权不会因为行政公权的介入而由私权转变为公权，商标权同样不会因行政公权的介入而必然具有公权属性。其在全面分析商标权产生、行使、保护等各个环节中公权的作用，及其对商标权性质的影响后认为，不管公权与商标权法律制度的关系如何密切，商标权的权利内核都没有变化，商标权仍然是一项纯粹的私权。[4]

但也有学者提出了不同意见。2009年，刘期家在《商标权概念的反思与重构》中认为：商标权是一种特殊的民事权利，是一种具有一定公权属性的知识产

---

[1] 参见卢海君：《商标权客体新论》，载《知识产权》2016年第11期，第14页。
[2] 参见刘春田：《民法原则与商标立法》，载《知识产权》2010年第1期，第5页。
[3] 参见刘春田：《民法原则与商标立法》，载《知识产权》2010年第1期，第7页。
[4] 参见孙淑涛：《论公权对商标权性质的影响》，载《知识产权》2016年第2期，第72页。

权。法律赋予商标所有人以商标权,一方面是为了保护商标所有人的私权,另一方面也是为了保护消费者的合法权益。[1]

第三节 知识产权限制研究中的重大理论争议

一、合理使用

在知识产权的限制制度中,合理使用无疑是最富争议的问题之一。学界对合理使用的诸多方面都存在争议,包括合理使用的法理基础、对象所指、法律性质、立法模式、判断方法,滑稽模仿与合理使用的关系,以及网络环境下的合理使用。

(一)合理使用制度的法理基础

对于合理使用制度的法理基础,学界主要有以下观点。

1. 公平正义观

1995年,吴汉东在《论合理使用》中认为:公平正义观是整个合理使用制度的基础。合理使用制度的价值目标,在于通过均衡保护的途径,促进科学、文化事业的发展。[2] 1996年,吴汉东在《合理使用制度的法律价值分析》中认为:就法律所促进的价值而言,公平正义是整个合理使用制度的基础。在合理使用制度中,正义首先表现为一种法律理想或法律价值目标。合理使用制度的价值目标,在于通过均衡保护的途径,促进科学、文化事业的发展。其次,正义不仅仅是一种法律理想和目标,也是一种现实的可操作的法律原则、标准和尺度。总之,合理使用制度的法律正义,系由平等性、公平性、公益性、合理性原则构成。[3] 2004年,段南萍在《著作权法中合理使用制度及其适用问题研究》中认为,合理使用制度有重要的立法意义:体现了一种先进的立法精神,体现了公平公正、权利义务对等的立法原则,体现了法律的抗辩性质。[4]

2. 人权理论

1996年,吴汉东在《著作权作品合理使用的宪法问题研究》中认为:以合理使用为主的著作权限制制度是言论自由的具体法律保障。从立法意义上讲,合

---

[1] 参见刘期家:《商标权概念的反思与重构》,载《知识产权》2009年第4期,第70-71页。
[2] 参见吴汉东:《论合理使用》,载《法学研究》1995年第4期,第45页。
[3] 参见吴汉东:《合理使用制度的法律价值分析》,载《法律科学》1996年第3期,第31页。
[4] 参见段南萍:《著作权法中合理使用制度及其适用问题研究》,载《河南社会科学》2004年第5期,第60页。

理使用是公众对著作权专有领域的"进入权",是对创作与分享社会精神财富的"参入权"。它通过对著作权的必要限制,主要从以下几个方面保障言论自由权利的实现:一是保证个人学习、研究中的合理使用,为个人创作活动及发表思想提供必要的条件;二是保证评论、新闻报道中的合理使用,使社会公众通过传播渠道和媒体交流思想,获取信息和情报,实现其知情权;三是保证科学研究、课堂教学、公共图书馆等文化科技活动中的合理使用,这对于寻求、接受和传递信息和思想,促进社会文化和科教事业的发展也是必不可少的。①

2005年,冯晓青、陈小奇在《著作权合理使用若干问题研究》中认为,合理使用原则在著作权法中的适用,是保障作品的用户对作品正常接近的需要。② 2012年,向凌在《著作权合理使用制度的人权法反思》中提出:合理使用作为著作权制度中权利保护与权利限制的"安全阀",其适用范畴的任何伸缩,都可能在一定程度上触及言论自由权、受教育权、隐私权等人权问题。其通过回溯知识产权与人权挂钩的历史事件,反思在著作权保护与人权保护同样强势扩张过程中所产生的权利失衡,进而指出合理使用制度的未来变革应当体现知识产权保护的人权属性。③ 2013年,向凌在《人权法视野下著作权合理使用制度改进的原则》中认为:为了实现垄断与分享之间的动态平衡,在人权法视野下对合理使用制度进行改进时有必要着重把握法益优先保护、激励与接近平衡和工具主义三项核心原则。④

3. 利益平衡理论

2006年,肖尤丹在《冲突与协调:网络环境下合理使用的合理性考察》中认为:网络环境下合理使用的合理性基础在于对价值冲突和权利协调的讨论。各国立法对于这一问题的制度回应,充分在法律制度层面体现了"法益优先原则"和"利益平衡原则"的精髓。⑤ 2007年,于玉在《著作权合理使用制度研究》中认为:支撑著作权合理使用制度的价值体系是"个人—社会双向本位的价值体系模式",著作权合理使用制度本身既体现了对公益性的保护和追求,也体现了法

---

① 参见吴汉东:《著作权作品合理使用的宪法问题研究》,载《法制与社会发展》1996年第4期,第10页。
② 参见冯晓青、陈小奇:《著作权合理使用若干问题研究》,载《法律适用》2005年第10期,第65页。
③ 参见向凌:《著作权合理使用制度的人权法反思——基于必要性的考量》,载《知识产权》2012年第4期,第52页。
④ 参见向凌:《人权法视野下著作权合理使用制度改进的原则》,载《广东社会科学》2013年第4期,第242页。
⑤ 参见肖尤丹:《冲突与协调:网络环境下合理使用的合理性考察》,载《知识产权》2006年第6期,第21页。

律对个人权利的尊重和维护，最重要的是实现了公共利益和个人利益的均衡，实现了"个人—社会双向本位的价值体系模式"在知识产权制度领域的建构。利益平衡是著作权合理使用制度的理论基石。著作权人的利益和公共利益的平衡是著作权法的永恒主题，也是著作权法本身极为重要的价值目标，著作权合理使用制度本身协调和解决了作品的创造者、传播者和使用者多元利益之间的冲突，建构了平衡的框架，不至于因著作权人的权利过大而损害公众接近作品的利益，也不会因著作权保护不足而损害著作权人的利益，导致作品生产原动力不足。著作权合理使用制度本身体现了公平正义的价值取向。既然平衡是著作权合理使用制度的基本精神，而平衡弘扬的是"理性的公平正义原则"，合理使用制度本身体现了从事智力创造自由的公平正义精神，体现了公平、合理分享社会知识财富的公平正义精神，合理使用制度中的公平与正义还体现于专有与公有领域的划分及权利的限制与反限制。①

2009年，冯晓青、谢蓉在《著作权法中"合理使用"与公共利益研究》中认为：从公共利益角度来审视合理使用制度，关注其与公共利益的关系，能够让合理使用制度在变化的社会环境中不断焕发出新的生命力，从而保障社会公众对著作权作品必要的获得与利用，以更好地促进著作权法的改革和完善，实现其立法目标。② 2010年，周玲玲在《合理使用原则在我国立法中的实践运用及发展趋势》中认为：通过合理使用原则保障著作权人个人权利和公共利益之间的平衡意义重大。合理使用原则在我国立法中的实践运用主要体现在三个方面：著作权范畴内的直接法律依据、最高人民法院司法解释，以及间接支持合理使用原则的法律法规、法律原则和司法解释。合理使用原则在我国现行立法中的法律根基和社会的可持续发展目标决定合理使用原则在我国的延伸将成为司法实践的必然趋势。③

4. 劳动理论

2007年，冯晓青在《著作权合理使用及其经济学分析》中认为：从微观经济学的角度看，合理使用制度可以看成是制度安排下的特定智力作品创作者和不特定作品使用者之间就信息资源分配所进行的交换。合理使用制度既可使智力劳动者获得报偿，也维护了公众使用公有资料的自由。这正是其正当性所在，是在著作权制度中满足知识产权的洛克理论模式的典型体现。如果说，劳动理论为强

---

① 参见于玉：《著作权合理使用制度研究》，山东大学2007年博士学位论文，第2页。
② 参见冯晓青、谢蓉：《著作权法中"合理使用"与公共利益研究》，载《河北法学》2009年第3期，第69页。
③ 参见周玲玲：《合理使用原则在我国立法中的实践运用及发展趋势》，载《科技与法律》2010年第4期，第32页。

化被称为作者权的知识产权提供了有力支持,那么从这里阐述的合理使用的角度看,它同样地为公众使用权利人的作品提供了有力支持。[1]

5. 多元化正当性理论

2009 年,冯晓青在《著作权合理使用制度之正当性研究》中认为:合理使用制度体现了著作权法保护作者和其他著作权人的利益和促进知识与信息广泛传播的双重目的。对合理使用的正当性可以从多方面加以认识,包括激励与接近之平衡、宪法与公共利益、以交易成本和古典经济学为基础的经济学分析等。在网络环境下,著作权合理使用制度仍然有其存在的合理性。[2] 2011 年,徐鹏在《论传播技术发展视野下的著作权合理使用制度》中首先分析了劳动学说中所蕴含的自然权利思想,人格理论中所推导出的自我阐释思维以及平衡理论中所强调的合理性与公平性。其次,其根据交易成本理论和激励理论,清楚了构建合理使用制度的目的,在于合理划分创作者与使用者的权利区域,减少额外的交易成本,实现信息资源的优化配置。最后,其通过宪法学视角,展示出了合理使用与公民宪法权利的紧密性,其不仅仅是公众利用作品进行信息交流与传播的法律形式,也是公民实现言论自由的基本条件。[3]

(二) 合理使用的对象所指

对于合理使用的对象具体是指什么,学界主要有以下观点。

1. 合理使用的对象是权利

1996 年,吴汉东在《关于合理使用制度的民法学思考》中认为:鉴于合理使用是一种使用者关系而不是著作权关系,作为法律范畴的合理使用的支配对象是权利而不是作品。著作权法意义上的合理使用,涉及作者"专有领域"中的作品,实质上是对其专有使用权利在一定条件下的无偿行使。[4] 2007 年,于玉在《著作权合理使用制度研究》中提出:合理使用制度的本质并不是人与作品的关系,而是人与人之间的社会关系。人与作品的关系是一种表象,在它的背后存在着创作者与使用者之间的社会关系,这是一种基于作品的合理使用而形成的创作者与使用者之间的权利义务关系,是一种民事法律关系。著作权法意义上的合理使用从表面上看是一种在特定的条件下,既不征求著作权人同意,又不支付报酬

---

[1] 参见冯晓青:《著作权合理使用及其经济学分析》,载《甘肃政法学院学报》2007 年第 4 期,第 27 页。
[2] 参见冯晓青:《著作权合理使用制度之正当性研究》,载《现代法学》2009 年第 4 期,第 29 页。
[3] 参见徐鹏:《论传播技术发展视野下的著作权合理使用制度》,吉林大学 2011 年博士学位论文,第 57-63 页。
[4] 参见吴汉东:《关于合理使用制度的民法学思考》,载《法学家》1996 年第 6 期,第 58 页。

而使用他人的作品的行为，从实质来讲，是对著作权人的专有使用权在一定条件下的无偿行使。①

2. 合理使用的对象是作品

1998 年，董炳和在《合理使用：著作权的例外还是使用者的权利》中认为：在合理使用之下，使用者虽然可以复制作品，但无权许可或者禁止他人复制作品，因此，使用者是不可能行使或者利用著作权人的权利的。这就说明，合理使用的对象并不是作者的专有使用权。既然合理使用的对象不是作者的专有使用权，那就只能是作品了。事实上，合理使用只是一些具体的使用行为，这些使用行为只能直接指向作品，因此，只有作品才是合理使用的对象。②

(三) 合理使用的法律性质

对于合理使用的法律性质，学界主要有以下观点。

1. 合理使用是一种使用者的民事权利

1995 年，吴汉东在《论合理使用》中认为：有形财产关系的他物权理论，对于我们分析无形财产关系中的合理使用制度是具有启迪意义的。第一，合理使用是使用人对他人著作财产权的一种利用，表现为使用人对他人的著作权作品所享有的不经同意、不必付酬而加以使用的某种利益。这种利益（抑或权利）得到法律的确认，但以不损害该著作权人的其他合法权益为前提。第二，合理使用是社会对他人著作财产权的一种限制，表现为在著作权人的专有权领域内，由于法律的直接规定，在使用条件或方式上划分一定的"自由"范围，允许他人合理适当地利用这一权利。就立法宗旨而言，著作权法是以权利本位为基点、以保护作者权益为核心的法律，因此立法语言将合理使用表述为"著作权的限制"，当为顺理成章之事。但就法理学研究而言，合理使用应被视作一种利益，即非著作权人依法享有的某种利益。这也为题中应有之义。概言之，著作权法中的合理使用，从著作权人方面来看，是对其著作财产权范围的限定，从著作权人以外的人（使用者）来看，则是使用他人作品而享有利益的一项权利。使用者权作为使用著作权作品的利益之法权形式，具有一般民事权利的基本特征：首先，使用者权意味着主体在一定范围内的意思自由。其次，使用者权意味着主体实现一定利益的可能性。最后，使用者权具有法律保障性。③ 2000 年，唐超华在《论作品的合

---

① 参见于玉：《著作权合理使用制度研究》，山东大学 2007 年博士学位论文，第 13 页。

② 参见董炳和：《合理使用：著作权的例外还是使用者的权利》，载《法商研究》1998 年第 3 期，第 38 页。

③ 参见吴汉东：《论合理使用》，载《法学研究》1995 年第 4 期，第 46－47 页；吴汉东：《关于合理使用制度的民法学思考》，载《法学家》1996 年第 6 期，第 62 页。

理使用》中认为，就合理使用的法律性质来讲，它表现在两个方面：首先，合理使用是一种法律制度，合理使用本身是一种法定使用，必须符合著作权法的规定；其次，合理使用是对作者著作财产权的一种限制，是对作者以外的其他人利用作品的一种授权，即作者以外的其他人对已经发表的作品可以不经作者同意以合理方式加以利用的一种特殊权利。[1]

2006年，李雨峰在《表达自由与合理使用制度》中认为：从著作权促进表达自由的立法政策角度看，将合理使用制度理解为"使用者权利"更适当。"使用者权利说"侧重从权利的结构来理解合理使用制度，这对于我们解释著作权与知情权的关系很有裨益。[2] 2007年，卢海君在《合理使用一般条款的猜想与证明》中认为，不论是从现行法律对合理使用制度的规定来看，还是从合理使用制度应当具有的社会功能来讲，合理使用都是一种民事权利，也即合理使用权。[3] 2020年，刘银良在《著作权法中的公众使用权》一文中也认为："合理使用权"与"自由使用权"均属于"公众使用权"的范畴。由合理使用权所规范的合理使用行为既包括对作品的批评或评论等行为，也包括部分信息提供行为。把公众的作品使用权类型化为自由使用权与合理使用权，一方面可使公众使用权得到界定，另一方面亦使其权利基础更为清晰，从而便于在著作权法下分别设置自由使用与合理使用法律规范。这样既方便维护公众的利益，也使著作权和邻接权的边界更为清晰，各方的权利与利益均得到合理保护。[4] 2023年，刘银良在《再论著作权法中的公众使用权：互依性的视角》一文中继续论证说：公众使用权应属著作权法下的民事权利，借由具体救济措施维护使用者的权利和利益，而非仅能在侵权诉讼中作为侵权抗辩事由。互依性普遍存在于现实的著作权法世界，不仅体现在各主体及其行为之间，还体现在客体之间以及主体与客体之间。广泛而深刻的互依性使著作权制度成为一个整体，不仅每个人皆可能是作者、传播者或使用者，并且每个人都可能同时是作者、传播者与使用者。虽然使用者的部分使用权已通过著作权法的合理使用制度得到实现，但著作权法仍宜在立法中明确规定使用者享有自由使用权与合理使用权，并赋予其明确的救济措施以保证法律效力。[5]

---

[1] 参见唐超华：《论作品的合理使用》，载《湖南大学学报（社会科学版）》2000年第4期。
[2] 参见李雨峰：《表达自由与合理使用制度》，载《电子知识产权》2006年第5期。
[3] 参见卢海君：《合理使用一般条款的猜想与证明——合理使用制度立法模式探讨》，载《政法论丛》2007年第2期。
[4] 参见刘银良：《著作权法中的公众使用权》，载《中国社会科学》2020年第10期，第198-199页。
[5] 参见刘银良：《再论著作权法中的公众使用权：互依性的视角》，载《知识产权》2023年第11期，第16页。

2. 合理使用是一种权利限制或侵权抗辩事由

1998年,董炳和在《合理使用:著作权的例外还是使用者的权利》中认为:合理使用并不是使用者的一项民事权利,而是对著作权人主张著作权的一种限制。当使用者实施了属于合理使用的行为时,他的行为不构成对著作权人权利的侵犯。使用者无权也不可能向著作权人提出什么主张,只是在著作权人指控使用者侵权时,使用者可以将其使用属于合理使用作为一种抗辩理由。但是作者否认合理使用是使用者的一项民事权利,并不等于不承认合理使用的权利性质。合理使用就是言论自由在著作权领域中的延伸。从言论自由的角度来看,合理使用确实是社会公共所享有的一项宪法权利。不过承认合理使用作为一项宪法权利的意义并不在于某个特定的使用者可以要求著作权人如何,而在于国家不得取消或者不合理地限制合理使用制度。[1]

2005年,冯晓青、陈小奇在《著作权合理使用若干问题研究》中认为:在著作权法的发展中,合理使用逐渐发展为在侵权例外的案件中适用的标准,而不是作为是否侵权的主要标准。[2] 2007年,冯晓青在《著作权合理使用及其经济学分析》中认为,合理使用是著作权侵权中基本的抗辩理由。[3] 2007年,于玉在《著作权合理使用制度研究》中认为:著作权合理使用并不是使用者的一项民事权利,而是对著作权人主张著作权的一种限制。当使用者实施了属于合理使用的行为时,他不构成对著作权人权利的侵犯。使用者也不可能向著作权人提出什么主张,只是著作权人指控使用者侵权时,使用者可以将其使用行为属于合理使用作为一种抗辩理由。换个角度来理解就是合理使用从反向界定了著作权人的权利范围和边界。[4]

3. 合理使用是一种未上升为权利的法益

2010年,孙山在《未上升为权利的法益》中提出,合理使用是未上升为权利的法益的一种:第一,合理使用无法被类型化处理而纳入现有的著作权权利体系之中。在创作者与传播者的利益之外,著作权法当然也保护公共利益,但这种公共利益的诉求并不能积极主张,只能在著作权的类型化的处理模式之外,以列举方式用消极的个案的保护方式保证它的实现。第二,与著作权的主体相比,享有合理使用这一法益的主体在法律条文中并不明确,只是在著作权人认为某一使用人侵权而该使用人以合理使用否认著作权人的主张时,这一主体才特定。同对

---

[1] 参见董炳和:《合理使用:著作权的例外还是使用者的权利》,载《法商研究》1998年第3期,第41页。
[2] 参见冯晓青、陈小奇:《著作权合理使用若干问题研究》,载《法律适用》2005年第10期,第66页。
[3] 参见冯晓青:《著作权合理使用及其经济学分析》,载《甘肃政法学院学报》2007年第4期,第27页。
[4] 参见于玉:《著作权合理使用制度研究》,山东大学2007年博士学位论文,第16-17页。

其他未上升为权利的法益的保护一样,法律对合理使用的保护也是事后的、个案的、被动的。第三,合理使用这种法律上的利益,仅限于使用人自身的利用,无法部分移转或全部让渡给他人使用。作为一种重要的民事法益,合理使用符合未上升为权利的法益的种种特征,无法被纳入著作权权利体系之中,因此,合理使用的性质就是未上升为权利的法益。① 2011年,徐鹏在《论传播技术发展视野下的著作权合理使用制度》中认为:将合理使用定性为使用者的一项利益更为恰当,因为合理使用作为一种法律赋予的抗辩理由(affirmative defence),它只是一种特权(privilege),而不应是一种权利(right)。并且,使用者也不能基于合理使用的存在而对著作权人提出什么权利主张,只是在著作权人指控使用者侵犯其权利时,使用者可以以其使用行为属于合理使用作为一种抗辩理由。②

(四)合理使用的立法模式

对于我国著作权法应采何种合理使用的立法模式,学界主要有以下几种观点。

1. 应采原则条款的立法模式

2006年,李雨峰在《表达自由与合理使用制度》中指出:从立法模式上看,我国采用的"规则主义模式",对具体的合理使用行为的类型明确地进行罗列。其优点是简单明了,避免了自由裁量中可能出现的偏差,但这种规则主义的立法模式无法为我们认识合理使用制度提供一个行动的指南。著作权法为什么要规定合理使用制度?合理使用制度背后的理论逻辑是什么?它需要考量哪些具体的因素?在这方面,美国的"要素主义"立法模式具有一定的借鉴意义。③ 2007年,卢海君在《合理使用一般条款的猜想与证明》中认为:我国《著作权法》对合理使用制度的规定采取的是"具体规定性"的立法模式,难以适应新科技发展对合理使用制度的内在要求。我国未来著作权立法应当改"具体规定性"的合理使用制度立法模式为"抽象规定性"的合理使用制度立法模式。具体可从以下几个方面对《著作权法》进行修订:(1)制定合理使用的一般条款;(2)严格和明确合理使用的适用条件;(3)确立判断合理使用的模型;(4)确立版权人故意阻止合理使用时应当承担的责任。④

2. 应采原则条款+列举的立法模式

2004年,陶绪翔、仲春在《对著作权合理使用范围的法经济学思考》中认

---

① 参见孙山:《未上升为权利的法益——合理使用的性质界定及立法建议》,载《知识产权》2010年第3期,第66页。
② 参见徐鹏:《论传播技术发展视野下的著作权合理使用制度》,吉林大学2011年博士学位论文,第78页。
③ 参见李雨峰:《表达自由与合理使用制度》,载《电子知识产权》2006年第5期,第25页。
④ 参见卢海君:《合理使用一般条款的猜想与证明——合理使用制度立法模式探讨》,载《政法论丛》2007年第2期,第47页。

为：由于著作权是一种绝对权，为了防止著作权人滥用权利，各国著作权法都规定了合理使用制度，以期求得个人利益与公共利益的平衡。我国亦不例外，但由于我国采用列举方式界定合理使用的范围，以致出现了不周延性和模糊性，不利于知识产权的发展，因而需要明确合理使用的范围。作者主张结合采用概括和列举的方式来界定合理使用的范围。[①] 2006年，林子英、普翔在《著作权法中合理使用制度的局限》中认为：应当在我国现有法律框架、体例的基础上，补充合理使用规定的原则性条款，从而在具体条款无法适用时，可以通过原则性条款予以救济。原则性条款主要是从合理使用的目的性——非营利性、商业性上规定，不损害权利人的直接或潜在的利益等。同时原则性条款也应包括主体适用范围，不要局限于公主体。在法律没有作出修订前，建议最高人民法院能以个案批复的方式予以规范或者出司法解释。[②] 2008年，刘悦、孙静在《试论网络环境下著作权的合理使用》中认为：立法应该采取概括式为主、列举式为辅的混合主义模式，即确立网络环境下著作权合理使用制度的基本原则，并辅之以列举的方式将合理使用的情形列出，当法条无法涵盖所遇到的问题时，法官就可以参照原则灵活运用。[③]

2011年，宋海燕在《从各国版权法的实践看中国法律中的合理使用》中提出，中国的合理使用立法似乎面临如下两大问题：（1）并未明确应当考虑哪些因素，因此法官在审判意见中运用不同的判断因素；（2）著作权法规定了允许使用的12种情形。该种规定可能过于死板，因而无法适应新技术与商业模式之发展所带来的全新挑战。关于第一个问题，即法院在不同个案中采用不同的因素判断使用之合理性，作者建议可借鉴韩国模式，在立法中规定法定因素以增强明确性及一致性。至于其中的法定因素或可采用《美国版权法》第107条规定的四大因素。关于更宽泛的问题，即在将来立法修改时，中国应当采用哪种合理使用模式，是采用更严格解释抑或采用较为自由的模式取决于中国是否应扩展现有的合理使用范围。如果中国根据公共政策考虑决定扩展合理使用范围，则可借鉴韩国模式。该模式具有双重优势，不仅通过法律明确规定一系列允许合理使用的情形从而具有明确性及确定性，同时若某种使用不属于法律规定的情形，还可以根据一系列法定因素判断合理使用之构成，从而具有灵活性。相反，若中国决定保持

[①] 参见陶绪翔、仲春：《对著作权合理使用范围的法经济学思考》，载《西南民族大学学报（人文社科版）》2004年第6期，第203页。

[②] 参见林子英、普翔：《著作权法中合理使用制度的局限——从一起著作权案件适用法律问题谈起》，载《电子知识产权》2006年第1期，第52页。

[③] 参见刘悦、孙静：《试论网络环境下著作权的合理使用》，载《出版发行研究》2008年第11期，第56页。

合理使用的现有范围，则可以借鉴韩国模式，在修改法律时确定法定判断因素以增加审判的一致性。① 2011 年，徐鹏在《论传播技术发展视野下的著作权合理使用制度》中认为：无论是"开放式"还是"封闭式"的立法模式，其本身都不可能成为一种完美无瑕的立法设计。尤其是在人类社会进入数字网络时代之后，合理使用的判断标准更是呈现出多变性和复杂性的特点，之前本属于合理使用的行为，现在很可能被认定为侵权行为。所以，随着使用者复制传播能力的大幅增强，采取"封闭式"和"开放式"相结合的方式，也许会更有利于判断合理使用行为的"合理性"，以此可以重新建立作者和使用者之间的利益平衡关系。② 2012 年，梁志文在《著作权合理使用的类型化》中提出：尽管我国法院常常以法理方式运用合理使用原则，但在立法上并不存在合理使用原则。《著作权法》第三次修订时引入合理使用原则是对司法实践经验的总结，也是适应社会生活中使用作品的复杂情形的需要。但是，作为一般条款，合理使用原则具有不可预测性等局限性。对合理使用进行类型化梳理，通过借鉴司法中的成功经验，既具有适用范围清楚、可预测的特点，也符合我国承袭大陆法系著作权法的历史传统。因此在《著作权法》第三次修订时，不仅要增订合理使用一般条款，也应增订或修正具体的例外清单。具体而言，新的法律修正案应注意处理好两方面的问题：第一，《著作权法》和单行条例中不同规定的协调问题。第二，我国《著作权法》如采纳一般条款与例外清单相结合的合理使用立法模式，则还应处理好这两者的关系。③

2013 年，李琛在《论我国著作权法修订中"合理使用"的立法技术》中建议，我国的"合理使用"制度可从以下方面完善：第一，立法应当保持"可为之处尽量有所作为"的立场，对于其他国家和我国司法实践中认识比较一致、成熟的"合理使用"行为，尽量明确列举，例如案例中出现的拍卖品的合理展示、作品中附带性地再现其他作品等。第二，对于涉及后续创作的合理引用，应当增加立法的弹性。在很多采用"权利例外"模式的国家和地区，合理引用都规定得比较宽松。相比之下，我国《著作权法》把合理引用的目的限于"介绍、评论作品或说明问题"显得过于狭隘，不利于创造的后续发展。第三，应当允许法官在立法列举的情形之外认定"合理使用"，但要限定"合理使用"的认定条件。建议

---

① 参见宋海燕：《从各国版权法的实践看中国法律中的合理使用——Google 图书馆计划案引发的思考》，载《中国版权》2011 年第 1 期，第 20 页。
② 参见徐鹏：《论传播技术发展视野下的著作权合理使用制度》，吉林大学 2011 年博士学位论文，第 83 页。
③ 参见梁志文：《著作权合理使用的类型化》，载《华东政法大学学报》2012 年第 3 期，第 44 页。

在示例性"合理使用"的条款之后规定：在判断是否构成第×条规定的合理使用或其他合理使用时，应综合考虑各种相关因素，尤其是……（所列举的因素可以借鉴美国法上的四个标准，也可考虑适当细化，具体设计应充分听取司法界的意见）。①

3. 应采原则＋要素＋列举的立法模式

2007年，于玉、纪晓昕在《我国著作权合理使用判断标准的反思与重构》中认为：因素主义和规则主义是世界各国著作权合理使用判断标准的两种基本模式，各有利弊。我国立法目前采用完全的规则主义模式，在实践中造成了判断标准的僵化，无法完全适应现实生活的需要。以利益平衡为原则，以作品的使用目的、被使用作品的性质、使用作品的程度以及对被使用作品的市场影响为要素并辅之以具体规则的"原则＋要素＋规则"的模式应当成为我国著作权合理使用判断标准的重构方向。② 同年，于玉在《著作权合理使用制度研究》中也认为：传统环境下合理使用判断标准的理想立法模式应当是"原则＋要素＋规则"的立法模式，原则是指"利益平衡"的原则，要素即是指"使用作品的目的、被使用作品的性质、使用作品的程度、对被使用作品的市场影响"四个要素，规则就是具体列举最为常见的、已构成合理使用通例的具体合理使用行为。这种立法模式既突出了合理使用的本质，又可以应对实践中出现的种种复杂问题，是一种较为理想的立法模式。③

（五）合理使用的判断方法

对于合理使用的判断方法，学界主要有以下观点。

1. 明确分项规定合理使用的量

1995年，郝春莉在《关于我国著作权合理使用问题的探讨》中认为：关于合理使用"量"的限定问题，我国著作权立法规定得过于笼统，缺乏可操作性。对于某一项合理使用，因其质的规定性的差异，量的规定不可能一致。对此，应就不同合理使用权的量的规定性，具体、明确、分项确定之。④

2. 采用美国法上的四因素进行判断

1996年，吴汉东在《论著作权作品的"适当引用"》中认为，合理使用的判断需要考察四要素：（1）使用目的；（2）被使用作品的性质；（3）使用作品的程

---

① 参见李琛：《论我国著作权法修订中"合理使用"的立法技术》，载《知识产权》2013年第1期，第12页。

② 参见于玉、纪晓昕：《我国著作权合理使用判断标准的反思与重构》，载《法学论坛》2007年第3期，第90页。

③ 参见于玉：《著作权合理使用制度研究》，山东大学2007年博士学位论文，第3页。

④ 参见郝春莉：《关于我国著作权合理使用问题的探讨》，载《中国人民大学学报》1995年第4期，第58页。

度；(4) 对被使用作品的影响。①

3. 修改美国法四因素后进行判断

1993年，王骅在《关于作品的"合理使用"》中认为，在实际工作中为了阻止滥用"合理使用"的规定，减少矛盾，作品的使用者必须遵循以下一些原则：(1) 使用作品的目的和性质必须明确。(2) 被使用作品的性质和内容应当是为了教学和科学研究，为了社会公众利益、慈善事业、传播信息的目的。(3) 使用作品的量要适度。(4) 使用作品不得损害被使用作品著作权人的利益。(5) 被使用的作品必须是已经发表的作品。(6) 使用作品必须按著作权法的规定。② 2004年，方明在《论著作权合理使用制度的判断标准》中提出：使用作品的目的、被使用作品性质、使用作品的程度、对被使用作品的影响是判断所有合理使用的基本要素，但这四要素并不是排他性的唯一因素。在特定领域对特定作品进行特定使用过程中，其他一些因素对合理性判断还是具有一定的参考价值和补充作用的，如对善意使用和恶意使用的区分、对非竞争性使用和竞争性使用的区分、对除了经济损害有无其他损害使用的区分、对特定主体与一般主体的区分等。③ 2004年，段南萍在《论著作权法中的合理使用制度及判断标准》中认为，归纳我国《著作权法》规定的合理使用情况，其形成合理使用的要素主要有以下几点：(1) 所使用的作品必须是公开发表的；(2) 使用他人作品要注明作品的名称及作者；(3) 使用他人作品要适度，不能损害著作权人的利益；(4) 使用他人作品是为了评论、说明、教学、研究等目的。④

4. 利益平衡法

2008年，张心全在《合理使用原则的演进》中认为：我国合理使用制度遵循的是"单纯公益"原则，但是合理使用制度所调节的利益平衡是一种动态的平衡，随着技术的发展需不断重新调整定位。在著作的使用行为不会对著作权人造成损害的情形下，需注重分析使用行为给社会公众所带来的信息利益，并以"公益优势"原则取代"单纯公益"原则，使权利人、使用者、公众三者之间的利益达到新的平衡状态。⑤

---

① 参见吴汉东：《论著作权作品的"适当引用"》，载《法学评论》1996年第3期，第17-18页。
② 参见王骅：《关于作品的"合理使用"》，载《中国出版》1993年第10期，第44页。
③ 参见方明：《论著作权合理使用制度的判断标准》，载《学海》2004年第6期，第158页。
④ 参见段南萍：《论著作权法中的合理使用制度及判断标准》，载《出版发行研究》2004年第3期，第52-55页。
⑤ 参见张心全：《合理使用原则的演进——评Perfect 10诉Google缩图纠纷案》，载《电子知识产权》2008年第3期，第47页。

5. 经济分析法

2011年，熊琦在《论著作权合理使用制度的适用范围》中认为：由于合理使用处在权利与限制的交界处，其适用范围的任何变化，都可能重塑著作权法。面对新技术的冲击，在确定合理使用的适用范围时，不能因技术的便利而干涉著作权市场对信息资源的配置，而应恪守合理使用最初的立法理由，将其定位为对市场失灵的弥补，在利用行为有助于公共利益的基础上，考察其是否符合"交易不能"或"正外部性"市场失灵，同时把对作品潜在市场的影响视为最关键的判断标准。由此不但维护了著作权的私权属性，更是最佳界定了合理使用的适用范围。① 2012年，黄锫在《著作权合理使用判断的效率标准》中提出："效率"是判断著作权合理使用的规范性标准。知识的非竞争性特质决定了效率在知识领域中的特殊形态是"知识得到最广泛的使用"，归属于卡尔多—希克斯效率。竞争性市场机制（价格机制）是实现这一效率的最佳途径，但是两种市场失灵现象的存在阻碍了效率的实现，合理使用制度由此应运而生。既然合理使用制度为了实现效率而生，那么判断某种行为是否属于合理使用就应根据其是否符合效率标准来判断，同时应考虑到不从整体上消除知识生产的激励机制。② 2012年，姚鹤徽在《交易成本和价格歧视理论在著作权合理使用中的定位与适用》中提出：经济学交易成本理论和价格歧视理论是数字时代强化著作权保护，限制合理使用的主要理论依据。由于某些合理使用是为克服交易成本过高的市场失灵而设，故交易成本理论和价格歧视理论对合理使用范围的缩小具有一定的解释力。但是，它们不是确定合理使用适用范围的唯一标准。除交易成本外，外部性的内部化和公共利益也是影响合理使用适用范围的重要因素。当存在正外部性无法有效内部化的市场失灵，或者基于维护公共利益时，也应考虑适用合理使用规则，以确保作品正外部性的充分释放。③

6. 三步检验法

2012年，张曼在《TRIPS协议第13条"三步检验法"对著作权限制制度的影响》中提出，从《伯尔尼公约》到TRIPS协议，三步检验法经历着从复制权限制的反限制到所有权利限制的反限制的扩大过程，其助推力则为《美国版权法》第110条款争端案和随后WTO专家组对TRIPS协议第13条的解释。对于

---

① 参见熊琦：《论著作权合理使用制度的适用范围》，载《法学家》2011年第1期，第86页。
② 参见黄锫：《著作权合理使用判断的效率标准：法律经济学视角的分析》，载《浙江社会科学》2012年第1期，第59页。
③ 参见姚鹤徽：《交易成本和价格歧视理论在著作权合理使用中的定位与适用》，载《知识产权》2012年第3期，第21页。

三步检验法的三步优先适用顺序这一问题，WTO 专家组以"等级命题"的方式给予回答。由此，三步检验法成为著作权限制制度适用的一个大前提，凸出了背后著作权人权利扩张的趋向，中国著作权法中三步检验法其实质为二步检验法，未来如何进行调整尚有待立法者和学界进一步思索。①

（六）滑稽模仿与合理使用的关系

对于滑稽模仿与合理使用的关系，学界主要有以下观点。

1. 滑稽模仿构成合理使用

2006 年，罗莉在《谐仿的著作权法边界》中认为，谐仿是对原作品的嘲弄、讥讽性模仿。谐仿作为人们表达思想和进行艺术创作的一种方式，原则上受宪法和著作权法保护。谐仿在西方国家通常享受合理使用抗辩。中国应当将谐仿明确纳入著作权权利限制体系加以规范。② 2008 年，赵林青在《滑稽模仿作品的合法性分析》中认为：滑稽模仿、讽刺也是对作品的一种评论性行为，可以理解为属于一种合理使用的情形。只不过现行立法的规定比较模糊，应进一步予以明确和规范。其建议将《著作权法》第 22 条第 1 款修改为，"为介绍、评论某一作品或者说明某一问题，在作品中适当引用他人已经发表的作品，原作者不得限制他人的评论方式，不得禁止滑稽模仿、讽刺模仿等特殊方式的使用"，从而切实体现宪法和著作权法表达自由这一根本宗旨。③ 2010 年，徐惠敏在《论"模仿讽刺"作品的法律性质及合理使用原则》中提出：我国现行法律法规没有对"模仿讽刺"作品及其引发的问题作出明确的规定。作为一种创作形式，以"模仿讽刺"手段创作的作品如果符合独创性和能以有形形式复制这两个条件，就应列入受《著作权法》保护的作品范围，并适用著作权法上的合理使用原则。④

2012 年，黄玉烨在《著作权合理使用具体情形立法完善之探讨》中建议，应当将滑稽模仿作为合理使用的情形之一，可以运用"三步检验法"进行论证：(1) 滑稽模仿是在特定情况下对版权作品进行使用并利用原作创作出新作品的行为。(2) 该种使用不与作品的正常利用相冲突。(3) 该种使用不会不合理地损害作者的合法权益。⑤

---

① 参见张曼：《TRIPS 协议第 13 条"三步检验法"对著作权限制制度的影响——兼评欧共体诉美国"版权法 110（5）节"案》，载《现代法学》2012 年第 3 期，第 173 页。

② 参见罗莉：《谐仿的著作权法边界——从〈一个馒头引发的血案〉说起》，载《法学》2006 年第 3 期，第 60 页。

③ 参见赵林青：《滑稽模仿作品的合法性分析》，载《法学杂志》2008 年第 5 期，第 42 页。

④ 参见徐惠敏：《论"模仿讽刺"作品的法律性质及合理使用原则》，载《南昌大学学报（人文社会科学版）》2010 年第 4 期，第 78 页。

⑤ 参见黄玉烨：《著作权合理使用具体情形立法完善之探讨》，载《法商研究》2012 年第 4 期，第 24 页。

2. 合理限度的滑稽模仿构成合理使用

2006年，王迁在《论认定"模仿讽刺作品"构成"合理使用"的法律规则——兼评〈一个馒头引发的血案〉涉及的著作权问题》中认为："模仿讽刺"在著作权法理论中特指通过模仿原作内容而对原作加以讽刺或批评的改编创作形式。"模仿讽刺"是对原作特殊形式的"评论"，为了达到讽刺或批评原作的"评论"目的，它必须对原作内容进行大量模仿使用。虽然"模仿讽刺"会对原作的市场产生消极影响，但这并不是对原作作者利益在著作权法意义上的"损害"。在模仿的程度应与讽刺与批评的需要相适应的情况下，"模仿讽刺"构成"为进行评论而适当引用作品"，是"合理使用"[1]。2006年，梁志文在《论滑稽模仿作品之合法性》中认为：滑稽模仿与著作权保护之间的关系体现了表达自由及其限度的问题，因此，在合理限度之下，滑稽模仿者借用原作进行再创作，有利于社会文化事业的发展，也有助于保护表达自由价值的实现。因此，基于表达自由而使用作品，并不是侵权行为。[2]

3. 不构成合理使用的滑稽模仿也未必侵权

2006年，刘淑华在《论滑稽模仿对我国著作权法的挑战》中认为："滑稽模仿要么侵权，要么构成合理使用"这一选言判断并没有穷尽所有的选言肢，合理使用只是不侵权的一种情形，还存在其他侵权例外和著作权权利限制的情形，以及并没有落入著作权专有范围而属于完全自由使用的情形，后者典型的如对公有领域的素材或者对不受著作权保护的作品成分进行滑稽模仿就不能被认为侵犯著作权。因此，"滑稽模仿要么侵权，要么构成合理使用"这一思维模式存在逻辑漏洞，以此作为论证前提必将得出有失偏颇的结论。[3]

（七）网络环境下的合理使用

学界通常认为，传统的合理使用制度在网络环境下迎来了新的挑战，应当进行调整。[4] 对于具体的调整方式，学界主要有以下观点。

1. 借鉴美国法上的规则

2001年，马治国、任宝明在《网络环境下版权合理使用问题研究》中认为，网络环境下"合理使用"的标准应从使用目的、被使用作品的性质、被使用部分

---

[1] 王迁：《论认定"模仿讽刺作品"构成"合理使用"的法律规则——兼评〈一个馒头引发的血案〉涉及的著作权问题》，载《科技与法律》2006年第1期，第18页。
[2] 参见梁志文：《论滑稽模仿作品之合法性》，载《电子知识产权》2006年第4期，第15页。
[3] 参见刘淑华：《论滑稽模仿对我国著作权法的挑战》，载《电子知识产权》2006年第10期，第26页。
[4] 参见周群、胡蒟辉：《网络环境下的著作权合理使用制度》，载《河南省政法管理干部学院学报》2001年第5期，第66页。

的量和质同整体的关系、使用行为对被使用作品的市场及价值的影响四个方面重新考虑。① 2004年，陈雪萍在《网络版权合理使用制度研究》中认为：我国著作权法第22条、第23条规定了版权的权利限制，但我国对网络版权合理使用制度没有专门系统的立法，对网络领域中的商业性使用是否构成合理使用更缺乏规定，故在我国著作权法的修改中增加类似的美国合理使用的标准，使其具有原则性和可操作性，进而运用于网络环境。同时，我国在构建网络版权合理使用制度时，应大胆借鉴《伯尔尼公约》、欧盟版权指令和美国的《数字千年版权法》中对网络专有权的限制的规定。② 2012年，李富民在《互联网环境下的著作权合理使用制度》中认为：互联网络利用数字化技术和多媒体通信技术实现了不同的国家和地区的计算机网络之间的通信，但同时也对著作权合理使用制度提出了新的挑战，因此，对著作权合理使用制度的改变与调整应当尊重互联网本身的特点和规律，同时也要有效地协调著作权人与传播者、使用者之间的私益，个人利益与社会公共利益。在此基础上，我国的著作权合理使用制度，应当借鉴美国概括主义的立法模式，采用列举与概括并举的混合主义立法模式，以有效应对互联网兴起所带来的挑战以及社会的不断变化和发展。③

2. 确立新的合理使用规则

2001年，周群、胡药辉在《网络环境下的著作权合理使用制度》中认为：作为实现著作权人与使用者之间利益平衡的一个重要的杠杆，著作权合理使用制度在网络环境下受到了新的挑战，需要重新确定著作权合理使用制度的具体内涵和外延以适应网络环境下维护著作权人利益和使用者利益平衡的需要。④ 2002年，费兰芳在《合理使用制度的危机》中认为，数字技术将会发展到何种状况没有人可以预测，因此对数字作品合理使用的立法采取列举＋法官适度自由裁量＋特定机关随时补充立法的综合模式可能更为适应数字时代的要求。⑤ 2005年，费兰芳在《数字作品合理使用的若干法律问题》中认为：受数字作品创作、传播与交易方式的影响，合理使用已经部分丧失了其经验性正义和经济学基础，但其仍具有相对正义性以及促进数字作品社会价值充分内在化与公平交易价格形成的经

---

① 参见马治国、任宝明：《网络环境下版权合理使用问题研究》，载《西安交通大学学报（社会科学版）》2001年第1期，第53页。
② 参见陈雪萍：《网络版权合理使用制度研究》，载《政治与法律》2004年第6期，第74页。
③ 参见李富民：《互联网环境下的著作权合理使用制度》，载《甘肃社会科学》2012年第4期，第155页。
④ 参见周群、胡药辉：《网络环境下的著作权合理使用制度》，载《河南省政法管理干部学院学报》2001年第5期，第66页。
⑤ 参见费兰芳：《合理使用制度的危机——从数字化作品谈起》，载《科技与法律》2002年第4期，第89页。

济学价值。另外,当一项法律制度受到技术变革的挑战时,温和的改良较之激烈的变革更为可取。因此,合理使用在数字技术时代仍有存在的必要性。①

2007年,梅术文在《信息网络传播权的法律规制与制度完善》中,探讨了信息网络传播权的合理使用,认为:信息网络传播权是伴随着现代信息技术出现的新的传播权类型,国际社会在运用法律手段设置、调整和完善该类权利及其运行方面进行了有效探索,产生了一系列可供借鉴的文本。我国《信息网络传播权保护条例》的出台实现了该权利在我国的体系化规制,但它并不能解决网络时代著作权保护的所有问题,信息网络传播权法律规则应该在《著作权法》的第二次修改中得到统筹考虑,并以此促进《信息网络传播权保护条例》的修改和完善。② 2007年,单杰在《网络环境下著作权合理使用制度探析》中,从宪法学和经济学的角度对网络环境下合理使用制度的存在价值进行了分析并以实现权利人与社会公众的利益平衡为基础,对重构网络环境下的合理使用制度提出了若干建议:采用"因素主义"立法模式,区别对待网络环境下的临时复制行为,完善技术保护措施的相关立法。③ 2007年,于玉在《著作权合理使用制度研究》中提出,要重构数字网络环境下的著作权合理使用制度:一是指导思想即在坚持利益平衡的原则下,重点考虑使用人的利益;二是仍应坚持"原则+因素+规则"的立法模式,指出传统环境下"合理性"判断标准能够适用于数字网络环境的仍应保留,并对《信息网络传播权保护条例》规定之外的破解技术保护措施的合理使用、网络授权协议的合理使用等问题进行了论证;三是对浏览与暂时复制、链接、数字图书馆等数字网络环境下有关作品使用新方式的合理使用问题作出了具体的回应。④ 2008年,刘悦、孙静在《试论网络环境下著作权的合理使用》中认为,立法应该采取概括式为主、列举式为辅的混合主义模式,即确立网络环境下著作权合理使用制度的基本原则,并辅之以列举的方式将合理使用的情形列出,当法条无法涵盖所遇到的问题时,法官就可以参照原则灵活运用。⑤

2008年,梅术文在《信息网络传播权合理使用的立法完善》中认为:信息网络传播权的合理使用是针对特定的著作权权能而为的制度设计,在我国立法上

---

① 参见费兰芳:《数字作品合理使用的若干法律问题》,载《内蒙古社会科学(汉文版)》2005年第3期,第20页。
② 参见梅术文:《信息网络传播权的法律规制与制度完善》,载《时代法学》2007年第2期,第67页。
③ 参见单杰:《网络环境下著作权合理使用制度探析》,载《重庆邮电大学学报(社会科学版)》2007年第3期,第58-59页。
④ 参见于玉:《著作权合理使用制度研究》,山东大学2007年博士学位论文,第3页。
⑤ 参见刘悦、孙静:《试论网络环境下著作权的合理使用》,载《出版发行研究》2008年第11期,第56页。

集中表现为《信息网络传播权保护条例》的第6条和第7条。由于其与公共文化事业、网络产业发展、信息技术革新和精神产品增长等诸多因素有着密切联系,所以必须在完善合理使用的一般原理和基本原则的前提下,针对教育机构、盲人、普通消费者、图书馆、档案馆、纪念馆、博物馆、美术馆等公益机构和社会弱势群体设计特别规则,以实现各个利益相关者的利益分享。① 2009年,王希在《网络时代著作权合理使用制度的利益平衡》中认为,在网络环境下,应对著作权合理使用的利益平衡作出明确的规定,才能使著作权合理使用制度发挥其应有的作用。②

3. 扩大或缩小合理使用的范围

2002年,张淑琴在《网络环境下著作权的合理使用》中认为,合理使用范围的适当扩大,让更多的人从网络上获得的信息和受教育机会正是这种代价的体现,因而因特网也不应成为一种为获得快速传递的信息资源而付出高昂的代价的传播工具。③ 2003年,张离在《网络环境下著作权的合理使用与法定许可》中提出,网络造成公众与著作权人之间新的利益冲突,合理使用与法定许可成为网络环境下的利益平衡砝码。在网络环境下,公众对著作权的合理使用范围应有所扩张,表现为公众对网上版权作品应有更大的合理复制权,但公众对版权作品在网上的合理传播权则应当相对缩小。④ 2004年,赵奕在《数字图书馆版权合理使用研究》中认为:在网络时代,针对图书馆等非营利性机构的合理使用原则仍应受到重视和保护,只有这样才能实现版权法所一贯坚持的版权保护与社会公众利益的平衡。⑤ 2007年,李颖怡、罗鑫星在《网络后现代特性与著作权合理使用制度的调适》中认为,合理使用制度在网络环境下应适度扩大适用范围,以契合网络的"后现代特性"所主张的互动与开放精神,以及以利益平衡为内核的"效益主义"目标。⑥ 2010年,马海群、王英在《面向数字图书馆的合理使用制度改进研究》中认为,在利用合理使用制度来推进数字图书馆信息资源的开发利用时,不要一味地强调合理使用原则的规定性,而应结合实际情况来评判这种行为是否为

---

① 参见梅术文:《信息网络传播权合理使用的立法完善》,载《法学》2008年第6期,第103页。
② 参见王希:《网络时代著作权合理使用制度的利益平衡》,载《广西社会科学》2009年第10期,第80页。
③ 参见张淑琴:《网络环境下著作权的合理使用》,载《广西政法管理干部学院学报》2002年第2期,第20页。
④ 参见张离:《网络环境下著作权的合理使用与法定许可》,载《西南政法大学学报》2003年第2期,第114页。
⑤ 参见赵奕:《数字图书馆版权合理使用研究》,载《深圳大学学报(人文社会科学版)》2004年第2期,第124页。
⑥ 参见李颖怡、罗鑫星:《网络后现代特性与著作权合理使用制度的调适》,载《中山大学学报(社会科学版)》2007年第1期,第79页。

合理使用，进而扩展合理使用的范围空间，使公众能够充分利用数字图书馆的信息资源。①

4. 利用法定许可制度进行补充

2003年，徐冬根、陶立峰在《网络时代著作权合理使用制度之思考》中主张：在网络技术背景下的知识经济时代，尽可能多地使用作品是时代的主流思潮。但这并不意味着完全不顾及权利人的利益，尤其是其经济利益。通过支付报酬的法定许可方式可以适度地弥补合理使用使权利人近期经济收益受到损失的不足，而建立完善的费用支付体制则是更需要各界关注的问题。这样，可以更好地使知识产权保护制度在保护权利人之权利的同时，协调好知识产权权利人和社会公众的利益。② 2009年，杨昇在《信息网络传播权的权利限制》中认为：信息网络传播权是著作权在网络中最重要的权能之一，是著作权人的权利在网络环境中的延伸和扩张。它是法律赋予著作权人控制自己的作品在网络上传播的专有权利，与网络文化的自由开放精神相冲突，对其进行限制成为必要，同时有必要从合理使用与法定许可两方面予以完善。③

5. 协调技术措施与合理使用的关系

2004年，吴汉东、肖尤丹在《网络传播权与网络时代的合理使用》中指出：网络技术的发展对合理使用制度带来了巨大的挑战。技术保护措施和网络合同的出现大大挤压了合理使用的空间，技术先进、经济发达的发达国家主张合理使用不能成为规避技术保护措施的抗辩，网络合同优先于合理使用，而广大发展中国家则希望能免费使用发达国家的科学技术成果。正是由于在目前网络环境下，发展中国家更多地扮演"公众"的角色，著作权法中作者利益与公众的利益平衡演化成发达国家与发展中国家的利益平衡，合理使用制度也蕴含着发展中国家能在多大程度上合理利用发达国家的科学文化成果，从而使合理使用制度的内涵大大深化。④ 2004年，杨述兴在《技术措施与著作权法中的权利限制制度》中认为：技术措施对著作权合理使用制度的冲击是显而易见的。首先，著作权法中技术措施条款的规定侵蚀了合理使用制度所具有的利益均衡功能，不适当地扩大了著作权人的垄断权。其次，技术措施条款的规定还实质上取消了合理使用制度所包含

---

① 参见马海群、王英：《面向数字图书馆的合理使用制度改进研究：以美国版权法及其变革为视角》，载《法治研究》2010年第4期，第44页。
② 参见徐冬根、陶立峰：《网络时代著作权合理使用制度之思考》，载《华东政法学院学报》2003年第4期，第23页。
③ 参见杨昇：《信息网络传播权的权利限制》，载《知识产权》2009年第2期，第71页。
④ 参见吴汉东、肖尤丹：《网络传播权与网络时代的合理使用》，载《科技与法律》2004年第4期，第39页。

的获取作品权。① 2004年，吴晓在《论技术措施与合理使用制度之法律冲突》中提出：数字技术和互联网的出现促使版权法把技术措施纳入其保护体系之中，但随之也使原有的版权领域的利益平衡被打破。对版权人利益的过分保护，必然会侵害社会公众的合法利益，技术措施与合理使用制度的冲突不可避免。我国版权法应在保护版权人技术措施权的同时，规定其限制与例外，以解决其与合理使用之冲突。②

2007年，冯晓青在《技术措施与著作权保护探讨》中认为，网络空间作品著作权合理使用原则的适用在技术上被隔断了，因为技术保护措施这一权利管理技术控制了对在线信息的接近。③ 2007年，高惠贞、王辉在《网络出版：对著作权合理使用的影响和挑战》中认为，在今后网络出版继续发展的情况下，技术保护措施和网络契约应该给合理使用制度让出足够的空间。④

6. 协调网络授权合同与合理使用的关系

2012年，杨斌、刘智鹏在《论网络授权合同与著作权限制的冲突与协调》中认为：在数字网络时代，著作权人摆脱了以往需要借助媒介才能传播信息的模式，网络授权合同的广泛使用可以令著作权人与使用者直接约定作品的使用方式。网络授权合同的线上性、格式性及技术性，令著作权人拥有绝对的控制优势去规避著作权限制。这种结构优势导致了网络授权有架空著作权法之势，为了维持著作权人与利用人之间的权益平衡，有必要反思这种冲突的成因以及已有协调机制的不足。⑤

二、默示许可

学界在研究默示许可时，争议主要集中于默示许可的民法基础、法律性质、存在价值、制度安排，以及标准必要专利的默示许可。

（一）默示许可的民法基础

对于默示许可的民法基础，学界主要有以下观点。

---

① 参见杨述兴：《技术措施与著作权法中的权利限制制度》，载《知识产权》2004年第2期，第16页。
② 参见吴晓：《论技术措施与合理使用制度之法律冲突》，载《黑龙江省政法管理干部学院学报》2004年第6期，第57页。
③ 参见冯晓青：《技术措施与著作权保护探讨》，载《法学杂志》2007年第4期，第22页。
④ 参见高惠贞、王辉：《网络出版：对著作权合理使用的影响和挑战》，载《中山大学学报论丛》2007年第8期，第177页。
⑤ 参见杨斌、刘智鹏：《论网络授权合同与著作权限制的冲突与协调》，载《湖北社会科学》2012年第5期，第152页。

1. 所有权转移理论

2009 年，严桂珍在《我国专利平行进口制度之选择》中认为：默示许可的理论基础是所有权转移理论，即产品知识产权的保护受制于财产所有权理论。根据财产所有权理论，所有者出售一件产品，即把产品的财产权利让渡给了购买者，除非所有者保留某些权利。同样，这一法理适用于受知识产权保护的产品时，购买者应当有权利根据他的意愿处理这些产品，除非出售者保留了某些权利。[①]

2. 意思表示理论、信赖保护理论和利益平衡理论

2013 年，王国柱在《知识产权默示许可制度研究》中提出：默示许可制度既尊重权利人（许可人）的意志，又保护相对人（被许可人）的合理信赖，能够较好地平衡当事人之间的利益关系，将其适用于欠缺明示许可的场合，因此，默示许可制度的理论基础包括意思表示理论、信赖保护理论和利益平衡理论。[②]

3. 诚实信用原则

2017 年，杨德桥在《合同视角下的专利默示许可研究》中认为：专利默示许可制度的理论基础是民法上的诚实信用原则。专利默示许可的成立，需要在专利权人或其许可的人与专利技术使用人之间存在某种直接的合同关系或者其他社会交往关系。默示许可不同于法定许可，默示许可的成立需要进行个案考察，不存在抽象的、一般性的默示许可。专利默示许可虽然常以侵权抗辩事由的形式展现出来，但从本质上来讲属于对专利权的利用制度，在专权人与专利技术使用人之间成立的是合同关系，而非侵权关系。事实合同关系理论对于专利默示许可有着特别的制度上的适用性和概念上的说服力。[③]

4. 意思表示理论

2018 年，朱雪忠、李闯豪在《我国专利默示许可制度构建》中认为：专利默示许可在本质上属于默示的意思表示，在形式上属于默示合同的一种，因而其既受民法上意思表示规则的约束，也受《合同法》关于合同订立形式规定的调整。依据《民法总则》第 135 条、140 条的相关规定，在我国，作为基本法的民法并不排斥默示意思表示的存在及其效力。同时，依据相关规定，我国《合同

---

① 参见严桂珍：《我国专利平行进口制度之选择——默示许可》，载《政治与法律》2009 年第 4 期，第 87 页。
② 参见王国柱：《知识产权默示许可制度研究》，吉林大学 2013 年博士学位论文，第 55-56 页。
③ 参见杨德桥：《合同视角下的专利默示许可研究——以美中两国的司法实践为考察对象》，载《北方法学》2017 年第 1 期，第 70 页。

法》亦认可默示形式的合同及其效力。①

5. 信赖利益的保护、诚实信用的要求、利益平衡的需要、合理对价的存在以及机会主义的防范

2018年，袁真富在《知识产权默示许可制度比较与司法实践》中认为，对知识产权默示许可的理论基础可以从多个角度进行观察和论述，其理论基础主要来自以下几种学说：（1）信赖利益的保护。根据美国关于默示许可的学说，推定产生默示许可的理论基础包括默许、行为、衡平法上的禁止反言、普通法上的禁止反言。不论根据哪种理论认定默示许可，其根本目的都是保护使用人的信赖利益，以维护民商事交往中的信赖投入并确保交易的可期待性。信赖利益，简言之，可以概括为因当事人合理信赖法律行为（尤其是契约）有效成立而带来的利益。信赖利益的产生可以是多方面的，比如当事人的行为、已存在的书面协议、当事人的合理期待、公平公正的价值观念及知识产权制度赖以建立的公共政策等。（2）诚实信用的要求。禁止反言原则与诚实信用原则很接近，根本目的都是维护正常的社会秩序。在市场活动中，行为人要谨慎维护对方的利益和合理期待，不使对方的正当期待落空。诚实信用原则赋予了法官自由裁量权，到目前为止，司法实践中还没有一个完全能适用于所有情况下知识产权默示许可的判断标准。法官基于诚实信用原则将默示许可界定为实体法上的合同行为，以保护双方当事人的正当权益。（3）利益平衡的需要。知识产权默示许可的理论基础，也是利益平衡的需要，亦即在保护权利人利益的同时，也要求顾及社会公共利益。国内屈指可数的默示许可案例中，已经将利益平衡原则纳入了裁判的考量因素。（4）合理对价的存在。如果允许权利人在获得对价后改变使用人的使用预期，会大大增加交易的不确定性和商业风险。在中美知识产权司法实践中，法院已经明确援引对价原则来评价默示许可成立与否。从本质上讲，"对价"反映或表现的是一种等价有偿的、相互允诺的法律关系，将它运用于知识产权默示许可——一种许可合同关系——的评价上，最为恰当不过。（5）机会主义的防范。机会主义行为是新制度经济学上的概念，是指当事人在信息不对称的情况下从事的追求利益最大化并且不顾及或者损害他人利益的行为。在知识产权许可交易中引入默示许可的规则，恰恰是要限制机会主义行为的发生或蔓延，通过综合考虑使用人的预期、当时的交易背景和通常的商业惯例等因素，推定成立默示许可，防止权利

---

① 参见朱雪忠、李闯豪：《我国专利默示许可制度构建》，载《科技进步与对策》2018年第1期，第112页。

人借其信息优势地位或交易优势地位，滥用知识产权，损害对方的合法权益。①

(二) 默示许可的法律性质

对于默示许可的法律性质，学界主要有以下观点。

1. 权利限制制度

2009 年，吕炳斌在《网络时代的版权默示许可制度》中认为：在网络搜索引擎领域的法律中可以全方位引入"默示许可制度"，无论是针对网站还是书籍的搜索。默示许可制度与合理使用制度都是版权侵权的抗辩理由，传统上常用的是合理使用抗辩，但在网络环境下，面临着版权的封闭性和网络的开放性之间的冲突，默示许可制度必将成为一种重要的版权许可模式和侵犯版权的抗辩理由，应被法律确立为与合理使用并列的版权权利限制。②

2. 特殊的授权许可、权利限制制度和侵权抗辩制度

2013 年，王国柱在《知识产权默示许可制度研究》中认为，知识产权默示许可制度的属性包括：第一，知识产权默示许可属于特殊的授权许可。知识产权默示许可仍然以意思表示为要素，只是其意思表示体现为默示形式，因此，知识产权默示许可是一种特殊的授权许可。第二，知识产权默示许可制度属于知识产权权利限制制度。默示许可制度对知识产权的限制是出于利益平衡的目的，因而具有正当性。第三，知识产权默示许可制度属于知识产权侵权抗辩制度。当原告提出被告未经允许使用或实施了原告的知识产品，构成侵权行为时，被告可以提出在原告和被告之间存在着默示许可，并提出相应的证据加以证明，法院应当对被告的抗辩进行审查。③ 2015 年，李文江在《我国专利默示许可制度探析》中认为，专利默示许可的法律属性包括三个方面：第一，专利默示许可的本质是一种契约，专利默示许可行为因契约成立而被确认，专利侵权即被排除。第二，专利默示许可是对专利权的限制。第三，专利默示许可是对专利侵权的抗辩。④

3. 责任规则

2017 年，陈瑜在《专利默示许可研究》中，尝试从责任规则的视角来解读其性质：根据财产规则和责任规则的区分，责任规则弱化了财产权的排他性，防止权利滥用。专利法上的责任规则可以分为强制型责任规则、私人责任规则和默

---

① 参见袁真富：《知识产权默示许可制度比较与司法实践》，知识产权出版社 2018 年版，第 163-164 页。
② 参见吕炳斌：《网络时代的版权默示许可制度——两起 Google 案的分析》，载《电子知识产权》2009 年第 7 期，第 76 页。
③ 参见王国柱：《知识产权默示许可制度研究》，吉林大学 2013 年博士学位论文，第 25-54 页。
④ 参见李文江：《我国专利默示许可制度探析——兼论〈专利法〉修订草案（送审稿，第 80 条）》，载《知识产权》2015 年第 12 期，第 78 页。

认责任规则、立法（事前）和司法（事后）责任规则。专利默示许可与责任规则在价值理念、类型划分、功能作用上均有共通之处，可以将其视为责任规则的一种新类型。①

4. 合同关系和侵权抗辩事由

2018年，袁真富在《知识产权默示许可制度比较与司法实践》中认为：知识产权默示许可在法律性质上，首先是一种合同关系，其次可归入侵权抗辩事由，但不是一项权利限制制度。第一，默示许可是一种合同关系。对于知识产权默示许可作为一种合同关系的性质认识，已经有比较悠久的历史，并在我国学术界得到广泛的认同。虽然知识产权默示许可是一种许可合同关系，但它并不依赖于双方合同关系（比如货物买卖等其他合同关系）的存在，或以合同存在作为其成立的前提，而是完全可以独立存在的许可合同关系，这种许可合同关系既可能来源于现有合同的推定，也可能来源于因权利人非合同行为或者外部政策、习惯等引申而来的推定。第二，默示许可是侵权抗辩事由。知识产权默示许可的问题在大多数情形下不是发生在合同纠纷中，而是发生在侵权诉讼中，并作为被侵权人的抗辩理由而出现。学界普遍承认知识产权默示许可的侵权抗辩性质，并且，在中国它已经获得了法院的明确承认。北京市高级人民法院2013年发布的《专利侵权判定指南》第119条的规定倒是直接将专利默示许可作为"不视为侵权的抗辩"。第三，默示许可是否属于权利限制的关键不在于是否有法律规定，而在于许可的成立是不是直接由法律规定。显然，与法定许可或强制许可相比，知识产权默示许可的成立，仍然需要考察或者推定权利人的意愿。因此，默示许可不属于权利限制制度，至少不是与合理使用、法定许可等量齐观的权利限制制度。当然，虽然默示许可不是一项权利限制制度，但客观上它可以起到权利限制的作用，特别是当一些默示许可是基于政策或者惯例而推定出来时，更是如此。②

（三）默示许可的存在价值

对于默示许可的存在价值，学界主要有以下观点。

1. 调和互联网的共享性与著作权的私权性之间的矛盾

2012年，张今、陈倩婷在《论著作权默示许可使用的立法实践》中认为：随着互联网技术的快速发展，现实生活中出现了大量的著作权默示许可行为，在著作权立法方面，也出现了对著作权默示许可的一些尝试。不过，无论是以美国

---

① 参见陈瑜：《专利默示许可研究》，西南政法大学2017年博士学位论文，第128页。
② 参见袁真富：《知识产权默示许可制度比较与司法实践》，知识产权出版社2018年版，第161-162页。

为代表的判例法国家在互联网新技术与数字图书馆方面的裹足不前还是我国在《信息网络传播权保护条例》中的浅尝辄止,都不能满足现实中大量著作权默示许可行为的制度需求。著作权默示许可可以在不改变现有的著作权法结构的前提下,有效地调和互联网的共享性与著作权的私权性之间的矛盾,因此构建著作权默示许可制度不仅在当下十分必要,而且也是著作权法发展的大势所趋。①

2. 兼具事实之真与价值之善

2017 年,陈瑜在《专利默示许可研究》中认为:专利默示许可兼具事实之真与价值之善。与其他非自愿许可制度不同的是,专利默示许可并非完全枉顾专利权人意愿,其尊重基本的个案事实,并在此基础上进行合理推定。此种推定根据经验法则和逻辑法则,符合常识、常理、常情,遵循诚信原则,经得起时间和社会的检验,与正常心理状态下的当事人的内心真意具有高度吻合性,与事实真相相符具有高度盖然性。因此,专利默示许可追求事实之真。另外,专利默示许可也顾及价值之善。民法上默示意思表示解释原则在处理意思与表示不一致时无论是采取意思说还是表示说都难以同时兼顾表意人与相对人的利益,专利默示许可也是如此。因此必须折中处理,顾及相对人信赖、交易习惯、诚信原则等,在一定情况下甚至舍内心真意而取价值所赋予的意义。②

(四) 默示许可的制度安排

对于默示许可的制度安排,学界主要有以下观点。

1. 将默示许可确立为一项开放性原则

2012 年,郭威在《默示许可在版权法中的演进与趋势》中提出:合同法范畴上的默示许可原则作为限制版权人权利的手段引入到版权领域,在前数字时代版权法领域可以发挥其应有效用。但在数字时代的网络环境中,将其局限于传统的合同制度范畴,将无法应对技术飞速发展带来的挑战,大量涌现的新问题远远超出了合同制度的范畴。只有确立默示许可作为开放性原则的地位,才能很好地引入价值判断和政策考量,使作为开放性标准的默示许可原则,在数字时代的网络环境下能够保障已被社会公众普遍接受的行为不因法律的缺位而受到过多的限制。这在对当前一些典型的网络行为的规制中表现得尤为明显。③

2. 将默示许可规定为一种独立的许可方式

2013 年,王国柱在《知识产权默示许可制度研究》中认为:在作品使用者

---

① 参见张今、陈倩婷:《论著作权默示许可使用的立法实践》,载《法学杂志》2012 年第 2 期,第 71 页。
② 参见陈瑜:《专利默示许可研究》,西南政法大学 2017 年博士学位论文,第 10 页。
③ 参见郭威:《默示许可在版权法中的演进与趋势》,载《东方法学》2012 年第 3 期,第 78 页。

权的体系构成中，默示许可完全可以成为一种独立的许可方式，并且在使用者权利体系中占有一席之地。著作权法中应当规定报刊转载、摘编默示许可和广播电台、电视台播放默示许可。除了对特定情形的默示许可加以规定，著作权法还应当增加一款关于默示许可的一般性规定："当事人之间没有对著作权许可的内容作出明确约定，但著作权人的行为或者沉默足以使人产生已经许可的信赖的，著作权许可合同成立。"此外还有必要建立健全网络著作权默示许可制度，使其适应网络环境下著作权发展的要求。①

3. 在司法解释中原则上承认知识产权默示许可的适用

2018 年，袁真富在《知识产权默示许可制度比较与司法实践》中认为，可以将知识产权默示许可的构成要件概括为四个方面：一是存在知识产权权利人的默示行为，此为形式要件；二是被控侵权人（使用人）基于权利人的默示行为产生了被允许使用知识产权的合理信赖，此为实质要件；三是不存在排除默示许可适用以及限制默示许可效力的情形，此为限制条件；四是在被控侵权人提出默示许可抗辩的主张后，法院才能适用默示许可规则，此为程序条件。考虑到知识产权默示许可适用的情形复杂多样，各有特点，而且知识产权默示许可规则的构建，不仅涉及利益平衡的考量，更受到知识产权政策的制约，因此，在目前知识产权默示许可学术研究不充分、司法经验不成熟的状况下，短期内不宜在法律上固定知识产权默示许可的法律规则。2015 年 12 月，国务院法制办公室公布的《中华人民共和国专利法修订草案（送审稿）》第 85 条直接涉及标准必要专利的默示许可。该条规定一经公布，旋即在业内引发巨大的争议，尤其是产业界似乎有不同的见解，甚至强烈反对。可见，在立法上对新问题有必要保持相当的谨慎，建议最好先在司法解释中原则上承认知识产权默示许可的适用，并加强知识产权默示许可司法适用的研究和指导，等待时机成熟后再上升为专利法、著作权法等法律层面的条文规定。②

（五）标准必要专利的默示许可

我国《专利法》第四次修改明确了标准必要专利权人违反披露义务的默示许可责任。由此引发了理论和实务界关于标准必要专利默示许可的争议，提出了以下不同观点。

1. 赞同标准必要专利的默示许可规则

2015 年，李文江在《我国专利默示许可制度探析》中认为：该条款写入专

---

① 参见王国柱：《知识产权默示许可制度研究》，吉林大学 2013 年博士学位论文，第 166－169 页。
② 参见袁真富：《知识产权默示许可制度比较与司法实践》，知识产权出版社 2018 年版，第 167－173 页。

利法，不仅弥补了我国专利法缺少专利默示许可的空白，而且有利于妥善处理标准与专利之间的关系，促进先进技术的推广应用，并对推动相关产业发展，维护专利权人、标准实施者和消费者各方利益具有重要意义。① 2016 年，朱雪忠、李闯豪在《论默示许可原则对标准必要专利的规制》中，通过分析其正当性后发现：适用默示许可原则规制标准必要专利，不仅能通过与相关标准专利政策的有效衔接规制标准必要专利（劫持），还有助于实现专利权人与标准实施者之间的利益平衡，保障标准的顺畅运行。标准必要专利默示许可规则的顺利实施，需要在厘清默示许可与披露义务、FRAND 承诺以及禁令救济关系的基础上，完善相关法律规制体系，因此，建议在完善《专利法》修订草案第 85 条的同时，明确标准必要专利权人违反 FRAND 承诺及相关许可义务的默示许可责任，并进一步明确标准必要专利默示许可规制下禁令救济的适用条件。②

2. 质疑标准必要专利的默示许可规则

2015 年，宋柳平在《专利法修改草案 82 条——不要缴了中国企业的枪》中，对此表示反对，认为：标准必要专利是一个重要的知识产权政策问题，"专利法修改草案关于标准必要专利默示许可"的规定可能导致中国标准必要专利遭受不合理的约束，影响国内创新主体参与国际竞争。标准必要专利最主要的一个特性在于它到目前为止真的是世界范围内最有价值的专利。目前，国际标准组织知识产权政策只提出了两点原则性的要求，并没有作出任何解读。最终是由司法机关对标准必要专利依据国际标准组织的 IPR 政策进行个案判断。但世界范围内每一个国家的判决和判例都不一样，所以在国际标准组织的 IPR 政策的讨论中，在这个问题上也很难达成一个意见。标准的专利问题非常重要，涉及特别重大的商业利益，因此要认真、慎重地对待国家标准必要专利问题。我们暂行规定了关于标准、必要标准以及国家标准专利、必要专利的约束机制。但在世界范围内，到目前为止，没有任何一个国家对国家标准的标准必要专利用成文法的方式进行限制。我国实践中，除自行制定标准外，采标即直接采用国际标准的情形也比较普遍，即将国际标准专利直接穿透到中国标准。中国标准的参与者即国家标准专利的权利人，受制于专利法修改草案的规定。但采标时，国际标准的权利人没有参与中国标准的制定，所以不受"专利法修改草案关于标准必要专利默示许可"的约束，也就是，"专利法修改草案关于标准必要专利默示许可"所规定的任何

---

① 参见李文江：《我国专利默示许可制度探析——兼论〈专利法〉修订草案（送审稿）第 85 条》，载《知识产权》2015 年第 12 期，第 78 页。
② 参见朱雪忠、李闯豪：《论默示许可原则对标准必要专利的规制》，载《科技进步与对策》2016 年第 23 期，第 98 页。

约束都不适用于国际标准的权利人,但是中国的企业要遵守针对中国标准的必要专利的约束法则,最终就是,"专利法修改草案关于标准必要专利默示许可"约束的对象只有中国企业,相当于只缴了中国企业的"枪"[①]。

2016年,张伟君在《默示许可抑或法定许可》中指出:在标准制定过程中,专利权人并不承担绝对的专利信息披露义务。标准组织的知识产权政策中一般只要求专利权人"尽合理的努力"及时地披露"必要专利",而在司法实践中,如何确定标准必要专利的范围,也往往是有争议的。将不披露专利信息的行为一律视为默示许可,实际上相当于规定了一个专利法定许可制度,虽然其法律效果类似于英国《专利法》中的强制背书当然许可,但仍很有可能违背TRIPs协议规定的专利非授权许可必须"一事一议"的要求,并且和标准制定中专利信息披露的实际情况并不相符。因此,这个规定应该加以修改完善。而任何一个完善方案都应该遵循对未披露标准必要专利行为的合理性进行个案判断的原则。[②] 2016年,袁真富在《标准涉及的专利默示许可问题研究》中指出:只有在标准化组织有专利信息披露的要求,而标准参与者未在合理期间内披露其拥有的专利或专利申请信息,才应当适用默示许可。不过,专利默示许可适用的标准类型不应局限于国家标准,也不应局限于强制性标准。标准涉及的专利默示许可原则上应当允许专利权人收取低于正常情形的许可使用费,如果双方当事人就许可使用费协商不成,应当直接交由法院而不是行政机关裁决。[③]

2017年,北京知识产权法院在《第四次专利法修改中的标准必要专利问题》中提出:"以'默示许可'作为理论基础的《送审稿》第85条还有不少问题,与实际情况存在着一定差距,很可能导致标准必要专利权人与标准实施者之间利益失衡,同时也未涉及禁令救济、FRAND许可等具体且重要的内容。而且,第85条和相关立法说明否定标准必要专利权人诉权,并将本质上属于私权纠纷的许可使用费纠纷交由专利行政部门裁决,也与当前世界主流的司法解决途径背道而驰,不利于从根本上解决纠纷。不仅如此,标准必要专利的特殊性往往使得相关问题并不局限于专利法领域,全球范围内的诉讼情况也表明,还会经常涉及合同法、竞争法的问题,若仅在专利法中进行规定难免挂一漏万,至少不足以呈现标

[①] 宋柳平:《专利法修改草案82条——不要缴了中国企业的枪》,载中国知识产权网络版:http://www.chinaipmagazine.com/news-show.asp?id=18483。

[②] 参见张伟君:《默示许可抑或法定许可——论〈专利法〉修订草案有关标准必要专利披露制度的完善》,载《同济大学学报(社会科学版)》2016年第3期,第103页。

[③] 参见袁真富:《标准涉及的专利默示许可问题研究》,载《知识产权》2016年第9期,第81页。

准必要专利问题之全貌。"①

第四节　知识产权救济研究中的重大理论争议

一、法定赔偿

我国学界对法定赔偿的性质、功能、适用和数额计算都存在争议。

(一) 法定赔偿的性质

对于法定赔偿的性质，学界主要有以下观点。

1. 非严格以实际损失为基准的赔偿额计算方式

2003年，李永明、应振芳在《法定赔偿制度研究》中认为：从制度机能来看，法定赔偿是一种赔偿额的计算方式。与一般的损害赔偿额计算方式相比，法定赔偿的要点在于赔偿额并非严格与损失相同（在全部赔偿原则下），或者是其倍数（在惩罚性赔偿原则下）。换句话说，由法律另行规定的，非严格以实际损失为基准的赔偿额计算方式，均可以被称为法定赔偿。②

2. 无法精确计算损失数额时的补充计算方法

2004年，田娟、宋庆文在《知识产权侵权损害的法定赔偿制度》中认为，法定赔偿只是在运用全部损害赔偿原则却又无法精确计算损失数额时的一个补充方法。③ 2006年，曾玉珊在《论知识产权侵权损害的法定赔偿》中认为：从立法看，《著作权法》第48条把法定赔偿与其他两种计算赔偿额的方法归入一个条文，并且另立一款专门规定，表明法定赔偿是一种损害赔偿的计算方法，而且是带有补充性的确定损害赔偿额的方法。我国法定赔偿的补充性特点，既保证了在无法确定损失时对权利人合法利益的保护，又可避免权利人能够就损害举证而疏于举证或者侵权人故意隐瞒、销毁证据而恶意适用法定赔偿。④ 2010年，朱启莉在《我国知识产权法定赔偿制度研究》中认为，知识产权法定赔偿是指，在法定条件下，法官在预先规定的额度内综合法定参考因素合理确定赔偿数额的赔偿额计算方式。⑤

---

① 北京知识产权法院：《第四次专利法修改中的标准必要专利问题》，载《中国知识产权》，2017年3月。
② 参见李永明、应振芳：《法定赔偿制度研究》，载《浙江社会科学》2003年第3期，第80页。
③ 参见田娟、宋庆文：《知识产权侵权损害的法定赔偿制度》，载《广西社会科学》2004年第8期，第99页。
④ 参见曾玉珊：《论知识产权侵权损害的法定赔偿》，载《学术研究》2006年第12期，第76页。
⑤ 参见朱启莉：《我国知识产权法定赔偿制度研究》，吉林大学2010年博士学位论文，第40页。

3. 损害赔偿的独立制度而非赔偿计算方法

2007年,周晖国在《知识产权法定赔偿的司法适用》中认为:法定赔偿是知识产权损害赔偿的一项相对独立的制度,而不是一种赔偿计算方法;是知识产权损害赔偿的一项基本制度,而不是其他赔偿制度的补充。法定赔偿本质上仍然体现对知识产权侵权损害的赔偿性,而不应具有惩罚性。①

(二)法定赔偿的功能

对于法定赔偿的功能,学界主要有以下观点。

1. 补偿损失、遏制和制裁侵权行为

1998年,蒋志培在《知识产权侵权损害赔偿的原则》中认为:为了追求对权利人损失能够得到全部赔偿的司法效果,遏制侵权行为,体现损害赔偿的补偿和制裁功能,必须找到一个赔偿数额的"度",并给以法律的具体规定。法定标准赔偿原则的确立,必然会大幅度提高审判知识产权案件的效率,从而在量和质上使知识产权法律保护更加充分和有力。②

2. 实现正义、效率、促进和解

2005年,梁志文在《补偿与惩罚——著作权法定赔偿制度价值研究》中认为,实现正义价值是法定赔偿制度实现著作权法的第一目标,效率也是法定赔偿制度的重要价值。此外,法定赔偿还具有诱导和解之功能。③

3. 激励创新、强化社会公正、实现效益

2010年,朱启莉在《我国知识产权法定赔偿制度研究》中认为,激励创新、强化社会公正、实现效益是知识产权法定赔偿制度所追寻的价值目标,也是知识产权法定赔偿制度之所以存在的正当根据。④

(三)法定赔偿的原则

对于法定赔偿应遵循何种赔偿原则,学界主要有以下观点。

1. 法定赔偿可以任何一种赔偿原则为基础

2002年,李永明在《知识产权侵权损害法定赔偿研究》中认为:我国现行知识产权法中均没有明确规定侵权损害的赔偿原则,在理论上和实务中对此存在争议。我国在构建民事侵权赔偿体系时,确立的是全部损失赔偿原则。法定赔偿只是一种赔偿额的计算方式,它可以任何一种赔偿原则为基础。但法定赔偿制度

---

① 参见周晖国:《知识产权法定赔偿的司法适用》,载《知识产权》2007年第1期,第5页。
② 参见蒋志培:《知识产权侵权损害赔偿的原则》,载《人民司法》1998年第2期,第44页。
③ 参见梁志文:《补偿与惩罚——著作权法定赔偿制度价值研究》,载《电子知识产权》2005年第12期,第15页。
④ 参见朱启莉:《我国知识产权法定赔偿制度研究》,吉林大学2010年博士学位论文,第177页。

确实将对全部损失赔偿和超额赔偿的区分造成影响，它易于导致超额赔偿及不足额赔偿。在实践中，适用法定赔偿时要重点防止产生不足额赔偿的后果。①

2. 法定赔偿既遵循全面赔偿原则又具有惩罚性

2006年，梁志文在《著作权法中法定赔偿制度比较研究》中认为：我国著作权法及其解释规定了确定法定赔偿数额应考虑的因素，基本上贯彻了全面赔偿原则。但法定赔偿制度不仅是补偿权利人的重要手段，也具有惩罚性以吓阻侵权之功能，因此，必须要确立具有惩罚性因素的法定赔偿制度。基于吓阻目的之法定赔偿数额的确定应考虑侵权者的主观故意，因此，应该建立客观故意标准、推定故意标准和善意信赖排除原则，以确保权利人的利益，同时兼顾社会公平。②

3. 法定赔偿应以全部赔偿原则为基础

2008年，刘铁光在《法定赔偿在著作权司法适用中的变异》中指出：在著作权侵权情形中，权利人损失与侵权人获利难以计算导致法定赔偿的广泛适用。法定赔偿会在司法适用中变异为惩罚性赔偿。这种变异导致背离著作权侵权赔偿的立法原则、反侵权经营和稀缺司法资源的霸占与浪费。因此，法院在适用法定赔偿原则时应慎重行事，以全部赔偿为基础，既不能让侵权人通过侵权获利，也不能让权利人进行反侵权经营。③ 2012年，卫绪华在《论全部赔偿原则对著作权法定赔偿制度的指导价值》中认为：法定赔偿额的确定应遵守全部赔偿原则。全部赔偿原则是我国著作权侵权损害赔偿的指导原则，有利于防止我国著作权法定赔偿制度在适用中的泛化现象以及随意性。为了著作权法定赔偿的适用能贯彻全部赔偿原则，应建立对作品价值的正确理解，设定适应社会经济发展水平的法定赔偿幅度，强化举证程序并在法定赔偿额的计算上考虑权利人为制止侵权支付的合理费用。④

(四) 法定赔偿的适用顺位

对于法定赔偿的适用顺位，学界主要有以下观点。

1. 在实际损失和侵权获利不能确定时才能适用法定赔偿

2002年，王惠中在《知识产权法定赔偿方式的适用》中认为：法定赔偿只有在权利人的损失或者侵权人的违法所得不能确定时才由人民法院依法适用，法官在具体适用时一般要考虑侵权行为方式、侵权持续时间和影响范围、侵害的具

---

① 参见李永明：《知识产权侵权损害法定赔偿研究》，载《中国法学》2002年第5期，第178页。
② 参见梁志文：《著作权法中法定赔偿制度比较研究》，载《电子知识产权》2006年第2期，第15页。
③ 参见刘铁光：《法定赔偿在著作权司法适用中的变异》，载《电子知识产权》2008年第4期，第52页。
④ 参见卫绪华：《论全部赔偿原则对著作权法定赔偿制度的指导价值》，载《广西大学学报（哲学社会科学版）》2012年第2期，第52页。

第六章 中国知识产权法分论研究中的重大理论争议

体对象、侵权人主观过错及侵权行为所造成的后果等因素。法定赔偿的适用一般由权利人提出申请，具体适用时由于侵害他人权利的数量、当事人一方人数的多少不同在确定赔偿数额时也应有所差别。[①] 2006年，曾玉珊在《论知识产权侵权损害的法定赔偿》中认为：法定赔偿方式始终位于后序，处于补充适用的位置。如果法庭能够通过证据认定侵权人的获利或者权利人的损失，则应当首先适用侵权获利或者权利人的损失来认定赔偿数额，而不能适用法定赔偿，从而防止法定赔偿的滥用。适用权利人损失或侵权人获利计算赔偿主要依据证据来证明损失情况，其客观性和可靠性相对较大，而适用法定赔偿的主观性相对大一些。主观性越大，随意性就越大，客观性和可靠性就越小。因此要慎用法定赔偿。[②]

2007年，韩成军在《侵害著作权损害赔偿的范围与计算》中认为：由于民事损害赔偿责任主要是一种补偿性责任，所以在确定著作权损害赔偿数额时，应首先适用赔偿实际损失标准，其次才可以适用违法所得标准，当权利人的实际损失与侵权人的违法所得差别明显时，应选择对被侵权人有利的赔偿数额作为损害赔偿额。最后，只有在前两种标准无法适用时，才可以适用法定赔偿标准。[③] 2008年，钱玉文在《论我国知识产权法定赔偿制度的司法适用》中认为：知识产权侵权损害法定赔偿的适用条件，首先必须是在权利人损失难以量化，侵权人获利难以查清情况下作为兜底性条款适用，避免简单适用法定赔偿现象的泛滥。其次，权利人、侵权人有权申请法定赔偿，同时人民法院也可以依法酌情适用法定赔偿。最后，对于有证据证明权利人没有产生明显的损失，侵权人又没有获利甚至亏损的，法院应当适用不低于合理的权利许可使用费的法定赔偿。适用顺位可以统一采用现行《商标法》的规定，权利人的损失与侵权人的获利之间没有先后次序，权利人可以优先选择适用，当两者都难以确定时，才能适用法定赔偿。[④] 2010年，朱启莉在《我国知识产权法定赔偿制度研究》中认为：除当事人双方另有约定外，在计算知识产权赔偿额时，首先应按权利人因侵权所受损失与侵权人因侵权所获未计入实际损失之内的利润计算，在权利人因侵权所受损失与侵权人因侵权所获利益等同或未计入实际损失之内的侵权利润时，按权利人因侵权所受损失计算；在前者无法确定赔偿额或确定的赔偿额明显不当时，按侵权人因侵权所获利益计算；通过前两种方法无法确定赔偿额或确定的赔偿额明显不当

[①] 参见王惠中：《知识产权法定赔偿方式的适用》，载《河北法学》2002年第3期，第60页。
[②] 参见曾玉珊：《论知识产权侵权损害的法定赔偿》，载《学术研究》2006年第12期，第76页。
[③] 参见韩成军：《侵害著作权损害赔偿的范围与计算》，载《学术界》2007年第4期，第196页。
[④] 参见钱玉文：《论我国知识产权法定赔偿制度的司法适用》，载《社会科学家》2008年第2期，第80页。

时，按权利使用许可费计算；通过前三种方法无法确定赔偿额或确定的赔偿额明显不当，并且不能通过其他途径合理确定赔偿额时，按法定赔偿计算。①

2. 反对计算方法适用上的位序性

2010年，杨涛在《完善我国著作权侵权损害赔偿的计算方法》中认为：排斥计算方法适用上的位序性已是国际范围内的立法通例和普适做法。我国为何偏执职权主义的恶癖，强行设置三种计算方法的先后适用规则，扰乱主体之间的权利选择和利益博弈，颇令人费解。著作权法费此周折的意图不外乎运用法院司法权进行必要扼制与调控，以防止法定赔偿制度适用中的僭越和泛化，哪知适得其反，法定赔偿适用比重日益扩张的显著即可证伪。因此，立法阻碍的手段应为积极疏导之策所替换，将三种方法平行规定，将选择何种方案进行救济的问题交由当事人根据损害程度、证据材料、对方财力等具体情况妥善斟酌、考量和自决。②

（五）法定赔偿数额的计算

对于法定赔偿数额的计算，学界主要有以下几种观点。

1. 考量若干因素后酌定赔偿数额

2004年，田娟、宋庆文在《知识产权侵权损害的法定赔偿制度》中认为，法官在确定法定赔偿数额时应当考虑以下因素：侵害的具体对象、行为方式和手段、侵权持续时间和影响范围、侵权行为所造成的后果。③ 2005年，梁志文在《补偿与惩罚——著作权法定赔偿制度价值研究》中提出，在确定法定赔偿的具体数额时，应该考虑以下因素：权利人可能之利益损失、被告之可能利润和侵权行为性质、原告为制止侵权而支出的合理开支。④ 2007年，周晖国在《知识产权法定赔偿的司法适用》中认为：对于法定赔偿数额的确定需着重考虑侵权行为之数、侵权行为、精神损害赔偿以及制止侵权的合理开支等问题。⑤ 2007年，韩成军在《侵害著作权损害赔偿的范围与计算》中认为：确定法定赔偿数额既应当贯彻合理、公平原则，又应当体现出对侵权行为的制裁，因此，应考虑以下因素：一是我国的经济发展水平。二是侵权作品和被侵权作品的类型、市场价值和评估价值。三是被告的侵权获利及侵权情节。四是侵权人的主观过错性质和程度。此

---

① 参见朱启莉：《我国知识产权法定赔偿制度研究》，吉林大学2010年博士学位论文，第85页。
② 参见杨涛：《完善我国著作权侵权损害赔偿的计算方法——基于比较法视野的研究启示》，载《时代法学》2010年第1期，第80页。
③ 参见田娟、宋庆文：《知识产权侵权损害的法定赔偿制度》，载《广西社会科学》2004年第8期，第100页。
④ 参见梁志文：《补偿与惩罚——著作权法定赔偿制度价值研究》，载《电子知识产权》2005年第12期，第14页。
⑤ 参见周晖国：《知识产权法定赔偿的司法适用》，载《知识产权》2007年第1期，第5页。

外，还应考虑权利人因侵权所受到的商誉和精神损害。① 2008 年，钱玉文在《论我国知识产权法定赔偿制度的司法适用》中建议，法定赔偿额的确定主要应考虑以下四个因素：第一，侵犯的知识产权种类因素。第二，知识产权所有人因素。第三，知识产权市场价值因素。第四，侵权人及侵权行为因素。关于制止侵权的合理开支（包括律师费与诉讼费），应当另外计算而不应包括在知识产权的法定赔偿范围之内。②

2. 设定法定赔偿的等级

2010 年，朱启莉在《我国知识产权法定赔偿制度研究》中，以知识产权所保护的权益为逻辑起点，以知识产权法定赔偿制度所保护的法益为中心，将知识产权法定赔偿的计量标准设定为权利数量标准，而赔偿数额确定的基准是权利人因侵权而遭受的实际损失，以及侵权人因侵权所获得的未计入实际损失之内的利润。针对我国知识产权法定赔偿规定得过于原则的问题，在总结参考因素一般规则的基础之上，主要依据权利类型、侵权人主观状态和侵权的客观程度将知识产权法定赔偿分为几个等级，由法官根据案件的情节在相应的等级之内参考法定的因素合理确定赔偿数额。③ 2014 年，杨兴在《完善我国〈著作权法〉第 49 条的思考——基于美国版权侵权法定赔偿金制度改革的启示》中认为：应借鉴美国对法定赔偿规定的中高低三层结构。对非故意侵权下调上限为 25 万元；对故意或恶意侵权以 5 万元为下限，上限保持 50 万元不变；对被告提出合理使用抗辩不成立的，下调上限为 15 万元。对版权商业利用者要求其举证有合理理由相信自己不侵权，否则不能享受较低上限的待遇。④

3. 建立类型化的法定赔偿制度

2010 年，刘满达、刘海林在《论网上著作权侵权损害中的法定赔偿制度》中认为：网上著作权侵权的网络性、虚拟性、开放性、实时互动性使得损害赔偿范围、赔偿数额、管辖权和责任主体的确定、举证均存在较大困难。各国在法定赔偿制度的适用条件、定额幅度、酌定因素等方面的规定上也有较大差异。为克服法定赔偿制度中法官自由裁量权过大的弊端，中国宜建立类型化的法定赔偿制度，明确法定赔偿适用时所应考虑的因素，在利益平衡原则的基础上进一步细化

---

① 参见韩成军：《侵害著作权损害赔偿的范围与计算》，载《学术界》2007 年第 4 期，第 196 页。
② 参见钱玉文：《论我国知识产权法定赔偿制度的司法适用》，载《社会科学家》2008 年第 2 期，第 80 页。
③ 参见朱启莉：《我国知识产权法定赔偿制度研究》，吉林大学 2010 年博士学位论文，第 177 页。
④ 参见杨兴：《完善我国〈著作权法〉第 49 条的思考——基于美国版权侵权法定赔偿金制度改革的启示》，载《暨南学报（哲学社会科学版）》2014 年第 12 期，第 90 页。

确定赔偿额的酌定因素,以侵犯他人权利数量的多寡分别计算法定赔偿额,并完善判决书理由部分的阐述规则。[①]

4. 将许可使用费计算方法作为法定赔偿的客观标准

2010年,杨涛在《完善我国著作权侵权损害赔偿的计算方法》中建议:法定赔偿的适用对象可参照国外立法,针对一件产品而非行为。法官还应考虑故意与过失等主观状态。在区间范围上,由于我国目前经济发展水平与上述发达地区的差距,以及我国著作权侵权态势的日益膨胀,最低额与最高额的设置应保持与经济水平的亦步亦趋,在立法上酌定500元以上100万元以下的合理区间来涵盖一般著作权侵权纠纷的赔偿责任范围较为妥帖。尤为重要的是,将按照正常许可使用费推定赔偿额的计算方法作为法定赔偿的客观标准在立法中进行规范。[②]

5. 建立适用于群体性侵权案件的法定赔偿制金制度

2012年,徐春建、刘思彬、张学军在《知识产权损害赔偿的证据规则》中认为:应建立适用于群体性侵权案件的法定赔偿制金制度。对于权利人就同一标的在不同地区起诉不同侵权人,在后判决可以再判决赔偿,因为不同侵权人的行为对权利人造成的损失不可能互相取代和重合。对于权利人就同一标的在不同地区起诉相同的侵权人,在后判决的法院应查明在先判决的法定赔偿额是否已经考虑了在其他地区发生的侵权行为给权利人带来的损失,如果考虑了则可以不再判赔,如果未考虑则应针对本案侵权的地区判赔。[③]

6. 建立法定赔偿的量化标准体系

2015年,刘小鹏在《从新百伦案看我国商标侵权赔偿原则的司法适用》中认为:应建立法定赔偿的量化标准体系。一是确定法定赔偿的基准赔偿额,即法院对侵犯知识产权各类案件所确定的法定赔偿的大致数额,应是建立在案件统计分析得出的一定幅度范围内的具体数额。二是细化影响法定赔偿金额认定的相关因素及权重。应将相关因素分为核心因素和情节性因素。核心因素包括商标的价值、侵权人的主观过错、侵权行为性质以及侵权人的经营规模,对法定赔偿数额起决定性作用。情节性因素包括侵权期间、后果、许可使用费、侵权行为发生地以及其他众多因素,对法定赔偿仅起补充性作用。核心因素与情节性因素对法定

---

① 参见刘满达、刘海林:《论网上著作权侵权损害中的法定赔偿制度》,载《学习与探索》2010年第1期,第107页。

② 参见杨涛:《完善我国著作权侵权损害赔偿的计算方法——基于比较法视野的研究启示》,载《时代法学》2010年第1期,第81页。

③ 参见徐春建、刘思彬、张学军:《知识产权损害赔偿的证据规则》,载《人民司法》2012年第17期,第42页。

赔偿数额所起的作用比例约为 7∶3。三是法官应将法定赔偿的酌定因素纳入法庭调查和辩论环节，保证当事人充分行使诉权，也有利于形成一种制度，即酌定因素中核心因素越多，赔偿金额就越高，使当事人对赔偿金额有预估，较易接受判决。①

7. 允许法院在实际损失、侵权获利和许可费计算上享有更大的自由裁量权

2019 年，蒋舸在《知识产权法定赔偿向传统损害赔偿方式的回归》中，针对司法实践中过多适用法定赔偿的现状，提出建议：应当允许法院在实际损失、侵权获利与许可费计算上享有更大的自由裁量权。充分发展这种损害赔偿计算方法下的规则细节，务实地把握法官在不同案件中自由裁量权的尺度，深入探讨各个具体知识产权部门法的损害赔偿目标。唯有如此，才能为解决知识产权法定赔偿难题提供符合知识产权损害赔偿本质特点的方案。②

二、惩罚性赔偿

自 2013 年开始，我国相继在《商标法》、《著作权法》和《专利法》等知识产权法中引入了惩罚性赔偿条款。学界对于这些条款之外是否存在惩罚性赔偿、是否应引入惩罚性赔偿，以及惩罚性赔偿的适用条件和具体计算方式，都存在争议。

（一）惩罚性赔偿的存在

对于在 2013 年《商标法》第 63 条首次规定惩罚性赔偿条款之前，我国知识产权法中是否存在惩罚性赔偿，学界主要有以下观点。

1. 我国知识产权法中早已存在惩罚性赔偿

2003 年，张广良在《知识产权侵权民事救济》中认为：在对知识产权人损害赔偿额的计算方法中，有两种方法体现了对侵权人的惩罚。第一种方法是以被侵害的知识产权许可使用费的倍数来确定赔偿数额。第二种方法是在法定赔偿额的范围内确定赔偿额。在权利人未证明权利人的实际损失或侵权人的侵权获利的情况下，法院可以判令侵权人承担法定赔偿责任，体现了对侵权人的惩罚。③ 2012 年，吴广海在《美国专利侵权损害赔偿中的分摊规则问题》中认为，最高人民法院《关于审理专利纠纷案件适用法律问题的若干规定》(2001 年) 第 20 条规定：……对于完全以侵权为主的侵权人，可以按照销售利润计算侵权人因侵权

---

① 参见刘小鹏：《从新百伦案看我国商标侵权赔偿原则的司法适用》，载《知识产权》2015 年第 10 期，第 83 页。
② 参见蒋舸：《知识产权法定赔偿向传统损害赔偿方式的回归》，载《法商研究》2019 年第 2 期，第 192 页。
③ 参见张广良：《知识产权侵权民事救济》，法律出版社 2003 年版，第 154-155 页。

所获得的利益，而一般侵权人的侵权所得则按营业利润计算。这一规定事实上已经体现了按照侵权者主观过错不同来对侵权赔偿数额进行确定的原则，对完全以侵权为目的的恶意侵权人适用惩罚性赔偿。不过最高人民法院这一规定仅适用于完全以侵权为目的的侵权人，不能涵盖其他种类的恶意侵权形式。我国专利法也应对其他种类的恶意侵权适用全部市场价值规则确定损害赔偿进行规定。对于完全以侵权为业的侵权人，以销售利润而非营业利润计算侵权获利体现了惩罚性。①

2014 年，张玉敏、杨晓玲在《美国专利侵权诉讼中损害赔偿金计算及对我国的借鉴意义》中认为：我国《专利法》有两处规定被认为有一定程度的惩罚性。一处是关于许可费赔偿，《专利法》第 65 条规定"权利人的损失或者侵权人获得的利益难以确定的，参照该专利许可使用费的倍数合理确定"。二是《专利纠纷规定》第 20 条第 3 款规定："侵权人因侵权所获得的利益可以根据该侵权产品在市场上销售的总数乘以每件侵权产品的合理利润所得之积计算。侵权人因侵权所获得的利益一般按照侵权人的营业利润计算，对于完全以侵权为业的侵权人，可以按照销售利润计算。"销售利润为销售收入减去生产、销售成本之差；而营业利润为销售利润减去经营成本，比如工资、租金、宣传等费用支出。该文认为，我国按许可费的倍数赔偿其实不一定就是"惩罚性"赔偿，只有在侵权人主观状态为故意，而且按非法获利计算赔偿时才具有一定的惩罚性，按其他方式计算赔偿时并不具有惩罚性。② 2014 年，罗莉在《论惩罚性赔偿在知识产权法中的引进及实施》中认为：我国现行知识产权法中的赔偿规则早已带有惩罚性意味。首先，依据许可费倍数来确定损害赔偿数额的规定，难掩其惩罚性色彩。其次，法定赔偿的考虑因素包括一些反映侵权人主观过错的因素，因其恶性而受到惩罚，带有明显的惩罚性意味。最后，最高人民法院在 2001 年《关于审理专利纠纷案件适用法律问题的若干规定》中规定，一般侵权人的侵权获利按照营业利润计算，完全以侵权为业的侵权人的侵权获利则按照销售利润计算。完全以侵权为业的侵权人由于"主观恶意"较大，其非法获利会被计算得较高，隐藏着一定的惩罚性。③

---

① 参见吴广海：《美国专利侵权损害赔偿中的分摊规则问题》，载《知识产权》2012 年第 6 期，第 88 页。
② 参见张玉敏、杨晓玲：《美国专利侵权诉讼中损害赔偿金计算及对我国的借鉴意义》，载《法律适用》2014 年第 8 期，第 119-120 页。
③ 参见罗莉：《论惩罚性赔偿在知识产权法中的引进及实施》，载《法学》2014 年第 4 期，第 29-30 页。

2. 我国知识产权法中此前并不存在惩罚性赔偿

2009 年，孙海龙、姚建军在《完善专利侵害赔偿法律制度研究——以中美两国专利侵害赔偿制度及其司法实践比较为研究视角》中认为：首先，许可费倍数不是惩罚性赔偿，因为许可费赔偿的顺位处于实际损失和侵权获利之后，许可费倍数仍属于填平原则。其次，法定赔偿不是惩罚性赔偿，因为法定赔偿数额的确定原则是补偿性赔偿。[①] 2010 年，张晓霞在《侵权获利返还之请求权基础分析——以第三次修订的〈专利法〉第 65 条为出发点》中认为：我国《专利法》第 65 条规定，"权利人的损失或者侵权人获得的利益难以确定的，参照该专利许可使用费的倍数合理确定"。法律规定实施许可费的倍数，这一显然带有惩罚性赔偿色彩的规定，却被一个序位关系牢牢地与权利人的损失和侵权人的获利系在一起，难以判断我国立法对惩罚性赔偿之态度。[②] 2013 年，和育东、石红艳、林声烨在《知识产权侵权引入惩罚性赔偿之辩》中认为，我国知识产权法中不存在惩罚性赔偿，具体理由如下：第一，侵权获利赔偿虽然超出了补偿的功能，但在我国通说认为侵权获利赔偿不是惩罚性赔偿。第二，许可费倍数不是惩罚性赔偿：一是因为立法目的在于通过许可费赔偿更好地实现填平原则，二是因为许可费倍数是侵权获利的一种变形，而侵权获利不是惩罚性赔偿。第三，法定赔偿不是惩罚性赔偿：一是因为法定赔偿数额的确定原则是补偿性赔偿，且现实中赔偿数额较低。二是因为提高法定赔偿最高限额对提高实际判决的法定赔偿的数额的作用有限。三是比较美国基于法定赔偿的惩罚性赔偿，其往往另行规定一个数额区间，且其最高限额为一般法定赔偿最高限额的 5~10 倍。[③]

(二) 惩罚性赔偿的引入

对于我国知识产权法中是否应引入惩罚性赔偿，学界主要有以下观点。

1. 反对引入惩罚性赔偿

1998 年，蒋志培在《知识产权侵权损害赔偿的原则》中认为，知识产权侵权损害赔偿可以不将惩罚性赔偿作为一个独立的赔偿原则，理由是：第一，知识产权侵权行为的形态、损失的计算等不同，不易制定一个倍数去强调惩罚。第二，知识产权的保护程度，不但涉及盗版者，更涉及全社会公众的利益，即社会

[①] 参见孙海龙、姚建军：《完善专利侵害赔偿法律制度研究——以中美两国专利侵害赔偿制度及其司法实践比较为研究视角》，载《专利法研究 2008》，知识产权出版社 2009 年版，第 324-326 页。

[②] 参见张晓霞：《侵权获利返还之请求权基础分析——以第三次修订的〈专利法〉第 65 条为出发点》，载《知识产权》2010 年第 2 期，第 56 页。

[③] 参见和育东、石红艳、林声烨：《知识产权侵权引入惩罚性赔偿之辩》，载《知识产权》2013 年第 3 期，第 55-56 页。

公众对各类创造性知识财富的运用和在此基础之上的再发展。在知识产权保护与科学技术、文学艺术、文化知识等的传播发展和享用等社会公众利益以及社会发展需要之间，立法上应当平衡。第三，损害赔偿的功能主要是填平损失，如果过分强调其惩罚功能，就违背了作为民事赔偿责任的基本属性，容易使赔偿失去客观的标准。第四，惩罚性赔偿制度完全可以被法定标准赔偿原则和法官斟酌裁量赔偿原则所吸收。因为所谓惩罚性赔偿也是要求法律明确规定一个惩罚的倍数，在此点上与法定赔偿的表现形式是相同的。第五，在知识产权保护上，我国法律规定了行政处罚与民事制裁，其惩罚力度是很强的。第六，在民事赔偿中，一般不作故意与过失的区分。如果将故意与过失规定为惩罚性赔偿的要件，客观上又增加了当事人举证和法官判断认定之累。[①] 2003 年，张广良在《知识产权侵权民事救济》中认为，我国知识产权法中没有必要引入惩罚性赔偿的规定，具体理由为：第一，依据我国民法原理，侵权人的过错程度原则上对其承担的赔偿责任不产生影响。第二，若权利人获得了惩罚性赔偿，该数额将超过其受到的实际损害，从而权利人将从他人的侵权行为中获利，这与我国法律和传统道德相悖。第三，我国法上确立的全面赔偿原则已体现了一定的惩罚性。[②] 2006 年，韩成军在《论著作权侵权损害赔偿额的确定》中认为：侵权损害赔偿的主要目的在于使被害人的损害获得实质、完整、迅速的填补，而非在于惩罚，损害赔偿基本上不考虑加害人的动机、目的，其赔偿数额原则上不因加害人故意或过失的轻重而有不同。受害人于损害外获得额外的利益，于损害赔偿的目的不合。[③] 2008 年，湖南省高级人民法院、长沙市中级人民法院联合课题组在《关于确定知识产权侵权损害赔偿数额证据认定的相关问题》中认为，我国法上确立的全面赔偿原则已体现了一定的惩罚性。而且，知识产权法的价值取向是利益平衡，不能过度保护权利人而对侵权人不公。因此，没有必要增加惩罚性赔偿原则。[④]

2014 年，张玉敏、杨晓玲在《美国专利侵权诉讼中损害赔偿金计算及对我国的借鉴意义》中认为：根据我国目前的经济和技术状况，不宜引入惩罚性赔偿，仍应坚持损害填补的原则。因为在目前我国主要是技术的输入方，技术创新能力尚且不足的情况下，对专利权的过度保护会阻碍技术的创新和推广，惩罚性

[①] 参见蒋志培：《知识产权侵权损害赔偿的原则》，载《人民司法》1998 年第 2 期，第 44 页。
[②] 参见张广良：《知识产权侵权民事救济》，法律出版社 2003 年 6 月版，第 156 页。
[③] 参见韩成军：《论著作权侵权损害赔偿额的确定》，载《河南师范大学学报（哲学社会科学版）》2006 年第 6 期，第 148-151 页。
[④] 参见湖南省高级人民法院、长沙市中级人民法院联合课题组：《关于确定知识产权侵权损害赔偿数额证据认定的相关问题》，载蒋志培主编：《知识产权民事审判证据实务》，中国法制出版社 2008 年 5 月版，第 197 页。

赔偿并不适宜，而且惩罚性赔偿并非 TRIPS 协议所规定的成员方必须遵守的义务。[①] 2014 年，谢惠加在《著作权侵权损害赔偿制度实施效果分析——以北京法院判决书为考察对象》中认为，在权利人损失、侵权人获利或参照许可费的赔偿计算方式没有得到有效运用的情况下，增设惩罚性赔偿制度更多是一种价值引导作用，能否得到实施存在诸多疑问。[②]

2. 赞同引入惩罚性赔偿

2002 年，庄秀峰在《保护知识产权应增设惩罚性赔偿》中认为，惩罚性赔偿的采用既可以体现惩恶扬善的原则，又可以调动受害人的积极性，还可以使我国的法律尽快与国际接轨。[③] 2004 年，温世扬、邱永清在《惩罚性赔偿与知识产权保护》中认为：在知识产权领域引入惩罚性赔偿，不仅可以使权利人在物质利益上和精神方面得到充分的补偿，而且通过对侵权人的惩罚，产生的威慑，能够警示他人，避免侵权的再次发生；同时，还可以激发权利人的维权热情，激发其创造力，创造更多的社会财富。这些都是补偿性赔偿所无法达到的。[④] 2009 年，钱玉文、骆福林在《论我国知识产权法中的惩罚性赔偿》中认为，惩罚性赔偿突破了补偿性赔偿的填平原则，我国知识产权法中惩罚性赔偿的确立有其法律正当性，具有经济效率。惩罚性赔偿必须有法律的明确规定，惩罚性赔偿数额应在知识产权法定赔偿金范围内进行确定。[⑤] 2009 年，易健雄、邓宏光在《应在知识产权领域引入惩罚性赔偿》中认为：知识产权侵权案件与一般民事侵权案件相比存在一定的特殊性，单纯适用补偿性赔偿原则不利于遏制知识产权侵权行为的发生，即使辅以刑事责任与行政责任也还是存在很大的局限性，而引入惩罚性赔偿制度则可在很大程度上解决问题，因引入惩罚性赔偿所可能产生的新问题或是可以克服，或是可以接受，所以，应该在知识产权侵权案件中引入惩罚性赔偿制度。[⑥]

2010 年，张晓霞在《侵权获利返还之请求权基础分析——以第三次修订的

[①] 参见张玉敏、杨晓玲：《美国专利侵权诉讼中损害赔偿金计算及对我国的借鉴意义》，载《法律适用》2014 年第 8 期，第 120 页。

[②] 参见谢惠加：《著作权侵权损害赔偿制度实施效果分析——以北京法院判决书为考察对象》，载《中国出版》2014 年第 14 期，第 37 - 43 页。

[③] 参见庄秀峰：《保护知识产权应增设惩罚性赔偿》，载《法学杂志》2002 年第 5 期，第 59 页。

[④] 参见温世扬、邱永清：《惩罚性赔偿与知识产权保护》，载《法律适用》2004 年第 12 期，第 50 - 51 页。

[⑤] 参见钱玉文、骆福林：《论我国知识产权法中的惩罚性赔偿》，载《法学杂志》2009 年第 4 期，第 112 页。

[⑥] 参见易健雄、邓宏光：《应在知识产权领域引入惩罚性赔偿》，载《法律适用》2009 年第 4 期，第 95 页。

〈专利法〉第 65 条为出发点》中认为，我国知识产权法中应引入惩罚性赔偿，理由如下：第一，在知识产权领域引入惩罚性赔偿，不仅可以使权利人在物质利益上，还有精神方面都得到充分的补偿，而且通过对侵权人进行惩罚，产生的威慑，能够警示他人，避免侵权的再次发生；同时，还可以激发权利人的维权热情，激发其创造力，创造更多的社会财富，这些都是补偿性赔偿所无法实现的。第二，2010 年 7 月施行的《侵权责任法》对特定的侵权行为规定了惩罚性赔偿，所以在知识产权领域建立惩罚性赔偿制度并不破坏民事责任体系之整体性。第三，惩罚性赔偿额的确定为超过权利人损失的侵权获利返还提供了适用的空间，超过权利人损失的侵权获利返还为惩罚性赔偿的确定提供了根据，以此解决侵权获利返还的正当性问题。[①] 2012 年，陈霞在《比较法视角下我国著作权惩罚性赔偿制度之构建》中认为：著作权侵权具有易发性、高获利性特点，传统的补偿性赔偿不利于规制恶意、重复侵权行为。美、英、德等国在其成文法或判例法中引入著作权惩罚性赔偿制度。我国应结合有关知识产权政策，借鉴域外经验，在现行法定赔偿制度框架内构建惩罚性赔偿制度，并严格限定适用条件，以实现对著作权的适度保护和利益平衡。[②]

2013 年，和育东、石红艳、林声烨在《知识产权侵权引入惩罚性赔偿之辩》中认为，我国知识产权法中应引入惩罚性赔偿，具体理由为：第一，知识产权法中引入惩罚性赔偿与我国民法体系、私法基本理念以及损害赔偿法的基本原则相冲突不能成为反对理由，因为侵权责任法也规定了惩罚性赔偿。第二，解决我国知识产权赔偿问题有两条途径，一是完善实际损失、侵权获利等方法，但制度成本较高，二是引入惩罚性赔偿并将它使用到法定赔偿中，制度成本较低。第二种途径更符合我国的实际。第三，引入惩罚性赔偿可逐步代替民事制裁，避开民事制裁的公共惩罚性，回归民事责任的私法本性。惩罚性赔偿代替的是民事制裁的地位，因此应按照民事制裁与行政处罚不可并处的原则，应按优先原则处理，即法院判决惩罚性赔偿后行政机关不得罚款，行政机关处罚在先的，法院不得判决惩罚性赔偿。我国经济发展的内驱力是引入惩罚性赔偿的基础。引入惩罚性赔偿可以有效地改变民事赔偿数额偏低的状况，还可以替代民事制裁、弥补刑事惩罚的不足、挤压过于强势的行政责任等。第四，引入惩罚性赔偿可以弥补刑事责任门槛高、范围窄导致的惩罚不足的问题。刑事责任与民事责任重叠领域引入惩罚

---

① 参见张晓霞：《侵权获利返还之请求权基础分析——以第三次修订的〈专利法〉第 65 条为出发点》，载《知识产权》2010 年第 2 期，第 57 页。
② 参见陈霞：《比较法视角下我国著作权惩罚性赔偿制度之构建》，载《山东大学学报哲学社会科学版》2012 年第 5 期，第 81 页。

性赔偿可以对刑事责任产生替代效应，也更符合受害人利益和刑罚谦抑性原则，而且民事程序成本更低。①

2013年，曹新明在《知识产权侵权惩罚性赔偿责任探析——兼论我国知识产权领域三部法律的修订》中认为：我国知识产权法中应引入惩罚性赔偿，理由如下：第一，知识产权法采用惩罚性赔偿的理论依据是知识产权具有不同于一般民事权利的特征，即客体的非物质性，导致侵犯知识产权行为的易发性和失控性，侵权人的低成本性和高获利性，知识产权人取证难、成本高、风险大。第二，增加惩罚性赔偿是我国知识产权保护的现实需求，一是侵犯知识产权的行为泛滥，二是侵权成本低、维权成本高。第三，采用惩罚性赔偿能实现知识产权制度的激励创新作用，因为可以尽可能地填补权利人的损失，威慑并减少侵权人的侵权行为，威慑并减少其他社会公众的恶意侵犯知识产权的行为。第四，采用惩罚性赔偿符合效益原则。惩罚性赔偿在不增加原告诉讼成本的基础上，不仅增加了原告的赔偿利益，而且增加了被告的侵权成本。同时法院适用惩罚性赔偿没有增加诉讼资源成本，还因为阻吓了侵权行为而减少了该类诉讼。还可以培育公众的知识产权意识。第五，国外惩罚性赔偿的立法实践可供我国参考。②

2014年，罗莉在《论惩罚性赔偿在知识产权法中的引进及实施》中认为：第一，我国知识产权法中引入惩罚性赔偿具有必要性。首先，填平原则下知识产权损害赔偿数额过低，法定赔偿虽具有惩罚意味，但即使提高限额也无法解决赔偿过低的问题，因此引入惩罚性赔偿势在必行。其次，两大法系的民法中逐渐接受了赔偿具有威慑侵权的功能。采用惩罚性赔偿能在填补权利人的损失之外，威慑并预防侵权行为，比事后补救更重要。第二，我国知识产权法中引入惩罚性赔偿也具有可行性。首先，我国已经在《消费者权益保护法》《食品安全法》《侵权责任法》等法律中规定了惩罚性赔偿。其次，我国现行知识产权法中的赔偿规则早已带有惩罚性，如许可费倍数、考虑侵权人主观过错因素的法定赔偿，以及完全以侵权为业的为侵权人按销售利润而非营业利润计算侵权获利。第三，引入惩罚性赔偿后应删除填平性赔偿中带有惩罚性的规定。首先，应删除法定赔偿，因为《商标法》第63条规定的证明妨碍规则可以使实际损失和侵权获利容易适用。

---

① 参见和育东、石红艳、林声烨：《知识产权侵权引入惩罚性赔偿之辩》，载《知识产权》2013年第3期，第57-59页。
② 参见曹新明：《知识产权侵权惩罚性赔偿责任探析——兼论我国知识产权领域三部法律的修订》，载《知识产权》2013年第4期，第6-7页。

其次，参照许可费倍数应改为参照市场许可费赔偿。①

(三) 惩罚性赔偿的适用条件

对于惩罚性赔偿的适用条件，学界普遍认为应具备两方面的要件，一是侵权人的主观过错，二是侵权行为的情节。②

1. 侵权人的主观过错

对于侵权人的主观过错，学界主要有以下观点。

(1) 故意说。

第一种观点认为，惩罚性赔偿要求侵权人的主观过错为故意。

2007年，韩成军在《侵害著作权损害赔偿的范围与计算》中认为：如果侵权人属于故意侵权且后果严重，法院应酌情加重其赔偿责任，或使其在弥补受害人实际损失之外，向受害人另外承担惩罚性损害赔偿金。换言之，在确定著作权侵权人的赔偿责任时，要坚持补偿性损害赔偿与惩罚性损害赔偿相结合的原则，既要充分弥补受害人所受到的损失，又要适度体现对侵权人侵权行为的惩罚。③ 2013年，曹新明在《知识产权侵权惩罚性赔偿责任探析——兼论我国知识产权领域三部法律的修订》中认为：我国知识产权法同时使用了恶意和故意两个词，恶意是指不良的居心，坏的用意，故意是指存心，有意识地，明知不应或不必这样做而这样做。恶意和故意都是当事人有意识的主观意图，明知不应或不必这样做而这样做。只是恶意行为者在做其行为时还怀有不良的居心和坏的用意，其程度更甚。我国适用惩罚性赔偿的条件为侵权人具有主观故意。④ 2021年，徐俊、叶明鑫在《商标惩罚性赔偿法律适用要件的类型化研究》中，建议将惩罚性赔偿的主观要件调整为故意，并将主观要件作了类型化归纳，归纳时着重于故意方面，包括如下六项：一是被告经原告或者利害关系人通知、警告后，仍继续实施侵权行为；二是被告与原告或者利害关系人之间存在特定合同等关系，且接触过被侵害的商标；三是被告实施假冒注册商标行为；四是被驳回商标注册申请后仍通过多种方式在同种或类似商品上使用涉案商标；五是涉案商标具有较高知名

---

① 参见罗莉：《论惩罚性赔偿在知识产权法中的引进及实施》，载《法学》2014年第4期，第27-31页。

② 参见曹新明：《知识产权侵权惩罚性赔偿责任探析——兼论我国知识产权领域三部法律的修订》，载《知识产权》2013年第4期，第8页；罗莉：《论惩罚性赔偿在知识产权法中的引进及实施》，载《法学》2014年第4期，第30页；芮文彪、凌宗亮：《新〈商标法〉加大损害赔偿力度的理解与适用》，载《中华商标》2015年第2期，第31-33页。

③ 参见韩成军：《侵害著作权损害赔偿的范围与计算》，载《学术界》2007年第4期，第196页。

④ 参见曹新明：《知识产权侵权惩罚性赔偿责任探析——兼论我国知识产权领域三部法律的修订》，载《知识产权》2013年第4期，第8页。

度；六是理应知晓存在商标权的特定领域从业者、关联商品经营者。①

（2）恶意说。

第二种观点认为，惩罚性赔偿要求侵权人的主观过错为恶意。

2014年，罗莉在《论惩罚性赔偿在知识产权法中的引进及实施》中认为：恶意应当与故意相区别，惩罚性赔偿作为一种惩戒手段，应只针对造成严重后果的、具有较大主观恶性的侵权人。应严格限定导致惩罚性赔偿的恶意范围，只有在侵权人被告知侵权时仍继续侵权行为、在被法院判决侵权后仍继续侵权行为，或者在实施侵权时不仅明知侵权而为之，且采取措施掩盖其侵权行为的，才构成恶意。② 2015年，芮文彪、凌宗亮在《新〈商标法〉加大损害赔偿力度的理解与适用》中认为：2013年《商标法》第63条规定的恶意是较严重的故意。恶意侵权者不仅主观上明知会侵害他人商标权而希望侵权结果发生，而且具有较为恶劣或邪恶的动机。司法实践中常见的"应当知道""过失"等均不属于恶意。③ 2022年，刘银良在《知识产权惩罚性赔偿的比较法考察及其启示》中认为：基于知识产权惩罚性赔偿介于民刑之间的侵权救济性质，其所惩罚与威慑的行为应当是具有可责性的恶意侵权行为，这决定了惩罚性赔偿的合理性与正当性。就此而言，我国《专利法》《著作权法》《种子法》乃至《民法典》将惩罚性赔偿的适用要件之一规定为"故意侵权"就未必满足惩罚性赔偿的法理基础。他认为，鉴于知识产权的内在不确定性，除被告实施盗版或假冒注册商标等明显具有恶意的侵权行为外，其他情形都未必当然指示被告具有侵权的故意，遑论侵权的恶意。④

2. 侵权行为的情节

对于侵权行为的情节，学界主要有以下观点：

（1）从多角度列举情节严重的情形。

2013年，曹新明在《知识产权侵权惩罚性赔偿责任探析——兼论我国知识产权领域三部法律的修订》中认为：如果侵权人实施的故意侵犯知识产权的行为虽然只有一次，但是已经给知识产权人的利益或者潜在利益造成极其严重的后果，适用补偿性赔偿不足以实现惩罚和威慑的目的，就应当适用惩罚性赔偿。如

---

① 参见徐俊、叶明鑫：《商标惩罚性赔偿法律适用要件的类型化研究》，载《知识产权》2021年第4期，第88-91页。
② 参见罗莉：《论惩罚性赔偿在知识产权法中的引进及实施》，载《法学》2014年第4期，第31页。
③ 参见芮文彪、凌宗亮：《新〈商标法〉加大损害赔偿力度的理解与适用》，载《中华商标》2015年第2期，第32页。
④ 参见刘银良：《知识产权惩罚性赔偿的比较法考察及其启示》，载《法学》2022年第7期，第145页。

果侵权行为人已经两次或多次故意实施侵犯知识产权的行为，就表明适用补偿性赔偿没有达到威慑作用，因此应给予惩罚性赔偿。① 2015 年，芮文彪、凌宗亮在《新〈商标法〉加大损害赔偿力度的理解与适用》中认为，情节严重的情形包括：第一，侵权行为指向食品、药品等涉及民生安全的商品。第二，侵权行为被行政处罚或法院判决后五年内再次实施侵权行为。重复侵权不要求侵害的是相同的权利人或相同的商标。第三，侵害的商标为驰名商标。第四，侵权行为持续时间长、涉及地域范围广、生产规模大等。② 2021 年，徐俊、叶明鑫在《商标惩罚性赔偿法律适用要件的类型化研究》中归纳出可用于认定商标惩罚性赔偿中的"情节严重"这一客观要件的 11 种情形：一是因侵权被行政处罚或者法院裁判承担责任后，再次实施相同或者类似侵权行为；二是以侵害商标权为业；三是伪造、毁坏或者隐匿侵权证据；四是拒不履行保全裁定；五是侵权获利或者权利人受损巨大；六是侵权行为可能危害国家安全、公共利益或者人身健康；七是侵权商品存在质量问题并损害权利人商誉；八是侵权人为侵权产品的制造者，属于源头侵权；九是签订保证书、和解协议等承诺不再侵权后再次侵权；十是侵权行为持续时间长、涉及范围广；十一是侵权形式多样。③

(2) 采用动态体系化的方法塑造"情节严重"要件的认定规则。

2022 年，王崇敏、王然在《知识产权惩罚性赔偿中"情节严重"的认定——基于动态体系论的研究》中认为，采用动态体系化的方法塑造"情节严重"要件的认定规则包括以下步骤：首先，从知识产权惩罚性赔偿的根本原理与基础价值出发，确定支撑"情节严重"判断的评价要素内容及其权重序列。其次，从事实层面提炼若干能够细化评价要素的"亚要素"，以此引导法律适用者发现案件事实与评价要素之间的对应关系，提升规则的可操作性。最后，设置基础评价来明确单一要素满足程度的判断基准，并且明确数个评价要素协动作用下的评价思维框架，保证最终评价结论的整体性、综合性。④

(3) 情节严重的目的在于证明侵权人的主观故意或恶意。

2022 年，刘银良在《知识产权惩罚性赔偿的比较法考察及其启示》中认为：

---

① 参见曹新明：《知识产权侵权惩罚性赔偿责任探析——兼论我国知识产权领域三部法律的修订》，载《知识产权》2013 年第 4 期，第 8 页。
② 参见芮文彪、凌宗亮：《新〈商标法〉加大损害赔偿力度的理解与适用》，载《中华商标》2015 年第 2 期，第 32-33 页。
③ 参见徐俊、叶明鑫：《商标惩罚性赔偿法律适用要件的类型化研究》，载《知识产权》2021 年第 4 期，第 91-96 页。
④ 参见王崇敏、王然：《知识产权惩罚性赔偿中"情节严重"的认定——基于动态体系论的研究》，载《法学论坛》2022 年第 2 期，第 145 页。

对我国知识产权惩罚性赔偿法律规范中"情节严重"的判断并非不涉及行为人的主观状态，因为其含义恰在于证明侵权人具有侵权的故意乃至恶意，从而进一步论证惩罚性赔偿的必要性与正当性。如此理解才符合惩罚性赔偿的法理与目标。这也意味着我国知识产权惩罚性赔偿法律规范中的"故意（或恶意）侵权"和"情节严重"两要件的主要意义均在于证明被告的侵权故意乃至恶意，从而论证应否裁决惩罚性赔偿。而且，"故意（或恶意）侵权"和"情节严重"均非裁决知识产权惩罚性赔偿的充分条件。[①]

（四）惩罚性赔偿额的计算

对于惩罚性赔偿数额的计算，学界主要有以下观点。

1. 应在补偿性赔偿的基础上乘以倍数计算

2013年，曹新明在《知识产权侵权惩罚性赔偿责任探析——兼论我国知识产权领域三部法律的修订》中认为：惩罚性赔偿的数额应当高于补偿性赔偿的数额，因此惩罚性赔偿数额不能仅是补偿性赔偿数额的1倍，而应当是2倍至3倍。[②] 2015年，芮文彪、凌宗亮在《新〈商标法〉加大损害赔偿力度的理解与适用》中认为：2013年《商标法》第63条规定的惩罚性赔偿的计算基数只包括权利人损失、侵权人获利以及许可使用费倍数，不能以法定赔偿为基数确定惩罚性赔偿。[③] 2020年，宫晓艳、刘畅在《知识产权惩罚性赔偿适用的要件解构与路径探究——以上海首例知识产权惩罚性赔偿案件为研究范例》中认为，惩罚性赔偿的计算应以实际损失、侵权获利或许可费为基数，在确定基数过程中应充分发挥法官的释明作用以及准确适用证明妨碍规则，并创造性地提出了使用"倍数累积法"来确定惩罚性赔偿的倍数。[④]

2. 不应以补偿性赔偿为基础进行计算

2014年，罗莉在《论惩罚性赔偿在知识产权法中的引进及实施》中认为，2013年《商标法》第63条规定惩罚性赔偿以填平性赔偿为基础计算并不妥，理由如下：第一，既然惩罚性赔偿的目的在于惩戒、威慑侵权人，则惩罚性赔偿的数额仅与侵权人的恶意相关，应根据侵权人的过错程度而不是权利人的损失予以

[①] 参见刘银良：《知识产权惩罚性赔偿的比较法考察及其启示》，载《法学》2022年第7期，第146页。

[②] 参见曹新明：《知识产权侵权惩罚性赔偿责任探析——兼论我国知识产权领域三部法律的修订》，载《知识产权》2013年第4期，第8-9页。

[③] 参见芮文彪、凌宗亮：《新〈商标法〉加大损害赔偿力度的理解与适用》，载《中华商标》2015年第2期，第33页。

[④] 参见宫晓艳、刘畅：《知识产权惩罚性赔偿适用的要件解构与路径探究——以上海首例知识产权惩罚性赔偿案件为研究范例》，载《法律适用》2020年第24期，第155-159页。

确定。权利人的损失已从填平性赔偿中获得弥补。第二，以填平性赔偿为基础来确定惩罚性赔偿可能会造成对侵权人的不公。如果惩罚性赔偿以填平性赔偿为基础来计算，可能导致赔偿数额过高。第三，法院在决定惩罚性赔偿时应适当考虑侵权人的赔付能力，一方面可以使惩罚性赔偿的惩罚和威慑更有针对性，另一方面也可以保证惩罚性赔偿得到切实履行，以免损害判决的威严。因此，可以借鉴法定赔偿的制度设计，为惩罚性赔偿设一个上限，例如 100 万元。① 2022 年，刘银良在《知识产权惩罚性赔偿的比较法考察及其启示》中认为：补偿性赔偿与惩罚性赔偿的性质与目的不同。前者针对侵权结果，追求的目标是使权利人恢复至没有被侵犯的状态，属于补偿正义的救济；后者针对侵权行为本身，追求的目标是惩罚恶意侵权行为，并威慑类似行为再发生，属于报复正义的救济。因为侵权行为的恶性与其后果之间没有必然的联系，在两种赔偿之间亦无必然的相关性，因而既无理由支持以补偿性赔偿作为基数评估惩罚性赔偿，也无理由支持以相应倍数评估惩罚性赔偿。②

---

① 参见罗莉：《论惩罚性赔偿在知识产权法中的引进及实施》，载《法学》2014 年第 4 期，第 32 页。
② 参见刘银良：《知识产权惩罚性赔偿的比较法考察及其启示》，载《法学》2022 年第 7 期，第 147 页。

第七章

中国知识产权法学的理论创新及其历史意义

我国知识产权法是一个舶来品,为了符合国际条约的最低要求,我国知识产权法在最初的立法和后续的修法过程中,大量参考了国际条约和外国法的规定。为了澄清国际条约和外国法的真实含义,以更好地处理我国知识产权法的问题,我国学者在构建知识产权法学理论时,大量借鉴了国外的理论研究成果。虽然这些国外理论也属于知识产权法学理论的一部分,但这些理论并不是由我国学者提出的,严格来说,不能称为"中国知识产权法学理论"。只有我国学者提出了国外没有提出过的知识产权法学理论,才能称得上"中国知识产权法学理论"。我国学者独立提出的知识产权法学理论,体现了我国学者的理论创新,是我国知识产权法学学术史的一个重要组成部分。

本书认为,在判断我国学者提出的知识产权法学理论是否属于理论创新时,需要与国外既有理论进行比较后,同时满足新颖性和进步性两个条件。

理论创新的第一个条件是新颖性,是指我国学者提出的理论与国外此前的既有理论相比,属于国外没有提出过的新理论。在评价学术研究是否创新时,普遍要求有新颖性。[1] 例如,何海波认为,创新是对整个学术圈而言的,只有对学术

---

[1] 参见周国均:《法学学术期刊之功能及创新》,载《法律科学(西北政法学院学报)》2003年第5期,第31-32页;梁慧星:《法学学位论文写作方法》,法律出版社2006年版,第83-85页;许红珍:《学术创新和学术评价机制创新的探索与思考》,载《华东师范大学学报(哲学社会科学版)》2009年第3期,第70页;刘益东:《创新力度:评价学术成果的首要标准》,载《科技创新导报》2009年第36期,第107页;熊春兰:《创新:学术的灵魂——学术期刊与学术评价论坛综述》,载《学术界》2012年第12期,第227页;何海波:《法学论文写作》,北京大学出版社2014年版,第29-34页。

圈现有知识能够有所推进，才算创新，就像发明专利，应当对国内外同行都是新颖的。① 梁慧星认为，自创新说是对于已经存在的学说均不采取而自己提出一种新的学说，这一新说要真正属于前人所未曾提出过。② 理论创新所要求的新颖性与专利法上的新颖性类似，采国际新颖性。③ 如果我国学者提出的理论与国外此前的既有理论相同，则该理论就不属于我国学者的理论创新。例如，对于知识产权请求权，有学者认为，应区分不要求过错的绝对权请求权与要求过错的损害赔偿请求权④，该理论与德国、日本等大陆法系国家一致。⑤ 有学者认为，构成侵权和承担停止侵害责任不要求过错，承担损害赔偿责任则要求过错，该理论与英美法系国家一致。⑥ 因此，对于知识产权请求权，我国学者提出的理论与国外既有理论并无不同，不属于我国学者的理论创新。

　　理论创新的第二个条件是进步性，是指我国学者提出的新理论与国外既有理论相比具有一定的进步。在评价学术研究是否创新时，除新颖性之外通常还要求有进步性。例如，韩松认为，对所研究的问题作者要有自己的独立创见，其观点是在前人研究基础上的进步，不是对前人研究成果的简单重复。⑦ 田卫平认为，论文的"养"是指学术价值，作者对此问题的研究比前人有了哪些进步，他的新发现、新视角是否又开辟了一片新的天地等。⑧ 梁慧星认为，作者要对自己的新说进行论证，证明其可以成立，并进一步指出自己提出的新说能够兼有现在的各种学说的长处，回避现在各种学说的短处。⑨ 由于理论创新的进步是否显著不易衡量，因此理论创新所要求的进步性与实用新型的创造性类似，只要有进步即

---

　　① 参见何海波：《法学论文写作》，北京大学出版社2014年版，第29-34页。
　　② 参见梁慧星：《法学学位论文写作方法》，法律出版社2006年版，第83-85页。
　　③ 《专利法》第22条第2款规定："新颖性，是指该发明或者实用新型不属于现有技术；也没有任何单位或者个人就同样的发明或者实用新型在申请日以前向国务院专利行政部门提出过申请，并记载在申请日以后公布的专利申请文件或者公告的专利文件中。"第5款规定："本法所称现有技术，是指申请日以前在国内外为公众所知的技术。"
　　④ 参见吴汉东：《试论知识产权的"物上请求权"与侵权赔偿请求权——兼论知识产权协议第45条规定之实质精神》，载《法商研究》2001年第5期，第7-10页。
　　⑤ 参见［德］M. 雷炳德：《著作权法》，张恩民译，法律出版社2005年1月版，第584-586页；范长军：《德国专利法研究》，科学出版社2010年12月版，第124-127页；［日］田村善之：《日本知识产权法》，周超等译，知识产权出版社2011年1月版，第299-303页。
　　⑥ 参见郑成思：《侵权责任、损害赔偿责任与知识产权保护》，载《环球法律评论》2003年第4期，第460-465页。
　　⑦ 参见韩松：《谈法学学术期刊的创新》，载《法学论坛》2005年第4期，第9页。
　　⑧ 参见熊春兰：《创新：学术的灵魂——学术期刊与学术评价论坛综述》，载《学术界》2012年第12期，第227页。
　　⑨ 参见梁慧星：《法学学位论文写作方法》，法律出版社2006年版，第83-85页。

可，不要求有显著的进步。① 如果我国学者提出的理论虽与国外既有理论不同，但与国外既有理论相比没有体现出任何进步，也不能称之为我国学者的理论创新。新理论具有进步性的表现主要包括：第一，该理论克服了国外既有理论的不足和缺陷；第二，该理论能解决国外既有理论不能解决的问题；第三，该理论能解释国外既有理论不能解释的现象。具有上述几种表现之一，就可以认定我国学者提出的新理论具有进步性，属于我国学者的理论创新。

确定了上述评价标准，就可以具体分析我国知识产权法学的研究成果，筛选出与国外既有理论相比具有新颖性和进步性的创新理论。本章第一节和第二节将分别从知识产权法总论和分论的研究中选出存在理论创新的主题。在每个主题之下，都会首先阐述国外的既有理论以及我国学者的类似观点，然后梳理我国学者对国外既有理论的批判、提出新理论的演进过程以及具体内容，最后指出我国学者理论创新的历史意义。在此基础上，第三节将总结我国知识产权法学的理论创新模式，以及对法学研究的启示和意义。

第一节　中国在知识产权法总论研究中的理论创新

国外知识产权法学研究偏重对著作权法、专利法和商标法等知识产权法分论的研究，主流的知识产权法教材和专著都不设总论一章，对总论相关主题的研究比较分散。相比而言，我国学者比较重视对知识产权法总论的研究，以"知识产权法总论"或"知识产权总论"为名的教材和专著也有不少。② 以刘春田为代表的部分学者尤其重视知识产权基本理论，他们对知识产权的概念、特征、性质、正当性、客体与对象的区分、创造与劳动的区分、知识产权法与民法的关系等一系列基本理论问题都提出了自己的见解，对其相关内容大部分本书已经在重大理论争议部分进行了阐述。在此背景下，我国学者对知识产权法总论中的一些主题提出了不同于国外理论的创新理论。本节选择知识产权的概念、正当性以及确权模式这三个国外研究较多的主题进行比较和说明。

---

① 《专利法》第 22 条第 3 款规定："创造性，是指与现有技术相比，该发明具有突出的实质性特点和显著的进步，该实用新型具有实质性特点和进步。"

② 参见陶鑫良、袁真富：《知识产权法总论》，知识产权出版社 2005 年版；李扬：《知识产权法总论》，中国人民大学出版社 2008 年版；齐爱民：《知识产权法总论》，北京大学出版社 2010 年版；杨雄文：《知识产权法总论》，华南理工大学出版社 2013 年版；吴汉东：《知识产权总论》，中国人民大学出版社 2013 年版。

一、关于知识产权概念的理论创新

我国学者关于知识产权概念的理论创新主要体现在对知识产权客体或对象的研究上,对于这一问题,我国学者提出了与国外不同的创新理论。

(一) 国外既有理论及我国学者的类似观点

对于知识产权的概念,国外主要有三种观点,在我国都有支持者。

1. 智力成果说

第一种观点认为,知识产权是基于智力活动产生的权利。例如,世界知识产权组织1988年出版的 *Background Reading Material on Intellectual Property* 在1990年和1992年先后被译为《知识产权法教程》和《知识产权纵横谈》。在该书中,世界知识产权组织认为:"知识产权的对象是人的心智、人的智力的创造。"[①] "知识财产是指人的脑力、智力的创造物。"[②] 世界知识产权组织在1995年、1998年和2004年的出版物中提出了知识产权的概念,认为:"知识产权的概念非常广泛,是指产生于工业、科学、文化及艺术领域智力活动的法律权利。"[③] 上述定义来源于1967年签订的《建立世界知识产权组织公约》第2条第8款中的兜底条款:"知识产权包括与下列相关的权利:……以及所有来自在工业、科学、文学或艺术领域智力活动的权利。"[④] 我国部分学者持类似观点。例如,1993年,郑成思主编的《知识产权法教程》认为:"知识产权指的是人们可以就其智力创造的成果依法享有的专有权利。"[⑤] 1994年,张平在《知识产权法详论》中认为,知识产权"是指知识产权所有人对其从事智力活动而创造的智力成果依法所享有的权利。"[⑥]

2. 信息说

第二种观点认为,知识产权是基于信息产生的权利。例如,世界知识产权组

[①] 世界知识产权组织编:《知识产权法教程》,高卢麟等译,专利文献出版社1990年版,第2页。

[②] 世界知识产权组织编著:《知识产权纵横谈》,张寅虎等译,世界知识出版社1992年版,第4页。

[③] 世界知识产权组织编著:《世界知识产权组织知识产权指南:政策、法律及应用》,北京大学国际知识产权研究中心译,知识产权出版社2012年版,第2页。该书英文版于2004年出版。另参见世界知识产权组织 *Intellectual Property Reading Material*,1995年英文版第5页、1998年英文版第3页。"两版相隔数年,被人们广泛使用,但是知识产权的这一定义却一字未变,足见其经得起推敲。"转引自郭寿康主编:《知识产权法》,中共中央党校出版社2002年版,第5页。

[④] 世界知识产权组织编:《知识产权法教程》,高卢麟等译,专利文献出版社1990年版,第2-3页;世界知识产权组织编著:《知识产权纵横谈》,张寅虎等译,世界知识出版社1992年版,第4页;世界知识产权组织编著:《世界知识产权组织知识产权指南:政策、法律及应用》,北京大学国际知识产权研究中心译,知识产权出版社2012年版,第2页。

[⑤] 郑成思主编:《知识产权法教程》,法律出版社1993年版,第1页。

[⑥] 张平:《知识产权法详论》,北京大学出版社1994年版,第3页。

织在 1988 年的 *Background Reading Material on Intellectual Property* 中虽然认为知识产权的对象是智力成果，但同时认为这些智力成果与信息有关，提出："知识财产是指人的脑力、智力的创造物。这就是为什么这种财产被称为'知识'财产。用比较简单的方法来说明的话，就是知识财产与各种各样的信息有关，人们将这些信息与有形物质相结合，并同时在世界不同地方大量复制。知识财产并不包含在这些复制品中，而是包含在这些复制品所反映出的信息中。"[①] 1996 年，日本学者中山信弘认为："所谓知识财产，是指禁止不正当模仿所保护的信息。具体来说，是人的智力、精神上创作成果的创作物（例如发明与作品）和表现经营上信誉的经营标识（例如商标与商号）的总称，对这些对象进行保护的诸法律，称为'知识产权法'或者'无形财产法'。"[②] 我国部分学者持类似观点。例如，2001 年，张玉敏在《知识产权的概念和法律特征》中认为："知识产权是民事主体所享有的支配创造性智力成果、商业标记以及其他具有商业价值的信息并排斥他人干涉的权利。"[③] 2003 年，朱谢群、郑成思在《也论知识产权》中认为，知识产权的客体是智力成果，智力成果本质上是特定的信息，具有信息的一切属性。[④]

3. 无形财产说

第三种观点认为，知识产权是基于无形财产享有的权利。例如，1990 年，美国学者米勒和戴维斯认为："知识产权传统上包括专利、商标和版权三个法律领域。然而，除了传统的原因，以及三者通常在一起教授这一事实，有人也许要问，为什么在一本书中要包括三个性质不同的科目。它们的共同之处是，他们都具有一种无形的特点，而且都出自一种非常抽象的财产概念。"[⑤] 我国部分学者持类似观点。例如，2000 年，吴汉东在《关于知识产权本体、主体与客体的重新认识——以财产所有权为比较研究对象》中认为："知识产权本质上为一种无

---

① 世界知识产权组织编著：《知识产权纵横谈》，张寅虎等译，世界知识出版社 1992 年版，第 4 页。该书翻译自世界知识产权组织在 1988 年出版的 *Background Reading Material on Intellectual Property*。
② ［日］中山信弘：《多媒体与著作权》，张玉瑞译，专利文献出版社 1997 年版，第 1 页。原书出版于 1996 年。
③ 张玉敏：《知识产权的概念和法律特征》，载《现代法学》2001 年第 5 期，第 105 页。
④ 参见朱谢群、郑成思：《也论知识产权》，载《科技与法律》2003 年第 2 期，第 26 页。
⑤ ［美］阿瑟·R. 米勒、［美］迈克尔·H. 戴维斯：《知识产权法概要》，周林等译，中国社会科学出版社 1998 年版，导论第 4 页。该书译自 1990 年第二版。该书第一版于 1983 年出版，第三版于 2000 年出版后在我国出了影印本，参见［美］阿瑟·R. 米勒、［美］迈克尔·H. 戴维斯：《知识产权法：专利、商标和著作权》，法律出版社 2003 年版。

形财产权,客体的非物质性是知识产权所属权项的共同法律特征。"① 2009年,吴汉东在《知识产权制度基础理论研究》中认为:"知识产权是人们对于自己的智力活动创造的成果和经营管理活动中的标记、信誉依法享有的一种无形财产权。"②

对于上述知识产权概念的三种观点,国外也有学者并不认同。例如,2003年,美国学者戈登认为,第一,无形财产的范围过大,包括知识产权客体之外的其他客体。"'知识产权'这个术语过于宽泛,因为几乎任何利益都可以被认为是'有价值且无形的东西'。例如,破旧的工厂可以在不造成任何物理损坏的情况下,使相邻房屋的财产价值降低。尽管工厂的破旧也是'无形的东西',但规制该情形的分区法并非知识产权法的一部分。"第二,有些知识产权客体中的智力活动有限。"在一些知识产权领域中几乎看不到智力活动的作用。例如,……即使公司没有创造商标而只是使用商标,该商标也受到法律保护。又如,许多英语国家用版权法或特别法保护数据库,但数据库更多的是一种体力劳动而非智力劳动的产物。"第三,信息的范围过大,包括知识产权客体之外的其他客体。"所有事物都可以传递信息,而且即使是最物质性的价值也取决于知识(例如一旦我们知道水可以喝,水的价值就增加了)。如果'知识'指的是创造、分配或使用客体时利用了智力,那么没有任何东西会被排除在外。"③ 但该学者并未提出知识产权的概念。

(二)我国学者对国外既有理论的批判和创新

2000年和2003年,刘春田在其主编的教材《知识产权法》及其撰写的论文《知识财产权解析》中,先后对国外学者提出的三种主流学说提出了质疑,认为智力成果说、信息说和无形财产说都有缺陷。具体理由如下:

第一,智力成果说无法涵盖工商业标记。知识产权是基于创造性智力成果和工商业标记依法产生的权利的统称。知识产权之所以划分为创造性的智力成果权和工商业标记权,是因为其作为财产权,创造性的智力成果权的价值与工商业标记权的价值来源截然不同,创造性的智力成果权的概念不能覆盖工商业标记权的内容。④

---

① 吴汉东:《关于知识产权本体、主体与客体的重新认识——以财产所有权为比较研究对象》,载《法学评论》2000年第5期,第3页。
② 吴汉东:《知识产权制度基础理论研究》,知识产权出版社2009年版,第13页。
③ Wendy J. Gordon, Intellectual Property. As published in THE OXFORD HANDBOOK OF LEGAL STUDIES, Peter Can and Mark Tushnet edited, Oxford University Press, October 2003, p. 618 - 619. Available at SSRN: https://ssrn.com/abstract=413001.
④ 参见刘春田主编:《知识产权法》,高等教育出版社2000年版,第3页。

第二，无形说没有揭示知识产权独有的特征。首先，关于权利，无形是任何一种权利共同固有的属性，而不是知识产权独有的，包括物权、债权、人身权、知识产权在内的任何权利都是无形的，因此知识产权是无形权利的说法不能成立。其次，关于对象，无体，即无实体或非物质，知识产权的对象是非物质或无体的，知识产权属于无体财产权，这是它的重要属性，但不是它独有的属性。除此以外，债权对象的行为、商业信誉、贸易中的服务、劳力的收支、商业票据等都属于无体财产。而且该说只指出了知识产权的对象不是什么，却没有回答知识产权对象是什么的实质问题。因此，无形、无体或非物质都不能揭示知识产权对象的本质。[1]

第三，信息说忽略了信息需要有载体才能被人感知。信息是物质的本质属性，是事物本体，信息科学认为，信息是关于物质的成分、结构、功能、行为、演变趋势等属性。信息是先天的客观实在、无限、无真伪之分、不具有传递性，与人的存在和活动并无关系，信息如果不借助一定的载体便无法存在。而作为知识产权对象的知识，是人对信息的描述，是人创造的，有真伪之分，具有传递性，可以脱离特定载体而在其他载体上再现。被传递的始终是对信息的描述——信号，在偶然信号、自然信号和制定信号中，只有制定信号才是可以被人们调动的信号，包括语言、文字、图像、色彩、画面、数字等，是为符号。信号只有成为人们的沟通工具时，才转化为知识。[2]

2003年，刘春田在《知识财产权解析》中质疑传统理论后，提出了知识说（也称形式说），认为知识产权的对象是知识，知识的本质是形式，创造是设计和描述形式的过程。人类认识和改造世界的思想，要想告诉别人，必须借助于一定的信号（符号）系统描述出来。人类用信号表达思想和情感的过程，就是创造。就创造而言，无论内容是科学技术，还是文学艺术，都是构造形式的活动，这些人造的"形式"，就是知识。形式是宇宙间一切物质，包括自然的和人造物质世界的基本存在状态，形式是物质世界的本质属性之一。物质世界分为自然的和人造的，相应的形式也有自在和人造的区别。除去自在形式之外，描述自然所用的形式，与纯粹表达思想和情感所运用的形式，都是人的创造物，是知识。知识必须借助一定的质料或载体，才能成为实体，也即物。所以，知识的本质是纯粹的形式，而物是形式和质料的结合。[3]

---

[1] 参见刘春田主编：《知识产权法》，高等教育出版社2000年版，第6-7页；刘春田：《知识财产权解析》，载《中国社会科学》2003年第4期，第111页。
[2] 参见刘春田：《知识财产权解析》，载《中国社会科学》2003年第4期，第115-117页。
[3] 参见刘春田：《知识财产权解析》，载《中国社会科学》2003年第4期，第112页。

2005 年，李琛在《论知识产权法的体系化》中以知识说（形式说）为基础提出了符号说。该书认为：形式说把"形式—质料"二分法作为哲学基础，这个观点可以追溯至亚里士多德，亚里士多德已经看到，物质是质料与形式（同一类事物的本质属性）的统一体，铜球的质料是青铜，形式则是圆形。但是，既然任何物质都包含了质料与形式，自然物也具备天然的形式，仅用"形式"还不足以揭示知识产权对象作为人工物的特征。李泽厚把一切文化活动都称为符号生产，卡西尔也指出，人在自然世界之外，还通过符号创造了一个自己所能理解的人为世界，人类文化产品的产生都是一种符号生产。因此，既然知识产权的对象是人创形式，该形式必然是符号形式。符号说与形式说具有直接的传承性，符号说在两个方面发展了形式说：（1）揭示了形式构成的具体元素，即符号；（2）突出了作为知识产权对象的形式是人工形式，因为符号是人创物。符号说的规范意义在于，知识产权分为智力成果权与商业标记权，分别体现了符号的两种不同功能。商业标记体现了符号的指代功能，即符号为了代表另一个事物而存在，因此法律只要求商业标记具有指代性（显著性），不要求具有组合性，也不鼓励商业标记的自由利用，而是可以无限延展。智力成果则体现了符号的创生功能，即符号可以通过组合构建新的形式，因此法律要求智力成果具有组合性（独创性和创造性），并鼓励符号的自由利用，规定了各种限制制度。①

在此之后，陆续有学者发展了符号说。2016 年，王坤在《知识产权法学方法论》中认为：并非所有的符号组合均能够成为知识产权的对象，只有符合系统性和创新性的符号组合才是知识产权法上的知识。第一，具备系统性的知识才能具有可支配性和价值性，成为知识产权的对象。首先，系统性使该项知识具有可支配性。知识是符号组合，但不能是符号元素的胡乱排列，必须具有系统性，是一个包含软硬两种要素在内的多层次的内在体系。其中，硬体要素就是各种符号元素的外在组合，软体要素则是符号组合中蕴含的各种信息，包括思想情感信息、情节信息、形象信息以及各种实用信息等，中介则为各种语法规则以及其他符号组合规则。正因为知识具有系统性，才使得这部分知识有效地区别于其他知识，将由此产生的利益归属于特定人。其次，具备系统性的知识才具备独立的功能，才有可能获得商业价值性。如果知识不能成为一个系统，不具有上述经济功能或文化功能，就从根本上缺少商业价值，就不能成为知识产权的对象。第二，作为知识产权对象的知识须具有创新性。创新性是指知识中应当具备新增的知识形式或知识内容，这种创新性在著作权法中表现为独创性，在商标法中表现为显

---

① 参见李琛：《论知识产权法的体系化》，北京大学出版社 2005 年版，第 126 - 139 页。

著性，在专利法中表现为新颖性。不具有创新性的知识不能获得知识产权保护，当然，也只有知识中的创新部分才能被纳入特定知识产权保护的范围。[1]

2023年，刘晓在《知识产权的特征重解：以创新性为核心特征》中同样发展了符号说。在与姓名、肖像、网络虚拟财产等其他符号形态的权利客体进行比较后，其提出知识产权的客体是与人格无关的创新性符号。首先，知识产权的客体是与人格无关的符号。姓名、名称、肖像等标表型人格权的客体是传递主体本身信息的符号，用于指代特定主体，与主体人格密切相关。而知识产权的客体是描述人类认识的符号，不用于指代特定主体，传递的是与主体人格无关的信息。其次，知识产权的客体是具有创新性的符号。人格权的客体不要求创新性，法律平等地保护每个人的姓名和肖像，以维护人格尊严。网络账户、虚拟货币和游戏装备等网络虚拟财产也是符号，同样不以创新性为保护条件，而是和有体物一样一视同仁予以保护。与这两类符号不同，知识产权的客体都要求具有创新性。智力成果权要求权利客体本身有创新性，以鼓励创造新的智力成果。例如，邻接权客体必须与既有成果不同，是区别于复制品的新成果。商业秘密要求不为公众所知悉，要求能与众所周知的信息有最低限度的区别或者新意。商业标识权的设立目的不是鼓励创造新的商业标识，而是鼓励商业标识与商品来源建立新的联系。因此，并非任何标志都可以享有商业标识权，商业标识权的客体也有创新性的要求，商业标识与商品来源的联系必须是新的。将知识产权的客体界定为与人格无关的创新性符号，可以作为知识产权的核心特征，与其他权利相区分。[2]

（三）我国学者理论创新的历史意义

在我国学者提出知识说（形式说）和符号说之前，国外学者提出了智力成果说、无形财产说和信息说等各种知识产权概念的理论，主要分歧在于知识产权的客体或对象是什么。我国学者的理论创新之处在于，克服了智力成果说、无形财产说和信息说等国外理论存在的缺陷，提出了知识说（形式说），在此基础上又进一步提出符号说，指出知识产权的对象是知识，知识的本质是符号形式，并以此为基础建构知识产权的概念。

与国外理论相比，知识说（形式说）和符号说进步的地方体现在：首先，知识说（形式说）和符号说可以同时涵盖智力成果和商业标记，优于智力成果说。其次，知识说（形式说）和符号说可以排除服务、证券等与知识产权对象无关的

---

[1] 参见王坤：《知识产权法学方法论》，华中科技大学出版社2016年版，第29-30、51页。
[2] 参见刘晓：《知识产权的特征重解：以创新性为核心特征》，载《知识产权》2023年第12期，第47-51、55-56页。

其他无形、无体或非物质对象，优于无形说（或者无体说、非物质说）。再次，知识说和符号说揭示了传递信息的载体，同时又能排除自然界传递信息的载体，因此优于信息说和信号说。最后，知识说和符号说揭示了知识产权对象的具体形式，也揭示出人类对认识的描述即知识的本质，那就是人造的符号形式。

综上所述，知识说（形式说）和符号说克服了国外理论对知识产权概念问题的研究缺陷，提出了更有解释力的新理论，是我国学者的理论创新。

二、关于知识产权正当性的理论创新

我国学者关于知识产权正当性的理论创新主要体现在创造与劳动的区分以及对知识产权制度功能的研究上，对于这一问题，我国学者提出了与国外不同的创新理论。

(一) 国外既有理论及我国学者的类似观点

对于知识产权的正当性，国外主要有以下几种理论。

1. 劳动理论

第一种观点认为，劳动理论可以证明知识产权的正当性。例如，1988年，休斯认为，根据洛克的劳动理论，个人对公有领域的财物施加劳动后，还能留下足够多且同样好的财物，也不浪费这些财物，就应当获得该财物的财产权。要根据劳动理论证明知识产权的正当性必须证明：思想需要人的劳动才能产生，取自共有领域的思想成为私有财产后给公有领域留下足够多且同样好的思想，成为财产的思想不违背浪费条件。这三个条件都能被证明。首先，如果将创造的过程分为想出思想和实施思想形成产品两个步骤，实施思想总是需要劳动。其次，知识产权法规定人们可以利用成为他人财产的思想并形成更多思想，普通的日常思想和非同寻常的思想都不能成为私有财产，思想的财产权还有一定期限。最后，思想不会腐败，个人获得对思想的知识产权不会产生浪费。[①]

2. 人格理论

第二种观点认为，人格理论可以证明知识产权的正当性。例如，1988年，休斯认为，对于洛克的财产权利模型最有力的替代性理论是人格正当性理论。这种正当性理论主张，财产权为自我实现、个人表达以及作为个体的人的尊严和认可，提供了一个独一无二的或者说是特别合适的机制。玛格丽特·雷丁将其说成是"个性的视角"，并将其核心理念界定为以下主张，即"为了获得适当的个人

---

① 参见贾斯汀·休斯：《知识产权哲学》，杨才然、张萍译，载刘春田主编：《中国知识产权评论》（第2卷），商务印书馆2006年版，第14-19页。原文发表于1988年。

发展——为了成为一个人——个体需要对外界环境中的资源施加某种控制"。根据该人格理论,所需要的这种控制可以通过我们称作财产权利的一系列权利得到最佳实现。与劳动理论相似,人格理论被应用于知识产权时有着直觉的吸引力:某一思想属于其创造者,因为该思想是创造者人格或自我的体现。最著名的人格理论是黑格尔的财产权理论。①

休斯进一步指出,劳动理论和人格理论尽管各有缺陷,但可以互相弥补,共同解释知识产权的正当性。劳动理论可以解释涉及劳动的知识产权的正当性,但不能解释不涉及劳动的知识产权的正当性。人格理论可以解释涉及人格的知识产权的正当性,但不能解释不涉及人格的知识产权的正当性,也不能解释知识产权转让的合法性。但是,劳动理论侧重价值最大化,能够解释知识产权转让的合理性。知识产权不是劳动就是人格,劳动理论和人格理论可以互相弥补,共同解释知识产权的正当性。②

3. 功用理论

第三种观点认为,功用理论可以证明知识产权的正当性。例如,1989 年,黑廷格(Hettinger)指出:证明知识产权正当性最有力且被广泛采用的理论是基于提供激励的功用理论。功用理论认为,没有知识产权保护,竞争者可以随意使用他人的知识成果,致使知识成果的创造者无法收回投资,失去投资创造知识成果的激励,新的知识成果就不会出现。为了避免知识成果的创造不足,必须用知识产权来促进知识成果的创造。③

2000 年,费歇尔指出:功用理论认为,立法者在设计财产权利时应以社会福利的最大化为目标。对此有三种经济学思路,一是激励理论,认为专利权的保护强度增加会激励创造的增加,专利权的保护强度应增加到激励创造所产生的边际收益等于激励本身带来的边际成本。二是生产模式最优化理论,认为版权法和专利法能够使知识产品的潜在生产者了解消费者的需求,并且使其生产的努力最大程度上增加消费者福利。三是发明竞赛理论,认为专利制度会在发明的三个阶段中发生经济浪费,即会有许多人去竞争成为某个专利的首先发明者,竞争成为某个现有技术的改进发明的专利权人,围绕他人已获得专利权的技术开发功能相同但不侵权的技术,这都代表了社会资源的浪费。学者试图减少专利竞赛带来的

---

① 参见贾斯汀·休斯:《知识产权哲学》,杨才然、张萍译,载刘春田主编:《中国知识产权评论》(第2卷),商务印书馆2006年版,第60-61页。原文发表于1988年。
② 参见贾斯汀·休斯:《知识产权哲学》,杨才然、张萍译,载刘春田主编:《中国知识产权评论》(第2卷),商务印书馆2006年版,第108-109页。
③ Edwin C. Hettinger, Justifying Intellectual Property, 18 Phil. & Pub. Aff. 31, 47-48 (1989).

浪费。①

与经济学上的功用理论类似的是工具论。例如，1996年，德霍斯提出：在讨论与知识产权的确立、构建、扩张和实施相关的问题和理论时，应当采取工具论的立场而不是独占论（自然权利论）的立场。工具论有时也指实用主义哲学，当与法律相关时，它是指将法律作为一种工具的思想。一方面，财产工具论借鉴了法律的经济分析方法，它支持计算知识产权保护的社会成本。在这一点上，工具论与功用理论相同。另一方面，此处的工具论并不局限于"成本—效益分析"，或提出经济效率问题，或简单的"手段—目的"方法。财产工具论必须服务于道德价值，在这一点上与功用理论不同。在财产工具论中，财产不能被当作基本价值或基本权利而运行，因为这会将该理论引入财产独占论的方向。根据工具主义的立场，财产服务于道德价值，但并非道德价值的基础。财产工具论不会使其所有人受制于任何具体的道德理论或价值。它只是排除了将财产作为一种自然权利的思想，但并不排除自然权利的思想。②

对于上述正当性理论，国外也有学者提出了质疑。例如，1989年，黑廷格（Hettinger）认为：第一，劳动理论中自然权利论的问题在于，首先，知识财产的创造离不开前人的思想，知识财产的价值不能完全归于特定的劳动者，其价值应该由所有贡献者分享。且劳动成果的市场价值是一个社会现象，劳动者对由多种社会现象促成的劳动成果的市场价值享有自然权利也有问题。其次，对劳动成果享有自然权利意味着享有占有和个人使用该劳动成果的权利，但不意味着享有市场交易该劳动成果并获取其全部市场价值的权利。第二，人格理论的问题在于，知识产权对于实现自主目标既不必需也不重要。版权和专利权不是个人自主所必需的，阻止他人使用自己的作品或发明反而会威胁他的自主。而且如今大部分的版权和专利权由机构拥有，将作品和发明的利益作为唯一收入来源的独立作者或发明人极其稀少，而且也有版权和专利权之外的其他途径来确保独立知识劳动者的安全和生存。第三，功用理论存在自相矛盾的地方。功用理论创设权利来限制知识成果现在的可获得性和使用，是为了增加知识成果的生产，从而增加知识成果未来的可获得性和使用。但是，可能存在其他替代方式，既能激励知识成果的生产，还不会限制知识成果的可获得性和使用。如果知识产权制度的目标是最大化信息的传播和使用，则应该问知识产权对知识成果的可获得性和使用的增

---

① 参见威廉·费歇尔：《知识产权的理论》，黄海峰译，载刘春田主编：《中国知识产权评论》（第1卷），商务印书馆2002年版，第13-17页。原文发表于2000年。

② 参见［澳］彼得·德霍斯：《知识财产法哲学》，周林译，商务印书馆2008年版，第208、221-222页。原书出版于1996年。

加是否超过了限制。如果增加超过了限制，还必须问知识产权制度对知识成果的可获得性和使用的增加是否大于任何其他替代机制。回答这个问题需要实质性的实证证据，而目前的一些证据并不支持肯定的答案。①

2000年，费歇尔指出：第一，洛克对劳动理论的论述模棱两可，由此可以得出相互冲突的解释。首先，关于为什么施加于某一公有资源的劳动使劳动者对这一资源本身拥有财产权，有6种答案。其次，对智力劳动的含义有4种解释。再次，属于整个社会所有的原始材料的含义有7种解释。最后，劳动理论存在确定比例的难题，应该如何确定劳动与被劳动的公有材料对财产权的分配比例，即知识产权的范围应该有多大，洛克理论对此几乎没有给我们任何指导。第二，人格理论在回答具体问题时也会得出截然不同的结论。作为人格理论化身的自我概念，即我们试图通过知识产权制度的调整来培育或保护的人格形象，太过抽象单薄以至于无法回答许多具体问题，不同学者对具体问题得出各种截然不同的结论。第三，功用理论的三种经济学思路都有局限性。激励理论的问题在于，我们缺乏必要的信息来判断知识产品的创造在多大程度上依赖于知识产权，激励创造所产生的收益是否大于激励本身的成本，以及知识产权是否是向创造者提供回报以增进社会福利的最好方式。生产模式最优化理论的问题在于，扩大知识产权人的权利会给创造者带来关于消费者偏好的准确信息，但会导致对知识产品比其他领域更严重的重复投资。发明竞赛理论的问题在于，在某一个阶段减少社会浪费，往往会导致另一个阶段社会浪费的增加。更大的困难是没有一种一般的理论能把这些思路整合到一起，使法律在同时实现激励创造与减少由此带来的成本之间保持最佳平衡。②

我国学者通常也会借助上述国外理论来论证知识产权的正当性。例如，2003年，冯晓青在《知识产权法哲学》中综合了知识产权的劳动理论（洛克）、人格理论（黑格尔）与激励理论（制度经济学派）以探讨知识产权制度的正当性。③同年，冯晓青在《财产权经济学理论与知识产权制度的正当性》中认为，从财产权经济学的角度看，知识产权制度的存在具有充分的正当性。这种正当性体现在提供产权激励、扭转信息市场的静态和动态失败、纠正消极的外部性问题和消除

---

① Edwin C. Hettinger, Justifying Intellectual Property, 18 Phil. & Pub. Aff. 31, 37-52 (1989).
② 参见威廉·费歇尔：《知识产权的理论》，黄海峰译，载刘春田主编：《中国知识产权评论（第一卷）》，商务印书馆2002年版，第17-33页。原文发表于2000年。
③ 参见冯晓青：《知识产权法哲学》，中国人民公安大学出版社2003年版。

集体行为等方面。① 2004年，朱谢群在《知识产权的法理基础》中依据洛克的劳动理论、康德的人格理论以及经济学的原理，揭示了知识产权在法哲学和经济学上的正当性根据。② 2009年，余海燕在《论知识产权的本质及其正当性》中，分析了洛克的劳动学说和黑格尔的财产权自由意志理论的内涵以及它们在知识产权领域的适用性和有限性，以思考知识产权的正当性。③

(二) 我国学者对国外既有理论的批判和创新

我国学者对国外学者提出的知识产权正当性理论进行了反思，从创造与劳动的区分，以及知识产权的制度功能两个角度，提出了不同的知识产权正当性理论。

1. 创造与劳动区分理论

有学者从创造与劳动区分理论出发，提出了知识产权的正当性理论。在论证知识产权的正当性时，西方学界的主流理论之一是洛克的劳动理论，即劳动赋予知识财产权以正当性。洛克的劳动理论成立的前提是承认知识产权保护的是劳动成果，知识产权的对象是劳动的产物。对此，有学者提出了不同的观点。

1999年，刘春田在《中国知识产权20年的启示》中，从创造的作用角度分析了知识产权制度的正当性。该文指出：第一，创造是人类产生、发展与进步的唯一源泉。科学技术是第一生产力，没有知识就没有劳动，没有劳动也就没有生产力。从逻辑上看，劳动、生产力以及人类的诞生，应当是同时出现的。其中的决定因素是知识，包括对自然规律之认识的科学发现和对自然实施改造的技术发明。第二，知识产权制度是维护人类创造特权的法律保障，也是增强国家竞争力的加速器。知识产权制度建立的重要功绩之一，是扫除了知识分子内心长期的畏惧与疑虑。从法律上确立了人们基于创造性的智力成果而产生的利益是一项财产，创造人是这项财产的所有权人。用正当手段追逐名利，不再非分，而是合法。这种制度为人的解放，让人掌握自己的命运，提供了法律保障。知识产权制度的建立以及其引发的整个体制的变革，无疑具有根本的意义。④

2009年，刘春田主编的《知识产权法》提出了创造与劳动区分理论，区分了"创造成果"与"劳动成果"。该书认为：我国传统理论以及知识产权著作，包括该书作者以往的观点，一向把"创造"活动归入劳动范畴，把创造成果归为

---

① 参见冯晓青：《财产权经济学理论与知识产权制度的正当性》，载《法律科学》2003年第2期，第86页。
② 参见朱谢群：《知识产权的法理基础》，载《知识产权》2004年第5期，第3页。
③ 参见余海燕：《论知识产权的本质及其正当性》，载《河北法学》2009年第4期，第151页。
④ 参见刘春田：《中国知识产权20年的启示》，载《法学家》1999年第Z1期，第216-219页。

劳动成果范畴，因而将劳动划分为创造性劳动和非创造性劳动。该书作者近年的研究认为：在经济学上，创造与劳动是性质截然不同的两种事物。劳动的同质性决定，无论劳动的具体方式如何，无论劳动的技术含量高低，无论简单劳动还是复杂劳动，其质的规定无一例外是人类无差别的智力与体力综合支出的凝结。劳动的量的规定，是具体劳动各自所需要的社会必要劳动时间。因而，劳动成果是可计量的，不同劳动成果之间是可比较、可交换、可再现的。但是，创造则截然不同。梁漱溟先生认为，创造乃"凭空而来，前无所受"。创造成果是唯一的，创造是不可再现的，创造成果与创造成果之间，创造成果与劳动成果之间，都是异质的，因而不具可比性。它们相互之间是无法直接交换的。实践中所发生的"知识、技术转让"，被转让的其实都不是知识、技术本身，而是对知识、技术的法定权利。总之，创造不属于劳动范畴。"创造成果"与"劳动成果"截然不同。①

2010年，刘春田在《知识产权制度是创造者获取经济独立的权利宪章》中进一步指出：知识产权的正当性源于创造。创造不是劳动的特殊形态，而是与劳动有本质区别的另类的人类活动。创造与劳动之间，不同的创造之间，都是异质的，不具可比性。在经济价值上，相互之间没有可以交换的共同基础，不可通融。创造成果是唯一的，创造不可再现。创造不是一种技艺，无法再现。创造成果本身无价值，却有使用价值，其使用价值是通过交易实践，由市场价格体现的。其价格完全取决于社会的认知情况、欣赏程度和需求范围。②

2. 功能理论

另外一些学者则从制度功能的角度，提出了知识产权的正当性理论。

2000年，崔国斌在《基因技术的专利保护与利益分享》中指出：专利法等知识产权制度不是在提供刺激动机，而是对现存利益进行分配。他认为，远离法律制度的内在分析，单从产业界寻求保护的过程来看，我们就能发现知识产权制度自身就存在一些难以自圆其说的地方：社会发展过程中总是某项新技术出现，伴随着巨大的现实的或潜在的商业以后，产业界开始发动宣传机器呼唤立法保护该技术相关的知识产权，并且武断地说不给予保护，该技术就不会再进步了。这时，很少会有人回过头来发问：先前并没有法律制度为这些新技术提供保护，这些技术又怎么得以产生呢？这种思维方法可能有很大的片面性，但这丝毫不掩盖

---

① 参见刘春田主编：《知识产权法》，中国人民大学出版社2009年版，第6页。
② 参见刘春田：《知识产权制度是创造者获取经济独立的权利宪章》，载《知识产权》2010年第6期，第20—22页。

其启发性：它清楚地告诉我们无须经过复杂的法律推理，就能发现很多时候专利法等知识产权制度不是在提供刺激动机，而是简单地对现存利益进行分配。专利制度不再像学者们所说的那样，只有在需要专利垄断权提供刺激的情况下才能提供垄断权刺激。①

2013年，李琛在《著作权基本理论批判》中质疑了国外的知识产权正当性理论，认为这些理论不足以支持知识产权制度的产生。具体理由如下：

第一，知识产权的正当性理论都有缺陷。知识产权的正当性是知识产权设立的道德基础，要解决的核心问题是：为什么应该设立知识产权？这是一个价值判断。知识产权的正当性理论主要分为自然权利论（包括劳动说和人格说）和工具论（主要是鼓励创造说）。以劳动说和人格说为代表的自然权利论只回答了知识产权应该归属什么人，即创造者因为其付出的劳动或者体现的人格从而应该对创造成果享有知识产权，但是自然权利论没有回答为什么应该设立知识产权。以鼓励创造说为代表的工具论回答了为什么应该设立知识产权，即因为社会需要创造成果，而知识产权作为一种工具可以鼓励创造，所以应该设立知识产权。但是，由于人的天性、学术声誉等非财产因素都能促使人们创造，鼓励创造说没能证明知识产权是鼓励创造所必需的，即没有很好地回答为什么应该设立知识产权这一问题。

第二，知识产权的正当性理论不足以支持知识产权制度的产生。知识产权的正当性理论是为了给知识产权制度寻找道德上的正当性。但是，知识产权制度在道德上的正当性，并不足以支持知识产权制度的产生，因为知识产权的正当性理论都是基于某一种哲学理论，这些哲学理论属于价值判断，由于人们的价值观千差万别，全社会不会只持有一种价值观，以特定价值观为基础的特定知识产权正当性理论，不会得到全社会的认同。法律是为了满足某些现实中的实际利益而产生的，而不是为了满足某些哲学理论而产生的。考察知识产权制度的历史可知，不是人们先有某一种正当性理论，再根据该正当性理论建立的知识产权制度，而是一定的社会背景之下产生了某些利益诉求，导致先建立了知识产权制度，人们再去寻找相应的正当性理论来解释知识产权制度。因此，知识产权的正当性理论不是知识产权制度产生的原因。②

在此基础上，该书认为，知识产权制度确立的根本原因在于知识产权制度所

---

① 参见崔国斌：《基因技术的专利保护与利益分享》，载郑成思主编：《知识产权文丛》（第3卷），中国政法大学出版社2000年版，第285-286页。

② 参见李琛：《著作权基本理论批判》，知识产权出版社2013年版，第4-32页。

拥有的主要功能，即确认并分配知识市场化所产生的利益，由此决定知识产权制度的设计方向。具体理由如下：

第一，知识产权制度所拥有的主要功能是知识产权制度确立的根本原因。知识产权制度确立的根本原因要解决的核心问题是：为什么设立知识产权？这是一个事实判断。对事实问题要进行客观的描述，应该从知识产权制度的历史中寻找答案。一种制度之所以被确立，是因为这种制度拥有一定的功能，能满足一定的社会需求。考察知识产权制度的历史可知，知识产权制度是为了满足以知识为市场要素的产业的诉求而设立的，知识产权制度的主要功能是确认并分配知识市场化所产生的利益，由于知识产权制度的主要功能可以满足特定的利益诉求，因此人们建立了知识产权制度。

第二，知识产权制度的主要功能决定知识产权制度的设计方向。首先，知识产权制度的主要功能将影响知识产权制度的存废。由于知识产权制度的主要功能不是鼓励创造，知识产权制度对创造没有影响或有负面影响都不足以推翻知识产权制度。知识产权制度的主要功能是确认并分配知识市场化所产生的利益，必然是一部分利益压倒另一部分利益的结果，一部分利益受损不足以推翻知识产权制度。除非消除知识的市场化状态或以其他方式保障知识的市场化，即知识产权制度的功能不再被需要，或有其他方式能取代知识产权制度的功能。其次，知识产权制度的主要功能将影响知识产权制度的完善。鼓励创造说将鼓励创造作为知识产权制度的功能，会鼓励知识产权的不断扩张，利益向产业一方过度倾斜，会损害后续的创造者以及消费者的利益。认识到知识产权制度的主要功能是在创造者、产业和消费者之间进行平衡、合理分配利益，有助于限制知识产权的无限扩张，从各方利益平衡的角度完善知识产权制度。最后，知识产权制度的主要功能将影响知识产权制度效用的实现。知识产权制度的主要功能是确认并分配知识市场化所产生的利益，但知识产权制度不是知识生产的唯一影响因素，经济、科技、教育也会影响知识生产。在完善知识产权制度之余，同时应该加强经济、科技和教育的发展，并制定与本国发展水平相符的知识产权制度。另外，知识生产不能只依靠知识产权制度，应该同时运用政府资助等其他机制，以弥补产权制度的不足。[①]

（三）我国学者理论创新的历史意义

在我国学者提出上述观点之前，国外学者已经提出了各种知识产权的正当性理论，也意识到了这些正当性理论都有着自身的缺陷。我国学者从创造与劳动的

[①] 参见李琛：《著作权基本理论批判》，知识产权出版社2013年版，第25-40页。

区分,以及知识产权的制度功能两个角度,提出了不同的知识产权正当性理论。

首先,创造与劳动区分理论的创新之处在于,对劳动理论进行了批判,指出知识产权的对象不能只是劳动成果,而必须是创造成果。这一理论的意义在于,可以防止劳动理论之下知识产权保护范围的无限扩张。经常有观点依据劳动理论认为,不得擅自使用他人付出劳动产生的成果,否则就构成侵权或不正当竞争。这些观点还演变为创设各类邻接权等新型权利的立法建议。明确知识产权的正当性源于创造,要求保护对象具有创造性,可以避免知识产权的过度保护。

其次,功能理论的创新之处在于,认为知识产权制度的产生原因不是任何一种知识产权正当性的哲学理论,而是知识产权制度所具有的现实功能,即确认并分配知识市场化所产生的利益。知识产权制度的功能也决定了知识产权制度的设计方向,影响知识产权制度的存废、完善和效用实现。这一观点揭示了知识产权正当性理论未解决的真正问题,即知识产权制度为何产生、如何评价、如何完善的问题,促使人们更关注知识产权制度在利益分配上的现实功能。

三、关于知识产权确权模式的理论创新

知识产权的确权模式,又称智力成果的确权模式,是指各种智力成果所对应的知识产权的保护模式。最典型的是专利法和版权法模式,除此之外还有外观设计、商业秘密和各类单独立法(比如计算机软件、集成电路、数据库等)所确立的特殊的或者说非典型的保护模式。[1] 智力成果的确权模式理论,可用于确定对不同的智力成果应采用何种保护模式。对于这一问题,我国学者提出了与国外不同的创新理论。

(一)国外既有理论

对于智力成果的确权模式,国外主要有以下观点。

1. 技术与艺术二分理论

第一种观点是传统的"技术与艺术二分"理论,认为专利法保护技术方案,版权法保护艺术作品。例如,1996 年,吕特根(Luettgen)认为,专利法保护的客体是功能性的,可以实现某些结果,而版权法保护的客体是表达性的,这是专利法和版权法的根本区别。同时,版权法和专利法互相排斥对方所保护的客体,可能是出于一种司法直觉,即版权法和专利法保护各自范围内的客体可以实现恰当的平衡。[2] 1998 年,魏因雷布(Weinreb)认为:专利法保护机器,版权法保

---

[1] 参见崔国斌:《知识产权确权模式选择》,载《中外法学》2014 年第 2 期,第 408 页。
[2] David G. Luettgen, Functional Usefulness vs. Communicative Usefulness: Thin Copyright Protection for the Nonliteral Elements of Computer Programs, 4 Texas Intellectual Property Law Journal 233, 244-248 (1996).

护书本。版权法不保护功能性客体,这是版权法和专利法的区别造成的。从一开始书本和机器之间就有着本质区别,第一部美国版权法保护的是地图、图表和书籍,第一部美国专利法保护的是技术、产品、机器、设备以及对其的改进。法院通过上述分类区分版权法和专利法各自保护的客体。[1] 2003 年,卡里亚拉(Karjala)认为:专利法客体和版权法客体的关键区别在于是否具有功能性。专利法保护具有功能性的创新发明,版权法保护非功能性的创新表达。功能性是区分专利法客体和版权法客体的关键,专利法的客体是具有功能性的客体,版权法的客体是能传递信息但不具有功能性的客体。[2]

2. 信息成本理论

第二种观点是用信息成本理论进行补充,认为专利法和著作权法的区别在于各自客体传递信息的成本不同。例如,2004 年,朗(Long)认为,专利法客体和版权法客体由于确定内容的难易程度不同、数量不同、传递信息的成本不同,导致专利法和版权法需要采用不同的规则来降低信息成本。发明的特点是容易被证明、客观、可以用文字和图片描述。法律强制专利申请人在获得保护前完全描述发明的内容,并由专利局进行审核,这样的规则降低了想要避免侵权的义务人的信息成本。而版权客体通常容易创造但反映创造者的独特性。容易创造导致版权作品的数量十分庞大,无处不在的版权作品会影响大量的义务人。版权客体的个人特性和不易描述性使得有关版权客体的信息很难被传递,不同的人对同一句话会有不同的理解,需要创作者在创作之外花更多时间来描述他们的作品。要求创作者完全描述和公开版权作品内容的成本会超过版权作品带来的收益,所以版权法不要求事先描述版权作品的内容,也不需要行政机关进行审核,而是等到出现纠纷时才确定,义务人承担了确定版权作品边界的成本。版权法上的独立创作例外和固定在有形载体上的要求都是为了降低信息成本。因此,客体内容越主观,越不容易确定,数量越多,为了降低信息成本,越倾向于采用不事先确定权利客体的版权法模式,反之,则倾向于采用事先确定权利客体的专利法模式。[3]

朗(Long)认为由于版权客体比专利客体更加难以捉摸,因此界定成本就

---

[1] Lloyd L. Weinreb, Copyright for Functional Expression, 111 Harvard Law Review 1149, 1180 - 1181 (1998).

[2] Dennis S. Karjala, Distinguishing Patent and Copyright Subject Matter, 35 Connecticut Law Review 439, 452 (2003).

[3] Clarisa Long, Information Costs in Patent and Copyright, 90 Virginia Law Review 465, 468 - 470, 499 - 502 (2004).

更高。对此，史密斯（Smith）在 2007 年提出了不同的观点，认为这一观点没有考虑到发明也有很多不同的类型，有一些容易界定（如化学物质），另一些则难以界定（如方法）。版权法中的情况也是如此，逐字逐句的表达容易监督，但是受保护的文学风格就很难界定。而且知识产权评估和发明经济学方面的文献表明，专利的界定成本很高。① 但是，史密斯（Smith）也没有提供一个考虑不同发明之间差异的标准。

（二）我国学者对国外既有理论的批判和创新

我国学者并未完全接受国外的既有理论，质疑主要集中在"技术与艺术二分"理论对于计算机软件和外观设计等特殊客体的解释力。例如，1997 年，郑成思在《版权法》中认为：19 世纪末缔结的《巴黎公约》和《伯尔尼公约》明确划分了工业产权和著作权，工业产权处于工商领域，著作权则处于文化领域。但是，科学技术发展导致文化领域和工商业领域发生交叉，处于交叉点上的边缘成果既适合用工业产权法保护，也适合用著作权法保护，很难简单归类，就出现了工业版权的概念，至少包括工业品外观设计、计算机软件、半导体芯片和印刷字体四种类型。②

这一观点被后来的研究者所接受。例如，2003 年，李明德、许超在《著作权法》中认为：在计算机技术出现之前，知识产权领域对工业产权和文学艺术产权的划分已经基本定型。一般来说，工业产权保护工商业领域的智力创造成果；文学艺术产权，即著作权的保护范围通常不涉及工业领域。随着计算机技术的面世，这种工业产权与著作权相对严格划分的局面被打破。计算机硬件和软件本身就是技术的产物，且带有强烈的实用色彩，如果要按照传统的思维去划分，理应属于工业产权调整的范围，但是，最后保护软件的最主要法律却是著作权法。③

2007 年，彭学龙、赵小东在《外观设计保护与立法模式比较及对我国的启示》中认为：外观设计具有复合性特征，兼具艺术性和实用性，根据传统的著作权和工业产权二分法，外观设计既可以受著作权法保护，也可以受专利法保护。但是，用著作权法保护外观设计的力度不强，也不符合著作权法不保护实用功能的理念；同时，用专利法保护外观设计的门槛太高，外观设计达不到专利法所要求的创造性高度。因此，应突破传统的著作权和工业产权二分法，制定专门法保

---

① Henry E. Smith, Intellectual Property as Property: Delineating Entitlements in Information, 116 Yale Law Journal 1742, 1799 - 1800 (2007).
② 参见郑成思：《版权法》，中国人民大学出版社 1997 年版，第 62 - 75 页。
③ 参见李明德、许超：《著作权法》，法律出版社 2003 年版，第 257 页。

护外观设计。①

2014年，崔国斌在《知识产权确权模式选择》中进一步质疑了国外的既有理论，认为"技术与艺术二分"理论以及信息成本理论共同的缺陷是无法区分典型客体与非典型客体。首先，"技术与艺术二分"理论采用的区分标准为是否具有功能性或是否具有表达性，该理论可以解释具有功能性的典型技术和不具有功能性的典型作品之间的差异，从而解释专利模式和版权模式的区别。但是，该理论无法区分典型技术和非典型技术，也无法区分典型作品和非典型作品。其次，信息成本理论也没有明确界定何为典型技术和典型作品，使得该理论的指导作用无法发挥。例如，被朗（Long）认为属于非典型技术的商业方法发明，与很多典型的方法发明相比，在确权的信息成本上并无区别，因此，将商业方法发明界定为非典型技术的依据不足。②

针对既有理论的缺陷，上文提出了区别特征理论，认为在选择智力成果的确权模式时，除了采用功能性标准或者表达性标准，还要考虑客体的区别特征数量，用于区分典型客体和非典型客体，区别特征较少的客体更适合采专利模式，区别特征较多的客体更适合采版权模式。具体理由如下：

第一，区别特征理论能够区分典型客体与非典型客体，区分的决定因素不是功能性因素，而是客体的区别特征数量。任何知识产权客体③，无论是技术方案还是艺术作品，从观念上都可以被视为由一个个限制性特征相互组合的产物，限制性特征分为通用特征和区别特征，区别特征体现创作者的创造性。区别特征是否能体现创作者的独特个性，不在于该特征是功能性还是非功能性，而在于创作者在选择该区别特征时自由选择空间的大小。典型技术与典型作品的重要区别在于限制性特征尤其是区别特征的数量，典型技术的纵向继承性明显，区别特征数量有限，典型的文学艺术作品则含有大量的限制特征，且是个性极强的区别特征。但非典型技术和非典型作品则并非如此。一些非典型的技术方案有很多区别特征，如大型计算机程序、集成电路布图设计、复杂机械装置。一些非典型作品的区别特征数量可能十分有限，如简单的文字或图案、受工业产品载体限制的实

---

① 参见彭学龙、赵小东：《外观设计保护与立法模式比较及对我国的启示》，载《知识产权》2007年第6期，第74、78页。
② 参见崔国斌：《知识产权确权模式选择》，载《中外法学》2014年第2期，第415-416页。
③ 这里所称的知识产权客体应限于智力成果，不包括商业标识，理由有二：首先，商业标识可以是单个符号，只要能发挥符号的指代功能即可，不需要考虑符号的组合性。参见李琛：《论知识产权法的体系化》，北京大学出版社2005年版，第137页。其次，该文开篇将讨论范围限于智力成果的确权模式，全文都未将商业标识纳入讨论范围，参见崔国斌：《知识产权确权模式选择》，载《中外法学》2014年第2期，第408页。

用艺术品或外观设计，常常只有有限的区别特征。

第二，区别特征理论可以更好地发挥信息成本理论的作用。智力成果的区别特征数量对于知识产权确权的信息成本有着多重影响，包括客体界定、抄袭认定和公众避免侵权三个方面的信息成本，从而影响确权模式。首先，区别特征的数量直接影响界定该成果保护范围的信息成本，从而影响知识产权确权方式的选择。客体的区别特征越多，准确定义所有特征的成本自然增加；同时，权利人很难准确预测竞争对手可能的规避策略，事先针对性地定义保护范围的成本随之增加。此类客体的保护倾向于采用事后确权的版权模式。反之，区别特征越少，事先界定客体保护范围的信息成本越低，倾向于采用事先确权的专利模式。其次，区别特征的数量也影响抄袭认定的信息成本。智力成果的区别特征越少，法院事后根据智力成果相同或相似的事实确认存在抄袭行为的可能性越低，因此立法者拒绝承认独立创作例外，倾向于采用事先确权且不承认独立创作例外的专利模式。智力成果的区别特征越多，法院就越容易基于被控侵权产品或作品中含有大量区别特征这一事实而认定被告有抄袭行为，倾向于采用事后确权且承认独立创作例外的版权模式。最后，区别特征的数量对公众避免侵权的信息成本也有间接但非常重要的影响。智力成果的每项区别特征对应一定数量的替代性方案，区别特征增加，替代方案也将增加。如果智力成果的可替代性小，竞争对手的选择余地减少，侵权概率增大，则竞争对手主动检索受保护智力成果以避免侵权的必要性随之提高，必须要事先确定智力成果的确切范围，倾向于采用事先界定客体范围的专利模式。如果智力成果的可替代性大，竞争对手的选择余地也大，侵权概率降低，公众为避免侵权进行检索的必要性也随之降低，智力成果的模糊性就更容易被容忍，倾向于采用不事先界定客体范围的版权模式。

第三，区别特征理论有助于完善非典型客体的立法模式。区别特征较多的典型作品和非典型技术更适合采版权模式，区别特征较少的典型技术和非典型作品更适合采专利模式。对于非典型客体，区别特征越少，确权模式就越可能接近专利模式，区别特征越多，就越可能接近版权模式。区别特征理论的核心思想是，专利和版权模式分别适合于保护典型技术和典型作品，而不是当然分别适合于保护所有的技术方案和艺术作品。决定非典型客体的确权模式的关键因素并不是其功能性，而是其区别特征的数量。区别特征多的非典型技术方案的确权模式偏向版权模式，区别特征少的非典型作品偏向专利模式。例如，对于区别特征较多的计算机程序和集成电路布图设计等非典型技术方案，可以用版权模式保护；外观设计是非典型艺术作品，对于区别特征数量较少的外观设计，可以采专利模式，对于区别特征数量较多的外观设计，可以采版权模式。在区别特征理论的指引下,可以发现计算机程序、集成电路、外观设计等特殊客体保护的立法缺陷并为将来的制度改革指明方向。①

(三) 我国学者理论创新的历史意义

对于智力成果的确权模式,国外提出了"技术与艺术二分"理论和信息成本理论,我国学者指出了国外既有理论的两个缺陷:一是,"技术与艺术二分"理论和以此为基础的信息成本理论没有提出明确的标准来区分典型技术与非典型技术、典型作品与非典型作品。二是,"技术与艺术二分"理论不能解释计算机软件和外观设计等非典型客体的保护模式选择。

我国学者的理论创新之处在于,提出了区别特征理论,指出根据智力成果的区别特征数量来选择智力成果的确权模式,克服了国外既有理论存在的缺陷。首先,区别特征理论提出了区分典型技术和非典型技术、典型作品和非典型作品的标准。区别特征较少的是典型技术和非典型作品,区别特征较多的是典型作品和非典型技术。其次,区别特征理论可以解释和指导非典型客体的保护模式选择。区别特征较多的计算机程序、集成电路布图设计和外观设计应采著作权法模式;区别特征较少的外观设计应采专利法模式。同时,区别特征理论可以更好地指导计算机程序、集成电路布图设计、外观设计等非典型智力成果的制度设计,为将来的立法改革提供了理论依据。

第二节 中国在知识产权法分论研究中的理论创新

国内外的知识产权法学研究都很重视对著作权法、专利法和商标法等知识产权法分论的研究。在国外研究成果的基础上,我国学者对知识产权法分论中的一些主题提出了创新的理论,主要涉及著作权对象、著作人身权、著作财产权、商标法保护的本质以及专利制度的正当性等问题,下文将分别进行阐述。

一、关于著作权对象的理论创新

我国学者关于著作权对象的理论创新主要体现在对民间文学艺术的研究上,针对这一特殊的对象,我国学者提出了与国外不同的创新理论。

(一) 国外既有理论及我国学者的类似观点

国际上普遍将民间文学艺术视为集体创作和集体拥有。在《突尼斯示范法》《1982 年示范法》、新《班吉协定》和《太平洋地区示范法》等保护民间文学艺术的国际文件中,都确认了集体权利制度,或者是集体版权,或者是集体特别权

---

① 参见崔国斌:《知识产权确权模式选择》,载《中外法学》2014 年第 2 期,第 408 - 430 页。

利。在突尼斯、尼日利亚、安哥拉、巴拿马、印度尼西亚等发展中国家国内立法或实践中，也承认了群体的集体版权主体地位。①

例如，1977年由多个非洲国家签订的《关于成立非洲知识产权组织的班吉协定》附件七第8条规定，民间文学艺术是国家遗产的一部分，改编和使用从民间文学艺术借鉴的元素必须向国家有关部门声明。第35条规定，国家对民间文学艺术享有的权利是永久的。因此，国家是民间文学艺术的所有人，可以反对他人对民间文学艺术的利用。1999年修订的《班吉协定》附件七删除了上述条文，但在第59条规定，利用民间文学艺术表达或因保护期满已进入公有领域的制品，使用者应向国家集体管理组织支付相关的使用费。②

2002年的《保护传统知识和文化表达的太平洋地区框架协议》这一示范法在传统知识和文化表达领域创设了传统文化权和精神权利，在第4条将传统文化的拥有者定义为"根据习惯法或族群、部落或社群的实践，受托照料或保护传统知识或文化表达的作为个体的族群、部落或者居民的社群（a），或者被族群、部落或者居民的社群承认的个人（b）"的传统所有者。③

2006年世界知识产权组织发布的《保护传统文化表现形式/民间文艺表现形式：经修订的目标和原则》第2条对受益人进行了规定："传统文化表现形式/民间文艺表现形式④的保护措施应使符合下述条件的土著人民和传统及其他文化社区受益：（ⅰ）根据本社区的习惯法和惯例保管、照料并维护传统文化表现形式/民间文艺表现形式的各社区；以及（ⅱ）作为其传统文化遗产来维持、使用或发展反映其文化和社会特征和文化遗产特征的传统文化表现形式/民间文艺表现形式的各社区。"⑤

世界知识产权组织在对第2条的说明中指出：许多利益相关者强调，传统文化表现形式/民间文艺表现形式被普遍视为集体创作和集体拥有，因此这一材料所产生的权利和利益应属于社区，而不属于个人。本规定的用意主要在于让社区

---

① 参见张耕：《民间文学艺术的知识产权保护研究》，法律出版社2007年版，第202页。
② 参见［德］莱万斯基编著：《原住民遗产与知识产权：遗传资源、传统知识和民间文学艺术》，廖冰冰、刘硕、卢璐译，中国民主法制出版社2011年版，第335－338页。
③ 参见［德］莱万斯基编著：《原住民遗产与知识产权：遗传资源、传统知识和民间文学艺术》，廖冰冰、刘硕、卢璐译，中国民主法制出版社2011年版，第339页。
④ 《保护传统文化表现形式/民间文艺表现形式：经修订的目标和原则》第1条规定了保护的客体："'传统文化表现形式'或'民间文艺表现形式'是指表现、呈现或显示传统文化和知识的任何形式。"
⑤ 世界知识产权组织知识产权与遗传资源、传统知识和民间文学艺术政府间委员会：《保护传统文化表现形式/民间文艺表现形式：经修订的目标和原则》（WIPO/GRTKF/IC/9/4），载刘春田主编：《中国知识产权评论》（第5卷），商务印书馆2011年版，第340页。

受益，包括传统文化表现形式/民间文艺表现形式系由社区的成员个人创作或开发的情况。"传统"创作的基本特征是，这些创作中包含的主题、风格或其他项目具有反映某种传统，并反映仍然拥有、运用这一传统的社区的特征，而且被视为等同于这种传统和社区。因此，即使个人在其习惯背景下完成的基于传统的创作成果，从社区的角度来看，也被视为社会和社区创作活动的作品。因此，根据土著和习惯法律制度和惯例，这种创作不为个人所"拥有"，而由社区"控制"。这正是这种创作被贴上"传统"标记的缘由。由于这些理由，本规定中拟议的保护所带来的利益归于社区，而不属于个人。这使得这种专门保护制度与常规知识产权法有所区别，后者在只要个人愿意利用的情况下，即可向其提供。这种做法与委员会的参与者所表达的以下观点是一致的，即本规定应旨在为文化和知识表现形式提供常规和现有知识产权法律目前不能提供的保护形式。①

大多数阿拉伯国家通过版权法赋予国家保护民间文学艺术的权利。例如，1996 年苏丹关于版权和邻接权的法律第 7 条规定，苏丹社群的国家民间文学艺术被视为国家的财产，由文化和信息部为代表，应致力于通过一切方式和手段保护民间文学艺术作品，并在民间文学艺术被毁坏、变相利用和商业利用的情形中实施作者的权利。2000 年埃及关于知识产权保护的法律第 142 条规定，有关政府部门应行使作者的经济和精神权利，并应保护和支持这种民间文学艺术。2001 年约旦版权法第 7 条规定，国家民间文学艺术应被视为公共财产，万一这些作品遭遇歪曲、篡改或者文化利益遭到损害，政府部门应行使版权权利。2002 年卡塔尔版权法第 2 条和第 32 条规定，国家的民间文学艺术是国家的公共财产，由政府部门代表国家通过各种法律途径保护国家的民间文学艺术，并且在民间文学艺术作品面临被贬损、改动或者商业利用的情形时以作者身份采取有关行动。2003 年沙特阿拉伯版权法第 7 条规定，民间文学艺术是国家的财产，政府部门应行使有关的版权权利。②

许多非洲国家也规定，对民间文学艺术表达的商业利用需经主管机构（大多是国家的版权局）的事先授权。这些国家包括贝宁、布基纳法索、中非共和国、象牙海岸、吉布提、几内亚、摩洛哥、塞内加尔、多哥。此外，2005 年加纳版权法第 4 条和第 17 条规定，本法保护民间文学艺术表达不被复制、通过表演向

---

① 参见世界知识产权组织知识产权与遗传资源、传统知识和民间文学艺术政府间委员会：《保护传统文化表现形式/民间文艺表现形式：经修订的目标和原则》（WIPO/GRTKF/IC/9/4），载刘春田主编：《中国知识产权评论》（第 5 卷），商务印书馆 2011 年版，第 341－343 页。

② 参见［德］莱万斯基编著：《原住民遗产与知识产权：遗传资源、传统知识和民间文学艺术》，廖冰冰、刘硕、卢璐译，中国民主法制出版社 2011 年版，第 344－345 页。

公众传播、通过有线或其他任何方式发行、改编、翻译或其他变相使用，以及为了共和国的人民，民间文学艺术的权利授予总统。授予总统的权利是以人民的名义并受人民委托的权利。第59条规定建立国家民间文学艺术理事会，负责管理、保护、登记和发扬民间文学艺术表达。[1]

还有些国家通过特殊知识产权保护民间文学艺术，并规定由集体享有权利。例如，2000年巴拿马"关于原住民集体权利的特殊知识产权领域，以保护和维护原住民文化身份和传统知识"的法律第20号首次创设了原住民的集体权利。其第2条规定，原住民的集体权利是指作者或所有人或创作日期不明，属于全体原住民人民遗产的有关艺术、音乐、文学、生物、医药和生态知识，以及其他方面和表现的原住民知识和文化财产权。保护的客体是原住民的传统知识，是指一种传播在各种社群中的创造，因此由此获得的利益应回馈给整个社群的集体。第15条规定，以原住民社群传统为基础的艺术、手工艺品或者其他文化表达被利用和商业化，应当由工业产权注册总局或教育部国家版权办公室批准和注册的各原住民社群规定，根据案情进行管理，在工业产权注册总局注册并经过批准，或者根据情况在教育部国家版权办公室注册并经过批准。[2]

国外学者也认为民间文学艺术应由集体所有。例如，2000年，赖利（Riley）认为：只有集体拥有产权的模式才能够充分保护民间文学艺术。首先，传统版权法以个人作者观为基础，强调以个人创作为中心，但现在这种观念已经被打破，创作模式已经转变为集体创作模式，尤其是对于民间文学艺术，更应强调集体在创作中的作用。其次，原住民的文学艺术属于少数人的文化，经常受到主流文化的压制，为了保证一个文化群体的持续生存的权利，必须通过确定一种集体的权利模式，来确认原住民对其文化作品的集体所有权。最后，民间文学艺术是在集体创新体制下产生并得以维系的。将传统社区视为集体作者，提供版权保护，将起到激励传统社区维持这一集体创新机制，从而促进传统文化的健康发展。[3]

2011年，施洛特（Schloetter）认为：需要通过集体财产的群体权利来保护民间文学艺术表达。假设一些民间文学艺术表达是具有原创性的，其作者必定是确定的。然而，这是不可能的，因为至少对民间文学艺术表达而言，其可被追溯

---

[1] 参见［德］莱万斯基编著：《原住民遗产与知识产权：遗传资源、传统知识和民间文学艺术》，廖冰冰、刘硕、卢璐译，中国民主法制出版社2011年版，第345-347页。

[2] 参见［德］莱万斯基编著：《原住民遗产与知识产权：遗传资源、传统知识和民间文学艺术》，廖冰冰、刘硕、卢璐译，中国民主法制出版社2011年版，第375-377页。

[3] Angela R. Riley, Recovering Collectivity: Group Rights to Intellectual Property in Indegenous Communities, 18 Cardozo Arts & Ent. L. J. 175 (2000).

至无法记忆的时间。就其本质而言,其演化的过程不可能归功于某一可指明的人、群体或民族。民间文学艺术是非个人的,它归功于某一社群并且不能归功于某一个个体的作者。版权法中有关匿名作品和合作作品的规定都不适合于民间文学艺术,没有一个国家为各类作品制定的特定规则最终能适用于民间文学艺术。困难出现在大多数民间文学艺术表达固有的集体性以及匿名性这两个方面,这种特点难以和本质为个人主义的版权协调。不承认集体财产的群体权利,事实上就不可能把原住民的作品嵌入当前版权法的坚实体系中,该制度完全排除了非西方的原创性概念。[①]

与国外观点相对应,我国不少学者同样强调民间文学艺术作品的群体创作、群体流转特点,部分学者主张建立民间文学艺术作品的集体权利保护模式[②],而部分学者则主张民间文学艺术作品的权利归来源民族或群体所有[③]、归来源群体和传承人所有[④]或是归国家所有。[⑤]

(二)我国学者对国外既有理论的批判和创新

对于民间文学艺术的集体性特征,我国也有学者提出质疑,认为随着社会的发展,私有制观念的增强,人类个性的提倡,人们集体审美观向个体审美观大转移,民间文学及其集体性必然走向衰落。例如,1999年,斯农平措和刘骧在《藏族民间文学的基本特征》中认为:"正因为民间文学集体性有相对性、时代性,民间文学理论中有随着时代的发展民间文学及其集体性减弱及消失的观点。藏族民间文学及其集体性有什么样的命运呢?一方面随着异质多元民俗文化半政治半宗教社会结构的形成,原始文化沃土上生长繁衍的民间文学的基础有所动摇和改变,民间文学产生及流传受严峻的挑战,特别是七世纪文字创制后,作家文学开始出现,个体创作一定程度上代替了集体创作;由于异质文化、异语言的传

[①] 参见[德]莱万斯基编著:《原住民遗产与知识产权:遗传资源、传统知识和民间文学艺术》,廖冰冰、刘硕、卢璐译,中国民主法制出版社2011年版,第355-357页。

[②] 参见梁志文:《民间文学艺术立法的集体权利模式:一种新的探讨》,载《华侨大学学报(哲学社会科学版)》2003年第4期,第72-75页。

[③] 参见张广生:《试论民间文学艺术作品的著作权保护》,载《中国法学》1992年第3期,第44-45页;邵明艳:《让"乌苏里船歌"的歌声更悠扬——民间文学艺术作品法律保护的探讨》,载《电子知识产权》2005年第9期,第50页;李阁霞:《论民间文学艺术表达的法律保护》,载《贵州师范大学学报(社会科学版)》2006年第1期,第38-39页;贺桂华:《民间文学艺术法律保护的新思路》,载《河南师范大学学报(哲学社会科学版)》2007年第2期,第149-150页;马忠法、宋秀坤:《论民间文学艺术作品的著作权主体及其权利行使主体》,载《民俗研究》2012年第4期,第10-13页;吕睿:《民间文学艺术知识产权主体合法性探求——以署名权为进路》,载《内蒙古社会科学(汉文版)》2013年第1期,第64-67页。

[④] 参见张耕:《论民间文学艺术版权主体制度之构建》,载《中国法学》2008年第3期,第59-64页。

[⑤] 参见吴汉东主编:《知识产权法学》,北京大学出版社2000年版,第76-78页;张革新:《民间文学艺术作品权属问题探析》,载《知识产权》2003年第2期,第49页。

入,使具有浓厚民族特色的民间文学越来越失去生存空间,因为民间文学逐渐丧失了其原有的众多功能。无疑,随着社会的发展,私有制观念的增强,人类个性的提倡,人们集体审美观向个体审美观的大转移,民间文学及其集体性必然走向衰落。"①

2005年,崔国斌在《否弃集体作者观——民间文艺版权难题的终结》中,进一步质疑了民间文学艺术的集体作者观,认为民间文学艺术领域的集体作者观歪曲了著作权法的发展方向。著作权法应该放弃集体作者观,而赋予传承人以作者身份,将民间文学艺术作品视为普通作品,按照普通的个人作品加以保护,才能最终解决民间文学艺术作品的版权难题。具体而言,该学者认为:

第一,民间文学艺术作品之所以成为著作权法上的难题,最重要的原因之一是传统社区将本社区的集体身份与此类作品联系起来,强调民间文学艺术作品的集体性,对其谋求不同于普通作品的特殊保护。在传统社会看来,外来者没有经过自己民族的许可,对传统文艺作品等无形文化资源的商业化使用,与强盗通过战争劫掠本国文物并没有实质性差别。传统社区在接触和利用外部社会不受知识产权保护的文学、艺术、技术等作品或者产品时,欣然接受了知识产权法上"公共领域"的制度安排,却拒绝将自己社区流传久远的文学艺术作品放入公共领域供他人自由取用。假若每一个文化社区都提出类似的保护要求,那时,传统文化社区虽然得到了自己文化遗产的永久产权,却可能永久地失去对整个外部世界的文化遗产使用权。民间文学艺术作品所遇到的一些不利的制度安排(公共领域制度、有期限的保护制度、合理使用等)并非源于对作品类型、作者身份、创造过程的歧视,而是要维护公共领域的自由利用,为后续创造保留更大的空间。

第二,民间文学的流传过程同作家文学的创作和流传过程的差异,在法律上并没有实质意义。所谓民间文学的集体性,充其量不过是指最终版本上集合了历史上诸多无名主体的智力贡献,汇聚了纵向的集体智慧,但这并不能成为法律区分民间文学和作家文学的关键因素。确认合作作者的核心的原则是这些主体在创作过程中有共同创作的合意并作出实质性的贡献。对于没有共同合意的纵向先后的演绎,法律只承认他们各自的独立贡献,对其贡献的部分(演绎后的作品)确认其作者身份。民间文学集体作者观不仅否认了版权法上区分合作作品与演绎作品的理论体系,确认纵向的参与为法律意义上的共同创作,而且将纵向参与者所在文化群体拟制为作者,完全忽略了民间文学作品在流传过程中一个个活生生

---

① 斯农平措、刘骧:《藏族民间文学的基本特征》,载《西南民族学院学报(哲学社会科学版)》1999年第20期,第45页。

的传承人个体的感受。传统社区实际上存在着与现代知识产权制度接近的个人主义的产权习惯。

第三,借用结构主义对个人主义作者观的批判结论,将民间文学无法获得有效保护的原因归咎于这种作者观的论点,缺乏说服力。版权法有一系列制度限制作者对其作品内容的支配,比如版权保护不延及思想、合理使用的限制、保护期的限制、法人作者制度、职务作品制度、委托创作制度等,因而作者在享有特权的同时也需要承担相应的社会义务,并不因此将作品视为作者单独完成并绝对支配的私人物品。现代版权法上的"个人主义"作者观也没有妨碍著作权法建立其适应现代社会集体创新模式。版权法为了适应现代社会集体创新模式的需要,许可当事人之间可以就版权的归属问题进行约定,为当事人根据集体创新机制的需要约定权利归属提供了机会。此外,版权法还专门对法人作品、电影作品、职务作品、计算机程序作品等问题进行了规定。这些规定以各种名义对传统的作者概念进行了修正甚至否定,成果的归属已经与所谓的个人主义或浪漫主义的作者身份脱节。版权法并没有因为确定作者身份、权利归属等问题而出现激烈的矛盾冲突,也没有迹象显示现有著作权法阻碍了大规模技术创新。

第四,版权法在抛弃集体作者观之后,将民间文学艺术作品视同普通的个人作品,便于理顺版权保护的思路。首先,版权法只有在民间文学艺术作品的特定版本具体内容明确、诞生日期可靠并超出版权保护期的情况下,才能认定该作品进入公共领域。仅仅依据道听途说的常识将一个流传久远的作品推定为公共领域的民间文学艺术作品是非常不可靠的。其次,民间文学艺术作品如果依据上述规则没有超过版权法确定的保护期,则应当根据情况进一步推定最新版本的传承人为原创或演绎作者。著作权法应当推定传承人是作者,将推翻这一推定的责任交给被告。我国著作权法在处理作者不明的作品的保护问题时,也采用了类似的策略,将作品的持有人视为著作权人。另外,在民间文学艺术作品超过保护期限之后,可以考虑由国家版权机构通过行政途径维护作品的精神权,维系正确的集体文化记忆。[①]

(三) 我国学者理论创新的历史意义

国外理论普遍将民间文学艺术视为集体创作和集体拥有,无法用著作权法的一般规定进行保护的,必须另外创设集体权利进行保护。其主要的理由包括文化民族主义推动的文化多样性和文化自决需要,民间文学艺术的集体创作特点,以

---

① 参见崔国斌:《否弃集体作者观——民间文艺版权难题的终结》,载《法制与社会发展》,2005年第5期,第67-77页。

及用结构主义作者观反对传统著作权法采用的个人主义作者观。

我国学者的理论创新之处在于,对上述理由逐一进行了反思,认为上述这些理由都无法成立,提出版权法应放弃集体作者观,将民间文学艺术作品视为普通作品,没有必要针对民间文学艺术另行规定一种集体权利,用传统著作权法就可以解决民间文学艺术的保护问题。该理论为解决民间文学艺术的保护困境提供了新的解决方案。

二、关于著作人身权的理论创新

我国学者关于著作人身权的理论创新主要体现在对著作人身权性质的研究上,对于这一问题,我国学者提出了与国外不同的创新理论。

(一) 国外既有理论及我国学者的类似观点

对于著作人身权的性质,涉及对著作权性质的不同理解,被国外立法采纳的主要有三种观点[①],核心争议是著作人身权与民法人身权的关系。

1. 一元论

第一种观点是一元论,认为著作权是具有人格和财产双重功能的统一权利。持一元论的学者认为,作者在物质上的利益与思想上的利益之间的互相结合比二元论所阐释的要紧密得多。作者本人基于特定的目的、统一以自己的名义、以共同的出发点为基础所涉及的两个要素(二元),似乎并不是著作权的两个组成部分,而是涉及一个统一权利的双重功能。例如,1980年,乌尔默提出了"树形理论",他将著作权比作一棵树,而把著作权法所保护的两大利益群体(经济利益和人格利益)比喻成这棵树的两个树根,正是这两个树根构成了这棵树(著作权)的统一渊源,各项著作权的权能则好比这棵树的树杈、树枝。这些树杈、树枝的力量来源正是这两个树根。"树形理论"说明的正是著作权的统一性(一元性),而这种统一性不但体现在著作权的产生和消灭过程中,还体现在继承关系中。总而言之,著作权既不属于财产权也不属于人格权,而是一种混合形式。[②]德国采一元论,对著作财产权与著作人格权规定相同的保护,并且禁止著作权的

[①] 历史上还有两种被淘汰的学说:一是精神所有权论,把著作权视同所有权的一种。美国和英国原先受精神所有权论影响,认为著作权是纯粹的财产权,不包括人格利益。二是人格权论,认为作品是人格的体现,著作权的本质是人格权。参见李琛:《著作人格权诸问题研究》,载刘春田主编:《中国知识产权评论》(第1卷),商务印书馆2002年版,第228-229页;刘德宽:《论著作人格权》,载刘德宽:《民法诸问题与新展望》,中国政法大学出版社2002年版,第304-314页;[德] M.雷炳德:《著作权法》,张恩民译,法律出版社2005年版,第24-25页。

[②] 参见[德] M.雷炳德:《著作权法》,张恩民译,法律出版社2005年版,第4、26-27页。

转让。①

在 1990 年我国《著作权法》颁布之前，我国曾有学者主张一元论。例如，1989 年，刘春田在《关于我国著作权立法的若干思考》中认为：我国历来承认著作权具有人格权和财产权双重内容，立法也应当贯穿这个原则。我国流行观点认为著作财产权可以转让，认为著作人格权和财产权是相互独立的两种权利，即著作权结构二元论。相反，著作权结构一元论观点则认为著作人格权和财产权固然属性不同，但在权利行使中无法割裂开来。著作权一元论的观点可以借鉴，著作人格权是不能转让的，著作财产权又难以单独行使，在法律上与人格权结为一体，因而也不能转让。②

2. 人格权二元论（无体财产权论）

第二种观点是人格权二元论，又称无体财产权论，该说认为著作权人有无体财产权和作者人格权两种权利。著作权是一种无体财产权，不能由调整有体财产权的法律所涵盖，同时作者具有人格利益，但这种人格利益属于普通人格权，不属于著作权的内容。③ 例如，1874 年，科勒认为：著作权是"人身之外产生的、但不是以有体形式存在的、不能触摸和感触的财产上的"一种权利。著作权的客体不同于人格，而是一种作者自己的东西，因而科勒反对人格权论。著作权的客体也不同于作为物权客体的有体物，因而他也反对精神所有权论。著作权有着自己特殊的客体与特殊的内容，在与作品相联系的著作权之外，还存在着人格权，人格权保护作者本人的人格利益。虽然这两种权利经常彼此联系，但并非同一权利，而是应当区分开来。④ 日本、英国和美国采人格权二元论。例如，1990 年，日本学者半田正文和纹谷畅男认为：著作权是一种财产权，作者人格权是不同于著作权的另外一种权利。日本《著作权法》除规定了著作权外，还规定了作者人格权，作者人格权的性质不同于著作权，它是一种"人格权"⑤。1990 年，科隆贝认为，英美版权法原先受精神所有权论影响，近来有所变化。英国 1988 年版权法承认了作者的精神权利，美国法院则以破坏名誉、保护隐私权、不正当竞争

---

① 参见李琛：《著作人格权诸问题研究》，载刘春田主编：《中国知识产权评论》（第 1 卷），商务印书馆 2002 年版，第 229 页。

② 参见刘春田：《关于我国著作权立法的若干思考》，《中国法学》1989 年 4 期，第 48-50 页。

③ 参见刘德宽：《论著作人格权》，载刘德宽：《民法诸问题与新展望》，中国政法大学出版社 2002 年版，第 314 页；李琛：《著作人格权诸问题研究》，载刘春田主编：《中国知识产权评论》（第 1 卷），商务印书馆 2002 年版，第 228 页；[德] 雷炳德：《著作权法》，张恩民译，法律出版社 2005 年版，第 25 页。

④ 参见 [德] M. 雷炳德：《著作权法》，张恩民译，法律出版社 2005 年版，第 25-26 页。

⑤ [日] 半田正文、纹谷畅男编：《著作权法 50 讲》，魏启学译，法律出版社 1990 年版，第 153-154 页。

法、义务法等方式，承认了精神权利的实质的大部分。① 因此，英美的立法也接近人格权二元论（无体财产权论）。②

对于著作人格权与普通人格权的关系，人格权二元论（无体财产权论）采同质说，认为两者性质相同。1990年，日本学者半田正文和纹谷畅男认为，作者人格权与普通人格权无本质差异，与姓名权、肖像权、名誉权等权利一样，在与普通人格权的关系上，作者人格权也是一种具体的人格权。日本《著作权法》规定著作权与作者人格权是两种不同的权利，因此，不需认为作者人格权具有著作权法上的固有的性质。作者人格权既然是具体的人格权，当然也可以取得民法的保护，日本《著作权法》之所以特别作了规定，是因为要明确作者人格权的具体内容，让作者清楚地认识到自己的权利，使一般人使用作品时尊重此权利。③ 2006年，日本学者田村善之认为：著作人格权与普通人格权具有相同的性质，其不过是普通人格权的一种形态。同质说立足于从作品所显现的作者人格利益中寻求对作者人格法益的保护。可以说，著作人格权作为作者的人身专属权，是否要行使由作者本人决定。同质说的观点与日本著作权法的规定一致。④

我国部分学者也采同质说，认为著作人身权属于民法人身权。除少数学者认为著作人身权属于身份权外⑤，更多学者则认为著作人身权属于人格权。例如，2011年，刘宇琼在《著作人格权的性质：历史和体系之思》中认为：著作人格权在本质上属于民法上的人格权。认识著作人格权的性质，应以著作权的本质为理论原点，在诸多理论中，人格权学说不仅是著作人格权理论的来源，而且直接点明了著作人格权的人格权本质。将著作人格权与民法上的人格权进行比较后可以发现，二者在权利对象上是同一的，都是人格，由此也就决定了著作人格权与民法上的人格权在制度本义、权利性质上并无二致。因而，著作人格权应当尽快

---

① 参见［法］克洛德·科隆贝：《世界各国著作权和邻接权的基本原则——比较法研究》，高凌瀚译，上海外语教育出版社1995年版，第38页。原书出版于1990年和1992年。
② 参见李琛：《著作人格权诸问题研究》，载刘春田主编：《中国知识产权评论》（第1卷），商务印书馆2002年版，第229页。
③ 参见［日］半田正文、纹谷畅男编：《著作权法50讲》，魏启学译，法律出版社1990年版，第153-154页。
④ 参见［日］田村善之：《日本知识产权法》，周超等译，知识产权出版社2011年版，第485页。原书出版于2006年。
⑤ 参见孙昌兴、鲍金桥：《论作者精神权利的几个理论问题——兼与郑成思同志为代表的学者商榷》，《知识产权》1998年第6期，第48页；李锡鹤：《民法原理论稿》，法律出版社2012年版，第543页。

完成对民法上人格权的"认祖归宗"[①]。

3. 著作权二元论

第三种观点是著作权二元论,认为著作权既包括人格权又包括财产权,二者共同构成著作权的内容。[②] 该说认为著作人格权属于著作权而非一般人格权,由此区别于人格权二元论。例如,为了反驳1932年德国著作权法修正草案所采的一元论,德布尔(de Boor)认为:著作权是由各个独自的著作财产权与著作人格权构成的双重权利,应该把著作财产权和著作人格权当成并存的二元权利来把握。与普通人格权相比著作人格权具有特殊性,应将著作人格权包含于著作权概念中,而与同样被包含于著作权概念中的著作财产权明确加以区别。[③] 采著作权二元论的代表国家为法国,允许著作财产权的转让,禁止转让著作人格权。[④]

对于著作人格权与普通人格权的关系,著作权二元论采异质说,认为著作人格权是与普通人格权不同的人格权。1990年,日本学者半田正文和纹谷畅男指出:一种意见认为,作者人格权是著作权法上固有的人格权,它与一般人格权不同。[⑤] 2006年,日本学者田村善之指出:异质说认为著作人格权是一种与自然人所享有的通常人格权不同的人格权。如果脱离人格给予保护,那么在概念上很难将普通人格权作为受保护的法益来对待。特别是在署名权、作品的完整性保护权和修改权上,其所强调保护的是从文化中所产生的作品这一公益性。[⑥] 田村善之认为异质说欠妥,理由是,如果为保持作品的同一性,那么就没有必要像日本著作权法这样特别将请求权人仅限定为作者。而且一旦作品被公开、成为文化成果,即便之后作者改变主意,作品的同一性还是必须得到持续性保持,但是日本《著作权法》上的著作人格权认可作者的意图使作品的同一性得以改变。[⑦]

在1990年我国《著作权法》颁布之后,多数学者采著作权二元论,认为著

[①] 刘宇琼:《著作人格权的性质:历史和体系之思》,载《知识产权》2011年第9期,第49、54页。

[②] 参见刘德宽:《论著作人格权》,载刘德宽:《民法诸问题与新展望》,中国政法大学出版社2002年版,第318页;李琛:《著作人格权诸问题研究》,载刘春田主编:《中国知识产权评论》(第1卷),商务印书馆2002年版,第228-229页。

[③] 参见刘德宽:《论著作人格权》,载刘德宽:《民法诸问题与新展望》,中国政法大学出版社2002年版,第318-320页。

[④] 参见李琛:《著作人格权诸问题研究》,载刘春田主编:《中国知识产权评论》(第1卷),商务印书馆2002年版,第229页。

[⑤] 参见[日]半田正文、纹谷畅男编:《著作权法50讲》,魏启学译,法律出版社1990年版,第153-154页。

[⑥] 参见[日]田村善之:《日本知识产权法》,周超等译,知识产权出版社2011年版,第484-485页。

[⑦] 参见[日]田村善之:《日本知识产权法》,周超等译,知识产权出版社2011年版,第485页。

作权既包括人格权,又包括财产权,二者共同构成著作权的内容。例如,2000年,张俊浩在《民法学原理》中认为,著作权是支配特定作品并享受其利益的人格权以及财产权的合称。作品是人格和财产两位一体的,因而著作权是人格权与财产权两位一体的权利。著作权中的人格权是专属性权利,只能由作者享有,不能继承。著作财产权是对于作品在财产侧面的完全性支配权,具有所有权的一切特征。[①] 2003年,李明德、许超在《著作权法》中认为:著作权是作者的精神权利与经济权利的合一,其中的精神权利,是指作者就作品中所体现的人格或者精神所享有的权利。精神权利与作者密不可分,在绝大多数情况下只能由作者本人享有和行使。其中的经济权利,是指作者或者其他著作权人所享有的利用作品并获得相应的经济利益的权利。经济权利可以由作者行使,也可以由其他人行使。[②] 2005年,吴汉东主编的《知识产权法学》认为:我国《著作权法》更接近法国的二元论。我国《著作权法》规定,著作权包括著作人身权和著作财产权两个方面。将著作权划分为著作人身权和著作财产权做法的理论依据是:著作人身权不含经济利益的权利,尽管对它的侵害可能造成一定的财产损失,但它本身并不能直接为权利人带来一定的经济利益。著作财产权则包含了相应的财产内容,可以为权利人带来某种经济利益。[③]

(二)我国学者对国外既有理论的批判和创新

国外关于著作人身权的三种主要理论都认为著作人身权属于人格权或者类似于人格权,在性质上是普通人格权或是与普通人格权不同的另一种人格权。对此,我国学者提出了质疑,认为著作人身权与民法人格权不同。

1990年,郑成思在《有关作者精神权利的几个理论问题》中认为:版权法中的精神权利与民法中的人身权(主要是指人格权)存在五点区别。第一,民法中的人身权主要以权利主体(人)的出生为依据,版权法中的精神权利则以主体(作者)所创作的作品为依据,因此人身权是任何人都享有的权利,精神权利仅仅是由作品的作者享有的权利。第二,人身权只与民法主体(人)相联系,精神权利则同时与版权法主体及客体——作者与作品相联系。第三,仅与主体相联系的人身权,在人死后难有所附,而与主体、客体同时联系着的精神权利在作者死后仍可附于作品上。第四,人身权受到侵犯一般表现为对主体的直接侵犯,精神权利受到侵犯则大多数表现为直接对作品的侵犯,对主体的侵犯只是通过作品受

---

① 参见张俊浩:《民法学原理》,中国政法大学出版社2000年版,第561-564页。
② 参见李明德、许超:《著作权法》,法律出版社2003年版,第1页;李明德、许超:《著作权法》,法律出版社2009年版,第1页。
③ 参见吴汉东主编:《知识产权法学》,北京大学出版社2005年版,第69-70页。

到侵犯才能间接推出。第五，人身权中的绝大部分内容保护期以人死为限；精神权利的保护期仅在极少数国家以作者死亡为限，在许多国家它的保护期与经济权利等长，在另一些国家它享有永久保护期。[①]

1995年，谢怀栻在《论著作权》一文中，在上述区别的基础上进一步指出：著作人格权与一般人格权之间丝毫没有共通之处，根本原因在于民法人格权有一身专属性，而著作人格权没有一身专属性，导致了两者的其他区别。应不再使用著作人身权或著作人格权的概念，不再把著作权划分为著作财产权和著作人格权，而直接说著作权包括署名权、发表权、复制权等权利，著作权是一种与人格权、财产权并列的权利类型。具体理由如下：

第一，著作人格权与一般人格权的不同首先体现在权利客体与人身是否可分离上。自然人的一般人格权的客体是自然人的人身（生命、健康、自由等）与人格（姓名、名誉等），而人格是存在于人身上，与人身不可分的，因而，人格权也是与人身不可分的。离开人身就不存在什么人格权，这是人格权的"一身专属性"。侵犯了人格权就当然地损害了权利人的人身和人格。而著作人格权与著作财产权一样，以著作物（作品）为其客体。著作物是离开著作人的人身而存在的，它是独立存在于著作人的"人身"之外的。著作物不仅与著作人的人身（主要是大脑）可分，而且必须在分离后才能成为著作权的客体。著作人格权与著作人的人身或人格都是分离的。侵犯了著作人格权并不会损害著作人的人身，也一般地不可能损害著作人的人身和人格。因此，著作人格权并不具有一身专属性。

第二，上述根本性的不同，导致一般人格权与著作人格权的其他不同：（1）自然人都享有一般人格权，但不是一切自然人都享有著作人格权。（2）一般人格权是由于其与著作物（作品）相联系而受保护的，而不是如同一般人格权的法律规定那样，直接保护人身或人格。（3）一般人格权在事实上不能离开主体而存在（不可放弃、不可转让），如果一个人放弃了他的人格权，他的人身或人格必然受到损害。而著作人放弃或转让了他的署名权、发表权或作品完整权，完全无损于他的人身和人格。（4）一般人格权是不可继承的，在主体死亡后完全消灭；著作人格权则是可继承的，或者在权利人死亡后仍然存在。

第三，认为作品表现作者的人格的观点（如"文如其人"的说法），在古代、在文艺作品，基本上说得过去。可是在作品的范围已极度扩大的今天，这样的说法就有很大的局限性，也不具有法律上的意义。

第四，保护作者的一般人格利益（如名誉权、姓名权等），是民法的任务，用不着把民法上的人格权引入到著作权法上来，特别设立一个著作人格权，混淆

---

① 参见郑成思：《有关作者精神权利的几个理论问题》，载《中国法学》1990年第3期，第77页。

了一般人格权和著作权两个概念。应该不再使用著作人格权或著作人身权这些概念,不再把著作权划分为著作财产权和著作人格权,而应该直接说著作权包括署名权、发表权、复制权等权能(权利)。著作权既不属于人身权,也不属于财产权,是一种与人格权、财产权并列的权利类型。①

2004年和2013年,李琛先后在《质疑知识产权之"人格财产一体性"》和《著作权基本理论批判》中,基于上述研究进一步质疑了国外学者提出的各种观点,认为不论是一元论还是二元论都存在缺陷。具体内容如下:

第一,一元论存在缺陷。人格权制度的目的是维护"人之所以为人的权利",作为人格权对象的人格要素如果永久地与主体分离,人就不再为人,人的主体性就难以为继。人格权与财产权的本质区别在于:对象能否永久地外在于主体。人格权三大特征(不可转让性、不可放弃性、不可继承性)由此而来,也即人格权的专属性。一元论的前提是著作权是以作品为对象的权利,作品既具有财产属性也具有人格属性。由此面临逻辑困境:权利的对象如何能够既可永久地外在于主体、又不可永久地外在于主体呢?这在逻辑上是不可能存在的,作品或具有专属性,或不具有专属性,不可能具有"专属非专属一体性"。

第二,二元论也存在缺陷。二元论认为作品本身是财产,又一般性地假设了作品与人格相关,并在此种假设的基础上预先设置了发表权、署名权、保护作品完整权等权利。但是,作品总是与人格相关的假定是不成立的。以发表权论,除了直接反映个人观点与情感的作品,作品与人格的关联是或然的,例如计算机软件、地图、工程设计图等。以署名权论,任何劳动者与其劳动产品之间的联系都是客观的,唯独作者与作品的联系不能割断、作者资格成为人格利益没有道理。以保护作品完整权论,我们不知道作品体现何种人格,亦不知作品如何改动才与作者的人格保持一致。从文化选择的角度看,特定群体可以保持其"作品反映人格"的文化信仰,但作品与人格的关联是人为建构的观念,在事实上无法得到确证,普适性较弱。而普通人格权有经验事实作为依据,所以普适性较强。反映在立法上,著作人格权的专属性往往不能一以贯之,如法人作品的署名权归法人。在理论上,著作人格权只能属于人格权,而在规范层面,这一理论却无法说明所有的著作人格权制度。

第三,作为一元论与二元论共同前提的"作品反映人格"是一种人为建构的作品观,且现代社会的作品观已经发生了变化,也无法从容应对市场规则。18

---

① 参见谢怀栻:《论著作权》,载中国版权研究会编:《版权研究文选》,商务印书馆1995年版,第59-70页。

世纪末,德国先验唯心主义哲学家强调作品与人格的关联,从作品反映人格来解释作品的本质。19世纪的法国正处于与德国古典哲学一脉相通的浪漫主义文学运动高涨的时期,法国判例在德国理论的影响下,创立了"精神权利"的概念,认为作者对其作品除享有财产利益之外,还享有精神权利。作品反映人格是19世纪的哲学观与美学观影响下的作品观,偶然地被法律选择,成为著作权合理性的基础,并非逻辑的必然。20世纪以来,作品反映人格作为一种文化信仰已经受到冲击,新的美学观点大致沿着"从主体本位到文本本位"的路径发展。作品不再被视为直接的思想或情感的外化,它不是作者人格的附庸,而是具有独立存在价值的符号形式。此外,在19世纪前后,个体创作是创作的主流,所以"作品反映人格"的文化信仰大致可以成立。在现代社会,创作的集团化趋势增强,并且对资本的依赖增强。这些集体创作的作品与人格联系淡漠,但财产利益重大。在应对市场规则方面,版权体系也体现出明显的优越性。版权体系没有预设作者与作品的关联不可割断,故可根据现实需求将非创作人视为作者。作者权体系为传统所缚,常常在赋予非创作人以财产利益的同时,处心积虑地安置作者的人格权。如果作品与作者的关联不能割断,这必然导致权利的相互制约,既影响文化投资者的信心,也不利于作品的传播。①

在上述研究的基础上,我国学界对著作人格权的性质进行了重解,提出了复合权利说、财产权说等理论。

2013年,李琛在《著作权基本理论批判》中,基于上述研究提出了复合权利说,认为应将著作人格权理解为人格权、财产权与公益保护的复合体,在必要条件下承认著作人格权的外在性,适度淡化作品与作者人格的关联。首先,如果把著作权定义为以作品为对象的权利,那么著作权的逻辑属性是纯粹的财产权。如果作品事实上涉及人格,那么相关的人格权益本应属于民法人格权制度的调整范围。因此,版权体系的传统制度是最合乎逻辑的。其次,著作人格权在作者权体系的立法中是一种规范事实,且已通过国际条约推广到版权体系的立法中,应重解其性质。著作人格权作为一种规范概念,其属性无法在现有的民事权利分类体系中得到解释,它是人格权、财产权与公益保护的复合体。最后,如果把著作人格权的专属性恪守到民法人格权的程度,则会妨碍著作权制度的调整效果。在必要的条件下,应该承认著作人格权的外在性,例如转让与放弃。反对夸大作品与作者人格的关系,不仅是对创作集团化这一事实的承认,也是对艺术实践的尊

---

① 参见李琛:《质疑知识产权之"人格财产一体性"》,载《中国社会科学》,2004年第2期,第68-77页;李琛:《著作权基本理论批判》,知识产权出版社2013年版,第164-183页。

重。不仅仅是调整作者与投资者的关系之所需，也是调整创作者之间的关系之所需。适度淡化作品与作者人格的关联，并不是对作者利益的损害，在整体上恰恰提升了创作自由。在保留著作人格权制度的前提下，对著作权性质的重新认识，可以转化为对立法的合理解释。①

2023年，刘晓在《知识产权的特征重解：以创新性为核心特征》中，基于上述研究提出了财产权说，认为发表权、署名权、修改权和保护作品完整权是纯粹的财产权，只在违反法律、行政法规的强制性规定或违背公序良俗时才禁止转让。首先，知识产权的特征理论可以解决发表权、署名权、修改权和保护作品完整权的定性问题。知识产权的核心特征是创新性，表现为权利客体是与人格无关的创新性符号，权利的设立目的是鼓励创新。知识产权与人格权的区别在于权利客体是否与人格有关，是否可以永久地与权利主体分离。人格权的客体是人格要素，而著作权的客体是作品，已有学者论证了作品与作者人格的关联是或然的，作品并不必然反映人格。作品是与人格无关的符号，不是人格权的客体，不属于人的精神世界，而是知识产权的客体，属于人创造的知识世界。同时，发表权、署名权、修改权和保护作品完整权的设立目的与其他知识产权一样，都是鼓励创新，当作者享有这些权利时就更有动力创作作品。因此，发表权、署名权、修改权和保护作品完整权完全符合知识产权的特征，是纯粹的财产权。应不再使用著作人格权、著作人身权和精神权利等称谓，而应直接使用发表权、署名权、修改权和保护作品完整权。其次，对于上述四项权利的转让效力，也不应按照人格权规则一律禁止转让，而应按照财产权规则进行判断。财产权都有处分权能，以允许转让为原则，只在违反法律、行政法规的强制性规定或违背公序良俗时禁止转让。《著作权法》第10条第3款未明确禁止转让发表权、署名权、修改权和保护作品完整权，不构成法律的强制性规定，因此，上述权利能否转让主要取决于是否违背公序良俗，据此可以保护公共利益。②

(三) 我国学者理论创新的历史意义

对于著作人身权的性质，国外学者众说纷纭，提出了各种学说，目前仍被各国立法采纳的主要是一元论（德国）、人格权二元论（日本、英国、美国）和著作权二元论（法国），核心问题是著作人身权与民法人身权的关系。

我国学者的理论创新之处在于：首先，指出民法人格权的核心特征是专属

---

① 参见李琛：《著作权基本理论批判》，知识产权出版社2013年版，第183–187页。
② 参见刘晓：《知识产权的特征重解：以创新性为核心特征》，载《知识产权》2023年第12期，第51、58–61页。

性，但著作人身权事实上并没有专属性，一元论和二元论都是基于作品反映人格的假定，但这一假定不能成立，只是特定历史时期人为建构的作品观，既不符合现代社会的作品观，也无法从容应对市场规则。其次，在各国立法都规定了著作人身权的情况下，对著作人身权的性质进行重解，提出了复合权利说和财产权说，淡化作品与作者人格的关联，在适当情况下允许作者之外的主体享有著作人身权，便于作品的市场利用。我国学者的上述观点，弥补了国外主流观点的不足，对著作人身权的性质提出了不同的观点，加深了学界对著作人身权性质的理解，也有助于解决著作人身权的转让效力问题。

三、关于著作财产权的理论创新

我国学者关于著作财产权的理论创新主要体现在对信息网络传播权的研究上，尤其是对信息网络传播权的判断标准，我国学者提出了与国外不同的创新理论。

(一) 国外既有理论及我国学者的类似观点

对于信息网络传播权的判断标准，国外有服务器标准、用户感知标准和新公众标准等几种观点，在我国都有支持者。

1. 服务器标准

第一种观点是服务器标准，认为将作品存储在服务器上并提供给公众的行为，是信息网络传播行为。许多国家都采用过服务器标准。例如，美国版权法用公开展示权来规制信息网络传播行为，对于公开展示行为的认定，采服务器标准。2006 年，美国加利福尼亚中区地方法院在 Perfect 10 诉 Google 案中认为，在加框链接的情况下，至少有两种定义"展示"的方法，服务器标准和内容嵌入标准。服务器标准将"展示"定义为在网络上通过服务器提供内容服务的行为；内容嵌入标准将"展示"定义为仅仅将内容嵌入到网页中，然后该网页被浏览器显示的行为。在判断 Google 的加框链接是否构成对侵权图片的"展示"时，最恰当也是最直接的标准就是：储存内容并且直接通过服务器把内容提供给用户的网站，而不是设置了加框链接的网站，"展示"了侵权内容。因此，法院采纳的是服务器标准。[1] 美国第九巡回上诉法院在二审中也支持服务器标准。[2] 2007 年，西班牙马德里地方法院在 Sharemula 案中认为：Sharemula 网站并没有直接

---

[1] Perfect 10 v. Google，416 F. Supp. 2d 828，843 - 844（2007）．本案判决的中文翻译参见王迁、王凌红：《知识产权间接侵权研究》，中国人民大学出版社 2008 年版，第 167 - 203 页。

[2] Perfect 10 v. Google，508 F. 3d 1146，1160（2007）．

实施未经许可向公众传播作品的行为，因为其没有在服务器上存储作品的复制件，而且用户也不是从其网站中下载作品的。① 2009年，德国联邦最高法院在Vorschaubilder案中认为：信息网络传播行为的构成要件仅仅是上传作品至自己的服务器。② 2012年，德国慕尼黑州高等法院在真相案（"Die Realität"）二审中，推翻了一审法院采用的用户感知标准，认为德国联邦最高法院通过Vorschaubilder案判决确立了服务器标准，信息网络传播行为的构成要件只有具备上传作品至服务器的行为才得以满足，因此，被告的加框链接行为未侵害信息网络传播权。③

我国也有学者持服务器标准。例如，2009年，王迁在《网络环境中版权直接侵权的认定》中认为："'服务器标准'符合'信息网络传播权'的立法原意，因为只有将作品上传至向公众开放的服务器，才能使作品处于'能够为公众获得的状态'，而对该作品设置链接只是扩大了作品传播范围，并非新的传播行为。'服务器标准'能够包容网络搜索技术的发展和合法应用，且权利人的合法利益也可以通过间接侵权规则得到合理维护。"④

2. 用户感知标准

第二种观点是用户感知标准，认为将作品显示在网站中使用户以为网站是作品来源的行为，是信息网络传播行为。德国部分法院曾采纳用户感知标准。例如，2007年，德国慕尼黑第一州法院在Rußnase案中认为，被告将原告享有著作权的照片通过加框链接的方式显示在被告网站上。如果利用技术手段将作品纳入网站的显示内容中，即使该作品位于外部服务器上，只要用户无法察觉到内容的真实来源，就可以认定该网站使作品被公众获得，侵犯了著作权人的专有权利。根据上述推论，如果网站的运营者公开标识了该作品实际所在的服务器，就不会承担直接侵权责任。⑤ 2011年，德国慕尼黑第一州法院在真相案一审中，再次基于Rußnase案判决中的用户感知标准，认定加框链接侵害了信息网络传

---

① Microsoft v. Sharemula.com, 1089/2006 28, Court of Instruction n. 4 of Madrid（September 2007）. 转引自王迁：《网络环境中版权直接侵权的认定》，载《东方法学》2009年第2期，第18页。

② Vgl. BGH ZUM2010, 580-Vorschaubilder. 转引自范长军：《加框链接直接侵权判定的"新公众标准"》，载《法学》2018年第2期，第45页。

③ Vgl. OLH München ZUM-RD 2013, 398-Die Realität. 转引自范长军：《加框链接直接侵权判定的"新公众标准"》，载《法学》2018年第2期，第46页。

④ 王迁：《网络环境中版权直接侵权的认定》，载《东方法学》2009年第2期，第12页。

⑤ Case No. 21 O 20028/05（2007）. 案情简介参见 http://www.linksandlaw.com/news-update47.htm.

播权。①

我国也有学者持用户感知标准。例如，2009年，芮松艳在《深层链接行为直接侵权的认定：以用户标准为原则，以技术标准为例外》中认为："认定具体的链接服务是属于直接的信息网络传播行为，还是属于网络服务提供行为，不应以被传播的内容是否存在于该网站的服务器上为标准。如果用户可以直接在该网站的网页上直接获得被链接网站的内容，原则上即应认定其实施了直接的信息网络传播行为，除非该网站可以证明其仅被动地提供网络技术服务，且未进行任何人工干预，同时提供给网络用户的展示具体内容的网页表现形式是由被链接网站所决定的。"② 但是，芮松艳在2016年的《实质替代标准存在的误区》一文中转而支持服务器标准。③

我国司法界的主流观点是，将用户感知标准作为原告初步证明被告实施信息网络传播行为的标准，然后由被告根据法律标准或服务器标准举证反驳。例如，2013年，王艳芳在《〈关于审理侵害信息网络传播权民事纠纷案件适用法律若干问题的规定〉的理解与适用》中认为："最高人民法院经过调研认为，以此用户标准来界定相关网站提供了相关作品，实质上是将互联网中普遍存在的链接纳入了直接侵权的范畴，超出了侵权责任法及条例的相关规定。但是，由于网络技术的复杂性，要求权利人来分辨相关网络服务提供者是具体从事了提供作品的侵权行为，还是仅为该提供行为提供网络服务，是不现实的，也超出了权利人的举证能力。考虑到对权利人信息网络传播权的保护，并在权利人和网络服务提供者举证能力之间作出平衡，司法解释规定了权利人（原告）承担证明网络服务提供者提供相关作品、表演、录音录像制品的初步证明责任。如果网络服务提供者以其提供网络服务为由进行抗辩的，则由网络服务提供者承担其提供的是网络服务的举证责任。"④

3. 新公众标准

第三种观点是新公众标准，认为使不特定的新公众获得作品的行为，是信息网络传播行为。这一观点主要是欧盟提出的。2014年，欧盟法院在Svensson案中认为，欧盟2001/29指令第3条第1款规定的"向公众传播"行为需要满足两

---

① Vgl. LG München Ⅰ, Schlussurteil vom 02.02.2011 - 37 O 15777/10. 转引自范长军：《加框链接直接侵权判定的"新公众标准"》，载《法学》2018年第2期，第45页。

② 芮松艳：《深层链接行为直接侵权的认定：以用户标准为原则，以技术标准为例外》，载《中国专利与商标》2009年第4期，第81页。

③ 参见芮松艳：《实质性替代标准存在的误区》，载《中国知识产权杂志》2016年第11期，第35页。

④ 王艳芳：《〈关于审理侵害信息网络传播权民事纠纷案件适用法律若干问题的规定〉的理解与适用》，载《人民司法》2013年第9期，第18页。

个要件：一是对作品有"传播行为"，二是向"公众"传播作品。对于第一个要件，"传播行为"必须作广义解释，目的是确保著作权人获得较高水平的保护。某人使作品可以被公众获得，就足以构成"传播行为"。在本案中，提供作品链接的行为必须视为"被公众获得"，因此，该行为符合法条中"传播行为"的要件。对于第二个要件，作品必须被传播给了"公众"。"公众"是指不特定数量的潜在接收者，而且表明接收者的数量众多。根据既有判例法，如果传播的是与初始传播相同的作品，而且也都是通过网络使用相同的技术进行传播，则必须指向新公众，即著作权人在许可向公众初始传播时没有考虑到的那些公众。在本案中，通过链接使作品被公众获得，并没有将作品传播给新公众。初始传播的目标公众包括所有该网站的潜在访问者，由于该网站对于作品的访问并未采取任何限制措施，因此所有网络用户都可以免费获得作品。在这种情况下，通过链接获得作品的网络用户，也可以直接通过初始传播的网站获得该作品，而这些用户都是著作权人在许可向公众初始传播时考虑到的那些公众。但是，如果初始传播作品的网站对哪些用户可以获得作品采取了限制措施，或者在该网站上的公众已不再能获得该作品，此时其他网站突破限制链接该作品使本网站的用户可以获得，这些用户就是著作权人在初始许可传播时没有考虑到的新公众。因此，在本案中，链接其他网站上可以被公众免费获得的作品，由于没有使新公众获得作品，不构成向公众传播行为。①

2015年，德国联邦最高法院在真相案中既没有采用一审法院的用户感知标准，也没有采用二审法院的服务器标准，而是采用了欧盟法院的新公众标准，认为对未经著作权人同意而由第三人传播的作品进行加框链接，产生了新公众，侵害了向公众传播权中未言明的权利。这是由于著作权人未授权网络传播，因而未考虑公众问题，因为其没有预计到全体网络用户，所以全体网络用户属于新公众。对于首次传播虽然系经著作权人许可，但著作权人通过相应的提示已告知其许可传播范围只限于特定网站的，则不得进行加框连接。因为在其他网站上的传播面向的是新公众，原则上需经著作权人同意。②

我国也有学者持新公众标准。例如，2018年，范长军在《加框链接直接侵权判定的"新公众标准"》中认为："应适用'新公众标准'将加框链接纳入向公众传播行为的范围，即在加框链接产生了著作权人授权首次传播所预计公众范围

---

① Svensson v. Retriever Sverige AB，EU：Case C-466/12（2014）.
② Vgl. BGH GRUR 2016, 171 Rn. 35-Die Realität Ⅱ. 转引自范长军：《加框链接直接侵权判定的"新公众标准"》，载《法学》2018年第2期，第47页。

之外的公众（新公众）时，其属于向公众传播行为，构成直接侵权。"①

（二）我国学者对国外既有理论的批判和创新

对于国外学者提出的服务器标准、用户感知标准和新公众标准，我国学者进行了批判和完善，基于服务器标准提出了法律标准和传播源标准，基于用户感知标准提出了实质替代标准和实质呈现标准等理论。

1. 在服务器标准的基础上提出法律标准和传播源标准

我国学者在服务器标准的基础上，发展出了两种修正的标准：一是法律标准，二是传播源标准。

第一种修正的标准是法律标准，认为除了将作品上传至公开服务器的行为，只要是将作品置于信息网络中的行为，都是信息网络传播行为。目前，我国司法界的主流观点是法律标准。2012年，《最高人民法院关于审理侵害信息网络传播权民事纠纷案件适用法律若干问题的规定》第3条规定，通过上传到网络服务器、设置共享文件或者利用文件分享软件等方式，将作品、表演、录音录像制品置于信息网络中，使公众能够在个人选定的时间和地点以下载、浏览或者其他方式获得的，应当认定其实施了侵害信息网络传播权的提供行为。② 最高人民法院的法官指出，上述司法解释采取的是法律标准。例如，2013年，王艳芳在《〈关于审理侵害信息网络传播权民事纠纷案件适用法律若干问题的规定〉的理解与适用》中认为："经过调研，最高人民法院认为，随着技术的发展，不经过服务器的存储或中转，通过文件分享技术等方式也可以将相关作品置于信息网络之中，以单纯的服务器标准技术标准界定信息网络传播行为不够准确，也难以应对网络技术的飞速发展，因此，应将信息网络传播行为作广义的理解，以是否直接提供权利人作品的法律标准取代服务器标准来界定信息网络传播行为。"③

第二种修正的标准是传播源标准，认为从新的传播源向公众传送作品的行为，是信息网络传播行为。这一观点也是以服务器标准为基础进行的修正。例如，2016年，王迁在《论提供"深层链接"行为的法律定性及其规制》认为：

---

① 范长军：《加框链接直接侵权判定的"新公众标准"》，载《法学》2018年第2期，第42页。
② 《最高人民法院关于审理侵害信息网络传播权民事纠纷案件适用法律若干问题的规定》第3条规定："网络用户、网络服务提供者未经许可，通过信息网络提供权利人享有信息网络传播权的作品、表演、录音录像制品，除法律、行政法规另有规定外，人民法院应当认定其构成侵害信息网络传播行为。通过上传到网络服务器、设置共享文件或者利用文件分享软件等方式，将作品、表演、录音录像制品置于信息网络中，使公众能够在个人选定的时间和地点以下载、浏览或者其他方式获得的，人民法院应当认定其实施了前款规定的提供行为。"
③ 王艳芳：《〈关于审理侵害信息网络传播权民事纠纷案件适用法律若干问题的规定〉的理解与适用》，载《人民司法》2013年第9期，第16页。

"任何著作权法意义上的传播行为都应当形成'传播源',使作品从该'传播源'向公众传送。'深层链接'通常只是为用户提供了从同一'传播源'获得作品的不同途径,并未形成新的'传播源',因此不构成'信息网络传播行为'。对于破解其他网站的技术措施并相应地提供'深层链接'的行为,著作权法中禁止规避技术措施的条款可进行规制。该方法不仅能够有效遏制利用'深层链接'损害著作权人与被许可人利益的不当行为,而且可以避免将提供'深层链接'认定为'信息网络传播行为'对正当行为的误伤,从而实现利益平衡。"[1]

与法律标准一样,传播源标准与服务器标准相比,同样扩大了"将作品置于信息网络中"的行为方式。例如,链接他人服务器上未公开作品的行为,根据服务器标准不属于信息网络传播行为,但根据传播源标准就属于信息网络传播行为。王迁在上文中认为:"对于在他人服务器中存储,但因受技术措施的限制并未处于向公众传播状态的作品而言,其没有被置于'向公众开放的'网络服务器中,与存储在尚未联网的计算机中的作品无异。在这种情况下,存储相关作品的服务器并不是向公众传播该作品的传播源。如果在破解技术措施后对该作品提供具有避开技术措施效果的'深层链接',相当于将作品'置于向公众开放的网络服务器中'传播,……该行为形成了'传播源',构成'信息网络传播行为'。"[2]

王迁在上文中还依据传播源标准,质疑了欧盟提出的新公众标准,认为只要没有产生新传播源的行为,不论是否产生了新公众,都不是网络传播行为。欧盟法院认为,链接其他网站未采取限制访问措施的作品,由于没有使新公众获得作品,不构成向公众传播行为。破坏技术措施后链接其他网站采取限制访问措施的作品,由于使新公众获得了作品,构成向公众传播行为。对此,王迁认为:"当被链作品在其服务器中处于自由传播状态时,任何获得该作品的请求都会得到服务器的回应从而触发传输过程,'深层链接'只是为用户提供了从同一'传播源'获得作品的不同途径,并不会使作品从不能为公众获得的状态转变成可为公众获得的状态。由于提供'深层链接'利用的仍然是原始的'传播源',没有形成新的'传播源',因此并不构成'向公众传播行为'。"对于链接有限制访问措施的作品,"只要被链作品已在其所在服务器中传播,'传播源'就已经存在。用户可以完成注册和登录程序,从该'传播源'获得作品。如果用户选择点击'深层链接',仍然是从同一'传播源'获得作品,只是省去了注册和登录过程(当然还可能避免了付费)。他人规避技术措施并提供'深层链接'的行为,当然违反了

---

[1] 王迁:《论提供"深层链接"行为的法律定性及其规制》,载《法学》2016年第10期,第23页。
[2] 王迁:《论提供"深层链接"行为的法律定性及其规制》,载《法学》2016年第10期,第36页。

著作权法中有关禁止直接规避技术措施和提供规避服务的规定，但提供'深层链接'并没有形成有别于原始'传播源'的新'传播源'。作品仍然是从原始'传播源'中传输出去的，'深层链接'所在的服务器并不是作品的'传播源'，传输过程也与该服务器无关"①。

2. 在用户感知标准的基础上提出实质替代标准和实质呈现标准

我国学者在用户感知标准的基础上，也发展出了两种修正的标准：一是实质替代标准，二是实质呈现标准。

第一种修正的标准是实质替代标准，不再基于用户的感知，而是基于网站行为的利益替代效果，认为通过网络使公众获得作品的行为具有替代权利人作品的效果，就构成网络传播行为。

2008年，石必胜在《论链接不替代原则——以下载链接的经济分析为进路》中提出的"链接不替代原则"就有类似的含义，即设链网站不能替代被链网站向用户提供作品内容。他认为："凡是能够使用户在设链网站上获得被链作品具体内容的链接，包括能使用户完成作品下载的下载链接，都会导致作品传播利益的无效率分配，本文将这些无效率链接统称为替代链接。之所以这样指称，是因为这些链接使设链网站替代了被链网站向用户提供作品内容，进而使设链网站截取了被链网站在互联网上传播作品的利益。因此，不准设置替代链接，应当成为链接应遵守的基本原则，此原则本文称为链接不替代原则。链接不替代原则的目的在于，保证互联网上传播作品的利益直接归属于直接上传作品的网站而不是设置链接的网站，通过维护上载作品的网站的利益而维护著作权人的作品在互联网传播的利益，从而激励作品创作、丰富网上作品的数量。"②

该文指出服务器标准忽略了利益分配效果，认为："从法律经济学的进路出发，本文认为，虽然单纯从技术上讲，深层链接者的服务器确实没有储存被链作品，而且被链网站决定了作品在互联网上的去留，但是讨论深层链接是否为网络内容服务，目的在于讨论深层链接者是否要承担作品内容直接提供者的注意义务和法律责任，并非单纯是从技术上或语义上讨论网络内容服务商这个概念的外延。如前所述，从利益分配的效果上来看，符合替代链接特征的深层链接者实际上替代了被链网站向用户提供作品内容，享受了作品传播的利益，按照权利义务对等原则，此类深层链接者应当承担网络内容服务者的注意义务。"③

---

① 王迁：《论提供"深层链接"行为的法律定性及其规制》，载《法学》2016年第10期，第34－35页。
② 石必胜：《论链接不替代原则——以下载链接的经济分析为进路》，载《科技与法律》2008年第5期，第64页。
③ 石必胜：《论链接不替代原则——以下载链接的经济分析为进路》，载《科技与法律》2008年第5期，第66页。

在法律适用上，该文认为："当著作权人主张权利时，由于替代链接根本上使作品的传播利益从著作权人转移到设链网站，因此替代链接者应当承担侵权责任。具体来说，当替代链接的作品是合法上传到被链网站时，由于著作权人仅许可了被链网站在其网站上传播作品，而替代链接者没有以权利人直接或间接许可的方式将作品提供给用户，因此替代链接者未经著作权人直接或间接许可传播作品，应属侵权；当替代链接作品是非法上传到被链网站时，替代链接者帮助用户获得侵权作品，同样构成侵权。"[①]

第二种修正的标准是实质呈现标准，同样不再基于用户的感知，而是基于网站的行为。实质替代标准的判断依据是网站行为的利益替代效果；而实质呈现标准虽然同样考虑网站行为的利益替代效果，但在判断依据上则是基于网站的呈现行为，认为将作品呈现给公众的行为，属于信息网络传播行为。

2010年，陈加胜在《信息网络传播权与链接的关系》中虽然没有使用"实质呈现"的表述，但已经表达了类似的含义。该文认为，对他人作品设置内链，是将他人作品在自己的网页中使用，使其成为自己网页的组成部分，在向公众提供自己的网页时也就向公众提供了他人的作品，构成网络传播行为。将他人作品设置外链，则只是通过链接引导公众进入被链网站，没有在自己的网页中使用他人作品，不构成网络传播行为。具体理由如下：

第一，应将网络链接区分为外链和内链。外链就是在网页中设置用文字或图形表示的链接标志（锚），在用户点击该标志后，浏览器的内容从当前网页转换到另一个网页。内链，又称隐含链接、埋置链接，设链网站不使用链接标志，而是通过使用URL使得链接对象在本网页中直接可用。对于网页、图像等内容可视的文件，将使其部分或全部内容显示在本网页中；对于MP3等内容可听的文件，将使其在用户浏览本网页时能被播放。用户看不到链接标志，浏览器的地址栏里显示的始终是设链网站的网址。

第二，依据是否在自己网站上显示他人作品来判断内链和外链的性质。内链是将他人作品在自己的网页中使用，使其成为自己网页的组成部分，设链网站在向公众提供自己的网页时也就向公众提供了他人的作品。当用户浏览该网页时，被链接的作品已经显示在网页中，或在网页中播放，用户获得了被链接的作品，符合网络传播行为的构成要件。外链则不构成网络传播行为，并不是因为设链网站没有在其服务器上存储作品，而是因为设链网站并没有在自己的网页中使用他

[①] 石必胜：《论链接不替代原则——以下载链接的经济分析为进路》，载《科技与法律》2008年第5期，第66页。

人作品，而只是通过链接引导公众进入被链网站，向公众提供"定位服务"而非"向公众提供作品"，不符合信息网络传播行为的构成要件。

第三，网络传播需要的存储行为和传播行为可以分开，服务器标准只关注了存储行为，忽略了没有存储行为的主体也可以实施传播行为。陈加胜认为："网络传播行为最终完成，肯定少不了在某个服务器中存储作品这一条件，但这并不意味着每一个传播作品的人必须在自己的服务器中存储该作品。销售货物行为的最终完成必须具备在某个仓库中存货这一条件，但这并不意味着一个没有在其仓库中存货的人就不能完成销售行为，他完全可以把他人仓库中的货物当作自己的货物来销售，即使没有得到真正存货人的同意，我们也不能因为其没有在仓库中存货而否认其行为是销售行为。同理，虽然没有在自己的服务器中存储他人作品，但通过设置内链接使得公众直接在自己的网页中欣赏他人作品的行为，构成网络传播行为，只不过和被链网站相比，这是一种'搭便车'式的传播行为。如果该行为得到权利人的许可，也是一种节约存储空间的比较经济的行为；如果该行为没有得到著作权人的许可，该行为就直接侵犯了网络传播权。"①

2014年，崔国斌在《加框链接的著作权法规制》中，在上述研究的基础上明确提出了实质呈现标准，认为著作权法应当采用实质呈现标准改造信息网路传播权，加框链接设链者通过自己控制的用户界面实质呈现他人作品的行为，受信息网络传播权控制。具体理由如下：

第一，加框链接产生的负面影响远大于积极效果，著作权法有必要规制加框链接。加框链接的积极效果是方便了用户对网络资源的访问，但这种用户体验的改善是以设链者进一步向作品传播者角色靠拢的方式实现的。如果著作权人愿意，原本通过直接授权设链者复制和提供作品的方式就能够使设链网站得以集中相关作品并对外提供，从而使公众获得远比加框链接更好的用户体验。加框链接的负面影响是损害著作权人和被链网站的利益，从商业运营的角度看，加框链接所引发的传播行为与机械表演、放映、广播或信息网络传播等作品传播方式没有本质差别，设链者与作品的直接利用者从作品传播过程中所获得的利益也基本相同，加框链接会损害著作权人在作品传播方面的利益。

第二，著作权法应选择的规制模式是禁止加框链接本身，而非技术措施模式。有观点认为著作权法不必禁止加框链接，而是由著作权人采取技术措施，著作权法禁止规避技术措施的模式，来降低加框链接的负面影响。但技术措施模式存在以下弊端：一是会给网站增加相应的成本。二是反盗链技术措施并不总是可

---

① 陈加胜：《信息网络传播权与链接的关系》，载《电子知识产权》2010年第2期，第70-74页。

靠，在反盗链技术措施被破解后，著作权人的利益就难以得到保障。三是有效的反盗链技术措施在阻止恶意的加框链接时可能也阻止了大量善意的普通链接。四是很多被链网站（如从事盗版业务的网站）与著作权人的利益并不一致，不愿意与著作权人合作阻止加框链接。著作权法禁止加框链接的模式，效果更好、成本更低，在效率上优于技术措施模式，著作权法应直接规定著作权人有权禁止他人以加框链接方式呈现其作品。

第三，服务器标准和用户感知标准都没有抓住加框链接问题的本质。著作权人之所以反对加框链接，是因为设链者改变了作品的传播范围和传播方式，从而影响著作权人的商业利益。因此，服务器标准的问题在于，设链行为是否满足服务器标准与是否造成著作权人损害并无直接关系。在诉讼程序中，鼓励当事人就这一本质上并不相关的事实进行举证是浪费社会资源。用户感知标准的问题在于，设链者以合理方式提示作品地址信息，可能可以消除用户的误解，但是并不能改变设链者通过自己的网页或客户端呈现作品的事实，并不一定能够消除加框链接行为对著作权人利益的损害。

第四，应采用实质呈现标准改造信息网络传播权以涵盖加框链接行为。改造信息网络传播权，使其可以涵盖加框链接设链者通过自己控制的用户界面实质呈现他人作品的行为，即实质呈现标准。这一标准强调著作权人对于作品提供者身份的有效控制，而不关心设链者是否实质损害了被链接网站的利益。如果设链者通过加框链接将他人作品作为自己网页或客户端的一部分向用户展示，使用户无须访问被设链的网站，则设链者就应当被视为是作品的提供者，应当承担直接侵权责任。这并没有创设一种"设链权"的专有权利，法律要禁止的是通过加框链接在自己网页或客户端实质地呈现他人作品的行为，而非单纯的设置链接或者提供网络地址信息的行为。①

2016年，崔国斌在《得形忘意的服务器标准》中，通过区分作品上传行为与展示行为，指出加框链接和聚合链接的出现打破了上传者和展示者合一的局面，进一步论证了为什么要舍弃服务器标准而采用实质呈现标准来规制作品展示行为。该文认为：

第一，网络传播行为由上传行为和作品展示行为组成。一项有效的网络传播行为实际上是传播者和用户的互动过程。首先，传播者将文件上传到处于联网状态的服务器或类似电子设备的文件夹中。其次，传播者以适当方式让用户了解该文件所处的网络地址（URL）。再次，用户利用网络浏览器或客户端软件向该网

---

① 参见崔国斌：《加框链接的著作权法规制》，载《政治与法律》2014年第5期，第77-91页。

络地址发出访问请求以获取该文件信息。最后，传播者的服务器响应访问请求提供文件信息，网络浏览器或客户端软件将该文件展示在用户屏幕上供用户浏览。将作品置于网络空间中，只是网络传播的第一步。如何向用户展示该作品，具有更重要的意义。存储该网页或客户端软件的服务器，常常独立于存储文件内容的服务器，二者甚至不在同一个地区或国家。将呈现在用户眼前的网页或客户端与背后存储文件内容的服务器联系整合，各种链接（普通链接、深层链接和加框链接等）扮演着至关重要的角色。

第二，在加框链接或聚合平台出现之前，将作品置于信息网络中的提供者与通过网页展示版权作品的展示者身份合二为一。提供者一方面将作品上传到开放的服务器上，接受公众的访问请求；另一方面也通过自己的网站或客户端程序界面对外展示这些作品。在提供者与展示者身份合一时，著作权人通过"信息网络传播权"控制"提供行为"，实际上也就阻止了提供者通过网页或客户端的展示行为。同时，在普通链接的情形下，设链者并没有通过自己控制的页面或客户端界面展示被链接的作品内容。用户点击链接后，直接跳转到提供者控制的页面。该页面提示或页面 URL 地址通常指向提供者。内容提供者就被视为版权内容的展示者，设链者并没有对内容的展示方式施加直接影响，也没有对外宣称自己是展示者。即便设链者或第三方对作品的传输过程做出贡献，但并不在内容展示层面扮演任何角色，因此依然没有内容提供者与展示者行为二分的问题。

第三，在加框链接或 App 聚合平台技术出现后，作品提供者与展示者身份合一的局面被打破。聚合平台介入提供者与终端用户之间，成为相对独立的展示者。在加框链接的网页或 App 聚合平台上，设链者实际上公开宣示自己是该网页或平台的控制者。在该界面上展示版权作品，则意味着设链者将自己变成内容的展示者，并获取作品展示行为所带来的全部利益。在技术层面，聚合平台的设链者之所以能够控制作品内容的呈现方式，是因为它通过客户端程序甚至服务器端程序重新整理作品提供者提供的数据信息，然后再通过自己的网页或客户端界面向用户展示。如果设链者真的保持中立，不干预提供者提供的信息，则无法实现加框或聚合的效果。导致聚合平台的设链者角色变化的，并非"设链行为"本身，而是其控制网页或客户端、对外宣示控制者身份并对第三方提供的信息数据进行加工呈现等一系列行为。关键是聚合平台以自己的名义向公众展示作品的传播行为。网络内容聚合技术的进步凸显出著作权法立法者的尴尬：立法者没有预见到提供和展示行为二分的可能性，从而导致信息网络传播权立法过度关注前端的"提供"，而忽视后端的"展示"。当第三方不提供但展示作品时，信息网络传播权就无法有效规制第三方的展示行为。

第四，只有舍弃服务器标准改采实质呈现标准才能使信息网络传播权规制更关键的展示行为。真正实现作品商业价值的环节是通过网页或客户端向用户展示作品的行为，而不是背后神不知鬼不觉的信息网络提供行为，尽管该提供行为是展示的前提。无论是服务器标准的支持者还是反对者，差不多都同意：在网络时代，信息网络提供权是著作权人极为重要的一项权利；在既定时空内，内容聚合或加框链接能够让网络服务商获得与直接从事网络提供行为几乎一模一样的作品传播利益；它也能够让用户获得与直接访问内容提供网站几乎一模一样的体验；网络用户访问内容聚合网站的目的就是要获得内容，而不知道也不关心背后的真正提供者；绝大部分真正有商业价值的作品的权利人反对此类聚合和加框链接行为。服务器标准只是抓住网络提供行为的外形，却失去了著作权法保护作品传播利益的真意。我们的决策者要么应增设新的著作权权能使之覆盖网络聚合行为，要么应在信息网络传播权的框架下尽快抛弃这种"得形忘意"、舍本逐末的服务器标准。[1]

（三）我国学者理论创新的历史意义

网络传播权的判定标准在国外也是一个非常有争议的问题，在加框链接出现后，更是如此。从德国真理案就可以看出，三级法院分别采用了用户感知标准、服务器标准和新公众标准，来判断加框链接是否侵犯信息网络传播权。

我国学者在服务器标准和用户感知标准的基础上发展出了更完善的标准，在服务器标准的基础上提出了法律标准和传播源标准，在用户感知标准的基础上提出了实质替代标准和实质呈现标准。我国学者的创新尤其体现在实质呈现标准上，通过区分上传行为和展示行为，指出加框链接使上传者与展示者分离，对于网络传播而言，展示比上传更关键。服务器标准无法规制独立于上传行为的展示行为，用户感知标准无法规制标明上传者的展示行为，而实质呈现标准则可以规制独立的作品展示行为，更接近网络传播权的本质。

四、关于商标法保护的本质的理论创新

我国学者关于商标法保护的本质的理论创新主要涉及对商标法保护的对象、商标权保护的对象以及商标权的对象或客体等问题的研究。

（一）国外既有理论及我国学者的类似观点

国外的主流观点认为，商标法保护的本质不是商标本身，而是商标所指代的商誉。

---

[1] 参见崔国斌：《得形忘意的服务器标准》，载《知识产权》2016年第8期，第4-19页。

例如，2006年，日本学者田村善之认为，商标法是对商誉的法律保护，是为了确保商业信誉的激励机制发挥作用。他认为："为了让需求者知晓最初在市场上出现的商品和商业，企业或许会在所提供、销售的同一商品、商业上连续加注同样的标记；企业为了将所取得的评价、商业信誉等灵活运用于其他商品或者商业上，其还会附加标记以让需求者知晓这些商品、商业是由同一企业所提供。正是在这些商品、商业上所附加的出处标记，不仅为企业防止公众评价的下降，而且为企业获得更多的商业信誉，企业（包括老企业）都会为维持商品、商业的质量而努力奋进（称之为'商业信誉的激励机制'）。""如果模仿者（擅自）使用近似的（商业）标记，则会使维持和灵活运用已经建立起来的商业信誉变得困难。为了确保商业信誉这种激励机制的作用发挥，显然有必要禁止因使用类似标记而引起商品或服务出处混同的行为（《反不正当竞争法》第2条第1款第1项对商品等主体混同行为的规范，第2条第1款第2项对不当使用著名标识行为的规范，商标法上的注册商标制度）。"[①]

2015年，美国学者麦卡锡认为，商标是商誉的指代符号，商标不能与其所代表的商品或服务的商誉相分离而单独存在，商誉与其实体符号商标是不可分的。离开了商标所代表的商誉，商标没有任何独立意义，如果没有商业和商誉，商标什么也代表不了。商标法不仅保护商标，也保护商标所指代的商誉。因此，商标的转让和许可有着特殊的规则。在美国，商标不能被转让给他人，除非商标所代表的商誉一并转让。商标不能被许可给他人，除非商标权人对被许可人使用该商标的商品和服务的性质和质量拥有完全的控制。商标不能被分割，对商标的各个部分拥有的权利不能在不同主体之间进行分割。[②]

2006年，博恩（Bone）详细考察了商誉进入商标法的历史，认为商誉进入商标法的原因是为了解决标记财产权理论存在的问题。最初，商标保护的依据是标记财产权理论。在19世纪的英国，商标所有人请求衡平法院颁发禁令救济的依据是什么不太清楚，因为商标保护最初是基于欺诈，而欺诈针对的是所有公众而没有直接针对商标所有人。衡平法院为颁发禁令救济找到的依据是，将标记视为财产，而衡平法院有权禁止侵犯财产权的行为。19世纪后期，美国法院遵循英

[①] [日]田村善之：《日本知识产权法》，周超等译，知识产权出版社2011年版，第11-13页。原书出版于2006年。

[②] J. Thomas McCarthy, McCarthy on Trademarks and Unfair Competition (Fourth Edition), Westlaw Database updated December 2015, § 2: 15, § 2: 20.

国的规则,将标记作为财产进行保护。① 但是,标记财产权理论存在无法解决的问题。主流的财产权理论认为,如果某人对某物拥有财产权,那么就意味着他可以控制该物,就该物拥有排除他人使用的绝对权,未经该人许可,任何人都不得使用该物。将这种形式主义的财产权理论应用到标记时就产生了问题:普通的文字和标记被认为属于公共财产,不能为任何人所专有,那么商标所有人凭什么对这些文字或标记主张权利呢?解决方法是创造全新的词汇或标记,或者在非普遍意义上使用现存词汇或标记,这样这类标记就可以被某人单独占有使用。这类词汇或标记被称为"技术商标",包括今天商标法中的臆造性商标和任意性商标,不包括描述性商标和其他商品包装。但是,标记财产权理论仍然存在问题:一是对技术商标的保护遵循财产权规则,不要求混淆可能性和欺诈意图,而对技术商标之外的标记则用不正当竞争法保护,要求被告有欺诈的意图,财产权理论和欺诈理论对商标的保护存在分歧。二是财产权理论中对物的保护没有地域限制,而对商标的保护则有地域限制,只能制止在有限地域范围内竞争性的使用行为。三是即使是主张标记财产权理论的人也并不认为商标法真的保护词汇或标记,并不像版权法那样鼓励原创性标记的创造,商标法的目标是保护消费者免受欺骗和混淆,以及维护商标销售者利用其建立的商誉销售商品的能力。②

为了解决上述问题,从 19 世纪末到 20 世纪初,美国法院和学者提出了商誉财产权理论,不再把商标本身作为财产,而是将商标所指代的商誉作为财产。根据这一观点,商誉是财产,而商标只是获得商誉利益的工具。例如,在 Rosenberg 诉 Elliott 案中,法院认为:"商标只被看作是对商誉的保护,商标不是财产权的客体,除非商标与既有的商业联系在一起。"在 Hilson 诉 Foster 案中,法院认为,在制造商的商品通过有效而持久的广告宣传而为公众所知之后,由此建立起来的商誉有权获得保护。霍普金斯(Hopkins)认为,虽然一些法院和学者依然从标记中发现财产权,但主流的观点是财产权存在于标记所代表的商誉中。尼姆斯(Nims)认为,近来已经发现,实际受到保护的财产不是标记,而是标记背后的商誉,是由标记所代表的商誉。在此之后,商誉财产权理论逐渐成为主流观点。③

---

① Robert G. Bone, Hunting Goodwill: A History of the Concept of Goodwill in Trademark Law, 86 B. U. L. Rev. 547, 560 – 562 (2006).
② Robert G. Bone, Hunting Goodwill: A History of the Concept of Goodwill in Trademark Law, 86 B. U. L. Rev. 547, 562 – 567 (2006).
③ Robert G. Bone, Hunting Goodwill: A History of the Concept of Goodwill in Trademark Law, 86 B. U. L. Rev. 547, 568 – 569 (2006).

商誉财产权理论之所以获得青睐,是因为与标记财产权理论相比有几个优势:第一,商誉财产权理论可以将商标法中的财产权理论和欺诈或混淆理论联系起来。由于商誉依附于企业所销售的商品,被告利用商誉不仅仅是通过使用商标,而是通过误导使消费者认为被告的商品来源于原告。因此,搭便车或来源混淆和侵占商誉就是同一枚硬币的两面。财产权理论和欺诈理论之间的紧张状态虽然没有完全消失,但也消除了大部分。第二,商誉财产权理论可以解释商标保护的地域限制规则。由于被告只有在原告有商誉的地区销售商品才能侵占原告的商誉,被告在其他地区销售商品时使用与原告相同的商标,就无须承担责任。第三,商誉财产权理论可以统一商标侵权和不正当竞争的规则。商标法规制商标,不正当竞争法规制商号、商品外观、商品包装等。在商誉财产权理论下,商誉不仅可以被商标指代,也可以被商号、商品外观、商品包装等指代,这些符号都可以识别企业的商誉。企业对其商誉享有排他权,有权以自己的名义销售商品,任何人不得在销售自己的商品时让人误以为是他人的商品。这个规则对商标侵权和不正当竞争是通用的。[①]

商誉财产权理论对商标法的保护范围也产生了影响。从1980年到现在,法院和学者开始在新的方向上扩张商标法的保护范围,主要的依据是商誉侵占理论。第一,有些反淡化判决受到商誉侵占理论影响,将商标淡化等同于商誉侵占,例如,在Thane诉Trek案中,法院认为:"反淡化法的重点是防止不知名的使用者侵占或扭曲著名商标多年来建立的商誉或联系。"在Bean诉Brake案中,法院认为:"反淡化法的首要目标是禁止非竞争商品的经营者在销售商品时利用另一个商标的商誉和声誉。"第二,将混淆概念扩大到售后混淆和售前混淆。售后混淆是指在商品售出后,社会公众看到商品时对其来源产生了混淆。如果被告的商品劣于原告的商品,售后混淆可能使潜在消费者不想购买原告的商品,破坏了商标的信息传递功能。但在一些售后混淆的情况中,公众并不认为被告的商品更劣质,认定商标侵权的依据不再是商标的信息传递功能,而是商誉侵占理论,即认为被告使用了原告的商标就侵占了原告的商誉。售前混淆也称初始兴趣混淆,是指开始时将消费者吸引到商品上,但消费者在购买时不会混淆。由于在互联网环境中,域名和搜索关键词产生的初始兴趣混淆很快就能消除,不会破坏商标的信息传递功能,法院大多依据商誉侵占理论,认为被告搭了原告商标背后商誉的便车。第三,创建商品化权是依据商誉侵占理论对商标法进行的最大范围

---

① Robert G. Bone, Hunting Goodwill: A History of the Concept of Goodwill in Trademark Law, 86 B. U. L. Rev. 547, 573-574 (2006).

的扩张。例如,在各种商品上使用某球队的队徽并销售的行为,即使没有造成混淆,也侵犯该球队名称和队徽的商标权,因为这种行为侵占了该球队的商誉。[①]

但是,国外也有对商誉理论进行质疑的观点。例如,博恩(Bone)认为,商标法的信息传递模型不需要商誉概念,商誉侵占理论的道德理由和经济理由都有缺陷。应在商标案件中区分不同的商誉类型并以保护信息传递为目标,不能仅以商誉侵占理论为依据扩张商标法的保护范围。具体理由如下:

第一,商标法的信息传递模型不需要商誉概念。商标法的核心是基于信息传递模型的,商标是向市场传递信息的工具,商标法的目标是避免他人使用近似商标从而欺骗消费者,或使消费者混淆。商誉保护的观点与信息传递模型不太兼容。商誉保护与便利消费者选择或维护市场信息的质量没有直接关系,而是保护销售者的商誉免于被侵占。信息传递模型的目标是防止指代混淆,侵占模型的目标是防止未经许可的侵占,信息传递模型根本不需要商誉概念。[②]

第二,商誉侵占理论的道德理由有缺陷。商誉侵占理论的道德理由认为,对商誉的搭便车是不道德的,原因可能是,搭便车的行为利用了属于商标所有人的商誉。而商誉属于商标所有人的原因可能是,商标所有人是投资并创建商誉的人。这种观点引用了洛克对自然财产权的劳动值得理论,认为应该赋予劳动者控制其劳动成果的自然权利。但正如1930年代的法律现实主义者所认识到而今天的许多法官所遗忘的,劳动值得理论证明得过多了。它会将所有竞争都判定为不道德的,因为所有竞争都涉及将消费者从某个竞争者那里抢走,并因此获得了该竞争者通过投资在商品质量和营销上所创造的价值。有人可能对道德理论进行辩护,认为不正当性在本质上存在于被告行为的动机和理由上。这个理由并不比之前的理由更好。首先,这是循环论证,因为只要搭便车已经被认为是不道德的,搭便车的意图就会使搭便车被认为是不道德的。其次,不能认为被告在商标案件中只想从原告的商誉中获利,他们也想传递标记所传达的信息。只要消费者没有被混淆或误导,被告传递的信息就是准确的,使用原告的标记节省了社会资源,否则被告就要投入额外资源去使用一个不同标记来传达相同的含义。[③]

第三,商誉侵占理论的经济理由也有缺陷。经济上否定商誉侵占的依据是激

[①] Robert G. Bone, Hunting Goodwill: A History of the Concept of Goodwill in Trademark Law, 86 B. U. L. Rev. 547, 604 – 615 (2006).

[②] Robert G. Bone, Hunting Goodwill: A History of the Concept of Goodwill in Trademark Law, 86 B. U. L. Rev. 547, 549 – 550 (2006).

[③] Robert G. Bone, Hunting Goodwill: A History of the Concept of Goodwill in Trademark Law, 86 B. U. L. Rev. 547, 616 – 618 (2006).

励理论,认为当企业预期能够获得所有利益时,企业会进行最优的投资去建立商誉。但这个理由并不比道德理由更好。首先,经济上的激励理论并不支持企业获得某项有益社会行为的全部利益的权利,而只支持企业获得足够利益以弥补该行为成本的权利。其次,激励理论很难证明商标法扩张保护的正当性。例如,让Tiffany公司在汽车市场上获得Tiffany商标的商誉价值,比只让它在珠宝市场上获得商誉价值,会激励它投资更多。这一观点没有说服力。最后,根据商誉侵占理论让某家企业垄断一个标记会产生社会成本,例如垄断损失的成本、言论自由的成本、寻租成本,以及与版权法和专利法冲突的成本,这些成本必须与收益一起衡量。[1]

第四,从商誉进入商标法的历史来看,商誉的弹性概念起到了最重要的作用,商誉侵占理论没有区分商誉的三种类型。第一种最窄的商誉类型是商标商誉,是指消费者对某个特定商标商品的正面信息,如可靠性、高质量等。商标商誉被侵占的唯一方式是消费者误以为被告也销售同样商标的同样商品,使消费者混淆来源和侵占商标商誉是一个硬币的两面。第二种商誉类型是公司商誉,超越了商誉与商标的联系,而是指向销售该商标商品的公司的正面印象。依据这一概念,在另一个完全不同的商品市场也可能会侵占公司商誉,只要消费者误以为原告和被告之间有联系或关联,原告通过许可或赞助被告的方式传递了商誉。第三种最宽的商誉类型是内在商誉,因为这种商誉内在于标记本身。内在商誉与商标商誉和公司商誉都不同,不保护消费者信息的质量,而是保护销售者,正当性依据是商誉侵占理论,理由仅仅在于假设了一种十分宽泛的商誉概念。法官往往认为,不论商誉的类型是商标商誉、公司商誉还是内在商誉,对商誉的保护都是一样的。这种看法表达了对法律解释一致性的印象,例如,在搭便车案件中保护商标商誉,被类推到在商品化权案件中保护内在商誉。但这种印象是错误的,当法院用商标法保护内在商誉时,就使商标法远离了其核心政策。[2]

第五,博恩(Bone)的规范建议是,法官和律师应在商标案件中仔细辨别商誉的类型,究竟是商标商誉、公司商誉还是标记本身受欢迎带来的内在商誉,并解释保护此类商誉如何有助于信息传递目标的实现。最重要的是,法官应避免将商誉侵占理论作为一个独立的政策依据。这一理论只会使商标法远离它的核心任务:确保有关商品质量的信息可以高效、真实地传递给消费者。有时候,让被告

---

[1] Robert G. Bone, Hunting Goodwill: A History of the Concept of Goodwill in Trademark Law, 86 B. U. L. Rev. 547, 618-619 (2006).

[2] Robert G. Bone, Hunting Goodwill: A History of the Concept of Goodwill in Trademark Law, 86 B. U. L. Rev. 547, 551-552, 621-622 (2006).

承担更宽的商标侵权责任是有正当性的,因为改变商标法的保护范围以更好地满足信息传递目标需要很高的执行成本。但更宽的商标侵权责任的正当性不能仅仅依据商标法应禁止商誉侵占,只有消除了这类正当性依据,才能获得一部明智且合乎逻辑的商标法。①

与国外主流观点类似,我国学者的主流观点也认为,商标法保护的本质不是商标,而是商标所指代的商誉。例如,1998年,刘春田在《商标与商标权辨析》中认为:"商标的价值与用作商标的文字、图案或符号的美丑无关,也与设计它所投入的心智与财力的大小无关。商标的价值完全来自它所标记的商品或服务,是由商品或服务质量建立起来的商业信誉注入而产生的。所以,商标的价值实际是商品或服务的信誉之气温计、寒暑表。离开了特定的商品与服务,任何图案、符号和文字都不是商标,更无商标价值可言。"②

2005年,李琛在《名教与商标保护》中认为:"商标名为'标',非商'本'也。商标之本,在于商业信誉。若无隐藏于其后的商本,一个纯粹的符号毫无保护的必要。商标是作为信誉替身的符号,是一个仆人,若缺乏被替代的'主人'——商业信誉,符号就算不得是商标,只是一个单纯的符号。"③

2008年,李明德在《商标使用与商标保护研究》一书的序言中认为:按照国际上的通行看法,商标权是对商标及其所代表的商誉所享有的权利,而商标法和反不正当竞争法中的假冒之诉,则是对于商标及其所代表的商誉提供保护的法律。到了19世纪末,英国和美国的学者明确提出了商誉的概念,认为有关商标的财产权就体现在商誉之中。现在,这个观点已经成为国际社会的共识。商标所承载的商誉,是通过商标的使用而获得的。从商誉的角度来看,一件已经注册但从来没有使用过的商标,很难被称为财产权意义上的"商标权"。商标权的保护范围,以及商标侵权的认定标准,都是由商标所承载的商誉决定的。正是从保护商誉的角度出发,明确规定商标侵权的认定标准是消费者混淆的可能性,就是非常必要的。驰名商标的保护范围,也是由相关商标所承载的商誉决定的。④

2007年,杨叶璇在《商标权客体是商标所承载的商誉——兼谈对未注册驰名商标的保护》中指出,商标权的客体就是商标所承载的商誉。理由如下:第一,将商标权的客体仅表述为商标,不能够确切体现"知识产权保护的对象是权

---

① Robert G. Bone, Hunting Goodwill: A History of the Concept of Goodwill in Trademark Law, 86 B. U. L. Rev. 547, 554, 622 (2006).
② 刘春田:《商标与商标权辨析》,载《知识产权》1998年第1期,第14页。
③ 李琛:《名教与商标保护》,载《电子知识产权》2005年第5期,第63页。
④ 参见文学:《商标使用与商标保护研究》,法律出版社2008年版,序言第3-5页。

利人智慧劳动的结晶"这个通论,而将其表述为商标所承载的商誉,可以较好地体现这个通论的基本精神。商标的产生有的虽然需要付出一定的智慧劳动,但是它只占全部智慧劳动中很小的一部分。商标所承载的商誉,却是商标权人投入大量辛勤的、甚至长期的智慧劳动(包括专利技术、广告宣传等)所凝聚的结晶,这才是商标权人魂牵梦萦的宝贵财富。第二,将商标权的客体仅表述为商标,在法律实践中对于擅自将他人享有著作权的作品当作商标予以注册并使用的行为进行剖析时,容易造成商标权客体与著作权客体的混淆(这两种权利都将那个作品当成客体)。可是将商标权的客体表述为商标所承载的商誉能够较容易地将商标权客体与著作权客体发生重叠的部分(如那个作品)与其他部分(如有关的商誉等)分辨。第三,将商标权的客体仅表述为商标,不利于透彻地理解商标的价值为什么往往会远高于当初商标设计和申请注册所投入的成本,而且也不利于透彻地分析为什么其他许多资产经过使用都会折旧、贬值,而商标经过长期使用其价值反倒可能大大增长,甚至价值连城。而将商标权的客体表述为商标所承载的商誉的观点,使我们将目光投向了商标价值增长点之所在,使一系列问题迎刃而解。第四,将商标权的客体仅表述为商标,容易被商标当事人误解,以为只要占有了商标就于法有据地享有了商标的一切权利。而将商标权的客体表述为商标所承载的商誉,一则使抢注他人商标者行为的本质昭然于天下,指明其行为实质是通过抢注他人商标而盗用他人商誉以谋利;二则使正当的商标使用人和注册人切实感受到商标法是对其合法权益提供保护,激励其通过诚信经营而构建、积累和维护良好的商誉。这对于整个社会建立诚实信用的体系和良好风尚十分有益。[①]

(二) 我国学者对国外既有理论的批判和创新

对于商标法保护的本质,我国部分学者对商誉说提出了质疑,认为商标法保护的本质不是商誉,商标权的客体也不是商誉。

2010年,徐聪颖在《论商誉与商标的法律关系——兼谈商标权的自由转让问题》中认为:将商誉作为商标权确立和保护基础的主张至少面临着以下四方面的疑问:第一,商誉不是每个企业都能获得的,如果商誉是确立和保护商标权的基础,意味着绝大多数企业都将难以满足获得商标权的条件。第二,商誉具有动态、流变的特点,如果将商誉作为商标权的机制源泉,企业通过努力经营获取的商誉可能会在商战中一夜之间消于无形,但商标权的价值不会随商誉的消失而消失。第三,商标并非商誉的唯一载体,商号、广告宣传语、装潢设计、产品包装

[①] 参见杨叶璇:《商标权客体是商标所承载的商誉——兼谈对未注册驰名商标的保护》,载《中华商标》2007年第2期,第7-8页。

等也是感知企业商誉的重要途径,在商誉遭受侵害时,商标权并不必然遭受侵害。第四,商标最基本的功能不是承载商誉,而是识别产品来源,对普通企业来说,商誉的缺失并不妨碍其对商标识别功能的利用和保护,商标法对反向混淆的规制就是典型例子。①

基于上述分析,该文不赞同将商誉作为商标权真正保护对象的观点,认为尽管在某些情形下,商誉对商标权的确立和保护意义重大,但不能就此使商标完全沦为商誉之附庸。作为两个彼此相互独立的价值系统,商誉仅对商标权发挥着间接性和辅助性的影响,真正作为"商标保护灵魂的",应当是商标所具有的显著性。具体而言,商誉对商标权的影响主要体现为:一方面,商誉的创建有利于那些原本缺乏显著性的描述性标识获得显著性,进而成为商标权的保护对象;另一方面,商誉的创建还有助于增强商标的显著性,从而使商标权的防止混淆范围由狭义的来源混淆扩展至赞助混淆、关联混淆。不仅如此,商誉对商标显著性的强化还能使商标标识自身的"独特性"不断凸现,进而在公众心目中形成独一无二的区隔力,而这正是商标权获得反淡化保护的基本依据所在。商誉不过是通过对商标显著性施加潜移默化的影响来间接作用于商标权的,而商标的显著性才是决定商标权确立和保护的关键所在。②

有学者进一步提出联系说,认为商标权的客体是商标与商品之间的联系。2010年,徐春成在《"联系说"视野下的商标侵权例外辨析》中认为:既有理论对商标权限制或者商标权侵权例外的分析多建立在商标权的客体是商标或者商誉的基础上,不能对商标侵权例外给予充分统一的说明。他主张商标权的客体是相关公众所认知的商标与商标所标识的商品之间的联系,并据此分析商标侵权例外的主要情形。第一,对商标的叙述性使用不会使相关公众认知到商标所标识的商品,不是对商标与商标所标识的商品之间联系的利用,不构成商标侵权。第二,对商标的指示性使用虽然利用了相关公众所认知的商标与商标所标识的商品之间的联系,但此种利用为经营活动所必需,并且不损害商标权人的利益,因而不构成商标侵权。第三,对商标进行滑稽模仿与在新闻报道中使用商标,虽然利用了相关公众对商标与商品之间联系的认知,但其目的不是销售商品,不会让相关公众对商品来源产生混淆,即使可能会产生商标丑化的结果,但为了社会公共利益、消费者利益、言论自由和新闻自由等更加优位的价值,这种使用不构成商标

---

① 参见徐聪颖:《论商誉与商标的法律关系——兼谈商标权的自由转让问题》,载《政法学刊》2010年第1期,第54-55页。

② 参见徐聪颖:《论商誉与商标的法律关系——兼谈商标权的自由转让问题》,载《政法学刊》2010年第1期,第55-56页。

侵权。第四，先用权人对商标权的行使并不涉及商标权人所有的相关公众所认知的商标与商品之间的联系，而是在利用自己建构的商标与商品之间的联系。先用权与商标权属于相互独立的权利，因此先用权构成对商标权的限制。①

2012 年和 2016 年，杜志浩在《"联系说"视角下商标俗称抢注案的法律思考》和《商标权客体"联系说"之证成——兼评"非诚勿扰"商标纠纷案》中，更加全面地阐述了商标权客体的联系说，认为商标权的客体是相关公众所认知的商标与商品或服务间的特定联系。理由如下：

第一，联系说符合商标权的本质。商标权在本质上保护的并非商标权人对商业标识本身的支配利益，而是保护商标的识别功能，对商标权客体的定义应表征商标权人对商标识别功能的这一特定利益。在既有的商标权客体学说中，商业标识说没有回应商标权的上述特定利益，无法解释为何没有识别性的商业标识不能被注册为商标。商誉说则不恰当地认为商标权人的特定利益体现在商誉上。首先，商誉不是任何商标都固有的价值，没有商誉不妨碍其利用商标的识别功能区分产品来源。其次，承载着巨大商誉的商标也可能因为丧失了识别性而失去商标权的保护，如阿司匹林、优盘等知名商标变为通用名称后不再是商标。联系说则恰当地反映了商标权人所保护的特定利益，因为商标的识别功能即产生于特定联系的建立上。

第二，联系说可以解释商标法的具体制度。首先，联系说可以解释商标权取得制度的正当性。通过使用取得商标权的正当性体现在，一个商标只有投入实际使用，才能使相关公众将商标与特定的商品和服务联系起来。商标法保护的是现实的联系。通过注册取得商标权的正当性体现在，注册申请人相信商标一经注册，就可以在不受他人干涉的情况下在商标之上建立特定的联系，商标法保护的是可能的联系。连续三年不使用等相反事实证明注册商标权人没有建立特定联系的期待利益时，不再保护该商标。其次，联系说可以解释侵犯商标权制度的正当性。混淆行为侵犯商标权，是因为混淆行为破坏了相关公众所认知的注册商标与商品或服务间的联系，不论正向混淆还是反向混淆，都破坏了这种联系。混淆理论无法解释为什么反向假冒侵犯商标权，因为消费者完全意识不到被撕掉的商标的存在。但根据联系说，反向假冒行为破坏了原商标与其商品之间的特定联系，因此反向假冒侵犯商标权。联系说还可以解释驰名商标淡化现象，淡化理论是对驰名商标上特定联系的保护，以防止他人通过对驰名商标的贬损或丑化性使用来

---

① 参见徐春成：《"联系说"视野下的商标侵权例外辨析》，载《西北农林科技大学学报（社会科学版）》2010 年第 5 期，第 104-108 页。

弱化这一特定联系，因此淡化行为也侵犯商标权。①

2017年，刘铁光在《商标法基本范畴的界定及其制度的体系化解释及改造》中提出了来源识别说，与联系说类似，认为商标权保护的本质不是商誉，而是商标的来源识别性。该书认为：

第一，主流理论将商标保护对象界定为商誉，或者说将商誉作为商标保护的一般性基础，但该种理论无法解释为何没有商誉的商标同样可以获得保护。首先，如果一个商标尚未被使用，这种情形包括注册体制国家商标法中已注册但未使用的商标，也包括使用体制国家商标法中的意欲使用但尚未使用的注册商标，仍可以获得商标法的保护。其次，对于刚开始建立的企业或经营者，无论其所注册的商标还是使用的商标，由于企业或经营者刚进入市场而尚未积累商誉，此种情形下的商标仍可以获得商标法的保护。最后，一个商标因为使用者经营状况恶化或对其商品质量把控不强，使其商标不再具有任何商誉，但商标在注销之前依然应受保护。因此，商誉并不能作为商标权保护的一般性基础，难以说商标权保护的本质就是商誉。

第二，从商标的本质是来源识别性看，商标权保护的本质是商标的来源识别性。商标本质上是具有来源识别功能的标识，大部分国家商标法对商标的界定都明确商标的这一本质。尽管当代商标的来源识别已经从早期的物理来源理论发展到当代的匿名来源理论，即来源于商标所负载的品质、身份、文化与象征意义，但无论如何，商标并未脱离其来源识别的本质，而商标的商誉也是通过商标的来源识别逐渐积累而成的。因此，商标的本质在于其来源识别的功能或作用。商标权所保护的本质自然应该结合商标的本质即来源识别性予以讨论。因此，商标权保护的本质是商标的来源识别性，包括其已经具有的来源识别性以及可能产生的来源识别性。

第三，将商标权保护的本质界定为商标的来源识别性，可以合理地解释注册后尚未使用的商标或一个刚进入市场的主体所注册的商标，这些没有商誉的商标同样可以获得保护的问题。申请注册商标或使用商标的目的在于使其商标具有来源识别作用，使消费者能通过其商标识别其所提供的商品或服务，并且通过这种来源识别使商标不断积累商誉。来源识别既是商标的本质，也是商标申请人申请商标或使用人使用商标的动机所在。商标权保护的本质自然应该是商标的来源识

---

① 参见杜志浩：《"联系说"视角下商标俗称抢注案的法律思考》，载《成都理工大学学报（社会科学版）》2012年第4期，第52页；杜志浩：《商标权客体"联系说"之证成——兼评"非诚勿扰"商标纠纷案》，载《政治与法律》2016年第5期，第87-92页。

别性,无论是该商标已经具有的来源识别性,还是将来可能具有的来源识别性。无论商标是否已经使用,也无论商标是否已经驰名,商标都应该具有或可能具有来源识别作用,而商标权所应保护的就是商标的来源识别性。商标权保护的制度体系亦应围绕来源识别性的保护进行构建,当前主要国家商标法以混淆可能性作为商标侵权的判断标准,也反证了商标权保护的本质应该是对来源识别性的保护,而非对商誉的保护。

第四,将商标权保护的本质界定为商标的来源识别性,可以合理地解释驰名商标的跨类保护。世界主流国家的商标法为驰名商标提供跨类保护,如法国、德国和我国,对驰名商标跨类保护并未要求产生混淆或具有混淆可能性。从表面上看,驰名商标的跨类保护并不是基于对商标来源识别性的保护,驰名商标跨类保护的基础似乎应该是该商标所具有的商誉,有些立法例直接表明对驰名商标商誉的损害是侵权的构成要件。但在本质上,对驰名商标的保护同样是保护商标的来源识别,因为商誉是通过来源识别积累而成的,而且其必须通过来源识别予以体现。来源识别性的强弱与商标的商誉成正比,来源识别性越强,商誉越高,反之亦然。因此,来源识别同样可以作为驰名商标保护的一般性基础,只是普通商标与驰名商标对商标来源识别保护的方向相反。基于普通商标产生的商标权是从正面保护商标的来源识别性,防止商标侵权切断已经产生的来源识别性,或防止商标侵权阻碍其建立起自己的来源识别性;基于驰名商标所产生的商标权是从反面保护商标的来源识别性,主要是防止对驰名商标已经产生的来源识别力的降低或贬损,依然是对来源识别的保护。[①]

(三)我国学者理论创新的历史意义

国外主流观点认为,商标法保护的本质是商誉。对此,国外学者中虽然也有不同意见,但并未进一步指出商标法保护的本质究竟是什么。我国学者质疑了商标法保护的本质或商标权的客体是商誉的观点,因为没有商誉的商标也可以受到保护。我国学者进一步指出,商标法保护的本质或商标权的客体是商标的显著性或识别性,是商标与商品来源之间的联系。尽管这些学者的用语有所不同,但实质观点大同小异,都是从商标的识别功能来揭示商标法保护的本质的。

我国学者的上述观点比商誉说具有更强的解释力,不仅可以解释没有商誉的商标受到保护的原因,也可以对普通商标的反混淆保护和驰名商标的反淡化保护提供统一的理论依据,同时可以解释反向混淆和反向假冒等特殊行为受到商标法

[①] 参见刘铁光:《商标法基本范畴的界定及其制度的体系化解释及改造》,法律出版社2017年版,第52-58页。

规制的原因。这些制度的正当性基础都是保护商标的识别性，保护商标与商品来源之间的联系不被破坏或减弱。我国学者的这一理论创新有助于我们更准确地把握商标法保护的本质。

五、关于专利制度正当性的理论创新

我国学者关于专利制度正当性的理论创新主要体现在对专利竞赛的研究上。

(一) 国外既有理论

国外学者反对专利制度的理由之一是专利竞赛可能会使专利制度的成本大于收益。早在1934年，普朗特就认为：专利制度只奖励专利权人，使得从事相同研究的其他人的劳动被浪费了。专利法本身是个奖励制度，从科学发现的诞生到专利垄断的出现，其间会有众多的参与者，而专利法只肯定其中的一个或一组。科学发现本身可能是许多科学工作者的研究和假说的最终产物，将其应用到特定产品中的可能性，可能会几乎同时出现在许多工业技术人员脑中。但是，只有一项申请可以满足专利法的要求，就是应将专利授予"第一个发明人"，并在本国获得对该专利长达16年的垄断使用权，并且还可能续展10年。一旦将专利授予给一人，就会使其余所有研发者的劳动几乎成为徒劳。专利制度的彩票只有一个奖项，垄断性的专利权使那些贡献了该发明大部分价值的人失去了获奖资格。①

1968年，巴泽尔认为，潜在发明人之间的专利竞赛会导致过早申请专利，抵消发明所带来的价值。发明人所使用的基础知识是免费的共用品，如果这些知识是有产权的，那么产权人会在一项发明的现值最大时才公布该发明。但是，由于基础知识对发明人而言是没有成本的，他会在刚开始获利时就公布发明，而不会等到利润最大时才公布。基础知识就会像公共的道路、渔场、油田和水池一样被过度开发，区别只是在专利的例子中，过度开发资源的形式是过早申请专利。②

2003年，兰德斯和波斯纳认为：所谓专利竞赛，是指相互竞争的企业为了最先发现某个具有商业潜力的新思想并就其获得专利，从而在彼此之间进行的一场竞赛。这种竞赛可以导致发明成本超过其社会收益，因为第一位到达终点的竞争者将获得专利，并因此获得该发明的全部价值，即便他只比其他竞争者早了一天。假设该专利在经过折扣后的现值是1 000万美元，有三个企业参与竞赛，而

---

① Arnold Plant, The Economic Theory Concerning Patents for Inventions, 1 Economica 30, 45 – 46 (1934).
② Yoram Barzel, Optimal Timing of Innovations, 50 The Review of Economics and Statistics 348 (1968).

且每个企业如果花费 200 万美元，就都有 33％的机会最先完成发明。进一步假设，如果每个企业为完成发明正好花费了 200 万美元，则社会剩余得到最大化。从一个私人的角度讲，任何一个竞争者都可能会想，如果他在研究与开发上增加费用至 500 万美元，他就能够成为第一个完成发明的人，哪怕就比别人早一天，这就可能产生一种激励，促使他投入该笔费用。说"可能"而不是"一定"，是因为该决定将取决于竞争者就其他企业的可能反应而作出的预判。他可能担心，他们会把他所投入的 500 万美元花费与他们自己的花费相抵消，这反而使其花费成为一项失败的投资。另外，他也可能认为，可以向其竞争对手隐瞒自己的投入。当然还有其他可能性，比如每一个竞争者都有可能在竞赛过程中投入较小的数额，或者一位竞争者可能退出竞赛而其他竞争者每人花费 500 万美元。无论在何种情况下，很可能的结果是，在研究与开发上的投入将超过最优的总投入 600 万美元（3×200 万美元）。这就假定了，发明人在力图比竞争对手早一天到达专利终点线从而取得胜利的过程中所承担的额外成本，除非微不足道，否则将超过因该发明早一天完成所带来的社会收益。特别是考虑到，最早完成发明的人并不必然是能够最快制造出体现该发明的产品或者方法的人。他可能擅长于发明而不是其生产。如果是这样，那么在赢得竞赛胜利之后，他就可能决定将专利许可给最快捷或者最有效率的生产者，在此情况下，在许可过程中所产生的交易成本，也将成为专利竞赛的另一项成本。[①]

兰德斯和波斯纳也提出了上述对专利竞赛的经济学批判，有两个可能的反驳理由：第一，即使竞赛并没有把竞赛进程哪怕加快了一天，但由竞赛的失败者所付出的研究费用仍可能并不是白白浪费的，因为该费用所产生的信息，将能够为这些失败者在其他项目中所用。第二，在某些情况下，专利竞赛最终并不必然产生任何社会浪费，这在制药行业中尤其普遍，因为在那里，可以说有多种不同的奖牌，从而就有不止一位获胜者。[②]

（二）我国学者对国外既有理论的批判和创新

就国外学者对专利竞赛提出的批判理论，我国学者提出了质疑。

2000 年，崔国斌在《基因技术的专利保护与利益分享》中，针对国外学者

[①] 参见［美］威廉·M. 兰德斯、理查德·A. 波斯纳：《知识产权法的经济结构》，金海军译，北京大学出版社 2005 年版，第 382-383 页；［美］威廉·M. 兰德斯、理查德·A. 波斯纳：《知识产权法的经济结构》，金海军译，北京大学出版社 2016 年版，第 364-365 页。原书出版于 2003 年。

[②] 参见［美］威廉·M. 兰德斯、理查德·A. 波斯纳：《知识产权法的经济结构》，金海军译，北京大学出版社 2005 年版，第 383 页；［美］威廉·M. 兰德斯、理查德·A. 波斯纳：《知识产权法的经济结构》，金海军译，北京大学出版社 2016 年版，第 365 页。

提出的专利竞赛会导致租值消散的问题，认为专利竞赛造成的浪费是不可避免的，是社会技术进步所应支付的正常的社会成本。该文首先阐述了国外学者的观点，在生物基因技术开发过程中，人们普遍认为许多研究单位为获得同一基因序列展开竞争，结果只有其中的领先者能够获得唯一的垄断权，其他人只能空手而归，先前的投入均付诸东流。这一过程中造成过度的浪费，恰似寻租理论所描述的社会浪费。另外，竞争中的优胜者获得全部垄断权，将使得产业竞争从一开始就充满着风险，这如同押赌而买巨额彩票一样具有极大的不确定性。因此有人认为，降低实用性要求可以尽早结束这场浪费的竞争，减少社会的财富损失，同时避免竞争者像押赌一样越陷越深，因而提出所谓的"名义上的实用性"标准。对此，该文认为，这种浪费并非专利制度本身造成的，只要科技竞争存在，此类的浪费就不可避免，这应该是社会技术进步所支出的正常的社会成本。专利制度在某些场合可能对此类竞争有一定的促进作用，但其影响并不会像想象的那么大。专利制度得以确立本身似乎就很能说明问题。[①]

2005年和2012年，张五常在 *Property Rights and Invention* 和《知识资产需要保护吗？》这两篇文章中，从另一个角度反驳了专利竞赛会导致租值消散的观点，认为由于相同的发明只授予一个专利，参与研发者会比较自己的优势，只有少数有比较优势的人会参与研发申请专利，使得专利制度不会导致租值消散。具体理由如下：

第一，普朗特和巴泽尔认为专利制度会导致租值消散，因为多个研究者为获得某一专利进行投资，但只有一个发明人能获得专利，其他发明人的投资是一种浪费。这一观点是受到戈登的公海捕鱼分析的影响。戈登认为，要是海洋的捕钓权是私产，产权人约束捕钓会有租值，而海洋非私有时捕钓的人会增加，人数增加导致的成本增加会抵消有私产时的租值。同理，研发的权利（相当于海洋的捕钓权）非私有，多人争取发明专利会带来租值消散，可能高于发明专利带来的私人租值。但是，张五常认为，发明专利与公海捕鱼有所不同，公海捕鱼并非只有一个奖，而是参与者都有奖，但发明专利只有一个奖，每个潜在的参与者都有另谋高就的成本，不认为自己有比较成本优势的人不会参与竞争，只要研发的竞争者的比较成本优势的讯息费用足够低，只会有很少一部分人参与一项专利的研发，在此种情况下发明所得的专利权的设立意味着研发权利的私有界定，租值消散不会出现。

[①] 参见崔国斌：《基因技术的专利保护与利益分享》，载郑成思主编：《知识产权文丛》（第3卷），中国政法大学出版社2000年版，第300-301页。

第二，研发权利的所值可以用耕地的级差地租来分析，地租所值是付出同样的耕耘成本后较为肥沃的土地上产量增加的部分，随着土地肥沃程度下降，产量增加的部分减少，地租减少，最不肥沃但还有人耕耘的土地地租为零。同理，研发权利的所值是发明天赋的价值，在竞争下等于比较优势成本的差距。研发权利的所值是付出同样的研发成本后研发成果增加的部分，随着发明天赋（比较优势成本）下降，研发成果增加的部分减少，研发权利的所值下降，最缺乏发明天赋（比较优势成本）但还有人从事的研发权利的所值为零。因为只有一个奖，不同竞争者会按各自的比较优势成本选走不同的研发之路，因此争取同一发明的情况可能存在，但不会是很多人。

第三，美国的经验可以验证上述观点。一是专利池和专利交叉许可普遍存在，表明研发机构要避免重复发明的成本，即减少租值消散。二是委托发明普及，专利检索是例行程序，也是为了避免重复研发的租值消散。三是从美国发明专利局的干扰记录档案可知，只有约1%的发明申请专利时会出现互相干扰的情形（两项或更多发明同时申请专利，但有相同之处而互相干扰需要仲裁）。[1]

(三) 我国学者理论创新的历史意义

对于专利竞赛，国外学者通常认为会带来较大的社会成本，甚至据此反对专利制度，认为其缺乏效率上的正当性。对此，我国学者提出了质疑。

我国学者的创新之处在于，区分了研发权和专利权，认为专利权的界定加上研发者的比较优势不同，实际上也界定了研发权。尽管法律没有规定研发权的归属，因此所有人都有从事某项研发的自由，但在相同发明的专利权只授予一人的情况下，在一定程度上界定了研发权的归属，即只有最具比较优势的研发者才会从事某项研发工作，其他研发者会知难而退，转而选择自己有比较优势的研发工作。对于专利竞赛导致租值消散的观点，由于不同研发者的比较优势不同，实际上界定了研发权的归属，专利竞赛的情况不太会出现，自然不会导致租值消散和浪费。我国学者提出的这一理论加深了我们对专利竞赛的认识，也有助于我们更好地理解专利制度的成本。

---

[1] 参见张五常：Property Rights and Invention，载张五常：《经济解释：张五常英语论文选》，中信出版社2012年版，第582-589页，该书由花千树出版社于2005年在中国香港首次出版，中信出版社进行了重印；张五常：《知识资产需要保护吗？》，载张五常：《经济解释卷三：受价与觅价——供应的行为》（下篇），中信出版社2012年版，第154-161页。

第三节　中国知识产权法学理论创新对法学研究的启示和意义

上文梳理了我国知识产权法总论和分论研究中的理论创新，对我国知识产权法学理论创新的研究，使我们可以从一个不同的视角，观察和反思我国知识产权法学研究的历史和现状，揭示理论创新对法学研究的启示和意义。本节将首先考察知识产权法学理论在我国知识产权法学研究中所起的作用，其次归纳总结在知识产权法学研究中进行理论创新的模式，最后指出我国知识产权法学理论创新的现实价值和历史意义。

一、中国知识产权法学研究中既有理论的应用研究盛行

我国知识产权法学的理论创新通常都是在与国外研究的对话中展开的，要想提出某个创新的理论，前提是了解国外对该问题的研究状况。多年来，我国知识产权法学界一直都很重视比较研究，在研究大部分问题时，都会涉及对国外法律制度和理论的介绍和比较。由于我国知识产权法主要是从国外法律和国际公约中移植而来的，比较研究的盛行是很自然的现象。

我国学者利用比较研究的成果，主要是为了解决我国知识产权法中的具体制度问题，或是具体制度的解释问题，或是具体制度的立法问题。我国学者利用国外既有理论的方式主要有两种：第一种方式是直接借用某个国外既有的理论，如用美国判断合理使用的四因素或者转换性使用理论，来分析我国的具体制度问题，如电子游戏直播是否构成合理使用。[1] 第二种方式是为某个国外既有的理论，如用转换性使用理论，寻找我国法上的依据，进行本土化之后再来分析我国的具体制度问题。[2] 这两种方式都属于既有理论的应用研究，即借用国外既有理论来分析我国的具体制度问题。

既有理论的应用研究有其现实意义。知识产权法学是一门应用学科，每年有大量的知识产权纠纷案件需要给出答案。而国外的知识产权法学经历了上百年的发展，形成了很多成熟的理论，部分转化为了各国的知识产权立法和国际条约，也被我国立法移植吸收。我国的知识产权法学发展时间较短，大量借鉴国外既有

---

[1] 参见崔国斌：《认真对待游戏著作权》，载《知识产权》2016年第2期，第14-17页；王迁：《电子游戏直播的著作权问题研究》，载《电子知识产权》2016年第2期，第14-18页；谢琳：《网络游戏直播的著作权合理使用研究》，载《知识产权》2017年第1期，第36-40、45页。

[2] 参见熊琦：《著作权转换性使用的本土法释义》，载《法学家》2019年第2期，第128-134页。

的理论研究成果，用于解释和分析我国知识产权法的具体问题，是明智而可取的选择。实际上，这样的研究也是符合研究规范的，因为所有的研究都不能脱离前人的研究成果，也都要建立在一定的共识基础上才能开展新的研究，不可能要求每一项研究全部从零开始，重新构建理论再进行分析。因此，在研究某个问题时，对国外既有的理论进行比较和选择，所得出的理论可能就是现阶段最优的理论，依据该理论来分析我国的具体问题，也可以获得令人满意的结果。可以预见，上述研究范式在未来很长的一段时间内依然会是我国知识产权法学研究的主要研究范式。

二、中国知识产权法学理论创新的模式总结

尽管我国大部分的研究成果属于既有理论的应用研究，但我国学者仍然在知识产权法总论和分论的研究中提出了一些创新理论。这些研究普遍不满足于对国外既有理论的介绍和应用，而是对国外既有理论提出了质疑和挑战，指出了国外既有理论的不足和缺陷，并提出了创新理论。根据上文的研究，可以将我国知识产权法学理论创新的模式总结为：首先，发现国外既有理论存在缺陷；其次，确认国外既有理论的缺陷需要通过理论创新来解决；最后，通过渐进的方式实现理论创新。

（一）发现国外既有理论存在缺陷

如果国外的既有理论足够完善，自然没有必要盲目创新，研究如何准确应用该理论是更好的选择。但是，国外的既有理论也可能存在争议、缺陷和不足，需要反思和鉴别后才能得出是否完善的结论。要发现国外既有理论的缺陷，需要在研究方法上注意以下几点：第一，在既有理论的应用研究之外，更多关注对理论本身的研究。第二，在制度的比较研究之外，将文献综述的范围扩大到国外相关理论的研究成果。第三，在研究某个问题时，既要关注国外的既有理论，也要关注国外对该理论的质疑，客观评价国外的既有理论是一个被广泛接受的成熟理论，还是一个正在面临质疑和挑战的理论。以上文研究的主题为例，戈登（Gordon）质疑了知识产权概念的三种理论，黑廷格（Hettinger）和费歇尔质疑了知识产权正当性的三种理论，史密斯（Smith）质疑了确立知识产权确权模式的信息成本理论，著作人身权的各种理论之间互相质疑，博恩（Bone）质疑了商誉说。第四，对于受质疑的国外既有理论，就不能简单地借鉴和应用，而是要对该理论进行仔细分析，考察质疑该理论的观点是否存在合理之处，该理论是否存在无法解决的问题、无法解释的现象和其他实质性的缺陷。

(二) 确认国外既有理论的缺陷需要通过理论创新来解决

如果国外的既有理论存在缺陷，在此基础上，就需要进一步比较其他可供选择的理论中是否有更好的选择。如果所有的既有理论都无法令人满意，此时就有必要建立新理论。以上文研究的主题为例，智力成果说、无形财产说和信息说在界定知识产权的客体时都有缺陷。"技术与艺术二分"理论和信息成本理论都不能完全解释知识产权部门法在确权模式上的显著差异，尤其不能解释各类特殊保护的立法实践。一元论、人格权二元论和著作权二元论也都无法完美解释著作人身权的性质。服务器标准、用户感知标准和新公众标准在判断网络传播行为时都存在不足。商誉说无法解释为何没有商誉的商标受到保护，为何反向混淆和反向假冒受到商标法规制，也无法对普通商标的反混淆保护和驰名商标的反淡化保护提供统一的理论依据。在上述情况下，就有必要进行理论创新，提出一个新理论来解决上述问题，理论创新往往就是在这种情况下萌芽和诞生的。

(三) 通过渐进的方式实现理论创新

理论创新的过程也不都是一蹴而就的，很多创新理论的建立都是逐渐积累完成的，有一个渐进的过程。从质疑国外既有理论，再到提出新的理论，然后再在此基础上提出更完善的创新理论，往往需要不同学者多年的努力，在此过程中的一系列研究都对最终的理论创新作出了贡献。

例如，在研究知识产权的概念时，我国学者质疑了国外的智力成果说、无形财产说和信息说等理论，又在此基础上相继提出了知识说（形式说）和符号说。在研究知识产权的确权模式时，我国学者质疑"技术与艺术二分"理论对于计算机程序、外观设计等特殊客体的解释力不足，在此基础上提出了解释力更强的区别特征理论。在研究著作人身权时，我国学者指出了著作人身权与民法人身权的区别，又有学者指出产生这些区别的关键是有无一身专属性，在此基础上才有了对国外理论的全面质疑和对著作人身权性质的重解。在研究商标权保护的本质时，我国学者指出了商誉说的缺陷，在此基础上陆续提出了显著性说、联系说和来源识别说，具有一脉相承的关系。由此可见，理论创新往往是通过渐进的方式实现的。

同时，即使在某个新理论提出之后，也依然会面临既有理论的质疑和竞争，甚至会激发既有理论的完善和发展。例如，在提出实质呈现标准这一新理论之后，学术界和司法界始终都存在服务器标准和实质呈现标准两种不同观点的碰撞，但既有的服务器标准也依然在我国的司法实践中占据主导地位。面对实质呈现标准的挑战，服务器标准的支持者也进一步发展出了传播源理论，以应对新理论的挑战和质疑。

三、中国知识产权法学理论创新的现实价值和历史意义

我国知识产权法学的理论创新不仅具有现实价值，还具有历史意义。

首先，知识产权法学是一门理论与实践相结合的学科，对知识产权法学理论的研究，不仅是理论研究本身的需要，更是运用法学理论来解决实践问题的需要。因此，在国外既有理论无法自圆其说，或者无法圆满解决现实问题时，研究和建立创新的理论是我国知识产权法学研究中不容回避的现实任务。

其次，我国的知识产权法学研究要想在世界范围内作出自己的贡献，不能只停留在借鉴国外既有理论的阶段，还必须提出创新的理论，让知识产权法学的成果库中有更多的中国创造。只有提出属于我国的理论创新，在知识产权法学发展的历史长河中才会留下属于中国的印记。因此，我国知识产权法学的理论创新具有重要的历史意义。

图书在版编目（CIP）数据

中国知识产权法学术史 / 李琛，余俊，刘晓著. --北京：中国人民大学出版社，2025.1. --（中国法学学术史丛书）. -- ISBN 978-7-300-33421-9

Ⅰ.D923.402

中国国家版本馆 CIP 数据核字第 2024VJ6782 号

国家出版基金项目
中国法学学术史丛书
中国知识产权法学术史
李 琛 余 俊 刘 晓 著
Zhongguo Zhishichanquan Fa Xueshu Shi

出版发行	中国人民大学出版社	
社　　址	北京中关村大街 31 号	邮政编码　100080
电　　话	010-62511242（总编室）	010-62511770（质管部）
	010-82501766（邮购部）	010-62514148（门市部）
	010-62515195（发行公司）	010-62515275（盗版举报）
网　　址	http://www.crup.com.cn	
经　　销	新华书店	
印　　刷	涿州市星河印刷有限公司	
开　　本	720 mm×1000 mm　1/16	版　次　2025 年 1 月第 1 版
印　　张	27.75 插页 3	印　次　2025 年 1 月第 1 次印刷
字　　数	508 000	定　价　168.00 元

版权所有　侵权必究　印装差错　负责调换